重要日記
當用日記
當用日記

吉野作造選集 13

日記 一〔明治40―大正2〕

岩波書店

編集
松尾尊兊
三谷太一郎
飯田泰三

凡　例

本選集第一三巻―一五巻は「日記一―三」として、吉野家所蔵の、現存する吉野作造の日記全二〇冊(以下、原本と略記、本巻口絵参照)を、はじめて活字化し収録する。吉野が数え年で三〇歳を迎えた一九〇七(明治四〇)年の正月元旦から、一九三二(昭和七)年末、死の三カ月前までにいたるほぼ全活動期を覆う日記である。

原本各冊に記載されている日記本文の年次は、おおむね次の通りである。見られるように、何らかの理由で、明治四一年、大正三年、大正五年、大正一〇年、大正一五年の日記が欠落しているほか、明治四三年前半、大正二年後半、大正一四年後半等も欠けている。なお、原本は年によって市販の規格品の日記帳が用いられたり、単に罫線のみのノートに記されたりしているので、その区別も併記した。

原本1(日記帳)　明治四〇年一月一日―一二月二〇日
原本2(日記帳)　明治四二年一月一日―一二月三一日
原本3(ノート)　明治四三年八月六日―明治四四年七月四日
原本4(ノート)　明治四四年七月四日―明治四五年六月二三日
原本5(ノート)　明治四五年六月二四日―大正二年七月二〇日
原本6(日記帳)　大正四年一月一日―一二月二九日
原本7(日記帳)　大正六年一月一日―一二月三一日
原本8(日記帳)　大正七年一月一日―一二月三一日
原本9(日記帳)　大正八年一月一日―一二月二五日

原本10(日記帳)　大正九年一月一日 ― 九月一三日
原本11(日記帳)　大正一一年一月一日 ― 一三年六月一日
原本12(ノート)　大正一三年七月一日 ― 九月一三日
原本13(ノート)　大正一三年九月一三日 ― 大正一四年八月一八日
原本14(ノート)　昭和二年一月一日 ― 昭和三年一二月三一日
原本15(ノート)　昭和四年一月一日 ― 一一月九日
原本16(ノート)　昭和五年一月一日 ― 一〇月一〇日
原本17(ノート)　昭和五年一〇月一一日 ― 昭和六年四月五日
原本18(ノート)　昭和六年四月六日 ― 九月八日
原本19(ノート)　昭和六年九月九日 ― 昭和七年四月一六日
原本20(ノート)　昭和七年四月一七日 ― 一二月一二日

＊

本巻は「日記一」として、原本1―5に記載された一九〇七(明治四〇)年一月一日から一九一三(大正二)年七月二〇日にいたる日記を収めた。

原本1は、博文館発行の「明治四十年当用日記」(四六判・表紙は水色)に縦書きで記入されたもの。巻末に「明治四十年当用日記補遺」の欄があり、四月一七日付の弔文が記されている(本巻二三頁参照)。このほか「金銭出納録」「住所人名録」の欄があり、ここにも若干の吉野による住所や金銭出納の控えが記入されているが、本巻では省略した。

原本2は博文館発行の「明治四十二年当用日記」(四六判・表紙は暗緑色)に縦書きで記入されたもの。表紙裏に「東京市本郷区駒込千駄木林町二百十番地　吉野作造」の印が押してある。巻末の「明治四十二年当用日記補遺」欄に一月四日の送別会の出席者名等が記され、「住所人名録」にもわずかの記入があるが、本巻では省略した。「金銭出納録」には記入なし。

原本3は、19.9 cm×16 cm の横罫入りのノート（表紙は黒のクロース装）に横書きで記入されたもの。明治四三年日記の第二冊目に当たるものらしく、冒頭の記述が八月六日からはじまり、各ページの右上に記されている通し番号も「143」からはじまっている（143-348）。

原本4は、原本3と同じ体裁のノートに横書きで記入されたもの。日記本文の記述・通し番号（349-544）とも、原本3に連続している。（なお、原本4のうち通し番号 419-422, 435-438 にあたる四枚分は破損欠落している。二四七・二五一頁参照）

原本5は、原本3・4と同じ体裁のノートに横書きで記入されたもの。日記本文の記述・通し番号（545-714）とも、原本4に連続している。

（なお、参考のため原本1と原本5の本文記載面の写真を本巻「解説」中に掲げた。）

*

日記本文の活字化にあたっては、できるだけ忠実に原文に従うよう努めたが、次のような方針で若干の整理を行なった。
一　原文が横書きの場合もすべて縦書きに統一した。年、月日、曜日の表示は原文の書式に拠らず、一定の形式に統一し太字で示した。
一　漢字は原則として常用漢字を用いた。異体字など（舩、煑）は通行の字体（船、煮）とした。また、合字の「ヿ」は「コト」とした。
一　句読点は原文に従ったが、読み易さの便宜のため句点該当箇所を一字分あけた。

例　先生ヲ訪フ午後読書　↓先生ヲ訪フ　午後読書
昼食ヲ共ニスヤガテ　↓昼食ヲ共にス　ヤガテ

一　濁音に読む仮名表記には、濁点を付した。
例　居ラサリキ↓居ラザリキ　セラルヘシ↓セラルベシ
ナルカ如シ↓ナルガ如シ　形ハカリノ↓形バカリノ

一　一般慣用と異なる用字も、意味が通じる範囲のものは原文のままとした（行間に〔ママ〕と付した場合もある）。
例　優長　天気清朗　大辺《〔ママ〕》ナ人出　寒《〔ママ〕》ル

一　一般に、編者による補記の類いは〔　〕を用いて示した。

一　欠字は本文中に〔　〕を付して補った。
例　会イ〔タ〕ルトキ　セ〔ラ〕レシナリ

一　誤記と思われる用字については〔　〕を用いて行間に注記した。
例　夜深《〔更〕》カシ　講和《〔話〕》　冷《〔涼〕》シ　停《〔低〕》徊　氷《〔凍〕》エル　法学協会雑会《〔誌〕》　見《〔身〕》元調査　ヂ《〔ズ〕》ット
ただし、字形の類似した漢字による誤記は正した。
例　騰写板↓謄写板　愛嬌↓愛嬌　芝三緑亭↓芝三縁亭　酒勾博士↓酒匂博士　紳斑↓紳班
酒ヲ飯ム↓酒ヲ飲ム　臂頭↓劈頭　栽陪↓栽培　復雑↓複雑

一　特殊な読みの漢字に限り、行間に〔　〕を用いて振り仮名を付した。
例　安土府《〔アントワープ〕》　民顕《〔ミュンヘン〕》　三克《〔クローネ〕》　5馬《〔マルク〕》　1法《〔フラン〕》　体ヲ破《〔こわ〕》ス　血《〔ちぬ〕》ラシテ　甘《〔うま〕》クイク　歯《〔し〕》スル

一　判読できなかった文字には□記号をあてた。

凡　例

一　ドイツ語・フランス語などによる記述には、適宜その直後に〔　〕を付して編者による訳を補った。
一　原本の随所に貼り込まれている新聞切抜きや各国の入場券・乗車券・郵便切手の類いは原則として省略（いくつかは写真で掲出）したが、何が貼ってあったかを〔　〕を用いてそのつど注記した。注記はそれらが貼り込まれていた日付の項に記したが、明白な関連記事がありながら別の日付に貼り込まれているものは、関連記事の日付の項に移し記載した。
一　なお、この日記を提供された吉野俊造氏の御意向に基づき、個人のプライヴァシーにかかわる記述を一部削除した。

目次

日記一

明治四〇(一九〇七)年より
大正二(一九一三)年まで

明治四〇（一九〇七）年　二九歳

一月一日 火曜

朝教会ノ互礼会ニ行ク　天気快晴平温清爽　北清ニ稀ナル日和ナリ

午後回礼シ三時半ヨリ倶楽部ノ互礼会ニ行ク

袁克定君此日二時満洲ヨリ帰レルノ報ニ接ス

受信　奥山清治。阿部源吉(郵)

南洞孝。高見健一。清水友三郎。宇野哲人。平川武右エ門。御嶽定一。五手志津摩。岩崎静江。小島末喜。奥山清治。君代

河北三。毎日四。学士会月報。

一月二日 水曜

瀬川牧師ノ末女急死ノ悲報ニ接ス　三十七年一月一日生レテ僅ニ三年

午前河北方面ニ廻礼シ三時ヨリ葬式ニ列ス

夜ハ岡碩人名越時中二君ヲ招キ猶ホ我妻夫妻ノ陪席ヲ乞フテ質素ナル会食ヲナセリ

受信　柳晋。小田切省三。石井甲二郎。レールトン。

小林敬吉。藤井直喜

一月三日 木曜

午後ヨリ夜ニカケテ桑原氏ニ招カレテ歌会ニ行ク　夜

瀬川牧師ノ二女危篤ノ報アリ　里村洋行ノ楼上ニ同志相会シテ祈禱会ヲ開ク　而レドモ十二時頃遂ニ死去シタリ

猶男児一名病重し　何タル悲惨ゾヤ

発信　国府寺新作。まり子。奥山清治。レールトン。

受信　(手紙)高津友保

(端書)矢野仁一、安達郁、

一月四日 金曜

夜我妻君ニ招ガル

丸善ヨリ徳富健次郎子ノ新著『順礼紀行』一冊届ク

発信　阿部君代。高津友保

受信　(手紙)草間秀雄、酒巻貞一郎　伊東善吉

(端書)吉崎庄五郎、信次、岡慶治、橋本商店、柴田

要次郎　国府寺まり子
　毎日三、河北二、丸善ヨリ小包
　一月五日　土曜
瀬川牧師ノ末男孝蔵君亦死去セラレ瀬川氏マタ発熱、
依テ同氏夫婦ヲ井上病院ニ入院セシム
昼頃山口君宅ニ会シテ青年会役員会を開ク
事ナシ
発信　（端書）信次、
　（手紙）草間秀雄
受信　（端書）宮内季子。守谷栄夫。三浦一。吉福奥四
郎。君代。常念保平。騰次郎。作三郎。川崎幸太郎。
荒木真弓。土井林吉。丸善。俣野義郎。酒巻貞一郎
（郵書）阿部ゐ〔い〕な。山田竜治。
（小包）吉野りえ
　一月六日　日曜
朝教会ニ行ク　山口兄説教ス　午後ハ桑原夫婦及山口
兄我妻夫人ヲ招ギテかるた会ヲ催セリ
夜万国連合初周〔週〕祈禱会アリテ教会ニ出席シ予司会セリ
　一月七日　月曜
朝初週祈禱題目ヲ英文ヨリ日本文ニ翻訳シ之ヲ山口君
ト共ニ謄写板ニ刷リ教会員ニ配ルベキ〔ク〕沖田君ニ渡ス
夜青年会夜学部開校式アリテ出席ス
受信　（手紙）田中幸三郎。金灌泰。
（ハガキ）小野塚先生。長谷川達子
　毎日一、学燈。
　一月八日　火曜
半日ヲ青年会夜学部ノ為ニ捧ゲテ其事務ヲ見タリ
午後ヨリ夜ニカケテ山口一家及土井君ノ来訪ヲ受ケテ
夕食ヲ饗シ且懇談ス
　一月九日　水曜
午後野崎姉沖田君江藤君来ラル
夜青年会夜学部ノ通俗講話会ニ臨ミ社会主義ニ関スル
講話第一回ヲ演ズ
発信　新人社。基督教世界社
受信　小島末喜
　一月一〇日　木曜
午前読書ス　午後赤山君来ラル
夜沖田君宅ノ祈禱会ニ出席シ司会ス　題ハ外国伝道ト

言フナリキ

受信　(手紙)渋川春水。佐々木豊治。阿部君代。

(ハガキ)山本唯三郎。三枝蓊二。高山ふじ。小林宏二郎　根来リヨウ。鈴木文二。紺野嘉右エ門　田村藤四郎。中西四郎。伊沢平一郎。大谷津直麿。財部静治。切山篤太郎。菊谷文質。常世克巳。今井嘉幸。片山義勝。堀田貢。鬼頭　内ヶ崎、基督教世界三。君代写真。学士会月報一、毎日四

一月一一日　金曜

午後坂西少佐藤井恒久氏ヲ訪フ

夜青年会ニ英語ヲ教ヘ桑原氏ノかるた会ニ出席ス

受信　結城豊太郎。吉岡彦兵エ。高橋作蔵　樋口忠一。地村巳代治　太田孝之

新人一号

一月一二日　土曜

事なし

受信　(手紙)高津友保

(はがき)田中剛太郎

一月一三日　日曜

朝教会ニ礼拝ス　山口兄説教セラル

午後青年会アリ　夜ハ予説教ス

午後ヨリ夜ニカケテ馬養夫人。土井君。友田君。山口君。伊東君。吉福君。江藤君。南君。大野姉。桑原君。仝夫人。里村夫人等集リテ歌留た会ヲ催ス

受信　(手紙)青野好秀。穴沢清次郎

(ハガキ)三浦吉兵エ。木原元献。小島啓弐。岡村壮伍。宮城伊平。瀬戸潔。河上肇。平野亮平。美濃部達吉。西村三郎。阿部寿準　松岡宗三。小松武治。田昌。門馬長太郎。武藤長平。舟橋了助。村上正輔。安岡リキ。菅原順。山内正瞭。海老名弾正。村上末次郎。吉野信次。中村左護。鈴木文治。中野勝生。岩崎静江。岡正路。日高佐兵エ。君代。宮本貞三郎。渡辺房吉。大学青年会。物集高量。大工原銀太郎。片倉愛一。山崎覚次郎。荒木真弓。筧正太郎。野口末彦。物集よし。高野義太郎

河北五　毎日三

一月一四日　月曜

終日読書

受信　（ハガキ）野坂康二。岡田朝太郎。平田利三

一月一五日　火曜

朝読書　午後赤山君山口君ノ来訪ヲ受ク　夜沖田君来ル

発信　（手紙）阿部源吉。酒巻貞一郎　佐々木豊治

（ハガキ）丸善書店

一月一六日　水曜

午後赤山君、仝夫人、我妻夫人、栗村夫人等来訪セラル

夜教会ニ行キ祈禱会ノ後退院セル瀬川牧師ヲ里村氏宅ニ見舞フ

発信　（手紙）吉野りえ　（ハガキ）南洞孝

受信　（手紙）ブゼル。南洞孝。

（ハガキ）石川英記。萩原周三。服部誠一、平渡信

一月一七日　木曜

午前桑原君来訪セラレ午後我妻夫人沖田君松岡君土井君等訪問セラル

夜招カレテ桑原君宅ニ歌るたヲ取ル

夕方大坂東区北久宝寺町四ノ一〇六開成館三木楽器店々員伊藤史朗氏来ル

受信　（手紙）阿部栄治郎。益富政輔。信次。物集ヨシ。高津友保。佐々木精一郎。藤井直喜。

（ハガキ）木村清。加藤直士。君代。阿部。内藤政憲。国府寺マリ

毎日三、河北三、独乙語雑誌

一月一八日　金曜

約アリ午前金邦平君ヲ総督衙門ニ問フ　色々ノ談話ヲ交ヘタル中ニツキ

『支那ニハ自治局ナルモノ三ヶ所アリ　天津最モ古ク（三十九年七月?・）近時之ニ倣フモノ広東及奉天ニアリ　自治制施行ノ準備官衙ナリ　今行フモノ四、曰ク研究曰ク講演曰ク期成会曰ク法政官話報ノ発刊是ナリ　近時期成会ニテ起草セル選挙法中選挙権ノ標準ニ曰ク　㈠年令二十五才以上ノ男子　㈡一定ノ業アル者（業アル者トハ遊民ニ非ルヲ云フ）　㈢自己ノ氏名族籍ヲ書シ得ル者　㈣アヘンヲ吞マザルモノ　㈤犯罪ナキモノ　㈥破産シテ債務ヲ完済セザルモノ、次ニ被選権ノ方ハ曰ク　㈠選挙権アル者ニシテ　㈡高等小学以上ノ

学校ヲ卒業シ又ハ嘗テ官吏タリ若クハ学位ヲ有スルモノ
右ノ選挙法ハ目下総督ノ批准ヲ待チツヽアリ　来年中ニハ天津県ニ実施スベシトナリ
受信　(ハガキ)吉福奥四郎

河北

一月一九日　土曜

午前大山夫人来ル
夜招ガレテ板橋隊長ノ饗宴ニ列ス
此日松岡保之助君一時帰朝ノ途ニ就ク
発信　(ハガキ)藤井直喜　阿部源吉
(小包)阿部源吉　吉野りゑ
受信　(手紙)内ヶ崎作三郎。鈴木文治。宮本貞三郎。清国駐屯軍司令部。磯キヌ。佐藤助五郎。タイムス社。佐々木精一郎。
(ハガキ)中島力三郎。後藤利平。宮城伊兵エ。千葉吉治。平田徳治郎。戸水寛人。清水賢一郎。大槻文彦。鈴木博。中塚景貞。高野岩三郎。平沢均二。別所直正。英学生。黒潮。河北二。毎日三。

一月二〇日　日曜

朝約アリテ黎淵氏ヲ訪ハントセシモ同氏転宅ノ為メ居宅不明　遂ニ要領ヲ得ズシテ帰レリ
午後ハ禁酒会ノ発会式ニ臨ミ夜ハ馬養氏ノ誕生日ニ招カレテ行ケリ
袁克定ヨリ手紙来ル　明日ヨリ日課ヲ始ムベシトナリ
北条太洋氏ヨリ柴田要次郎君ノ写真ヲ送リ来ル

一月二一日　月曜

午後一寸正金ニ西田君ヲ訪テ金ヲ受取リ為替ヲ郵便局ニ組ミ四時袁氏ヲ訪ヒテ国際法ノ講義ヲ始ム
夜小林洋行ノ津永君小田中君織田君伊東君桑原君仝夫人ヲ招ギテかるた会ヲ遊ブ
東亜公司ヨリ西洋通史ヲ求ム
発信　(手紙)阿部源吉。吉野年蔵。信次。柴田要次郎

一月二二日　火曜

朝河北ニ黎淵君ヲ訪フ　桑原氏ヲ推薦ノ為ナリ　十時袁君ヲ訪ヒシモ不在ナリキ
午後二時マタ袁君ニ行キ国際公法ヲ教授ス

夜ハ桑原夫婦金田一夫婦、織田君友田君前島君等ヲ招ギテ歌留た会ヲ催セリ
此日ハたまの第二十七回ノ誕辰日ニ当リ且東京出発ノ一週年ナリ
受信　(ハガキ)田中幸三郎

一月二三日　水曜

袁君病気ニテ休ミナリキ
夕方山口君ノ来訪ニ接ス
受信　(手紙)目黒博。南洞孝。本郷教会。海老名弾正。矢田七太郎。
(ハガキ)花淵精。牧野啓吾。無名氏。中川とるい。土方寧。信次。祥雲確悟。
外、毎日四、河北四、国家学会法学協会一月分　青年会報

一月二四日　木曜

朝九時袁家ニ行キ十二時帰ル
此日江藤君ヲ通シテ中国青年会ヨリ手紙来ル　毎土曜日夜英語ヲ以テ政治法律ニ干スル講演ニ出席シテ呉レトノ要求ナリ　予ハ時間ナキノ故ヲ以テ断ハル
午後マタ袁家ニ行ク　六時帰ル
発信　(手紙)ブゼル。海老名先生

一月二五日　金曜

袁君病気ニ付休ミナリキ　帰途馬養氏ヲ訪問ス
昼土井君ノ訪問ヲ受ク
発信　(手紙)山田竜治
事ナシ
受信　(手紙)田尾真郷
(ハガキ)野々村戒三、杉程次郎

一月二六日　土曜

朝袁氏ニ行ク
午後瀬川氏ヲ見舞フ
夜江藤君ノ誕辰ニ付キ山口君宅ニ招ガレテ晩食ヲ饗セラ〔ル〕　帰途桑原氏宅ノかるた会ニ出席ス
発信　(手紙)山本忠美。川崎幸太郎。佐ヽ木豊治。
(ハガキ)田尾真郷

一月二七日　日曜

朝教会ニユク　午後馬養土井伊東氏等来訪セラル
受信　(手紙)阿部彌吉　仝君代　仝上

（ハガキ）杉谷泰山
小包東京ヨリ一
毎日二、河北二

一月二八日　月曜

雪降ル
朝及午後袁氏ニ行ク　事ナシ
受信　（ハガキ）吉福氏

一月二九日　火曜

朝及午後袁氏ニ行ク
夜誕生日紀念トシテかるた会ヲ催ス　会スル者桑原氏、仝夫人、金田一氏、仝夫人、百渓氏、田中氏、栗村氏、仝夫人、馬養氏、仝夫人、伊東氏、友田氏、藤本氏、堀氏、前島氏、小野沢氏等ニシテ午前二時ニ垂ントシテ散会セリ
発信　（手紙）宮本貞三郎。内ヶ崎作三郎　佐ゝ木精一郎。
（ハガキ）古川、東京
受信　（ハガキ）平田利三

一月三〇日　水曜

袁氏休ミ
午後山口、赤山二氏ヲ訪フ
夜教会ニ行ク　其他事ナシ

一月三一日　木曜

朝ト夜ト袁氏ニ行ク
受信　（手紙）吉野りゑ　国府寺まり
毎日4、河北3、学士会報二、新人一、基督教世界

三

二月一日　金曜

朝袁氏ニ行ク　夜ハ休ナリキ
発信　（ハガキ）基督教世界社

二月二日　土曜

朝袁氏ニ行ク　夜ハ休ミナリキ
夜ハ青年会夜学部ノ親睦会ニ出席ス
発信　（手紙）矢田七太郎。奥山清治

二月三日　日曜

朝教会ニ行ク
午後馬養氏ヲ訪ヒ終日遊ブ
夜教会ニテ「生命の宗教」ト題シテ説教セリ

二月四日　月曜

朝袁氏ニ行ク　袁氏曰ク予此度新ニ商部ニ仕官　本日午後北京ニ発程セントス　子モ亦来レト　予諾ス　猶坂西氏ト打合ヲナシテ帰ル
午後藤井氏桑原氏ヲ訪問ス
夕方黎淵氏来訪セラル　桑原氏ヲ招ギテ之ニ紹介ス
土井君亦来ラル

二月五日　火曜

朝桑原氏ト共ニ黎淵氏ヲ訪フ　帰途估衣街敦慶隆ニテ買物ス
夜金田一御夫婦桑原御夫婦ヲ招ギテかるた会ヲ催ス
発信　(手紙)阿部彌吉

二月六日　水曜

朝領事館ニ浜田君北条君瀬上君ヲ訪ヒ午後牧野田君中島君ヲ訪ヒ夜教会ニ行ク
受信　(手紙)国府寺新作
　毎日二、河北二、

二月七日　木曜

朝来来客。藤井夫人我妻夫人、野崎姉
発信　(手紙)奥山清治
受信　毎日四。河北六、東北一。聖書講義録二
(ハガキ)丸善。豊治兄
(手紙)阿部ノ父。沖田。国府寺嬢。草間。佐利

二月八日　金曜

午前中島半次郎氏来訪セラレ同氏ニ誘ハレテ北洋師範学堂ヲ見ル　四時頃帰ル
夜小林洋行楼上ニ開カレタル瀬川牧師送別会ニ臨ム
発信　(手紙)奥山清治。草間秀雄。佐藤利助。父上。阿部父上。
受信　(ハガキ)千葉豊治。中村春雨。永井柳太郎。

二月九日　土曜

夜桑原氏ヲ訪フ
発信　(ハガキ)千葉豊治、中村吉蔵、内ヶ崎作三郎。武藤長蔵
受信　(ハガキ)武藤長蔵

二月一〇日　日曜

朝教会ニ行ク　ソレヨリ瀬川牧師ノ帰国ヲ送ル
午後青年会例会ヲ開ク

受信　(手紙)阿部父。信次。柴田要次郎
(ハガキ)武藤長蔵
毎日五、河北四

二月一一日 月曜

事なし
発信　(手紙)梅謙次郎
(ハガキ)王鴻年

二月一二日 火曜

午後桑原兄ノ来訪ヲ受ク
発信　(手紙)阿部源吉、山崎覚次郎
(ハガキ)吉野信次。丸善。吉野年蔵
受信　(ハガキ)加古貞太郎

二月一三日 水曜

清暦正月元日ニ付ボーイヲシテ名札ヲ袁少爺、黎淵、金邦平、金在業、凌隔皷ノ五氏ニ配ラシム
夜招ガレテ金田一君のかるた会ニ赴ク

二月一四日 木曜

朝江藤君来ル　暫シテ袁克定君ヨリ使者アリ即刻来宅セラレタシトナリ　依リテ直ニ行ク　用向ハ北京随行ノ件ハ父ノ許可ヲ得ザルニ付ヤメルトノ事ナリ　依リテ予ハ天津ニ残留スルコト、ナレルナリ
午後ニ馬養夫婦并ニ友田君ノ来訪アリ　夜ニ入リテ金田一夫婦桑原夫婦、松長兄弟、江見君、三代嬢、伊東君等ヲ招ギテかるた会ヲ催セリ
受信　(手紙)タイムス社
(ハガキ)松岡保之助、野口徳太郎
(写真)信子　明子、
毎日二、河北三、独逸語雑誌一、キリスト教世界一

二月一五日 金曜

午前袁氏へ行ク
午後土井友田ノ二君来リ夜桑原氏ヲ訪フ
受信　毎日二、河北三、基督教世界一、

二月一六日 土曜

夜北洋日報社ノかるた会ニ行ク
午後新来ノ救世軍将校 Hatcher 女史ヲ訪フ
発信　(ハガキ)古川、南洞
(手紙)南洞

二月一七日 日曜

朝教会ニ行ク　午後保定ノ永井勇介氏我妻夫婦津永君ノ訪問ヲ受ク
夜教会ニテ説教ス　帰途桑原君宅ニテかるた会ヲナス
受信　(手紙)高津友保

二月一八日　月曜

朝井上国手ヲ訪ヒ夫ヨリ我妻君ト携ヘテ総督衙門ニ年始ニ行ク　帰途馬養君ヲ訪フ
夜馬養夫婦、桑原夫婦、友田、金田一君ヲ請ジテかるたヲ遊ブ　風アリ
受信　(手紙)奥山清治。阿部。物集よし。(ハガキ)常念保平。山本忠美。阿部父
基督教世界一、聖書講義録二、法学一、国家一、新人一、英学生一、

二月一九日　火曜

夜里村君宅ノかるた会ニ出席ス
発信　(手紙)奥山清治(書留)。国府寺新作。高津友保。阿部父
受信　小包一東京ヨリ

二月二〇日　水曜

読書ス
夜招カレテ金田一君宅ノかるた会ニ行ク　之ニテ八日続ケタリ
受信　毎日三、河北

二月二一日　木曜

午前読書
夜青年会ニ行キ支那語ヲ学ブ
徳富健次郎著『順礼紀行』ヲ読了ス

二月二二日　金曜

夜宅ニテ聖書研究会アリ　会スル者馬養君加幡君及山口君是ナリ
発信　(手紙)吉野年蔵殿。物集よし

二月二三日　土曜

午後招カレテ馬養君宅ノかるた会ニ臨ム
夜ハ領事館ノ大かるた会ニ出席シ遅ク帰ル
受信　(手紙)大連救世軍。王鴻年。小包王氏ヨリ

二月二四日　日曜

朝教会ノ礼拝ニ出席ス　午後加幡君宅ノかるた会ニ出

席ス　夜教会ニ行ク　朝ハ山口兄夜ハ江藤兄説教ス
受信　(手紙)内ヶ崎作三郎。矢田七太郎　阿部父
(ハガキ)吉野兄
毎日二、河北二

二月二五日　月曜

午前読書　午後大山夫人来訪セラル
夜青年会ニ行ク
発信　(手紙)阿部父
(ハガキ)小山君。王鴻年。吉野和平。柴田要次郎。
受信　毎日二、
(ハガキ)守屋栄夫

二月二六日　火曜

午前読書ス
午後金田一君ノ来訪アリ　俄ニ百渓君。桑原君。仝夫人。其他例ノ数氏ヲ誘テかるたヲ遊ブ

二月二七日　水曜

読書
夜教会ニ行ク
受信　大石定吉君

二月二八日　木曜

午前読書
午後ヨリ夜ニカケテ桑原兄ヲ訪フ
発信　(ハガキ)大石定吉

三月一日　金曜

終日読書
夜大山君宅ニ開ケル聖書研究会ニ出席ス
受信　(ハガキ)永井勇助
(手紙)阿部父
毎日三、河北二、学燈二

三月二日　土曜

午前読書
午後栗村君桑原夫人ノ来訪ヲ受ク
夜青年会ニ行ク
発信　(手紙)阿部父

三月三日　日曜

朝教会ニ行ク　浜田君司式説教セラル　右終リテ小学校前庭ニ於テ山口土井二君送別紀念ノ為メ撮影ス
午後ヨリ夜ニカケテ金田一氏ノ研究会ニ臨メリ　教会

ノ夜ノ説教ハミス・ハッチャーナリキ
受信　(手紙)阿部父
毎日三
反物一反入小包古川ヨリ

三月四日　月曜

読書
夜青年会ニ行ク
発信　(手紙)阿部父

三月五日　火曜

午前読書
午後約ニ従ヒ仏租界ナルMiss Winterbothamヲ訪フ　六十余歳ト見ユル老人ニシテ一脚ヲ失ヘル不具ナルモ元気汪盛ナルニ感ズ　毎週火金土ノ三日夜行クコトニ約ス
夜青年会ニ行ク
発信　(ハガキ)古川、奥山君
受信　小包奥山君ヨリ絹紬入

三月六日　水曜

午前読書
午後国家学会雑誌ヘノ寄稿ヲ起草ス
夜教会ニ行ク
発信　(手紙)古川母
(ハガキ)奥山。山田キシ
受信　(手紙)国府寺マリ子、奥山清治。古川母
(ハガキ)丸善
(小包)丸善ヨリ万国地図
毎日三

三月七日　木曜

日中読書
夜金田一君百渓君桑原君仝夫人三代姉村夫人千歳君江見君加幡君辻夫人等ヲ招ギテ歌留多会ヲ催セリ

三月八日　金曜

日中読書
夜約ノ如クミス・ウォンターバソムヲ訪フ　親切ナル老婆
受信　(手紙)杉野耕三郎。沖田介次郎
(ハガキ)吉崎庄五郎
毎日二。聖書講義録二月分

三月九日　土曜

午前読書、午後ハ婦人会アリキ
夜 Miss W. ヲ訪フ　八時辞シ帰リ直ニ芙蓉館ニ開カレタルかるた歌《〔会〕》ニ出席シタリ
発信　（ハガキ）吉崎庄五郎。美濃部達吉

三月一〇日　日曜

朝教会ニ行ク　山口君説教ス
午後海光寺ニ行ク　戦捷紀念祝賀会アリシヲ以テ也
夜教会ニテ説教ス
受信　（手紙）山崎覚次郎先生
（ハガキ）国府寺まり子
毎日三、新人一

三月一一日　月曜

午前読書　午後江藤君来ル
午後山口君ヲ招ギ其送別トシテ饗応ス
発信　（手紙）営口三友洋行。山崎覚次郎先生。常世克巳。

三月一二日　火曜

午前読書　午後土井君ノ訪問ヲ受ク
夜海光寺ニ板橋氏ヲ訪ヒ同氏ノ中佐昇任ヲ祝セリ
受信　（手紙）島田俊雄

三月一三日　水曜

日中読書
夜教会ニテ江藤野崎二氏ノ送別会ニ列ス
発信　（書留）古川、東京、大連山田キシ殿
受信　（手紙）南洞孝
（ハガキ）奥山君

三月一四日　木曜

午前クラブニテ前田孝太郎君ト会見ス
午後読書ス
夜桑原兄百渓兄金田一夫婦三代姉ヲ招ギテかるた会ヲ開ク
発信　（手紙）奥山。南洞。伊東。
受信　（手紙）国府寺新作、信次、篤平
（ハガキ）丸善
写真　伊東善吉
毎日三、河北六

三月一五日　金曜

午前読書

午後百渓君ト共ニ有信ノてにすニ行ク
夜ミスWヲ訪ヒ長ク話ス

三月一六日　土曜

午前読書
午後マタ百渓君ニ誘ハレテ有信ニてにすニ行ク
夜ミスWヲ訪ヒ帰后金田一君宅ノかるた会ニ行ク
発信　(手紙)篤平、島田俊雄、小島末喜、大連救世軍

三月一七日　日曜

朝教会ニ礼拝ニ行ク
午後百渓君、岡君、伊東君、江見君、友田君、西田君、山西君ノ訪問ヲウク
夜板橋君ノ招キニ応ジテ海光寺ノ宴会ニ列ス
受信　(手紙)梅謙次郎。タイムス社。伊東善吉。東京父
(ハガキ)丸善。
小包二(丸善ヨリ書籍 東京ヨリ衣類)

三月一八日　月曜

日中読書
夕方山口君ヲ訪フ

三月一九日　火曜

午前読書、昼前津永君来訪　野沢少佐ヨリノ電話ヲ伝ラル　午後一時マデニ参謀へ来ラレタシトノ主意ナリ　一時マデニ柚原参謀宅ニ行キシニ野沢氏来ラズ　後ニテソハ督練処参謀処ノコトナリト知レリ　兎ニ角野沢氏ニ遇フヲ得ザリキ
夜例ノ如クミスWヲ訪フ
発信　(手紙)梅先生、小野塚先生、大野姉、東京父

三月二〇日　水曜

午前電話アリ昼食後坂西少佐宅ニ野沢少佐ヲ訪ヒ更ニ参謀処ニ傅良佐君ヲ訪フ　予ハ督練処繙訳官ノ名義トナリ参謀処附将校ノ為ニ毎日二時間ヅヽ国際法ノ講義ヲナスコトトセリ
帰途馬養兄宅ニ桑原兄ト待チ合セ黎淵君ヲ訪フ　上海ニ行キシトテ在ラズ
帰宅スレバ杉野君来訪予ヲ待チツヽアリ　氏ハ此度北京郵便局ニ任ジ赴任ノ途ニアルナリ
受信　(手紙)信次　東京父。物集高量。仝芳子
毎日二、河北三、

（ハガキ）常世

三月二一日　木曜

午前杉野君中村君ノ訪問ヲ受ケ昼食後返訪ス　杉野君ハ午後三時ノ汽車ニテ出発セラル　停車場ニ見送ル

夕方江見君ニ誘ハレ有信ニテニスニ行ク　夜ハ桑原君宅ノ筑波会例会ニ出席ス

三月二二日　金曜

夜ミスWヲ訪フコト例ノ如シ　事ナシ

三月二三日　土曜

午前読書

午後栗村兄ノ病気見舞ニ行ク

夜栗村兄ニ招カレ新到ノ標準かるたヲ以テかるたヲ遊ブ

受信　（ハガキ）吉福氏

三月二四日　日曜

朝教会ニ行ク　大山君礼拝ヲ司リ説教セラル　午後大坂商船倉庫前ニ於テ撮影ス　帰途有信ニ立寄リテてにすヲ遊ブ

夜教会ニテ「議する者議せらるゝ者」ナル題ニ就テ説教ス

受信　（手紙）君代、大槻英之進

毎日三、河北二

三月二五日　月曜

此日ヨリ督練処ニ戦時国際公法ノ講義ニ行ク　聴講生ハ傅君、蔣君、賈君、張君、列君、汪君、童君ノ七人ニシテ一度日本ニ留学セシモノナレバ皆能ク日本語ヲ解ス　何レモ督練処ノ高官ナリ　張君、傅君、蔣君尤モ俊秀ナルガ如シ

夜青年会ヲ教ヘ桑原君、西田君等ト共ニ山口君ヲ訪ヒテ送別ス

三月二六日　火曜

午前講義ノ草稿ヲ作リ午後督練処ヘ行ク

午後奉天ノ平川夫人及山口北堂来宅　夜我妻夫妻ノ来訪ヲ受ク

発信　（手紙）吉福。大槻英之進。袁克定

受信　吉福

三月二七日　水曜

午前講義ノ草稿ヲ作リ午後督練処ニ行ク
夜青年会ニ教ユ　引キ続キ聖書講義ヲナシ祈禱会ニ臨ム

三月二八日 木曜

午前講義ノ草稿ヲ作リ午後例ノ如ク督練処ニ行ク
夕方山口君ヲ訪フ
夜筑波会例会ヲ開ク
受信　(ハガキ)沖田。内ヶ崎。国府寺マリ
　毎日三、河北二

三月二九日 金曜

此日山口君当地ヲ出発シテ帰国ノ途ニ上ル　紫竹林埠頭ニ見送ル
午後督練処ニ行クコト例ノ如シ
夜吉福君ヲ招キ筑波会員ヲ招ギテかるたヲ遊ブ

三月三〇日 土曜

午前読書　午後督練処
夜ミスWヲ訪フ
受信　(手紙)チヤイナタイムス社
〔新聞切抜き貼付、見出し「蒙古会議議題」〕

三月三一日 日曜

朝教会ニ行ク　浜田君説教セラル
宮内季子君此度帰朝セラルトテ芝廼家ニ在リ　午後訪問シテ数時間懇談ス　清国行政法一冊寄贈セラル
夜教会ニ行ク　土井君説教セラル
受信　(手紙)佐ゝ木姉。東京
　毎日三、河北二。
〔新聞切抜き貼付、見出し「五国団会議結果」「支那鉄道借款」「国会組織法要綱」〕

四月一日 月曜

朝宮内法学士ヲ紫竹林埠頭ニ送ル
午後督練処ニ行クコト例ノ如シ
夜青年会ニ行ク
発信　(手紙)常世克巳、袁克定
〔新聞切抜き貼付、見出し「五国借款団協議」「新聞条例編成」「鉄道借款成立」〕

四月二日 火曜

依例如例
夜ミスWヲ訪フ　頃日撮影セル写真ヲ贈リシニ非常ニ

喜ブ

○ I was taken in photograph. I and my wife were photographed.

○ Did you mean for me?

発信　(手紙)吉野篤平、内ヶ崎作三郎

〔新聞切抜き貼付、見出し「大借款交渉」「新鉄道借款」「大借款協議」「新鉄道借款調印」「平政院編成」「総統交附案通過」「政府議員疎通会」〕

四月三日　水曜

朝読書　午後督練処ニ行ク

夜青年会ニ行ク　帰途ニ桑原君宅ノ筑波会臨時会ニ出席　雨フル

発信　東京へ写真

受信　(手紙)東京父。信次。

(ハガキ)川崎幸太郎。常世克巳。荒木真弓。山口照平

毎日五。河北七。基教世界三。朝顔花一、

〔新聞切抜き貼付、見出し「寧渉鉄道契約」「第二大借款交渉」〕

四月四日　木曜

朝読書　午後督処　夜筑波会

救世軍大庭君去年レールトン少将ト訪問セラレシガ帰国ノ途次立チ寄ラレ宿泊セラル

発信　(ハガキ)ミスW

受信　(ハガキ)奥山君

〔新聞切抜き貼付、見出し「新聞条例公布」「清皇室優待規定」「清皇室優待」「寧湘鉄道借款」「借款談判応諾」〕

四月五日　金曜

朝読書　午後督　帰宅後我妻君ヲ訪フ

夜ミスWヲ訪フ

○ to crumble the earth, crumbly earth, fine earth, soft earth.

○ if there's nothing to prevent me.

○ A letter has been brought me by the mail. A letter were brought (came to) me last night by the mail. ○ short touch

○ convolvulus　○ annual

○ liberal contribution

発信　(手紙)武藤長蔵

（ハガキ）内ヶ崎作三郎

〔新聞切抜き貼付、見出し「言論圧迫に憤慨」「大借款意見交換」「対支借款協議内容」「支那約法会議」「言論抑圧主義」〕

四月六日 土曜

朝我妻君御夫婦ト共ニ海光寺ニ行キ板橋中佐ニ告別ス

帰途競馬場方面ニ散歩シ昼過ギ帰ル

午後一寸赤山君ヲ訪ヒ夜ミスWヲ訪フ

光子麻診〔疹〕ニ罹ル

発信 （手紙）東京父。袁克定

受信 （手紙）河上肇。みよし

（ハガキ）国府寺マリ子。松岡保之助

英学生一。毎日二。河北一。

〔新聞切抜き貼付、見出し「露紙の恐日論」「支那借款協議」「支那新鉄道計画」「支那の石油礦」〕

四月七日 日曜

朝教会ニ行キ帰途稲垣君宅ニテ昼食ヲ饗セラル

午後中村金城昼会ニ至ル

夜板橋中佐岡副官ヲ招キテ常盤ホテルニ送別会ヲ開ク

受信 （手紙）山田彌十郎

（ハガキ）吉福

〔新聞切抜き貼付、見出し「大借款前渡会議」「中仏銀行借款」「実業借款公債発行」〕

四月八日 月曜

朝桑原君ノ来訪ヲ受ク

午後督練処ニ行キ其後桑原君ト連レ立チテ嵇鏡黎淵二君ヲ訪フ

発信 写真古川へ

奥山へハガキ（注文）

受信 （手紙）丸善

〔新聞切抜き貼付、見出し「徐世昌内閣引受けん」「借款額打切」「支那新借款成立」「英国の新鉄道利権」「曖昧なる中仏借款」〕

四月九日 火曜

午後ヨリ杉野君ノ来訪ヲ受ク 君ハ昨日公用ニテ来津セラレタルナリ

光子病気ノ為メミスWハ休ム

発信 （手紙）河上肇

（ハガキ）信次

受信 （手紙）小野塚先生、東京父

毎日三、東北一、

〔新聞切抜き貼付、見出し「斉黒鉄道敷設協議」「中法銀行大活動」〕

四月一〇日　水曜

午前杉野君ヲ案内シテ外国租界ニ行ク　午後督　夜教会

別段ノコトナシ

発信　（ハガキ）ミスW

（手紙）石神氏

受信　（ハガキ）大坂江藤豊二、南洞孝

毎日一、東北一、千葉豊治君新聞一

〔新聞切抜き貼付、見出し「支那約法会議」「両広の独逸借款」「露蒙境界委員」〕

四月一一日　木曜

例ノ如シ　別ニ事ナシ

四月一二日　金曜

督処ハ休ム

午前津永君来訪セラル

光子ノ麻疹段々ヨクナル

発信　（手紙）東京。袁克定

受信　（ハガキ）小田切協三

〔新聞切抜き貼付、見出し「支那第二借款の難関」「徐世昌入閣決定」「白狼革命旗を飜す」「安徽の匪乱」「支那立法院組織」〕

四月一三日　土曜

午前太陽及太平洋ヲ読ミ且清国商業綜覧第一巻ト東亜特種条約彙纂中義和団事件ニ関スル部分ヲ一読ス

午後袁克定氏本日帰津セリトテ藤井氏ト共ニ来訪セラル　金田一氏大野姉馬養氏我妻兄光子ノ病舞ニ来ラル

此夜浜田君ニ代リテ夜学部ニ Longman 2 ヲ教ヘハジム

発信　（ハガキ）川崎。小田切。荒木

四月一四日　日曜

村亀氏夫人猩紅熱ニテ午前七時二十分死去セラル

受信　（手紙）東京父。物集高量。国府寺マリ。タイムス社

（ハガキ）宮内季子

毎日三、東北二、

丸善ヨリ小包一、

四月一五日　月曜

午前ハ加藤総領事。井上一男氏、安川雄之助氏、皆川広量氏ヲ訪問シ青年会夜学部寄附金ノコトヲ談ジタリ

午後吉福君ノ来訪ヲ受ク

夜ハ常盤ホテルニ於テ黎君、嵇君、高君、李君　梁君ヲ招ギテ宴会ヲ開ケリ　北条君桑原君モ来会セラレタリ

東京ヨリ女中来ル

発信　（手紙）東京父。村上末次郎

受信　（ハガキ）永井柳太郎

（手紙）村、□《〔不明〕》平

〔新聞切抜き貼付、見出し「支那第二借款前渡」「支那約法会議」「新約法案要点」〕

四月一六日　火曜

朝酒田丸事務長和田捨松君ヲ常盤ホテル〔ニ〕訪ヒ女中伴来ノ礼ヲ述ブ

此日午後村夫人ノ葬式アリ　予ハ参列セズ只一片ノ弔文ヲ草シテ浜田君ニ托シテ代読セシム（弔文別項）

夜青年会ニ行ク

受信　（手紙）信次

（ハガキ）鈴木文治。藤井直喜。丸善国家一、法学一、ＡＢＣ一、毎日三、東北三、大坂朝日一、

〔新聞切抜き貼付、見出し「昌黎事件解決」〕

〔「明治四十年当用日記」の巻末に〕

明治四十年四月十七《〔ママ〕》日茲ニ恭シク村夫人故数枝君ノ霊ニ告グ　君図ラズシテ病ヲ得医薬効ナク遂ニ溘然トシテ逝ク　夫君幼弱ノ二児ヲ抱テ断腸ノ苦ニ堪ヘズト雖モ君ハ永ニ帰ル能ハザル也　噫悲哉

君人ト為リ温順恒懐貞淑ノ令名特ニ江湖ニ高ク加フルニ風姿艶麗声色玉ノ如ク客ヲシテ春風ニ漂フノ思アラシム　君ヲ知ル者未ダ嘗テ愛慕ノ情ヲ起サズンバ非ル也　而シテ今ヤ幽明其境ヲ異ニシ復タ相見ユルヲ得ズ　嗚呼何ノ辞ヲ以テカ此悲痛ノ情ヲ舒ベン

君内ニ在テハ能ク夫君ニ事ヘ愛児ヲ撫育シ和気靄然トシテ常ニ堂ニ満ツ　夫婦相和シ親子相親シミ彼此相愛ノ至情実ニ世人欽羨シテ措カザル所ナリ　而シテ君今ヤ則チ白玉楼中ノ客トナル　夫君呼ベドモ応フルニ由ナク二児君ヲ慕ウテ徒ニ叫喚スト雖モ君ハ来リテ之ヲ抱ク能ハ

ザルナリ　嗟呼天何ノ心アリテカ此惨憺ノ思ニ悩マシム
ル
　雖然逝ク者ハ追フベカラズ　生死ハ天ノ独リ司リ給フ
所タリ　吾等ハ只神ノ摂理ヲ信ジテ君ノ来世ノ栄光ヲ想
ヒ私ニ以テ慰ト為スベキノミ　思フニ君ノ霊性ハ純潔雪
ノ如ク清冽玉ノ如シ　斯ノ霊斯ノ性何ゾ一世ニシテ空ニ
帰スル者ナランヤ　肉体ハ空シク化シテ荼毘一片ノ煙ニ
託スト雖モ魂魄ハ則チ天ノ懐ニ帰シテ不変ノ浄楽ヲ逞ウ
スルヤ必セリ　後事憂フル勿レ　願クハ穏カニ天ノ恵福
ニ帰ラレンコトヲ
　吾等天津基督教会々員ハ茲ニ謹ンデ君ノ霊ヲ祭リ衷情
ヲ傾ケテ切ニ君ノ恵福ヲ禱ルモノナリ

四月一七日　水曜

午前読書
午後桑原君ト共ニ南門内高等審判庁ヲ参観ス
夜土井君ノ送別会アリ教会ニ行ク
発信　（手紙）ゴルトン、信次。東京
〔新聞切抜き貼付、見出し「支那共和国の危機」「法権侵害陳謝」〕

四月一八日　木曜

午前読書　午後督
夜桑原君宅ニ於ケル筑波会ニ臨ム
受信　（手紙）奥山。
　小包奥山ヨリ
毎日一、東北一、大坂二、

四月一九日　金曜

土井彦一郎兄北京ニ向テ出立ス　漢口上海ヲ廻リテ帰
国セラル、ナリ　停車場ニ見送ル　紀念トシテ満州要覧
一部成功法一部ヲ贈ル
午後督
夜青年会ニ行ク
受信　（手紙）奥山太吉。
毎日一、東北一、キリスト三、

四月二〇日　土曜

午前読書　午後督　帰途黎君ヲ訪フ
発信　（手紙）奥山
受信　（ハガキ）南洞
　南洞写真

四月二一日　日曜

板橋中佐転任帰国ニ付早朝停車場ニ見送ル　十時教会ニ行ク
午後百渓君ト共ニ李公祠ニ遊ビ帰リテ三浦君ヲ訪ヒてにすヲ遊ビ六時里村洋行ニ菅原君ヲ訪ヒ支那料理ヲ饗セラル
夜教会ニ行ク
発信　(手紙)梅先生
(ハガキ)細川、南洞、鈴木、物集、阿部父、古川父、永井、千葉、
受信　(手紙)東京
毎日一、東北二、大坂二、

四月二二日　月曜

朝傅君来訪セラル　共ニ古城氏ノ病院ニ至リ種痘ス
午後督、
夜青年会
受信　(ハガキ)内ヶ崎。常世。江藤。中村
飢渇
毎日三　東北二、大坂三

四月二三日　火曜

午前小林洋行ノ小田中君帰国スルトテ来ラル
小林洋行ヨリ写真ブック四冊ヲ求ム
午後督
夜ミスW、Wニ画ヲ送リシニ叱ラル
blistre, cedar〔マ〕
受信　(手紙)武藤長蔵
書籍武藤二、宮城ヨリ浪子一、

四月二四日　水曜

午前読書　午後督
夜青年会へ行ク
発信　(ハガキ)中村吉蔵君　内ヶ崎、吉福、国府寺、宮城
(手紙)杉野夫人、東京
受信　毎日二、大坂一

四月二五日　木曜

朝加藤君ノ来訪ヲ受ク
午後督
夜筑波会例会拙宅
発信　(ハガキ)武藤君

受信　（ハガキ）土井
　大坂一、東北一

四月二六日　金曜

朝光子ノ帽子買ニ英租界ニ行ク　Blow ニテ児島君ニ遇ヒ誘ハル、マ、同君宅ニ遊ビ正午帰ル
午後督練処ニ行ク
発信　（手紙 registered）佐ゝ木豊治、阿部父、大連救世軍

四月二七日　土曜

午前ミス Bögel ヲ訪フ
午後督
夜アルケードに行く
発信　（手紙）中川とるい。小島末喜
（ハガキ）信次
受信　（手紙）古川
（ハガキ）信次
毎日三、大坂二、東北四
早稲田規則。日本経済。商業

四月二八日　日曜

朝教会ニ礼拝ニ行ク
午後一家ヲ挙李公祠ニ遊ブ　光子大ニ喜ブ
夜教会ニテ説教ス
受信　（ハガキ）宮本
　毎日一、大坂一

四月二九日　月曜

朝来雨
此日ヨリ歯ノ為メニ又田添医師ニ通ヒ始ム
督練処ハ休ム
夜青年会
発信　（手紙）古川父。信次。伊藤正。
（ハガキ）武藤長蔵。宮本貞三郎。宮城伊兵エ。河上肇。田尾真郷

四月三〇日　火曜

朝読書
午後督
夜川村三郎歌川国一君ノ来訪ヲ受ク
〔新聞切抜き貼付、見出し「又々新利権獲得」「四川鉱山権条件」〕

五月一日　水曜

朝読書、国際公法占領論
午後督
夜青年会
此日朝杉本雪子大連ニ赴ク可ク出立ス　朝来光子彼女ヲ慕テ止マズ　無限ノ凄寂ヲ感ズ　暗涙ニ咽ブ　一樹ノ影一河ノ流モ他生ノ縁トヤラ人情ノ真ハ争フ可カラザル也　予ハ彼女ノ行末ニ神恩ノ裕ナランコトヲ祈ルヤ切ナリ
受信　(手紙)奥山。今井
(ハガキ)江藤。玉手。武藤
毎日三、大坂三、東北二、学士会一、

五月二日　木曜

督休ム
夜筑波会例会(金田一氏宅)ニ出席ス
発信　(ハガキ)玉手。小島。奥山。武藤。山田
(手紙)今井、

五月三日　金曜

午前読書
午後督
夜ミスB及ミスWニ行ク

五月四日　土曜

午前読書　午後督
発信　(手紙)袁君
小包東京へ
受信　(手紙)国府寺嬢。大槻英之進。君代。タイムス社
商業学校規則書二、
(ハガキ)山口照平
毎日三、大坂三、東北四、キリスト二、

五月五日　日曜

午前教会ニ行キ午後絵はがき展覧会にゆき後河北の小学校運動会ニ赴く
夜我妻君の来訪をうく
発信　(ハガキ)藤本幸太郎氏
受信　毎日一、大坂一、

五月六日　月曜

風邪ニ付督休ム
発信　(ハガキ)吉福君。瀬戸潔君。三枝君

五月七日 火曜

午前読書 午後督

夜ミスB、ミスWヲ訪フ 帰後倶楽部ナル運動会評議会ニ出席ス

受信 (手紙)タイムス社、安斎宏索。山田彌十郎

毎日二、大坂二、東北二

五月八日 水曜

午前読書 午後督

夜青年会ニ行く

受信 (手紙)東京父、田尾真郷

(ハガキ)国府寺

東北二、毎日一、大坂二、キリスト一、

写真国府寺嬢

五月九日 木曜

如前日風頗ル多シ

此日二階ト下ト交換ス

夜桑原氏方ノ筑波会例会ニ出席ス

五月一〇日 金曜

午前読書 午後督

夕ミスB

夜稲垣君、菅原君、江見君、伊東君、津永君、川村君、浜田君、歌川君ヲ会シテ青年会夜学部ノコトヲ協議ス

発信 (手紙)ミスW、丸善

受信 (手紙)タイムス。百渓。ミスW

毎日一

五月一一日 土曜

Morning: I went to the Club, where I was to go to arrange the prizes of the athletic meeting, to be held tomorrow.

Afternoon, I went as usual to Tokurenjo.

Evening, I went to the Club, too.

五月一二日 日曜

The Japanese Amateur Athletic Exercise has been held this day on the pre-destined Yamato Park ground, where I spent very busy time, because I had played a role of umpire. It was very fine weather generally, although there was a sandy wind a while long at afternoon.

受信 (手紙)物集高量。小嶋末喜。宮城甲平。

(ハガキ)川崎幸太郎。鈴木文治。梅田信五郎
雑誌日本工業新誌及聖書講義録
東北三。毎日二。大坂二。

五月一三日 月曜

In the afternoon I went as usual to the Yamen〔衙門〕. Till that, I was engaging in making an essay for "Kokka Gakkai" magazine entitled "the present stage of progress of the Self-Administrationism at Tientsin".〔天津における自治制施行の現況〕 That shall be perhaps published about in July number.

In the night Mr. Kuwabara and etc. gathered at my house to play Japanese card.

五月一四日 火曜

午後〔前〕読書 午後督
夜百渓君ノ来訪ヲ受ク
発信 (手紙)美の〔濃〕部。仝上へ原稿
(ハガキ)鈴木。川崎。新人社

五月一五日 水曜

Morgens habe ich die Note meiner Vorlesung geschrieben, und nachmittags ging ich nach Vizekönigs Yamen. Ich gehe zur Halle von dem japanischen christlichen Jungmänner Verein jeden Mittwochs, wo muß ich Herrn Gordon's Vorlesung an der Bibel übersetzen. Aber hat er nicht heute gekommen.
〔午前中は講義ノートを執筆、午後は摂政(総督)の衙門に行った。毎週水曜日には日本ＹＭＣＡホールに行って、ゴードン氏の聖書講義を翻訳しなければならない。しかし彼は今日は来なかった。〕

受信 大坂四、毎日四、ＡＢＣ一、東北二
武藤君ヨリ学堂章程、鈴木ヨリ開拓者 学燈、
(ハガキ)君代、古川、板橋、丸善、荘
(手紙)坂西、紺野、佐ゝ木姉

五月一六日 木曜

Heute hat es sehr staubig gewesen. Morgens zu schreiben und nachmittags Vorlesung zu halten; mein Werk ist dasselbe jeden Tag. Ich habe gehört, daß des seligen Herrn Fujimotos zweite Tochter um zwei Uhr dieses nachmittags gestorben hat. Herr und Frau Fujimoto und ihre zwei Kinder wurden neulich vom Scharlachfieber angegriffen. Der Vater und die Kinder hatten gestorben, die Mutter nur allein wird zu wiedergenesen erwartet. Das andere Kind, welches von der Epidemie befreit wird, ist zu Hause mit seiner Großmutter.

〔今日はひじょうに埃っぽかった。午前中は執筆、午後は講義――毎日が同じ日課だ。故藤本氏の次女が午後二時に亡くなったそうだ。藤本夫妻と二人の子供たちは最近、猩紅熱にかかった。父親と子供たちは亡くなった。母親一人だけが回復を期待されている。もう一人の、病気にかからなかった子供は、祖母と家にいる。〕

五月一七日 金曜

I went to see Miss Bögel, but she was not in. Then I called on Miss Winterbotham, whom I had not seen since Tuesday week. I was very much pleased to see her in an excellent spirit as usual.

発信　(手紙)小島末喜。山本忠美。物集高量。宮城伊兵エ。紺野嘉右エ門。

(ハガキ)丸善

受信　(手紙)信次

大坂二、毎日二、東北二、

(ハガキ)杉本ユキ

五月一八日 土曜

In the morning, Mr. Kindaichi came, who told me that prince Tsai (振貝子) had resigned from all his posts. In afternoon I went to Yamen as usual. At evening I attended to the meeting, which was held at Mr. Kindaichi's in honor of Mr. Momotani, who was going to Japan the next morning.

発信　(手紙)阿部彌吉。細川瀏。吉野年蔵。

受信　(手紙)物集よし

大坂一、東北二

五月一九日 日曜

In the morning I went up to my church, where Mr. Hamada preached. On the way home, I called on Mr. Miura, whose youngest baby was then very ill, attended to by Mr. Yasuda.

At night I preached at church under the title "An advice to the youngmen in Tientsin".

五月二〇日 月曜

I was visited by Mr. Uesugi, of the Tō-a Kon-su〔東亜公

司〕, this morning. In afternoon I went to Yamen as usual. At night I called on Mr. Oka in Hai-Kwan-su〔海関司〕, where I spent an hour, talking with him.

発信　(手紙)信次

(ハガキ)小野塚先生

五月二一日　火曜

Es ist sehr heiß gewesen. Nachdem ich von dem Yamen diesen Nachmittag zurückgekommen hatte, ich ging zu Fräulein Bögels Hause und Fräulein Winterbothams.

〔たいへん暑かった。午後衙門から帰った後、ボェーゲル女史の家とウインターボサム女史のところへ行った。〕

受信　(手紙)鈴木文治。君代

毎日四、大坂三、東北二、国家法学各一

五月二二日　水曜

In the day time as usual. At evening I went to the Seinenkwai, where I interpreted for the first time Mr. Gordon's lecture on the Bible. He begann his lecture from the 27th verse of the 4th Chapter of John. It was very interesting.

五月二三日　木曜

In the day time as usual. At night I received Mr. Agatsuma's visit. From today I have begun to translate National Readers into the German.

受信　(ハガキ)小林富二郎

大坂二、毎日一、英学生一、

五月二四日　金曜

In the day time, as usual.

In the evening I called on Miss Bögel and Miss Winterbotham.

受信　(手紙)君代

(ハガキ)常世

大坂一、毎日一、東北二、

五月二五日　土曜

I do not go to Yamen.

In the evening I go up to Mr. Kuwabara's, where the weekly meeting of Tsukubakwai is to be held.

五月二六日　日曜

In the morning I attend to church, where Mr. Hamada

serves.

I spend all the afternoon on the armchair with nothing to do, for it is too hot to work.

At the evening I speak on the church on the title of "Fairplay".

発信　（ハガキ）常世君

五月二七日　月曜

Heute ist es sehr staubig. So habe ich nicht nach Yamen gegangen.

〔今日は埃っぽい。だから衙門には行かなかった。〕

発信　（手紙）鈴木文治。今井嘉幸。鵜沢総明

受信　（手紙）三枝蓊二。山口照平。中川とるい
日本経済新誌。東北一。毎日一。大坂一

五月二八日　火曜

It rained and it kept air very cool and clear. Afternoon to Yamen. Evening to Miss Bögel.

発信　（手紙）河上肇、阿部父
（ハガキ）信次

受信　（手紙）瀬戸潔
（ハガキ）土井彦一郎。信次
東北一、大坂三、毎日三、ＡＢＣ一
小包（独乙会話教科書）

五月二九日　水曜

Mitsu has quite recovered.

Afternoon, I go up to Yamen as usual.

After having got back, I am called on by Mr. Kindaichi.

At evening I go to Seinenkwai and interprete Mr. Gordon's lecture.

受信　（ハガキ）君代。丸善
大坂一、毎日一、東北二、キリスト世界二、平和一

五月三〇日　木曜

瀬川江藤野崎諸兄姉帰朝せらる

発信　（ハガキ）宮本

受信　（ハガキ）浜田、

六月一日　土曜

午前読書　午後督練処にゆく

夜教会にて青年会臨時会に出席す

受信　（ハガキ）丸善

(写真)中川
学燈一、大坂三、毎日三、東北二、
(手紙)島田俊雄

六月二日 日曜

朝教会に行く　瀬川氏説教せらる
午後瀬川氏を里村洋行に訪ふ
夜は教会に開かれたる瀬川夫婦江藤野崎諸兄姉歓迎親睦会を開くに参列す

六月三日 月曜

午前安川。歌川。牧野田の諸氏を訪問し午後は津永君の来訪を受く　津永君は発展の見込なしとて小林洋行辞任の旨を松岡氏まで申込まれたりと云ふ
夜筑波会例会を開く
受信　(手紙)美の部先生。信次
(ハガキ)玉手。丸善
小包丸善ヨリ。学士会月報
毎日三、大坂三

六月四日 火曜

午後督練処
夕ミスB
受信　(手紙)奥山
(ハガキ)百渓

六月五日 水曜

午後木村虎三郎氏ノ来訪ヲウク

六月六日 木曜

朝読書　午後督練処ニ行ク
此日夏目漱石先生ノうづら籠ヲ読ミ了ル　就中坊つちやん最モ痛快ナリ　閑ガアラバ再読三読シタシト思フ
発信　(ハガキ)土井彦一郎。杉野耕三郎。後藤利平。三枝蓊二
受信　(手紙)タイムス社、阿部母
(ハガキ)小野塚先生、
大坂二、毎日三、東北三、
小包東京ヨリ　奥山ヨリ

六月七日 金曜

発信　(手紙)阿部父。杉本ユキ。山口よしえ。奥山清治
(ハガキ)小野塚先生

六月八日　土曜

酷熱甚シ

夜杉野耕三郎君高橋某氏ヲ伴ヒ来リ泊セラル

夜浜田君鈔関に奉職披露ノ為メ徳義楼ニ招カレ饗応セラル

受信　（ハガキ）杉野

　毎日一、大坂一、新人一

六月九日　日曜

朝教会ニ行キ午後常盤ホテルにて杉野高橋二君ト昼食ヲ共ニス

夜島田君告別ニ来ラレ土井友田二君亦来ラル

受信　大坂一、新人一、経済新報一、

六月一〇日　月曜

珍ラシキ降雨アリ

朝大智丸ニテ帰国セラル、栗村夫人、津永君、島田君、歌川君ヲ埠頭場ニ送リ午後估衣街ニ車ヲ列ネテ散歩シ夜桑原君宅ノかるた会ニ行ク

六月一一日　火曜

雨　事ナシ

夜天津画報ニ出スベキ閑窓座談其三ヲ草ス

受信　（手）野村金兵エ

（ハガキ）国府寺マリ

大坂二、毎日二、東北二

六月一二日　水曜

朝早ク杉野君帰京ス

午後牧野田君来ル

夕領事ヲ訪ヒテ別ヲ惜ム

発信　（ハガキ）野村金兵エ

受信　（手）武藤長蔵。今井嘉幸

（ハガキ）奥山清治。河上肇

大坂二、毎日二、

六月一三日　木曜

朝読書　午後督練処ニ行ク

夜土井君来ル

六月一四日　金曜

督練処休ム

夜鈴木敬親君来ル

発信　（手紙）中川とるい。宮城伊兵エ。舟橋了助

(ハガキ)丸善。浜田君
受信 (手紙)杉野マサ
(ハガキ)浜田君

六月一五日 土曜

朝松岡氏来ル 午後我妻氏来ル
受信 (手紙)高橋其三。阿部父。君代。
(ハガキ)南洞孝
大坂一、東北一、キリスト一、

六月一六日 日曜

朝教会ニ行ク 帰後前田幸太郎君ノ帰朝ヲ停車場ニ送ル
午後召命アリテ総督衙門ニ至リ袁克定氏ヲ見ル 帰路教会ニ立チ寄リ新来軍人歓迎会ニ臨ム
夜マタ教会ニ行ク
発信 (手紙)矢野仁一、高橋其三
(書留)阿部彌吉
(ハガキ)杉野耕三郎。内ヶ崎作三郎。南洞孝
南洞氏へ写真一葉
受信 (ハガキ)細川瀏

六月一七日 月曜

午前読書 講義ノ原稿ヲカク 午後督練処ニ行ク
夜松長君桑原君仝夫人金田一君帰ル
(新着書)工業経済論。現代ロシア。ドント。花卉と盆栽。一般救急法。府県制郡制要義。財政原論 5.93
受信 (手紙)宮城
(ハガキ)宮本
大坂二、毎日三、小包宮城ヨリ

六月一八日 火曜

此日ヨリ督練処ニ朝行クコトトス
午後金田一君来ル
夜ミスB、ミスWヲ訪フ
発信 (書留)阿部父
(手紙)宮城伊兵エ、杉野耕三郎
受信 (ハガキ)宮城
大坂二、毎日三、学燈一、法学一、ABC一、英学生一

六月一九日 水曜

朝督練処ニ行ク

午後講義案休戦論ヲ草ス　夜我妻君来ル
発信　（ハガキ）丸善、清水友三郎
受信　（ハガキ）伊東豊作、清水友三郎、武藤長蔵
（手紙）東京
東京ヨリ小包
大坂二、毎日三、

六月二〇日　木曜

朝読書　督練処ニ行ク
夜青年会夜学部親睦会ニ出席
発信　（ハガキ）武藤長蔵、君代

六月二一日　金曜

朝督練処ニ行ク
夜ミスBヲ訪フ
受信　毎日一

六月二二日　土曜

朝督練処ニ行ク　蔣氏ノ言ニ依レバ傅君此度徐総督ノ招ニヨリテ奉天兵備処総辦トナレリト云フ　不日出発セラル、ナラン
午後金崎智氏来訪　大坂角商会ノ派出員ナリ　其請ニヨリテ泊ヲ諾ス
受信　大坂一、毎日一

六月二三日　日曜

朝教会ニ行ク
発信　（手紙）東京

六月二四日　月曜

朝督練処
午後土井君来ル
夜青年会
受信　（手紙）佐ゝ木姉
大坂三、東北一、毎日二

六月二五日　火曜

朝督練処　暑甚シ
夜菅原要吉君桜井トキ子姉教会ニテ結婚ス
受信　（ハガキ）栗村タカ子、百渓、信次
大坂一、毎日二

六月二六日　水曜

此日ヲ以テ一ト先督練処ノ講義ヲ休止ス　陸戦ノ部ハ結了セルヲ以テナリ

六月二七日 木曜
朝ヨリ芙蓉館ニ矢板寛君ヲ訪ヒ懇談四時ニ至リテ帰ル
夜雷雨アリ
発信 (手紙)豊治兄、山崎先生
(ハガキ)美のべ先生。百渓君

六月二八日 金曜
午後音楽家村岡詳〔祥カ〕太郎氏台湾人郭氏来訪セラル
夕ミスBニ行ク
夜雷雨アリ
発信 (手紙)梅先生、金邦平
雑誌袁克定
受信 (ハガキ)南洞孝

六月二九日 土曜
朝金邦平君来リ自治制ノコトヲ談ゼラル
村岡氏郭氏ヲ訪フ
午後我妻君来宅
受信 (ハガキ)守や〔屋〕栄夫
大坂三、毎日二、河北四

六月三〇日 日曜
朝教会ニ行ク
午後我妻君ヲ訪フ

七月一日 月曜
夜つくば会ヲ開ク
発信 (手紙)袁克定
(ハガキ)青柳一太郎
受信 (手紙)東京母、丸善
(ハガキ)丸善、宮城
(雑誌)国家二、学士会一、
大坂、毎日、河北各二

七月二日 火曜
午後金田一君ト共ニ原田顧問ヲ訪フ 不在
夜亀井君ヲ訪フ
受信 (ハガキ)中川トルイ、丸善、
(小包)丸善(ネルソン)
大坂一、毎日一、河北一、

七月三日 水曜
正午蔣君ヨリ招カレ李公祠内九華楼ニ督練処武官七名
ト坂西□〔春カ〕谷二氏ト共ニ会食ス

夜江藤、土井、河村、浜田四君を会して青年会有志相談会ヲ開キ瀬川氏解嘱ノ件ヲ相談せり

発信　(ハガキ)宮城。

袁克定ニ本二冊

受信　(ハガキ)宮城

七月四日　木曜

朝約アリ桑原兄ト河北学会処ニ於ケル開票所ヲ見ル

金君専ラ其事ニ当リ法政大学速成科出身ノ部下数十名ヲ指揮シテ中々感心ニヤッテ居ル

夕方瀬川氏来訪アリ　青年会夜学部ニテ従来同氏ニ教授ヲ依頼セシガ之ヲ断レルニ付其事ニ干シテ懇談ノ為ナリ

夜伊東、河村、大山諸兄ヲ訪フ

発信　(手紙)古川

毎日二、大坂二、キリスト一

七月五日　金曜

暑甚し

午後金田一君来ル

夕ミスBヲ訪フ

受信　(手紙)信次、丸善、タイムス社

大坂一、毎日一、河北二、

英学生一、

七月六日　土曜

朝土井君ノ来訪ヲウク

午後敦慶隆ノ宋氏ヲ訪ヒ土井君ノ通訳ニテ清国政界ノ時事ニ関スル意見ヲ叩ク　浅薄ナモノナリ

帰途馬養君ヲ訪フ

夜赤山君来ル

発信　(手紙)信次

(ハガキ)丸善、宮城、東京

七月七日　日曜

朝教会ニ瀬川牧師ノ「悲哀ノ人」キリストナル説教ヲ聞ク　人ヨリ誤解セラレ人ヨリ捨テラレ人ヨリ抵抗セラレタル基督ヲ引キ暗ニ青年会トノ関係ニ於ケル自己ヲ弁護シ猛烈ニ青年会ヲ痛罵セラル　去レド基督ハ人ニ誤解セラレタレド又一方ニハ多数ノ同情者ヲ有シキ　瀬川氏ガ誤解セラル丶ノミニシテ一人ノ味方ナキト同日ノ談ニアラズ　瀬川氏ノ復讎心ノ強烈ナルニハ驚カザルヲ得ズ

昼前領事館ニ北条氏ヲ訪フ　午後ハ松岡赤山二氏ヲ訪ヒ島田君ヘノ手紙(宗教論ヲカク)

発信　(ハガキ)宮城

受信　(ハガキ)池田茂幸、杉本ユキ

七月八日　月曜

午後池田茂幸君ヲ停車場ニ迎フ

東京ヨリ信子ノ試験成績ヲ送リ来ル　之ハ臨時試験ナリシト

発信　(手紙)島田俊雄

受信　大坂一。毎日一。

大阪三、毎日三、河北四

(手紙)高橋其三、東京君

(ハガキ)宮城　丸善

(吉野信子の片仮名の書き取り試験答案貼付、「カラストカリ、カザグルマガアリマス、イヌガカケテキマス、アイウエオ、カキクケコ、サシスセソ、ザジズゼゾ　○吉野のぶ子」)

七月九日　火曜

午後赤山君ノ来訪ヲ受ク

夕ミスBヲ訪フ　其他事ナシ

受信　(手紙)信次

(ハガキ)常世

毎日一、

七月一〇日　水曜

午前江藤君ヲ訪ヒ午後村岡祥太郎君ノ来訪ヲ受ク

袁克定君ノ為ニ版権律釈ヲ作ル

此頃ヨリ暑熱段々薄ラグ　室内ニ於テハ楼上ト雖モ読書ニ堪ユ　屋外ハ猶百度ニ達シ居ルナル可シ

受信　(手紙)角利吉

(ハガキ)清水友三郎

大坂一、河北二

七月一二日　金曜

武藤長蔵君長崎高商ノ生徒ヲ率テ来津

発信　(手紙)克定君

七月一三日　土曜

朝早ク武藤君及田崎君ノ来訪ヲ受ク　学生ノ為メ講演会ヲ開クノ件ニ付西村、小松、藤井、田中、村、皆川、山下等ノ諸氏ヲ訪ヒ午後ハクラブニテ開会　村、小松、田中、松本ノ諸氏ノ演説アリ　予モ亦一席ヲ試ム

夜ハ青年会臨時総会アリテ会堂ニ赴ク　夜学部報告ノ
為ニシテ小松西本ノ諸氏モ来演セラル　盛会ナリキ
受信　東京ヨリ手紙二
（ハガキ）杉野
小包東京ヨリ

七月一四日　日曜

頗ル暑シ
朝武藤君及教師学生諸君ヲ案内シテ居留地及支那街ヲ
見物シ十一時下〔不明〕□ヲ見送ル
午後沖田君ト談ス
仏国共和祭トテ法〔フランス〕租界ハ大繁昌ナリキ

七月一五日　月曜

午前村岡、沖田諸氏ヲ訪フ
午後村岡君来ル
発信　（手紙）Miss Haas
（ハガキ）常世。奥山。西田。高橋其三。山室。山崎
先生。宮城

七月一六日　火曜

午前沖田江藤君ヲ訪フ
雨フル　大ニ冷ナリ
発信　（手紙）野沢。袁、
受信　大坂四、河北三、毎日三、
法学一、
小包原稿紙宮城ヨリ
（ハガキ）宮城、国府寺、

七月一七日　水曜

朝約アリテ西本茂吉氏ヲ訪ヒ近々青年会ガ発企シテ開
クベキ音楽会及青年会夜学部ノコトヲ談ズ　帰途村岡君
ヲ訪フ
午後野沢氏ヲ訪フ　夜川畑氏ヲ訪フ

七月一八日　木曜

朝音楽会ノ用ニテ村岡。松本。内田諸氏ヲ訪ヒ午後正
金ニユキ為替ヲ組ム
ボェーゲル姉ヨリ手紙来リ当分休ムコトニスル
発信　（手紙）伝道局、東京、大連救世軍
受信　（手紙）梅先生
（ハガキ）奥山。栗村。
大坂二、毎日二、河北二、キリスト二、国家一

七月一九日 金曜

午後正金福田君ヲ訪ヒ琵琶ノ出演ヲ頼ム
夜九鬼君ヲ誘ヒ村岡君宅ニ合奏ヲキク
発信 (手紙)鈴木敬親
(ハガキ)宮城、栗村、奥山

七月二〇日 土曜

大ニ雨降ル
午前ハ早朝ヨリ袁克定君ノ招ニヨリ総督衙門ニ至ル
帰後松本君ヲ訪ヒ夫人ニ音楽会出演ヲ乞フ
午後村岡君ヲ誘ヒ松(本)夫人ヲ訪フ
夜辻、加幡、桑原君ヲ訪フ
音楽会ノ準備モ略成レリ
午後野沢少佐ノ来訪ヲウク

七月二一日 日曜

雨猶熄マズ　朝教会ニ行キシガ中途嵇君ノ訪問セラレタリトテ迎ニ来ラレ帰レリ　嵇君ハ予ニ法政学堂ニ毎週十二時間国法学、政治学ヲ受持タレンコトヲ頼ミニ来シ也　月給百元ナリト　余リ安キ故断ル考ナリ
午後青年会夜学部教員茶話会ヲ開キ金崎、江藤、稲垣、浜田、土井、ノ諸君来ラル　村岡氏鈴木嬢モ来リテ合奏セラル
受信 大坂一、毎日一、

七月二二日 月曜

嵇君ニ返事ヲヤル　時間十二時間ハ多キニ過ギ報酬百元ハ少キニ過グル旨ヲ申ヤル
夜村岡氏、松本夫人、鈴木嬢、九貴〔鬼カ〕氏等相会シ音楽練習会ヲ開キ深更ニ及ブ

七月二三日 火曜

午前読書　午後我妻君来ル
夜青年会
受信 (ハガキ)西田安治郎

七月二四日 水曜

暑熱甚シ　午後我妻君ヲ訪ヒ懇談ニ時ヲ費ス　夜金田一君来ル
朝嵇鏡君来リ更ニ報酬百五十元ニテ出講セラレンコトヲ求メラル

七月二五日 木曜

朝土井君桑原君ノ来訪ヲ受ケ午後我妻君ノ来訪ニ接シ

終日懇談ス
夜筑波会例会ヲ開キ金田一、桑原、仝夫人、三代、百渓、松長ノ諸氏来会セラル
炎熱甚シ
受信　(手紙)高見健一。山田彌十郎。末松偕一郎。

七月二六日　金曜

午前桑原君ヲ訪フ
夜青年会ニ行ク
別ニ事ナシ
受信　(手紙)奥山、国家学会
(ハガキ)宮城、小田切、杉野
大坂六、毎日五、河北五、キリスト二
小包(宮城)

七月二七日　土曜

朝来倶楽部ニ行キ会場ノ設備ヲナス　午後ヨリ少雨アリ却テ連日ノ炎熱ヲ掃フノ感アリ
夜愈音楽会トナル　正ニ八時半ヲ以テ正確ニ始ム　聴衆三百有余　十時四十分ヲ以テ終ルコトヲ得タリ　先ヅ大体ニ於テ成効シタルモノニシテ天津一般ノ市民亦能ク満足シタルモノ、如シ
受信　大坂一、毎日一、経済新誌一、学燈一

七月二八日　日曜

大ニ雨〔フ〕ル　早朝ヨリ倶楽部ニ赴キ跡形付ケヲ為ス

七月二九日　月曜

雨　岡君熱病ニ罹リ入院セリトノ報ニ接ス　時節柄猩紅熱ニ非ズヤノ疑アリト云フ　痛心ニ堪エズ
午後我妻君ヲ訪フ

七月三〇日　火曜

少晴　午前我妻君金田一君ノ訪問ヲ受ク
午後土井君来ル
発信　(手紙)国家学会。末松偕一郎
(ハガキ)奥山、小田切、杉野、宮本、宮城、丸善(注文)　有斐閣
絵はがき杉野君へ
受信　(手紙)りゑ、丸善、草間、君代
(ハガキ)宮城、瀬戸、丸善
大坂三、毎日四、河北二、キリスト二

七月三一日　水曜

少雨　朝内田兼吉君ヲ訪フ　午後金田一兄来ル
夜浜田桑原二氏相前後シテ来宅セラル
発信　(手紙)草間秀雄
(ハガキ)セト《〔瀬戸〕》潔
受信　(ハガキ)穴沢清次郎
大坂一、毎日二、河北二

八月一日　木曜

晴　午前読書　午後我妻君ニ招ガル
夜桑原君宅ノ筑波会ニ出席ス
発信　(ハガキ)穴沢
(手紙)杉程二郎
受信　(手紙)小田切省三
大連よりトキノ声

八月二日　金曜

発信　(手紙)小田切

八月三日　土曜

少晴　金崎君ト写真を始め終日之ニ従事ス
午後土井君村岡氏仝夫人ノ来訪ニ接ス
受信　(手紙)山崎先生、君代
(ハガキ)奥山、大石、
大坂毎日河北各三

八月四日　日曜

万寿節ニテ市中大ニ賑フ
夜百渓君ニ誘ハレテ市ニ散歩ス
朝小包ニテ宮城氏ヨリ㈠ロシヤ語捷径　㈡独乙会話書
㈢独乙雑誌　㈣ＡＢＣ雑二冊　㈤英語世界及袁氏ヨリノ
依頼書　㈥清国商業綜覧四巻ヲ受領ス
発信　(ハガキ)奥山。大石。東京。丸善。キリスト教
世界社。
受信　小包(宮城)
(手紙)武藤

八月五日　月曜

晴　朝読書

八月六日　火曜

晴　朝村岡金田一両氏ノ来訪ニ接シ午後我妻君来ル
夜青年会ニ行ク
受信　(ハガキ)南洞

八月七日　水曜

朝袁克定ノ招ニヨリテ総督衙門ニ行ク
発信　(手紙)山崎先生
(ハガキ)南洞
受信　(手紙)君代、伝道局、山室
(ハガキ)末松、君代、宮城、山口、丸善、
大坂、毎日、河北各四
学士会一、

八月八日　木曜

朝自治局ニ行ク
午後土井君来ル
受信　(ハガキ)小田切

八月九日　金曜

晴　事ナシ
発信　(ハガキ)小田切
(雑誌)東京、古川
(書類)末松君

八月一〇日　土曜

晴　朝正金ニ行キ為替ヲ組ミニ行ク
発信　(書留)東京、古川、
(手紙)宮城
(ハガキ)精華書院
(小包)杉本ユキ

八月一一日　日曜

晴　頗ル暑シ　朝約アリ金崎君ト共ニ河北馬養氏ヲ誘ヒ公園及李公祠門ニ写真ヲ撮リニ行ク

八月一二日　月曜

事ナシ

八月一三日　火曜

少晴　夜雨　蒸熱
宮城ヨリ注文ノ韓国政事志ト自家出版ノ芸術ト人生及育児鑑ヲ送リ来ル
受信　大坂五、毎日四、河北五
(雑誌)新人、独乙雑誌、経済新誌、聖書講ギ録、ABC、英学生
(小包)宮城ヨリ
(手紙)君代、信次、長谷川達、高橋其三

八月一四日　水曜

晴熱し　朝読書

午後　法《〔フランス〕》租界ニ買物ニ行キ帰後赤山兄ヲ訪フ
受信　（手紙）東京、タイムス社
（ハガキ）奥山。国府寺。栗村。
大坂一、毎日二、河北一、
小包一、東京ヨリ

八月一五日　木曜

晴　暑熱甚シ　朝土井君来宅　午後我妻君来訪
夜桑原君宅筑波会ニ臨ム
丸善ヨリ到着ノ本次ノ如シ　Fuchs-Wyzlinski's Russische Konversations-Grammatik — Hoffmanns Grammatisches Wörterbuch -mit russischen Synonymen　440 銭
受信　（手紙）丸善
（ハガキ）津永
大坂三、毎日二
小包丸善ヨリ

八月一六日　金曜

晴　朝坂西少佐ヲ訪ヒ又高种君ヲ訪フ
午後小田切省三君来ラル　買物ニ来ラレシナリ
北京袁君ヨリ来翰アリ　曰ク　敬啓者　違晤教言　至深馳系　頃得天津法政学堂黎監督伯顔来函云　該堂現缺政治国法両科教員　擬延請執事兼任　已商承允諾等語　執事為法政大家　兼任該堂講席　学者受益実非浅尠　可為該堂前途賀　刻已函復伯顔　属其与執事就近接洽矣　特此奉聞　祇頌　日祺
〔さきごろ、法政学堂の黎伯顔監督から来信あり、本学堂は政治と国法の教員が欠如している、あなたに兼任をお願いしたく、すでに相談の上了承を得ていると書かれています。あなたは法律政治学の大家だから本学堂の教員を兼務して下されば、学生に益するところ大でありましょう。また、本学堂の前途にとっても慶賀すべきことです。すでに私は伯顔に返事を書いて、もよりのところであなたと相談するよう頼んでおきました。（要旨）〕
受信　（ハガキ）丸善
毎日一、河北二

八月一七日　土曜

事ナシ

八月一八日　日曜

少晴　朝教会ニ行ク　教会終リテ後桑原君ト共ニ法政学堂ニ廓君ヲ訪フ　嵆君高君トモ面会セリ
発信　（手紙）東京

（ハガキ）奥山、国府寺、長谷川、栗村、物集

受信　大坂一、毎日一

八月一九日　月曜

晴　朝読書

午後小田切君ノ紹介状ヲ持参シ斎藤伝寿君来訪セラル
法政学堂体操教師ニ週〔周〕旋シ呉レトノコトナリ

宝和洋行主蔵田某逃亡ノ結果元店員タリシ長妻氏頗ル迷惑シ居ラル、由ヲ聞キ及ビ金崎氏ヲ通シテ明日ヨリ来宿セラルベキ旨ヲ申込ム

夜浜田君来訪、里村君ガ支那人ヨリ訴ヘラレ居ル件ノ話アリ

発信　（手紙）杉程次郎。高橋其三。信次

（ハガキ）河上肇

八月二〇日　火曜

晴　暑甚シ

午後金田一君来リ土井君ノ奇禍ヲ告ゲラル　土井君ハ六月九日着津ノ際短銃数十挺ヲ密輸シ之ヲ椙山九鬼ノ両君ガ支那人某ニ売ル約束ヲナシテ昨日早朝之ヲ河北ノ某客桟ニ持参セシニ買主ノ某トハ実ハ支那ノ密探ニシテ両君ハ数十名ノ巡捕ノ捕フル所トナリ結局領事館ニ送ラル為メニ土井君モ領事館ニ拘留セラレ遂ニ三名トモ満二年間退清命令ニ接セルナリ　付キテ桑原江藤両氏ヲ訪問セシモ不在ナリキ

歯痛再発治療ヲ始ム

長妻君此日ヨリ来宿

八月二一日　水曜

晴　朝読書

午後、金田一、椙山、伊東、村岡ノ諸兄。夜、九貴、桑原二氏ノ来訪ヲ受ク

発信　（小包）東京

（写真）古川、大連杉本ゆき

受信　（手紙）宮城

大坂一、河北

八月二二日　木曜

朝金田一君ノ来訪ヲ受ク

午後我妻君ヲ訪フ　夜土井君来ル

夜十一時四女出生　秀子ト命名ス

受信　（ハガキ）奥山

大坂三、毎日三、河北二、ときの声一、
学燈一

八月二三日　金曜

諸氏ノ見舞ヲ受ク
発信　(ハガキ)東京　古川
受信　(手紙)救世軍
(ハガキ)岩崎静江

八月二四日　土曜

午後会議アリ法政学堂ニ行ク
受信　(手紙)東京
(ハガキ)宮城。玉手。キリスト教世界社。池田茂幸。
中川とるい
大坂三、毎日三、河北三、
外交時報一、

八月二五日　日曜

暑　朝嵆君来ル
色々の人の見舞ヲ受ク

八月二六日　月曜

暑シ　格別の事なし

八月二七日　火曜

少晴　夜雨
朝招カレテ袁克定君ヲ訪フ　帰途嵆君、坂西君馬養君
桑原君等ヲ訪フ
午後東京法科大学生吉田信夫君小松武治君ノ紹介状ヲ
持テ来訪セラル
夜土井君ノ送別会アリテ河北馬養氏宅ニ行ク
発信　(手紙)古川。東京。奥山。
(ハガキ)奥山。宮城。玉手。岩崎。丸善。中川。
受信　(ハガキ)瀬戸。宮城
大坂三、毎日二、河北三、キリスト三
経済新誌一

八月二八日　水曜

発信　(手紙)斎藤伝寿

八月二九日　木曜

朝□〔春カ〕谷少佐ヲ軍病院ニ見舞ヒ此処ニテ岡副官ノ全癒退
院セルヲ聞キ直ニ軍営舎ニ同君ヲ訪フ　格別痩セタル風
モ見エズ
午後吉田信夫君来訪、牧野田君モ来ル

夜桑原君ノ招待ニテ芙蓉館ニ土井江藤ノ二兄ト会食ス
発信　（ハガキ）杉本ユキ、山口美枝、山田□〔不明〕人、栗村
たか。国府寺マリ。物集ヨシ
受信　（手紙）小田切省三、

八月三〇日　金曜

昼少し前より吉田君と共に馬車を駆りて案内す　㈠督練処　㈡袁少爺宅　㈢法政学堂　㈣実習工場　㈤勧業会場公園　㈥北洋官医院　㈦裁判庁　㈧自治局　㈨厳修氏宅
宮城ヨリ小包来ル　在中物次ノ如シ　㈠南満洲ニ於ケル商業（袁君依頼品）　㈡ルーター電報翻訳法　㈢和洋家庭料理法
受信　（ハガキ）宮城
（小包）宮城ヨリ
大坂一、毎日二、河北一、

八月三一日　土曜

午後藤井氏ヲ訪フ
発信　（手紙）小田切
受信　（手紙）東京、タイムス
（ハガキ）宮本
大坂三、毎日二、河北四、キリスト一
学士会一

九月一日　日曜

正午法政学堂ノ饗宴ニ招カレテ徳義楼ニ行ク
夕方津永洪哉君帰津セリトテ来訪セラル
受信　大坂一

九月二日　月曜

此日ヨリ役所ハ終ル
朝法政学堂ノ開校式ニ臨ム　午後督練処ニ行ク　会議アリトテ休ナリ
貴山幸次郎氏来訪
役所ヨリノ帰途渡辺竜聖。坂西利八郎。平田祖助。ノ三氏ヲ歴訪ス
受信　（手紙）東京

九月三日　火曜

終日雨　朝津永君来訪セラル
午後督練処ニ行ク　会議アリトテ講義ハ休ミ

九月四日　水曜

此日ヨリ仕事ヲ役所ニテスル事ニ極メ朝ヨリ督練処ニ
行キ昼食ニ帰リテ復行ク　海戦法規第一章ヲ作ル　四時
帰ル
午後津永浜田二君ノ来訪ニ接ス
夜渡辺竜聖氏来ラレ北京斎藤伝寿君ヲ学務処音楽体操
伝習所ニ入ラシメントノ話アリ
発信　(手紙)平田。斎藤。東京
受信　(手紙)奥山(ハガキ在中)、
(ハガキ)信次
大坂三、毎日三、河北一、キリスト一

九月五日　木曜

朝金田一君ヲ誘テ法政学堂ニ行ク　昼食ヲ茲処ニテ喫
シ師範学堂ニテ通訳教授ヲ参観シ督練処ニ行ク
袁世凱氏軍機大臣兼外務部尚書ニ転ジ山東巡撫楊士驤
代リテ直隷総督トナレリトノ報ニ接ス　但シ北洋大臣ハ
依然袁氏ヲ以テ之ニ任ズト云フ
夜牧野田、金田一両君来訪セラル
発信　(手紙)斎藤伝寿
(ハガキ)奥山
受信　(手紙)小田切

九月六日　金曜

朝法政学堂　午後督練処　五時帰ル
受信　(手紙)斎藤伝寿氏

九月七日　土曜

朝山本董季君沖田君来訪セラル
午後督練処ニ行ク
不在中新任領事官補山内四郎君来訪セラル
受信　(手紙)斎藤伝寿

九月八日　日曜

朝教会ニ行キ帰後領事館ニ山内四郎君ヲ訪フ　不在
午後山内君来訪
鈴木敬親君亦来訪
受信　(手紙)小田切協三。東京
(ハガキ)古川。内ケ崎。鈴木。武藤。
大坂四。毎日五。河北四。英学生、ＡＢＣ各一

九月九日　月曜

朝法政学堂ニ行キ初メテ講義ス

九月一〇日　火曜

朝金田一兄　津永君ノ来訪ヲ受ク　十時過法政学堂ニ行ク
古川信次ヨリ来翰アリ　りゑ女児ヲ生ミ茂子ト命名セリトゾ
受信　(手紙)東京。丸善。信次。物集よし
(ハガキ)小田切省三。
大坂二。毎日二。河北五。
新人一。ＡＢＣ一。イリノイ大学報告一、

九月一一日　水曜

朝田添氏歯治療　更ニ法政学堂ニ行ク
夜河村君来訪
発信　(ハガキ)丸善。物集芳。宮本。武藤。内ヶ崎。
小田切協三。

〔新聞切抜き貼付、見出し「外蒙境界問題　露の主張を容れん」〕

九月一二日　木曜

朝学堂　午後督練処
発信　(手紙)古川、平田
(書留)東京
(小包)古川

九月一三日　金曜

朝法政学堂
午後約アリ袁克定ヲ訪フ　一ヶ月ノ休暇ヲ得テ帰津セルナリ　其間毎日四時間勉強シタシトテ明日ヨリ午前八時ヨリ十二時迄国際公法ト憲法トヲ研究スルコトトス
受信　(手紙)斎藤伝寿

九月一四日　土曜

法政学堂
此日夕劉君易君ノ二人ヲ招キテ芙蓉館ニ晩食ヲ饗ス

九月一五日　日曜

朝来雨　夜ニ至ルモ晴レズ
午前ハ領事館ニ山内君ヲ訪フ
夕刻ヨリ秀子出生ノ祝意ヲ表スル為メ常磐ホテルニテ金田一兄、江藤兄、伊東兄、金崎兄、村岡兄、村岡夫人、我妻兄(病気不参)、我妻夫人、伊藤産婆、野崎姉及女中ヲ饗ス
The Decline and Fall of the British Empire(丸善)　支那思想史　日漢文明異同論(宮城)
発信　(手紙)傅良佐

(ハガキ)鈴木
受信　(手紙)東京。高橋
(ハガキ)伊東。長谷川。青柳。丸善。宮城
(書籍)丸善及宮城　(雑誌)独乙語雑誌、日本経済新誌。平和
(新聞)大坂五、毎日三、河北

九月一六日 月曜

曇　朝袁　午後法政学堂
発信　(ハガキ)伊東
受信　毎日一、

九月一七日 火曜

朝袁氏ニ行キシニ新総督楊氏来津ニ付出迎ニ行キシトテ休ナリキ
午後法政学堂ニ行ク　帰途中島君ヲ師範学堂ニ訪フ
受信　(手紙)古川兄。田尾。杉程。国府寺。タイムス
(ハガキ)丸善。栗村。藤本。山口、
(雑誌)学燈。英学生。法学。国家。
大坂四。毎日五。河北六

九月一八日 水曜

朝袁君　午後学校
其他事ナシ

九月一九日 木曜

朝袁氏　午後学校
夜筑波会ヲ開ク
受信　(ハガキ)三浦一、杉本ユキ

九月二〇日 金曜

例ノ如シ
夜李士偉氏ヨリ招待サレ徳義楼ニテ晩食ヲ饗セラル客ハ小生ノ外ニ在テハ渡辺氏及師範学校教習諸君ナリ

九月二一日 土曜

如例　夜少雨
受信　(手紙)山内四郎

九月二二日 日曜

午前学校ヨリノ招待アリテ行ク
たまの出産ノ贈物ヲ配ル
受信　(手紙)栗村夫人、物集よし
(ハガキ)宮本、信次、田中剛、キリスト
写真　しづ　ゑみ

大坂二、毎日二、河北五

九月二三日　月曜

袁君学校例ノ如シ　但シ学校ハ休ミナリキ

九月二四日　火曜

袁君学校例ノ如シ

受信　（手紙）土井

（ハガキ）常世

大坂三、毎日四

九月二五日　水曜

袁君学校

夜黎君ニ招カレテ敷島ニ行ク　嵇君ノ北京栄転、高君易君梁君ノ受試験入京ノ予祝ヲ兼ネタル宴会ナリ

発信　（手紙）田尾　杉

（ハガキ）キリスト。常世。宮本。土井。田中。小山。仝上。三浦一。瀬戸

九月二六日　木曜

袁氏北京ニ行キ休ミ　午後学校

夕刻ヨリ嵇君ノ進京、高兄ノ受験ヲ名トシテ黎君兄弟ト四人ヲ招キ芙蓉館ニテ晩食ヲ饗シ後芝居ニ案内ス　主人側ハ桑原、牧野田、中村、郭ノ四氏ト予トナリ

発信　（手紙）古川父。信次

受信　（手紙）信次

（ハガキ）斎藤伝寿

国際法。大坂二、毎日二、河北二、経済新誌一

九月二七日　金曜

午前自宅読書　午後学堂ニ行ク

受信　（手紙）杉野

九月二八日　土曜

朝より学校

夜桑原氏宅の筑波会

発信　（ハガキ）杉野。宮城

受信　（手紙）古川兄。

大坂二、毎日二、河北二、ＡＢＣ一、

九月二九日　日曜

教会ノ運動会ニ行ク　北洋大学堂ノ隣ナリ

学校

九月三〇日　月曜

夕方ミス Bögel ニ行ク

ボーイ解雇ス

一〇月一日　火曜

朝ヨリ学校
夜大ニ雨降ル
宮城君ニ有賀氏日本歴史ヲ注文ス
発信　(ハガキ)宮城

一〇月二日　水曜

朝昇校ノ途次郭氏ニ遇フ　病気ナリトノコトナルヲ以テ共ニ官医院ニ至リ平賀氏ニ照会シテ診察ヲ求ム
夕方マデ学校ニ居ル　夜芝居ニ行ク
受信　(手紙)用達会社。武藤長蔵。野村金兵エ
　東京ヨリ二
(ハガキ)丸善
大坂四。毎日四。河北四。学士会一、英学生一
　小説物集

一〇月三日　木曜

学校
夕方ミス Bögel
夜浜田君ノ結婚式ニ臨ム　英租界 All Saints Church ニテ行フ　式ハ多川幾造氏司ル
発信　(手紙)古川兄
(ハガキ)用達会社。津永。武藤。

一〇月四日　金曜

孔子誕生祭ニテ休ミ
午前山内四郎君ノ来訪ヲ受ク
午後坂西少佐。督練処。渡辺氏。中島氏。馬養氏ヲ歴訪ス

一〇月五日　土曜

朝藤井恒久氏来宅　土井氏在清中ノ品行ノ証明ヲ大坂市庁ニ送ルコトノ相談ヲ受ク
午前督練処ニ行キ午後学校ニ行ク
夜筑波会例会
発信　(手紙)田尾真郷。土井彦一郎
(ハガキ)物集高量
受信　(ハガキ)九貴
(小包)東京ヨリ二個
大坂二。毎日三。河北二。

一〇月六日　日曜

強風　朝郭廷献君ノ来訪ヲ受ク
午後我妻夫妻赤山君ノ来訪ニ接ス
一〇月七日　月曜
朝督　午後学堂
夜劉君来訪セラル
運動会相談アリテ出席ス
一〇月八日　火曜
朝督練処　午後学校
夜芝居ニ行ク　金崎君ニ会フ　君ハ本店ヨリ帰朝ヲ命ゼラレ近々出発スル由
受信　（ハガキ）内ヶ崎
大坂二、毎日一、河北二、
一〇月九日　水曜
朝督練処　午後学校
其他事ナシ
受信　（小包）おもちゃ玉手
（手紙）信次
大坂一、毎日一、河北
一〇月一〇日　木曜
昨朝ヨリ喉ガ痛ム　朝督練処ニ行ク　午後学校ニテ更ニ悪寒ヲ覚ヘシヲ以テ学校ハ休ミテ帰宅セリ　我妻君ノ診ヲ乞ヒシニ親知ラズ歯ノ生ヘントシツヽアルナリト云フ
午前三時十文字祖母死去　八十余歳
発信　（ハガキ）用達会社
受信　（手紙）永元善一、セト潔
大坂一、毎日二、河北二、
一〇月一一日　金曜
朝安田氏ニヨリ切リテ貰フ
郭君等ノ見舞ヲ受ク
発信　（書留）東京、
一〇月一二日　土曜
休ム　再ビ切ル　痛シ
夜杉野山内二君来ル
筑波会
小包ニテ丸善ヨリ Irish Nationalism 一部来ル
受信　（ハガキ）信次
（小包）丸善

大坂二、毎日三、河北二

経済新誌一

一〇月一三日 日曜

朝ヨリ運動会見物

受信 (手紙)紺野嘉右エ門

(ハガキ)伊東善吉

一〇月一四日 月曜

朝ヨリ坂西氏、督練処、学校ニ行ク

袁君ヨリ坂西氏ヲ通シテ北京ニ行クコトノ話アリ

発信 (書留)古川

受信 (手紙)キリスト世界

(ハガキ)常世

(雑誌)独逸語雑誌。新人。国際法雑誌 ABC、平和

大坂三、毎日一。河北二。

一〇月一五日 火曜

朝学校ニ行ク 始メテ授業ス 午後督練処ニ行ク

古川ヨリ十文字祖母危篤ノ旨報ジ来ル

丸善ニ Sidgwick, Politics ヲ注文ス

発信 (手紙)山内四郎。田中剛太郎

(ハガキ)紺野。伊東。常世。丸善

受信 (ハガキ)古川兄

大坂一、毎日一、河北一、法学協会一

一〇月一六日 水曜

朝袁氏ニ遇ヒ転ジテ学校ニ行ク

夜ハ倶楽部ニ開ケル加藤総領事送別会ニ出席ス

受信 (手紙)用達会社。君代

(ハガキ)小島末喜

大坂一、毎日二、河北

一〇月一七日 木曜

朝袁氏 午後学校督練処 タミスB

夜ハ鈴木君ノ東亜公司開店一週年祝宴ニ招カレ敷島ニ行ク

用達会社ヨリノ荷物到着

発信 (ハガキ)丸善

受信 (手紙)タイムス社

(ハガキ)村島武次。丸善

大坂一、毎日一、河北一

一〇月一八日 金曜

朝名越君ヲ官舎ニ訪ヒテ告別シ直ニ袁氏ニ行ク　名越君ハ札幌第二十五聯隊ニ転ゼラル、也　午後学校

彦作叔父ヨリ端書来ル　十文字祖母十日午前三時死去セリト

発信　（ハガキ）村島武治

受信　（ハガキ）田中彦作

　大坂一

一〇月一九日 土曜

朝領事館ニ山内君ヲ訪ヒ午後学校ニ行ク　帰後領事館ニ赴キ加藤総領事ニ別ヲ告グ

夜筑波会

受信　（手紙）田尾

　大坂二、毎日二、河北二

一〇月二〇日 日曜

朝来雨頻ナリ

夕方浜田君来ル

受信　（ハガキ）島田俊雄

　大坂一、毎日一、英学生一、

一〇月二一日 月曜

曇天　加藤総領事仝夫人北条書記生仝夫人満洲ニ向フ停車場ニ見送ル

午後学校ニ行ク

夜吉福君津永君ノ来訪ニ接ス

一〇月二二日 火曜

朝学校ニ行ク　摂政論ヲ草ス　午後督練処

帰途原誼太郎君ヲ芙蓉館ニ訪フ　不在不会

夜筑波会臨時会ヲ開ク　来会者、山内。吉福。木下。草刈。清野。金田一。百渓。松長。桑原。仝夫人。青木。松長弟ノ十二君　近来稀ナル盛会トス

十文字祖母死去ニ付たまのヨリ御悔金五円送ル

発信　（手紙）古川

受信　（ハガキ）信次

　大坂二、毎日一、河北二、

一〇月二三日 水曜

朝原君ヲ訪ヒシニ既ニ本朝一番ニテ北京へ出発セリト云フ　依テ直ニ学校ニ赴ク

学校ニ正午頃伊沢修二氏藤山雷太星野錫ノ二氏ト共ニ

来観セラル　共ニ食事ス　課業ハ休ミナリキ　三時伊沢氏西宣講所ニ演説セラル、ト云フニ付キ黎君ト共ニ傍聴ニ行ク

用達会社ヨリ膝掛来着

受信　(手紙)吉田信夫。常世克巳

(ハガキ)奥山。用達会社

大坂二、毎日一、河北二

一〇月二四日　木曜

朝黎氏ヲ訪ヒ共ニ伊沢氏ヲ新停車場ニ送ル

午後学校ノ帰途袁君ノ上京ヲ見送ル

小包ニテ古川ヨリ袷二枚袷羽織一枚来着

発信　(手紙)板橋中佐

(ハガキ)吉田。奥山。常世。信次。小嶋。宮城。瀬戸

受信　(手紙)土井。

大坂一、毎日一、

(小包)古川

一〇月二五日　金曜

朝学校　午後督練処

学校ニテ嵇氏ヨリ改メテ法政学堂ノ専任教師タル可キノ勧誘ヲ受ク

夕方安田氏ニ就キ親不知歯ノ第三回切開手術ヲ受ク

発信　(手紙)梅、小野塚。

(ハガキ)土井

一〇月二六日　土曜

朝督練処　午後学校

夜嵇氏ヨリ徳義楼ニテ饗応セラル

佐々木精一郎君一日ヨリチフスニ罹リ此日午前四時死去セラレタリ

発信　(手紙)ウィンターボサム

受信　(手紙)豊治

(ハガキ)金田一、

大坂二、毎日二、河北二、キリスト七

経済新誌

一〇月二七日　日曜

朝教会ニ行ク

午後ヨリ夜ニカケテ海老名先生及我党諸兄宛ノ長文ノ手紙ヲ書ク　予ノ近況ト最近ノ見聞トヲ併セテ原稿二十

余枚ヲ認ム
夜津永君来ル

一〇月二八日　月曜

朝督練処　午後学校　劉君病気ニテ休ナリシ
夜ハ学校ノ催ニカヽル嵇君送別宴会ニ列スル為ニ徳義楼ニ行ク　列席者ハ我校教職員及生徒総代、師範学校監督、日本人教習幷ニ藤井渡辺三浦ノ三氏ナリキ
発信　（手紙）海老名先生
受信　（手紙）ウィンターボサム
（ハガキ）宮城
大坂一

一〇月二九日　火曜

督練処学校例の如し
丸善ニ Reinsh's American Legislature of Legislative Methods ヲ注文ス
発信　（ハガキ）丸善　君代
受信　（手紙）村木謙吉
（ハガキ）東京
大坂二、毎日三、河北二

一〇月三〇日　水曜

督　学
夜金田一君沖田君来ル
発信　（手紙）村木
受信　（ハガキ）山内、常世、武藤
大坂二、毎日一、河北二、学士会一

一〇月三一日　木曜

督　学
夜水野幸吉氏歓迎ノ為学士会ヲ敷島ニ開クニ列ス
受信　（ハガキ）丸善、田中剛
大坂一、毎日二、河北二、

一一月一日　金曜

学校へ行キシノミ　督練処ハ休
発信　（ハガキ）トコヨ〔常世〕
（手紙）杉野夫人、物集嬢

一一月二日　土曜

督　学
夜筑波会
発信　（手紙）田尾、土井、

（ハガキ）奥山

一一月三日　日曜

朝郭君ト共ニ領事館ニ　御真影ヲ拝シ両陛下ノ万歳ヲ祝シ奉リ

午後海光寺ニ行ク

夜ハ梁君ノ招ニ応ジ徳義楼ニ会食ス

受信　大坂二、毎日二、河北二、平和一

一一月四日　月曜

朝督　午後学

夕方ミスＢニ学ビ夜村田局長山内四郎君ヲ訪フ

平渡君ヨリ十月一日佐々木精一郎君チフスニカヽリ二十六日午前四時死亡セラレシ旨通知アリ

受信　（ハガキ）平渡。小田切

大坂一、毎日一

一一月五日　火曜

学校ニテ紳班ニ国法学ノ試験ヲ行フ　問題次ノ如シ

㈠比較関於皇位継承之法定主義並指定主義之得失而説明之

㈡国家之機関及国家之要素者何哉

夜山内君来訪セラル

受信　大坂一、毎日一、河北二

一一月六日　水曜

朝ヨリ学校

風塵多シ

丸善ニ開国五十年史ヲ注文ス

発信　（ハガキ）杉野。丸善

受信　（ハガキ）常世

大坂一、毎日一、満洲日々一、

一一月七日　木曜

学校へ行ク途中ノ水溜リガ薄氷ニ包マレタルヲ見ル寒気頓ニ加ハル　すとーぶ欲シキ頃トナレリ

午後四時新総督楊士驤ヲ見ルベク衙門ニ行ケリ　聞キシガ如ク愛嬌アルおやぢナリ

夜高种君黎邁君ノ招ニ依リ法租界広隆泰ノ饗応ニユク

学校ニテ職班ニ政治学ノ試験ヲナス　問題次ノ如シ

㈠近世文明諸国均尊重個人之自由及其利益其故安在試説明之　㈡説明法治主義之発達之歴史

発信　（手紙）常世。平渡。佐々木庄五郎。島村幡彦

受信　(小包)宮城(支那経済全書在中)

一一月八日　金曜

紳班ニ政治学ノ試験ヲナス

(一)国体観念与政体観念之区別試説述之

(二)説明法治主義之発達之歴史

一一月九日　土曜

職班ニ国法学ノ試験ヲナス

(一)清国当新定皇位継承法之時其資格要件応可如何定之哉試説明之

(二)説明女系之男子及男系之女子

此日新教務長梁氏ヨリ公然ノ交渉ヲ以テ法政学堂専任教師タランコトヲ求メラル　月給三百円トノ申出ナルヲ以テ断然謝絶セリ

古川ノ父ニ金百円送ル

丸善ヨリ独乙語字書二種来ル

発信　(書留)古川、山田や十郎

(ハガキ)杉野。東京。宮城。

受信　(ハガキ)宮城

(小包)丸善

大坂二、毎日三、河北二、国家一、

一一月一〇日　日曜

午前郭君来ル　桑原君ヲモ招ギテ共ニ会食ス

午後青年会総会ニ出席ス　役員改選アリ　新役員ハ江藤浜田及予ノ三名ナリ

午後金崎中島二君来訪セラル

一一月一一日　月曜

朝督練処　午後学校

夜津永君来ル

受信　(手紙)東京

(ハガキ)宮城

大坂一、毎日一、河北二

小包一(東京ヨリ)

一一月一二日　火曜

朝督　午後学校

夜浜田君来ル

発信　(ハガキ)東京

一一月一三日　水曜

朝督練処　午後学校
夜村田君金田一君百渓君来訪セラル
発信　(ハガキ)宮城
受信　(手紙)土井
(ハガキ)国府寺
大坂一、毎日一、経済新誌一、ＡＢＣ一、独乙一

一一月一四日　木曜

午前督　午後学校
劉君学校ノ依頼ナリトテ更ニ四百元ニテハ如何ト交渉セラル　二三日中ニ確答ヲ与フ可キ旨ヲ約シテ別ル
発信　(ハガキ)土井
受信　(ハガキ)東京用達、丸善、君代
大坂二、毎日二、河北三

一一月一五日　金曜

西太后陛下万寿節ニテ休ミ
朝総督衙門ニ賀ヲ述べ夜ハ招カレテ夜会ニ行ク
受信　(ハガキ)土井
大坂二、毎日二、河北一

一一月一六日　土曜

午前野沢坂西中島諸氏ヲ訪フ
午後学校
夜かるた大会

一一月一七日　日曜

午前読書
午後我妻。山内。百渓ノ三兄来訪セラル
受信　(ハガキ)小田切

一一月一八日　月曜

朝督　午後学校
夕ミスＢ、夜金田一君来ル
泰東同文局ヨリ芙蓉館ノ宴会ニ招カレタレドモ赴カザリキ

一一月一九日　火曜

午前ヨリ引続キ学校
夜赤山金田一二君来訪
発信　(手紙)小田切
受信　(手紙)東京
(ハガキ)丸善
大坂三、毎日二、河北三、国家　法学一、英学生一

一一月二〇日 水曜

朝学校

午後師範法政両学堂ノ邦人教師ト共ニ領事館へ山内君ヲ訪フ

発信 (ハガキ)丸善

受信 (手紙)杉野

(ハガキ)宮本

大坂二、毎日三、河北二、鈴木ヨリ本

一一月二一日 木曜

朝学校

発信 (ハガキ)丸善、鈴木、杉野

一一月二二日 金曜

雨雪 朝学校ニ行ク

法学士斎藤延氏学校ニ来訪セラル 金井山崎二先生ノ紹介 北京ニ赴クナリ

小田切省三氏帰朝ノ途立ち寄り一泊セラル

一一月二三日 土曜

寒甚シ 風亦強シ

午前高橋是清氏ニ随行シ来レル大塚小一郎氏ノ来訪ヲ受ク

午後学校ニ行ク

夜大塚君ヲ芙蓉館ニ訪フ

受信 (手紙)常世。東京

(ハガキ)東京君代 山口照平

大坂四、毎日四、河北三

一一月二四日 日曜

依然寒甚シ

朝藤井大人来訪 北京袁克定君ノ意ヲ伝ラル 是非北京ニ来テ呉レトノコトナリ

松岡保之助氏来訪

午後井上勇之丞氏郭君来訪

一一月二五日 月曜

朝金在業ヲ洋務局ニ訪ヒ後学校ニ行ク

夜金氏ヲ芙蓉館ニ招キ会食シツ、袁氏ノコトヲ相談ス

一一月二六日 火曜

朝学校

夜呉振麟君来津ニ付黎君等ト共ニ芙蓉館ニ招キテ会食ス

受信　(手紙)タイムス
大坂三、毎日三、河北二　ABC　経新

一一月二七日　水曜
朝渡辺竜聖氏ヲ訪ヒ袁氏問題ヲ相談ス
午後学校
夜百渓山内二君来宅
受信　(手紙)信次、平渡
(ハガキ)清水
大坂一、河北二、毎日

一一月三〇日　土曜
学校
夜筑波会
発信　(手紙)東京君代。信次。常世。奥山。山崎先生。
平渡庄
(ハガキ)清水友。山口照。金井

一二月一日　日曜
午後郭君来ル
写真トル
午後藤井氏訪問
夜沖田氏訪問
受信　(手紙)タイムス。
(ハガキ)土井。星幸
大坂一、毎日二

一二月二日　月曜
朝ミスB、後学校

一二月三日　火曜
朝学校

一二月四日　水曜
夜易君ノ招待ニヨリ義和成ニ会食ス
朝学校

一二月五日　木曜
明日ヨリ辞職スベキ旨学校へ申出ヅ

一二月六日　金曜
此日ヨリ法政学堂ノ教職ヲ辞ス
受信　(手紙)草間。古川。東京
(ハガキ)東京、常世
大坂三、毎日三、河北四、学士会一

一二月七日　土曜

曇　雪デモ降リサウナリ
朝坂西氏ヲ訪ヒ金ヲ受取リ為替ヲ組ンデ東京ニ送ル
普通送金ノ外内ヘ歳暮十円、君代ヘ五円、子供達ヘ五円、子供達ノ先生用トシテ五円、信次ヘ三円、買物十円送ル
発信　（書留）東京

一二月八日　日曜

曇　朝赤山氏ヲ訪問セシモ不在ナリキ
午後法政学堂ノ劉サン斉サン来ル
受信　（手紙）国府寺
（ハガキ）内ヶ崎騰
大坂三、毎日三、河北二

一二月九日　月曜

塵風多シ　朝ミスBヲ訪フ
夜我妻、沖田、浜田三氏ノ来訪ニ接ス
カネテ丸善ニ注文セル美のべ先生著『日本国法学』到着
受信　大坂一、毎日一、河北二

一二月一〇日　火曜

朝領事館ニ山内君ヲ訪ヒ共ニ徳義楼ニ昼食ヲ喫シ又共ニ坂西、野沢、渡辺三氏ヲ訪フ　坂氏外ハ皆不在
受信　大坂二、毎日一、河北一

一二月一一日　水曜

朝估衣街ニ買物ニ行キ鈴木敬親君ヲ訪フ
午後百渓君梁君鈴木君来ル　夜ニ至リ郭君山内君ノ来訪ニ接ス
カネテ丸善ニ注文セル Benjamin Harrison's The Constitution and Administration of the United States of America 到着
発信　（ハガキ）草間
受信　（ハガキ）丸善
大坂一、毎日二、河北二、ABC一、新人一、丸善ヨリ小包

一二月一三日　金曜

津永、金田一、湯沢、桑原、郭、梁諸氏ノ来訪ニ接ス
梁氏ヨリ二百六十両ニテ学校ニ来ラレタシトノ乞ヲウケシモ断ル

一二月一四日　土曜

朝師範学堂ニ梁氏ヲ訪フ

夜沖田赤山二氏ノ訪問ヲウク

筑波会

一二月一五日 日曜

朝教会ニ行ク

午後小林洋行松岡氏来訪 我妻君ヲ訪問ス

夜筑波会臨時会ヲ開ク

一二月一六日 月曜

夕方劉君来訪 学校ノ代理者トシテ四百元ニテ止ラレタシトノ交渉ヲウケ承諾ノ意ヲ表セリ

受信 (手紙)東京。丸善(ハガキ)丸善ヨリ二

大坂四、毎日三、河北三、経済新誌一、英学生一、独乙一

〔東京に残した長女信子からの手紙貼付(写真版参照)〕

一二月一七日 火曜

朝督練処ニ行ク

一二月一八日 水曜

朝易君ノ来訪ヲ受ク

夕柚原参謀ノ送別会アリ倶楽部ニ行ク

夜郭、高、劉三兄ノ来訪ヲ受ク

一二月一九日 木曜

朝坂西、渡辺、梁、ノ三氏ヲ訪ヒ帰途村田局長ヲ訪フ

夜桑原氏来訪

受信 河北一、毎日一、大坂一、

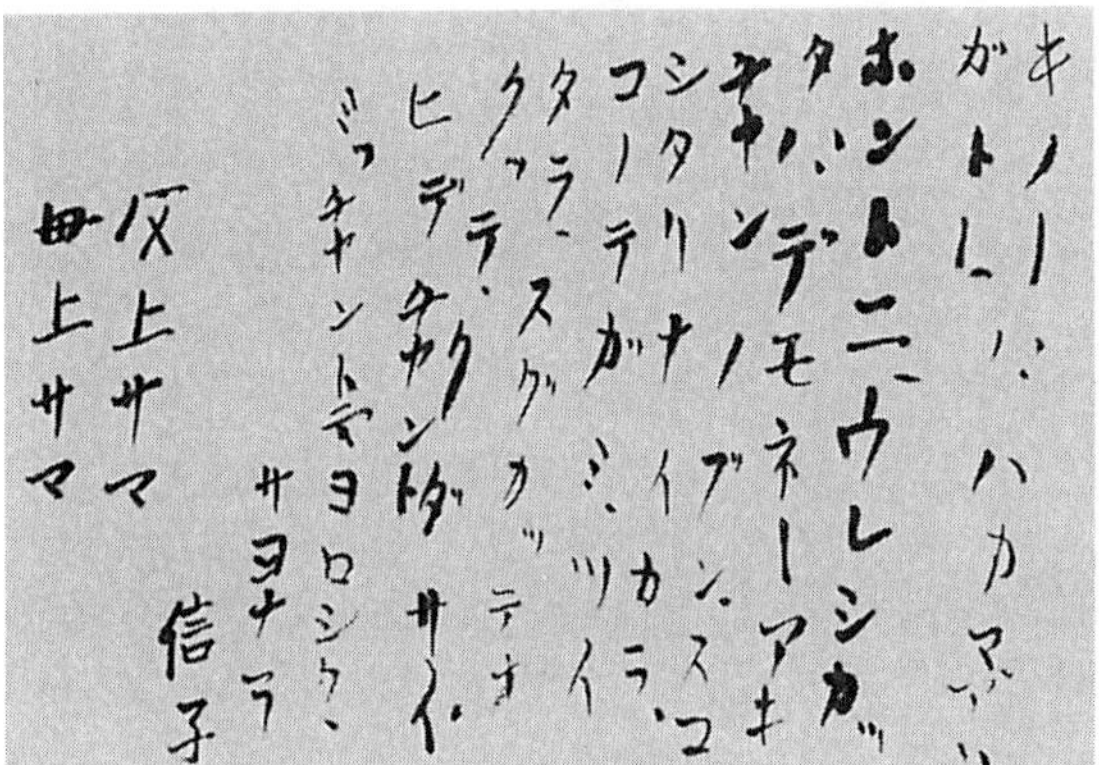
キノーハハカマガイリ
ガトー
ホントニウレシカッ
タバデモネーアキ
チャンノブンスコ
シタリナイカラ、
コノテガミツイ
タラ、スグカッテオ
クッテ、
ヒデチャンガサイ
ミッチャントモヨロシク、
サヨナラ
信子
父上サマ
母上サマ

〔長女信子から来た手紙(和紙, 毛筆)〕

一二月二〇日　金曜

昨夜来大塵風　一歩モ外出スル能ハズ
夜桑原君来訪セラル

明治四二(一九〇九)年　三一歳

一月一日 金曜

昨日ハ一昨日ヨリモヨク今日ハ昨日ヨリモマタ稍温ナリ　今日位ナラてにすガマタヤレサウナリ

朝早ク起キテ餅ヲ食ヒ九時半郭君今井君ト共ニ領事館ニ賀ヲ述ベソレヨリ諸友人間ヲ廻礼ス

一月二日 土曜

朝早ク学校ニ行ク　監督ニ遇ツテ今井君契約継続ノ断行ヲ迫ラントテナリ　専門科ノ試験ハ今日ヨリ始ル　然シ監督ハ来校セズ校金使込問題ノ為メ忙シト見エタリ　旨ヲ劉潜氏ニ伝ヒ午後帰家ス

婆や物ニ激シテ家ヲ出ル　年甲斐モナキ困ツタ代物ナリ

発信　百渓収(田添令嬢媒介ノコトニツキ)

一月三日 日曜

朝ヨリ来客

発信　君代(今井氏ノコトニツキ)、下瀬(百渓兄媒酌人ノコトニツキ)

一月四日 月曜

朝ヨリ荷物片付ニカヽル　今井百太郎柴田ノ二氏手伝ニ来ル

夜高柳、仝夫人、我妻、仝夫人、赤山、令夫人、宮川夫人、松岡、今井、百渓、金田一ノ十一氏ヨリ常磐ホテルニ招カレ送別ノ宴ヲ賜ハル

北京電報ニヨレバ袁世凱一昨日急ニ革職セラレタリト(後ニテ聞ク革職ニアラズ開缺ナリト　ツマリ免職ナリ)　前後事情ノ詳報ニ就テハ別ニ記事ヲ作ラントス

一月五日 火曜

前日ニ続キテ荷物ヲ片付ケル　大体ノ荷物ハ先ヅ以テ通運公司ニ托シテ東京ニ送ル　大卓子二ツ、箪笥一ツ、戸棚二ツ、箱一ツ、本入函一ツ、コウリ一ツ都合八ケ　運賃三十三円余

夜我等法政学堂日本人教習清人教職員ヲ徳義楼ニ招シ

テ新年宴会ヲ開ク

一月六日 水曜

此日モ荷造リニ暮ス　手廻リ十一個トナル　全ク家ノ片付モ終リタルヲ以テ此夜ハ今井君ノ家ニ泊ス

一月七日 木曜

終日家居シテ立憲政体論ノ稿ヲ完了スル積ニテ宮川氏ノ二階ヲ借リテマデ置キシニ早朝赤山君ノ来訪セラレタルヲ手始メトシテ続々来客アリ　夕方マデ応接ニ忙殺セラル

夜ハ黎監督楊教務長ノ招ニ応ジ澳租界満春楼ノ送別会ニ臨ム　瓦斯ニ中毒シテ苦ム

此日ト翌日ト我妻君ノ宅ニ泊ル

一月八日 金曜

早朝ヨリ告別ニ廻ル　北京志田鉀太郎先生ヨリ手紙アリ見送ノ為メ下津ストノコトナリ　依テ十二時先生ヲ停車場ニ迎ヘ四時其帰京ヲ送ル　告別ハ夜ニ至リテ終ル

此日学校ヨリ十二月薪水四百元旅費二百五十元及謝金百元ヲ届ケ来ル

一月九日 土曜

朝早ク渡辺氏ヲ訪ヒ九時ヨリ田添氏宅ニ赴ク　田添氏令嬢ト百渓君ト婚約成リ之ニ就キテハ予多少斡旋ノ労ヲトリシヲ以テ仮リ盃ノ宴ニ陪席ヲ仰セ付カリシ也　十二時辞シ送〔ママ〕ル　直ニ藤井宅ノ学士会送別紀念撮影ニ列ス

雪フル

愈九時ニ至リ諸友ニ送ラレ老竜頭火車站ヨリ発途シテ天津ヲ後ニシ秦王〔皇〕島ニ迎〔向〕フ　汽車客多ク眠成ラズ　三年ノ起居ヲ廻想シテ一種名残惜キ思ヒス

一月一〇日 日曜

朝早ク湯河ヨリ分岐シテ秦王島桟橋ニ至リ直ニ山東丸ニ入ル　寒気酷ナリ　同乗ノ人ニ北京大学堂教習タリシ服部博士以下氏家桑野矢部坂本法貴高橋ノ諸氏幷ニ水野夫人安田君等アリ　秦王島ハ十二時頃出帆ス　荷物ナキ為メカ船足軽ク波左マデ高カラザルニ船体ノ動揺甚シク前日来ノ疲レモアルト見エ乗客皆酔フ

一月一一日 月曜

未明芝罘ニ着ク　風アリ波高シ　上陸セズ　酔ハ幸ニシテサメタリ　十二時芝罘ヲ発シテ大連ニ向フ　此間八時間余リ　夜ニ入リテ着到ス　此航路ハ安穏ナリ　たま

の独リ酔フ

一月一二日　火曜

此日全日滞留ノ予定ナリト聞キ同室ノ松岡兄ヲ誘ヒ北京ノ連中ト共ニ旅順ニ遊ブ　吹雪ノ空怪ゲナレドモ二度ト来テ見ル機会モナカリサウナレバ決心シテ行ク　家族皆同行ス（大連旅順間汽車賃二等一円　一等二円）　旅順ニ着キテ雪更ニ降リ増サル　馬車ヲカリテ戦役紀念品陳列場ヲ見更ニ各砲台ヲ見物ニ出カケシモ案内者粗疎ニシテ徒ニ吹雪ノ中ヲ数里サマヨヒシノミニテ帰連時間ニ差迫リ空シク帰ル　七時ノ汽車ニノリ十時頃山東丸ニ帰ル　此日此夜寒キコト甚シ　風亦極メテ強シ

一月一三日　水曜

此日正午出帆ノ筈ナリシモ仁川沖ニ暴風起レリトノ警報アリ風モ猶静マラザリシヲ以テ船長ハ明日出帆ノコトニ延期セリ　終日船中ニテ諸友ト語ル　夜ニ入リテ風漸ク静マル

一月一四日　木曜

朝八時大連ヲ発ス　前日来ノ暴風ノ為メ波ハ高カリシモ大連ニテ豆粕ヲドツサリ積ミ込ミシ為メ船足重クナリシト見エ動揺至テ少ク爽快ヲ感ジテ一日ヲ暮セリ

一月一五日　金曜

十二時過仁川ニ着ク　大連ニ二日淹留セシ為メ定期ニ後ル丶ノ恐アリ　仁川滞在ハ僅ニ一二時間ナリトノコトナルヲ以テ上陸セズ

一月一六日　土曜

夜少シク船体ノ動揺ヲ感ゼシモ先ヅハ安穏無事ナリ

仁川ヨリ釜山ニ至ルノ途中ニ在リ　三時半食堂ニ在テ本月五日以来ノ日記ヲ書ク

夜ニ至ルマデ事ナシ

一月一七日　日曜

朝早ク釜山ニ着ス　午前ハ船中ニ蟄居シ午後松岡兄及水野夫人等ヲ誘テ上陸シ見物ス　釜山在留ノ邦人約二万ニ達シ純然タル日本村ニシテ天津ナドノ如ク不安定ノ状態ニ在ラズ　釜山ノ如クナレバ誰ガ何ト云フテモ日本ノ立場ハ確固ナル者ナリ　邦人ノ海外発展モ斯ウナレバ占メタモノ也　午後五時釜山ヲ発シテ長崎ニ向フ　海上頗ル穏ナリ

一月一八日　月曜

朝九時長崎入港　暫クニシテ税関小蒸汽ニ迎ラレ田中氏田尾氏ト共ニ上陸シ直ニ今博多町田中邸ニ入ル　昼食後武藤長蔵都沢惇二兄来訪。田中本家、正雄氏宅訪問山内正瞭氏ヲモ訪フ　山本忠美草間秀雄二氏ハ時足ラズ遺憾ナガラ訪問セズ　夜九時四十分発ノ汽車ニ乗リ門司ニ向フ

釜山以来温暖甚シ　殊ニ此日ノ長崎ノ如キハ丸デ小春日和ナリ

一月一九日　火曜

朝六時門司ニ着ク　四時頃ヨリ雨ニ遇フ　門司ニ来リテ稍寒冷ヲ覚フ　石田旅館ニ至リ朝飯ヲ喫シ休息ス(一七〇)　十一時ランチニテ再ビ山東丸ニ乗ル　直ニ出帆神戸ニ向フ　雨蕭々トシテ熄マズ　遂ニ十時過ニ至リ陰暗進ムニ由ナク仮泊シテ明朝ヲ待ツノ已ムナキニ至ル

此夜当船ノ機関長木村氏ト語ル　氏ハ仙台ノ人　二十八年商船学校ヲ卒業以来郵船会社ニ奉職シ居ルト云フ此人ヨリ児玉秀輔。八巻三郎。遊佐力。中村源吾。内藤光緒。東郷正三郎。等諸君同ジク郵船其他ノ諸船会社ニ勤メ居ル由ヲ聞ク

一月二〇日　水曜

此日午後二時ニ至リテ漸ク神戸ニ上陸スルヲ得タリ税関ノ手続モ早ク済ミ(自転車ニ十六円関税トラル)タレドモ数日来ノ風邪ニテ気分甚ダ爽快ナラザリシヲ以テ休泊ス　江見君親切ニ見舞ハル　夜京都西村兄及当地在住ノ伊東善吉兄ニ電報ヲ打ツ　伊東兄遂ニ来ラズ

一月二一日　木曜

朝早ク福鎌文也君ノ来訪ニ引続キ大坂毎日、万朝報ノ通信員ニ来襲セラル　十二時半ノ汽車ニテ京都ニ向フ二時半着ス　みどり商会員両三名ニ迎ラレテ室町通ノ西村金三郎君ノ宅ニ入ル　此日みつ子亦気分甚ダヨカラズ僕亦頭痛ヲ感ズ　懇談数刻ニシテ寝ニ就ク

一月二二日　金曜

午前ヲ西村邸ニ暮シ午後ハ紀念動物園、智恩院祇園京極ノ辺ヲ見物ス　既ニ夜ニナル　先是東京宮城ヨリ電報アリ豊治兄来テ待ツテ居ル早ク帰レトナリ　依テ夜ノ急行ニテ帰東スルコトトナシ先ヅ西村兄ノ主宰スルみどり商会ニ休息シ八時二十分汽車ニテ東京ニ向フ

一月二三日　土曜

朝九時新橋ニ着ク　君代豊治兄宮城兄正平伊東君等ニ出迎ラレ十一時頃千駄木ノ宅ニ入ル
午後鈴木文治兄小山東助兄来ル
次デ浜尾総長穂積学長梅先生等ニ名札ヲ出シ海老名先生ヲ訪問ス　帰途野口兄ヲ訪問セシモ楽山堂病院ニ在リトテ遇ハズ　痔ナリトノコトナリ
帰途宮城宅ニ立チ寄リ豊治兄ト会食シ古川ノ近況ヲ聞ク

一月二四日　日曜

頭痛稍激シキヲ加フ　終日家居シテ休息ヲ取ル　朝毎日新聞ノ尾後家君来ル　袁世凱ノ家庭談ヲ試ム　斎藤貞晴君モ見舞ハル
夜豊治兄帰郷ス

一月二五日　月曜

朝曇天午後ヨリ雨トナル
昼食後浜尾総長ヲ訪フベク大学ニ行ク　信次ノ学校会館ニ寄リ道シ又宇田川より靴ヲ買フ

一月二六日　火曜

終日在宅

一月二七日　水曜

午前在宅　午後毎日社ノ宮林君来ル
午後小野塚先生ヲ大学ニ訪ヒ穂積学長ヲ私宅ニ訪フ

一月二八日　木曜

午前在宅　鈴木文治守屋恒三郎二氏来訪
午後野口末彦兄ヲ訪フ　楽山堂病院ニ

一月二九日　金曜

午前在宅　午後正金銀行ニユキ金ヲ受ク　帝国生命ニ青柳兄ヲ訪ヒ帰途東海銀行ニ百円貯金シ宮城兄ヲ訪問シ帰ル

一月三〇日　土曜

夜郭廷俊君百渓禄郎太君来宅セラル
終日子供等ノ為メ犠牲トナリ浅草公園ニ遊ブ　夜安斎宏索氏見ユ

一月三一日　日曜

朝教会ニ行キ三年振ニテ海老名先生ノ説教ヲ拝聴ス
午後ハ教会員有志ヨリ楼上ニテ歓迎セラル　後又会館ノ歓迎会ニ出席ス

二月一日　月曜

午前片山幽吉君ノ来訪ヲ受ク
午後今井彦三郎先生高橋高野ノ二教授ヲ訪問セシモ何レモ不在ナリキ

二月一五日　月曜

朝学校へ行ク　昼テニスヲヤル

二月一六日　火曜

温カシ　学校へ行カズニ内ノ片付ケ方ヲヤル　夜正平来ル　夕方平渡庄兵エ兄来ル

二月一七日　水曜

又少シ寒イ　風ガアル　朝学校ニ行キ国家学会雑誌ノ為メニ「袁世凱ヲ中心トシテ観タル清国近時ノ政変」ナル一篇ノ起稿ニ取リ掛ル　久シブリノ執筆トシテ渋ブルコト夥シ
夜鈴木兄来ル

二月一八日　木曜

今日モ昨日ニ続テ風ガアル　塵モ高カツタ　寒サモ可ナリダ　学校ニ行ツテ引キ続イテ原稿ヲ書ク　筆ガ渋ツテ終ルコトガ出来ナカツタ

二月一九日　金曜

朝曇ツテ居ツタガ昼少シ前ヨリ雨トナツタ　学校へ行ツテ原稿ヲ書ク　了ラヌ　中途カラ筆ヲ改メテ新人ノ原稿「清国ニ於ケル日本人教習ノ現在及将来」ヲ草ス

二月二〇日　土曜

朝より原稿の続を草す

二月二一日　日曜

子供達を連れて日比谷に遊ぶ　寒烈し
午後高野義太郎氏筧正太郎君来る

二月二二日　月曜

朝ヨリ学校ニ行キ原稿の続きを草す
夜河副君来る

二月二三日　火曜

朝学校ニ行キ原稿ノ続ヲカク

二月二四日　水曜

朝ヨリ学校ニ赴ク　「袁世凱ヲ中心トシテ観タル清国近時ノ政変」ノ稿漸ク終ル

二月二五日　木曜

此日ハ学校ニ行カズ松岡、野口、宮城、宮本諸氏ヲ歴訪ス　夜河副氏来ラル

二月二六日　金曜
朝学校ニ行ク　此日ヨリ Seignobos'〔セニョボスの〕Political History of Europe in 19 th Century ヲ読ミハジム
二月二七日　土曜
朝学校ニ行ク　午後ハ会館ニ行ク
二月二八日　日曜
朝教会ニ行ク　丸山伝太郎氏ニ会フ　午後婦人会ノ講演ヲ頼マレ安井哲子氏海老名先生ト共ニシヤベル　予ハ「清国婦人ノ実相」ニ就テ
三月一日　月曜
学校ハ紀念祭ニテ休ミ　十時より式に臨む　控室にて中島鋭治博士と話す　総長病気にて松井農科学長代理として勅語を捧読し例の報告演説もなく簡単に結了　式場を出るとき一戸君と久し振にて会ふ　御殿にて会食　但茶菓、酒は総長頑として出さずと
午後は高等学校にゆく　子供を連れて
国府寺さん今の奥山夫人朝来り雛祭の人形一揃贈らる
昨日の雨で道わるけれど空ははれたり
三月二日　火曜
また雨　朝雛飾りの手助をなし遅く学校に行く
午後に至り小野塚先生を訪問す　帰途山崎先生宅に母堂逝去の悼詞を述ぶ
夜正平去ル木曜日夜以来の病気インフルエンザらしとて来る　野口君と相談して入院でもさせんかとて行く　不在　夫人と話して帰る
三月三日　水曜
朝学校ニユキ午前読書　午後ハ会館ニ行キ加藤石原両君ノ好意ニヨリ正平ヲ大学病院ニ入院セシム
夜津永、宮城、千葉(了)三氏来訪セラル
三月四日　木曜
朝学校ニ行ク　午後教授会ニ出席ス　之ガ始メテナリ　此日ハ戸水教授議会開会後忙シトテ第二学期丸デ授業セヌヲ責メ戸水氏亦弁明ニ力メシモ土方、穂積、梅、岡野、小野塚諸氏詰責ノ鋒先尖ク戸水大ニ油ヲトラル
正平ヲ見舞フ
三月五日　金曜
事ナシ
夜新人ノ編輯会アリトテ招待ヲ受ケシモ光子ヲ寝カス

トテ自分モ九時過マデ寝込ミ欠席セリ

三月六日　土曜

事ナシ

三月七日　日曜

夜写真張リ付ヲスル

三月八日　月曜

朝早ク教会ニ行ク　堀川氏ニ会フ

三月九日　火曜

事ナシ

此二三日前カラ午前ハ Seignobos ノ政治史及ビ Gumplowicz ノ社会学ニヨリ其英訳ト対照シテ原書研究ヲ始メテ居ル　午後ハ右ノ政治史トタイムスヲ読ム

三月一〇日　水曜

終日雨　朝学校ニ行ク

古川ヨリ手紙アリ　父上此日夜行ニテ東上セラルベシト

三月一一日　木曜

久シ振ニテ晴ル　朝父上ヲ上野ニ迎フ

昼教授会アリテ学校ニ行ク

三月一二日　金曜

学校ニ行ク

三月一三日　土曜

朝学校ニ行ク

午後内務省青年会ノ嘱ニ依リ其例会ニ臨ミ一場ノ講話ヲナス

三月一四日　日曜

朝教会ニ行ク　帰途片山幽吉君ヲ訪フ　矢内君ヲ訪ヒシモ不在ナリキ　弐時過帰ル

三月一八日　木曜

朝学校ニ行ク　午後教授会アリ　後緑会春季大会ニ臨ム

三月一九日　金曜

父上ヲ大学病院ニ同伴シ膝骨部ノ疾患ヲ診察シテ貰フ

大学病院ノ見ル所ニテハ別ニ疾患ヲ見ズト云ヘリ

三月二〇日　土曜

曇天　午後ヨリ雨

午前桑原君来訪セラル

三月二一日　日曜

快晴ナレド前日ノ雨ニテ道頗ルワルシ
朝教会ニ行ク

三月二二日　月曜

朝誠之小学校ニ行ク　信子等ノ成績品展覧会アリト云フヲ以テ也　信子ノ成績ハ Absolutely ニハ相当以上ノ出来ナルモ学校ニ往テ他ノ生徒ノト比較シテ即チ Relatively ニ見ルト中ノ下ナリ　少シク奮励セシムルノ必要ヲ見ルモノ、如シ
午後学校
快晴　頗ル温暖ヲ覚ウ

三月二三日　火曜

雨　朝誠之幼稚園ノ修了証授与式ニ臨ミ直ニ学校ニ行ク

三月二四日　水曜

曇　朝国府寺氏廃嫡事件ノ証人トシテ喚問ヲウケ裁判所ニ行ク　一ト通リノ訊問ニ応ジテ昼頃学校ニ帰ル

三月二五日　木曜

朝学校ニ行ク　午後教授会アリ
夜法理研究会アリシモ行カズ　花淵君ヲ訪フ

三月二六日　金曜

朝学校ニ行ク
午後五時ヨリ旧第二高等学校一部一年乙同窓会ニテ帰朝歓迎ノ宴ニ招カレ宝亭ニ赴ク　大越、小山、山田、本多、小松、村上、坪根、斎藤、祥雲ノ諸氏ト久シ振ニテ会談ス　大越君例ニ依テ気焔万丈ナリ
帰途雪フル　小山君ト共ニ鈴木君ヲ訪フ

三月二七日　土曜

朝学校ニ行ク　午後史談会ニテ本多辰次郎氏ノ「鷲尾隆聚高野山ニ出向ノ顚末」及林毅隆氏ノ「近東問題ニ就テ」ノ講演ヲ聞ク　曇天寒シ

三月二八日　日曜

教会ニ行カズ子供達ヲ連レテ上野ニ散歩ス

三月二九日　月曜

雨　朝学校ニ行ク　会計課ヨリ二三月分ノ俸給ヲ受領シ日本銀行ニ行キ金ニシテ帰ル　午後マタ学校ニ行ク
夜茂貫馨君来ル　同君ハ冨士製紙会社ヲ辞シ韓国金融組合ニ入レリト　統監府書記官河内山楽三氏ノ部下タルベシト云フ　同氏ニ紹介ヲ頼マル

三月三〇日　火曜

曇　朝学校ニ行ク　例ノ如シ

昼河内山氏ヲ訪ヒシモ不在

三月三一日　水曜

朝河内山氏ヲ訪ヒシニ不在ナリシガ暫クシテ電話ニテ在宅ノ旨報ジ来リシヲ以テ昼訪問ス

午後例ノ如ク読書ス

夜本郷北部方面ノ組合ヲ開ク　志村芳雄君早坂奥郎君佐々木潤次郎君及毎日新聞社ノ石橋君来ル

四月一日　木曜

午前子供達ヲ誘テ植物園ニ遊ビ午後学校ニ行ク　茂貫君来ル

五時ヨリ片山幽吉君ノ結婚式ニ臨ム　新婦ハ多々良勇子ト呼ビ静岡英和女学校卒業ノ才媛ナリト

四月二日　金曜

学校

夜小石川組会(林町九三中田宅)

四月三日　土曜

雨　此日ハ東西両京大学選手ノ庭球競技会アルベカリシモ雨ノ為メニ延期トナレリ

小島照弌(不在)、山崎省三(不)、杉程次郎、小山東助、内ヶ崎作三郎氏留守宅

四月四日　日曜

朝教会ニ行ク　荒木鈴木二氏ト弥生亭ニ会食シテ帰ル

四月五日　月曜

曇後雨　テニス競技ヲ見ニ行キシモ中止　直ニ転ジテ東京毎日新聞社主催ノ東都学生聯合雄弁大会ヲ聴キニ行ク　中々旨イモノナリ

豊治兄上京　会ハズ

夜西村金三郎君来訪　商用ニテ上京セラレシナリト

此日新人社ニ編輯会アリ　西村君帰ラレタル後十時ヲスギテ往ク　着ケバ丁度皆ガ帰散ノ処ナリシ

四月六日　火曜

朝雨　ヤガテ晴ル　一体ニ曇天ナリ　昼飯後毎日社ノ雄弁会ノ傍聴ニ往ク　信次モヤル　声モ宜イガ未ダ若イ論旨モ悪クナイ　論理ノ一貫セザル点モ二三アル　帰途大学校庭ノ東西両大学テニス競技会ヲ見ル

夜冨永氏ヲ訪ヒ栗原氏ノ来訪ヲウク

四月七日　水曜

朝風雨猛烈　午後ニ至リテ雨漸クハル　昼食後学校ニ行ク

夜鈴木君来ル

四月八日　木曜

朝学校ニ行ク　昼前西村君ヲ上野鳥又ニ訪ヒシモ不在ナリキ

午後鈴木君ヲ誘テ小野塚氏ヲ訪ヒシモ不在ニテ見〔会〕ハズ

四月九日　金曜

朝西村君ヲ訪フ

四月一〇日　土曜

晴天　午後ヨリ風アリ　大学ノボートレースありしかど行カズ　子供達行ク　終日読書ス

後ニテキク　大学ノ boat race ハ工科勝テリト云フ

夜雨フル

四月一一日　日曜

晴天　朝教会ニ行ク

午後ハ南千住ノ桑原君ヲ訪フ　荒川堤ニ桜花ノ爛熳タルヲ見物シ夕食ノ饗応ヲ受ケテ帰ル

四月一二日　月曜

快晴　少シク風アリ

朝ハ父上、たまの信次君代等ヲ伴ヒ工科大学ノ見物ニ行ク　向フ三日間同学各部機械ヲ陳列シテ観覧ニ供ストテ招待ヲ受ケタリシヲ以テ也

午後光子耳痛シトテ病院ニ来ル　永野君ノ一診ヲ受ケシモ異状ナシトノコトニ安心シテ帰家セシム

四月一三日　火曜

快晴　微風

学校ニテ新人、新女界、経済新誌ノ原稿ヲ草セントセシモ興浮バズ徒ラニ筆ヲ握リテ一枚モ草セズ　僅ニ読書数刻ニシテ帰ル

四月一四日　水曜

晴　朝学校

新女界ニ出スベキ原稿ヲ草ス

四月一五日　木曜

風雨猛烈　朝出校セズ読書ス　只教授会アルヲ以テ昼少シ前学校ニ赴ク

夜鈴木益治氏来訪　明日帰仙セラル、トテ暇乞ニ来ラ

レシ也

四月一六日 金曜

晴　朝学校ニ行ク

新女界ヘノ原稿ヲ草シ了ル　「家庭ニ於ケル修養」ト題ス　午後ニ至リ更ニ日本経済新誌ノ為メニ「清国ニ於ケル貨幣通用ノ現況」ヲ草ス　完了セズ

四月一七日 土曜

朝学校ニ行キ昨日ノ原稿ノ続ヲ草シ午後ニ至リ更ニ新人ノ為メ「教育界ニ於ケル基督教ノ圧迫ヲ難ズ」ノ一篇ヲ草ス

四月一八日 日曜

晴　風ナシ　てにすヲ遊ブ

朝一寸教会ニ顔ヲ出シ子供達ヲ連レテ月島ニ遊ブ

夜川副重一君来訪

四月一九日 月曜

晴　夜雨　午前学校ニ行キ午後弁天町ニ山田教授ヲ訪フ　帰途本多先生ヲ訪ヒシモ不在

四月二〇日 火曜

晴　朝学校ニ行ク　Terry's Common Law 中 Public Law ノ部及ビ Feudal System ノ部ヲ読ム

夜横沢貞子姉来訪

叙従七位

四月二一日 水曜

晴　午前ハ学校ニテ夜ノ講演ノ草稿ヲ作ル　午後ハ昨日ニ引キ続キテリーノ書ヲ読ム

夜学士会事務所ニ赴キ「清国在勤日本人教師」ニ関スル講演ヲナス　来会者ハ坂谷男爵志村源太郎氏、中島信虎氏桑田博士、高野博士山崎博士塩沢昌貞氏ノ七氏ナリキ

四月二二日 木曜

晴　頓ニ温暖ヲ加フ

朝学校ニ行ク　美の部教授ノ嘱ニヨリ国家学会雑誌ニ載スベク昨夜ノ講演ノ大要ヲ草稿ス

夜法理研究会ニ出席ス　美濃部先生ノ「公法上ノ物権及公法上ノ債権」ニ関スル講演ヲ聴ク　数日来遅クマデ起キテアリシ為メカ睡キコト限リナシ

四月二三日 金曜

曇　午後雨　頓ニ冷気ヲ覚ユ

朝学校ニ行キ原稿ノ続キヲ草ス
午後野口兄ヲ訪フ

四月二四日　土曜

晴　朝学校ニ行キ原稿ノ続キヲ草ス　昼帰ル
午後植物園集会所ニ開ケル浜尾男爵還暦祝賀会ニ出席ス
夜横沢氏来談

四月二五日　日曜

朝教会ニユカズ　矢内君来ル　一高生葛西秀雄君ヲ伴ヒ来ル
午後学校ニユキ原稿ヲ書キ了ル

四月二六日　月曜

朝学校ニ行キ新人ノ原稿ヲ草ス　昼後斎藤活版所ニ行ク　相原君帰郷中ニ付キ其労ニ代ランガ為メナリ
夜社会政策学会ノ講演会ヲキク　安藤農学士「南アジヤ地方ノ米作業」ニツキテ述ブ

四月二七日　火曜

朝佐々木安五郎君ヲ訪ヒフロックコートヲ借リ理髪シ宮内省ニ赴ク　爵位寮ニ於テ位記ヲ賜リ直ニ御殿東車寄ニ到リ御礼申述ブ　夫ヨリ引キ返シ直ニ学校ニ行ク
昨夜ノ講演ヲ書ク　暫クシテ内ヶ崎騰次郎君来訪　同君ハ昨夜来宅アリシ由ナルモ不在ナリシ故今日学校ニ来ラレシナリ

四月三〇日　金曜

夜佐々木君ヲ訪ヒ洋服ヲ返ス

五月一日　土曜

雨
朝学校ニ行ク　午後大塚小一郎兄来訪ス
夜木下ヲ訪フ

五月二日　日曜

朝教会ニ行キ今井先生ヲ訪フ
午後長谷川達子氏来ル
夜木下淑夫筧正太郎二兄ヲ訪フ

五月三日　月曜

朝学校ニ行ク
土井林吉君ヨリ其訳述ニ係ル「衣裳哲学」ヲ贈リ来ル

五月四日　火曜

概シテ曇　時々少雨

朝大塚小一郎君ヲ訪フ　出勤後ニテ不在　学校ニ行キ読書ス
夜大塚君来宅セラル　兼テ依頼ヲ受ケ居ルコトトテ大儀見セラ子さんを妻君ニ貰ハズヤト談ス

五月五日　水曜

曇　時々雨
朝学校ニ行キ読書ス

五月六日　木曜

朝曇　後雨
昨夜田尾真郷君ヨリ電報アリ「アス九時新橋着ク頼ム」トナリ　君ハ東京ハ初メテナリ　依テ朝早ク出掛ク然ルニ途中電車ニ故障アリテ十五分後レ遂ニ田尾君ヲ見ルヲ得ズ　遺憾此上ナシ
午後ハ松崎教授欠席ニ付キ代テ政治四回ノ財政学ノ試験ヲ行フ

五月七日　金曜

雨　朝学校ニ行ク
午後カネテ約アリ小石川茗荷谷青年会ニ赴キ夕食ヲ饗セラレ一場ノ講演ヲナセリ　七時辞シ野口君宅ノ新人社編輯会ニ出席シ十二時過帰ル

五月八日　土曜

終日在宅読書ス

五月九日　日曜

快晴　朝在宅　昼少シ前ヨリ家ヲ出掛ケ教会ニ行ク
此日ハ新入并ニ転会者ノ歓迎会アリシガ右終リテ役員会アリ　財政問題ヲ討議ス
夜佐々木安五郎君松村君野口君ノ来訪ヲ受ク

五月一〇日　月曜

晴　朝学校ニ行ク
午後ハ二時ヨリ教会ニ行キ有志相談会ヲ開催ス

五月一一日　火曜

曇　朝学校ニ行キ引続キ夕方マデ読書ス
夜大塚小一郎君ヲ訪フ

五月一二日　水曜

雨　朝学校ニ行ク　午後ハ会館ニ行キ卒業生予餞会ニ出席ス

五月一三日　木曜

雨　朝学校ニテ読書　午後教授会ニ臨ミシガ学長ヨリ

近々留学ノ命アルベキ旨談ゼラル
一寸野口君ヲ訪ヒシモ不在ナリキ

五月一四日　金曜

終日細雨濛々　朝ヨリ学校　此日ヨリ特ニ土耳其《トルコ》ヲ研究シ始ム　国家学会ヨリ四月号論文ニ対シ￥XXVI送リ来ル

五月一五日　土曜

雨　朝学校
午後宮城訪問　更ニ教会ニ行キ事務ヲ見ル

五月一六日　日曜

終日〔以下空白〕
朝教会ニ行ク　小山君ニ会フ約アリシモ来ラズ　宮城氏ヲ訪フ

五月一七日　月曜

晴　朝ヨリ学校ニ行ク
昼過宮城君藤野氏来訪アリ

五月一八日　火曜

学校

五月一九日　水曜

学校　昼前洋行ノコトニツキ小野塚先生ト相談シ先以テ独英米ノ三国へ留学スルコトニ決ス
午後建部博士ノ西游漫筆ヲ読ム　得ル所ナシ

五月二〇日　木曜

雨
Morning, called on Mr. Noguchi, with whom I consulted on some matter regarding "Shinjinsha".
I didn't attend "the ordinary meeting of the professors".
Afternoon, visited Rev. Ebina, who went for Okayama this evening.
Evening Mr. H. Isawa came to me, who told me that he was not yet well enough.

五月二一日　金曜

朝ヨリ学校ニ行ク　晴天ナリ
学校ニ阿部亀氏来ル　内ヶ崎氏復出デ、行ク所ヲ知ラズト　困ツタ先生ナリ

五月二二日　土曜

朝山崎先生及高野先生ヲ訪ヒシモ共ニ不在ナリキ　午

後ハ子供ヲ連レテ本郷赤門前ノ活働写真ヲ見ル
夜平野亮平君来訪セラル　専売局仙台支局長ナルガ会議ノ為メ上京セラレシナリ　子供一人ハ男今年四ツ　八月頃第二番目ガ生レントストノコトナリ

五月二三日　日曜

晴　終日在宅

五月二四日　月曜

晴　朝ヨリ学校ニ行ク　夜東亜同文会ノ成田ト云フ人服部博士ノ紹介ニテ来訪セラル

五月二五日　火曜

晴　大掃除ニツキ正平信次ヲ呼ビヨセテ働ク
夜井田守三君今日帰京セリトテ弟君ヲ連レテ来訪セラル　小山兄亦来ル

五月二六日　水曜

雨　朝ヨリ学校ニ行キ読書ス　新人ノ原稿ヲ書ク

五月二七日　木曜

晴　朝学校ニ行キ読書シ午後教授会ニ出席ス　鈴木兄ハ七十一点八分小山兄ハ六十八点三分ニテ河副兄ハ七十六点余沢田兄モ七十六点余ナリ

五月二八日　金曜

晴　風　たまの発熱離床セザルニ付終日在宅　Encyclopaedia Britannica 中 Turkey ニ関スル部分ヲ読ム
日本経済新誌社ヨリ原稿料トシテ金八円送リ来ル　予期セザル収入ナリ

五月二九日　土曜

晴　朝ヨリ学校ニ行ク

五月三〇日　日曜

晴、朝教会ニ行ク

五月三一日　月曜

晴　朝ヨリ学校ニ行ク　会館ニテ昼食ヲ喫ス
此日自転車ヲ宮城ニ交付ス　之ハ紀念トシテ今井兄ノ贈ル所　云ハゞ同君友情ノ紀念トシテ正ニ永ク保存スベキモノニ属ス　雖然帰朝以来毎月支出スル所百金ニ上リ五十余円ノ月給ニテハ足ラズ　四月マデハ多少ノ原稿料ト多少ノ貯蓄ヲ以テ補ヒシモ五月分ノ不足ハ何ヲ以テ之ヲ補フベキカニ窮シ遂ニ姑ク今井兄ノ好志ニ背キテ自転車ヲ売却スルニ決セシナリ　宮城君ノ中介ニヨリ将ニ買手ニ接セントス　一種云フベカラザル悲痛ノ苦ヲ感ゼザ

ルヲ得ズ

六月一日 火曜

晴 朝ヨリ学校ニ行ク 引続キ土耳其問題ヲ研究ス

六月二日 水曜

晴 朝ヨリ学校ニ行ク

六月三日 木曜

昨夜ヨリ多少発熱ノ気味アリシガ朝気分宜シカラズ寝ル 熱ヤガテ三十九度八分ニ止〔上〕ル 氷デヒヤス 骨節痛クテ苦シ 終日床上ニ苦悶ス 食慾ナク新聞ナドモ読ミタクナシ

六月四日 金曜

引キ続キ病臥 昨日ト大差ナシ

新人ノ会アリシモ欠席

六月五日 土曜

晴 光子及女中二人ニ伝染シタ様ナリ 已ムナク起床 気分ハ大ニヨシ 熱ハ多少アル

六月六日 日曜

雨 熱ハマダ七度九分アルモ気分ハヨク食慾モ平常ニ復ス

午後井田兄来リ夜宮城君見舞ニ来ラル

六月七日 月曜

曇 朝学校ニ行ク 午後宮城君ヲ訪ヒシモ不在ナリキ 夕方井田君ヲ訪フ 井上十吉氏著和英大字典ヲ買フ 更ニ例ノ郁文堂ヨリ Bornhak–Allgemeine Staatslehre〔一般国家学〕, Stengel–Deutsches Verwaltungsrecht〔ドイツ行政法〕, Bagehot–English Constitution〔英国国制論〕, Anson–Law and Custom in English Constitution〔英国国制における法と慣習〕, Riess–Universal History vol. 2. Henry Morley–Ireland under Elizabeth and James I, ヲ求ム Total — Y 180

六月八日 火曜

晴 朝井田君ヲ訪フ 誘ハレテ国技館ニ四日目大角力ヲ見ル 五時半マデ見テ帰リ転ジテ新橋停車場ニ高野教授ノ洋行ヲ見送ル

六月九日 水曜

雨 終日在宅

夜小山東助君来宅セラル

六月一〇日 木曜

朝学校ニ行ク

午後経済新誌ノ原稿ヲカク

六月一一日 金曜

曇　午後ヨリ雨

牧野君刑法卒業試験ニ立チ合ヲ命ゼラレ朝ヨリ出勤

午後ニハ渡辺乙郎君受験甚ダ成績宜シカラズ　牧野君御情ニテ六十点ヲヤル

六月一二日 土曜

少晴　朝ヨリ前日ニ引キ続キ牧野氏刑法ノ立合ニ出ル

午前ニハ鈴木博君アリ午後ニハ岡正路君アリ　共ニしどろもどろニテ辛クモ六十五点ニ踏ミ止リシハ気ノ毒ナリキ

六月一三日 日曜

朝田村昌君ノ好意ニ依リ大学小児科病室医局ニ同君ノ義兄宇都野研君ニ面会シ秀子ノ診察ヲ受ク

六月一四日 月曜

風強シ　少晴　朝学校ニ行キ読書ス　宇津野医学士ニ秀子ノ両便ノ検査ヲ依頼セシニ大便ニハ多少虫ノ卵ヲ認ムルモ有害ト云フ能ハズ　只小便ニハ白血球多ク(?)腎臓ニ故障アルヲ証ストテ薬方ヲ与ヘラレ且ツ塩気ノモノヤ卵ヲ厳禁シ主トシテ牛乳ヲ与フベキ旨話サル

六月一五日 火曜

午前読書

午後ハ松崎教授ニ代リテ第三回財政学ノ試験ヲ監督ス

帰途永野医学士ヲ耳鼻咽喉科病室医局ニ訪フ　騰次郎君ノコトヲ相談セン為ナリ　幸ニシテ騰君在リ懇談シテ帰ル

此日朝騰次郎君ノコトニ関シテ佐藤松二郎君来訪セラル

六月一六日 水曜

午前山崎先生ノ経済学口述試験ニ立チ合フ　午後ハSeignobos ニヨリテ土耳其ノ研究ヲツヾク

昨朝ヨリ右足踵頭ニ疼痛ヲ感ゼシガ此日ニ至リ稍歩行ノ困難ヲ感ズ

六月一七日 木曜

朝足痛甚シ　昼ニ至リ大学病院ニ山井君ヲ訪ヒ診ヲ乞フ　歩行ハ絶対ニワルシトナリ　帰宅シテ臥床休息ス

六月一八日 金曜

晴　此日ヨリ引続キ廿五日マデ松波教授ノ商法試験ニ立チ合フベキ筈ナリシモ病気ノ故ヲ以テ午前ダケ河津教授ニ代ツテ貰ヒ午後ノミ出勤ス　足痛大ニ減ズ
井田君ヨリ沢柳先生著退耕録及学修法ヲカリテ読ム

六月一九日　土曜

雨　午前休養、足疾大ニ軽快ヲ感ズ
午後学校ニ行キ試験ノ立合ヲナス

六月二〇日　日曜

雨　終日在宅読書
花淵真潔安部亀蔵ノ二君来訪

六月二一日　月曜

雨　朝漱石先生ノ漾虚集ヲ読ム
午後学校ニ行キ松波先生ノ口述試験ニ立合フ

六月二二日　火曜

曇　朝ヨリ午後ニカケテ商法試験ニ陪席ス

六月二三日　水曜

雨　仝上試験陪席

六月二四日　木曜

雨　仝上陪席
光子誕生日
午後井田兄伊沢君宮本君守屋君来訪

六月二五日　金曜

雨　商法立合例の如し

六月二六日　土曜

雨　牧野君ノ口述試験ニ立チ合フ
秀子下痢ヲ起シ尼子医師ノ診断ニヨレバ赤痢ノ嫌アリトテ騒グ　夜ロク〳〵寝ズ

六月二七日　日曜

雨　朝宇津野君来診　秀子頗ル軽快ニ赴ク
午後引続キ矢内君笠井君井田君梅津君早坂君ノ来訪ヲウク
信次朝帰郷

六月二八日　月曜

曇　午前家居シテ読書ス
午後一寸学校ニ行ク

六月二九日　火曜

雨　終日家居シテ読書ス
夜金曜経済学会ニ出席

六月三〇日 水曜

晴 久シ振リノ晴天ニテ御掃除ヲヤル

午後小野塚先生ヲ訪フ 先生福原専門学務局長ニ会ス 長曰ク 本年度留学生トシテ大学ヨリ三名ノ申込アルガ文部省ニテハ二名ニシタシ 併シ浜尾総長ノ御機嫌ヲ損ズルヲ恐レ困ツテ居ル云々

七月一日 木曜

曇 朝今井先生ヲ訪フ 卒業式アリテ出校セラレシトテ御不在ナリキ 転ジテ宮城君ヲ訪フ

帰途一寸学校ニ立チ寄リ成績ヲ瞥見シ井田君ヲ訪ヒ帰宅ス

夜花淵君来訪

七月二日 金曜

曇 少雨 井田君布哇《ハワイ》ニ向ケ出発ニ付見送ル

午後学校ニ行キ読書ス

七月三日 土曜

午前今井先生ヲ訪問セシモ不在

午後子供達ヲ連レテ浅草ニ遊ブ 夕方帰ル

夜小山倉之助君来訪

七月四日 日曜

少雨 朝教会ニ行キ午後ハ小山兄ヲ大森ニ訪ヒ帰途新橋ニ木下君ヲ訪フ 小山夫人余リ善クモナサヽウナリ随分ヤセタリ 木下君ハ多摩川ニ鮎猟ニ行キシトテ在ラズ 奥サンニ会ヒ花淵君ノ就職ノ事ヲ托シテ辞シ帰ル

七月五日 月曜

雨 朝ヨリ学校ニ行キ牧野君ト約束セシ法学志林ヘノ原稿ヲ書ク 題ヲ「土耳其ノ政変ニ就テ」ト定ム 夕方マデ苦心シタルモ終ラズ二三日位カヽル見込ナリ

七月六日 火曜

曇 朝昇校ノ途次佐々木安五郎君ヲ訪ヒ燕尾服ハナイカト聞ク 有ツタラ借リテ卒業式ニ着ル積ナリ 不幸ニシテ先生持タズ 一緒ニ出テ学校前ニテ分ル

法学志林ニ出ス原稿『土耳其政変ニ就テ』ヲ書ク 未了 三時過筆ヲ止メテ先ヅ宮城君ヲ訪ヒ電車ニテ帰ル

海老名先生ト落チ合フ

五時兼テ約アリ国府寺氏ノ招宴ニ行ク 奥山夫婦ニ誘ハレテ浅草鳥金ニ御馳走ニナリシモ去年ノ七月六日ナリ

帰途河副君ヲ訪ヒ母上ニ平野君ノ来書ヲ托シ今井先生ヲ

訪ヒ貸費問題ヲ相談ス　川副君ハ平野君ノ肝入ニテ専売局ヘ入ルベカリシ処成績ガ七二、二ナル為メ駄目ニナルカモ知レヌノデ平野君モ杉浦君モ本人ハ無論心配ナリ

七月七日　水曜

曇、遂ニ雨トナラズ　昨夜来ノ雨ニテ路ハワルシ
朝学校ニ行キ原稿ノ執筆ヲ続ク　昼過河副君来リ杉浦君ト会見ノ顚末ヲ聞ク　ドウモ六カシサウナリ　原稿ハ五時ニ至リテ漸ク一段落マデ書キ了ル　乃チ直ニ自ラ之ヲ牧野君ニ手渡ス

発信　菅原伝氏

七月八日　木曜

少雨　今日モ朝ヨリ学校ニ行ク　経済新誌ニ於ケル河上君ノ「経済学ニ法則ナシ」トノ論文、法学協会雑誌ニ於ケル小野塚先生ノ「独乙帝国ニ於ケル宰相責任問題ノ政治的観察」トノ論文ヲ読ム　前者ハ茫漠後者ハ何時モナガラ背景ヲ十分ニ描写セズ初学ニハ分リニクシト思ハル

午後ハ牧野兄ノ寄贈ニ係ル「刑事学ノ新思潮ト新刑法」ヲ読ミ本論ダケ読ミ了ル　行文平易近来出色ノ好著ナリ　素人ニモ読マセタシト思ヘリ

昼斎藤貞晴君来リ友人堀内謙助氏トヤラノ点数ヲ見テ呉レト云フ　斯ンナコトヲ聞キニ来ル人近頃頗ル多シ

発信　小山、宮城

七月九日　金曜

雨　夕方ヨリ晴ル
朝国府寺氏ヲ訪ヒおまつ様ニ面会シ明日ノ卒業式ニ着用スベキ燕尾服ヲ借用ヲ申込ム　ソレカラ学校ニ行キ経済新誌ニ出スベキ原稿ヲカク　題ハ「経済学ノ基本観念ニ関スル管見」トス

夜梅先生ヨリ招カレテ御馳走ニ御ヨバレスル　同席ハ岡田志田松岡ノ支那ノ先生ナリ　十時過マデ十分ニ御馳走ニナリ奥さん坊ちゃんニモ御目ニ掛ル

七月一〇日　土曜

連日ノ降雨始メテ晴ル　曇天ニシテ暑カラズ
卒業式当日ナリ　借衣ノ燕尾服ニ盛装シテ十時学校ニ行ク　二階楼下ニテ陛下ニ拝謁ス　大部御年ガ占〔召〕シ給フ　式場ニテハ僕等ノ時ト違ヒ椅子ニ掛ケ給フ　今年ノ優等生ハ十五名　其中ニ薄髭ガ三人アリシモ頭ヲチックヤ香

油デ光ラシテ居ルモノハ一人モ非リシハ喜バシ　供奉ノ閑院宮殿下初メテ御目ニカ、ルガ立派ナ方ナリ

夜謝恩会ニ出ル　芝三縁亭ナリ　当夜諸教師気焔ヲ吐ク　尤モ振ツタノハ筧教授次ハ川名教授

七月一一日 日曜

晴　朝九時内ヲ出テ Asakusa ニ行ク　Miyatoza〔宮戸座〕ヲ見ル為ナリ　生憎十三日迄休、去年モ斯ンナコトガアリシ　転ジテ神田 Ichimuraza〔市村座〕ニ行ク　一、上野戦争　二、戻橋　三、夏祭浪花鑑　四、園遊会。歌六、栄三郎吉右エ門菊五郎共ニヨシ

七月一二日 月曜

晴　朝花淵君ノ来訪ヲ受ケ共ニ志田博士ヲ訪フ　小石川小日向台町三丁目也　奥さんニモ御目ニ掛ル　花淵君ヲ保険会社ニ周旋シテ貰フコトヲ頼ム

午後ハ学校ニ行ク　久シ振リノ晴天トテ暑イ　小山兄ニ報告スベク謝恩会ノ模様ヲ書イテ送ル

夕方横沢嬢来ル　信仰ガチト変ニナレル様ナリ　戒心ヲ要スルモノアルニ似タリ　夜佐藤記一郎君来ル　予渡清ノ際同君其他十余名ノ古川小学校同窓会東京支部員予ニ贈物スルトテ金ヲ集メシ由ナルガ×君之ヲ着服セルラシナド話アリ　怪シカラヌコトナリ

七月一三日 火曜

少雨　終日在宅読書ス

午後ハ一寸大工原君ヲ訪フ　故酒匂博士ノ葬式ニ列セシトテ不在ナリ　博士ハ日糖社長トシテ責任ノ重大ナルニ感激シ短銃ヲ以テ自尽セラレシ也　世間ハ大ニ同博士ノ自決ニ向テ同情措ク能ハザルモノ、如シ

夜小島勘一君来ル

七月一四日 水曜

快晴　雨上リノ為カ暑サ厳シ

朝菊坂ノ下宿屋ニ佐藤記一郎君ヲ訪ヒ君ヲ誘フテ牧野兄ヲ訪問シ君ヲ兄ニ紹介ス　十二時ニ近ク辞シ又佐藤君ノ下宿ニ赴キ昼食ノ饗ヲ受ケ夕方マデ雑談ス

夜山崎省三君来訪　不相変元気ナリ

七月一五日 木曜

快晴　暑サ頗ル烈シ

朝早ク菅原氏ヲ訪フベク家ヲ出ヅ　芝三門ニテ電車ヲ下リ右ニ折レテ永坂ノ邸ヲ訪フ　生憎今朝前橋ニ行ケリ

トテ不在ナリキ　直ニ引キ返ス　途中河副君ノコトヲ頼マントテ大蔵省ニ杉浦君ヲ訪ネタルガ休暇ニテ出勤ナシ遂ニ帰ル　七時家ヲ出デ十時帰ル　暑サ甚シ　終日外出セズ　午後正平来ル　一高入学試験今日結了セリト云フ

発信　鈴木敬親

七月一六日　金曜

快晴　九十五度ニ上レリト云フ　終日寝テ暮ス

朝ハ清水順之助君来訪　夜ハ佐藤記一郎君来訪

七月一七日　土曜

快晴　暑甚シ九十度ヲ超ユ

朝正平ヲ訪ヒ金ヲ借ルベク宮城ニ走ラセ野口、永野二兄ヲ訪問シ昼頃帰ル　宮城ヨリ十円借ル　去ル十日ノ三十円ト共計四十円ナリ

此頃ハ暑クテ仕事ハ何モ出来ズ終日寝テ暮スノミ

発信　小野塚先生

七月一八日　日曜

快晴　朝教会ニ行ク　海老名先生酒匂博士ノ自殺ニ関シテ説教アリ　武士道ハ斯ク消極的ニノミ発現スルヲ惜ムノ意ヲ述ベラル　博士ニシテ真ニ武士的精神アラバ何ンゾ自殺スル以前ニ猛然奮起シテ乱麻ヲ解決スルノ措置ニ出デザリシヤ云〻トナリ

帰途柿岡兄ヲ台町ノ下宿ニ訪フ

七月一九日　月曜

快晴　朝早ク菅原伝氏ヲ訪フ　先客トシテ本年卒業ノ法学士星利彦君アリ　明治生命保険会社ニ入ル身元保証人トナリテ貰ヒ居ルトコロラシ　予ハ洋行ノコト之ニ関連シテ家族生活資金ノ入用ナルコトヲ訴ヒ資金調達ノ助力ヲ求ム

夜柿岡時泰氏来宅

七月二〇日　火曜

晴　朝国府寺氏ヲ訪ヒ去ル卒業式当日ニ借用セル燕尾服ヲ返ス　シヤツ　カラ洗濯出来ザリシ為メ永ビキタリ

又大工原氏ヲ訪ヒカネテ志田博士ヨリ頼マレ居ル白菜栽培法ヲ聞ク　夫ヨリ直ニ学校ニ行キ新人ノ原稿ヲ書ク「清国ノ夏」

小野塚先生ヨリ五時来訪セヨトノ端書アリ電車ニテ行ク　十七日上ゲタル手紙ニツキ総長学長ニ態〻相談セラレ予ノ洋行中三分ノ一以内ノ俸給ハ貰ヘルナラントノ噺

アリ　夫ヨリ夫人病気ニツキ外ニテ夕食ヲ饗セントテ誘ハレ京橋風月ニ行キ鱒腹御馳走ニナリ御土産マデ頂戴シテ十時帰ル

七月二一日　水曜

晴　昨日ヨリ稍平暑ニ復ス　朝霧雨アリ

午後学校ニ行キ新人ノ原稿ヲ書キ宮川、柿岡、相羽諸氏ヘノ手紙ヲ認ム

七月二二日　木曜

晴　暑イ　昼少シ前ヨリ学校ニ行キ大場茂馬氏著「刑事政策根本問題」ヲ読ミ牧野君著「刑事学ノ新思潮ト新刑法」ノ批評ヲ書ク　後者ハ新派ニ前者ハ旧派ニ属ス　牧野氏ノハ論旨透徹シ大場氏ノハ茫漠トシテ議論ニナラズ　余程頭脳ノ混濁シテル人ト見ユ

七月二三日　金曜

朝学校ニ行ク　俸給ヲ受ケ取ル　直ニ日本銀行ニ行ク　廿三日ハ安田銀行ガ金ヲ持ツテ大学ニ往ツテ居ル筈ダ当行デハ廿四日以後デナケレバ渡サヌト云フ　電車代ヲ持テ居ナカツタノデ暑イノニ帰リハ徒歩ダ

牧野君著書ノ批評ヲ書キ続ケル　雷雨ガ来サウナ空模様ダカラ半分ニシテ帰ル　其代リ夜十二時マデ筆ヲ執ル未ダ了ラザリシモ睡クナツタカラヤメタ

七月二四日　土曜

朝曇　午後快晴

朝大森ニ小山君ヲ見舞フ　令嬢病気(肋膜炎)ニテ大学病院ニ入院中ナリトテ不在

帰途宮城君ヲ訪ヒ偶来訪中ノ松本雪舟君ト連レ立チテ病院ニ小山きみ子さんヲ見舞フ　菊野夫人居ル　母ノ方ガ病気ガヨクナイカラきみ子さんノ病床ニ余リ接スルナト医者カラ退去ヲ命ゼラレタナド語ラル　心細イ話ナリ

牧野君ニ借リタ本ヲ返シニユク

昨夜書キシ批評此朝脱稿シ直ニ美濃部先生ニ送ル　ヤガテ八月号ノ雑録欄ニ入ルトノ返書アリ

夜電報ニテ今井兄ヨリ「中村君ノ後任梅先生ニ頼ム二百元」ト申シテ来ル

七月二五日　日曜

晴　朝船田一雄君ヲ訪フ　今井兄ト同郷ノ親友ニシテ同君ヨリ紹介シ来レルナリ　転ジテ中島半次郎君ヲ訪フ

夕方帰ル　今井兄ニ「梅朝鮮交渉中」ト打電ス　中村君

ノ後任ハ梅先生ニ一応推挙ヲ依頼スルモ先生ハ旅行先ノコトデモアレバ小生ニ一任シ来ルナラン　其場合ニハ以前天津学務処ノ儲才所ニ居リシ小鹿青雲君ヲ推薦セントテ同氏ニ内々ノ手紙ヲ発セリ
発信　梅先生

七月二六日　月曜

晴　朝小鹿青雲氏来訪セラレシニ付巨細ノ事情ヲ話ス
夜我妻君令弟来訪セラル

七月二七日　火曜

晴　午前病院ニ小山令嬢ヲ見舞フ　松井夫人在リテ看護セラル　段々ヨクナリツヽアリトノコトナリ
村上幸多氏ヲ楽山堂病院ニ訪ヒ宮城君ヲ訪ヒ(不在)正午前帰宅ス
午後平渡庄兵エ君来宅　夕方石田研君来訪　同氏ハ奉天ヲ辞シ台湾ニ復帰　砂糖ノコト取調ノ為メ今年九月渡欧二年間滞在セラルベシト云フ

七月二八日　水曜

晴　終日読書

七月二九日　木曜

晴　朝宮城君ヲ訪フ　一の宮カラ未ダ帰ラズ昼少シ前マデ待ツ　緩クリ話シ飯ノ馳走ニナリ昼過帰ル
午後久シ振ニテ鈴木文治兄来訪　夜マデ話ス

七月三〇日　金曜

晴　時々小雨
夜柿岡時泰君及宮城君安部栄次郎先生ノ来訪ヲ受ク
夕方鈴木文治君来ル
正平一高入学試験ノ成績此朝発表ニナレルガ宮城君ノ云フニハ落第ラシトノコトナリ

七月三一日　土曜

晴　時々雨アリ
午後早阪奥郎君来ル　本日司法官試補ヲ命ゼラレ浦和地方裁判所詰トナレリト　夜河副君来ル　之モ本日専売局書記ヲ拝命シ銀座ノ第一製造所詰ヲ命ゼラレタリト云フ
信次ヨリ A. H. Fried's Die moderne Friedensbewegung〔近世平和運動〕摘訳ヲ送リ来ル

八月一日　日曜

概シテ晴　時々少雨

鈴木敬親君ヨリ返事アリ有斐閣主人ヲ紹介シ来ル　鈴木文治君ヲ煩シテ交渉ノ任ニ当ラシメントス
　午前今井君妻君問題ノ相談ノ為メ船田君ヲ訪ヒシモ不在ナリシ　夕方鈴木文治君ヲ訪ヒテ前記交渉ノ一件ヲ托ス
　大坂ニ大火アリ　昨日午前四時ヨリ始マリ延焼二十六時間ニ亙リ此日午前六時ニ至リ鎮火ス　焼失戸数一万五千余　北区全部殆ンド灰燼ニ帰シ惨憺タル光景一里ニ及ブト云フ　蓋シ前代未聞ナリ

八月二日　月曜

晴　終日在宅読書ス　信次ヨリ送リ来レル平和運動ノ訳文ヲ吟味シハジム
　夜沢田君来宅　中旬頃奉天総領事館領事官補トシテ赴任スベシト云フ

八月三日　火曜

晴　時ゝ少雨
終日読書ス

八月四日　水曜

雨

八月五日　木曜

降リミ降ラズミノ空合
朝小鹿君来訪セラル
夜鈴木文治君来リ有斐閣主人ト交渉ノ始末ヲ報告セラル　要スルニ不調ナリ　困ツタコトナリ

八月六日　金曜

曇　時ゝ驟雨性ノ小雨アリ
朝学校ニ小山令嬢ヲ見舞ヒ転ジテ島田三郎氏ヲ訪ヒ夫人ニ横浜高野四女子《しめこ》さんノ取調ヲ托ス　今井君ノ為ニ
　帰途安部栄次郎氏ヲ訪フ　武村君来ル　一緒ニ辞シ宮城ヲ訪ヒ昼食ノ饗ヲウク　帰リシナニ教会ニテ海老名先生ニ会フ　先生ト鹿木さんトドット笑フ　何事カト聞ケバ丁度僕ノ噂ヲシテ居ル所ナリシトナリ　ト云フハ先生此間僕ノ空中飛行船ニ乗リテ西游スルヲ送リ暫シ屋根ノ上ニ天ヲ眺メテアリシガ足許段々危ク落チサウニナリシト夢ミタリトノコトナリ

八月七日　土曜

晴　朝ヨリ学校ニ行キ経済新誌ニ投ズベキ原稿ヲ書ク
左マデ暑カラザル様ナルモ筆取レバ汗ダラ〳〵出テ苦キ

コト言フバカリナシ
夜今井彦三郎先生来訪　面白ク緩談セラル
此夕物集が原ニテ生レテ間モナキ赤犬ノ子ヲ拾フ　養テ永ク居ルナラ八七(Putch)ト名ケン　八月七日ニ因メルナリ

八月八日　日曜
晴　朝教会ニ行キ午後ハ学校ニ立チ寄リ間モナク帰宅シテ原稿ヲ書ク

八月九日　月曜
晴　朝原稿ヲ書キ了リ直ニ送ル
父上夜行十一時ノ汽車ニテ帰国セラル

八月一〇日　火曜
晴　朝ハ子供ヲ連レテ田端ニ魚取リニ行ク
昨夜遅カリシヲ以テ睡クテ堪ラズ

八月一一日　水曜
曇　事なし
満里子さんが来て判を取りに、結婚届の証人として予が一月廿九日生と書いたら廿ではいかぬ貳拾でなければわるいとて訂正を求めて来たのだ

八月一二日　木曜
晴　午前ハ学校ニ行キ河上君ノ「人類原始ノ生活」ヲ読ム
午後ハ子供三人ヲ連レテ上野だるまニ汁粉ヲ食ニ行ク

八月一三日　金曜
晴　土用ぼしヲヤル

八月一四日　土曜
晴　今日モ土用ぼし　午前中高野義太郎君来ル　夜ハ根津の何トヤラ寄席ニ浪花節ヲ聴ク

八月一五日　日曜
晴　朝小島啓一君来宅　昼頃マデゆつくり話サル　其間小鹿青雲君昨夕田舎ヨリ帰京セリトテ見ユ
午後小鹿夫人常子君来宅

八月一六日　月曜
晴　午前ハ学校ニ行キ河上肇君ヨリ贈ラレタル「人類原始ノ生活」ヲ読ミ了ル
留守中松本圭一ト云フ人忠愛之友倶楽部ヲ代表シテ洋行ノ祝辞ヲ述ベニ来ラレタリトナリ

八月一七日　火曜

晴　午前ハ学校ニ行キ例ノ平和運動論ヲ読ム　午後ハ野口君ヲ訪ヒシガ同君ハ横浜ニ堀貞一氏ノ渡米ヲ送リ夫人ハ青森ニ厳君ヲ省ミラレシトテ在ラズ

八月一八日　水曜

晴　午前学校ニ行キ読書ス　始メ東郷館ニ一寸武藤長蔵君ヲ訪ヒシモ不在ニテ会ハズ

夜白山上ノ栄寿亭ヲ見物ス

八月一九日　木曜

晴　近世平和運動論第一章ヲ草シ始ム

朝小鹿君来ル

八月二〇日　金曜

晴　近世平和運動論第一章ヲ草シ終ル

夜沢田節蔵君暇乞ニ来ラル　不日奉天ニ向ヒ出発スルトナリ

八月二一日　土曜

晴　夜信子明子ヲ連レテ栄寿亭ニ行ク

八月二二日　日曜

夜来雨　朝ヨリ晴ル

午前教会ニ行ク　野口君ノ説教修養論ヲキク

秀子ノ誕生日ニツキ形バカリノ祝ヲナス

八月二三日　月曜

晴　終日在宅　平和運動論ノ第二章ノ訳ニ取リカヽル

原著ノ論理通ツテ居ラザル為メ苦心惨憺スルモ旨ク行カズ僅ニ一二頁ヲ了レルノミ　新人ノ時評一篇ヲ草ス

八月二四日　火曜

未明ヨリ朝ニカケテ雨　六時頃ヨリ晴

午前ハ柿岡君ノ依頼ニテ佐竹侯邸内ニ大縄久雄氏ヲ訪ヒ帰途会館ニ沢田君柿岡君ヲ訪ヒ学校事務室ニ山崎先生牧野君ニ遇ヒ研究室ニテ新人時評ヲカク

昼過信子光子来リ田村君ノ好意ニヨリ皮膚病科ニ診察ヲ乞フ

留守中ニ島田三郎氏夫人見エシトナリ　高野志め子嬢見〔身〕許調査ノ報告ノ為ナリ

八月二五日　水曜

晴　午前学校ニ行キ新女界ノ原稿「授恩ノ修養」ヲモノス

事ナシ

八月二六日　木曜

晴　午前ハ子供達ヲ連レテ郊外ニ散策シ午後ハ読書ス
夜ハ栄寿亭

八月二七日　金曜

晴　梅先生ヨリ小鹿氏ニ遇ヒシ〔ママ〕タシト申来レルニ付朝芝神明ニ小鹿君ヲ訪ヒ同氏ヲ誘ウテ約ニ従ヒ午後一時梅博士ヲ林町ノ宅ニ訪フ
鈴木文治君ヨリ有斐閣不調ノ旨報ジ来ル

八月二八日　土曜

晴　平和運動論ヲカク
夜栄寿亭

八月二九日　日曜

晴　午前晴　午後大雷雨　落雷被害少カラズ
朝教会ニ行ク　久シブリニテ内ヶ崎夫人ニ会フ
午後野口兄ニ誘ハレテ一寸市橋虎之助氏ヲ訪フ　夫人ハ信者君ハ求道者
途中ニテ野口君ヨリ洋行資金ノ話出デ堀川君ヲ通シテ久米氏ニ話シテ見ント語ラル

八月三〇日　月曜

晴　暑　朝ヨリ手紙書ク　数アルモノ、中特ニ記スベキハ宮崎某郡長ヲ勤メオル旧師山内卯太郎氏ニ宛テタルモノナリ　目下ノ境遇ナドヲ丁寧ニ申ヤル
夜小山君ヨリ電報アリ海老名氏ニ往ケトアリ　依テ往訪ス　小山君ヨリ話アリ洋行資金ノコトニツキ徳富氏ニ話セシ処毎年五百円位宛出来サウナリト　明朝同氏ノ紹介ヲ以テ徳富氏訪問ノコトニ定メテ帰ル
発信　今井、ミヤギ、古川

八月三一日　火曜

晴　海老名先生ノ指示ニ従ヒ六時家ヲ出テ青山南町ニ徳富氏ヲ訪フ　民友社ニ来テ呉レトノコトニツキ辞シ帰途野口宮城二君ヲ訪フ　正午民友社ヲ訪ヒシニ色々親切ニ話サレ後藤新平氏ヨリ金ヲ出サストノ話ニテ九月中旬マデニハ屹度返事スルトノコトナリシ　大丈夫ラシキ模様ナリ　帰途秀英舎ニ鈴木君ヲ訪フテ其報告ヲナス　二時過帰ル　奔走ノ為メ朝昼二食ヲ喰ハズ
夜子供達トパテー館ニ活働写真ヲ見物ス

九月一日　水曜

雨　たまの朝ヨリ稍腹痛ヲ感ズト云ヒ昼食モ取ラズ一時産婆ヲ迎ヒ二時頃ヨリ痛ミ出ス　予ハ机ニ倚リテ読

書シツ、アリシガそろ〳〵うなり出セルニツキ阿部ノ内へデモ逃ゲ出サンカト考居ル中呱々ノ声ヲ聞ク　例ニナキ軽キ産ナリシ也　敬子ト命名ス
午後三時二十五分敬子誕生

九月二日　木曜

雨　午前小山東助君来ル
午後徳富氏ヨリ来翰アリ民友社ニ往訪ス　昨日後藤氏ニ遇ヒ委シク話シテアル故往訪会見セヨトテ紹介状ヲ恵マル　依テ直ニ逓信大臣官舎ニ往訪セルモ不在ナリキ再会ヲ約シテ帰ル
夕方河副君来リ此間初月給ヲ貰ヘリトテいたりやねる二反ヲ持参セラル

九月三日　金曜

少晴　昼近ク学校ニ行キ電話ニテ打合ヲナシ後藤新平氏ヲ逓信大臣官舎ニ訪フ　単刀直入願望ノ主意ヲ述ベタルニ即座ニ快諾ヲ与ヘラレ毎年五百円ヅ、三年間恵与セラル、コトヲ約サル　徳富氏ハ何カ調査ノ嘱托アルベキ話ナリシモ氏ハ何モ頼ムコトナシトノコトニテ全ク無条件ニテ恵与セラル、コトトナリシ也　帰途民友社ニ到リ右ノ旨ヲ徳富氏ニ報ジ(不在)帰宅後更ニ海老名先生ニモ此旨ヲ報ズ

九月五日　日曜

曇　朝小鹿青雲氏ノ来訪ヲウケ午後ハ祥雲確悟君富永徳麿君ノ来訪ヲウク

九月六日　月曜

晴　朝正平上京来宅　暫クニシテ亀谷徳兵エ君小鹿青雲君及平和協会幹事高松茂承氏ノ来訪ヲウク　小鹿君ニ托シテ今井君ニ毛皮外套ヲ贈ル

九月七日　火曜

曇　午前内ヶ崎留守宅ヲ訪ネ産婆御礼金ノコトヲ相談ス　今日丁度七夜ニ当ル　御礼五円車代二円御料理代反物一反(代一円六十八銭)ヲ呈ス

九月八日　水曜

晴　午前船田一雄君来宅

九月一〇日　金曜

夜宮城豊治兄来ル

九月一一日　土曜

雨　朝教授会アリ学校ニ行ク　午後宮城宅ニ豊治兄ヲ

訪フ　不在
夜松野判事（清国山東省法政学堂ニ赴任セントスル）佐藤密君今井先生令息亀谷君松村君来訪セラル

九月一二日　日曜

雨　朝教会ニ行ク　宮城君宅ニテ豊治兄信次等ト会談ス

九月一三日　月曜

雨　終日在宅
午後仲本昇太郎翁来ル　天津ヨリ送リ来レル小鹿氏旅費百廿三円ヲ渡ス
夜花淵精君来宅

九月一四日　火曜

晴　朝ヨリ学校ニ行キ万国共同政策論ヲ読ム　小野塚先生来リ洋行発表遅延ノコトヲ談サル　要スルニ学長モ総長モ適当ノ説明ナク只漠然文部省ニテ金ノ都合ナドノ為メナラント云フニ過ギズ

九月一五日　水曜

晴　朝学校ニ出掛ケントシテ居ル処ヘ豊治兄来ル　昼飯ヲシテカラ呉服町ノ帝国生命ニ青柳君ヲ訪ヒ花淵君ノ為ニ運動ヲ頼ミ転ジテ島田三郎氏ヲ訪ヒ信次ノ為ニ学資ノ世話ヲサレシ御礼ヲ述ベ倉之助君ニモ遇ツテ四方八方ノ話ヲシ帰途千野広君ヲ元町ノ長善館ニ訪フ　未ダ学校ヨリ帰ラズトテ遇ハズ　五時半帰ル　豊治兄ハ五時半ノ汽車ニテ立チシ由ナリ
夜笠井英一君来訪　九時過花淵君ヲ訪ウテ運動ノ顚末ヲ報告ス
此日上田文科助教授留学ノ発表ヲ見ル

九月一六日　木曜

晴　酷暑　朝学校ニ行ク　今井常世ノ二君及志田先生ヘノ手紙ヲ書ク　今井氏ヘハ小鹿君無能問題及高野しめ子さんノコトニ付キ常世君ヘは洋行ノ祝トシテ贈ラレタル金鯉ノ今朝到着セルノ御礼ヲ志田先生ヘハ花淵君ノコトヲ頼ム為ナリ
昼少シ前沢柳先生ヲ商業学校及私宅ニ訪問ス　不在　小山君ヲ倫理学講師ニ篏メ込マント運動ノ為ナリ　帰途相原君ヲ中央寄宿舎ニ訪ヒ共ニ会館ニ顔ヲ出シ沢柳氏ヘ手紙ヲ学校ニテ認メ三時半過ヨリ一寸てにすヲ遊ビ五時帰宅ス

此日暑サ烈シ　要スルニ此四五日ノ暑サハ七月頃ノ暑サト相匹敵スルモノニ似タリ

九月一七日　金曜

雨　終日陰雨　而カモ天気予報ニハ北ノ風晴トアル

朝学校ニ行ク　九時過商業学校ニ沢柳先生ヲ訪フ　倫理学講師ハ既ニ心当リアル様ノ模様ナリ　併シ全ク絶望ニ非ルガ如シ　帰途佐藤外科ニ小山君令弟民吾君ヲ見舞フ

午後ハ学校ニテ平和運動論ノ続ヲ訳ス　四時再ビ病院ニ民吾さんノ室ニテ小山君ニ会フベク行ク　運動ノ大略ヲ話ス

夜千野君来訪アリ　花淵君モ

みよしヨリ手紙来ル　吉田牧師ノ世話ニテ横浜共立女子神学校ニ入ルヲ得テ二十二三日頃上京スト云フ

九月一八日　土曜

雨　終日学校ニ行キ引キ続キ平和運動論ヲ訳ス

元理科大学長箕作佳吉博士逝去(十六日)ノ旨発表セラル

九月一九日　日曜

雨　終日在宅読書ス　昨夜到着ノ日本経済新誌、カーネギーノ国際平和論皆読ミ了ル

九月二〇日　月曜

雨　終日在宅　平和運動論ノ続稿ヲ訳ス

午後信次来ル　夕方宇都野医学士ヲ招ジテ秀子ノ診察ヲ乞フ　近来甚ダ気分勝レザルヲ以テ也

野口君ヨリ堀川君岳母四五日前死亡セラレタルノ報ニ接ス

九月二一日　火曜

晴　早朝小野塚先生ヨリ十時過御殿ニ来レトノ来書アリ少シ後レテ行ク　箕作博士ノ葬式ニ福原氏ニ会ヒ〔夕〕ルトキ洋行ノ都合聞キ合セシニ色々ノ事情アリテ本年中ハ発表六カシトノコトナリトゾ　予ノ出発ハ支那へ行クトキモ帰ルトキモ一月ナリ　一月ニ縁アレバ矢張リソンナコトニナルノカ心細キ限リナリ

堀川氏岳母死去セリト野口君ヨリ来報アリ悔ニ行ク夫妻共ニ不在　明日再訪ヲ期シテ帰ル　帰途会館ニ宮本君ヲ訪フ

午後ハ学校ニ居ル　花淵君来ル　就職上ノ相談ヲ受ク

夕方河副君千駄木57ニ転居セリトテ見ユ
夜原稿ヲカク　深更ニ至リテ漸ク第二章ヲ終ル　夜ニナルトねるノ単衣ニメリヤス　シヤツヲ重ネテモ寒シ
蚊ハ大分少クナレリ

九月二二日　水曜

晴　午前ハ在宅シテ原稿ノ訂正ヲナス　午後之ヲ美濃部先生ニ送ル　堀川氏ヲ訪ヒ夫人ニ会テ悼詞ヲ述ブ
夕方河副君ヲ訪フ
美濃部先生ヨリ近著「日本行政法」第一巻一部ノ恵贈ヲ受ク

九月二三日　木曜

晴　朝祥雲君ヲ訪フ
午後学校ニ行キ読書ス
夜佐藤記一郎君来宅
此日故斎藤信策君ノ追悼会ガ神田青年会館ニアル筈ダケレドモ行カズ
此夜近世平和運動論第三章(一)ノ一ヲ稿ス

九月二四日　金曜

雨　朝ヨリ倫敦タイムスヲ読ミ之ニヨリテ新人ノ原稿ヲ書ク　書斎漫語ト題ス
夜金曜経済会アリ　後レタレド八時過出席ス　帰途山崎先生ヨリ曾テ訳セル所得分配論ヲ神戸博士編纂ノ経済学全書ノ一部ニスルトテ福田徳三氏持チ行ケリトノ話アリ　都合ニヨリテハ共訳ト云フコトニスルナラントノコトナリ

九月二五日　土曜

曇　朝ヨリ学校ニ行ク　午前花淵君来ル
新人ヘノ原稿ヲ書ク
此朝山内卯太郎先生ヨリ小生ヨリ依頼ノ「明政理信治化」ノ額面書送リ来ル

九月二六日　日曜

少晴　朝富永徳麿氏来訪
杉程次郎君(脳脊髄膜炎ニテ一時危篤　此頃ハ段ゝヨシ　入沢内科五号室入院)ヲ私宅ニ見舞フ　大塚小一郎君ノ新婚ヲ祝シ昼食ヲ饗セラル　石川林四郎君ヲモ訪問ス
島田氏ヲ訪ヒテ矢島刀自ヘノ紹介状ヲ貰ハントセシニ主人ハ病臥奥様ハ外出おまけニ小山君マデ不在　手紙ヲ

書キ残シテ帰ル

九月二七日　月曜

雨　膏〔豪〕雨盆ヲ覆スバカリ

みよし来京　横浜共立神学校ニ入ルトテ

此日終日在宅　新着ノ Yale Review 中ノ Henry Pratt Fairchild ナル人ノ The Causes of the Emigration from Greece〔ギリシャ移民の諸原因〕ナル論文ヲ読ム　面白シ　之ヲ訳シテ経済新誌ニデモ投ゼンカト思フ

夕方伊沢平一郎君来ル　十一月初旬地洋丸ニテ布哇ニ赴キ砂糖ノコトヲ研究スト云フ

九月二八日　火曜

少晴　朝ヨリ学校ニ行ク　昨日読ミタル希臘移民論ノ翻訳ニ取カヽル

此日田村君ノ好意ニヨリ又皮膚病科ニテ信子ノ腫物ノ診察ヲ乞フ

夜和泉勘吉氏明日帰ルトテ来訪　河副氏モ来ル

此夜たまの始メテ外出散策ス

冷風頓ニ加ハル　ネルノ単衣ニ袷ヲ重ネ袷羽織ヲ着めりやすノ薄シヤツ一枚ニテ出掛ケシニ流石ニ少シ暑イヤウデモアル

九月二九日　水曜

曇后雨　朝小山倉之助君来訪　十時過一緒ニ学校ニ行ク　午後一寸宮本君ヲ訪フ

此日ハ徳富氏ヨリ日本倶楽部ニ招待セラレ居ルヲ以テ五時過行ク　雨降ル　同席ハ小山兄及国民新聞社ノ伊達樸堂君ナリ　十時マデ色々ノ話ヲシテ帰ル　行クシナニ電車ニテ寛正太郎君ニ遇フ

みよし横浜ニ行ク

九月三〇日　木曜

雨　終日在宅　読書ス

一〇月一日　金曜

雨　此日金井先生欧洲ノ巡遊ヨリ帰ル　宮本君ヲ会館ニ誘ヒ共ニ横浜ニ行ク　埠頭ニ矢作教授アリ　金井夫人モ民ちゃんト呼ブ愛児ヲ伴ハレテ来ル　暫時税関楼上ニ少憩シヤガテ小蒸汽ニテ地洋丸ニカケツク　博士無事再ビ税関楼上ニ少憩シ博士一行ハ西村ニ予等ハ分レヲ告ゲテ停車場ニ走ル　時ニ五時半　七時半頃帰宅　空晴ル

石田研君モ此日独逸遊学ノ途ニ上ル　見送ルヲ得ザリ

シヲ以テ一寸旅宿日昇館ニ挨拶ニ行ク

一〇月二日 土曜

少晴　午前学校ニ行ク

午後会館ニ行キ新入会員歓迎会ニ臨ム　小松君大橋君ナドニ遇フ

一〇月三日 日曜

午後六時十文字のまさよ伯母死去

晴　午前教会ニ行ク

午後子供等ヲ連レテ泉岳寺日比谷公園ニ遊ブ

一〇月四日 月曜

曇　朝ヨリ学校ニ行ク

午前ハ豊治兄ノ依頼ニヨリ「羽二重依托販売ノ弊害ニ就テ同業者諸氏ニ告グ」ノ一文ヲ草シ午後ハ希臘移民論ノ続稿ヲ訳ス　大ニてにすヲ遊ビ夕方帰ル

十文字まさよ伯母死去ノ旨報ジ来ル　祖母伯母相次デ凋落シ一種悲悽ノ感ニ堪ヘズ

此日午後九時張之洞逝去ノ報アリ

一〇月五日 火曜

曇　朝ヨリ学校ニ行ク　此日ハ卒業追試験財政ノ立合ヲ命ゼラレ居睡シツヽ例ノ医化学楼上ノ試験場ニ終日ヲ過ゴス

張之洞昨夜死去セリトテ毎日新聞社ノ西出朝風ト云フ人話ヲ聞キニ来ラル

一〇月六日 水曜

曇　朝ヨリ学校ニ行ク　希臘移民論ノ続ヲ訳シ美の部先生ヨリ寄贈ノ行政法ヲ読ミ始ム

夜花淵君来宅

一〇月七日 木曜

曇　午前ハ牧野君ノ刑法試験ニ立チ合フ　午後ハ研究室ニテ読書ス

夜ハ金井博士ノ帰朝 Dr. Waentzig〔ウェンチッヒ〕ノ新任来学ノ歓迎会ガ御殿ニテ開カル、ニ出席ス

一〇月八日 金曜

少晴　午前午後トモ刑法試験ニ立チ合フ

一〇月九日 土曜

快晴　宣誓式ニ列席ス　会館ニ宮本君ヲ訪ヒシモ不在

午後野口君宅ノ新人編輯会ニ列ス

一〇月一〇日 日曜

雨　昨夜ぬるい御湯ニ這入リ寒いニモ拘ラズずぼんナシニ机ニヨリシ為メ少シク風邪ノ気味アリ　終日在宅読書ス

夜富永君ノ依頼ニヨリ同氏経営ノ教会ニテ演説ス　『青年ト宗教』ト題セルモ畢竟現代ノ教育アル青年信徒ハ何故ニ段々宗教ニ冷淡ニナルヤノ問題ニ解決ヲ与ヘント試ミタルモノナリ　十一月ノ新人ニ書ク積ナリ

一〇月一一日　**月曜**

雨　朝鈴木文治兄来リ夕方マデ居ル　来ル二十三日東京印刷業者有志会ニテ一場ノ講演ヲ乞ヒタシトノ用向ナリ

夜亀谷君河副君来訪

一〇月一二日　**火曜**

雨　午前ハ晴天ナリシヲ以テ少シ頭痛セシモ押シテ松屋呉服店ニ買物ニ行ク　気分甚ダワルクナル　昼過帰リテ床ニ就ク

山内卯太郎先生ヨリ来翰アリ公用ニテ上京美土代町四ノ五尾美館ニ止宿中ナリト　不快ナリシ為メ往訪セズ

丁度正平来合ハセシヲ以テ佐藤記一郎君ノ来訪ヲ求メシメ古川小学校同窓会ヲ開イテ山内先生ヲ招待スルコトヲ相談ス

此夜亀谷君亦来リ宮城県人法科大学々生会開催ノ件ニ付宮本君ヨリノ伝言ヲ齎ラサル

一〇月一三日　**水曜**

曇　終日臥床

午前松野祐裔君来訪　愈山東省済南府法政学堂赴任ノコトニ決定シ不日出発セラルベシトナリ

午後信次ヲ呼ビ代リテ山内先生ヲ訪問セシム

夜松本圭一君来ル　忠愛之友倶楽部員ニシテ本年農科大学ニ入ラレシ方ナリ

一〇月一四日　**木曜**

晴　気分ヨキニ非ザルモ学校ニ往ツテ見ル

午後ハ教授会ニ出ル　追試験ノ成績ノコト、不都合ノ処為アル学生ヲ処分スルノ件ニ、ウェンチッヒの受持課目ニ関スル件、殖民政策講坐担任者ニ関スル件等ヲ相談ス

夜山内先生ヲ訪フ　久シ振リニテ遇フ　主客喜ニ満ツ　帰ル時じゃぼん三顆ヲ恵マル　甘イコト夥シ

帰途佐藤記一郎岡正路同志会ヲ訪フ　同志会ニテハ偶坂井君在リシ故深更マデ懇談ス

一〇月一五日　金曜

快晴　気分ワルシ

午前ヨリ学校ニ行キシモ本ハ更ニ読メズ　昼ニハ上杉君ヲ誘テ会館ニ飯ヲ食ヒニ行ク　午後ハ頭痛ニ堪エズ二時半頃帰宅シテ床ニ倒ル

一〇月一六日　土曜

快晴　頭痛甚シ　午前臥床ス　花淵君岡君ノ来訪ヲ受ク

午後学校ニ行キ宮城県出身法科大学々生会ノ発会式ニ臨ム　会スル者十五六人　外ニ五六人アルサウナリ

右終リテ一寸てにすヲ亀谷君ト共ニヤリ神田ときわニ開カル、筈ノ古川小学校同窓会東京支部会ニ出席スベク行ク　山内卯太郎先生歓迎ノ為メナリ　来会者ハ山内、中野、手島ノ三客ト佐藤記、佐藤長、早坂、永沢、平渡、門田、佐ゝ木、亀谷、三浦、僕、信次、正平ノ十二人

一〇月一七日　日曜

快晴　頭痛依然　教会ニモ行カズ会館ノ紀念会ニモ出席セズ

午前矢内竹三郎氏来訪　昨夜欠席セラレシノ言訳ノ為メ来ラレシモノト見ユ　同氏ハ片桐氏ノ下ニテ受洗セラレシナリト始メテ承ル　好漢更ニ一歩ヲ転ズ

午後子供達ニ迫ラレテ植物園ニ策ヲ散ス

夕方木村禎橘君来ル　甲府商業学校ニ職ヲ奉ズルコト一年近頃辞セラレテ目下東京ニ求職中ナリト　生徒ノ不人望ヲ買ヒすとらいきヲセラレタル旨先頃ノ新聞ニ見エタル如ク記憶ス

夜日本倶楽部ニ往ク　織田勝本雉本ノ三教授歓迎ノ為ナリ

一〇月一八日　月曜

晴　気分ワルイコト仍然タリ

午前中在宅　此頃中読マザリシ新聞ヲ読ム　東屋主人相良芳五郎君ノ訪問ヲ受ク

午後学校ニ行キ平和運動論ノ原文ヲ読ミてにすニ汗ヲ流ス　鳩山君モ此日カラこーとニ見ユ

常世君ヨリ十日夜十一時男子出生ノ旨報ジ来ル

一〇月一九日　火曜

雨　頓ニ寒冷ヲ加フ
平和運動論ヲ読ムタメ強テ学校ニ行ク　寒冷膚ニ透リ
左ラデモノ風邪ヲ一層ワルクス　夜早ク寝ニ就キテ体温
ヲ検セシニ三十八度六分

一〇月二〇日　水曜

晴　風　熱ハ去リシモ頭痛ハ仍然タリ　強テ学校ニ行
キ読書ヲ続ク
午後大ニてにすヲヤル　めりやすノ厚イノトねるノト
二枚シヤツヲ重ネ其上ニつめ襟ノ上着ヲ着ケテモ左マデ
汗ハ出ズ　今日此頃ノ寒サ以テ思フ可シ

一〇月二一日　木曜

晴　今日ハマタ頭ガ痛イコト格別ナリ　併シ是非此二
三日中ニ原稿ヲ了ヘネバナラヌノデ学校ニ行ク　昼頃宮
城君来ル　久振ノ面会デ三時頃マデ話ス　田村君ニ一診
ヲ乞フ　鼻風ノ為ナリ　吸入デモシテ鼻ヲ直シアンチピ
リンデモ呑メバ直ルトノコトナリ　一時間バカリてにす
ヲシテ帰ル

一〇月二二日　金曜

晴　頭痛烈シキニ付終日臥床ス

一〇月二三日　土曜

晴　仝上

一〇月二四日　日曜

晴　朝約アリ強テ管原通敬氏ヲ訪ヒテ宮城県出身法科
大学々生会ノコトヲ相談シ快諾ヲ得タリ
桑原君夫婦令嬢四人ヲ率テ来ル　団子坂ヲ案内ス

一〇月二五日　月曜

晴　終日臥床

一〇月二六日　火曜

晴　臥床　午後起キテ見ル　小山君来ル
夜ハ河副君ニ引続キ岡正路永井清ノ二君船田一雄君来
訪セラル　船田君ノ説ニ佃氏令嬢今井君ニ如何ノ話アリ
頭頗ル軽キヲ覚フ

一〇月二七日　水曜

晴　稍軽快ヲ覚フ　朝ヨリ起キテ新聞ヲ読ミ午後ハ平
和運動論ノ翻訳ニ従事ス
〔『報知新聞』号外(一〇月二七日付)貼付、見出し「伊藤公暗殺当時の光景」「伊藤公暗殺後報」「伊藤公遺骸の発送」〕

一〇月二八日　木曜

晴　終日在宅　午前ハ頭痛烈シカリシモ夕方ヨリ大ニ軽快ヲ覚フ

午後伊沢平一郎君来ル　明日東京ヲ発シテ横浜ニ向ヒ二日解纜ノ地洋丸ニテ布哇ニ赴カルベシト云フ

夜田村君ヲ訪ヒテ頭痛ト咳ノ相談ヲセシニ同君三日此方風邪ニテ引籠中ナリキ

一〇月二九日　金曜

晴　此日午前漸ク平和運動論第三章ヲ訳シ了リ之ヲ美濃部先生ニ送ル

一〇月三〇日　土曜

晴　此日阿部家ニテ引越ヲスル　書生三人ヲ置クトカ

朝ヨリ希臘移民論ヲ稿シ夕方之ヲ美濃部先生ニ送ル

夜海老名先生御夫婦ノ見舞ヲ受ク

一〇月三一日　日曜

終日在宅

一一月一日　月曜

晴　午前高田病院ニ一診ヲ乞フ　肺ニハ何等異状ヲ認メズトナリ　只身体ガ全体ニ衰弱シ居ルヲ以テ転地海岸ニテモ游ブベシトナリ

午後学校ニテ読書ス

一一月二日　火曜

晴　午前在宅

午後二高出身法科大学々生会ニ臨ミ半途席ヲ外シ海老名先生宅ノ新人編輯会ニ出席ス

一一月三日　水曜

晴　朝山内先生ヲ訪フ　青山ニ行キシトテ不在　帰途矢内君ヲ訪フ　未ダ帰宅セズトテ之モ不在

一一月四日　木曜

雨　伊藤公国葬当日ナリ　葬送参列学生々徒取締委員ヲ命ゼラレタルモ病気ノ為メ欠席シ読書ス

午前花淵君来ル

一一月五日　金曜

雨　朝ヨリ学校ニ行キ読書ス

夜鈴木君来ル

一一月六日　土曜

晴　朝九時上野ニ山内先生ヲ送ル　一旦東シ迂曲巡遊シテ帰国スルモノナリ

帰途鈴木君ノ下宿ニ立チ寄リ手伝フ　鈴木君此日裏ノ

内ニ引キ越シ来レルナリ
終日手伝フ
夜河副君ヨリ招ガル　平野君杉浦君来リ饗ニ預ル
〔半紙に認めた寄せ書き風の墨書貼付（写真版参照）〕

一一月七日 日曜

曇　午前在宅読書

午後一時管原通敬氏宅ニ開カレタル宮城県出身法科大学々生会ニ出席ス　縦横会ト命名ス
夜花淵精君鈴木栄司氏ヲ伴ヒ来ル

一一月八日 月曜

雨　終日在宅読書
午後ヨリ法学志林ノ為メ「清国人ノ法律感念」ヲ草シ始ム

一一月九日 火曜

少晴　午前引続キ原稿ヲ書キ昼頃脱稿　直ニ之ヲ牧野君ニ送ル
午後二時穂積先生第三子札幌農科大学々生穂積貞三君ノ葬儀ニ列ス
帰ルト鈴木兄宅ニ泥棒入レリトテ大騒ナリ　金十三円余ト銘仙ノ綿入一枚トヲ取ラルト

一一月一〇日 水曜

少雨　鈴木君宅ノ留守居シテ終日読書ス
午後藤田輔世君来ル

一一月一一日 木曜

少晴　朝ヨリ学校ニ行キ読書ス

事ナシ

一一月一二日　**金曜**

晴　朝ヨリ学校ニ行ク　読書ス

事ナシ

一一月一三日　**土曜**

晴　終日在宅　平和運動論第四章ノ成稿ニ取リ掛ル

大学ニハ運動会アリシモ往カズ　子供等ハ池端ノ明治大学運動会ヲ見ニヤル

一一月一四日　**日曜**

快晴　朝縦横会ノ打合ノ為メ中川望君ヲ四ツ谷ニ訪フ

帰途杉君ヲ見舞ヒシニ未ダ中々重体ナリト云フ　三日ニ退院セシナリトゾ

午後宮本君来ル

一一月一五日　**月曜**

朝佐藤記一郎君ヲ訪フ　不在

午後読書

一一月一六日　**火曜**

朝ヨリ学校ニ行キ読書ス

一一月一七日　**水曜**

朝ヨリ学校ニ行ク

午前ハ船〔舟カ〕橋君ヲ採礦冶金科教室ニ訪ヒ午後ハ平和運動論ノ続稿ヲ作ル

仙台ヨリ定や来ル

此夜平和協会ノ例会アリシモ風邪ノ為行カズ

一一月一八日　**木曜**

大掃除ニ付キ学校ニ行カズ

平和運動論第四章ヲ脱稿ス

一一月一九日　**金曜**

朝ヨリ学校ニ行キ読書ス

一一月二〇日　**土曜**

小山君ヨリ朝来訪ストノ来書アリシニツキ在宅　併シ来ラズ

午後一寸学校ニ行ク　夕方兼テ招待セラレ居ルニ付キ狩野謙吾氏宅ニ行ク　船橋君中川君菅野君志賀君遠藤君ナド来席

一一月二一日　**日曜**

午前今井先生ヲ訪ヒ小山君ノコトヲ話ス

午後鈴木君ヲ誘テてにすヲスル

夜原稿ヲ書ク

一一月二二日 月曜

朝ヨリ学校ニ行キ十二月ノ雑誌ニ出スベキ近世平和運動論第五章第二節マデヲ脱稿ス

午後野口君ヲ訪フ

夜経済統計茶話会ニ出演ヲ山崎先生ニ頼マレ行キ支那談ヲナス　松岡君ハ Friedrich List ノ伝ヲ話サル　有益ナル講演ナリシ　終リニ新渡戸先生亦支那談ヲナサル

十一時頃帰途ニ就ク

一一月二三日 火曜

朝ヨリ学校ニ行キ近世平和運動論ヲ再読　訂正ヲ加ヘ之ヲ美濃部先生ニ送ル　花淵君学校ニ来ル

夕景高松茂松君来訪　過グル水曜日ノ平和協会ノ模様ヲ話サル

堀川君亦来訪

一一月二四日 水曜

雨　朝ヨリ学校ニ行ク

午後花淵君ノ事ヲ頼ムタメ島田俊雄君ヲ訪フ

一一月二五日 木曜

朝ヨリ学校ニ行ク

午前新渡戸先生ヲ第一高等学校ニ訪ヒ小山君ノコトヲ頼ム

一一月二六日 金曜

晴　朝ヨリ学校ニ行ク　午前一寸野口君ヲ訪ヒ小山君ヨリ依頼ノ pecuniary matter〔金銭上の事柄〕ヲマトム　夜小山君来ル　渡ス

一一月二七日 土曜

朝ヨリ学校ニ行ク　美濃部先生ノ日本行政法論ヲ読ム

夜安斎宏作君来ル

一一月二八日 日曜

晴　朝ヨリ在宅

午後子供ヲ連レテ道灌山ニ遊ブ　夜松本圭一君来訪セラル

一一月二九日 月曜

風　朝ヨリ学校

行政法ヲ読ミ了リ短評ヲ草シテ美の部先生ニ送ル

一一月三〇日 火曜

晴　風　朝ヨリ学校ニ行ク

篤平来ル　明日近衛隊ニ入営ノ筈

一二月一日　**水曜**

晴　朝ヨリ学校ニ行キ Dunning, Rousseau's Political Theory ヲヨム

一二月二日　**木曜**

晴　三沢君帰朝　夜出迎ニ行ク

一二月四日　**土曜**

晴　朝ヨリ学校ニ行ク

一二月五日　**日曜**

朝安斎君来ル

午後子供達ヲ連レテ動物園ニ遊ブ

一二月六日　**月曜**

朝ヨリ学校ニ行キ平和運動論ヲ稿ス

夜成瀬さんノ宅ニ於ケル組合ニ出席ス

一二月七日　**火曜**

晴　朝学校ニ行ク

午後縦横会ノコトニ付キ控訴院ニ相原氏ヲ訪フ　法廷ニ出デシトテ会談ヲ得ズ　帰途教会ノ相談会ニ列シ宮城宅ニ豊治兄ヲ見ル

一二月八日　**水曜**

朝船橋了助君ヲ新橋ニ送ル　帰途宮城宅ニ豊治兄ヲ訪フ

一二月九日　**木曜**

豊治兄来ル筈ニ付在宅ス

午後教授会ニ列ス　戸水寛人先生辞職ノ挨拶アリ

夜豊治兄帰ル　佐藤記一郎君来訪

一二月一〇日　**金曜**

朝ヨリ学校ニ行ク

午後村井二郎吉君ノ洋行ヲ新橋ニ送ル

夜河副君来ル

一二月一一日　**土曜**

朝ヨリ学校ニ行ク

午後緑会ノ弁論部ノ演説ヲ一寸ノゾク

一二月一二日　**日曜**

朝教会ニ行ク

午後松屋ニ買物ニ行ク

一二月一三日　**月曜**

朝ヨリ学校ニ行ク　午前中ハ高松君来訪　平和協会懸

賞論文ノ問題ノコトヲ相談シ正午帰ラル

一二月一四日　火曜

朝ヨリ学校ニ行ク

午前中三沢君来リ図書館ヲ案内ナドシ共ニ会館ニ行キ昼食ス　午後平和運動論ヲ稿ス

夜花淵君来訪セラル

一二月一五日　水曜

メツキリ寒シ

朝救世軍ノ浅井茂七ト云フ人来訪　みつゑ事クリス(来栖?　栗須?)ト云フ人ノ妻(内縁ノ)トナリ居レリ正式ニ貰ヒ受ケタシト交渉ニ来リシ也

十時頃学校ニ行ク　午後高松君来ル

夜津永君来訪

平和運動論今日ガ〆切ナルヲ以テ夜ノ二時マデ起キテ書ク　終ラズ

一二月一六日　木曜

朝学校ニ行キ引キ続キ原稿ヲ書ク

午後教授会ニ列ス　大学院規則改正ノ議アリ

此日モ夜二時マデカ丶リテ漸ク平和運動論ヲ了ル

一二月一七日　金曜

朝前日来稿セル平和運動論ノ訂正ヲシ十二時ニ至リテ之ヲ美濃部先生ニ郵送ス　之ニテ八月半以来手ニ掛ケシ平和運動論ハ全ク完結ヲ告ゲシナリ

午後学校ニ行ク

一二月一八日　土曜

光子不快ノ為メ終日在宅　但シ一日ニシテ快癒ス

一二月一九日　日曜

Morning, called on Mr. Sugiura, who has recently his residence in Nishikatamachi. A little while before noon, called on Mr. Miyamoto at the association dormitory, where I dined with him.

Afternoon, attended the monthly meeting of "Jiuou-kwai" held at Mr. Nakagawa's in Yotsuya.

一二月二〇日　月曜

朝学校ニ行ク

午後慶応義塾ニ社会政策学会ノ講演ヲ聞キニユク　金井先生河上君二氏ダケ聞　財部君ニ会シ久闊ヲ叙ス

一二月二一日　火曜

学校ニ行ク
午後事務室ヨリ来ル二十五日午後一時三浦内科ニ於テ体格検査ヲ行フベキ旨通知アリ
学校ヨリノ帰途河副君ヲ訪フ

一二月二二日　水曜

午前学校ニ行ク
昼過堀川氏ヲ訪ヒ身体ノ検査ヲ頼ム　呼吸器ニモ心臓ニモ腎臓ニモ異状ナシトノコトナリ
夜大城菊次郎君来訪　宮本笠井二兄モ

一二月二三日　木曜

朝ヨリたまのト共ニ小山君内ヶ崎留守宅ヲ訪問ス

一二月二四日　金曜

カネテ牧野鳩山君等ト約アリ見学ノ目的ニテ九時マデ学校図書館ニ行ク　先ヅ日本橋ノ株式取引所ノ市場ヲ見ル　昼頃裁判所ヲ見物シ公園松本楼ニテ昼食ヲ認メ巣鴨精神病院ニ赴ク　副院長三宅博士ノ案(内)ニテ隈ナク見物ス
夜河上肇君河副重一君見ユ

一二月二五日　土曜

午後一時三浦内科病室ニ赴キ三浦博士片山博士ノ検査ヲウク　別ニ異状ナキヤウナリ　医科大学ノ中泉行徳君千葉医専ノ古屋恒次郎君名古屋高工ノ土屋純一君仙台高工ノ下郷久彦君共ニ検査ヲ受ク
帰途小野塚先生ヲ訪ヒ一応ノ報告ヲナス

一二月二七日　月曜

昼頃後藤新平氏ヲ訪フ　多忙ノ故ヲ以テ明後朝面会セラルベシトノコトニツキ帰ル
夜佐藤延一郎君来ル　帝国生命ノ方ハ養老保険ニテ千円ニ付六十円バカリノ払込ナルヲ以テ之ヲヤメルコトニシ新ニ明治ノ方ヘ終身利付ニテ五阡円ハイルコトニスル千円ニ付年二十三円二十銭ノ払込金ナリ

一二月二八日　火曜

午前学校ニ行ク　花淵君来ル　日給八十銭ニテ市役所ノ方ヘ臨時雇トシテ兎モ角モ這入レリト
二時頃帰宅　騰次郎君久シ振ニテ来ル　去ル十日上京セシナリト
佐藤君医者ヲ伴テ来ル　無事結了ス

一二月二九日　水曜

朝早ク約アリテ後藤新平氏ヲ訪ヒ留学略決定ノ旨ヲ報告ス

たまのヲ宮城ニ待チ合シ島田堀川二氏ヲ回訪シ夕方帰ル

夜騰次郎君来ル　午前中内ヶ崎夫人来リ騰君学資ヲ置イテ行カル

一二月三〇日　木曜

終日在宅

午後津永洪哉君沢田廉三君来リ夜ハ高松茂松君ノ来訪ヲ受ク

一二月三一日　金曜

終日在宅

昼頃篤平来ル

頓ニ暖気ヲ感ズ

明治四三（一九一〇）年　三一歳

八月一六日 火曜

晴 可ナリ暑シ 午前中ハたまのへノ手紙ヲ書ク 午後ハ竹村君ヲ訪ヒテ写真ヲトリ Pittoni 先生へ往キテ定着ノ仕方ヲ教ハル 夜竹村佐々木ノ二君来宅セラル 土井林吉君ヨリ手紙来ル Bruxelles 大博覧会ニ大火災アリ英伊仏米等ノ出品館灰燼ニ帰シ損害夥シトノ報ニ接ス 東京附近亦水害ノ災厄軽カラズト云フ

八月一七日 水曜

快晴 午前中読書ス Pittoni 先生ノ所へ稽古ニ行ク 午後 Luxhof ニテ食事中尾中佐々木ノ二君来ラレ一所ニ散歩シ Stadtgarten ノ料〔理〕店ニテ四時過マデ会談ス 夜ハ早ク寝ル 此頃久シク客来アリテ遅寝続キタリ 在京以来ノ癖トシテ如何ニオソクネテモ六時ニハ屹度目ガサメルニハ閉口ナリ 時計ノゼンマイ破レ修繕ニ 3 Mk 払ヘタリ

八月一八日 木曜

晴 午前中独逸作文ヲ作ル 佐々木惣一君ヨリ来翰アリ 九月初旬ヨリ当地ニ来ル故宜シクトノコトナリ 君ハ京都法科ノ助教授ニシテ今伯林《〔ベルリン〕》ニ在ルナリ 午後 Luxhof ニ至レバ小鹿君ヨリト内ヨリト二通ノ来書アリ

八月一九日 金曜

晴 午前読書シ Pittoni 先生ニ行キ話題偶天草ノ乱ニ及ビ先生亦興味ヲ以テ聴ク 午後ハ読書ス 土井、渡辺（幸次郎）、伊藤君ニ端書ヲ書ク 此頃中デノ暑キ日ナリ 新聞ニテ此日 Montenegro ハ王号ヲ称シタリトノ報ヲキク 従来ハ Fürst〔侯〕ト称セルヲ今日ヨリ König〔王〕ト称スルコト、ナルナリ 全国人口凡テ25万 König デモ何デモイ、デハナイカト思ハル

八月二〇日 土曜

快晴 朝読書 午後ハ独乙ノ作文ヲ作ル 宿ノ婆愈々娉ヲ見付ケ来年ノ一月結婚スルト云フ話ヲ女中カラ聞ク 男ハ年四十二、Locomotivführer〔機関士〕ナリト云フ 七

十二歳ノ老婆ニシテ此事アリ元気驚クベシ　昨夜ハ十二時半男ニ送ラレテ帰レリ　Singapore デ買ツタ籐ノ杖ノ頭ノ所銀ガ薄キタメ見ル影モ無ク破損セシニ付キ取換ニヤリシトコロ5M. 50Pf. トラレタリ　2円七十五銭ニ当リ野地君ノ説ニヨレバ高クナシトナリ　銀ハ可ナリ厚キ筈ナリ

八月二一日　日曜

晴　頗ル暑シ　朝兼テ Pittoni 先生ヨリ誘ハレ居リシニツキ8時五十分マデニ往キ一所ニ Heiliggeist-Kirche (聖霊教会)ニ詣ヅ　此寺ハ Alte Brücke(古橋)ノ袂ニアリテ当地第一ノ古キ建物ノ一ナリ　昔ハ旧教ノ寺ナリシガ今ハ真中ヨリ二ツニ仕切リ新旧二教ニテ之ヲ使ツテ居ル　牧師ハ中年ノ小作リノ紳士正統派ニ属スル人ナリト云フガ発音ガ明瞭ナル為メ九分通リ分リタリ　午後隣ノ学校ノ生徒写真ヲ撮リテ呉レト要求シ来レルニツキ往ツテ写シテヤル　夕方山ヲ散歩ス　学生ガ居ヌ為メカ人少ク甚ダ淋シ

八月二二日　月曜

雨　稍冷ヲ覚フ　朝 Pittoni 先生ヲ訪フ　午後ハ野地君ト町ヲ散歩シ帰途竹村君ヲ訪フ　今日ハ丁度七月十五日(旧暦)ニ当ルトテカネテ Schweizer 夫妻幷ニP先生及 Merkens 嬢ノ誘ニヨリ Molkenkur ニ観月ノ小集ヲ催ス筈ナリシモ雨天ノ為メヤメ Pittoni 先生ノ宅ニテ会談スルコトトシ8時往ク　Schweizer 氏モ稍後レテ来ル　快談尽キズ歓ヲ尽シテ十一時辞シ帰ル　佐ゝ木惣一君及内ヶ崎君ヨリ来書アリ　佐ゝ木君へハ直ニ返書ヲ出ス

八月二三日　火曜

晴　午前ハ読書　午後 Italy 人某氏来ル　此人ハ同国ノ法学士ニシテ Rome 古代ノ相続法ノ研究者ナルガ曾テ穂積先生ノ Ancestor Worship and the Japanese Law(祖先崇拝と日本法)ノ伊訳ノ一節ヲ読ミ Rome 古代ノ法ト日本古代法トノ間ニ著シキ類似アルヲ発見シ二三之ニ関スル疑問ヲ糺サンガ為メ穂積先生ニ書面ヲ発セシモ未ダ返事ナシトテ一ニハ此事ヲ聞キ合セ一ニハ他ノ疑問ヲ質サンガ為メニ尾中君及 Pittoni 先生ヲ介シテ予ヲ訪ヒシナリ　独乙語未ダ不十分ニテ御互ニ片言ノ会話ニテ独乙人陰ニテ之ヲ聞カバ定メテ可笑シカリシナラン　質疑ノ要旨ハ相続ト云フモノノ日本ニ於ケルハ財産ガ主ナリヤ家督ガ

主ナリヤト云フ点ニ在リ　此日 Pittoni 先生等ト Zwingenberg ニ遊ブ積ナリシモ昨日ノ雨天未ダ全ク晴レタリト安心スルヲ得ザリシニヨリ後日ニ延期ス

八月二四日　水曜

昨夜ハ何トナシニ安眠シ得ザリシヤウニ感ゼシガ朝目ガ醒メテ見ルト腹痛ヲ感ズ　便通ヲ催セシ故便所ニ行クト甚シク下痢ス　昨日午後野地君ト共ニ女中ヨリきうり漬ヲ貰ツテ喰ツタノガ当リシ也　知ラヌ空ニテハウッカリ物ハ食ヘヌモノヨト感ジヌ　午前中便通四回気分甚ダ快カラザルニ付キ床ニ入ル　昼頃竹村君ノ来診ヲ乞ヒ服薬ス　Pittoni 先生モ休ム　午後熱ガ出テ三十八度六分ニ至ル　Aspirin ノセイデ発汗シ夕方ヨリ余程気分ヨクナル　夕方 Milch〔ミルク〕一杯ヲ呑ム　夜中二度便所ニ行ク

此日、中川君、長谷川嬢、たまの、信次ヨリ書面来ル

太陽、新人、雄弁、送リ来ル

八月二五日　木曜

晴　稍気分ヨシ　去レド猶床中ニ横ハル　朝食事ヲセル為メカ復便通ヲ催シ午前中二回行ク　今日一日食事ヲ廃シテ見ント思フ　野地君卵ト葡萄トヲ買ツテ来テ呉レル　午後竹村君来ル　夕方マデ話ス　夜 Göttingen ヨリ大学見物ニ来レリトテ村上幸多君来訪セラル　氏ハ昨年八月廿八日日本ヲ出帆セラレタルナリ　独乙ニ来テ大層肥ラレシサウ也　久シ振リノ教友ニ会ヒシコト、テ懇談ニ時ノ移ルヲ知ラズ　只聊カ気分アシカリシヲ以テ十分歓待スルヲ得ザリシハ遺憾ナリキ　午後カラ夜ニカケテ葡萄ヲ食ヒシガ悪シカリシニヤ夜三度便所ニ行ク　明日ノ朝マデニハモー一度位行キサウナリ　明日コソハ厳重ニ断食シテ見ント思フ

八月二六日　金曜

少晴　昨夜ネテカラハ無難ナリ　朝甚疲労ヲ覚エタルニ付キ午前床上ニ横ハル　十二時十二分ノ汽車ニテ村上君 Straßburg ニ向ハル、ニ付服ヲ改メ野地君ト共ニ停車場ニ見送ニ行ク　帰リニ Luxhof ニヨリ珈琲一杯ヲ呑ミ帰ル　午後ハマタ床ニ帰ル程ニモアラザルニ付キ其儘起キテ東京ヘノ返事ヲカク　夜佐ゝ木水口ノ二君来訪病気見舞ノ為ナリ

新聞ニ日韓合邦ノ記事アリ　各国ニアル日本公使ハ夫

々駐剳国ノ外務省ニ公式ノ通知ヲ発セル様ナリ　別ニ記事ヲ別冊ニ作ル

八月二七日　土曜

晴　腹ノ方ハ全快シタレド数日ノ絶食ノ為ニヤ甚シク疲労ヲ覚ユルニ付午前中臥床ス　此日野地君モ歯ぐき腫レタリトテ疼痛甚シク終日床上ニ臥ス　午後尾中君見舞ニ来ラル　夜ハ佐々木君モ来ル　予ハ三度トモ少シ柔キモノヲ撰ミテ食セシニ異状ヲ認メザリキ

八月二八日　日曜

晴　朝 Pittoni 先生ヲ訪ヒ病気ノ全快ヲ報ジ兼テ野地君ノ病状ヲ告ゲントテ出掛ケシニ途中ニテ遇フ　一所ニ Rohrbach ノ方ニ散歩シ昼頃帰ル　午後見舞ノ為メ佐々木水口ノ二君来ラレ夕方マデ話サル　夜たまのへノ返書カキ了ル　此日午後 Herr Techniker Leonhard Rattelmüller ナル者来リ日本ニ就職シタキ故周旋シテ呉レトテ来ル

八月二九日　月曜

晴　午後雨フル　久シ振リニテ湯ニ行ク　今月ノ初メニ行ツタ切リナリ　帰途 Pittoni 先生ヲ訪問ス　午後野地君ノ口中ノ腫物愈ハレ上リタルニツキ Pittoni 先生ノ紹介ニ依リ Landfriedstr. ノ Dr. Med. Huber 氏ヲ訪ヒ切開ヲ乞フ　切開ノ際野地君コカイン々々ト叫ブ　医者笑テ応ゼズ　遂ニ切リ非常ニ痛サウナリ　Doctor 更ニ耳掻キ様ノ物ヲ以テうみヲ取リ去ラントス　野地君手ヲ横ニフリテ Danke ヲ連呼シ大ニ笑フ　此ニ依リテ同君頗ル気分ヲ恢復ス　此日宮城ヨリ国民新聞送リ来ル　横浜ノ Times 支社ヨリモ返事来リ London 本社ヘ直接月賦金払込得ル旨ヲ申シ来ル　Wien ノ奥山君ヨリ端書アリ曰ク梅博士卒去ノ報秋月公使ニ宛テ電報アリト　果シテ然ラバ真ニ悼惜ニ堪ヘズ　一日モ早ク詳報ノ到ランコトヲ待ツ

八月三〇日　火曜

晴　朝 Pittoni 先生ニ稽古ニ行ク　新聞ノ所報ニ依レバ愈昨日日韓合邦ノ条約公ニセラレタリト云フ　日本皇帝ハ特ニ勅諭ヲ発シ韓人ニ特赦ヲ命ジ減税ヲ約セリト伝フ　仙台浸礼教会ヨリ会報送リ来ル　Buzzell 師ハ愈八月十日横浜ヲ解纜シテ米国ニ帰ラレタリト云フ

八月三一日　水曜

晴　午前読書ス　午後マタ然リ　夜佐〻木水口二君来訪　支那談ニ時ノ移ルヲ知ラズ深更マデ話ス　今日午後山ヲ散歩シタルガ汗モ出ズ却テ多少ノ冷味ヲ感ズ　余程冷〔涼〕シクナレルモノト見ユ　枯葉モ山ノ道ニハ少カラズ八月ノ月モ斯クテ暮レヌ

九月一日　木曜

降ラズ照ラズ　稍冷ニシテ所謂初秋ノ風色ヲ示ス　敬子誕生ノ一周年ニ当リ東京ニテハ形バカリノ祝ヲナセルコトナラン　未ダ歩キハシマイケレドモ座敷中這ヒ廻ル程ニハナリタラント想像シ写真ヲ机前ニ飾リテ其生ヒ先キノ祝福ヲ祈ル　午前ハ Pittoni 先生ヲ訪フ　先生ハ明日 Frankfurt, Mainz ヲ経テ Pirmasens ニ赴ク旅ニ立タルベシ　十日余リノ分レナレド一応 Adieu ヲ申シテオカントテ野地君トトモニ訪ネシナリ　十二時竹村君ヲ誘ヒ Luxhof ニテ食事ヲ共ニシ山ニ上リ Speyerhof ニテ少憩シ三時間アマリ逍遥シテ帰ル　頗ル清爽ノ気ヲ味フ　山上ノ牧場ニハ今正ニ牧草ノ収獲期ナリ　樹上ノ林檎ハ赤紅色ヲ帯ビテ枝ヲ割ラントス　此日ノ新聞ニ日韓合邦条約ノ独訳載セラレアリ別表ノ如シ

〔日韓合邦条約のドイツ語訳掲載の新聞切抜き貼付〕

九月二日　金曜

降ラズ照ラズ前日ノ如シ　此朝十時 Pittoni, Merkens 両先生旅行ニ出掛ケルニツキ見送ノ積ニテ停車場ニ赴キシニ野地君急ニ一所ニ往ツテ見タシトノ気ニナリ予モ誘ハレテ俄ニ同行ス（汽車賃三等ニテ2・80）　十時二分ニテ十一時四十幾分ニ着ク　Frankfurt ノ停車場ハ独乙ニテモ有数ノ壮大ナルモノ、由ハ兼テ聞キ及ビ居レルガ来テ見テ今更ナガラ驚カレヌ　Bahnsteig（プラットホーム）ガⅠヨリⅦカⅧカマデアルガ其一ツガ既ニ四五十間ノ幅アリテ全部天井ガ硝子ヲ以テ蔽ハル　建物モ立派ナ石造ニテ頗ル美術的ノモノ、由、独リ停車場ノミナラズ市街モ独乙デ一等奇麗ナル由　野地君ハ London ヨリモ奇麗ナリト云ヘリ　南独第一ノ大都ニシテ且商工業ノ繁盛ナル所ダケニ市街ノ賑殷頗ル人目ヲ新ニスルモノアリ　停車場ヨリ直ニ動物園ニ赴ク　之モ規模頗ル宏大ナルモノニテ上野ノ動物園ノ如キハ之ニ比スレバ丸デ子供ノ玩具ノ如シ　園中ノ池ダケガ既ニ上野動物園ヨリ広ク又 Restaurant ノ如キ精養軒ノ十倍ノ規模ヲ有ス　動物ノ種類

モ頗ル豊富ニシテ五大州中ノ生物殆ンド尽サヾルナキモノ、如シ　茲ニテ昼食ヲ喫ス　夫ヨリマタ電車ニ乗リテ植物園ニ遊ブ　之ハPalmengarten ト称シ主トシテ熱帯ノPalmen〔シュロ類〕ヲ集メタルモノナレドモ料理屋アリ音楽堂アリ Tennis Court アリ芝草ノ広地アリ宛然公園ナリ　遊覧ノ人甚ダ多シ　満園紅白種々ノ花卉ト緑葉トヲ交錯シテ非常ニ奇麗ニ飾ラレ目ノ醒ムル心地ス　斯ンナモノヲ見ルト日本ノ植物園ナド到底外国人ヲ案内シテ見セラルベキモノニ非ズ　茲ヲ出デマタ電車ニ乗リ停車場ニ帰ル　時ニ六時ニ垂ントス　両先生ハ之ヨリ Mainz ニ到ラントスト云フニ就キ茲処ニテ別ヲ告ゲ野地君ト予トハ市街ヲ見物ス　絵端書ヲ求メ Caffee ヲ呑ミヤガテ八時ニナル　当地見ルベキモノ猶多シ　病院ノ如キ Goethes Haus ノ如キ之レ　併シ之ハ他日ニ残シ八時十分ノ急行ニ乗リテ帰途ニツク　Heidelberg ニツキシハ十時少シ前ナリキ

〔「フランクフルトの電車の切符」(一〇ペニヒ、写真版参照)、「動物園入場券」(一マルク)、「植物園入場券」(一マルク)貼付〕

九月三日　土曜

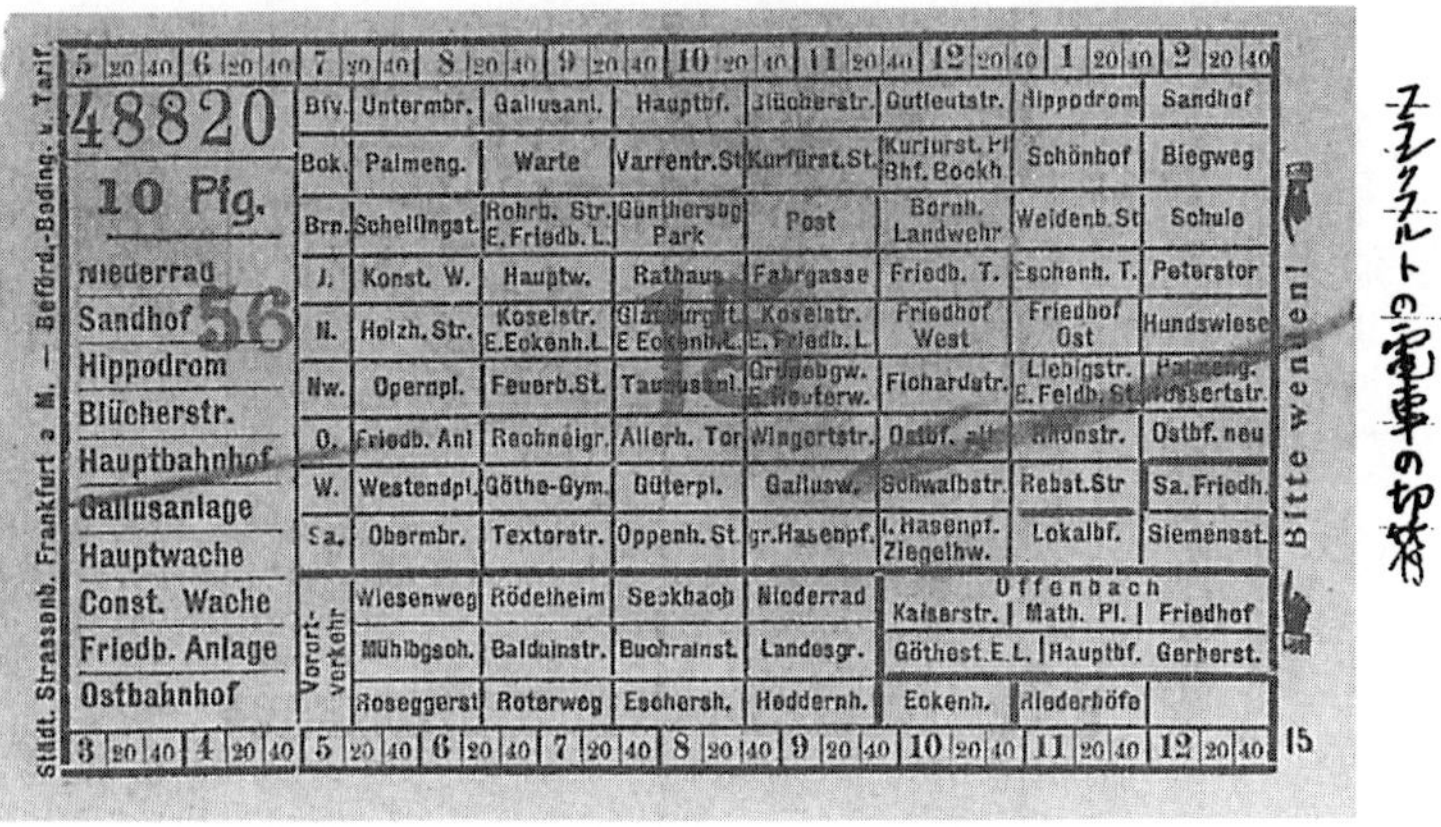

曇時々雨降ル　此日十時過 Zeppelin〔ツェッペリン〕ノ空中飛行機 Heidelberg ノ空ヲ東南ヨリ西北 Mannheim ノ方ニ飛ブ　長サ 150 metres アルサウダ　下ヨリ望ムニ頗ル壮大ノモノナリ　自働車ノヤウナ音轟々トシテ早キコト鳥ノ飛ブガ如シ　瞬ク間ニ見エナクナル　実ニ偉イモノナリ　午後竹村君ヲ問フ　竹村君モ月曜カ火曜日ニハ茲処ヲ立テ旅程ニ上ルサウナリ　雨ノ降ツタセイカ頓ニ寒冷ヲ感ズ

九月四日　日曜

雨　曇天ナリシ為メカ知ラズシテ九時マデ床ニ横ハル如何ニ遅ク寝テモ六時ニハ屹度目ノ醒ムル例ナリシニ今日ニ限リ斯クマデ朝寝セシコト誠ニ珍ラシキコトナリ金曜日以来少シク疼痛ヲ感ジ朝風呂ニ行キ佐ゝ木君ノ一診ヲ乞フ　午後ハ宮城ヨリ送リ来レル新聞ヲ見東京附近ノ水害ノ夥シキニ驚キ函根ノ福住ガ流レテ浴客十五人溺死セシ話ナドシテル内ニ五時トナル　野地君ニ誘ハレテ水口君ヲ訪問シ七時頃 Luxhof ニ到ル　佐ゝ木惣一君伯林ヨリ来リ Luxhof ニ泊シ予ガ宿ヲ訪ハレタリトテ会フ共ニ食事ヲ了リ後同君ノ部屋ニテ話ス　九時半辞シ帰ル帰途 Alt-Heidelberg ニ立チ寄ル　天候再ビ陰欝冷気肌ニ染ム

九月五日　月曜

晴　朝早ク佐ゝ木君ヲ訪ヒ共ニ Nennheim ノ方カラ普ク貸間探シヲ為ス　歩キタル為メカ気分快シカラズ　食慾モ減ズ　元気ナシ

九月六日　火曜

晴　頗ル気持ヨキ天気ナリ　雖然我ガ気分ハ頗ル宜シカラズ　佐ゝ木君ヲ迎ヘテ一診ヲ乞フ　聊カ形勢アシキ模様ニテ静養ヲ要スト云フニ付キ成ル丈外出歩行ヲヤメル　其為メカ昨日ヨリハ少シク気分快キヤノ感アリ　猶一両日ハ苦マザルベカラズト云フ　佐ゝ木(次郎三郎君)氏去リテ佐ゝ木(惣一君)氏来リ暫時懇談ノ後共ニ Luxhof ニ行キ会食ス　一〇日出シノ手紙東京ヨリ届キ居ル君代今猶危篤ナレドモ幾分カ快方ニ向ヘリト報ジ来ル午後復佐ゝ木君来訪　東西両京法科諸教授ノ噂ナドヲスル

九月七日　水曜

朝佐ゝ木(惣)君ノ来訪アリ　野地君銀行ヨリ金ヲ取リ

タシト云フニ付キ共ニ連レ立チテ行ク　銀行ヨリ野地君ハ眼科病院ニ見学ニ行キ佐ゝ木君ト予トハ Anlage〔遊歩道〕ヲ西ニ歩ミ Stadtgarten〔市営庭園〕ニ少憩ノ後分レテ予ハ Hallenbad〔屋内浴場〕ニ入浴ス　帰途髪ヲ理《おさ》ム　昼食ハ廃ス　午後ハ床上ニ横ハル　夕方野地君ト夕食ニユキ早ク帰リテ寝ル

九月八日　木曜

曇時ゝ雨　朝六時十二分ノ汽車デ宿ノ女中一寸故郷 Würzburg ニ帰ル　野地君乃チ之レ幸ト一所ニ其地大学ノ見物ニ行ク　昼前佐ゝ木(惣)君筋向フノ Landhausstraße 26 ニ移レリトテ来ル　今日モ昼食ハ取ラズ寝タリ起キタリ　夕食ダケハ食ニ行ク　Lux ニテ京大ノ助教授坂口氏ノ来遊セルニ会フ　氏ノ外朝永助教授亦転学シ来リテ楼上ニ在リト云フニヨリ一寸挨拶スル　病気ノ故ヲ以テ直ニ帰ル　此日山内四郎君内ヶ崎作三郎君 Herr Kassler (Schwetzingen ノ菓子屋切手ヲ所望セラル) Fräulein v. Pittoni u. Merkens (Pirmasens ノ旅先へ) ヘ手紙ヲ出シ井田守三君ヘ端書ヲ出ス　東京ヘノ返事ハ不快ノ為メ書キ了ラズ

九月九日　金曜

晴　昨日ヨリ少シヨシ　朝野地君ヨリ端書来ル Würzburg ハ市街美シク土地広ク古城宮殿皆一驚ヲ喫ス帰期定ラズトハ驚イタ　午前床中ニアリテ Das Beste in der Welt〔世界で最良のもの〕von Henry Drummond ヲ読ミ午後東京への手紙ヲ書キ了ル　河副君桑原君ヘモ縁談ニ関スル手紙ヲ出ス　桑原氏へは洪水ノ見舞トシテ狂句一首ヲ送ル

出る水を南と千住すべもなく
屋根にこも布き桑ン原〳〵

氏ハ南千住町ニ住ム

九月一〇日　土曜

晴　午前九時過佐ゝ木次郎三郎君ノ一診ヲ乞フベク訪問ス　旅行セリトテ在ラズ　依テ惣一君ヲ訪フ　Villa ニテ広キ小ザッパリトシタ部屋ガ Caffee 付ニテ 40 Mk トハ安イト思フ　朝永君モ来リ三人十二時頃マデ話ス午後ハ一寸風呂ニ行キ信次ヘ手紙ヲ書ク　夜野地君帰宿ス　此日芬蘭《フィンランド》ノ渡辺氏及堀川氏ヘ手紙ヲ出ス

九月一一日　日曜

晴　朝佐々木(次)君来訪セラル　一診ノ後経過頗ルヨシト云ハル　暫クシテ佐々木(惣)君朝永君亦到リ懇談セラル　一緒ニ昼飯ニ行ク　午後新来ノ二君ヲ導キテ水口君ヲ訪ヒシモ不在ナリキ　午後 London ノ Times 社、小島啓弐君、信次ヘ手紙ヲ出ス　Times 社ヨリハ去年三月以来月賦金二円ニ減額セシヲ知ラズ甚ダ後レタルニ付キ差当リ十磅《ポンド》其後ハ一磅宛ヲ送レト申来レルニ付キ其誤解ナル旨ヲ説明シ毎月 5 Mk 宛ヲ送ルベキヲ通告セル也　午後夕景ニ至リ佐々木(惣)君ヲ導キ尾中君ヲ訪ヒ帰途一緒ニ Kaiserhof ニテ食事ス　少シ安イ様ナリ且旨シ　Pforzheim ノ Stahl 君ヨリ手紙ヲ以テ来遊ヲ促シ来ル　今週中ニハ往ツテ見ヤウト思フ

九月一二日　月曜

曇　午前佐々木(惣)君来訪、午後朝永君来訪、此日ヒケツシテ便通アシク且肛門ノ突端ニ底苦シキ痛ヲ感ジ小便スル毎ニ苦シ　便秘ノ為モアランガ昨夜尾中君ヨリノ帰リニ風引キシモアリト見エテ頭痛アリ　午後ハ蟄居シテ休養ス　本分ノ病気ハ幾分カ快シ　但シ熱ハ猶三十七度五分ヲ降ラズ　天津片山牧師、伯林村井二郎吉君ヨリ来翰アリ　直ニ返事ヲ出ス　片山君ヨリハ支那郵券沢山送リ来ル　伊東豊作君ノ集メラレシモノ、由ニ付キ伊東君ニモ礼状出セリ　松岡君ノ店ハ近頃非常ニ繁昌シ此夏ハ数年来ノ欠損ヲ償ヒタリト云フ　真サカ夫レ程デモアルマイガ何セ素晴ラシイ勢ト云ハザル可カラズ　沖田君ノ方ハ余リ景気ヨロシカラズトナリ　気ノ毒ナコトナリ　此日検温器ヲ買フ　1馬《マルク》80文《ペニヒ》ナリ　安イ

九月一三日　火曜

少雨　此朝ヨリ久シク中絶セシ仏語ノ研究ヲ始ム　昼前野地君ト共ニ Pittoni 先生ヲ訪フ　午後読書ス　夕方佐々木(惣)君来ル　共ニ朝永君ヲ訪フ Albertmaystr. 41 ニ住マル　夜佐々木(次)君来訪　予ガ病気ヲ気遣ハレテナリ　Pittoni 先生ヨリ見舞トシテ梨子ト林檎トヲ貰フ　夕方佐々木君ヲ紹介ス可クP先生ヲ訪ヒシモ不在ナリキ　多分人形ヲ持ツテ病院ニ Schweizer 母堂ヲ訪ハレシナラン　Pforzheim ノ Stahl 君ニ病気ノ為メ今週中遊ビニ行ケヌコト小野塚先生ニ人形受領ノ旨ヲ端書ニテ出ス

九月一四日　水曜

曇時々雨　朝約ニ依リ佐々木(惣)君ヲ誘ヒ Pittoni 先

生ヲ訪ヒテ紹介ス　十一時停車場ニ波多野貞夫君ヲ迎フ　博士精一君ノ令弟ニシテ海軍大尉ナリ　二年間仏国留学ノ後去ル六月以来独乙ニ来リ Hannover ニ滞在セラル　此度旅行ノ途次立チ寄ラレシナリ　不取敢 Luxhof ニ導キ夫ヨリP先生ニ案内シ Alt-Heidelberg ニテ朝永佐々木野地ノ諸兄ト昼食ヲ共ニス　午後ハ案内ノ役ヲ野地君ニ托シ予ハ静養ヲ要スルヲ以テ内ニ帰ル　夜ハマタ Pittoni 先生ヨリ招待セラレタルニ付キ波、野、佐ノ三君ト共ニ行キ十一時マデ懇談シテ帰ル　此日我妻君ヨリ手紙来リ梅先生ハ八月二十五日窒扶斯《チフス》ニテ死亡セラレシナリト云フ　悼ム可シ

〔一四、一五日条のノート見開きページに大清国郵便切手九枚貼付〕

九月一五日　木曜

曇　朝 Luxhof ニ波多野君ヲ訪ヒ令兄ノ住マワレシ Landfriedstr. ニ案内シ直ニ停車場ニ導キ見送ル　停車場ニテ偶然手塚太郎牧野菊之助ニ氏早川氏ニ案内セラレテ当地ヲ通過スルニ遇フ　二氏ハ午後マタ来リテ昼食ヲ喫セラレ直ニ Frankfurt ニ向ハル　夜 Luxhof ニテ食事シ佐々木(惣)君ト同宿ノ言語学生 Kaufmann 氏ニ紹介セラル　此日カルヽス泉ヲ食事前三度呑ミシニ拘ラズ便通思ハシカラズ　不快云フバカリナシ　上杉君ヨリ端書、たまのヨリ手紙来ル　井田物集両氏ノ婚約ハ成立ヲ見タリト云フ　上杉君ハ四月結婚セシ由ナリ

九月一六日　金曜

晴　久シ振ニテ白日ヲ見ル　併シ予ハ此頃ノ寒サニ夜度々便所ニ起キシト寝汗ヲカキシトノ為メ風ヲ引キシモノト見エ朝来頻リニ悪寒ヲ催シ熱三十八度八分ニ上リ脈搏百ニ垂ントス　午前佐々木(惣)君来談　昼食ニハ強テ Luxhof マデ行キシモ頗ル不快ナリキ　食物モ亦旨クナシ　早々ニ食事ヲスマシテ帰リ直ニ服ヲ改メテ寝ル　甚ダ発汗シ夕方ニハ頗ル快クナレリ　夕食ヲ廃シ果菓二片ト葡萄トヲ買ハシメ更ニマタ牛乳二合ヲ呑ム　此日宿ノ婆野地君ニ勘定書ヲ出シ Badezimmer〔浴室〕ノ使用料トシテ 10 Mk ヲ請求ス　慾ノ深キ面皮ノ厚キ想像ノ外ナリ

九月一七日　土曜

晴　熱全ク下リ気分平常ニ復ス　腹ノ方ハ未ダ調節ヲ得ズ　朝中山、野口、豊治兄ヨリ手紙来ル　豊治兄ヨリノ手紙ニ依レバ此度ノ水害ニテ古川町ノ大半モ亦水ニ浸

サレ中ニ水深乳ニ達スルモアリ　少クモ床上四五尺ノ水ヲ見タル個所少カラズト云フ　予生レテヨリ以来我ガ町ノ水害ヲ被レルヲ知ラズ　明治廿何年カノ大洪水ノ時スラ古川ヲ去ル二三町ノ先キハ四方皆漫々タル水ナリシモ古川ダケハ水中ノ孤島ノ如ク安全ナリキ　故ニ水ニ対シテハ安全ナル土地ナリト思ヒ居リシニ今此事アルヲ聞キ他方ノ水害ノ如何ニ惨酷ナリシヤヲ想ハザルヲ得ズ　温泉村方面ハ山崩ナドモアリテ人畜ノ死傷算ナシト云ヘリ

午後ハ昼食後 Heidelberger Anzeiger ト云フ新聞ニ広告ヲ頼ミニ行ク　案文ハ Pittoni 先生ニ書イテ貰フ　次ノ如シ

Zwei Ausländer suchen zwei schöne möblierte Zimmer mit der Badbenutzung. Offerten Nr. ..... an Heidelberger Anzeiger.

〔二人の外国人がきれいな、家具付きの、風呂の使える部屋を二つ求めている。ハイデルベルガー・アンツァイガー提示番号……〕

実ハ宿ノ Napp 婆品性劣等ニシテ全市ノ指弾スル所ナルノミナラズ強慾飽クコトヲ知ラズ頗ル不愉快ナルヲ以テ断然移転スルニ決シタルナリ　尾中君ノ宿ノ紹介ニテ Werderstraße 28 ノ Frau Dr. Zirnhaber ト云フ人ノ部屋ヲモ見ル　此内カラ帰リニ Nennheim ノトアル角ノ見世ニテ毛布ヲ買フ　一枚 4.50　余リ安イカラ捨テタモ同然ト思テ買ツタガ足ニ巻イテ居レバ甚ダ気持ヨシ　梅博士ハ大学葬ヲ以テ葬走〔送〕セラル可シトノ新聞ノ報ニ接シ一種ノ感慨ニミツ

九月一八日 日曜

晴　散歩ニ好適ノ日ナレドモ病未ダ癒エズ遺憾ナガラ蟄居ス　午後隣リノ学校ヘ往ツテ写真ヲ撮ツテヤル　夜佐〻木(次)君来ル　病気ノ工合ヲ話セシニ余リ宜シカラザル模様ナルヲ以テ明朝往訪シテ一診ヲ乞フ可キヲ約ス

九月一九日 月曜

晴　朝早ク佐〻木君ヲ訪フテ一診ヲ乞フ　大シタコトナシト云フ　此頃引キ続キ寝汗ヲカクコトヲ話シ呼吸器ヲ診察シテ貰ヒシニ今少シク風ヲ引イテルカラ能ク分ラネド右肺ニ呼吸断続スル個所アリ　頗ル要心スル必要アリトテ　1、薄着スルコト　2、冷水摩擦ヲヤルコトナドヲ注意セラル　下剤ヲカケルコトハ絶対ニ不可ナリト云ハル　夫ヨリ湯ニ行キ帰テ一寸寝ル　午後ハ佐〻木

(惣)水口二君ノ来訪アリシモ気分アシク懇談スルノ勇気ナカリキ　東京留守宅ヨリマタ手紙来ル　中山君九月一日訪ネテ行キシトナリ

九月二〇日　火曜

雨　朝ヨリ引キ続キ読書ス　午後佐々木(惣)君来ル　此日ハ Baden 大公ノ銀婚式トテ市中聊カ色メキ Karlsruhe〔カールスルーエ〕ナドハ大部御祭騒アルサウナレド此天気ニテハ甚ダ面白カラズ　此日寝汗ヲ止メル為メニ Atorpin ヲ服用ス　気分甚ダ勝レズ

〔「露西亜郵券」と記して切手二枚貼付。〕

九月二一日　水曜

曇　朝 Pittoni 先生ニ稽古ニ行ク　今月ニ入リテ始メテナリ　今日ハ少シ気分ヨキ積リニテ Lux ニテ食事シタル後 Heidelberger Anzeiger 社ニ到リテ広告ノ返書ノ有無ヲ問ヒ(一本モナシ)又P先生ノ紹介ニヨル Pension (Schloßstr. 17. Frau Fischer) ヲ見ニ往キ帰途銀行ニ立チ寄リナドシタル為メ甚ダ疼痛ヲ感ジタリ

九月二二日　木曜

少晴　今日ハ朝ヨリ静坐セシヲ以テ幾分カ気分ヨシ梅先生未亡人、及法科大学へ悔状ヲ出シ上杉君ニモ端書ヲ出ス　午後佐々木(惣)君来訪　此日午後宿ノ女中卒倒シテ暫ク人事不省トナリ大騒ヲスル　宿ノ婆口デハ何ノ彼ノト云フモ薬モヤラズ食物モヤラズ金ノ出ルコトハ顧ミズ　余リ可愛想ナリシ故野地君ト共ニ私ニぱん肉、そっぷナドヲ買ヒ与フ　此日 London ノ Times 社へ百科全書ノ九月分月賦払込金 5s. ヲ送ル　送料二十文換算額 5 Mk 13 文ナリ　為替ノ受取書下ノ如シ

〔ロンドンのH・E・フーパー氏あて五マルク一三ペニヒの郵便為替送金の受領証貼付〕

九月二三日　金曜

少晴　今日ハ頗ル気分ヨシ　朝佐々木惣一君来訪　談宗教ニ及ビ歓ヲ尽シテ時ノ進ムヲ知ラズシテ遂ニ Pittoni 先生ヲ休ム　午後食後散歩シテ靴下繕ヒノ道具ヲ買ヒ貸間広告ノ返事ヲ得ベク新聞社ニ行キシニ壱本モ返事ナシ　午後古川ノ豊治兄へ返事ヲ認ム　佐々木君復来ル　夜ハ Pittoni 先生ヨリ招待セラレ野地君ト共ニ行ク　此日 Leipzig ノ Fock ヨリ Klöpfer, Deutsche Einheitsbestrebungen〔ドイツの統一努力〕送リ来ル

九月二四日　土曜

晴　此朝野地君 Paris ノ竹村君ヨリノ来翰ニ接シ明朝巴里ニ赴クコトニキマル　昼少シ前ニ Herr Stahl 突然来訪セラル　一寸当地ニ来リ一両日再ビ郷里ニ帰ルトナリ　転宅セントスル旨ヲ語リシ所 Bunsenstr. ニヨキ所アリ案内スベシト云フニ付キ往ツテ見ル　朝食付 35 Mk ナリトテ安ク且主人モ親切ナル人ナレド只余リニ停車場ニ近ク空気悪シカル可シト思ヒテヤメル　Stahl 君ヲ佐々木君ニ紹介スベク連レテ行ク　Stahl 君ハ夫ヨリ Pittoni 先生ヲ訪ハントスト云フニヨリ分レテ家ニ帰ル　夫ヨリ野地君ト共ニ Kaiserstr. ニ室探シニ行ク　何レモ狭シ　Gräser 氏ノ所ニモ行キシガ北向キニテ余リニ狭クテ如何トモ致方ナシ　何レニモ極メズニ帰ル　夕方宿ノ女中ノ勧メニヨリテ Kleinschmidtstr. ニ一軒見ル　之ハ新シク奇麗デ丁度イ、ガ少シ薄暗シ　考物ナリ　夫ヨリ風呂ニ入リ夕食ヲ Luxhof ニテタベ家ニ帰ル　佐々木(惣)君来訪　東京留守宅ヨリ手紙来ル

〔新聞(ハイデルベルガー・アンツァイガー)の広告掲載料受領証(一回一・二〇マルク)貼付、横に「九月転宿ヲ思ヒ立チ新聞ニ貸間ヲ求ムルノ広告ヲシタ　此一片ハ広告料ノ受取ナリ」と記入〕

九月二五日　日曜

晴　此日野地君 Paris ニ赴ク　朝七時二十八分ノ汽車ニテ立ツヲ送ル　Schwetzingen ト Karlsruhe トニテ乗リ換エ Karlsruhe ヨリハ巴里マデ直通ノ汽車ニ乗ルナリ　朝佐々木君来ル　昼少シ前ニ Gräser 氏ニ断リニ行キシニ下ノ部屋ト上ノ部屋ト交換シテ二階ノ南向ノ部屋ヲ特別ニ貸サントス云フ　一寸拝見スルニ Balkon〔バルコニー〕アリ明ルクテ頗ル気ニ入ル　依テ直ニ之ヲ借ルコトニ極メル　午後ハ此間中焼イタ写真ヲ fixieren〔定着〕スル　夕方之ヲ隣ノ学校ニ送レリ　高木誠一、菊池左馬太郎、波多野貞夫、野地菊司、渡辺与伝次ノ諸氏ニ端書ヲ出ス

九月二六日　月曜

晴　朝 Pittoni 先生ニ稽古ニ行キ水口君ヲ訪ヒ氏ノ室ヲ撮影ス　昼食後久シ振ニテ山ヲ散歩シテ見ル　気分稍ヨシ　東京ヨリ手紙来ル

九月二七日　火曜

少晴　朝佐々木君見ユ　兼テ Herr Stahl ヨリ紹介アリタル Bucher 君ヲ招キテ佐々木君ニ紹介シタ　佐々木

君ハ此男ヨリ語学ヲ学バントスルノデアル　deutlich〔明瞭〕ニ話ス男デ先生トシテ格好ナリト見ユ　昼食後山ニ散歩ス　此日宿ノ婆知人ノ結婚式ニ列ストテ大目カシニ目カシテ出デ行ク　留守ヲ幸ヒ佐〻木君ヲ招ジ女中ヲシテ米ト牛トヲ買ハシメ牛肉飯ヲ焚イテ喰フ　加減稍拙シトハイヒ始メテトシテハ上等ノ出来ナリ　舌鼓ヲ打ッテ大ニ食フ　佐〻木君モ緩ツクリ話シテ帰ラル

九月二八日　水曜

朝　Pittoni 先生ノ好意ニヨリ市中ニ出テ Bücherkorb (Korbkoffer)〔トランク〕ヲ買フ　9 Mk ナリ　此日マタ病気聊カワルシ　昼ハ外出ヲヤメ内ニテ昨夜ノ残リノ牛肉飯ヲ温メテ食フ　Pittoni 先生ハ休ム　たまのへ手紙ヲ出シりゑニモ返書ヲ出シタリ　此日 Leipzig ノ書店 Gustav Fock へ書代ノ残リ 132.48 ヲ送ル　夜宮城氏へ長文ノ手紙ヲカク

九月二九日　木曜

晴　朝中山君ヨリ端書来ル　東京ノ相原君、巴里ノ野地竹村君、桑港《サンフランシスコ》ノ千葉君ニ端書ヲ出ス　桑港ヨリハ昨日海老名一雄君ト連名ニテ絵端書ヲ寄セラレタリ　千葉君ニ斯ンナコトヲ書イテヤッタ

　千代かけて変るまいぞと腭を撫で
　茂る葉の陰で貴君！と手を握り
　君我を愛す幸豊なる我身かな
　妻君は治ッと髭づら眺め入り
　広からぬ部屋でも己れが天地なり
　夫婦とは皓したものよと笑ひ合ひ
　〔千葉豊治、弘子夫人および長男皓の字を織り込んだもの〕

野地君カラマタ手紙来ル　巴里ヲ自動車デ一巡シテ翌日喉ヲ痛メテ二日斗リ寝タサウナリ　宿ハ Paris XVII ノ Rue de Brunel 19ᵛ ナル Mˡˡᵉ Schmidt ト云フ人ノ所ナルガ独乙人ニシテ多少日本語ヲ解スト云フ　此日ハ多少ノ疼痛ヲ覚エ飯ニ行キシ外ハ終日在宅シテ新聞ヲ読ム

九月三〇日　金曜

曇　朝佐〻木君ヲ訪ヒ病状ヲ報告ス　直ニ転ジテ Pittoni 先生へ稽古ニ行ク　病気ハ昨日ヨリ聊カ軽快ヲ覚ユ　転宿ノ用意トシテ荷物ノ片付ナドスル　夕方ニ至リ新宿ノ夫人ヨリ手紙来リ下ノ部屋ト上ノ部屋ト交換スルニ手間取ルカラ四日ニ移テ呉レト申シ来ル　夜水口君見舞ニ

来ラル

一〇月一日 土曜

晴　朝理髪シ昼食後 Gräser 氏宅ヲ訪ヒ母堂ニ会テ愈四日ニ移ルベキヲ約シテ帰ル　此日 Zeitschrift für Politik〔政治学雑誌〕. 3. Bände 全部三冊ヲ 16.50 ニテ買フ　留守宅ヨリ手紙来ル　古川ノ父上ハ帰町セラレタリト云フ病気ハ頗ルヨシ

一〇月二日 日曜

晴　東京留守宅ヘ返事ヲ出シ又 Pappert 氏ト天津今井兄ヘ端書ヲ出ス　昼頃 Kaiser 氏見ユ　数週前帰ツタケレドモ又出張シタノデ御無沙汰シテ居タトノ話　今日二時半カラ Plöckstraße ノ Diakonissenhaus〔貧民救済館〕デ集リガアルカラ来テ見ナイカト誘ハル　一旦往ツテ見マセウト約束シタケレドモ病気デモアルシト思ツテヤメタ午後ハ太陽ヲ読ンダリ Henry Drummond ノ Das Beste in der Welt ヲ読ンダリ靴下ノ穴つぎヲシタリスル　何ト云フコトナシニ東京カラ穴だらけノ靴下十数足ヲ持ツテ来タガ Stopf-Eier〔かがり縫い器〕ヲ買ツテつぎ方ヲ覚ヘテカラ古イヤツバカリ穿イテ新シイノヘハ少シモ手ヲツケナイ　大変ニ経済ナモノダ

一〇月三日 月曜

晴　朝小野塚先生ト河副君トヨリ手紙来ル　小野塚先生ヨリノ来翰ニ依レバ牧野君ハ渡辺鉄造〔蔵〕君ト共ニ九月十六日郵船会社ノ船デ立タル可シトナリ　馬〔馬耳塞《マルセーユ》〕港ヨリ伯林ニ直行スル由　渡辺君ハ倫敦ニ上陸セラル　梅先生ノ講義ハ富井先生之ニ代ラレ富井先生ノ跡ハ川名君引受ケラレ梅先生ノ後任トシテハ鳩山君来春位留学ヲ命ゼラル可シトナリ　高野先生ハ九月八日帰京セラレタリト昼食ノ帰リニ Das Deutsche Studententum〔ドイツ学生気質〕ト云フ本ヲ見ツケ 7.50 デ買ツタ　午後ハ宅デ書ヲ読ム夜佐ゝ木医学士来訪　例ニ依リテ遅クマデ話シテ帰ラレタ　中々親切デ実意ノアル男デ話シテモ愉快デアル

一〇月四日 火曜

晴　朝早ク起キテ転宅ノ用意ヲスル　十一時ニ至リ Dienstmann〔荷物運搬人〕ヲ雇ウテ引キ移ル　今度ノ宿ハモト中田君ノ居ツタ内デ Gräser ト云フ人ノ内ナリ　家族皆極メテ親切ナリト云フ　殊ニ息子モ大学生デ経済学ヲヤツテ居ルサウダカラ話相手ニ丁度ヨイト思フ　夕方マ

デカ、ツテ取片付ガ済ム　此朝中田君佐々木君ヨリ音信アリ　直ニ返事ヲ出ス　野地君竹村君ニモ端書出セリ

一〇月五日　水曜

雨細々ト降ル　朝七時ニ起キタ　寝台ハ鉄製デ寝心ハ悪クナイ　部屋ハ気持ヨイガ Napp 婆ノヨリ Möbel〔家具〕ハチ《ズ》ツト落チル　只書棚ヲ貸シテ呉レタノト Sofa ガアルノト南ニ向イテ窓ガ二ツアルノトハ取リ所デアル　九時ニ飯ヲ食フ　ぱんモ小サイシ Milch モ少イ　器物モ粗末ダ　万事ハ主婦ガ賄ツテ呉レルガ親切ニ話シテ呉レル　此日カラ日課ヲキメ朝ハ七時ニ起キ九時マデノ間ニ顔ヲ洗ヒ衣物ヲ着食事ヲ済マスコトニスル　九時ヨリ十一時マデノ間ニ一時間ハ仏語ヲ独習シ一時間ハ独乙ノ作文ヲ書ク　今日カラ日本基督教発達史ヲ書イテ見ヤウト思ツテ試ミタ　午後ニ Greta 来ル　婆ノ内ヲ出デ Rohrbachstr. ノトアル Villa〔一戸建〕ノ三階ニ居ル三週間バカリ当地ニ居ルト話ス　午後ハ新聞ヲ読ム　Portugal〔ポルトガル〕ニ革命起リ国王殺サレ宮殿ニハ共和旗翻レリト伝フ　鉄道電信皆不通ナルヲ以テ事実ノ真相未ダ明ナラズ　併シコハ unmöglich〔ありえない〕ノコトニ非ル也

一〇月六日　木曜

晴　朝宿ノ息子 Ludwig Gräser 君ニ紹介サレ十二時マデ懇談ス　昼食ニ出掛ケル途中一寸 Herr Kaiser ヲ訪ヒテ転宿ヲ知ラセ四方山ノ話ヲシ Pittoni 先生ヲ訪ヒテ今日ノ稽古ヲ休ムコトヲ告ゲ Alt-Heidelberg ニテ食事ス　直ニ Friedhof ニ至リテ G ト会見ノ約ヲフム　然ルニ二時マデ行ク約束ナリシニ見ヘズ　三時少シ前マデ待ツ来ラズ　依テ引キ返セシ所途中ニテ遇フ　先生ハ Bismarckplatz ニ至リシ也　共ニ山ニ上リ Bierhelder Hof ニテ Apfelmost〔リンゴ酒〕ヲ呑ミ山ヲ下リテ Rohrbach ニ出デ夕食ヲ喫シテ帰ル　夜ハ七時十五分 Pittoni 先生ヲ訪ヒ一緒ニ Stadthalle ニ開カレタル Frauenverein〔婦人同盟〕ノ演説会ニ臨ム　眠クテ能ク主意ヲ了解セザリシ　十時少シ前ハネル

一〇月七日　金曜

晴　昨夜ノ疲レデ朝少シ遅ク起キル　食事ヲスマシテカラ此間中カラ書キカケタ日本基督教発達史ノ第一頁ヲ清書ス　十二時内ヲ出テ Landhausstr. 17 ノ Bender 方ニ居ル Bucher 君ヲ一寸訪ネル　青年会員デ Cand. Geol.

〔地質学学位取得希望者〕デアル　来年二月 Doctor 試験ヲウケルトテ一生懸命勉強中デアル　食事後 Pittoni 先生ニ稽古ニ行ク　帰リテ宿ノ息子サント五時マデ話ス　五時内ヲ出テ約ニ従ヒ Friedhof ニテ Greta 君ニ遇ヒ一所ニ山ヲ散歩シ河岸ノ Blaukreuz〔青十字〕ト云フ飯屋デ食事ス　茲ニテハ一切酒気ヲ帯ビタモノヲ出サヌ　壁ニ斯ンナコトガ書イテアル　Bier macht man〔den Mann〕faul, dumm und schwach.〔ビールは人を怠惰にし、愚かにし、弱らせる〕　食事ハ馬鹿ニ安イ　豕ノ煮タノニ芋ノ油揚ガツイタノヲ二人前外ニ食後ノ果〔物〕トこゝあ二人前トデ総計一馬六十文ダ　丁度外ノ内ノ半分デアル　昼飯ハ55文デ食ハスサウダ　今後ハ度々茲処デ飯ヲ食ハウト思フ　帰リハ電車デGヲ宿マデ送リ九時帰ル　東京ヨリト信次ヨリト手紙来ル　野地君ハ三日巴里ヲ発シ瑞西《スイス》ニ入レリトテ五日ノ日附ニテ端書ヲ呉レタ　東京デハ太田ノ原ニ18円ノ家賃デ内ヲ借リテ移ツタサウデアル

一〇月八日　土曜

少晴　朝独乙作文ニ力ヲ注ギ少シ出来シテ Pittoni 先生ノ稽古ニ行ク　昼食ニ行ク途中一寸 Techniker ノ某ト云フ男ヲ訪フ　母子共嫌ナ奴等ナリ　午後一所ニ散歩シナイカト云フ話ナリシモ体ヨク断ツタ　Lux ニテ昼食ヲ認メ直グ帰ル　午後佐々木君来ル　四時ニナツテ宿ノ主婦及息子等ニ誘ハレテ Schloss〔城〕ニ散歩ニ行ク　6時ニ Bismarck Garten ノ前ニテGニ会フ約アリシガ25分バカリ後レタノデ先生ハ既ニ居ヌ　尾中君ニ遇ツテ一所ニマタ Lux ニ行キ食事ス　所へ野地君今帰ツタトテ来ル　竹村君途中病気ニ罹リ Lechner ノ内ニ引ツ込ミ飯ニモ来レヌト云フ故一寸見舞フ　今日ノ新聞ニテ見ルト Portugal ノ革命ハ愈確実ニテ国王ハ逃遁シ共和国トナレリト云フ　最初ノ大統領ナリトテ肖像ナドガ出テ居ル

一〇月九日　日曜

晴　昨日ノ模様デハ降リサウダツタガ却テ小晴レノ模様ニナツタノデ市中ハ人通リ非常ニ多イ　今夜 Frauenverein ノ集会ニ対スル Schloßbeleuchtung〔城のイルミネーション〕ガアルカラデアル　朝野地君ト一緒ニ出カケ予ハ Schweizer 氏ヲ訪問ス　一ト通リ四方山ノ話ヲシタ後女子運動ノ会ニ出席シタ話ヲシタラ此問題ニ関スル意見ヲ頻リト述ベラレル　要スルニ反対ノ意見ダ　Frau Jellinek〔イェリネック夫人〕ノ批評ナドモ出テ同夫人ハ Kellnerin〔女給〕廃止運動ニ熱心ダガ之ヲ廃シタトテ Kellnerin 其自身ハ又姿ヲ代ヘテ出没スルシ男ノ学生ナドモ之ニハマルカラ駄目ダ　夫ヨリモ各夫人連ハモツト根本的ノ青年ノ教育開導ニ心ヲ注イダガ宜イ　Jellinek 夫人ナドハ社会的ノ問題ニハ熱心ダガ其代リ家事ヲ放擲スルノデ内ハ相当ニ汚イサウダシ子供達モ能クナイサウダナドノ話モ出ル　十一時辞シ竹村君ヲ見舞フ　野地君ト Greta ニ昼食ヲ供セントテ訪ネタガ留守ダツタ　Alt ニテ食事シ帰途亦竹村君ヲ訪ネ三時頃帰ル　六時マタ Greta ヲ散歩ニ誘ハウト思ツテ訪ネタガ留守ダツタノデ直ニ引キ返シ河岸ニ沿ツテ Blaukreuz Restaurant ニテ食事ス　Lendenbraten mit gem. Salat〔腰肉ビフテキ　サラダ付き〕ガ60文トハ頗ル安イ　帰リ途ニ Greta ニ遇フ　Neckermann ノ所ニ誘ヒ Kaffee ニ菓子ヲ御馳走スル　今日午後 Napp ニ飯ニ呼バレ夫カラ一所ニ予ヲ訪問シタサウダ　此婆品性頗ル劣等ダガ中ニ聊親切モアル　只慾ニカケテハ盲ニナルノデ困ル

一〇月一〇日　月曜

晴　朝ハ例ノ如ク勉強ス　独乙作文ノ稿ヲツグ　Stahl 君ト巴里ノ中川望君ニ手紙ヲ出ス　昼食前湯ニ入ル　三時約ニ依リ野地君ト Greta ヲ誘ヒ出シ散歩ニ出掛ク　Speyerer-Hof ニテ Apfelmost ヲ飲ミ Molkenkur ヲカケテ山ヲ下リ例ノ Blaukreuzhaus ニテ飯ヲ食フ　野地君頗ル元気ナシ　肺デモ悪イノデハナイカト思ハル

一〇月一一日　火曜

晴　朝例ノ如ク独作文ト仏語ノ稽古トヲヤル　今日カラ Otto ヲヤル傍 La France d'Aujourd'hui〔今日のフランス〕ヲ読ムコトニスル　午後 Pittoni 先生ニ稽古ニ行ク　夕方 Greta 来ル　例ノ如ク Kreuz ニ連レテ夕食ヲ饗ス　夜水口君来訪セラル

一〇月一二日　水曜

曇時々少雨　午前ハ例ノ如ク独乙作文ト仏語ノ稽古　午後ハ食事ノ帰リニ帽子ヲ買ヒナドシテ三時ニ帰ル　帽子ハ 20 Mk 奮発シタ　外ノ物ハ凡テ倹約スル主義ナレドモ帽子トカ洋服トカ一度買ヘバ五年モ十年モ用ヒラル、ヤウナ物ハ上等ヲ買フニ限ルト思フ　祥雲君ニ返事ヲ出シ Pforzheim ノ Stahl 君ニモ端書ヲ出ス　Stahl 君ヨリハ度々招待ヲウケシガ野地君ト予ト代ル代ル病気デ行キ兼ネテ居ツタガ今度愈土曜日ニ行クコトニ極メテ其趣ヲ申シ遣ル　夜ハ例ノ Restaurant Kreuz ニテ Greta ト会食ス

一〇月一三日 木曜

晴　朝竹村君来訪セラル　其為メ妨ゲラレタト云フテハ竹村君ニ済マヌガ例ノ日課ハ出来ナカツタ　野田豁君カラ手紙ガアリ Heidelberg ニ転ジヤウカト思フガ如何カト云フ相談デアル　直ニ返事ヲ認メ是非転学スル様ニト頻リニ勧メテヤツタ　午食ニ Luxhof ニ往ツタラ杭州ノ佐藤君カラ手紙ガ来テ居ツタ　午後ハ東京ノ留守宅ニ手紙ヲ認メ夜ハ更ニ小山君、今井君ニ手紙ヲ書イタ　Greta ニ手紙出シ明日会見ヲ欲スル旨ヲ書キ送ツタ　今日ノ当地ノ新聞ニ依ルニ過般東京ニ於テ天皇陛下ノ暗殺ヲ謀ツタ者ガアツタガ十月五日判決ガ下ツタ　犯人ハ凡テ朝鮮人デ四名ハ死刑十三名ハ十五年ノ重禁錮ニ処セラレタサウデアル　午後 Pittoni 先生ニ稽古ニ往ツタガ聞ケバ Jellinek 先生ハ猶太人《ユダヤ》ダサウダ　夫人モ同ジク猶太人デ頗ル出シヤバリノ嫌ナ女ナサウデアル　当市デハ余リ歯〔し〕セラレヌラシイ　彼程ノ学者デアリ乍ラ余リ世人カラ評判サレナイノハ不思議ダト思ツテ居タガ今ニシテ始メテ其真相ヲ解スルコトヲ得タ　成程々々

一〇月一四日 金曜

晴　朝例ノ如ク日課ヲヤリ午後 Pittoni 先生ニ稽古ニ行ク　夜 Kreuz ニ食事シ Greta ニ会フ　手紙ハ未ダ見ヌ由ナリ　愈月曜日ニ帰ル由ナリ

一〇月一五日 土曜

晴　朝〔例〕ノ如ク勉強ス　此日野地君ト共ニ Herr Stahl ヲ Pforzheim〔プフォルツハイム〕ニ訪フ筈ナリシガ野地君喉ノ病未ダ癒ヘズトテ中止ス　故ニ午後二時三十一分ノ汽車ニテ予独リ行ク　Karlsruhe ニテ乗リ換ヘ四時二十二分着ク　停車場ニテS君ニ遇ヒ直ニ氏ノ宅ニ入ル Lindenstr. 69 デ停車場ノ十分バカリ先キノ所ナリ　母君ニモ遇ヒ四方山ノ話ヲシ散歩ニ出ル　此土地ハ金銀細工ノ有名ナル工場ノアル所ニテ土曜日ノコト、テ工場労働者ノ往来頗ル夥シ　併シ何千人ト云フ労働者ノ中一人モ不作法ナル者ナク整然トシテ左往右来シ人ノ迷惑ニナル様ナコトヲセヌハ実ニ見上ゲタ者ナリ　日本ナラバ放歌

スル者アリ悪口スルモノアリ女ニフザケル者アリテ到底不快ヲ感ゼザルヲ得ザルナランニ去リトハ見上ゲタ者カナト熟々感心ス　夜十時寝ル

一〇月一六日　日曜

晴　朝Stahl君ト同君所属ノ教会ニ行ク　Methodist〔メソジスト〕教会ナルガHeidelberg辺ノ教会ト異リ質素ニシテ気持ヨシ　説教ハ頗ル長カリシ様ナリ　其内容ハ聖書ノ注釈中バ他ノ中バハHenry Drummond的ノ思想ニテ聞テハ美シイガBegeisterung〔感激〕ニ乏シク海老名先生ナドノ様ナ熱烈ナ処ハナシ　午後ハStahl君ノ借舎ニ居ルHerr Gutmann氏ニKaffeeニ呼バル　同氏ノ令嬢婿君夫婦友人等来会シ歓ヲ尽ス　兼テStahl君ノ注文ニヨリ日本服ヲ野地君カラカリテ持ツテ行キシガ之ヲ珍ラシガリテ見ル　三時ヨリ此連中ト一緒ニHoheneckト云フ処マデ遠足ニ行ク　実ニ愉快ニ一日ヲ暮シタリ　Gutmann氏ハ実ニein guter Mannニシテ七十才ノ老人ナルガStahl君ヤ我々ト同年輩ノ友人ノ如ク親切ニ話シ合ヒ更ニ老幼ノ区別ヲ眼中ニ置カザルガ如クナルハ是亦実ニ感服セリ　独乙ノ人ハ実ニ親切ダ　日本人モ実ニ斯クアリ度キモノトツクヅク感ジタリ　夜モGutmann氏ノ内ニテ永ク話ヲスル　予ハ愛嬌ノ為メニ日本ノ国名ニ関スル一短文ヲ朗読セシニ彼等非常ニ喜ブ

一〇月一七日　月曜

曇　朝10時Stahl君ニ送ラレ諸知己ニ分レヲ告ゲPforzheimヲ去ル　11時Karlsruheニ下車ス　市中ヲ見物ス　Stadtgarten〔市立庭園〕ヲゆつくり見物シFriedrichstr.ヲ貫キPyramide〔ピラミッド〕ヤDenkmal〔記念碑〕ヤヲ見テSchloßgarten〔城内庭園〕ヲ逍遥ス　Vereinigten Sammlungen〔合同蒐集館〕トKunsthalle〔美術館〕トハ日曜ト水曜ト金曜トノ外ハ見セヌトテ入リ観ルヲ得ザリシハ誠ニ残念ナリキ　市中ヲ散歩シ面白キ玩物やヲ見付ケ買フテ玩物ハ概シテ日本ノ方ガ安イ様ナリ　7時17分此処ヲ去リテHeidel.ニ帰ル　8時着ク　宿ニ帰リ主婦ト話ス　Christmas贈物トシテ東京ニ送ランガ為メナリ　併シ凡東京留守宅桑原氏Greta ト三本手紙来テ居ル

〔カールスルーエ市立庭園の入場券(三〇ペニヒ)貼付〕

一〇月一八日　火曜

朝雨午後晴　朝風呂ニ入リ靴下三足褌四本ヲ洗濯ス

午後ハ食後野地君ニ従テ佐々木惣一君ヲ訪問シ市中ニテ買物ヲシ Kreuz ニテ買物ヲシテ夜ニナリテ帰ル　夜ハ留守中ノ整理ヲシタリ帳面ヲツケ日記ヲカキナドシテヤガテ就寝時間ニナル

一〇月一九日 水曜

晴　朝桑原氏ニ端書ヲ書キ Greta ニ手紙ヲ書キ Fräulein Helene Gutmann 及ビ Weinmann ニ絵端書ヲ送ル　東京留守宅ニ手紙ヲ書ク　午後ハ食後 Mess〔見本市〕ニ買物ニ行ク　Suttner 夫人ノ著 Die Waffen nieder!〔武器を捨てよ〕ヲ買フ　2 Mk ナリ　東京ヘノ手紙夜ニ至リテ書キ終ラズ十二時ニ垂ントシテ頻リニ睡魔ヲ催シ中止ス

一〇月二〇日 木曜

曇　朝手紙ヲ書キ了ヘ更ニ宮城小山ノ二君ニモ手紙ヲ書イテ出ス　午後ハ Schweizer 氏ヲ訪ヒテ母堂遠逝ノ弔辞ヲ述ベ Pittoni 先生ニ稽古ニ行ク　夜ニ至リテ頓ニ寒クナル

一〇月二一日 金曜

曇　朝 Stahl 君金ノ鎖ヲ持ツテ来ル　先達 Pforzheim ニ行キシトキ野地君カラ頼マレシモ丁度 Kirchweih〔教会堂開基祭〕ニテ各商店休ミナリシ故買ハズニ帰ル　依テS君ノ好意ニヨリテ取リ寄セタルナリ　十四金ノ奇麗ナ鎖ヲ 71 Mk 15 Pf ニテ買フ　非常ニ安イヤウナリ　十二時三十八分ノ汽車ニテ野地君 Würzburg ニ立ツ　格別ノコトナシ

一〇月二二日 土曜

少晴　朝宿ノ人々ヲ撮影スル　十一時ヨリ宿ノ息子 Ludwig 君ニ伴ハレテ大学ノ隣リノ Fechtmeister〔フェンシング師範〕某氏ノ道場ニ行キ Fecht-Übung〔フェンシングの稽古〕ヲ見ル　午後ハ内デ新聞ヲ見ル　夜ハ Artus ニテ竹村君ノ送別会ヲヤル筈ニ水口君カラ通知ガアツタカラ行ク　十一時マデ懇談シ夫カラ馬車ニテ Nr. 5 ノ見物ニ行ク　思ツタ程奇麗デナシ　一時帰ル　宿ノ戸締リ居リ鍵ヲ忘レシヲ以テ明クルコト叶ハズ　宿ノ者ヲ起スノモ如何ト思ヒ内ヲ出テ Luxhof カ Tannhäuser ニデモ泊ラントセシモ何レモ店ヲ閉ヂテ入ルヲ得ズ　仕方ナシニ竹村君ノ窓ヲ叩キ同君ノ室ニテ Sofa ノ上ニ洋服ヲ着タ儘外套二枚ヲ重ネテ寝ル　頭ノ落付キガ悪クテ能ク眠ルコト能ハズ

一〇月二三日　日曜

朝ハ晴天ニシテ天日皎々タリシモ午後ヨリ曇天トナリ今ニモ降リ相ニ見ユ　八時武《〔竹〕》村君ヲ辞シ帰宿シテ朝食ヲ喫シ Stahl 君ニ迎ヘラレテ近所ノ Methodistische Kirche〔メソジスト教会〕ニ往ツテ見ル　教会カラ帰ツテスグ写真屋ニ行ク　竹村君送別ノ為メ撮影ス　午後ハ宿ノ人々ト城カラ Molkenkur ニ散歩シ夜七時帰ル　夜ハ写真ヲ幼《〔ママ〕》像シテ見ル　野地君ニ手紙ヲ出ス

一〇月二四日　月曜

少晴　朝例ノ通リ日課ヲツトム　武《〔竹〕》村君ノ病気ヲ見舞ヒ Lux ニテ食事ス　午後ハ竹村君ヲ見舞ヒ同君ノ為メニ besorgen〔世話〕シテ暮ス　明日立ツ筈ナリシモ六カシサウナリ　帰リテ一時間斗リ本ヲ読ミ六時過ギ内ヲ出テ Kreuz ニテ急ギ夕食ヲ認メ七時 Stadthalle〔市公会堂〕ニ行ク　今日ハ Jubelfeier des 25 jährigen Bestehens des Bach-Vereins mit akademischen Gesangvereins in Heidelberg〔ハイデルベルクのバッハ協会とアカデミー合唱協会の二五周年記念祭〕ト云フ訳デ有名ナル大家ノ顔揃シテ音楽会ガアルト云フコトデ宿ノ主婦ノ親切ニテ切符ヲ一枚世話シテ貰ヒシ故初メテノコトデモアリ往ツテ見ル　Großherzog〔大公〕幷ニ -zogin〔大公妃〕モ来臨アリ　Piano デモ Violin デモ Organ デモ笛デモ本場ダケニ素敵ナモノナリ　到底日本ニテハ聞カレタモノニアラズ　全ク感服セリ　十時半済ミ十一時帰宿ス　Großherzog ナドモ至テ簡単ナモノデ群集ヲ押シ分ケテ帰ルニ群集帽ヲ取リテ御辞儀スレバ之ニ一々対ヒ中ニハ握手ヲ以テ答フルモアリ　護衛ノ侍者モ至テ少数ニテ頗ル愉快ニ感ジタリ　日本ニテハ此通ニハ行ハレ難キモ今少シ之ヲ模シタキモノナリト思フ　王ハ身長六尺ニ近ク妃モ五尺五寸ハアルラシ　斯ク人込ミノ中ニ立テ見ルニ西洋ノ婦人ノ平均ノ身長ガ丁度我輩位ノ所ニテ小サキモアレバ大ナルガ多キヤウニモ思ハル

〔ハイデルベルク・バッハ協会記念祭のコンサート・チケット(東側第三区のバルコニー)貼付〕

一〇月二五日　火曜

少晴　朝小包来ル　Würzburg ノ Riedenheim ナル Gretchen Kolmstetter ヨリナリ　中ニ林檎数十個ト菓子二包トアリ　今尚友情ヲ傾ケテ斯ノ贈物ヲ送リ来ル　感

謝ニ堪ヘズ　此人独乙ニ来リテ始メテノ親シキ友ナレバ
永ク忘レザルノ紀念トシテ小包送票ヲ次頁ニ留ム　字ハ
其ノ自ラ書ク所ナリ　直ニ返事ヲ出ス　午後一寸竹村君
ヲ見舞ヒ食事ニ行キ三時ヨリ Pittoni 先生ニ稽古ニ行ク
夜しるこヲ作リテ見ント思ヒ立チ Hauptstr. Penner ニ
テ白玉粉片栗等ノ材料ヲ買フ

〔グレートヒェン・コルムシュテッターからの小包送票（写真版参照）、ハイデルベルクの市電乗車券二枚（一〇ペニヒと一五ペニヒ）貼付〕

一〇月二六日　水曜

晴　朝試ミニ昨夜買ツタ材料ニテ団子ヲ作ツテ見ル
Reismehl〔米粉〕ニ Kartoffelmehl〔じゃがいも粉〕ヲ混ヘテネリ
交ゼ湯ノ中ニ入ル　少シ固イケレドモだんごノ形ヲ成ス
別ニ醤油ト砂糖ト酒トニテ皮ヲ作リ宿ノ人ニモ食ハス
主婦親切ニ周旋ス　Ludwig 君曰ク Sauce allein ist
schmackhaft〔ソースだけが美味い〕ト　だんごハ口ニ合ハヌ
ト見エタリ　昼食ノ代リニ少シ多ク作リテ竹村君ニ送ル
舌鼓ヲ打ツテ賞味セラル　午後久シ振ニテ Herr Unger
ヲ訪フ　是ヨリ先キ御汁粉トとろゝヲ作ラントテ小豆及
山芋ヲ探セシモ見当ラズ　Pittoni 先生ニ相談セシニ小
豆ハ Flagedet (Französische Bohnen〔フランスの豆〕) ナラン
ト云フモ当ラズ　山芋ニ至テハ或ハ Meerrettich〔ワサビの
一種〕ト云ヒ或ハ Sellerie〔セロリ〕ト云ヒ Weiß-Rübe〔白カブ
ラ〕ト云フ皆当ラズ　依テ之ヲ Unger 氏ニ謀ルニ小豆ト
山芋ハ独乙ニナシト云フ　依テ此二ツハ諦メタリ　日暮
レテ辞シ Kreuz ニテ飯ヲ食ヒ直ニ Stahl 君宿ニテ開ケ
ル青年会ノ Eröffnungsabend〔開会の夕べ〕ニ臨ム　Neckar-
zimmern ノ牧師 Uhlig 君丁度滞在中ニテ来会シ種々面白
キ語アリ　十二時近クマデ続ク

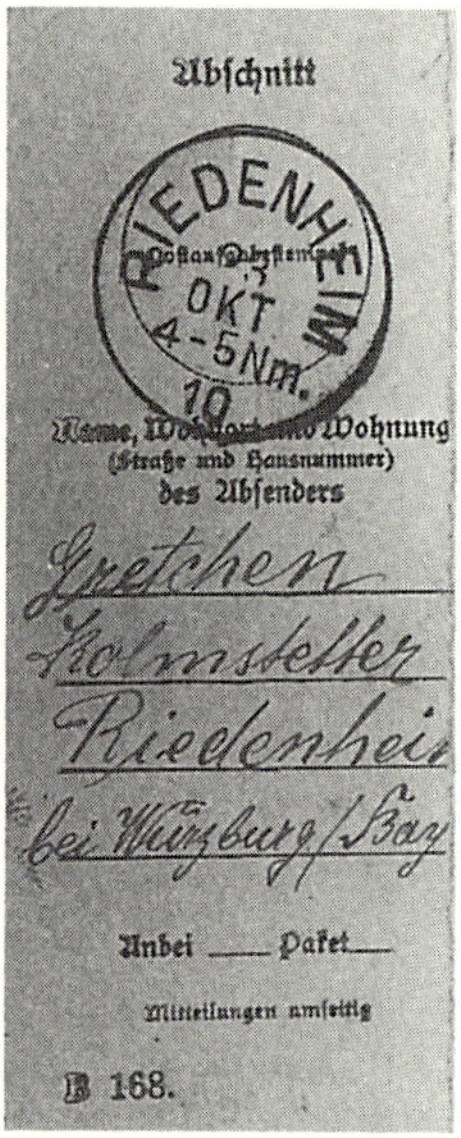

一〇月二七日　木曜

晴　朝一寸勉強シ午後ハ市ニ行キ食物ノ材料ヲ買フ
今夜 Pittoni 先生ノ所ニテ Stahl 君ヲモ招キテ日本食ヲ

饗スルノ約アレバナリ　二時昼食セリ　帰リ直ニ料理ニ取リカヽル　魚ノ煮付、牛肉ノすき焼、菜ノ玉子とじ外ニ菓子トシテ団子ヲ作リ塩からいノト甘イノト二種汁ヲ作ル　小豆ガ無イノデ胡桃ヲ探シタルガ之モナイノデ南京豆ヲ用ヒタリ　外ニ芋ト栗トヲ煮テ之ニ寒天ヲ通シ寄セ物ヲ作ラント試ミシモ之ハ成功セザリキ　併シ西洋人ニハ塩ト砂糖トノ混合ハ全然口ニ合ハズトテ何レモ余リ食セズ　北独乙ノ人ハ塩ト砂糖ト混ヘテ料理スルモ一般ニハ凡テ之ヲ嫌フト云フ　十時マデ話シテ帰ル

一〇月二八日　金曜

晴　朝竹村君ヲ訪ヒ転ジテ Pittoni 先生ノ宅ニ赴キ昨夜ノ残飯ト牛肉トヲ混ジテ更ニ牛肉飯ヲ作リ之ヲ竹村君ニ送リテ昼食ヲ共ニス　ヤガテ水口尾中ノ二君モ見エタルヲ以テ写真器械ヲ持ツテ往ツテ撮影ス　Mannheim ヨリ嫁サンモ来ル　四時ニ汽車ガ出ルノデ佐々木(次)君ヲモ誘テ停車場ニ見送ル　午後ハ湯ニ入リ Kreuz ニテ夕食ヲシタヽメテ帰宅ス　宅ニテハ只新聞ノ電報ヲ読ム　此夜青年会ノ懇談会アル筈ナリシモ連日夜深〔更〕シヲシタノデ眠イカラ欠席ノ通知ヲ出ス　東京ヨリ手紙モ来ズ雑誌モ届カズ　大抵来サウナ頃ナルニ聊カ心細キ感アリ

一〇月二九日　土曜

晴　午前 Pittoni 先生ニ稽古ニ行ク　新着ノ新人及新女界ヲ持参シテ海老名先生ノ教壇安井氏ノ社説ナドヲ翻訳シテ聞カス　午後ハ在宅シテ読書ス　夕方突然電報来ル　中川望君ガ Freiburg ヨリ出シタノデ今夜九時二十一分ニ着クト云フナリ　其時間ニ出迎ヒテ Luxhof ニ案内シ直ニ町ヲ散歩シ Ritter Haeberlein トニ立寄リ帰ル　大急ニテ明日ハ十一時ノ汽車ニテ Frankfurt ニ行キタシト云フ故町ダケハ大体今夜見テ明日ハ城ト Molkenkur トヲ案内スル積リ　Frankfurt マデハ御伴シテ Goethe-haus〔ゲーテ・ハウス〕ト Schopenhauer〔ショーペンハウエル〕ノ墓トヲ見タキ考　十二時帰宅　一時半寝ニ就ク

一〇月三〇日　日曜

朝八時過ニ中川君ヲ訪フ約束ナリ　七時起キテ怱々ニ身仕度ヲ整フ　実ハ Frankf. ヨリ Würzburg ノ方ニモ廻リテ見タキ考モアリテ色々用意シ宿ノ人ハ今日ニ限リテ八時ニナリテモ起キザルヲ以テ置キ手紙ヲシテ朝食ヲ食ハズニ出掛ケル　丁度中川君ガ飯ヲ済マシタ所ヘ行キ直

グニ出掛ケテ先ヅ Bergbahn〔登山鉄道〕ノ往復ヲ買ツテ Molkenkur ニ上リテ市中ヲ一瞥ス　転ジテ Schloss〔城〕ニ行キ一ト通リ見物スルト既ニ十時ヲ過グ　急ギ電車ニ乗リ途中絵端書ヲ買ヒ昼食ノ Wurst〔ソーセージ〕ナドヲ買ツテ停車場ニ行ク　十一時三十四分カノ汽車ニノリ Frankfurt ニ向フ　朝来生憎雨天ニテ見物ニハ不適当ナリ　一時過着ク　途中予ハ中川君携帯ノ Baedeker〔ベデカー社の旅行案内〕ニ依リテ見物スル順序ヲ研究シ先ヅ地図ニヨリ大通ヲ足〔歩〕行シテ Schillerplatz〔シラー広場〕ニ行キ Goethehaus ニ行キ Römer ヨリ Dom ニ折レ川ニ出テ Schopenhauer ノ家ヲ訪レ橋ヲ渡リ川ヲ下リテ Staedelsches Museum〔シュテーデル博物館〕ニ赴ク　此日丁度日曜ニシテ不幸ニシテ Goethe, Schopenhauer ノ二家博物館皆閉サレ見物スルヲ得ズ　Café ヲ呑ミ Friedhof ニ赴キ Schopenhauer ノ墓ニ詣ヅ　之ハ撮影シタルモ天気アシク暗カリシヲ以テ甘ク行ツタカドーカ怪シ　転ジテ Palmengarten ニ赴ク　斯クテ中川君ハ六時半ノ汽車ニテ Wiesbaden ニ赴キ予ハ七時半ノ汽車ニテ Würzburg ニ向フ　汽車ハ九時過ギ Aschaffenburg ト云フ小駅ニ着キ此所ニテ一時間待ツヲ要ス　此処ニテ思フ Heidelberg ヲ立ツ時 Greta ニ手紙ヲ出シ日曜日夜着クカラ迎ニ出ルヤウニト云ツテヤツタケレドモ十時ニ Aschaffenburg ヲ出レバ Würzburg ニ着クノハ十二時過ニテドーセ Greta ハ迎ニ来レズ　故ニ此処ニ一泊シテ明朝 Würz. ニ入ル方宜シト　依テ此処ニテ下車シトアル安宿ニ泊ル　朝食付 2.30 ナリ

〔ハイデルベルクの登山鉄道往復切符（一〇五ペニヒ）、フランクフルトの市電切符（一〇ペニヒ）貼付〕

一〇月三一日　月曜

矢張雨　朝早ク起キテ市中ヲ見物ス　トアル店ニテ95文ノ店卸アルヲ見テ Kissen〔クッション〕一ツヲ買フ　此処ノ城ハ三百年前ノ建物ニテ其中ノ図書館ト美術館トハ見物スルノ価アル由ナレド時間ナカリシヲ以テ略シ十時十七分ノ汽車ニテ Würzburg ニ向フ　汽車ニ乗ル前 Greta ニ到着ノ時間ヲ打電ス　一時半着ク　停車場ニ Greta 在ラズ　却テ日本人斎藤君ニ遇フ　御案内シマセウト誘ハレタレド日本人ノ案内ハ飛ンデモナイ所ヘ引ツ張ラル、恐レアルカラコソ々逃ゲ出シ停車場ノ附近人目ニ

付カヌ辺ヲ散歩シ途中 Führer〔名所案内〕ヲ買ヒ Greta 事ニ依レバ今頃来テ探シテルカモ知レヌト思ヒ再ビ停車場ニ赴キ一等ノ待合室ニテ珈琲ヲ呑ンデルト三時過先生ヤツテ来テ二週間振リニテ会ツタ　田舎ニ往ツテ身ガ楽ト見エテ血色モ大変能クナツタ　一所ニ停車場ヲ出テ散歩シ夕食ヲ共ニシ Kinemato〔映画〕ヲ見物シ何トカ云フ宿屋ニ案内シテ貰ツテ泊ル　夜雨ハル

〔ヴュルツブルクの常設中央映画劇場の切符貼付〕

一一月一日 火曜

朝来雨頻リニ降ル　天気能クバ近郊ニ遠足セン考ナリシガ雨ノ為メニ出来ズ　Greta ノ弟 Heinrich Kolmstetter ト云フ男当地ノ師範学校ニ在リ十時半マデニ会フ用アリト云フ故一所ニ往ツテ見ル　午後ハ此男宿ニ訪ネ来リ Greta ノ知人 Familie Schmidt 及 Lehrer Schnetzer ヲ訪フ　後者在ラズ　帰途 Odeon Theater ニ某ト称スル米国人五十万馬力ノ電気ニ当ルノ力ヲ有ストテ見物サセル　之ニ這入ツテ見ル　雨強シ　宿へ帰レバだら湿〔ママ〕レナリ　Würzburg ハ物ガ安イノデ少シ買物ヲスル　Greta ハ袴ヲ買ツタ　10 Mk 出シタ

〔ヴュルツブルク・オデオン劇場の座席券(一マルク)貼付〕

一一月二日 水曜

雨少シク晴ル　町ヲ少シ散歩シ Greta ノ旧師 Schnetzer 氏ヲ訪フ　丁度在宅ナリ　一所ニ案内シテ呉レルト云フ故一ト先ヅ辞シ近所ノ料理屋デ昼食ヲ認メ Residenz-Platz ニテ待チ合セ一時 Schnetzer 氏ニ会シ先ヅ宮殿ニ案内シテ貰フ　美麗目ヲ驚カス　夫ヨリ三四ノ旧教寺院ヲ見物シ終リニ Juliusspital〔ユリウス病院〕ト云フヲ見ル　之ハ旧教ノ Bischof〔司教〕Julius 上人ノ建立セシ病院ニシテ頗ル研究スルノ価値アル者ナリ　別ニ紀事ヲ作リテ之ヲ江湖ニ伝ヘヤウ　斯クテ夕方ニナル　Kaffee ヲ呑ミ Ton-Bild〔音画〕ヲ見 Schnetzer 氏ニ分ル　此夜ハ Kaiserstr. ノ何トカ云フ別ノ宿屋ニ泊ル

一一月三日 木曜

雨晴ル　天長節ナリ　朝一寸買物ヲシ停車場ニ至リ Greta 其父ニ電話ヲカケ夫ヨリ電車ニテ Lehrer-Seminar〔師範学校〕ニ行ク　此日午後零時半ヲ以テ Heinrich ヲ訪ネテ学校ヲ参観センノ約アリシヲ以テナリ　学校ハ郊外ニ在リ　Katholisch ノ師範学校ナリ　宗教ニ依リテ学校

ヲ異ニス　宗教ト教育トノ関係ニ付テハ日本人ノ到底思
ヒ及ブ能ハザル特殊ナルモノアリ　他日紀事ヲ作リ度思
フ　校長ニ遇ツテ時間表ヲ貰ツタ　学校ノ制度ニ付テ尋
ネタラ Ministerialblatt für Kirchen- und Schul-Angelegenheiten im Königreich Bayern〔バイエルン王国における教会と学校業務に対する官報〕, N. 19 (12. Aug. 1898) ヲ買ツテ見ヨ
ト云ハル　一時此処ヲ辞シ途中ニ昼食ヲ認メ四時
Schnetzer 氏ノ学校ヲ見ル　丁度 Kartoffel〔ジャガイモ〕ノ
コトヲ教ヘテ居ラレシガ予ガ兼ネ々宗教ノ事ヲ教フル
ノヲ見タイト云ヒシヲ以テ直ニ其方ニ移ル

先生問フ、朝起キテ何ヲスルカ
生徒答フ、衣物ヲ着マス
先生　衣物ヲ着テカラ何ヲスルカ
生徒　朝ノ祈ヲシマス
先生　何ト云ツテ祈ルカ
生徒　云々（一定ノ文句ヲ唱ヒ合掌シツヽ云フ）
先生　誰ニ祈ルカ
生徒　神様ニ
先生　神様ハ何処ニ居ルカ
生徒　天ニ
先生　神様ハ幾ツニナラルヽカ
生徒　神様ニ年ハアリマセン
先生　何故ニナイカ
生徒　始メナク終リナキ故
先生　神様ノ独リ子ハ何ト云フカ
生徒　キリスト　エス
先生　此方ハ何ヲ持テ来タカ
生徒　Katholik 教ヲ
先生　朝衣物ヲ着タ時バカリ祈ルカ
生徒　食事ノ時ニモ
先生　其外ニ
生徒　学校ニ来テ仕事ヲスル前後

帰リニハ一所ニ電車ニ乗リ途中ニ分レ Greta ト予ト
ハトアル飯屋ニテ食事ヲ認メ停車場ニ行ク　Greta ハ七
時十五分ノ汽車ニテ帰ルナリ　彼ノ家 Riedenheim ハ
Würzburg ノ近所ト想ヒシニ汽車ニテ一時間半モカヽリ
更ニ四十五分モ歩カネバナラヌ由態々来テ貰ツテ実ニ気
ノ毒ナリシ　予ハ直ニ藤田君ヲ訪フ　実ハ午前モ一寸訪

ネシナリ　途中橋ノ上ニテ会フ　丁度天長節ノ祝会ニ行ク所ダカラト云フ故予モ御伴スル　会場ハ何時モ能ク日本人ノ集ル所ナリトテ日本製ノ扇花提灯ヲ飾リ花瓶モ擬《まが》ヘノ日本物ナリ　中ニモ感心シタノハコンナ Menu ヲ作リシコトナリ〔メニュー貼付、写真版参照〕　十一時散会シ帰途一寸 American Bar トヤラ云フ所ニ立チ寄リ十二時 Hotel National ト云フニ導カレ一泊ス　時ニ大ニ雨フル

〔王立ヴュルツブルク師範学校一九一〇／一一時間表、貼付〕

一一月四日　金曜

雨　八時起キ九時十分ノ汽車ニテ Heidelberg ニ向ヒ十二時十分着キ帰宿ス　理髪沐浴書類ノ整理等ニ半日ヲ費フ　夕方郵便局ニ行ク　Greta ニ dankbar Geschenk〔Dankes-Geschenk〔謝礼〕〕von 10 Mk ヲ送ル　Greta ハ忠実親切ニシテ其情誼永ク忘ル、ヲ得ズ

一一月五日　土曜

雨晴レタレドモ降リサウナ曇天ナリ　連日ノ疲レニテ九時マデ寝ル　朝佐〻木惣一君ト Würzburg ノ Schnetzer, Heinrich Kolmstetter ノ二君ヘ端書ヲ出ス　昼久シ振リデ Luxhof ニ行キシニ内ヨリト河副中川ノ二君ヨリ手紙渡辺与伝次氏ヨリノ端書ト来リ外ニ雑誌モ来ル　午後太陽ヲ読ム　東京ヨリハ井田物集ニ氏ノ婚約成リ花々シキ結納ノ取リ交シガアツタコトナド申来ル　夜返事ヲ書ク

一一月六日　日曜

降ラズ照ラズノ好天気ナリ　朝引キ続キ手紙ヲ書キ十二時頃 Bunsenstr. ニ Jellinek 先生ヲ訪フ　五十六七ニ見ユル中肉（ト云フヨリモ小肥リノ）中脊ノ老紳士ナリ

低声ニテ親切サウニ話ス　折アシク客ヲ招待シテルノデ暫時話セルノミニテ帰ル　午後ハ昼食後 Stahl 君ノ連中ト Alte Brücke ニ落チ合ヒ徒歩ニテ Kohlhof マデ散歩ス　茲処ニテ Kaffee ヲ吞ミ Apfelstrudel〔渦巻き型アップルパイ〕ト Kranzkuchen〔王冠菓子〕トヲタベ薄暮帰途ニ就ク　帰途 Hahne 君此冬ノ休ミニ自分ノ郷里ニ往ツテ見ズヤト云ハル　Westfalen ノ Schwelt ト云フ人口二万ノ小都ナリ　Weihnacht〔クリスマス〕ヲカケテ往ツテ見ヤウカト思フ　夜更ニ手紙ヲ書ク　斯クテ此二三日ニ出シタ手紙ハ野地君、渡辺与伝次君井田君瀬戸潔君留守宅河副君富永君古川海老名夫人宛外ニ中山君ト野口君トニ端書ヲ出ス

一一月七日　月曜

終日雨　朝今井君ニ手紙ヲ出ス　午前銀行ニ行キ昼食ハ Stahl 君ナドノ食フ Pension Zeller ニテシタヽム Hahne 君ヨリ Jellinek ノ Politik ノ講義ヲ借ル　午後ハ佐々木法学士ヲ見舞フ　気管ガ少シ悪イヨシ　五時カラ六時ニカケテ Fleiner 教授ノ Staat u. Kirche in der Gegenwart〔現代における国家と教会〕ニ関スル講義アリ　聴講ス　之レガ今期ニ於ケル聴講ノ始メナリ　夜水口君来訪セラル

一一月八日　火曜

雨　午前中学校ニ行キ Anmeldung〔登録〕ヲスル積リナリシガ郵便局ニテ竹村君ノ荷物ヲ出スニ暇取リ十二時ヲ過ギテセズニ了ル　Luxhof ニテ飯ヲ食フ　正平幷ニたまのヨリ手紙来ル　午後ハ Pittoni 先生ニ稽古ニ行ク　夜青年会ノ例会ニ出席シ十一時帰ル　Greta ニ手紙ヲ書キ一時ニ及ブ

一一月九日　水曜

終日雨　十時起床　午前中大学ニ行キ Anmeldung ヲスル　書記局ニ行キ一枚ノ紙ヘ名前ヤラ原籍ナドヲ書キ付ケシマデナリ　別ニ面倒ノコトナシ　金曜日ニ会計ヘ往ツテ金ヲ払ヘトノコトナリ　午後ハ正平及たまのへ手紙ヲ書キ又今井兄ヘ留守宅ノ生活費ノ工面ヲ頼ンデヤル今日カラ Clara Viebig〔クララ・フィービヒ〕ノ Dilettanten des Lebens〔人生のディレッタント〕ヲ読ミ始ム　夜ハ Seignobos ノ政治史ヲ読ム　十一時就寝ノ用意ヲスル

一一月一〇日　木曜

曇天雨ハフラズ　朝独作文ヲ作リ午後 Pittoni 先生ニ稽古ニ行ク　6–7 Levy 教授ノ England und Deutschland〔イギリスとドイツ〕ノ講義ヲ聴ク　頗ル浅薄ナモノナリ　竹村君ヨリ依頼ノ小包悉皆出ス　皆デ14馬四十文カ、ツタニハ驚キタリ

一一月一一日 金曜

雨　朝初メテ Jellinek ノ講義ニ出テ見ル　題ハ Politik des modernen Staats〔近代国家の政治〕ト云フノデ今日ハ第五回目ナルガ国家ニ及ス地勢人種ノ関係等政治地理ニ関連スル部分ヲ講ズ　低声ナレドモ能ク分ル　午後佐々木(惣)君来宅一所ニ Pittoni 先生ノ所ニ行ク　夜ハ Jagemann ノ Staatsrechtliche Lehre Bismarcks〔ビスマルクの国法学〕ト Oncken ノ Großmächte und auswärtige Politik Deutschlands〔列強とドイツの対外政策〕トヲ聞ク　前者ハ立派ナ文章ニ綴ツタ草稿ヲ流暢シ後者ハ明達ノ弁ヲ以テドンドン喋舌ツテ行ク　両方トモ能ク分ラズ　殊ニ後者ハ分リニクシ　独乙人ニハ評判ノ講義ト見エ大教場ニ立錐ノ余地モナキ程ノ大入ニテ立ツテル人モ少カラズ　中ニハ六十余リノ老人モアリ白髪ノ老婦人モ四五人謹聴シテ

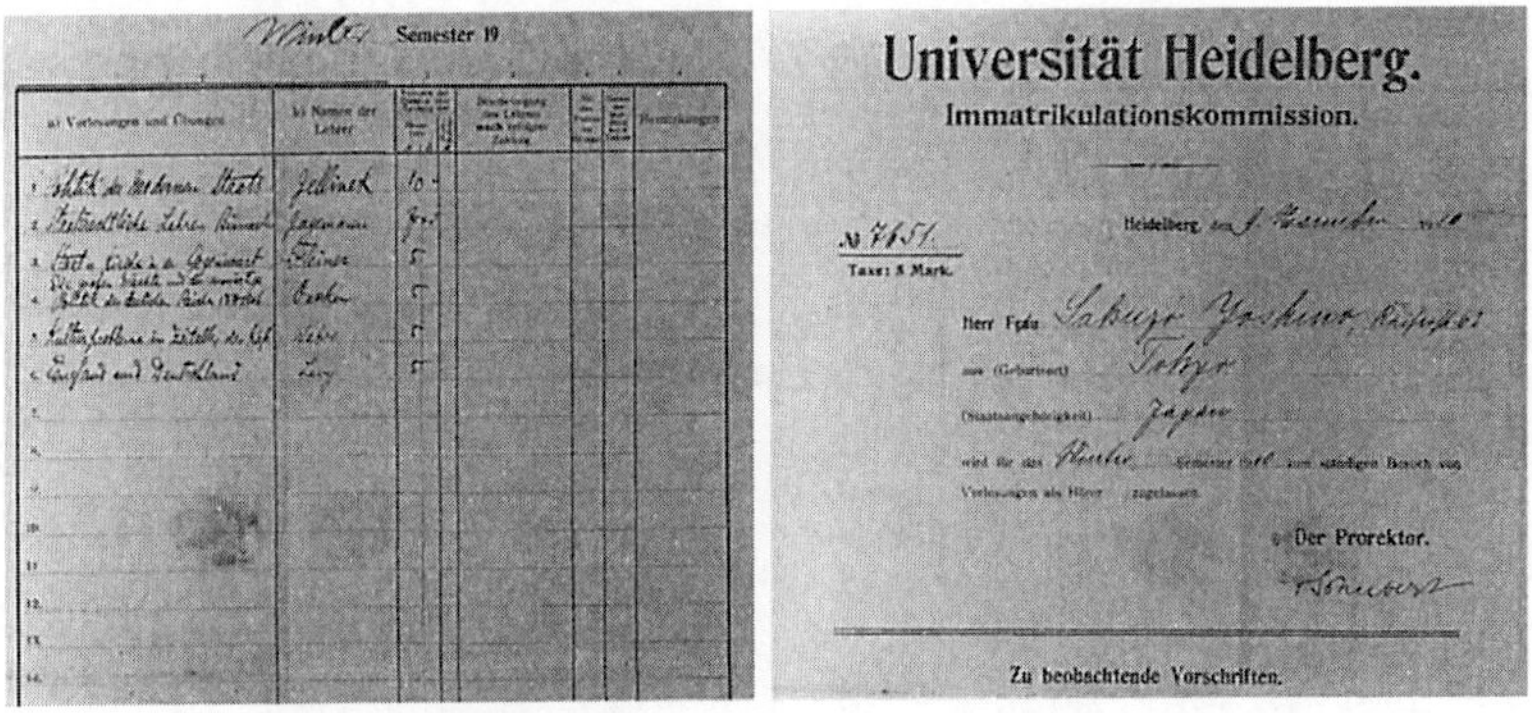

〔ハイデルベルク大学の学籍許可証(右)とその裏面の冬学期受講登録票(左)〕

ルニハ驚キタリ　而シテ Oncken 先生ノ講義ノ原稿ガ広告カ何カノ裏ノ白イ所ニ書イテアルニハ其倹約ナルニ一驚ヲ喫セザルヲ得ザリキ　独乙ノ強キ所ハ茲ニアリ　人ハ皆倹約ニシテ且互ニ倹約ヲ以テ誇トス　日本人ノヤウナ徒ラノ見エ坊ハ大ニ鑑ミル所アルヲ要スト思フ

〔ハイデルベルク大学の学籍許可証および冬学期の受講登録票貼付（写真版参照）〕

一一月一二日　土曜

曇　此朝野地君ノ荷物ヲ Antwerp ニ送ル　十時ヨリ Jellinek ノ Politik ノ講義ヲ聴ク　Universitätskasse〔大学会計課〕ニ行キ 40 Mk ヲ払フ　午後ハ Pittoni 先生ヘ稽古ニ行ク　正平ヨリ手紙来ル　正平今年夏モ不合格ナリシニ付キ堀川氏ノ方ヘハ一旦学資ノ支給ヲ断リ度考ニテ堀川氏幷ニ海老名先生ニ手紙ヤリシニ海老名先生ハ兄ガ何ト云ツテモ構ハヌカラ己ニ一任セヨトテ大ニ激励セラレ本年モ奮ツテ受験スベシト鞭韃セラレタリトノコトナリ　何時モナガラ海老名先生ノ高義ハ感銘ノ外ナク殊ニ堀川氏ガ今猶諦メズシテモ一年ヤラセルト云フニ至ツテハ其恩義終生忘ル可カラズ　之ニ対シテ正平ヘハ来年コソ屹度這入ルト云フ自信アラバ必シモ海老名先生ノ好意ヲ受クルヲ阻マズト申シヤレリ　又河副君チフスニテ入院セリト申来レルニ付キ老母君ヘ見舞ヲ兼テ注意ノ書面ヲ送リ幷ニ杉浦兄ニ一書ヲ発シテ役所向ノ首尾ノアシカラヌヤウニト河副君ノコトヲ頼ミヤレリ　Würzburg ノ Schnetzer 氏ヨリ手紙来リ Juliusspital ニ関スル書類坊間ノ売物ニナキヲ以テ義兄ノ茲処ノ書記ヲ勧ムル方ノ好意ニヨリ若干ノ書類ヲ得テ近々送リ呉レル由ナリ

一一月一三日　日曜

久シ振リニテ好天気トナル　朝教会ニ行カント思ツテル所ヘ中田君来ル　同君ハ昨夜到着セシ由ナルガ Lux ニ泊リ今朝来訪セラレシナリ　宿ノ人々モ大ニ喜ンデ歓迎セラル　昼頃マデ内ノ人ト話サレ夫カラ一緒ニ散歩シ Lux ニテ昼食ヲ認メ我ガ宿ニ帰リテ又内ノ人々ト一緒ニ Schloss ノ方ヘ散歩ニ出掛ケル　夜モ Lux ニテ食事ヲ共ニシ内ヘ話ニ来ラル

一一月一四日　月曜

晴　朝例ノ如ク一寸勉強ヲスル　昼中田君来ル　一所ニ宿カラ昼食ノ御馳走ニナリ写真ヲ取リナドス　夕方学

校ニ行キ帰リニ中田君ヲ Luxhof ニ訪ヒ懇談夜ヲ徹ス　内ヨリト中川景輝君若杉三郎君ヨリ手紙アリ　中山君ヨリモ端書来ル

一一月一五日　火曜

少晴　朝起キテカラ近所ノ八百屋デじゃが芋ヲ買ヒ兼テ買ツテアル Gelatine〔ゼラチン〕砂糖ヲ以テよせ物ヲ作リ午後中田君ヲ馳走ス　此前ニハ失敗シタレドモ今度ハ可ナリ成効セリ　午後 Pittoni ニ稽古ニ行キ夜中田君ト会食懇談ス　天津ヨリ天津評論ト云フ雑誌送リ来ル　青年会ノ連中ノヤツテル雑誌ナリ　江藤君奉天出張所主任ニ転ゼリトノ消息ナドモアリ　松岡浜田相変ラズヤツテヰル様ナリ

一一月一六日　水曜

曇　朝起キテ間モナク一寸水口君ヲ訪問シ銀行ニ行キ5£〔ポンド〕ノ小切手ヲ買ヒ之ヲ東京ノ留守宅ニ送ル　直ニ中田君ヲ Luxhof ニ訪ヒ昼食ヲ共ニシ夫ヨリ話シ込ミ夜遅ク帰ル　伊太利大使館ノ三等書記官吉田茂氏ハ妻君ノ兄君ナリトテ一所ニ端書ヲ出ス　駄句アリ　夫人名ヲ雪子ト云フ　牧野伸顕氏ノ令嬢ナリト云フ

吉々と亭主横坐に腮を撫で
　女房コリヤ見よ我が鼻のし田
茂々と通つた罰で女房に
　問ひつめられて雪づまりけり

中田君句アリ曰ク
　当年の駿才あたら老馬〔ローマ〕にて
予之ニ附シテ曰ク
　雪の軒端に息あへぎつゝ
中田君亦曰ク（吉田君 Via Po（ポー街）九番地ニ住ス）
　近頃は場所柄丈にポーとなり
予之ニ附シテ曰ク
　雪をだいても熱は下らず
中田君亦曰ク（九ノコトヲ伊語 Nove ト云フ）
　ポー〱と未来の大使ノヴォせ上り
予曰ク
　蔭では老馬と人がナポリー

此日野地君ノ好意ニ依リ Berlin ヨリ醤油ト小豆来ル

一一月一七日　木曜

日中少晴ナリシモ夜雨降ル　朝早ク鳥一羽ニ米ト卵ヲ

買ヒ中田君ヲ招キ昼ニ鳥飯ヲ饗ス　夜 Luxhof ニテ食事ヲ共ニシ Café Imperial ニ懇談ス　Berlin 野地君ヨリ味噌、福神漬、鰹節ヲ送リ来ル

一一月一八日　金曜

曇　朝中田君ヲ訪ヒ昼食ヲ共ニシ懇談ニ時ヲ移ス　午後宅ニ来ラレ夜ハ宿ニテ中田君ト共ニ夕食ヲ饗セラル　遅クマデ話ス

一一月一九日　土曜

曇　朝来汁粉ヲ作リ昼約ニ従ヒ中田君来ル之ヲ饗ス　午後ハユックリ話シ夜 Luxhof ニテ食事ヲ認メテ Theater ニ行ク　題ハ Der Troubadour〔トロヴァトーレ〕ト云フ Italy 物ニテ作ハ陳腐ナレドモ音楽ハヨシトテ有名ナルモノナリト云フ　東京ヨリ手紙来ル

〔市立劇場の座席券貼付〕

一一月二〇日　日曜

曇　夜雪フル　之レガ Heidelberg デノ初雪ナリ　昼中田君ヲ訪ヒ一所ニ Reichspost ニテ食事ス　午後ハ宿ニ話ニ来ラル　夜ハ Lux ニテ食事シ雨モチラ々々降ルヲ以テ中田君ノ部屋ニテ懇談シテ十一時過帰ル

トルストイ翁死ス

一一月二一日　月曜

珍ラシキ晴天ナリ　中田君暇乞ニ来ラル　今井君ヨリ来翰アリ早速留守宅ヘ200円送ツテ呉レタル由其厚意謝スルニ辞ナシ　東京ヨリモ手紙来ル　直ニ返事ヲ書ク

一一月二二日　火曜

曇　此日ハ当大学ノ Stiftungsfest〔創立記念祭〕ニテ休ミナリ　朝例ノ如ク日課ヲ勤メ昼食後 Pittoni 先生ニ稽古ニ行ク　夜手紙ヲ書ク　片山幽吉氏宮城君中山景輝君若杉君今井君東京留守宅奥山君ヘ手紙、小山君、中田君野地君江藤豊二君ヘ端書ヲ出ス　Gustav Fock ヘモ万国地図ト独英仏伊ノ字書トヲ注文ス　外ニ竹村君ニ写真ヲ若杉君ニ雑誌ヲ Greta ニ太陽ヲ送ルベク包装ス

一一月二三日　水曜

霖雨　午前ハ仏語ト独作文トニ時ヲ費セシコト例ノ如シ　午後ハ新聞ヲ研究ス　新聞ニハ Russia ノ Tolstoi 翁逝去ニ付キ之ニ関スル記事多シ　Petersburg〔ペテルブルク〕ノ男女大学生追悼会ヲ開カントシテ警官ノ制止ニ遇フナドノ記事モアリ　夜ハ Herr Stahl ヲ訪ヒ Anlage 38

ニ開カレタル Prof. Herr Krieg aus Speyer ノ講演ヲキク〔ママ〕ニ行ク　演題ハ現代ニ於ケル教会ノ使命ト云フノダガ結論ニハ余リ感服セズ　先生ハ現代思想界ノ特徴ヲアゲテ (1) Persönlichkeit〔人格性〕 (2) Entwicklung oder Evolutionismus〔発展ないし進化主義〕 (3) Soziale Idee〔社会的理念〕ノ三トセシハ簡ニシテ要ヲ得テ居ルト思ツタ

一一月二四日　木曜

晴　久シ振リノ好天気ナリ　空晴レテ一点ノ雲ダニナシ　朝例ノ通リ語学ノ日課ヲ了ヘ Pittoni 先生ヘ稽古ニ行キ Luxhof ニテ食事シテ帰ル　午後ハ宿ノ人ト山ニ散歩ス　山上ニハ多少ノ雲アリテ氷ル　寒暖計ハ固ヨリ令〔零〕度以下ナレド乾燥シテ居ルタメ左ホド寒カラズ　夜ハ Stahl 君宅ノ会ニ出席ス　宮城君ヨリ手紙来ル

一一月二五日　金曜

朝ノ内ダケ昨日ニ引キ続キテ一寸天気模様ヨカリシガ間モナク曇リ午後ニハみぞれ雪降ル　午前ハ Jellinek ノ講義ヲキ、午後ハ Jagemann ト Oncken ノ講義ヲキク　Oncken ノ講義ニハ例ノ如ク満堂一杯ノ人ナリ　中ニハ七十ヲ超エタリト見ユル老人モアリ　六十代ノ白髪ハ男女共ニ其数少カラズ　Oncken ノ評判ヨキニモヨラルガ独乙人ノ学問ニ趣味ヲ有スルコトハ之ニテモ其一斑ヲ知ル可キカ　之ヨリモ驚クベキハ丁度 Oncken ノ前ニ同ジ講堂ニテ Windelband ノ哲学史ノ講義アルガ之ハマタ Oncken ニモマシテノ大人数ナリトカ　Windelband ノハ純粋ノ哲学ニテ Oncken ノハ政治史ナルガ之ニヨリテ観ルニ独乙人ハ哲学ト政治トニハ男女老少ノ別ナク格別ノ趣味ヲ有スト云フベキガ如シ　此日 Greta ニ手紙二通小山君ニ Schopenhauer 墓ノ端書中川望君ニ手紙一通ヲ出ス

一一月二六日　土曜

少晴　奥山君松木安友氏ヨリ手紙瀬戸君野地君ヨリ端書来ル　朝学校ニ行キ Jellinek ノ英国内閣ノ起源ニ関スル講義一寸面白ク聞ケリ　午後 Pittoni 先生ノ稽古ニ行ク　佐ゝ木惣一君病気ナリト聞キ見舞ニ行キ午後ズット話シ込ム　事ナシ

一一月二七日　日曜

晴　朝朝永君来訪セラル　暫時懇談ノ後一所ニ Kreuz ニテ昼食ヲ認メ散歩シ帰途同君宿ニ立チ寄リ夕方マデ話

ス　新聞ヲ読ミ又 Kreuz ニテ食事シテ帰ル　段々 Weihnacht〔クリスマス〕ニ近《ちかづ》クモノカラ市中ノ景気何トナク引キ立ツヤウ見ユ

一一月二八日　月曜

少晴　今夜ハ当地ノ Theater ニ Ibsen〔イプセン〕ノ John Gabriel Borkmann ガ演ゼラル、ヲ観ニ行ク筈ナルヲ以テ朝来万事ヲ差シ置キテ其 Text ヲ読ム　昼食後 Engelbert 君ガ来リ Greta ヨリ手紙来リナドシテ多少妨ゲラレ悉ク読了スルヲ得ザリシモ Schauspiel〔芝居〕ナレバ大抵了解ハ出来タリ

一一月二九日　火曜

晴　朝独乙作文ヲツクリ直ニ Pittoni 先生ニ稽古ニ行ク　昼食後久シ振リニテ湯ニ行キ褌三本靴下七足半ケチ二枚手袋一対ヲ洗濯シ手ノ皮ヲムク　午後 Engelbert 君ニ招カレ Kaffee ヲ御馳走ニナリ Lohengrin〔ローエングリン〕ノ講釈ヲ聞ク　夜ハ Weber ノ Kulturprobleme im Zeitalter des Kapitalismus〔資本主義の時代の文化問題〕ノ講義ヲ聴ク　夜食後宿ニ帰リテ現代政治ノ研究ニ耽ル

一一月三〇日　水曜

晴　朝昨日ノ続キヲ聴ク可ク Lohengrin ノ Text ヲ持テ Engelbert 君ヲ訪ヒ十二時頃マデ説明ヲキ、テ大意ヲ了ス　午後ハ Opernführer〔オペラ案内〕ト Text トヲ更ニ精読ス　読ンダ斗リデモ艶麗心魂ヲ奪フモノアリ　名優之ヲ演ジナバ定メシ素敵ナモノナラント想フ　夜飯ノ帰リニ Fackelzug〔たいまつ行列〕ニ会ス　今日ハ内科ノ Erb 教授ノ誕生日ナル上 Kossel 教授ノ Nobel 賞ヲ得ラレタルノ祝意ヲ兼ネテノ催ナリト云フ　騎馬ノ指揮官五人之ニ従フ者無慮数百人　両教授ハ Hotel d'Europe ニテ祝辞ヲ受ケ行列ハ更ニ大学校庭ノ Wilhelm 帝銅像ノ前ニテ国歌ヲ六唱シテ散ゼリ

一二月一日　木曜

今日ハ最モ懐カシキ亡姉志め子ノ二十周忌ニ当ル　二十年ハ夢ノ如シ　而カモ其間ノ転変ハ顧ミル毎ニ悵惘ノ種ナラヌハナシ　此姉ニシテ夭折セザリセバ郷家ノ頽廃ハ斯ノ如キニ至ルマジキニナド愚図ヲコボシタクナル　篤平モ遂ニ彼ノ世ノ人トナリヌ　残ル形見ハみよし一人ノミトナレリ　遠ク離レテ更ニ追懐ノ情ヲ深ウス

少晴　朝豊治兄ヨリ来翰アリ　古川ニテハ田地ト抱地

トヲ門服庄治氏ニ2500円ニテ売渡セシコト更ニ宅地ト畝地トヲ担保トシテ1800円ヲ年一割ノ利子ニテ十ヶ年ノ約束ニテ借リシコト之ヲ以テ銀行其他ノ負債ヲ償却シ多少ノ余金ヲ作リテ更ニ商売ヲ始メルコトニ商議一決セシコトりゑノ一件ハ先方ノ切ナル詫ニヨリ一ト先ヅ局ヲ結ビシコト等ヲ報ジ来ル　昼 Luxhof ニ行キシニ東京ヨリ雑誌ト共ニ手紙アリ十月下旬田舎行ヲ勧メヤリシニ対シ懇切ニ東京ニ滞在シタキ旨ヲ申来ル　之モ一理アリ強ユ可カラザルモノアリ　来年四月ヨリハ一ヶ年三百円ハ何トカ工夫スレバ東京ニ居レルナランカ　其他桑原、河副、海老名先生ノ諸氏ヨリモ手紙来ル　海老名先生ヨリハ主トシテ正平ノコトナリ　野地君ヨリモ端書アリ九日マデ伯林ニ滞在ス可シトナリ　夜 Levy ノ講義ヲキ、青年会ノ集会ニ出席ス　青年会ニテハ十四日ヲ以テ Weihnachtsfest〔クリスマス祭〕ヲ feiern〔祝う〕ス可シトナリ　此日 Pittoni 先生ニ稽古ニ行ク

一二月二日　金曜

曇ナレドモ降ラズ　昨日ヨリ寒クナリシヲ以テ雪カト思ヒシモ之モ降ラズ　朝学校ニ行キ帰リテ一寸勉強シ昼食ヲシタタメ直ニ Mannheim ニ赴ク　Oper ハ七時カラナレドモ其前ニ町ヲ見物セントテ早ク行シナリ　二時半ノ汽車ニノリ三時着キ市中ヲ一巡ス　夕方 Kaffee ニテ一寸夕食代リヲ認メ Kaufhaus〔百貨店〕Schmoller ニ入リテたまのニ革ノ手袋(2.75)子供ニモ手袋ヲ買フ　Christmas Presents トシテ送ル為メナリ　Schloss Garten〔城内庭園〕ヲ一巡シテ停車場ニ引キ返シ Engelbert, Stahl, Bucher ノ諸君ヲ迎ヒ共ニ Hoftheater〔宮廷劇場〕ニ赴ク　七時開場ス　Oper ハ始メテ Heidelberg ニテ Troubadour ヲ見シモ Heidelberg ノハ規模モ小ニシテ御話ニナラヌガ今日ノ Lohengrin ニハ全ク感心セリ　先ヅ音楽ノ雄大艶麗ナルニ驚キ舞台ノ華ヤカナルニ驚キ歌ノ美シキニ驚ク　日本人ノ目ニハ寂シミヲ欠キ中幕ノ踊ヲ見テル様ノ感アレドモ美シゲト云フ点ニ於テハ日本ノ芝居ハ到底之ニ及バズ　曾テ加藤直士君ノ話ニ Richard Wagner ガ此頃歌劇〔楽劇〕ナルモノヲ首唱シテ居ルガ之ハツマリ日本ノ芝居ガソレニテ日本ニハ疾クノ昔ヨリ在リシモノナリト例ノ青柳有美氏ガ申セシトノコトナルガ若シ日本ノ芝居ヲ Oper ニ比較スベクンバ支那ノ芝居モ亦之ヲ比ス

ルヲ得ベシ　蓋シ Oper ハ西洋特楽〔ママ〕ニシテ日本ノ芝居ナドハ如何ニ発達シテモ Operette〔オペレッタ〕カ Schauspiel〔演劇〕位ノ所ナリ　但シ Oper ハ Orchestra〔オーケストラ〕ト Singen〔歌唱〕トガ非常ニ発達シテ居ル割合ニ身振ガ如何ニモ簡単ナリ　之ニ日本ノ踊ノ趣味ヲ入レタラバ完全無欠ノモノトナランカト素人考ニ考ヘタリ　兎ニ角奇麗ナルコト目ト心トヲ恍惚タラシム　殊ニ囃ノ妙ニ至テハ言語ニ絶ス　R. Wagner トハ偉イ男ナリ

〔オペラの座席票貼付〕

一二月三日　土曜

少晴　朝学校ニ行キ昼 Pittoni 先生ニ稽古ニ行ク　睡眠足ラザルセイカ聊疲労ヲ覚ユ　午後佐々木君来リ遅クマデ話ス　信次ヨリ端書来ル　要領ヲ得ズ　蓋シ簡ハ簡ナレドモ明ナラザレバナリ

先達 Fackelzug ヲ見タトキ終リニ大学ノ校庭ニ集リ歌ヲ六唱シテ分レタト思ヒシガ右ノ歌ハ Latin 語ニテ Gaudeamus igitur (Lasst uns jetzt fröhlich sein〔いざ楽しまん〕ノ意) ト云ヒ六 Strophen〔節〕ヨリ成ルモノニテ同一ノ歌ヲ六唱スルモノニハ非ズト云フ　Pittoni 先生ヨリ聞ク

一二月四日　日曜

晴　午前中独乙作文ヲ勉強シ午後ハ仏語ヲ勉強シ小野塚先生海老名先生豊治兄ヘ手紙ヲ書キ文部省ヘ旅行願ヲ出シ高木誠一君ヘ返事ノ端書ヲ出ス　夜宿ノ人ニ誘ハレテ音楽会ヲ Stadthalle〔市公会堂〕ニ聴ク

〔ハイデルベルク・リート会の冬期コンサートの切符貼付〕

一二月五日　月曜

晴　午前中ハ例ノ如ク日課ヲ勉強シ午後ハ現代政治ノ研究ニ耽ル　東京留守宅ヘ此間 Mannheim デ買ツタ手袋ヲ送ル　東京丸善ヨリ手紙来リ注文ノ書籍十一月十五日小包ニテ発送セル旨申来ル

一二月六日　火曜

晴　午前例ノ如ク日課ヲ勉強ス　Greta ヨリ手紙来ル　午後 Pittoni 先生ヘ稽古ニ行ク　午後ハ現代政治ノ研究ヲナシ夕方 Weber ノ講義ニ行キシモ時間後レテ見合セタリ　Stahl 君ヲ訪ヒ来ル九日同君母堂ノ誕辰ヲ祝スル為メ塗物菓子入一個ヲ贈ル　夜 Greta ニ手紙ヲ書ク

一二月七日　水曜

晴　午前仏語ヲ勉強シ野地君ヨリ依頼アリ昼銀行ニ行ク　午後現代政治ノ研究ヲナシ夜ハ野地君令息ノ為メニ作文ヲ訂正ス　其他格別ノコトナシ　只本日頗ル温クテ外套ヲ着テ歩クト汗ガ出ル様ニ感ズ　雪解ケノ為ニヤNeckar ノ河水著シク増ス　河岸ヲ逍遥スルニ宛ラ春ノ如シ

一二月八日　木曜

晴　朝引キ続キ野地君令息ノ作文ノ批評ヲ書ク　午後現代政治ノ研究ヲナス　井田君ヨリ手紙来ル　同君令姪ノ縁談ニ関シテナリ　追テ義兄ヨリ確答ヲ得テカラ返事スルトノコトナリ　瀬戸君ヲ世話スル考アル也

一二月九日　金曜

曇ナレドモ雨降ラズ　朝学校ニ行キシモ少シ時間ニ後レ講義既ニ始リシ模様ナルヲ以テ欠席シ湯ニ行ク　午後ハ現代政治ヲ研究ス　Ludwig 君ヨリ借リタ Berlin ノイタ新聞ノコト Naumann ノ書イタ政党ノコトヤ面白クFührer〔案内記〕ニ Dernburg（殖民大臣タリシ人ノ父）ノ書読ム　之ヲ別冊ニ書キ抜ク　久シク東京ヨリ手紙来ズ待チ焦ル、　野地君ハ明日来ルベシ

一二月一〇日　土曜

天気例ノ如シ　朝学校ニ行ク　選挙法ノ話ナリシガ分リ切ツタコトニテ興味ナシ　佐と木君ノ曰フ百瀬君ノ居ル内ノ主人 Blindenanstalt〔盲人養育院〕ヲ観セルカラ行カヌカト云フ　是非ニト思ツテ Pittoni 先生ノ稽古ヲ休ンデ十二時約束ノ集合地 Bismarckplatz ニ行ク　朝永君ヲ除イテ日本人惣出ナリ　伊丹君モ英国ヨリ帰ラレシトテ一行ニ加ハル　Heidelberg ノ市内カト思ヒシニ Elvers-heim トヤラ Mannheim ノ方向ニテ Lokalbahn〔ローカル列車〕ニテ二三十分モ往ツタ先キナリ　Seckenheim ニテ下車シ Neckar ヲ渡リテ先ヅトアル Gasthaus〔料理屋〕ニテ飯ヲ食ヒ夫カラ見ニ行ク　理事者ノ説明スル所ニ依レバ此設備ハ staatlich〔国立〕即チ Baden ノ国費ヲ以テ支フル所ニシテ現ニ男三十名女二十五名ヲ養フ　八才以上十六オマデトシ小学程度ノ課程ヲ授ケ且将来ノ生業ノタメニHandwerk〔手仕事〕ヲ教フ　Korb〔かご〕編物刷毛ナド作ル此処ニ子弟ヲ托スルニハ両親又ハ市町村ヨリ少許ノ費用ヲ償ハシムルモ大体ハ国費ヲ以テ支弁スト云フ　昔ノ城ヲ以テ之ヲ充ツ　同種ノ設備 Baden ニ外 Freiburg ニモ

アリト云フ　又理事者云フ盲者ノ為メノ本ハ紙ガ厚キヲ要スルト　字ガ大キカラザルヲ得ザル為メ頗ル浩澣ニ亙リ例ヘバ Bibel 一部ガ言海ヨリモ少シ大キイ位ノ書物ガ三十五冊モアリ其価モ数百馬ニ上ル　之ガ何ヨリノ困難ナリ　今 Hamburg ニ盲者ノ為メノ書籍〔館〕アリテ茲処ニハ各般ノ専門書マデモ具付アリト云フ　五時頃之ヲ辞シ河ヲ渡リ夕暮ノ霧深キ田舎道ヲ徒歩シテ Friedrichsfeld ニ来リコヽヨリ汽車ニテ Heidel. ニ帰ル　野地君一日延期シテ明夜来ル旨端書ヲ寄越ス

一二月一一日　日曜

晴　朝寝テル内ニ野地君来ル　昨夜伯林ヲ立テ今朝七時到着セルナリト云フ　暫ク話シテヤガテ一所ニ出テ水口君ヲ訪問シ Luxhof ニテ昼食ヲ共ニシ Kunstverein〔芸術協会〕ノ美術館ヲ観テ夫カラ暇乞旁 Herr Unger ヲ訪フ　茶菓ノ御馳走ニナリ夕方帰ル　内カラ牧野君ガ持ツテ来テ呉レタ衣物類モ届ク

〔ハイデルベルク芸術協会の入場券貼付〕

一二月一二日　月曜

快晴　朝野地君来ル　手伝テ同君ノ荷物ヲマトメ Lux ニ送ル　昼一所ニ出テ昼食ヲ共ニシ同君ノ雑用ヲ足シタ方帰ル　郵便到着ノ定日ナレド手紙来ズ

一二月一三日　火曜

快晴　朝野地君来ル　共ニ Pittoni 先生ヲ訪ヒ夫カラ Mannheim ニ買物ニ行ク　Schmoller ニテ買物セシガ安イコト驚ク斗リナリ　御土産トシテ格好ナルハ机掛信玄袋菓子盆等ナリ　夜帰ル

一二月一四日　水曜

晴　朝 Pittoni 先生ノ紹介ニテ Oberlehrer〔上級教師〕Göckel ト云フ人ニ会ツテ小学校ヲ参観スルコトガ出来ルノデ又小学校ノ参観ハ野地君ノ希望ニ出ヅルノデアルカラ早朝飯モ食ハズニ飛ビ出シテ Lux ニ野地君ヲ起シ大急デ学校ニ馳ケツケタガ既ニ十時ニ近ク目的ヲ達シナカツタ　矢ツ張リ田舎ノ人ハ優長デアル　夫カラ Tannhäuser デ飯ヲ食ツテ野地君他ノ諸君ニ告別シ午後ハ買物ヤラ両替ヤラ色々ノ世話ヲスル　夜ハ佐々木惣一君ヲ訪ヒ遅クマデ話ス

一二月一五日　木曜

少晴　朝読書　午後野地君ヲ訪ヒ荷物ヲ作ル　内ニ居

夕時ハ奥サン任セデアツタト見ヘテ何モ出来ズ　悉ク荷造リヲシテヤル　午後ハ一寸茶ニ招バレテ宿へ来ル　話ガ出来ヌカラ直グ帰ル

久シ振リデ内ト正平トカラ手紙来ル　中ニ子供達ノ清書ト画ガ這入ツテアツタ

一二月一六日　金曜

雨　愈此日ヲ以テ野地君日本ニ向ツテ立ツ　朝早ク起キテ同君ヲ Luxhof ニ訪ヒ共ニ停車場ニ行ク　丁度 Ludwigshafen カラ Marseille 直行ノ汽車ガアルノデ之ニ乗ルコトニスル　但シ切符ハ Ludwigshafen デノミ売ルノデ荷物切符皆同行ニテ手続ヲ別ニセネバナラヌ　之ハ野地君一人デハ出来ヌカラ予モ同行スルコトニスル　其序ヲ以テ Speyer ヲモ見物セント欲シ十時 Heidelberg ヲ去ル　見送ニ来タノハ佐々木次郎三郎君一人ノミ　東北人ダケニ義理堅シ　外ノ連中ノ冷淡ナノニ驚ク　十二時少シ前ニ Speyer ニ着ク　茲ニテ野地君ニ別ヲ告グ
Speyer デハ先ヅ食事ヲシ夫カラ理髪ヲシ有名ナル Dom ヲ見ル　千年ニモナル欧洲著名ノ寺ニテ壮麗目ヲ驚カス者アリ　夫カラ Museum ヲ見ル　Führer〔案内書〕ヲ買ツタ　二時間バカリ居タケレドモ皆見尽セナカツタ　夫カラ転ジテ数年前新教信徒ガ紀念ノ為メニ捧ゲタ Protestantische-Kirche ヲ見ル　之ハ 1529 此地ニ会合シテ一ノ Protest〔抗議〕ヲ決議シタガ其以来新教徒ハ Protestant ノ名ヲ得タ訳ナノデ Protestant ノ発達トハ深イ関係アル之ヲ紀念セシガ為メニ建テタノデアル　一二ハ旧教ノ Dom ノ向フヲ張ル考モアランガ到底 Dom ノ壮大ニハ及ビモナイガ併シ大サニ於テモ美シサニ於テモ此寺亦欧洲ニ於テ有数ノモノデアラウ　寺ノ入口ニ Luther〔ルター〕ノ立像ガ飾ラレテアル　日既ニ暮レ能ク見ルコトガ出来ナカツタケレドモ素敵ナ立派ナモノデアツタ　欧洲デハ寺ハ一ノ美術品デアル　日本ノ教会ハ到底御話ニナラヌ　茲処デモ歴史上参考ニナル本ヲ二冊買ツタ　汽車ハ六時ニ Heidelberg ニ直行スルノガアル　Kaffee ヲ一杯呑ンデ Speyer ヲ辞シ七時 Heidelberg ニ帰ル　中田君ヨリ写真ヲ送リ来ル

〔シュパイエルのドーム(三五ペニヒ)、歴史博物館(〇・五〇マルク)および教会の入場券(一〇ペニヒ)貼付〕

一二月一七日　土曜

雨　朝学校へ行ク　Pittoni 先生ヘモ久シ振リニテ顔ヲ出ス　本月ハ只四時間稽古シタノミナリ　午後ハ東京ヘ手紙ヲ書ク　野口君信次ヘモ手紙ヲ書ク　小包ニテ荷物ノ余分ヲ Greta ニ送リ野地君ノ古着ヲ伊東君ニ Unger ノ子供ニ贈物ヲ郵送ス

一二月一八日　日曜

朝佐々木次郎三郎君ヲ訪ヒ野地君依頼ノ本ヲ渡ス　暫時談話ノ後一緒ニ水口君ヲ誘ヒ Tannhäuser ニテ昼食ヲ共ニス　午後ハ約ニ従ヒハーネ君ヲ訪ヒ明日出発ノ打合ヲ為ス　夜ハ旅ノ用意ヲナシテ早ク寝ニ就ク　宿ノ人ヘ主婦ヘハ漆器菓子箱クララヘ同上ルードウィイッヒヘ扇子ト絹半ケチルイズヘ絹ノ帛紗《ふくさ》ヲ Weihnachtsgeschenk〔クリスマス・プレゼント〕トシテ贈ル

一二月一九日　月曜

朝五時起キル　六時十八分ニ出発ス可キヲ以テナリ　真暗ナリ　停車場マデ鞄ヲ持ツテ往ツタガ重キコト言フ斗リナシ　腕ガ抜ケル様ナリシ　其為メカ一日気分ワルク三日バカリ首ガ廻ラヌ程肩ガ痛ミシ　少《しばら》クニシテ Hahne 君 Gumm 君モ来リ三人打チ連レテ汽車ニ乗ル

Mannheim ニテ Köln 直行ノ汽車ニ乗ル　直行ノ汽車ハ一室八人ニキマツテ一々番号ガツキ一席ヲ占領スルヲ得其シルシトシテ此票ヲ呉レル〔座席票貼付〕　頗ル便利ナリ　天気ヨク Rhein〔ライン〕沿岸ノ風色頗ル鮮明ナリ　十二時過ギ Köln ニ着ク　30分ノ余裕アリシヲ以テ Dom ヲ見ル　独逸最大ノ Dom ニテ結構壮大驚クノ外ナシ　塔ノ高サ 67 m ニ及ブト云フ　ヤガテ Barmen 行ニ乗ニ《リ》換ユ　Barmen ニ Schweb-Bahn〔懸垂鉄道〕アリ　独乙唯一ノモノ恐ラク欧洲唯一ノモノナラン　河ノ上ニ Bahn〔鉄道〕ヲ敷キ電車ガ其下ニ吊リ下ツテ走ルナリ　河ノ上ヲ走ルガ故ニ道路ノ交通ヲ妨ゲズ　地面ノ利用ヲ妨ゲザルダケ進歩シタルモノト云ハザル可カラズ　開設以来六年ナリト云フ　夫カラ更ニ Schwelm 行ノ電車ニ乗リ三時頃 Hahne 君ノ家ニ着ク　Bahnhofstr. 1 ニテ停車場ノスグねきナリ　小サナ内ニテ店ニ雑貨ヲヒサイデ居ル　余リ有福ニモ見エザリシガ落チ付イテ見ルト中々内福ノヤウナリ　Hahne 君入口ニテ Mutter〔お母さん〕ト叫ベバ Fritz カト飛ンデ出テ接吻スル　ヤガテ二階ニ上レバ姉ノ Helene ト妹ノ Clara ト飛ンデ来テ接吻スル　接吻ハ一寸奇妙ナル

ガ中ノヨイニハ感心セリ　夜父君帰リ来ル　父ハ51オニナル由　中々実着ナ親爺ナリ　夜 Fräulein Dickartmann ト云フ Lehrerin〔女教師〕来ル　Hahne 君ノ許嫁ノ女ラシ eine zarte Dame〔可憐な淑女〕ガ Dicker Mann〔太った男〕ト云フハ如何ニト洒落レテ見タガ Dicker Mann ニアラズ Dickartmann ナリト云フ　御思召ニ依リ日本服ヲ着テ見サセラレ君ガ代ヲ歌ハセラル

〔バルメン - シュヴェルム路面電車の切符(二〇ペニヒ)貼付〕

一二月二〇日 火曜

快晴　朝散歩シ当地ノ教会ヲ見ル　Schwelm ハ人口二万ニ足ラズ　工業ノ盛ナル所トハ云ヘツマリ田舎町ナルニ田舎ニ似合ハズ立派ナル会堂ヲ有ス　聞ケバ以前火事ニ遇ツテ全町殆ンド其災厄ニカヽリシトテ皇帝ノ御手許ヲ頂戴シテ建テシモノト云フ　優ニ二千人ヲ入ルベシ又聞ク所ニヨルト Prussia〔プロイセン〕ニテハ牧師ノ俸給ハ少クモ年2700馬ヲ下ルベカラザルノ定メナリトカ Schwelm ニテハ 4400 馬ヲ払フト云フ　牧師皆デ四人ナリ　又各檀家ハ Kirchensteuer〔教会維持費〕トシテ毎年所得税ノ45%ヲ納ムト云フ　各寺院ニ特別ノ Kasse〔会計課〕アリテ之ヲ司ルトゾ　午後ハ Hahne 君ト姉君トニ案内セラレ Elberfeld, Barmen〔後に合併して、現 Wuppertal 市〕ニ遊ブ　汽車ニテ先ヅ Elberfeld ニ行ク　姉ハ店ノ売品ノ仕入ニ行キシ也　Elberfeld ハ人口約20万 Barmen 稍少シ二市ハ独立ノ市ナレドモ家並ハ続イテ居ル　何レモ生気潑剌トシテ居ル　Barmen ニテハ先年万国青年会ノ大会アリシ由　夕方 Elberfeld ノ一寸シタ Café ニ這入ツタガ人ノ一杯ニナツテルニハ驚ケリ　Schwebbahn ニテ Barmen ニ来リ町ヲ一寸見更ニ電車ニテ帰ル　鼻ノ馬鹿ニ大キイ Helene 万事支払ヲシテ呉レタカラ後デ之ヲ払ハントスルニ君ハ Gast〔客〕ダカラ払フニ及バヌトテドウシテ〔モ〕払ハセズ　独乙人ハ倹約ナレドモ金ニ就テハ中々合理的ノ考ヲ持ツテル哩《わい》ト感心ス　徒ニ惜ムニ非ズ真ニ金ノ価ヲ知ツテ合理的ニ之ヲ使フナリ　此点大ニ学ブベシ　邦人只皮想〔相〕ヲノミ見テ西洋人ハ金ニ細シト一概ニ言フハ蓋シ誤レリ

〔バルメン - シュヴェルム路面電車の切符(三〇ペニヒ)貼付〕

一二月二一日 水曜

朝早ク起キ Hahne 君叔父君ヲ訪ハントテ Witten ニ行

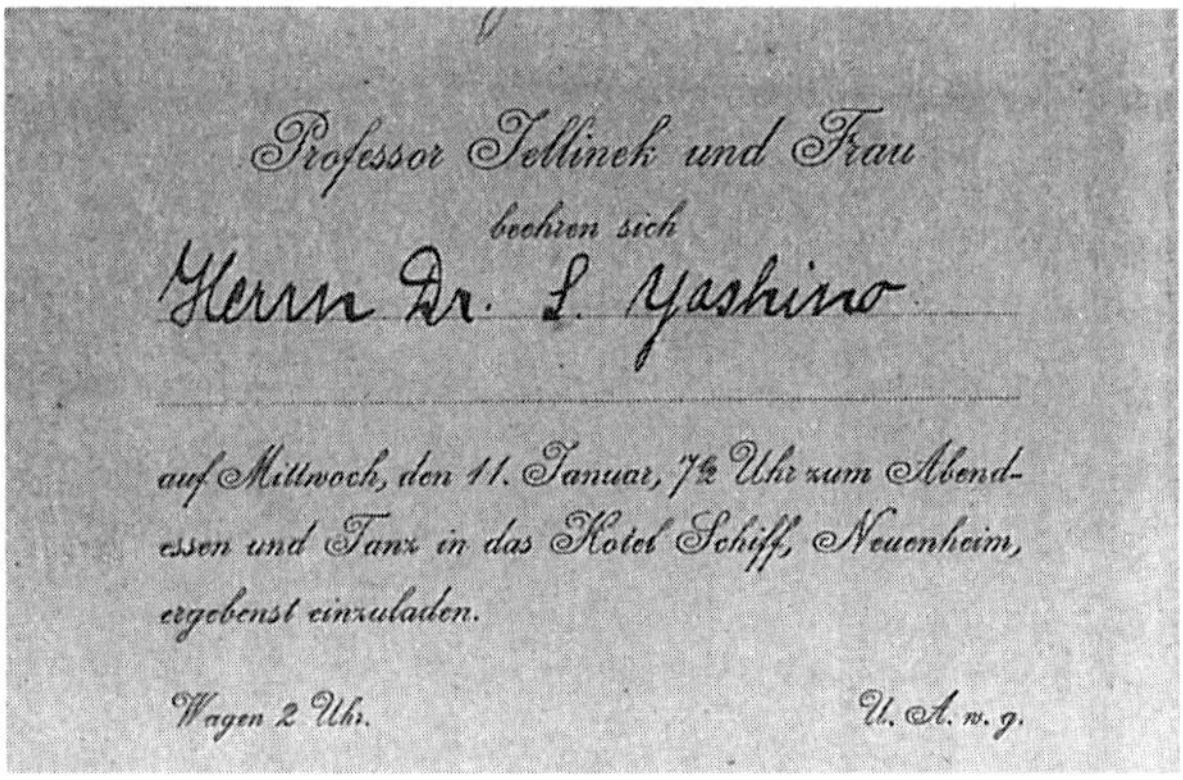
Professor Jellinek und Frau
beehren sich
Herrn Dr. S. Yashino
auf Mittwoch, den 11. Januar, 7½ Uhr zum Abend-
essen und Tanz in das Hotel Schiff, Neuenheim,
ergebenst einzuladen.
Wagen 2 Uhr. U. A. w. g.

ク　汽車ニテ約一時間ナリ　人口凡ソ四万ト云フ　工業市ナリ　途中 Hagen ヲ通ル　Hagen ハ此地方ニ於ケル交通ノ中心ニシテ殷盛ヲ極ム　Witten ニハ十一時半頃着ク　叔父ト云フハ Hahne 君ノ母君ノ妹ノ亭主ニシテ Friedrich Schluck ト云ヒ中々大キイ菓子屋ナリ　昼食ヲ馳セラレ午後ハ娘二人案内シテ公園ニ Kaffee ヲ饗セラレ夜ハ主人公自ラ案内シテ立派ナ料理屋ニテ素敵ナ御馳走ニ預ル　追テ御礼ヲセネバナルマイ　Friedrich Schluck, Breitestr. 109, Witten a. Ruhr ナリ　夜八時汽車ニテ帰ル　Jellinek 先生ヨリ次ノ如キ招待状ヲ貰フ〔イエリネック先生からの招待状（写真版参照）貼付〕

Hahne 君ト相談シ次ノ如ク返事ヲ出ス

Schwelm, d. 21, Dez., '10.

Sehr geehrter Herr Professor!

Für die freundliche Einladung, die ich soeben erst nachgeschickt erhielt, danke ich Ihnen und Ihrer werten Frau Gemahlin bestens. Leider bin ich durch meine Abreise nach Schwelm, Westfalen, zu einem Freunde aus der D. B. S. V. verhindert, Ihrer werten Einladung Folge zu leisten. Mit aufrichtigem Bedauern, daß Sie meine Antwort erst so spät erhalten, empfehle ich mich Ihnen und Ihrer werten Frau Gemahlin, und zeichne geziemend

Ihr ergebenster,
Dr. S. Yoshino

〔シュヴェルムにて、一九一〇年十二月二十一日

イェリネック先生!

親切なご招待に対し、あなたと奥様とに心より感謝申し上げます。お手紙は回送されてたった今入手したところです。残念ながらわたしの、ヴェストファリア州シュヴェルムにあるDBSV所属の友人の実家への旅行のために、あなた方のご招待に応じることができません。わたしの返事がたいへんに遅れましたことを率直にお詫びするとともに、あなたと奥様とにさようならの挨拶を申し上げます。

敬具

S・吉野博士〕

一二月二二日　木曜

快晴　朝天津今井兄ヨリ小包、丸善ヨリ小包来ル　午後之モ二人ノ叔父ヲ訪フトテ Gelvsberg ト云フ処ヘ行ク　徒歩ニテ一時間ナリ　一方ノ叔父ハ一寸シタ店ヲ有スル快活ナ人ニテ中々親切ニ話ス　他ノ一方ハ可ナリ大キナ鉄工場ヲ有シ金満家ト見エテ自働車ヲ有シ立派ナ邸宅ヲ構ヘテ居ル　主人ハ愛嬌モ何モナイガ妙齢ノ美シイ娘何カト持テナシテ呉レル　女三人男一人ノ子供ヲ持ツテルサウダガ男ノ子ハ年廿アマリ真黒ニナツテ工場ニ職工ト一所ニ稼イデ居ル　日本ナラバハイカラニ大学ダ何ダト云フ身分ナノニ去リトハ又じみナヤリ方ト茲処デモ亦馬鹿ニ感心ス　夜暗クナリテカラ帰途ニ就ク

一二月二三日　金曜

快晴　東京ヨリ手紙来ル　Witten ノ Familie Schluck ヘ絵草紙二冊ヲ送ル　午後 Milspe ト云フ所ヘ行ク　之モ鉄工場ノアル所ニテ徒歩ニテ一時間ナリ　帰リハ電車ニヨル　夜 Weihnachtsbaum〔クリスマス・ツリー〕ノ飾リ付ヲ手伝フ　日本ニテハ英米ノ風習ニ従ヒ Weihnachtsfest ハ単ニ教会ニテ祝フモ独乙ニテハ各家庭ニテ杉ノ木ヲ飾リ歌ヲウタツテ祝フト云フ　独乙ニ在リテハ家庭ノ祭タリ

〔バルメン―シュヴェルム(一〇ペニヒ)、およびバルメン―シュヴェルム―ミルスペ(一五ペニヒ)の電車の切符貼付〕

一二月二四日　土曜

久シ振ニテ雨フル　終日降リ込メラレテ家居ス　退屈ナレドモ致方ナシ　土産物トシテ Familie Hahne ニ漆器塗物箱一ツ姉娘ニ絹フクサ一枚 Hahne 君ニ同ジク妹娘ニ花瓶、絵草紙三冊ヲ贈ル

一二月二五日 日曜

雨　朝八時ヲ以テ祝フト云フ　七時頃起サル　下ニ降リルト皆盛装シテ待ツテ居ル　先是家ノ者ハ銘々贈物ヲ買ヒ込ンデ置クガ何ヲ買ツタカ本人ニ知ラサヌガ例ナリトゾ　若イ妹娘ハ子供ノコトトテ見タガルコト夥シ　昨朝以来予亦室ニ入ルコトヲ禁ゼラル　勢揃ガ済ムト姉娘先ヅ室ニ入リテ Piano ニテ Weihnachtslied（クリスマス・キャロル）ヲ弾ズ　之ニ連レテ親子兄弟ト予ト下女ト皆歌フ二三曲終ルト室ニ入ルヲ得ルナルガ妹娘ハ待チ兼ネテ早ク歌ヘト急グ　ヤガテ室ニ入ルト一方ノ Weihnachtsbaum ハ奇麗ニ飾ラレ蠟燭ニ火ガトモサレ真中ニ大机ガアツテ其上ニ銘々ノ送物ガ飾ラレテアリ　Hahne 君ハ Luther ノ全集ト眼鏡、煙草、襟、手袋、ズボン等ヲ得衣物地帽子傘等ヲ普通トシ下女マデ大変ナ物ヲ貰ツタヤウナリ　予ニ対シテハ Rosegger ノ Ewiges Licht（永遠の光）一冊手袋一本、襟飾一本、リネン前掛二枚、仝上留一本菓子箱三ツ等ナリ　其外銘々ニ菓果ヲ山ニ盛ツタ皿ガ一ツ宛ツク　凡テ二百馬以上ハ使ツタラシ　中々張ルモノト感ゼリ　ヤガテ又歌ヲウタヒ夫カラ朝ノカヒーヲ呑ム　知人ガ御互ニ贈物ヲ見タリ見セタリスルモノト見ユ　ヤガテ知人ノ訪問アリ　此方カ〔ラ〕モ訪問シテ見テアルク　夫カラ帰ツテ終日食フ　教会ニテハ朝十時ト夕方六時ト二回礼拝アルガ朝ハ行カズ　午後ニ Gumm 君ニ招カレテ茶菓ノ饗ヲウク　六時教会ニ行ク　教会ニテモ木ハ立テ、アルガ礼拝ハ普通ノ通リ行フノミ　夜マタ内ニテ歌フ　予ハ日本ノ讃美歌ヲウタフ　余リ食ベテ腹ヲコワス

一二月二六日 月曜

雪、朝下痢ス　独乙ノ Weihnachtsfest ハ二日ニ亙ルトテ今日モ亦祭リナリ　朝 Hahne 君ト散歩シ牧師 Hohagen 氏ヲ訪フ　午後談話ニ時ヲ費シ夕ハ教会ニテ Kindergottesdienst（児童礼拝集会）アルニ会ス　目録ハ別表ノ如シ〔シュヴェルム・ルター教会、児童礼拝集会のクリスマス祭プログラム貼付〕　西洋デハ芝居デモ何デモ時間ノ短イノハ中々面白イ　日本デハ芝居ノ幕合ガ長イト同ジヤウニ教会ノクリスマスデモ間ガ長イニハ閉口ナルガ独乙デハ一方ノ音楽ノ済マヌ中ニ子供ガ舞台ノ上ニ揃ツテ居ツテ先番ガ済ムヤ否ヤ暗誦ヲヤルト云フ風ニ話ガ早イ　日本ニ

テモ斯ウアリタキモノナリ　礼拝デモ普通一時間ニテ長キモ一時半ヲ超エズ　日本デハ説教ダケガ一時間半モツヾクカラ閉口ナリ　此日列席ノ子供六百人　子供ナガラ音楽ハ中々聞クニ足ル　但シ説教ハ例ニヨリテ陳套ヲ極ム　尤モ日本ノ講壇ハ中バ未信求道者ヲ相手ニ伝道スルヲ目的トスルモノナルニ反シ西洋デハ先祖代々ノ信者ニ既知ノコトヲ念ヲ押スニ止ルモノナレバ説教ノ趣ノ異ルハ当然ノ理ナルベキカ　此日ノ Kindergottesdienst タツタ一時間半ニテ終ル　教会ヨリハ子供ニ書物一冊ヲ与フルノミ　凡テ簡便ニテ雑沓セズ

一二月二七日　火曜

雨　Schwelm ニ於ケル八日ノ滞在モ夢ノ如クスギ今日ハ親切ナル Familie Hahne ニ分レヲ告ゲテ懐カシキ Bayern ノ田舎ニ向フ　色々内ノ人ガ親切ニ引キ留ムルノデ無下ニ引キ切ツテ立タレモセズ　12.08 分ノ汽車ニテ Mainz ニ向フ　Hahne 君ト Helene さんト停車場ニ見送ツテ呉レル　雪フル　Köln ニテ乗リ換エ三時頃 Bonn ニ着キ一寸下車シテ見物スル　大学、Beethoven〔ベートーヴェン〕銅像ナドヲ見絵端書ヲ買ヒ町ノ大体ヲ見6時頃 Mainz〔マインツ〕ニ向フ　汽車馬鹿ニ緩慢ニシテ十一時頃漸ク着ク　赤帽ニ荷物ヲカタガセテ Christliche Hospiz〔キリスト教宿泊所〕ニ案内ヲ命ズ　往ツテ見ルト室モ便所モ寝具モ何モ彼モ汚クテ寝ラレサウニナシ

一寸書キ残シタガ Hahne 君モ父上モ切手ヲ集メテルト云フノデ日本ノ切手モ大部持ツテ居ラレ中ニハ古イ証券印紙ヤ煙草ノ印紙マデヲ郵便切手ト混同シテ貼リテアル　中ニ尤モ珍ラシキハ葉書二葉ナリ　一葉ハ十五年八月三十一日ノ消印ニテ大坂ノ吉野八助ト云フ人ヨリ兵庫宮内町片野善助ト云フ人ヘ宛タルモノ　能ク読メ〔ヌ〕ガ始メハ「昨三十日出端書着　正ニ拝見仕候　右書面之趣承知仕候　則右記各ゝヨリ」トアルガ後ハ能ク分ラヌ商用ノ文ラシ　第二モ十五年六月十二日大坂ノ消印ナルガ表面ハ

北区北ノ新地一丁目
丹羽久吉様
大す屋御内　お屋寿殿　　臼屋町　遠山栄三

トアリ更ニ裏面ヲ見レバ則次ノ如シ

一寸申入候　然ば今日少し私方に取込の義出来候間

明朝にも宜敷候間一寸御ひまをもらいて帰る様申入候　尤も今日の所にて御気毒様に候得共其事を申上

早々帰り可申候　以上

書イタ本人若シ此端書ガ独乙ノ僻地ノ Album ニ挿リ三十年ノ後不図同胞ノ眼ニ触レタト聞カバ何ト面白イコトデハナカラウカ　若シ夫レ如何ニシテ此端書ガ Hahne 家ニ入ツタカノ径ヲ知ルヲ得バ是亦消閑ノ一戯トシテ一興ヲ催スニ足ランカ　何トカシテおやす殿栄三さんナリニ之ヲ知ラシテ見タイモノト思フ

一二月二八日 水曜

快晴　頗ル寒シ　朝早ク起キテ Gutenberg Denkmal〔グーテンベルク記念碑〕ヲ見絵端書ヲ買フ　Gutenberg ハ Mainz ノ人印刷機ヲ発明セルニテ有名ナリ　直ニ Wiesbaden ニ向ハントセシニ宿ノ主人甥ニ案内サスカラ見物シロト勧メル故之ニ応ジテ其来ルヲ待ツ　Darmstadt ノ学生ナリ　其母ト其弟ト三人ニテ Dom カラ新教ノ寺カラ Schloss ノ方マデ一ト通リ案内シテ呉レル　Dr. Nakamura ヲ知ツテルカト云フカラ中村ト云フ姓ハ沢山アルカラ只中村デハ分ラヌト云ヘバ写真ヲ出シテ見セル　中村和之雄君ナリ　先年中村君独乙来遊ノ際恰カモ此汚イ宿屋ニ泊リ不図之等ノ人ニ案内サレテ見物セシト云フ之等ノ人ハ実ハ Roßdorf b. Darmstadt ノ人ニテ母ナル人ハ自ラ Luise Egli, Lehrerin〔女教師〕ト名乗ラル　中村君ノ来宿ノ際丁度居合ハセ兼々日本ニ interest〔興味〕ヲ有ツテ居リシト見エテ色々親切ニ世話セシモノト見ユ　予モ其親切ニ酬ユル為メ紀念トシテ日本服ニテ撮レル絵端書一葉ヲ与フ　午前中ハ斯ク市中ヲ見物シ昼食ヲ喫シ直ニ電車ニテ Station ニカケ付ケ一時二十分ノ汽車ニテ Wiesbaden ニ向フ　宿屋ノ払ハ朝食付 1.30 外靴磨 10 トハ安イニモ驚イタリ　Wiesbaden マデハ汽車 18 分ヲ要ス　流石ノ名所トテ市街ノ美麗ハ申スマデモナキガ冬ナガラ往来ノ人頗ル多シ　うろつくこと一時間　三時ノ汽車ニテ再ビ Mainz ニ帰リ更ニ Worms ニ降ル　Worms ニ来リシハ薄暮ナリシヲ以テ Lutherdenkmal〔ルター記念碑〕ヲ見シノミニテ他ハ割愛セリ　Lutherdenkmal ハ壮大当国第一ナリ　Luther ガ聖書一巻ヲ抱ヘテ蒼天ヲ睥睨スルサマ偉風凛トシテ犯ス可カラザルモノアリ　向ヒノ内ニテ Luther ノ写真ト Denkmal ノ写真トヲ買フ　七時ノ汽車ニテ Darmstadt ニ向フ　九時着キ夜ナガラ市中ヲ一巡シ靴屋ニテ Überschuh〔オーバーシューズ〕ヲ求メ宿屋ニ入ル　昨夜ニコリ今夜ハ少シヨイ所へ行ク　朝食付250 ナルガ室モ何モ Lux ヨリハ遥ニ立派ナリ　快ク安眠ス

〔マインツおよびダルムシュタットの市電の切符（ともに一〇ペニヒ）貼付〕

一二月二九日　木曜

雪　朝早ク起キ電車ニテ Station ニカケツケ9時二十二分ノ汽車ニテ Bayern ニ向フ　Aschaffenburg ヲ経テ Würzburg ニ着キシハ二時ニ近シ　Ochsenfurt ニテハインリヒ君ノ出迎ヲ受ケ Gelchsheim ヨリ郵便局ノ馬車ニテ4時恙ナク Riedenheim ノ目指ス宿ニ着ク　G君出デ、喜ビ迎ヒ直ニ楼上ノサツパリトシタ一室ニ通サル　久シ振リニテ四方八方ノ話ヲスル　Weihnachtsgeschenk トテ襟入ヤ何カヲ贈ラル　親切ナルコト言フ斗リナシ　痒イ所へ手ノ届クトハ此事ナラヌト思ハシム　丸デ内へ帰ツタ様ノ心持ス　十時寝ニ着ク

一二月三〇日　金曜

雪　朝起キテH君ト雪ヲ犯シテ郊外ヲ散歩ス　昨夜食ヒ過ギテ又下痢ス　三度便所ニ通フ　午後ハ年始状ヲ書ク　野地君東京留守宅等へ手紙ヲ出ス　夜ハ十日間ノ日記ヲ書イテ十時ニ至ル

一二月三一日　土曜

快晴　気持ヨキ好天気ナリ　朝散歩ニ出テ見ント思ヒシモ少々腹ノ工合ガ収マラザリシヲ以テ日本服ノマ、Sofa ノ上ニ安臥シテ太陽ヲ読ム　昼食後H君ト郊外ヲ散歩シテ白雪ヲ踏ム　新人新女界亦皆読ミ了ル

思ヒ出多キ四十三年モ斯クテ尽キントス　市中ニテハ寝モヤラズ十二時ノ鐘ヲ聴クト共ニ街上ニ飛ビ出シ Prosit Neujahr!〔新年おめでとう〕ヲ呼ビ交ハストカヤ　去レド田舎ハ頗ル静粛ニシテ平日ノ如ク労働シ平日ノ如ク生活ス　除夜ナリトテ新年ナリトテ何ンノ変レルヲ見ザル也　予ハ十一時過マデ読書セルガ宿ノ人ハ皆十時ニ到ラズシテ寝ニ就キシモノ、如シ

〔ハイデルベルクのブラウクロイツハウス（青十字館）の三〇回分の昼食回数券（一七・五〇マルク、二九回分のパンチが入っている）貼付〕

明治四四（一九一一）年　三三歳

一月一日　日曜

晴　朝早ク起キ宿ノ主人ト共ニ教会ニ行ツテ見ルKatholik ノ寺ニ詣デタルハ之レガ始メテナリ　日本ニテハ未ダ見タコトナキ故ニ同ジコトヲスルノカ何ウカ分ラヌモ丸デ仏寺ニ往ツタヤウナ気ガスル　只感心ナノハ全村六百余人ノ人口ナルニ五百人以上ノ集会者アルコト、田舎ノ村トテ都トハ全然風俗ヲ異ニシテ丁度芝居デ見ルヤウナ装束ヲシテ居ルコトナリ　一時半バカリノ中説教ハ三十分バカリ他ハ所謂文字通リノ Gottesdienst〔礼拝、勤行〕ナリ　昼モ復礼拝アリト云フ故往ツテ見ル　説教ナク祈禱ノミナリキ　正月ナレド平日ト異ル所ナク只遇フ人毎ニ Prosit Neujahr ヲ言ヒ交スノミ　午後宿ノ人ト郊外ニ散歩シテ見タガ空曇リ風アリテ寒サ甚シカリシヲ以テ遠クへ行カズニ帰ル　Hahne 君カラ借リタ Die geschichtliche Entwicklung des Parteiwesens in Deutschland〔ドイツにおける政党の史的発展〕ヲ読ム　夜ハ正月ダト云フノト宿ノ息子ガ Würzburg ノ学校へ明日帰ルト云フノデ歌ツタリ踊ツタリスル　我輩ハ何モ出来ヌカラ日本ノ讃美歌ヲ二ツ三ツ歌ツテ聞カセタガ花よりもめでにしノ譜ガ馬鹿ニ気ニ入ツテ Violin ニ堪能ナル息子サンハ一所懸命ニナツテ覚へタ　新年匆々ダガ Engelbert 君へ貸金ノ催促ヲスル　多分取レヌカト思フ

一月二日　月曜

快晴　朝少シ遅ク起キル　宿ノ息子学校へ帰ルトテ暇乞ニ来ル　昨日ニ引キ続キ本ヲ読ム　ドーモ此本ハ余リ能ク書イテハナイ　午後ハ昼食後散歩ス　一寸ノ積リデアツタガ図ラズモ Röttingen トテ 6 Kilometer モアル所へ往ツテ見タノデ往復三里夫レニ雪道ニ馬鹿ニ滑ベルノデ三時間モカ、リ非常ニ疲労スル　余リ帰リガ遅イノデ宿デハ心配シテ居タ　雪ナド降ルトキハ往来危険ノ場所ナリ以後ハ夫ンナニ遠クへ行クナト注意セラル　成ル程山ヤ谷ヲ通ツテ往クノデ雪ガモ少シ深カツタラ足踏ミス

ベラシテ飛ンデモナイ命ヲ投ゲナケレバナラヌ様ナ所モアル　夫レニ人通リモ少ク馬車一台荷馬車一台橇一台ニ遇ツタ切リダカラ安全ナ途トハ云ヘナイ　併シ宗教ノ御蔭カ追剝盗賊ノ憂ハ更ニナイカラ心安イモノナリ Riedenheim 人口僅ニ六百ノ村ナリトハ云ヒ警察署モナシ巡査一人モ居ズ警察ノ厄介ヲ煩スヤウナ事故ハ起ラヌサウナリ　真ニ楽園ト云フ可キ也　日本ノ如キ此点ニ於テ未ダ遥ニ及バズ　此日更ニ 5M. ヲ払フテ Das Echo ヲ注文ス　一月ヨリ向フ三ケ月分ナリ

人命救助者保護基金

今日ノ新聞ニヨルニ例ノ Carnegie ガ以上ノ目的ヲ以テ250万円ヲ独逸ニ寄附セリト云フ　之ハ人命ヲ助ケントシテ却テ自ラ損傷ヲ蒙リ為メニ収入ノ道ヲ失ヒシ者ニ養老金ヲ与ヒ若シ為メニ死亡セシ場合ニハ遺族ニ扶助料ヲ与ヘンコトヲ目的トスル者ニシテ独乙国幷ニ其領内ニテ起レルモノニ限ルモノナリト云フ

〔日本の各種郵便切手一二枚貼付〕

一月三日　火曜

晴　朝引キ続キ読書ス　宿カラ新聞ヲカリテ読ムニ Portugal ニテ再ビ騒擾起レリトノ報アリ　革命ノ反動カ又ハ一時ノ勃発カ Portugal 革命派ノ基礎未ダ堅カラザル今日一寸世間ノ耳目ヲ聳動ス　昼食後雪ヲ踏ンデ Stalldorf ト云フ方面ヘ散歩ス　途中森アリ　材木〔薪料〕ヲ運ブ橇ヲ馬ニ牽カセルニ遇フコト頻ナリ　午後三通ノ年始状来ル　皆 Schwelm ヨリナリ　夜宿ノ主人ト Restaurant zum deutschen Kaiser〔ドイツ皇帝のためのレストラン〕ト云フニ麦酒ヲ呑ミニ行ク　兼テ小学校ノ教師ト云フ男予ニ遇ヒタシト云フヲ以テ茲処ニテ落チ合ヒシナリ五十斗リノ男ナルガ日本ノコトヲ能ク知ツテ居ルニハ感心セリ　田舎ニ小学校教師ヲシテ居リテモ智識慾ハ中々盛ナリト見ユ　息子ハ Würzburg 医科大学ニ入レテ居ルト云フカラ月給モ多イコトナラン　人口六百ノ小村ニテ Restaurant 三軒モアルガ Bayern ハ特ニ人多ク麦酒ヲ飲ム処ナリトハ云ヒ去リトハマタ一寸 eigentümlich〔独得〕ナリト云ハザル可カラズ　四方八方ノ話ヲシテ十時頃帰ル　今度ノ日曜ニ日本服ヲ着テ教会ニ来テ呉レナド云フ　田舎ノ人ダケニ流石ハ質樸ナリ

〔リーデンハイムの郵便為替受領証(五マルク)貼付〕

一月四日 水曜

晴　午前小学校ヲ参観スル　単級教授ニテ生徒男女合シテ41名アリ　時間表ヲ見タルニ一週二十六時間ニテ土曜日ト水曜日トハ午後ハ休ミナリ　二十六時間ノ中宗教ガ六時間アリ　外ニ算術六時〔間〕読書四時間習字四時間、地理歴史博物三時間アリ　極メテ自由デ教授法トカ何トカニ更ニ拘束セラレヌガ却テ此方ガ能ク子供ノ頭ニ入ルト見エタリ　子供ト教師トノ間極メテ親密ナルガ如シ　女子供モ居ルニ外国人タル予ガ参観セルニ一人ノ臆シ恥《はに》カム者ナキハ感服ニ堪エタリ

　此日国家学会雑誌法学協会雑会〔誌〕ノ外手紙沢山来ル　内ヨリモ来ル　直ニ返事ヲ書ク　其他 Herr Hahne, Frau Gräser, Fräulein v. Pittoni へ独文ノ手紙、Pappert 君へ独文ノ端書ノ外中川景輝君、若杉三郎君、今井嘉幸君へ手紙端書ヲ書キテ一日ヲ終ル　普通ノ読書ハセズ新聞スラモ読マズ丸デ独乙ニ手紙ヲ書キニ来タ様ナリ　十一時寝ニ就ク　Buzzell 先生ヘモ年始状ヲ出ス

一月五日 木曜

晴　朝読書ス　多数ノ年始状到着来ル中ニ Mannheim ノ Szymanski 氏ヨリ今度ノ日曜日ニ御訪ネスルトアル　怪シカラヌ次第ト思フ　午後 Oberhausen ト云フ方ニ散歩スル　予ノ来遊ハ村内ニ知レ渡リタルト見エ途中遇テ Guten Tag, Doctor ナド、挨拶スル者モアリ　新着ノ国家学会雑誌法学協会雑誌ヲ読ム　松岡均平君ノ論文ハ理義文章共ニ明白ヲ極メ近頃出色ノ文字ナリト思フ　松本君ノハ文字猶稚気ヲ帯ブルヲ遺憾トス　文章ハ宛ラ其風采ノ如シ

一月六日 金曜

朝　此日ハ Dreikönig〔三博士祭、公顕節〕トカ云フ祭日ナリトテ特ニ朝ト昼ト二回礼拝アリト云フ　予ハ午後ノニ往ツテ見ル　此日ハ終日内ニ在テ読書セルガ Hahne 君カラ借リタ政党史ハ悉皆読ミ了レリ　富永君千葉豊治君ヨリ手紙来ル　東京高松君へ手紙ヲ出ス　此日ヨリ Grotewohl〔グローテヴォール〕ノ Die Parteien des deutschen Reichstages〔ドイツ国会の諸政党〕ヲ読ミ始ム　傍ラ Ibsen ノ Nora, Hoffmann u. Groth ノ Deutsche Bürgerkunde〔ドイツ公民科（市民学）〕ニモ手ヲ付テ見ル　Greta 君痛疼アリトテ苦悶ヲ訴フ　気ノ毒ニ堪エズ

Monaco 憲法

此日ヲ以テ多数ノ学者ニヨリテ編成セラレタル Monaco 侯国憲法草案公ニセラル　正文ハ既ニ Monaco 侯ノ同意ヲ得タルモノナリト云フ(Paris 電報)

一月七日　土曜

快晴　気持ヨク晴ル　朝郊外ヲ散歩シテ見ル　正平ヨリ手紙届ク　返事ヲ書ク　午後モ散歩シタガ Echo 等ノ雑誌届ク　午後カラハ久シク無沙汰ヲシタカラト思ヒ新人新女界ニト思ツテ筆ヲ取ツテ見タ　此日ハ先ヅ新女界ノ為メト Schwelm ニ於ケル Weihnachtsfest〔クリスマス祭〕ノ印象ヲ書イテ見タ　正平ヨリノ手紙ニ小林富次郎氏持病ノ疽〔胆〕石病トヤラデ先月十三日永眠セラレタリトアリ　惜イ人ヲ死ナシタモノナリ　氏ハ組合教会ノ柱石タリシノミナラズ我日本ノ基督教界ノ柱石タリシナリ　徳次郎君ガア、云フ人物ダカラ教界ノ財政方面ハ氏ナキ後ハ大ニ打撃ヲ蒙ルナラン　甚ダ心元ナク思ハル、ナリ

一月八日　日曜

晴　頗ル寒気ヲ加フ　朝今井野口二君ヨリ手紙来ル　今井君ヨリノ報ニ依レバ天津法政学堂并ニ軍医学堂ノ学生中心トナリ中学程度以上ノ学生三千何百人中州会館ニ集リ指ヲ切リ腕ニ血《ちぬ》ラシテ慷慨ノ演説ヲナシ総督衙門ニ押シ寄セ遂ニ別紙ノ如キ国会速開ノ打電ヲ発セシメタリト云フ〔新聞切抜き貼付、見出し「直督代奏の要電」〕　今井兄ノ観測ニ依レバ之ヲ機トシテ支那ニ暴動起ランカトモ云フ　併シ斯ノ如キハ支那ノ健全ナル発達ノ為メニ取ラズ

朝来引キ続キ新人ヘノ原稿ヲ書ク　午後教会ニ行ツテ見ル　Kirchenlehre〔教義説法〕ト Rosenkranz-Gebete〔念珠祈禱〕トアリキ　非常ニ寒カリキ　夕方散歩スル　余リ寒イ為メニヤ下痢ヲ催ス　野口今井二兄ヘ端書ニテ返事出ス

一月九日　月曜

晴　昨日ヨリ幾分カ温シ　朝カラ引キ続キ原稿ヲ書キ夜ニ至テ了ル　直ニ海老名先生ニ宛テ、送ル　午後 Stalldorf ニ散歩ス

一月一〇日　火曜

晴　昨夜雨降リタルタメ雪ヤ、トケ道ワルクナル　朝宮本君ヨリノ手紙届ク　文官試験合格セザリシトナリ　堀田君ヘ紹介状ヲヤル　読書ス　格別ノコトナシ　今日ノ新聞ニ次ノヤウナ面白イコトガ載ツテ居ル

Ein amüsantes Anekdötchen von Justizrat Staub, dem bekannten Verfasser eines Kommentars zum Handelsgesetzbuch, wird uns mitgeteilt: Eines Tages konsultierte ich Justizrat Staub, mit dem ich näher bekannt war. Als ich den Tatbestand vorgetragen hatte, meinte Staub selbst: "Die Sache ist in der Tat sehr verzwickt; doch sehen wir einmal nach, was Staubs Kommentar dazu sagt!" Er nahm das dickleibige Werk vom Regal und erklärte nach einigem Herumblättern: "Ja, nach Staubs Kommentar müßten Sie den Rechtsstreit gewinnen." Diesen ungeachtet ging der Prozeß in sämtlichen Instanzen verloren. Das Merkwürdigste war, daß zur Begründung des klagabweisenden Erkenntnisses fortwährend auf — Staubs Kommentar Bezug genommen wurde.

〔商法のコンメンタールの著者として高名な法律顧問官シュタウプに関する愉快な小話を耳にした。「わたしはある日、最近知り合いになったシュタウプ法律顧問官に相談に乗ってもらった。わたしが事実について述べると、シュタウプ氏は自分から言った。『事柄は事実たいへんに込み入っていますが、一度シュタウプのコンメンタールにどう書かれているか調べてみましょう』。彼は書棚から分厚い書物を取り出し、二、三の箇所に目をやってから説明した。『うん、シュタウプのコンメンタールによればあなたは許訟に勝つことができます』。それにもかかわらず裁判はすべての審級で敗れました。珍妙なことに、却下の事由の根拠に引かれているのが相変わらずシュタウプのコンメンタールだったのです」。〕

一寸話ノ種ニナル

一月一一日 水曜

晴　天気清朗ニシテ頗ル温キヲ覚フ　朝伯林牧野君へ手紙ヲ出ス　Das Echo 来ルニ付キ終日之ヲ読ム　午後二時間散歩セルニ多少汗バムヲ覚フ　Würzburg マデ約三十 Km. アル由ナルガ此天気ナラバ一日遠足シテ見ヤウト思フ　Gustav Fock ヨリ来翰アリ　注文ノ書籍二冊天津今井兄宛ニテ送レリト

〔ミュンヘンのルステルングの富くじ(一マルクで五回引け、総額一八万マルク当る)貼付〕

一月一二日 木曜

晴　此日モ好天気ナリ　好天気何日マデ続クベキヤ分ラズ　如カズ此日ヲ以テ Würzburg 行ヲ決行センニハト思ヒ立チ宿ノ人ニ其旨ヲ伝フ　皆驚ク　三十 Kilometerノ雪道ナレバナリ　宿ノ人ハ弁当ヲ作リ呉レ小瓶ニ葡萄酒ヲ充タシテ丁寧ニ道ヲ教ヘ呉レル　固ヨリ一本道ニテ間違フベクモナシ　十時半内ヲ出ル　七里半ナレバ四五時間ニテ行ケル積リニテ出掛ケシ所流石ハ雪道ナレバ滑リテ思フ通リニ歩ケズ　外套ヲ脱ギ汗バム程ニ足ヲ踏ミシメテモ時計ヲ見ルト一時間ヤット4 Kilometerノ割合ナリ　斯クテハ日ガ暮レテカラ向フニ着クノ恐アリト思ヒ大ニ急グ　飯モ歩キナガラ食フ　途中橇ト荷馬車ノ往復ニ稀ニ遇フ　人ニハ殆ンド遇フコトナシ　斯ンナ時ニ徒歩スルヤウナ気紛レ者ハ独乙ニハナシト見エタリ　Würzburg ノ少シ手前ノ Heidingsfeld ニ着キシハ四時半頃ナリシ　此町ヘノ入口ハ傾斜ガ急ニテ道路ハ一面ノ氷ナレバ危険ナルコト云フバカリナシ　併シ此町ニ入リテハ大ニ楽ニナレリ　近道ヲ取リ鉄道ノ橋ヲ渡リテ Würzburg ニ入ル　町ノ名ハト見ルト Heidingsfeldstr. トアリ　兼々知リ合ヒノ小学校教師 Schnetzer 君ノ宅ハ此町ナリ　尋テ一寸寄テ見ル　主人生憎留守　妻君ニ来意ヲ通シ更ニ明朝学校ニ訪問スベキヲ言ヒ置キテ辞ス　電車ニ乗リテ Bahnhof ニユキ夫カラ乗リ換テ河向フノ藤田君ヲ訪フ　此行ハ一体一ツニハ散歩ノ為メナレドモ一ツニハ湯ニ入ルノガ目的ナリ　田舎ニハ湯ナシ　先月ノ九日ニ這入ツタキリ一ケ月以上入ラネバナリ　湯ノ在リ場所ヲ聞ク為メニ藤田君ヲ訪ヒシナリ　幸ニモ三四軒先キニアルノデ石鹸ヤ何カヲ借リテ湯ニ入ル　気持ノヨキコト限リナシ　毎日朝ト夜ト二回冷水摩擦ヲスルノデ身体ノ方ハ夫程デモナイガ足ノ垢ノ素敵ナノハ驚キタリ　帰ルト藤田君日本飯ガアルカラ食ヘト云フ　宿ノ婆日本飯ノ作リ方ヲ覚エ昼ト夜ト二度日本飯ヲ食ハセル　加之馬鹿ニ親切ニテ野地君ノ気ニ入ツタモ無理ナラズ　面白イ田舎婆ニテ藤田君ガ一年半モ居リ且入口ニ Hidetaro Fujita ト名札ヲ張ツテアルニ拘ラズ何ノ間違カ近頃マデ Ludwig Fujita ト覚エテ居ツタサウナリ　又飯ヲ食ヒニ来ル T. Takamura 君ノ名刺ヲ見テ御前ノ名ハ T ダガ Theodor ダロート云ツタトテ大笑ス　ドツカ宿ニ泊ル積ナリシモ余リ疲レタレバ藤田君ノ室ノ Sofa ヲ床ノ様ニ作リ其上ニ寝ル

〔入浴料一マルク(タオル、石けん付)のヨハンネス浴場のチケット貼付〕

一月一三日　金曜

雪降ル　朝藤田君ニ別レヲ告ゲ Schnetzer 君ヲ小学校ニ訪フ　藤田君ノ宿ノ婆ハ夕食60朝食20 Bier 15ヲ請求セシモ余リ安イカラ1.80ヲ置イテ来タ　学校デハ Schnetzer 君ニ遇ヒタルモ近頃参観ハ八釜シク市役所ノ許可ガナケレバ駄目ナコトニナツタトテ参観スルヲ得ザリシヲ以テ再会ヲ約シテ分ル　汽車ハ一時四十五分ナリ　三時間バカリ余裕アルヲ以テ町ヲ散歩ス　書店ニテ目ニフレテ Katholizismus 研究ノ材料トナルモノ五冊ヲ買ヒタリ　斯クテぶら々々スル中ニ一時トナル　乃チ停車場ニユキ Gelchsheim マデノ切符ヲ買フ　85ナリ　昼飯ハ食ハズ　汽車ハ3時半 Gelchsheim ニ着キ宿ヘハ四時十五分ニ着ク　飛雪紛々タリ　雪道ガ馬鹿ニ滑ルノデ股ガ痛クナル　高柳君ヘ年始状ヲヤル　いたづらヲ書イテヤツタ　曰ク

亭主曰ク

　同棲茲経数星霜　鴛鴦契甘宛如蜜

　只怨天未賜以がぎ〔き〕ー　閨中密嘆困ルナアー種

妻君曰ク(妻君名は種子)

出来ぬ筈だよ　お前になくて

　種は私にあるものを

一月一四日　土曜

晴　朝食事ノ際 Gräser 夫人ヨリ下ノ如キ手紙来ル　之ハ両三日前 Heidelberg ヲバ一月ヲ以テ切リ上グベキヲ申シ遣セルニ対スル返事ナリ〔グレーザー夫人よりの手紙(ペン書き)貼付〕　兎角独乙人ハ我々ノ一寸云ツタコトヲ捉ヒテ約束呼ハリヲスルハ怪シカラズト云フ可シ　予ハ夏マデ居タイト云ツタケレドモ約束ニアラズ　故ニ Meine Lust, welche ich vor Ihnen ausgedrückt habe, darf nicht für das Versprechen gehalten werden〔あなたに表明した私の気持は、約束であったとは思われない〕ト書イテヤツタ　アンナ親切ナ此〔ママ〕上モナイ人ダト思ヒテ居タニ金ニカケテ斯程ニ慾張ルトハ思ハザリキ　兎ニ角40馬ハ只取リセラル、コトナラン　用心セザル可カラズ　直ニ長文ノ返事ヲ認メテ約束ナドセシ覚ナキ旨ヲ厳シク書キ送レリ　午前カラ午後ニ亙リ両三日間ノ新聞ヲ読ミ昼食後 Oberhausen ノ方ヘ散歩シタリ　疲レノ為メニヤ少々ボンヤリシテ居ル　昨夜色々内ノコトヲ思ツテ一時間以上眠リ付カズ而カモ朝例ニナク早ク起キタ為メナルヤモ知レズ Gräser カラ十二月分ノ勘定書ヲモ送ツテ来タカラ二三日中ニ帰ルノダケレドモ余リ癪ニ障ルカラ郵便為替ニテ直ニ送ツテヤル　独乙デモ Bayern 以外ノ人間ニハ余程警戒ヲ要ス

午後新聞来ル　一大悲報ヲ伝フ

Jellinek 先生ノ死

去ル十二日夜ノ講義中(多分 Seminar ナラン)卒中ニテ俄ニ斃レ二時間ニシテ息絶ユ　享年六十　先生ハ Wien ニ生レ 1874 年澳国ノ行政府ニ入リシガ間モナクヤメテ Wien 大学ノ Privatdozent〔私講師〕トナル　後教授トシテ Basel ニ至リ更ニ Heidelberg ニ転ゼシモノナリ

一月一五日　日曜

晴　今日ハ余程寒イト見エテ起キナイ中カラ馬鹿ニ室内ノ冷ヘルヲ覚フ　朝徳富氏ヨリ次ノ如キ見舞状届ク

〔徳富蘇峰よりのハガキ(「吉野仁兄　蘇峰生　四十三　十二月念八　学運隆昌ヲ祈ル」)貼付〕　Echo ヲ読ミ午後ハ独乙政党論ヲ読ム

寒気甚シキガ故ニ教会ニモ往ツテ見ズ散歩ニモ出掛ケズ

Echo ニ Modernisteneid〔カトリック教会の高位者の行う、近代派運動に関与せぬという誓約〕ノ原文(Latin 語)ノ翻訳ガ載リテ在リシ故読ムニ旧教ノ伝説ヲ Göttliche Ursprung〔神的起源〕トシテ其儘之ヲ信ジ此伝説ニ反スルモノヲ一切斥ケ進化論ヲ否定シ聖書ノ科学的研究ヲ否定スルコトヲ誓ハシムルモノニシテ実ニ暴戻ヲ極メタルモノナリ　斯ンナコトガ真面目ニ受ケ取ラル、トハ旧教ノ惰力モ亦大ナリト云ハネバナラヌ

一月一六日　月曜

晴　独乙政党論ト Bürgerkunde〔市民学、公民科〕トヲ読ム　午後散歩ニ出タラ雪ノ上ヲ兎ガ犬ニ追ハレテ走リ来ルヲ見ル　捉ヘルニ宜カリシガ可愛想ナル故犬ヲ追フテ助ケテヤル　雪ノ為メ食物ニ窮シ兎ハ村ノ近クニ餌ヲアサリニ来ルナリトゾ

一月一七日　火曜

晴　朝来例ノ如ク読書ス　午後学校ノ先生ヲ Kaffee ニ招待ス　宿ノ主人夫婦ヲモ招ギ此頃滞在中ノ御礼ヲ述ブ　学校ノ先生ト云フ男ハ壮年ノ親切ナ男ナリ　兄弟ニ旧教ノ僧アリト云フ　此次ニ来タトキハ紹介シテ貰ハン

London Times, Weekly 二冊一所ニ来ル

一月一八日　水曜

晴　朝荷物ヲ片付ケテ帰装ヲ整ヘル　此内へ来テ丁度三週間ニナル　宿ノ者挙ツテ親切デコンナ居心ノイヽ内ハナイ　何トナク Heidel. ニ帰ルノガ嫌ニナツタ　勘定ヲシヤウト思ツタラホンノ僅ダカラマタ来タ時貰ウトテ取ラヌ　再会ヲ約シテ十二時少シ前別レヲ告グ　老嬢二人橇ニ便乗シテ Gelchsheim マデ送ツテ呉レル　橇ニハ初メテ乗ツタガ中々気持ノヨイ物ナリ　二時 Würz. ニ着キ再ビ藤田君ヲ訪フ　藤田君ノ所へ遊ビニ来ル Hugh Heiss ト云フ英国ノ少年ト話ス　十八オト称スルガ婦人ニ関スル情慾上ノ話ヲ平気デ話スニハ驚イタ　Free-mason〔フリーメーソン〕ヲ主張シヤソ教ナドヲ奉ズルハ馬鹿ダト言ツテ居ル　五時ノ急行デ Heidelberg ニ帰ル　Heidelberg ハ雪モ少ク著シク温シ　不取敢佐々木惣一君ヲ訪フテ見ル　室ニ祭壇ヲ設ケテ灯明ヲ欠カズ云ハヾ仏事ヲ営ンデ居ル　同氏ノ父上五日朝脳溢血ニテ死去セラレタルナリ　十二時マデ話シテ帰ル　案外シホレ切ツテ居ルヤウナリ　本人モ肺ガ悪イガ悪クナラネバヨイガト心配ス

一月一九日　木曜

晴　朝起キテ荷物片付ケヲナス　Hahne 君、Greta 氏伊東元春君奥山君 Szymanski 氏、Helene Hahne 氏、東京留守宅等へ手紙ヲ出ス　今井竹村ノ二氏へ本ヲ送ル　午後モ机上ノ整理デ暮ス

一月二〇日　金曜

晴　午前カラ午後ニカケテ引キ続キ留守中ノ整理ヲナス　午後一寸 Pittoni 先生ニ挨拶ニ行キ午後ハ佐々木惣一君ノ訪問ヲ受ク　夜ハ食ノ帰リ佐々木次郎三郎君ヲ訪ヒシニ例ノ Fräulein ト食事ヲ共ニシ居ル最中ニテ一寸極リガ悪ルカリシモ場ヲ外スノモ具合ガ悪イカラ話シ込ム　此日 Luise Egli Roßdorf へ手紙船田一雄君へ年始状ノ端書ヲ出ス　海老名夫人ヨリ手紙来ル　教会ノ近時詳シク報告アリ

一月二一日　土曜

晴　Heidelberg モ中々寒イ　朝瀬戸君ヨリ年始状井田君ヨリ同氏令姪ノ父君瀬戸君ノ為ニ千円位ハ出シテモヨイト云フ手紙来ル　同時ニ両君ノ手紙ニ接スルハ何カノ因縁ニシテ此縁或ハ成立スルノ徴ナランカ　双方へ手紙ヲ書ク　昼 Pittoni 先生へ稽古ニ行キ午後ハ新着ノ太陽

其他ノ雑誌ヲヨム　風ヲ引キテ気分ワルシ

一月二二日　日曜

晴　朝荷物片付ケヲスル　本ガ殖エタノデ這入リ切レズ別ニ箱ヲ買ハネバ埒ガ明カズ　午後ハ食後約ニ依テ Hahne 君ヲ訪フ　未ダ昼食ヨリ帰ラズトテ在ラズ　依テ再会ヲ約シテ帰ル　帰途朝永君ヲ訪ハントセシニ途中デ佐々木惣一君ニ遇フ　一所ニ行ク　風ヲ引イタトテ引籠中ナリト云フ　Stove ヲカコンデ夜九時マデ話ス　飯モ同君宅ニテ取ツテ貰ツテ食フ　帰ツテ見ルト Jakobina Szymanski 氏ノ置手紙アリ　7½ ニ又来ルカラ待テ呉レトアル故二度来タモノト見ユル　何ノ用アリテ来ルノヤラ解シ難シ　此頃馬鹿ニ寒シ

一月二三日　月曜

晴　午前読書シテ後湯ニ行ク　久シ振リデ Luxhof ニテ昼食ヲ認ム　田舎ニテ新鮮ナル肉菜ヲ多量ニ取リタルノニ俄ニ Blau-Kreuz ノ粗食ヲ取リシタメカ再ビ胃ヲ害シ下痢シテ止ラズ　午後ハ家居シテ書ヲ読ム　Hahne 君 Egli 氏 Greta 氏ヨリ手紙来ル　Hahne 君ト Greta 氏ニハ直ニ返事ヲ出ス　Hahne 君カラハ今後 du ヲ以テ呼ビ合フコト、シタシト申来ル　面白キ男ナリ　夜ハ食後 Schweizer 氏ヲ訪ヒシガ生憎病気臥床ナリト云フニ依リ夫人ト一寸話シテ帰ル　東京小野塚、矢作、斎藤(阿具)、加藤ノ諸先生ヨリノ年始状ナド見セラル

一月二四日　火曜

曇　午前読書　昼前佐々木惣一君来訪セラル　Pittoni 先生ノ稽古アル日ナリシヲ以テ同君ニコトワリ一所ニ出掛ケル　食事ハ Luxhof ニテ認メ直ニ約ニ従ヒ Hahne 君ヲ Schlossberg 35 ニ訪フ　三時半マデ話シ直ニ停車場ニ馳ケ付ク　3.50 ノ汽車ニテ Mannheim ニ行ク筈ナリシヲ以テナリ　不幸ニシテ二三分ノ所ニテ乗リ後レ已ムヲ得ズ 4.51 ノニスル　5.17 着ク　Bahnhof ニテ S 氏ニ会フ　一所ニ町ヲ散歩シ Fürstenberg ニテ食事ヲ共ニシナガラ用向ヲ聞ク　要スルニ竹村君カラ六週間バカリ音信ガナイノデ夫ヲ気ニシテ居ルニ過ギズ　十時分レヲ告ゲテ帰ル　Mannheim ハ Heidelberg ニ比シテ著シク温暖ナリ　此事著シク気ニツキタリ

一月二五日　水曜

曇　夕方雪降ル　午前ハ久シ振リニテ再ビ筆ヲ取リテ

宗教発達史ノ続稿ヲ起ス　午後ハ読書ス　夕方水口君ヲ訪ヒ暫時懇談ノ後一所ニ Luxhof ニテ飯ヲ食フ　寒シ　何処カラモ手紙来ズ

一月二六日　木曜

曇　午前読書　昼ハP先生ニ稽古ニ行ク　昼食後銀行ニテ金ヲ受取リ London Times 社ヘ例ノ月賦金ヲ送リ Leipzig ノ Gustav Fock ヘモ昨年中ノ本代ヲ送ル　途中ニテ佐々木惣一君ニ遇フ　君ハ厳父君ノ訃報以来元気勝レザル如シ　乃チ Kaffee 店ニ誘フテ快談ニ気ヲ紛ラカス　今日ハ独逸天長節ノ前日ニテ当国ハ前ノ日ノ午後ト二日間祝フノ例ナルヲ以テ市中 Fackelzug〔たいまつ行列〕ナドアリテ賑ヤカナリ　温ナリ　日本ヨリ便リナシ　竹村君及仝夫人ヘ手紙ヲ出ス

〔ハイデルベルク郵便局発行の、フォックへの郵便為替受け渡し証明書貼付〕

一月二七日　金曜

晴　皇帝ノ天長節ニテ市中賑フ　午前作文ヲ作リ昼一寸尾中君ヲ訪ル　留守　Luxhof ニテ食事シ帰途 Tannhäuser ニ諸兄ニ会シ告別ス　夜ハ Schweizer 君ヲ訪ヒテ十一時頃マデ会談ス　得ル所多シ

〔一九一一年版の歴史地理カレンダーから、ハイデルベルク城を描いた一六四五年の銅版画を切り取ったもの貼付〕

一月二八日　土曜

午前 Pittoni 先生ニ稽古ニ行キ午後読書　事ナシ　瀬戸君ヨリ山本有成女トノ縁談ノ旨手紙来ル　返事出ス　内カラ端書来ル　瀬戸君、Greta 氏、井田君、Schwelm ノ Hahne 氏等ヘ郵便ヲ出ス　竹村君カラモ年始状来ル　昼 Luxhof ニ常世君カラ久シ振リノ手紙アリ

一月二九日　日曜

晴　頗ル温　朝ヨリ佐々木惣一君ヲ訪ヒ懇談シ午後ハ Ziegelhausen ノ方ヘ散歩ス　汗ガ出ルヤウニ温ニシテ冬トモ覚ヘズ　Helene Hahne 氏ヨリ誕生日ノ祝詞ヲ述ベ来ル

一月三〇日　月曜

快晴　但シ寒イコト夥シ　昨日ト今日トノ変化ノ著シキコト驚クニ堪エタリ　午前中ハ Freimaurerei〔フリーメーソン〕ノ研究ヲナシ午後ハ Kolmstetter 兄妹 Luise Egli ヘ手紙、伊藤、藤田、奥山ヘ端書ヲ出ス　牧野君ヨリ面

白キ手紙来ル　文部省ヨリ旅行許可ノ指令来レルガ150ニ減額支給其範囲内ニテ最モ必要ト思フ所へ往ケトノ指図ナリ　夜箱ヲ買ツテ本ヲツメ旅装ヲ整ウ　二月三日ニHeidelberg ヲ去ル積ナリ

一月三一日 火曜

快晴　朝作文ヲツクリ昼 Pittoni 先生へ稽古ニ行ク　伯林伊藤君ヨリ来翰アリ　午後ハ Helene Hahne 氏古川東京へ手紙ヲ書キ読書ス　夜青年会聖書研究会へ出席シ紀念トシテ Worms ニテ買ヘル Lutherdenkmal〔ルター記念像〕ノ写真ヲ寄附ス

二月一日 水曜

晴　ソロソロ暇乞ヲセザルベカラザルヲ以テ今日ヨリ歩クコトニスル　先ヅ Kaiser 氏ヲ訪フタ　風ヲ引イタトテ Stove ニドンドン火ヲ焚イテ厚イ着物ヲ衣テ居ラレタ　声モ変テ居ラレル　色々話ヲシタラ何時カ時ガアツタラ Zweibrücken in Pfalz ノ Pfarrer〔牧師〕Licenziat〔得業士〕Müntzinger ヲ訪ネテ見ロノ Spinner ハ Weimar ノOberhofprediger〔上級宮廷説教師〕ダノト云フ話ガ出又 Wienニテハ Herr Hofer (Neubaugürtelstr. 28), Herr Harber, 青年会 (Wiedenerhauptstr. 39. Wien IV), Bosnien〔ボスニア〕ニテハ Dr. Jurius. Kuzmany (Sarayewo〔サラエヴォ〕, Juristischen Rat der Bank für Bosnien〔ボスニア銀行法律顧問〕), Belgrade〔ベオグラード〕ニテハ ev. Jupnik〔福音派ユープニク教会〕Alois Johnke ノ諸氏ヲ紹介セラル　帰途佐ゝ木君ヲ訪ヒ(不在)Luxhof ニテ昼食ヲ取リ風呂ニ入リ朝永君ニ別ヲ告グ　話シテ居ル中ニ佐ゝ木君モ来リヤガテ一所ニRitter ニテ会食シ十二時頃マデ懇談シテ袂ヲ分ツ

二月二日 木曜

晴　今日モ暇乞ノ訪問ヲナス　最初ニ朝 Engelbert ヲ訪フ　30 Mk ノ貸金ハ遂ニスツポロカサレタリ　雑誌屋ニ行キテ宿所ノ変更ヲ報ジ Luxhof ニ Stahl, Hahne, Gumm ノ三君ヲ招待シテ昼食ヲ共ニス　午後ハ水口君ヲ訪ヒテ告別シ Pittoni ニ最後ノ稽古ニ行キ夜ハ Schweizer 氏ニ行キテ別ヲ告グ　佐ゝ木君カラ Arthus ニ夕食ノ招待ヲ受ケ居ルニツキ七時半行ク

二月三日 金曜

晴　午前朝永君来訪　無論見送ノ為メナリ　十二時愈内ヲ出テ38分ノ汽車ニテ八ケ月住ミ慣レシ Heidelberg

ヲ去ル　朝永佐々木ノ二君及ビ Hahne, Stahl, Gumm und Eitel ノ四君見送ニ来ラル　書籍及衣物入レノ Koffer〔トランク〕ト書籍入レノ箱トハ九月マデ Gräser 氏ニ預ケテ貰ヒ夏物ハ Wien ニ送リ当座ノ衣物ト多少ノ本トヲ携フ　汽車ハ 2 時頃 Neckarelz ニ着ク　茲処ニテ Herr Karl Kolmstetter ヲ見ルノ約アリシニ着〔付〕キ下車ス　氏ニ停車場ニ迎ラレ四方山ノ話ヲシツヽ Bier-Brauerei〔ビール醸造所〕ヲ案内シテ貰ツテ見ル　其他二三ノ工場ヲ見ル積ナリシモ時間ナカリシヲ以テ之ヲ他日ニ譲リ氏ノ宿ナル Frau Pauline Lichtenberger, Witwe〔未亡人〕(Diedesheim, Post Neckarelz) ニテ Kaffee ヲ御馳走ニナリ四時五十分ノ汽車ニテ Würzburg ニ向フ　七時着ク　直ニ藤田君ノ宿ニ投ズ　夕食ヲスマシテカラ一緒〔ニ〕Kinemato ヲ見ニユク　例ニ依リテ Sofa ノ上ニイネタルガ如何云フモノカ頗ル寝苦シカリシノミナラズ屢目ヲサマシ夢ヲ見テ気持アシカリシ

二月四日　土曜

晴且温、朝米粉ヲ買ヒ Heidelberg ヨリ携帯セシ材料ニ加ヘテ汁粉ヲ作ル　午後ハ本屋ヲヒヤカシ山ニ上リ二時間バカリ散歩シテ帰ル　藤田君ハ夕方遅ク帰ルトノコトナリシガ一独乙学生ト連レ立チ五時過ギ帰ル　此男ハ Herr Frohwein (Lauderglacisstr. 38 II) ト云ヒ医生ナルガ日本人ガ好キト見エテ頻リニ遊ビニ来ル由ナリ　予ト宗教ノコトヲ話シタガ先生モ熱心ナ青年宗教家ト見〔エ〕ヒ馬鹿ニ話ニ興ガ乗リ帰ルヲ忘レテ七時過マデ話ス　明日 Methodisten Kirche ニ往ツテ見ルコト、組合教会ニ属スル一老婦人ヲ訪問スルコトヲ約ス　夜ハ夕食後藤田君ト其 Lehrerin〔女性教師〕ヲ訪ヒ Odeon ニ行ク　Odeon ニ Maskenball〔仮面舞踏会〕アリ　未ダ見タコトナキ故一度ハ見テ置カント思ヒテ行ク　今日 Riedenheim ニ往クノヲ一日延バシタノモ其為メナリ　時間ハ早カリシモ Vorstellung〔興行〕ヲ見テモヨシト思ヒ九時前カラユク　十時過ヨリ始リタルガ朝ノ四時頃マデ続キシニハ呆レタリ　中ニハ壮年老年ノ婦人モ来リ居レルガ見ツトモヨカラズ　兎ニ角之ハ慥ニ独乙ノ　Schattenseite〔暗黒面〕ナリ　日本ナラ直ニ警察ノ御差止ヲ食フベキ奴ナリ

二月五日　日曜

晴　朝八時眼ガサメテ起キル　タツタ四時間シカ眠ラ

ズ　Frohwein 君来ル筈ナルヲ以テスゴスゴ起キル　食事ヲ終ツテ便所ニ入ツテル間ニ先生来ル　一所ニメソヂスト教会ニ往ツテ見ル　出席者二十人余リ　Landeskirche〔領邦教会、福音派の地区教会〕デナイ奴ハ憐レナモノナリ金ハ矢張リ Amerika ヨリ来ルナリト云フ　独乙ノ教会モ Staat〔国家〕ヲ離レテハ一寸動キガ取レヌカノ如クモ思ハル　夫カラ直ニ例ノ老婦人ヲ訪フ　Frau Jaeger (Kantstr. 28リ)ト云フ　独乙ニ生レ米国ニ25年間滞在セシト云フ　此婦人中々親切ニテ能ク話シ且ツ昼食ヲ饗セラル時間ナキヲ以テ再会ヲ約シテ早々ニ辞シ帰リ藤田君ノ宿ニテ早々ニ払ヲスマシ荷物ヲ片付ケ停車場ニカケツク荷物ノコトヤ何カヲ Frohwein 君ノ手伝ニテ滞ナクスマシ1. 45 Riedenheim ニ向フ　Gelchsheim ニ馬車迎ニ来レルニ会ヒ四時再ビG君ノ内ニ客トナル

二月六日　月曜

晴　連日睡眠不足ナリシ為メ非常ニ疲労ヲ覚エ能ク眠リ八時過ギ起キル　此朝G君曰ク去ル二十九日 verloben〔婚約〕セリト　丁度我輩ノ誕生日ニ此事アルハ奇ト云フベシ　ein schmerzliches Glück〔つらい幸福〕ダト云ツテヤツタ　書物ヲ片付ケタリ雑誌ヲ読ンダリシテ一日ヲ暮ス　疲レタル故散歩ニハ出掛ケズ

二月七日　火曜

晴　終日読書　午後散歩スル　随分寒サハ感ズルガ此前来タ時ヨリハ著シク温シト見エ道路ニハ雪モナク氷モトケテ歩行ニ不便ナル程ナリ　途中ニテ会フ者態々フミ止リテ挨拶スルモノ少カラズ　たまのヨリ久シ振リニテ手紙来ル　秀子病気入院ノ模様詳ク報ジ来ル　独乙ノ新聞ニハ支那ノ Pest〔ペスト〕ノ記事頗ル八釜シ　天津ニモ既ニ伝播セリトアリ　寒心ニ堪エズ

二月八日　水曜

快晴　終日読書　後藤利平君ヨリ年始状来ル　昼食後散歩ニ行キシニ馬鹿ニ寒ク其為メカ夕方ヨリ著シク頭痛ヲ感ズ　此頃ハ Echo ト London Times ノ研究ニ日ヲ費スノミ

二月九日　木曜

快晴　昨日ヨリ著シク温シ　去レド頭痛ハ益々甚シク多少悪寒ヲ催ス　午後一寸散歩ニ出テ見シモ気分宜シカラズ　併シ終日読書ス　Hahne 君ヨリ端書来ル

二月一〇日 金曜

快晴　頭痛ハ頗ル軽快ヲ覚エタレドモ未ダ多少ノ悪寒ヲ感ズルヲ以テ外出セズ終日 London Times ヲ読ム　流石 Times ハ Echo ヨリモ内容豊富ナリ　先頃ヨリ支那ニ Pest 猖獗ヲ極ムトノ報アルガ今井先生何モ異状ナキヤ気ニ懸ル　東京留守宅ヨリモ一向音沙汰ナシ

二月一一日 土曜

快晴　頭痛依然タリ　午後散歩シテ見ルニ既ニ著シク温気ヲ覚エ路上ノ雪モ大方トケテ泥濘ヲ極ム　馬鹿ニ温ケレバ夜雨デモ降ルラシク思ハル、ガ一雨フラバ雪ハ全クトケン　今日ハ紀元節ナル旨ヲ話セシニGハ態々日本飯ヲ作リテ呉レル　夜ハ内ノ者一同ヲ招キテ夕食ヲ共ニシ以テ祝意ヲ表ス

二月一二日 日曜

少晴　昨夜少々雨降リシ為メ雪トケ路頗ル悪シ　朝今井兄ヨリ手紙来ル　宮川君等ノ送別会ノ席上ニ於テ嘱付主義ト高利貸内職トヲ攻撃シ之レガ偶章友会ノ問題トナリ其結果数名ノ委員ヲアゲテ小幡勇治君ヲ詰問スルコトトナリ今井兄モ其一人トナリ芙蓉館楼上ニ小幡君ヲ招キテ一大痛棒ヲ喰ハシタリト　蓋シ近来ノ快事ナリ　昼食後散歩ニ出タキリ終日読書セルガ歯痛益甚シキヲ加ヘ頭痛モ必竟歯ノ結果ナルヲ発見セルニ付キ明朝 Würzburg ニ行キテ一診ヲ乞ハントス

二月一三日 月曜

朝空曇ル　雨ガ降ルカト思ヒシニ午後ハ馬鹿ニ天気ヨクナル　Gさん加減悪シトテ床ニ就ク　予ハ早々ニ食ヲ済マシテ Gelchsheim ニカケル　時間ハ三十分シカナキヲ以テ中バ走リ汗ドロニナリテ停車場ニカケツク　汽車ハ十分後レテ来ル　斯クテ十二時 Würzburg ニ着キ直ニ Eichhornstr. ニ Dr. Rohrbach ニ一診ヲ乞フ　上ノ方モ悪イガ下ノ方智歯ガ却テ非道ク之ヲ手入レスルノ必要アリト云フ　両方頼ムコトニスル　神経ヲ殺ス丈ニシテ今日ハ帰リ来ル　木曜日再会ヲ約シテ辞ス　Säuglings- und Jugendfürsorge〔乳児と青少年の保護〕ト云フ本ヲ一冊買ヒ Hotel Weiland トカ云フ所デ昼食ヲ喫シ一時45分ノ汽車ニテ直ニ帰ル　帰リ路ノ Gelchsheim—Riedenheim ハ朝ハ氷リテ馬鹿ニヨカリシガ午後ハ全ク解ケテぬかるコト夥シク殊ニ Riedenheim ノ入口ニ来テハ泥濘甚シク為

メニ上靴ヲ破ル　夜何ノ為メカ上ノ方ノ歯馬鹿ニ痛ム　汽車ノ往復デハ Politische Jahresübersicht〔政治年鑑〕ヲ読ミ帰リテ後ハ G. Meyer ノ国法学中ノ宗教団体ノ部ヲ読ム

二月一四日　火曜

晴　朝来 Meyer ノ字書ニヨリテ Anarchismus〔アナーキズム〕, Nihilismus〔ニヒリズム〕, Sozialismus〔社会主義〕, Bodenreform〔農地改革〕, Sozialdemokratie〔社会民主政〕等ヲ研究ス　午後一寸散歩ニ出デタルガ泥濘非常ナリ　Gさん少シ加減ヨシト見エ夕食後病室ニ呼バレテ四方山ノ話ヲスル

二月一五日　水曜

晴　今日ハ馬鹿ニ寒ク風モアリ雨デモ降リサウナリ　夕方カラ雪ニナル　Eitel 君カラ手紙来ル　東京ヘ手紙佐々木桑原ノ二君ヘ端書ヲ出ス　終日読書ス

二月一六日　木曜

曇　午前読書ス　歯医者ニ行ク約束アリシヲ以テ十一時昼食ヲスマシ出掛ケル　途中道ワルキコト夥シキモ日ニ増シヨクナル様ナリ　十二時八分 Gelchsheim ヲ立チ二時少シ前ニ Würzburg ニ着ク　Frohwein 君停車場ニ迎ニ来ラル　直ニ Rohrbach 氏ニ行キ療治ヲシテ貰フ　上ノ方ハ充塡シタガ下ノ智歯ハ可ナリ悪ク充塡スルモダメナリト云フ　当分神経ヲ殺シテ置クカラモ一遍痛クナツタラ抜クヨリ外ニ道ナシト云フ話ナリ　5 Mk. 払フ夫カラ藤田君ノ宿ニ行キ湯ニ入リ Frohwein 君ヲ訪フ積リニテ出掛ケシ処藤田君ニ遇フ　電車ニテF君ノ宅ニ着キシハ彼是六時頃　茶ヤパンヲ御馳走ニナリ七時帰ル　藤田君学会アリトテ出掛ケ予ハ同君ノ新聞ヲ読ム　十時頃帰ラレ二時間バカリ話シテ寝ニ就ク　夜雨フツタ様子ナリ

二月一七日　金曜

曇　陰鬱ニシテ風アリイヤニ寒シ　朝食ヲスマシテ藤田君ト橋ノ袂デ分レ予ハ電車ニ乗リテ Jaeger 老姉ヲ Kantstr. ニ訪フ　日本飯ノ焚キ方ガ教ハリタイトテ米ヤ醤油ヤ味噌マデヲ買ツテ来テアツタ　二タ摑ミ斗リノ米デ飯ヲ拵ヘテ見タガ馬鹿ニ能ク出来タ　昼食ヲ御馳走ニナリ一時暇ヲ告ゲ Sauderau 停車場カラ帰途ニ就ク　Frohwein 君亦停車場マデ見送リニ来ラル　親切モ斯ウシツコクサル丶ト聊カ否ナ甚ダ閉口スル　四時宿ニ帰ル

田舎ナレド内ノ者ガ非常ニ親切ナノデ丸デ自分ノ内ヘ帰ツタ様ダ　生レテ以来自分ノ内ノ外斯ンナ居心ノヨイ所ニ居タコトガナイ　只感泣スルノ外ハナイ　G. Kol.〔グレタ・コルムシュテッター〕ノ親切ハ身ニ沁ミテ一生忘ル丶コトガ出来ナイ　帰ツテ来テ見タラ手紙ヤ何カヾ沢山来テ居ル　留守宅カラモ懐カシイ手紙ガ来テ居ル　野地君ガ予ノ倹約ヲ大ゲサニ吹聴シタト見ヘテ大変心配シテ書イテ来タガ先生気ノ小サイ男ダカラ針小棒大ニヤツタロー　幾ラ倹約シタトテ身体ヲ破《こわ》スヤウナ馬鹿ハセヌ　其他若杉君ヤ何カ、ラモ手紙来タガ尤モ驚キタルハ野地君母堂一月廿八日ノ永眠ナリ　二十四日神戸ニ着キ母堂ノ死ニ目ニ遇ハレシハマダシモノ幸福ナリト云ハザル可カラズ

二月一八日　土曜

曇　風強シ　イヤナ天気ナリ　外出セズ終日手紙ヲ書ク　東京留守宅、若杉君、野地君、佐〻木惣一君、奥山君、藤田君、Pittoni, Horsch ヘ手紙ヲ出シ伊藤、Fock ヘ端書ヲ出ス　風夜ニナリテモ猶熄マズ

二月一九日　日曜

少晴　風ヤマズ　外出セズ引キ続キ Eitel, Hahne, Frohwein 中川望ノ四君ヘノ手紙書ク　留守宅ヨリマタ手紙来ル　午後ニ至リテ雨トナル　夜ニ至リテ晴レ風モ静マル　其他格別ノコトナシ

二月二〇日　月曜

晴　読書　午後散歩ニ出ル　前夜一寸降雪アリシタメ道ワルシ　Ireland 問題ヲ研究ス

二月二一日　火曜

午前中雪降ル　午後晴ル　外出セズ　高柳君ヨリ手紙来ル　宗教ノ歴史ニツキ研究ス　眼霞ンデ本ガ読メズ困ル　事ナシ

二月二二日　水曜

朝雨降リシモ午後晴ル　頗ル温シ　昨日ノ研究ヲ続ケ夕方散歩ニ出テ見ル　伊藤君ヨリ手紙来ル　此頃新聞ニテ清露関係切迫セリトテ八釜シ　1881 年ノ Koldscha 条約〔コルジャ条約、通称イリ条約〕ヲ更新スルヤ否ヤノ争ナリ　多分清国ニ於テ譲歩スルナラン

二月二三日　木曜

快晴　Echo ヲ読ム　午後散歩ス　風ノタメ道路殆ンド乾ク　明日ハ Hahne 君ノ誕生日ニ付キ賀状ヲ出ス

夕方復少雨　夜風アリ　著シク温暖ニシテ更ニ二月ノ気候トモ思ヘズ　郊外ニハ日ナラズシテ春色ヲ見ントス

二月二四日　金曜

雨　朝東京ヨリ手紙雑誌新聞来ル　午前中ハ返事ヲ認メテ出ス　一月下旬松井農科大学長胃癌ニテ死亡セラレシコトヤ大工原君谷津君ガ二月二日博士ニナラレシコトナドガ新聞ニ見ユ　午後ハ Echo ヲ読ム　藤田君明日来遊セラル可シトノ音信アリ

二月二五日　土曜

曇　朝徳富氏小林徳次郎君(悔状)へ手紙ヲ出ス　太陽ト Echo ヲ読ム　午後 Gelchsheim ニ藤田君ヲ迎ニ出ル　一緒ニ馬車ニ乗テ帰ル　夫カラ懇談ニ時ヲ移シ夜ハ内ノ者ト遊ンデ深更ニ及ブ　我妻君ト藤田君并ニ予ノ留守宅ヘ端書ヲ出シ又奥山君ヘモ手紙ヲカク

二月二六日　日曜

雨　寒シ　藤田君ハドーデモ今日ハ帰ラネバナラヌト云フノデ早々昼飯ヲスマシ馬車ニテ一所ニ Gelchsheim ニ行ク　12.08ノ汽車ニテ同君ハ帰リ予ハ同ジ馬車ニテ引キ返ス　道ワルキコト夥シ　馬鹿ニ寒カリシ為メカ少シ風ヲ引イタ気味ニナル　夜具合アシ　少シ熱モアリ　今日ハ Fastenfest〔四旬節祭〕ナリトテ午後カラ向フノ Gasthaus zum deutschen Kaiser デハ音楽ガ始ル　定メシ之ニ連レテ Tanzen〔ダンス〕モ始マリ居ルナラン　眼晴〔精〕疲労トヤラデ読書出来ズ閉口

二月二七日　月曜

曇　昨日ノ風邪益募リ更ニ食慾ナシ　体温ハ三十七度八分ナルニ意ヲ安ンジテ起キテ中田君今井君ヘ手紙ヲ書ク　益気分アシ　午後ニ至リテ三十九度ニ上リ座ニ堪ヘズ Sofa ノ上ニ寝ル　夕方堪ラズ床ニ入リ Aspirin ヲ呑ミテ汗ヲトル　全ク食物ヲ取ラズ　斯ンナ時ニハ全ク故郷ガ恋シクナル　宿ノ人ハ去リ乍ラ親身モ及バヌ程世話シ呉レ二十分置キ位ニ来テ頭ヲヒヤス手布ヲ取リ換ヒ呉レラル　感泣スルノ外ナカリキ

二月二八日　火曜

晴　昨夜発汗ノ為メ大ニ快方熱ハ平常ニ復ス　只節々ガ痛ミ非常ニ疲労ヲ覚エシヲ以テ其儘床ヲ離レズ　朝ハ食慾ナカリシモ昼ヨリハ殆ンド平常ニ復ス　床中ニテ太陽新人新女界ヲ読ムニ左シテ疲労ヲ覚エズ　夕方余リ退

窟ナリシヲ以テ起キテ見ル　却テ気分ヨシ　朝野地君村田勤氏信次ヨリ来翰アリシヲ以テ村田君信次ヘ返事ヲ出シ小野塚先生ヘ病気見舞状ヲ出シ野地君ヨリノ端書ヲPittoni ニ転送シ更ニ野地君竹村訪問ノ一節ヲ佐々木次郎三郎君ニ報ズ
思ヒ出多キ二月モ之ヲ以テ終ル

三月一日 水曜

概シテ晴　時々雨　西洋ノ春ハ陰晴定メ難シト見ユ身体未ダ疲労ヲ覚ユ　食慾進マズ　去レド気分ハ殆ンド恢復ス　午前中二月ノ雑誌ドモヲ読ミ午後ハ Echo ヤラReviews ヤラヲヒモトク　Pittoni 先生ヨリ手紙来ル
今日カラ麦酒ヲヤメル

三月二日 木曜

風ヤラ雨ヤラ頗ル嫌ナ天気　例ニ依テ身体ノ工合甚ダ悪シ　何処カ内ニアシキ所デモアルニヤト危マル　茫然トシテ為スコトナクシテ暮ス　食慾更ニナシ　朝仙台大立目山本有成ノ二氏ヨリ瀬戸君縁談ノコトニ就テノ依頼状来ル　午後一寸散歩ニ出テ見シモ雨降レルニツキスグ引キ返ス　頗ル寒クシテ雪デモ降リサウ也

三月三日 金曜

晴　今日ハ殆ンド平常ノ気分ニ復シタルガ如シ　食慾モ増ス　但シ午後散歩シテ見ルニ平日ノ二倍遅キ歩ミ方ニテモ猶疲労ヲ覚ユ　Echo ヲ読ム　朝鮮ニテ反日党ノ陰謀発覚セリトノ電報ヲ新聞ニ見ル　食べ物ノセイカ少シ下痢スル

三月四日 土曜

雨　Wedekind ノ Tod und Teufel〔死と悪魔〕ヲ読ンデ見ル　奥山君ヨリ手紙来ル　気分未ダ恢復セズ　宿ノ者曰ク Influenza〔インフルエンザ〕ノ後引キナラント　セメテ天気デモヨカリセバト思フモ生憎ノ春雨ニテ頓ト気ガ引キ立タヌ也

三月五日 日曜

朝雨ナリシガ昼前ヨリ晴ル　昨日ニ引キ続キ読書ス　今日モ気分甚ダ快ナラズ殊ニ大便ヲ催シテチツトモ出ヌニハ閉口ナリ　午後宿ノ人 Gelchsheim ヘ散歩ニ行カントテフ故一所ニ行ク　途中気持ノワルキコト夥シ　根本的ニ治療セザレバナラズト感ズ　ドーモ少シ怪シキヤウナリ

三月六日　月曜

快晴　朝瀬戸潔君 Gräser 君ヨリ手紙来ル　瀬戸君山本有成氏井田守三君へ手紙ヲ出シ若杉君へ Wedekind ヲ送ル　今日ハ大ニ気分ヨシ　午後散歩シタルニ殆ンド苦痛ヲ感ゼズ

三月七日　火曜

晴　朝東京宅瀬戸君中川君等ヨリ手紙来リ又久シ振リニテ内ヶ崎君ヨリ来翰　Germany of Germans〔ドイツ人のドイツ〕一冊ヲ贈ラル　之ニ対シテハ同君ノ希望モアレバ Dr. Karl Sell ノ Katholizismus und Protestantismus〔カトリシズムとプロテスタンティズム〕ヲ送ラント思フ　午後竹村君ヨリ手紙アリ　眼ガ痛クテ本ガ読メズ只東京ヨリ送リ来レル新聞ヲ読ミテ静養ス　Abwechslung〔気分転換〕ト Ausruhung〔休養〕ノタメ明日ハ宿ノ人々ト Würzburg ニ往ツテ見ント思フ

〔英国郵便切手二枚貼付〕

三月八日　水曜

晴　朝八時過内ヲ出ル　九時ノ汽車ニテ Ochsenfurt ニテ急行ニ乗換十二時 Würzburg ニツク　宿ノ人ガ買物スルノニ御伴シ自分モシヤツ一枚ヲ買ヒ四時過ニナリテ Neue Universität ノ近所ニテ Heinrich 君ニ遇フ訳ニナリテ居ルトテ行ク　電車ヲ下ルルト向フカラ丁度ニ Schmidt 君トヤツテ来ル　一所ニ Familie Schmidt ヲ訪ネル　六時一寸 Kino ヲ覗キ七時ノ汽車ニテ帰ル　内へ着イタノハ彼是十時頃ナリシナラン

三月九日　木曜

快晴　昨日ノ疲レニテ緩クリ寝ル　読ミ残リノ雑誌ヤ新聞ヲ見テルト昨日一日読書ヲ休ンダニ拘ラズ眼ガ痛ク頭痛モスル　誠ニ困ツタ仕儀ナリ　仕方ナク宿ノ犬ヲ連レテ散歩ニ出掛クル

三月一〇日　金曜

晴　手紙ヲ書ク　午後宿ノ自転車ヲ借リテ乗リテ見ル　永ク乗ラヌ為メ初メハ一寸甘《うま》ク行カヌガ三十分バカリノ後乗レル　郊外へ出テ見ル　非常ニ疲レル

三月一一日　土曜

晴　昼飯ヲ早ク食テ Würzburg ニ赴ク　汽車モ込ム　二時着キ藤田君ノ宿ニ赴ク　丁度在宅ニテ一所ニ散歩シ山ニ上リ Steinburg ニテ Bier〔ビール〕ヲ傾ケ山ヲ下リ市

中ヲブラブラシテ帰ル　夜ハ宮原君来ラレ一所ニ師団長官舎ノ前ノ音楽ヲ聞キニ行ク　非常ノ人出ナリ

〔米国郵便切手一枚貼付〕

三月一二日 日曜

快晴　Prinzregent〔摂政宮〕ノ九十回誕生日トテ市中賑フコト夥シ　田舎カラノ人出モ大シタモノナリ　午前ハResidenzplatz〔王城広場〕ノ観兵式ヲ見ニ行ク　丁度ニ宿ノ親爺モ見物ニ帰リ Heinrich ト一所ニ来ルニ会ス　吉田少佐ノカーキ色ノ外套ヲ着タルガ一寸目ニツク　将校ノ妻君トモ思シキ婦人ガ将官連ト一緒ニナリテ埒ノ内ニ傲然ト構フルハ異ナモノナリ　午後ハ藤田高村ノ二君ト共ニ後ロノ山ヲ散歩シシツカリ疲レル　夕食ヲスマシ7時ノ汽車ニテ帰途ニ就ク　汽車ノ中ニテ Stalldorf ニ在ル Forstmeister ト云フ先生ニ紹介サレ話ス　宿ノ親爺トハ停車場デ一所ニナリテ同行セルコト勿論ナリ　Gelchsheim ニテ下車セシ時ハ九時前　親爺渇ヲ覚フトテ酒屋ニ這入ル　附キ合ニ這入ツタガユツクリ構ヒテ中々立タズ睡クテ大ニ閉口　一時間半バカリデ漸ク帰途ニツク　寒シ　空聊カ曇ル　明日ハ風カ雨カ

三月一三日 月曜

朝来烈風時々雨モ降ル　昼頃烈シク雹降リシキリ窓ガ破レンカト思ハル　終日読書シ外出セズ　臀部ニ小腫物出来ル　痔ニハ非ズヤト怪ム　歩行苦シ

三月一四日 火曜

少晴　Times ヤ Germany of Germans ヤヲ読ミ午後散歩ニ出カケタガ馬鹿ニ寒シ

三月一五日 水曜

少晴　Forstmeister 朝八時予ヲ同伴スル積リニテ立寄リシトノコトナルモ就床中ナルヲ以テ午後行クコトニ話シタリト後ニ宿ノ者云フ　午前中新着ノ Echo ヲ読ミ昼食ヲ済マシテ直ニ Röttingen ニ向フ　寒シ　雨降サウナリ　三時半着キ暫ク街ヲ散歩シテヤガテ Eisenbahn Gasthaus ニ Forstmeister ヲ尋ヌ　丁度仕事ガ済ミシ所トテ話シ先生ノ食事ヲ待チテ一所ニ Rentbeamter〔会計官〕ヲ訪フ　Bergmann ト云フ Bonn ニ近世語学ヲ学ンデル学生モ同伴ス　Rentmeister〔会計局長〕ハ清水彦五郎ト云フ夕風ノ快活ナル男ニテ殊ニ日本通ナリ　日本語ヲ少シ知ツテ居リ地名ナド中々詳シ　大日本万歳ナド口ニス　多

年日本ヲ研究シタリトテ曰ク日露戦争ノ時多クノ人ハ露国必勝ヲ信ゼシガ初メヨリ日本ノ勝利ヲ断言セシモノハ此地方ニテ予一人ナリト得意ニナル　支那語モ相当ニ知ツテ居リ中々面白キ男ナリ　一所ニ又 Eisenbahn Gasthaus ニ来テ会飲会談シ八時過ギ Forstmeister ノ馬車ニ同乗シテ帰ル　中々面白キ半日ヲ過セリ

三月一六日 木曜

曇　午後ヨリ雪降ル　寒〔ママ〕ル　午前 Echo ヲ読ム　午後ハ宿ノ Helene, Greta 二君ニ誘ハレテ Ochsenfurt ニ行ク　夕方帰ル　新聞来リ夜遅クマデ読ム

三月一七日 金曜

晴　午後例ノ如ク散歩セシ外終日読書ス　昨日ノ雪ノタメ道路頗ル悪シ　小野塚先生ヨリ久シ振リノ手紙来ル　旧臘一寸シタ風邪ガ元デ肺炎ニ罹リ一時ハ中々重態ナリシ由　今沼津ニ静養中ナルガ近々帰京出勤スルトアリシ故今頃ハ全快セラレシナラン　追試験濫用ノ弊ヲ防グタメ一割減ノコトニ決議セリナド報ジ来ル

三月一八日 土曜

晴　朝奥山君ヨリ M. 100 送リ来ル　電話ヲ Würzburg ニカケテ見ルニ藤田高村ノ二君来遊スルト云フ　午前読書シ午後 Gelchsheim マデ迎ニ出ル　内ニ帰ツテ Kaffee ヲ呑ミソレカラ散歩ニ出ル　Stalldorf ノ悪路ヲ彷徨ヒテ暗クナツテカラ帰ル　夜ハ宿ノ者等皆来集シテ快談ニ耽ル

〔ウィーンの奥山氏からの郵便為替一〇〇マルク送付のクーポン(半券)貼付〕

三月一九日 日曜

快晴　午前二君ト散歩ニ出ル　日麗ニシテ気持ヨキコト限リナシ　午後ハ宿ノG、H二氏ト一所ニ Röttingen ニ赴ク　Eisenbahn Restaurant ニテ Bier 一杯ト臭イシンケン〔Schinken ハム〕トヲ味ヒ Rentbeamter Josef Then 君ヲ訪フ　同君待チ兼ネタト云フ風ニテ夫婦共々款待到ラザルナシ　五時半ノ最終列車ニテ帰ル可カリシヲ親切ニモダサレテゆツくり腰ヲ下シ七時マデ懇談ス　夜道ヲ Then 君ニ町端レマデ送ラレ途中放歌高吟ニ勇ヲ鼓シテ帰家ス　夜モ遅クマデ懇談ス

三月二〇日 月曜

晴　藤田高村ノ二君二泊シテ此日昼帰烏ス　停車場マ

デ見送ル　午後ハ新着ノ新聞ヤ太陽ヲ見テ連日ノ疲労ヲ
休養ス

三月二一日　火曜

晴　著シク温暖ヲ感ズ　午前読書　午後昼食ヲスマシテ宿ノ親爺ト一所ニ Luisgarden ニ Herr Horsch ヲ訪フベク内ヲ出ル　近道ナレバ Stalldorf ヲ通リ森ヲ過ギリテ二時間アマリニテ彼地ニ達ス　Horsch 君ハ Frohwein 君ノ紹介ニテ相知ルヲ得タルガ丁度F君ノヤウナ物静ナ独乙人ニハ珍ラシキ口数ノ少キ人ナリ　宗教ノ熱心ナ人ト見エテ話ハ其方ニノミ傾ク　珈琲ヲ御馳走ニナリ一時〔間〕半バカリシテ泊ツテ行ケト云フヲ強テ断リ後日ノ再訪問ヲ約シテ辞シ帰ル　Horsch 君半里バカリ送ツテ呉レル　途中ニテ予ノ帰ルヲ待テル内ノ親爺ニ会ヒ一所ニ同ジ道ヲ帰途ニ行キ八時頃帰宅ス　昨日ハ相当ニ寒カリシガ今日ハ汗ガ出ル　薄イ春ノシヤツニ着換フル

三月二二日　水曜

快晴　朝新着ノ Times ヲ読ム　午後散歩セシニ昨日ト同ジク温シ　午後 Echo ヲ読ム　Gustav Fock ヘ Nelson Encyclopaedia〔ネルソン百科事典〕ヲ注文ス　新刊25冊ニシテ一冊ガ1sナリトハ頗シ〔ル〕安シ　其他事ナシ

三月二三日　木曜

快晴　Echo ヲ読ミ了ル　本月ノ太陽ニ宮島博士ノ鼠ト人生ト題スル面白キ論文アリ　最モ興味ヲ以テ之ヲ読ム　佐々木君ヨリ端書アリ　別条ナキ模様ナリ

三月二四日　金曜

晴　午前中読書シ早目ニ昼食ヲ喫シテ Würzburg ニ赴ク　午後ニナリテ空聊カ曇ル　停車場ヨリ直ニトアル横町ノ床屋ニ入リ髪ヲツム　安カラウト思ツテ穢イ床屋ヘ這入ツタガ親爺酒毒ノ為ニモヤ手ガフルヘテ顔ヲ剃ルニ険呑ナルコト気ガハラハラシタ　夫カラ宿デ教ハツタ唐物屋ヘ往ツテ倹約ノ胸当トカフスト寝衣トヲ買フ　夫カラ例ニヨリテ藤田君ノ宿ニ入リ宿カラノ御土産鶏一羽ヲ老婆ニ渡シ直ニ隣リノ風呂屋ニ入ル　先月ノ十六日ニ入ツテカラ今日ニ至ル　一寸四十日ニナル　上ノ方ハ朝夕二回冷水摩擦ヲヤルカラ左程デモナイガ足ハ垢デ真黒デ底ノ方ハ厚サ一分ハ慥ニアル　ポッケットカラ小刀ヲ取リ足ノ底ノ垢ヲ削リ落シタ　帰ツテ待ツテル中ニ藤田君帰リ高村君モ来リ一所ニ食事ヲ共ニシ夜ハ両君ニ誘ハ

レテ Odeon ヲ観テ帰ル　此方夕方ヨリ空益曇リ一時雷電烈シク強雨之ニ伴ヒ寒気頓ニ加ハル　連日ノ温暖ニ思ヒ切ツテ薄着ヲシテ往ツタノデ大ニ閉口スル

〔ヴュルツブルクの切符(床屋の領収書か)とヨハンネス浴場の入浴券(六〇ペニヒ)貼付〕

三月二五日　土曜

雨　朝 Staudelbührstr. ニ少佐吉田五郎君ヲ訪フ　軍隊ニ於ケル農業教育ニ関スル実況ヲ聴キ夫カラ夫ヘト四方山ノ話ヲシテ十二時半帰ル　此日正午ノ汽車ニテ帰ル積ナリシモ快談ニ時ヲ移シテ其機ヲ失ス　午後ハ霖雨陰濛タルヲ冒シテ町ヲ散歩ス　今日ハ Maria ノ empfangen〔受胎〕シタ日トテ国祭日ニ当リ人出多キノミナラズ Messe〔ミサ〕モアリテ賑フコト一方ナラズ　七時帰ル　此夜帰ル積リナ〔リ〕シモ寒クテ到底夜道ハ覚束ナキヲ思ヒ止メル　丁度ニ Frohwein 君ト宮原君ト来リ居リ快談ニ時ヲ過ス　Frohwein 君ノ親切ハ余リニ過ギテ予ハ寧ロ之ヲ厭フ　ハカラズ会ツタノハ飛ンダ災難ナリ

三月二六日　日曜

雨　朝早ク起キ約ニ従ヒ九時 Frohwein 君ヲ訪ヒ一所ニ Mennoniten〔メンノー派〕ノ教会ニ赴ク　会衆五十人斗リアリシヤウナリ　此地ニハ旧教ノ寺院30余、新教ノ国立教会2、其外 Methodisten〔メソジスト派〕, Mennoniten, Baptisten〔浸礼派〕ノ教会アリ　国立ニアラザルハ America 辺ノ金ヲ扶助トシテ貰フモアリ　概シテケチナ建物デ礼拝ヲヤツテ居ル　Frohwein 君ニ別レテ帰リ昼食ヲ認メ高村藤田宮原ノ三兄ニ別ヲ告ゲテ $1\frac{3}{4}$ ノ汽車ニテ帰途ニツク　Frohwein 君例ニヨリ停車場ニ来リ色々下ラナイ宗教ノ雑誌ナド貸シテ呉レル　親切モ斯ウサレテハ全クイヤニナル　今日モ寒イコトハ寒イハ《〔ママ〕》昨日ヨリハ幾分カヨク Gelchsheim ヨリノ馬車ノ中デモ薄着ナルニ拘ラズ風モ引カズ内ニ帰リ温キ室ニ温キ珈琲ヲ呑ミ一時ノ仮住居ナガラ宿ニ帰リテ始メテ気ガ伸ビ伸ビスルノ感アリ　夜ニ至リテ外ニ風アリ　雪降リ道路ヤ屋根ノ上ニ一寸斑ラニ白クナル

〔ヴュルツブルクの中央映画劇場とトーンビド円形劇場(六〇ペニヒ)の座席券貼付〕

三月二七日　月曜

晴　午前ハ新着ノ朝日新聞ヲ読ミ午後ハ留守宅始メ小

野塚中田竹村富永藤田等ノ諸氏へ手紙ヲ出ス
〔バイエルン発行の切手二枚貼付。横に「Prinz-Regent Luitpold von Bayern ハ〔当〕1821, Ⅲ, 12 Würzburg ニ生ル　本年三月十二日正ニ其九十回誕辰ニ生ルヲ以テ紀念ノ為メ絵端書ヤ切手ヲ作ル」と記入〕

三月二八日　火曜

晴　読書　午後 Röttingen ノ Then 氏及 Bergmann 君来訪セラル　四方山ノ話ガ実ニ入リテ夕方マデ懇談セラル　G君歯ガ痛イトテ終日引キ籠ル

三月二九日　水曜

快晴　Times, Echo 等ヲ読ム　G君顔面一面ニ腫レ丹毒ニ非ズヤト思ハシム　予頻リニ Würzburg ニ赴キ医者ニ見セヨト勧ムレドモ父君中々許サズ　矢張リ金ガ惜シキト見ユルナリ　姑息ノコトヲヤツテ後悔スルヤウノコトナケレバ宜イガト怪マル　藤田君ニ手紙ヲ出シテ宮原君ノ来診ヲ頼ンデ見ル

三月三〇日　木曜

晴　朝読書　昼食後 Gelchsheim カラ Sonderhofen ノ方へカケテ散歩スル　外套ナシデモ汗ガ出ル程温シ　四時頃帰ツタガ丁度僕ガ出掛ケルト間モナク藤田君ヨリ電話アリ　宮原君今夜来診セラル可シト云フ　夜道ダカラ一人デハ不便ト思ヒ予ハ終列車ニテ Ochsenfurt マデ迎〔向〕ニ出ルコトニシ六時頃内ヲ出テマタ Gelchsheim ニ迎フ六時半ノ汽車ニ乗リ Ochsenfurt ニ七時半ニ着キ七時五十分 Würzburg ニ着ケル汽車ヨリ下リラレタル宮原君ニ遇ヒ一所ニ Gelchsheim ニ来ル　九時半頃着ク　夕食ヲ認メ直ニ病人ヲ見ラル　顔面ノ腫レハ全ク歯ヨリ来レルニ相違ナキモ構ハズニ置クト骨膜炎ヲ起シ切ラネバナラヌコトニモナリ中々馬鹿ニ出来ヌモノナリト云フ　宮原君万端ノ薬品ヲ用意シ来ラレ親切ニ処置セラル　夜一時頃マデ話ス

三月三一日　金曜

晴　昨日ヨリ幾ラカクモル　朝モ一一辺診ルニ著シク良シ　顔面ノ腫レモ非常ニ減退セリ　宮原君ニハ猶二三日ノ逗留ヲ勧メタレド今夜 Theater ニテ有名ナル Heimat und Glauben ヲ連中総見物スルノ約アリトテ十二時ノ汽車ニテ強テ帰ラル　夕方ヨリ空少シ曇リ雨ポロ〱落ツル　何レ近々ニ雨降ルコトナラン　内崎君ヨリ手紙来ル　返事ヲ出ス　Heidelberg ノ佐々木君ニ答礼シ置ク

四月一日 土曜

晴　朝来読書　正平ヨリ手紙来ル　小日向ニ移リシ由ナリ　信次夫婦ガ千駄木五十岡田方ノ二階ヲカリテ自炊ヲ始メタトカ書イテアル　内ノ病人モ今日アタリハ大変ニ気分ヨクナレリ

四月二日 日曜

午前ハ素敵ノ晴天ナリシガ昼過ヨリ段々曇リ時々雨フル　今日 ewige Anbetung〔常時聖体礼拝〕ノ日トテ午前六時ヨリ午後七時マデ向ノ寺ニテ御祈禱アリ　全村ノ各家庭代ル々々教会ニ行ク　六時祈禱ノ始ル前 Prozession〔行列〕アリ　音楽ノ響ニ目ガサメ起キテ見ルニ朝ノハ只寺ノ周囲ヲ一週〔周〕セシマデナリ　本当ノ Procession ハ夕方ニ行ハルベシト云フ　併シ雨ノタメニ挙行ナカリキ　Gサン病気ニテ寺ニ行クコト叶ハズ ewige Anbetung ダノニ寺ニ行ケヌトハ何タル不幸ゾト嘆ズ　内ノ者床ノ上ニテ祈レバ宜イデハナイカト慰ム　内ノ老婆ハ病身ノ癖ニ朝ハ八時ヨリ十二時マデ午後ハ五時ヨリ七時マデ寺ニ在リ其間殆ンド立ツタリ膝ツイタリ殆ンド椅子ニ腰ヲ下スコトヲ得ズ　就中気ノ毒ナルハ学校ノ先生ナリ　男ノ先生ト女ノ先生ト代ル代ルヤルトハ云ヘ十一時間ニ亙リテ只二人ニテ奏楽スルノハ大抵ノ疲労ニ非ルベシ　Hahne 君 Eitel 君 Pittoni 先生ヘ書面ヲ出ス

四月三日 月曜

曇時々少雨　Meyer ニヨリテ Bayern ヲ研究ス　眼疲レテ本ガ読メヌハ閉口ナリ　空模様アシケレバ散歩モ出来ズ　晴天ノ時ニハ馬鹿ニ温イガ今日ノヤウニ曇ルト寒イコト夥シ　Stove ニ火ヲ焚ク

四月四日 火曜

晴　併シ北風吹キ荒ミテ寒キコト限リナシ　午後冬ノ装束ニテ散歩ニ出掛ケシニ路傍ノ木ノ枝ニ氷柱ノ下レルモアリ風ガ刺スヤウニ痛シ　二時間バカリ駆ケ廻リシモ汗モ出ズ却テ頭痛ヲ感ズ　Bayern ノ研究ヲ終リ其他二三ノ雑書ヲ読ム

四月五日 水曜

晴　寒イコト昨日ニモマサルト云フ　終日家居ス　Pittoni ヨリ手紙来ル　中田君ヨリノ来信ニ依レバ土方野村ノ両教授今 London ニ滞在中ナリト云フ　Pittoni 竹村ノ二君ニ手紙ヲ出ス　夕方ヨリ雪降ル　道路白クナ

ル

四月六日　木曜

晴　寒キコト例ノ如シ　朝内ヨリ新聞手紙来ル　直ニ返事ヲ出ス　昼飯ニ何カ悪イモノガアリシト見エ食後腹痛甚シク外出ニ堪エズ　Sofa ノ上ニ静臥スルコト夕方ニ及ンデ漸ク静マル　Echo ヤ何カヲ読ム

四月七日　金曜

晴　寒気猶退カズ　朝 Schwelm ノ Helene Hahne 氏ヨリ小包送リ来ル　開イテ見ルト机掛ナリ　麻布ノ上ニ Vergissmichnicht〔忘れな草〕ノ花ガ縫エ付ケテアル　吉田君ヨリモ来翰アリ　明日来遊アル可シト云フ　G君 Ochsenfurt ニ行ク　本日 Osterferien〔復活祭〕デ帰郷セラルベキ Heinrich 君ヲ其処ニ待チ合シテ一緒ニ帰ルト云フ故昼飯後散歩ガテラ Sonderhofen ニ行ク　茲処ヨリ汽車ニテ Gelchsheim マデ同行セントノ考ナリシ　少シ時間ガ後レテ間ニ合ハズ又同ジ畝道ヲ帰ル

〔シュヴェルムのヘレーネ・ハーネから来た小包の送り票貼付〕

四月八日　土曜

曇　朝信次カラ手紙来ル　午後散歩ニ出ルト雪降ル頗ル寒シ　吉田君ヨリ午後四時発ノ汽車ニテ来ルトノ電話アリタ方迎ニ出ル　大キナ鞄ト大キナ菓子函トヲ持ッテ来ラル　夜ハ内ノ者ト団ヲ作リテ大ニ快談ス　内ノ者ハ Major〔陸軍少佐〕ノ来訪トアリテ喜ブコト限リナシ　蓋シ独乙ニテハ非常ニ軍人ヲ崇拝スルノミナラズ年輩カラ云ッテモ四十以上ナラデハ此国ニテハ少佐ニナレズ頗ル社会的地位ノ高キモノアレバナリ

四月九日　日曜

晴天　風少シ　余程暖シ　午前ハ色々ノ話ヲシ午後ハ内ノ人々ト Aub ニ遊ブ　約 7 Kilo.　吉田君話好キデ行ク行ク種ガ尽キズ二里足ラズノ道ヲ何時シカ辿リ着キ市中ヲ一巡シ Restaurant ニテ少憩シ六時ノ汽車ニテ Gelchsheim ニ帰リアトハ徒歩ニテ帰宅ス　此日曜ニ Schnitzer 君 Riedenheim ニ来遊セラレタルガ予ヲ中傷シタルヲ憚リテニヤ来訪セラレズ　予モ亦之ヲ好マザリシ　此汽車ニテ帰烏セラル丶ノデアルガ面ヲ合セザリシ　内ノ親爺モ兼々怒ッテ居リシ故冷遇セラレシナラン　夜ハ十二時マデ内ノ者ヲ集メテ吉田君ノ日露戦争談アリ　興尽キズ一時マデハ僕ト二人デ宗教談ヲ試ム　吉田君名ハ護

朗弟君ト共ニ戦争ニ偉功アリ尉官ニシテ功四級ヲ受ク而カモ二人トモ身ニ一創ヲ受ケズトハ幸運ト云フ可シ末弟七郎君三四年前法科大学一回生ノ時飄然トシテ宿ヲ出デ行ク所ヲ知ラズト云フ　無論手ハ尽セルダケ尽シタノダガ一向手懸リナシトナリ　不思議ノコトモアルモノカナ

四月一〇日　月曜

快晴　朝吉田君ヲ送リテ Gelchsheim ニ赴ク　帰後二日続ケテノ睡眠不足ノタメ睡イコト話ニナラズ茫然トシテ Sofa ノ上ニ横ハル　午後ハ二時間バカリ昼寝ス　此日内デ Metzger〔屠畜業者〕ヲ招テ豚ヲ屠ル　Wurst〔ソーセージ〕ヲ作ル具合中々面白シ　之モ田舎ニ居ル御蔭デ面白イ経験ヲシタリ

四月一一日　火曜

快晴　昼 Nieren〔腎臓〕ヲ食ツテ腹ヲ害ス　此前ニモ然リシガ今度ハ二度下痢ヲスル　性ガ合ハヌト見ユ　午後ハ読書モ出来ズ茫然トシテ暮ス

四月一二日　水曜

快晴　風アリ　留守宅、冨永君、渡辺君、信次、Helene Hahne 氏へ手紙ヲ出シ冨永君へハ Glauben und Wissen〔信仰と知〕一部ヲ送ル

四月一三日　木曜

晴　風アリ冷　午後 Heinrich 君ト共ニ森ノ方へ散歩ニ行ク　新聞ニ東京吉原大火六千軒灰燼ニ帰ストノ報アリ　吉原ノ焼ケタハ惜クモナイガ家屋問題ハ我国ニ於テ大ニ研究ノ要アリト信ズ

四月一四日　金曜

晴　Karfreitag〔キリスト受難日〕ニ当ル　明日 München ヨリ宿ノ息子ト外二人ノ客来ルトノコトヲ聞キ遠慮シテ Heidelberg 行ヲ口実トシテ去ル　12時ノ汽車ニテ Würzburg ニ向フ　Sauderau ノ停車場ニテ下車シ直ニ Familie Schmidt ヲ訪フ　息子さん一人留守シ他ハ皆教会ニ行ケリト云フ　一時バカリ話シテ辞シエハガキヲ田舎ニ出シ雑誌ヲ買ヒ夕方例ニヨリテ藤田君ノ宿ニ入ル　丁度祭日デ内デ飯ガ食ヘヌトテ早メニ内ヲ出テ城ヲ散歩シ Kette ニテ食事ス　吉田高村二君モ来ル　蟹ガ名物ナリトテ上品ナ客沢山来ル所ナリトゾ　帰途高村君ノ宿ニ立チ寄リ深更マデハナス

四月一五日　土曜

晴　午前在宅シテ Lehrbuch der katholischen Religion〔カトリック教教本〕ヲ読ム　午後宮原君ヲ訪フ　下痢セリトテヘコタレテ居ル　一所ニ湯ニ行ク　夜 Prozession〔行列〕ヲ見ル　大辺《ママ》ナ人出ナリ

四月一六日　日曜

快晴　此日モ内デ飯ガ食ヘヌ　大事ナ Ostern〔復活祭〕ノ祭日ナレバナリ　宿ノ婆モ散歩ニ出デ、(寺ノ帰リ)家ニ在ラズ　高村藤田ノ二君ト共ニ Windsor ニテ食事ス

午後ハ郊外ニ遠足ヲ試ム

〔英国郵便切手一枚貼付〕

四月一七日　月曜

晴　午前宮原君ヲ見舞フ　殆ンド全快セリトテ起キテ居ラレル　午後散歩シマセウトテ誘ニ来ラレ藤田君モ加ハリテ河ノ岸ヲ散歩スル　暑イコト夥シ　冬ノ仕度ヲシテ来タガ堪ツタモノニアラズ　林檎ハ満開ヲ誇リ山モ漸ク翠深カラントス　婦人ハ殆ンド例外ナク夏帽ナルガ男子モ麦藁ヤ Panama ガ多クナレリ　一週前ノ寒サト比較シテ激変ノ度言外ノ沙汰ナリ

〔英国郵便切手一枚貼付〕

四月一八日　火曜

晴　朝起キテ髭ヲ剃ラウト思ツテ顔中ヘ石鹸ヲ塗ツタ斗リノ処ヘ予ニ遇ヒタシト云フ客アリト云フニ往ツテ見ルトG君ナリ　今朝一番ノ汽車ニテ歯ノ療治ニ来タト云フ　不取敢 Schmidt 君ノ所ヘ往クト云ツテ去ラル　十時 Hofgarten ニテG君ニ遇ヒ一所ニ宮原藤田君ヲ訪ヒ歯医者ニ同行シ Windsor ニテ食事ヲ共ニシ Guttenberg ノ森ニ散歩シユツクリ色々ノコトヲ話ス　再ビ町ニ帰リ Kino ヲ見七時ノ汽車ニテ帰ルヲ見送ツテ別ル　夜途中ニテ宮原君ニ遇ヒ一所ニ来テ話セラル

〔送金票(R/London, E. C. 256 No. 335)貼付。横に「四月送金ノ書留」と記入〕

四月一九日　水曜

連日晴天ナリシセイカ朝一寸曇ル　去レド遂ニ降ラズ

午前夏シヤツヲ買ツテ着換ヘル　暑クテ堪ラネバナリ

藤田宮原ノ二兄僕ノ Kragen〔カラー〕ガ馬鹿ニ低クテ見ツトモナイコト夥シトテ切リニ忠告セラル、故之モ買フ

午後散歩シ夜 Sonne ニ泊ル

四月二〇日 木曜

晴　朝曇ル　降ルカト思ヒシニ幸ニ降ラズ　午前藤田君宿ニ帰リテ読書ス　午後二時停車場にG君ヲ迎フ　先是予ハ Riedenheim ノ人ヲシテ真ニ予ガ Heidelberg ニ行キシヲ信ゼシメンガ為メ佐々木君ニ手紙ヲ出シ同地ヨリ予ノ名ニテ二枚ノ絵端書ヲ Riedenheim ニ送ランコトヲ以テシ Pittoni 先生ニモ凡テ Würzburg ニ通信ヲ発セラレンコトヲ以テセリ　然ルニ Pittoni 先生ハ Riedenheim ニ向ケ二枚ノ端書ヲ出シ殊ニ其一枚ハ Schriesheim ヨリ佐々木君ト連名ニテ火曜日ニ出シテアル　之ニテ予ノ目的ハガラリ外レ宿ノ人モ予ノ在リ場所ニ付テ大ニ疑ヲ挿ムコトトナル　佐々木君ノ迂濶ニモ驚クノ外ナシ　於是予ハ直ニ Heidelberg ニ赴カンカトモ思ヒシモ種々熟考ノ末万事ヲ白状シ事実ヲ明ニシテ Würzburg ヨリ一書ヲ発スルニ若カズト考ヒ長キ手紙ヲ認メテ送ル　藤田君宮原君座ニアリテ大ニ失敗ヲ笑フ　畢竟スルニ一場ノ笑柄ニ終ルニ過ギズ

四月二一日 金曜

朝読書　午後散歩ス　午後 Pittoni 先生ヨリ端書来ル Ungarn〔ハンガリー〕ノ Cousinen〔従姉妹たち〕昨夜十一時来着セシニヨリ至急来レト申来ル　此 Cousinen ニ紹介シテ貰ヒ他日同地ニ遊ビテノ折便宜ヲ得ントテ兼々依頼シ置キシヲ以テナリ　此人々既ニ Karwoche〔受難週〕ニ来ル筈ナリシヲ以テ予モ早々 Riedenheim ヲ去リシナルニ姉ノ方急ニ病気セシ為メ数日後レシナリト云フ　明日行クコトニス

四月二二日 土曜

晴　朝九時10分ノ Eilzug〔急行列車〕ニテ Heidelberg ニ向フ　十二時着ク　直ニ Pittoni 先生ヲ訪フ　丁度不在一時ニハ帰ルト云フ故 Merkens さんニ一寸遇ツテ直ニ佐々木君ヲ訪フ　然ルニ同君ハ既ニ水曜日ニ同地ヲ引キ払ヘリトテ在ラズ　主婦ノ話ニ依レバ朝永君モ既ニ伊太利方面ニ発足セリト云フ　直ニ引キ返シ絵端書ヲ Riedenheim ニ出シ又 Pittoni 先生ノ許ニ至ル　食事中ナリシガ暫クシテ出テ来ラレ二人ノ Cousinen ニモ紹介〔セ〕ラル　長ヲ Fräulein Bianca v. Pittoni ト云ヒ幼ヲ Frl. Euginie v. Pittoni ト云フ　共ニ Lehrerin〔女教師〕ナリト云フ　Budapest, Eszterhazy 16. ニ住ス　髪ノ黒キ眼ノ黒キ他ノ欧人ト異ル　丈ノ高キト色ノ白キガ我々ト異ルノミ　午後一所ニ Kümmerbach-hof ニ遊ブ　Ungarn ノ先生上品デ快活デ気持ヨシ　妹カ姉カノ亭主ニテ医科大学ノ教授ヲシテ居ルガアリト云フ　他日遊覧ノ砌大ニ便宜ヲ得ルコトト思フ　夜モ飯ヲ御馳走ニナリテ遅クマデ話ス　Luxhof ニテ一夜ヲ明カス　野地君ニハガキヲ出ス

〔ハイデルベルクの市電の切符および送金票二枚貼付。うち一枚の横に「天津今井君ヨリ本代ヲ送リ来ル」と記入〕

四月二三日　日曜

晴　朝早ク起キテ直ニ佐々木次郎三郎君ヲ訪フ　既ニ Klinik〔大学病院〕ニ往ケリトテ在ラズ　先生近頃非常ニ勉強ナリト主婦附言ス　竹村君去リ尾中水口皆在ラズ旧識トシテハ只同君一人ノミ　夫ヨリ Napp 婆ノ旧寓ノ前ヲウロウロシテ昨夏ノ生活ヲ偲ビ停〔低〕徊去ル能ハザルノ情アリ　又 Gräser ヲ訪ヒ家族一同ニ会談ス　十一時辞シ Luxhof ニテ払ヲスマシテ市街ニ出ル　汽車ニハマダ一時半モ時間ガアルノデ Neckargemünd マデ歩イテ見ント思ヒ立チブラブラ出ル　一時間内外デ歩ケルト思ヒシニ Schlierbach ニ来リシ頃既ニ一時間ニナル　段々考テ見ルト汽車デ20分カヽル処ダカラ足デハ少クトモ二時間ノ里程ナリ　之デハ乗リ後レル憂アリト思ヒ俄ニ急ギ足ニテ駆ケル　暑イコト話ニナラズ　漸ク五六分前ニ停車場ニ辿リツキ既ニ1時　汽車ニ乗リテ Würzburg ニ向フ　五時着ク　直ニ Riedenheim ニ電話ヲカケ終列車ヲ以テ帰郷スベキヲ報ズ　藤田君宿ニ入リ荷物ヲ造リ同君ト共ニ出カケ停車場ニテ晩食ヲ共ニシ別ヲ告ゲテ Riedenheim ニ帰ル　Gelchsheim ニハ宿ノ子供等三人迎ニ来テ呉レル

四月二四日　月曜

少晴　扨テ帰ツテ見ルト十日間ノ留守ダカラ手紙沢山来テ居ル　文部省ノ金モ来テ居ル　金ガナクナツテ藤田君カラモ借リテ使ツテ居ツタ程ダカラ急ニ取ル必要アリ　宿ノ息子ノ Heinrich 君ノ帰校スルノニ伴ツテ一所ニ Würzburg ニ赴クコトニスル　Greta, Helene ノ両君ニモ往ツテ見ナイカト誘ツタラ大ニ喜ンデ父さんニ許ヲ得テ同伴スルコトトナル　十一時四人連レ立ツテ出掛ケル　風アリ　昨日ヨリハ冷ナリ　丁度此頃ニ旧教ノ方ニテ

Konfirmation〔堅振礼〕ノ節デ花ノ如キ少年少女 Kommunikanten〔聖餐参与者〕ノ装束ニテ Pfarrer〔主任司祭〕ニ伴ハレテ遠足ヲスルノデ汽車頗ル賑フ　夫ニ学生ノ帰校スルモアリ　Gelchsheim ニテ Bergmann 君ノ Bonn へ帰校スルニ同伴ス　二時 Würzburg ニツキ G. H. 二君ノ買物スルニ同伴シ兄弟三人ヲ Habsburg Central Theater〔ハプスブルク中央劇場〕ニ招待シ五時過 Heinrich 君ハ学校ニ帰リ他ノ二君ト Rote-hahn〔赤い雄鶏〕ニテ夕食ヲ認ム　一寸藤田君ニ挨拶シタシト云フノデ眼科教室マデ往ツテ見シモ長野兄一人ノミナリ　宿マデ行クダケノ時間ナカリシヲ以テ Gruß〔よろしくとの伝言〕ヲ長野君ニ托シ七時ノ汽車ニテ帰途ニツキヌ　夜道ノ風冷ニシテ十時宿ニ帰ル　此日天津今井君ヨリ来翰アリ　本代ノ立替トシテ50円送リ来ル

〔ヴュルツブルク—ゲルヒスハイム間の列車の切符(〇・八五マルク)貼付〕

四月二五日　火曜

晴　終日手紙ヲカク　今井、留守宅、古川豊治兄、奥山、雀部、佐ゞ木、藤田等ノ諸氏へ皆返事ヲ出ス　午後森ニ散歩セシニ暑キコト夥シ　夫レデモ夕方ニナルト冷気ヲ覚フ　Heidelberg ナドニ比スルト余程冷〔涼〕シキ様ナリ　今日電話ニテ交渉シ明日午後 Röttingen ノ Rentbeamter ヲ訪問セントス

四月二六日　水曜

少晴　風アリ一寸雨模様ニモナル　午前読書シ午後ハ徒歩ニテ Röttingen ノ Rentamtmann〔会計官〕Then 君ヲ訪問ス　途中マデ出迎ツテ呉レ親切ニ四方八方ノ話ヲシテ夕方帰ル　Riedenheim ノ入口マデ送ツテ来ラル　明日愈 Würzburg ニ行クコトニセシヲ以テ夜旅装ヲ整ヒ内ノ者ト遅クマデ懇談ス

四月二七日　木曜

曇後雨　十一時内ヲ出ル　宿ノ親爺 Gelchsheim マデ見送ツテ呉レル　Sauderau ニ着キシ頃ハ雨フリシキル　直ニ Huttenstr. ノ宿ニ入ル　少憩ノ後銀行ニ行キ金ヲ受取リ洋傘ヲ買ツテ帰ル　終日内ノ人々ト話シ暮ス

四月二八日　金曜

雨　朝先ヅ Frohwein 君ヲ訪ヒ一所ニ眼科病室ニ藤田君ヲ訪ヒ茲ニテF君ニ分レ郵便局ニテ百十円ノ為替ヲ組ム　帰リテ食事シ雑誌太陽ヲ読ム　午後 Frohwein 君来

リ大学ノ図書館ヲ見夫レカラ Herr Rechtspraktikant〔司法官試補〕Fellmann 君ヲ訪ハナイカト誘ハル、ニヨリ往ツテ見ル　大学ノ図書館ニハ学生以外ノ者ト雖モ図書ヲ借覧スルコトヲ得ト云フ　但シ館外ニ携帯スルハ学生ニ限ル　予等ノ如キデモ特ニ館長ノ許可ヲ得レバ借リ出シ得ザルニ非ズ　参考紀念ノ為ニ切符ヲ貼リツケテ置ク　Fellmann 君ハ Schellingstr. ニ住ム　途中デ遇ツタガ Schwurgericht〔陪審裁判所〕ニ往ツテ見ナイカト云フ故之レ幸ト連レテ往ツテ帯〔貰〕フ　強盗殺人事件ノ審理デ中々興味アリ　夕方帰宅ス　夜藤田高村ノ二君来訪セラル

〔閲覧室内用の図書請求・貸出票〔「ゲフケン『国家と教会』ベルリン一八七五　政〇七〇三」〔独文〕と鉛筆で記入〕貼付〕

四月二九日　土曜

曇時々雨　午前九時昨日ノ続キヲ聴カンガ為メ再ビ裁判所ニ赴ク　十二時半マデキク　証人ノ喚問ニテ之レ亦中々面白カリキ　午後食後 Frohwein 君来ル　神道ノコトヤ何カ話シテル中ニ郵便来ル　Eitel 君ヨリノ手紙ト奥山君トノ手紙ナリ　夫ヨリ再ビF君ト出掛ケ村田勤氏ヘ今朝到着ノ Lutherdenkmal〔ルター記念像〕ノ写真ヲ送リ振替貯金ニテ Gustav Fock ニ四月マデノ勘定142馬克〔マルク〕ヲ送リ更ヲ〔ニ〕足ヲ転ジテ Jaeger 夫人ヲ訪フ　持病ノ足痛此頃ノ寒サニテ再発セリトテ臥床中ナルヲ特ニ病床ニ引見シテ親切ナル談話ヲ交サル　篤信ノ婆サンナリト感心ス　Herr Heinrich 四時過ニ来ル筈ナルヲ以テ急ギ辞シ帰ル　一足違ニ先生ヤツテ来ル　五時帰ル　食後散歩シ夜内ノ人ト懇談シ十一時ニ及ブ

〔ライプツィヒのグスタフ・フォック有限会社への郵便為替送金受領証〔一四二マルク〕とウィーンからの送金票貼付〕

四月三〇日　日曜

昨夜遅ク寝タタメ九時ニ眼ガサメル　十時マデニ教会ニ行ク約束ヲシタノダカラ吃驚シテ起キ早々ニ身仕度ヲシテ宿ノ息子ノ Alfred 君ト行ク　Gymnasium〔ギムナジウム〕生徒ノ礼拝ナルガ二三百人モ来テ居タヤウナリ　西洋デ教会ニ行クモノハ老人ト婦人トバカリダナド云フモノハ皮想ノ観察ナリ　公園ヲ散歩シ美術館ヲ見テ帰ル　館内ニ日本ノ粗末ナ絵四枚ヲ展覧シ番人来テ説明ヲ求ム　昼食後藤田、高村二兄来ラレ Guttenberg ニ散歩シ夕方帰ル　夜ハ Frohwein 君ト約束アリ当地青年会ノ総会ニ

往ツテ見ヤウト思ツテ八時同君ヲ誘フテ一所ニ約〔行〕ク　Hauptabteilung〔本部〕ガ三十六名 Jugendabteilung〔青年部〕ガ五十五人ノ会員ヲ有スト云フ　会費月40文　毎年予定ヨリモ金ノ集リガヨシト云フ　十一時過ギ帰ル

五月一日 月曜

曇　降ラズ　朝今井君ノ来翰ニ続キ書留ノ毛皮来着直ニ税関ニ取リニ行ク　午後藤田君ニ之ヲ届ケル　夜吉田君ヲ訪ヒシモ不在ナリキ　記ス可キコトナシ

〔郵便為替票(一一七クローネ八〇ヘラー、ウィーン局発)貼付〕

五月二日 火曜

晴　久シ振リニテ晴天トナル　但シ未ダ先週ノ如ク温クハナラズ　終日読書ス　午後藤田君ヲ訪ヒ帰途 Frohwein 君ヲ訪ヒ其叔母君ニ紹介セラル　Weimar ノ人ニテ二三週泊リニ来ラレシナリト云フ　篤信ノ老婦人ト見ユ　Spinner 氏ノ評判ナドスル　夕方宿ノ息子ト公園ニ音楽ヲ聴キ夫ヨリ Maistr. 8^{II} ノ Herr Lehr ヲ訪フ　夕食ニ招待セラレ居ルヲ以テナリ　簡単ナル食事ヲスマシテ四方八方ノ話ヲシテ居ル中 Frohwein 君モ来リ歌ヒ且談ジ十一時帰宅ス

五月三日 水曜

快晴　朝寝ヲシテルト郵便屋文部省ヨリノ旅費ノ書留ヲ持ツテ来ル　昼食後散歩シ午後 Straub 先生ヲ訪ヒテ明日ヨリ午後四時半ニ行クコトニスル　宮原君ノ送別会ヲ明日午後六時ヨリ Schott ニテ開ク旨吉田君ヨリ通知アリ　夕方宿ノ息子ト共ニ教会ニ往ツテ五月ハ Maria ヲ祀ル月ニテ Maria-Altar〔マリア祭壇〕ヲ飾ツテアル　宿ノ息子中学ノ七級ナレバ生意気盛リノ年ナルニ少シモ軽浮ナル廉ナク物堅キニハ感心セリ　独乙ニ於ケル宗教ノ勢力決シテ見遁スベカラズ　Würzburg ニハ三十三ノ天主教寺院ト2個ノ新教寺院トアリト云フ

五月四日 木曜

晴　朝帽子ヲ買ニ行キ帰途湯ニ入ル　午後 Frohwein 君来ル　四時半ヨリ Straub 先生ノ所ニ行ク　其足ニテ直ニ吉田君ヲ訪ヒ一所ニ Schott ノ送別会ニ行ク　主賓宮原君ヲ始メトシ吉田、高村、鈴木、藤田、長野、斉藤、馬島ノ七君ト僕ト合計九人之ヲ Würzburg 現住ノ総数トス　僕早ク帰ル

〔市立浴場(石けんとタオル付で一五ペニヒの切符貼付)〕

五月五日 金曜

曇 少雨 朝早ク起キ Max-Schule〔マックス学校〕ニ Ober-lehrer〔上級教師〕Bauer 氏ヲ訪ネテ授業ヲ参観ス 尋常科一年ノ女生ニテ宗教ト読書算術ヲ見ル 帰家ノ後天津ヨリノ小包ヲ受取ルタメ税関ニ行キタリ 午後 Frohwein 君来ル 四時ヨリ先生ニ行ク 夜吉田君来訪セラル 暫ク談話ノ後内ノ人ト懇談シ十一時来〔帰〕ラル 東京ヨリ手紙来ル

五月六日 土曜

曇 朝読書 昼少シ前藤田君ヲ訪ネテ毛皮ヲ届ケル 夫カラ兼テノ約束ニヨリ Frohwein 君ト Vegetarisches Speisehaus〔菜食料理店〕ニ行キ精進料理ヲ食テ見ル 大シタ旨イモノデナシ 午後 Kirchengeschichte〔教会史〕ヲ読ム 食後 Frohwein 君ト散歩シテ帰ル 事ナシ

〔郵送用(?)の吉野作造のラベル貼付(写真版参照)〕

五月七日 日曜

晴 午前宿ノ息子 Herr Alfred ヲ誘フテ先ヅ藤田君ヲ訪ヒテ日本ノ錦絵ヲ見セテ貰ヒ夫カラ吉田君ヲ訪ネ更ニ Augenklinik〔眼科病院〕ト Hauptkrankheitsklinik〔重症病院〕

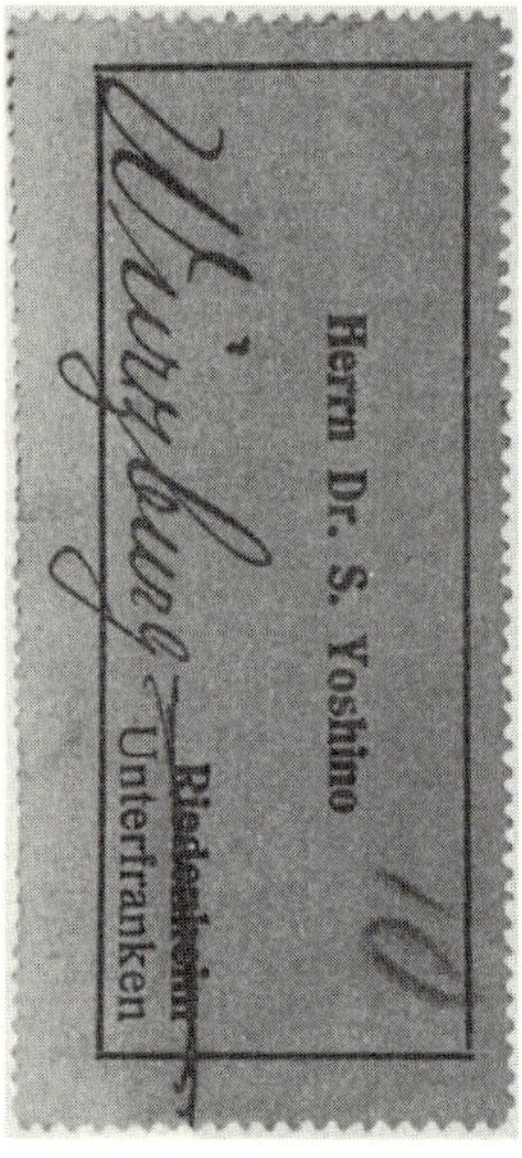

ヲ歴訪シテ Einrichtungen〔設備〕ヲ見セテ貰ヒテ帰ル 食後内ノ人一同ト Veitschönheim ニ遊ブ 夕方帰ル

五月八日 月曜

少晴 午前中兼々心懸ケテ居ツタ日本基教発達史ノ続稿ヲ書ク所ヘ宮原君暇乞ニ来ラル 火曜午後 Bern ニ向テ出発スルナリト云フ 八月ニハ日本ニ帰ラル、由 午後一時ノ汽車ニテ Riedenheim ニ赴ク 予告シナカツタ故内ノ人皆 überraschen〔びっくり〕スル 久シ振ニテ寛濶ナル日本服ニ着換エ Sofa ノ上ニ横ハレル気持ヨサ亦言ハン方ナシ 夜モ遅クマデ語リ暮シテ床ニ就ク

五月九日 火曜

晴 朝 Riedenheim ノ宿ノ人々ニ分レヲ告ゲテ再ビ都

ニ向フ　二時着　Frohwein 君ヲ訪ヒ夫カラ宮原君ヲ訪ネテ別ヲ惜ム　停車場ニ同君ノ Bern ニ赴クヲ送リ直ニ宿ニ帰ル　Alfred 君ト Hofgarten〔王宮庭園〕ニ Musik〔音楽〕ヲキヽ、帰ル　夜 Frohwein 君来リ十時過マデ話サル

五月一〇日 水曜

晴　夕方一寸驟雨来ル　午前中宿ノ息子ノ学校ノ創立三百五十年前紀念祭ニ招カレテ往ツテ見ル　紀念ノ為メ下ニ Programm ヲ添フ　午後ハ独文作文ノ続稿ヲ了ヘ二時半カラ先生ヘ稽古ニ行ク　帰ツテ間モナク Kolmstetter 君来訪セラル　夜ハ Odeon ノ Ringkampf〔レスリング〕ヲ見ニ行カント思ヒシモ雨降リシ故ヤメテ勉強スル

〔ヴュルツブルク王立ギムナジウムの五月祭兼創立三百五十年祭の招待状(式次第と演奏・上演目録つき、全三ページ)貼付〕

五月一一日 木曜

昨夜来雨降リ午前中晴レズ午後ヨリ始メテ晴天トナル　昼前ハ各方面ニ手紙ヲ書キ食後藤田君ノ宿ヲ訪ネテ読書ス　蓋シ Frohwein 君ヲ避ケテ聊カ読書センガ為メナリ夫ヨリ先生ヘ稽古ニ行キ宿ノ息子ト音楽ヲ聴キニ行キテ帰ル　夜藤田君来ル　宿ノ人ト一緒ニ Kartenspielen〔トランプ遊び〕ヲシテ面白キ時ヲ過ゴス　空晴レテ月円カナリ

五月一二日 金曜

朝晴ナリシモ午後一寸雨フリ午後ハル　午前中ハマタ小学校ヲ参観スル　一年級ト四年級トヲ見タリ　午後ハ Frohwein 君ノ来訪ヲウケ先生ヘ稽古ニ行キ直ニ藤田君ヲ訪ヒ食事ヲ共ニス　東京ヨリ手紙来ル　何カ相談ノコトアリトテ豊治兄上京セラル、ヨシ

五月一三日 土曜

晴　朝 Frau Jaeger ヲ訪問シ銀行ニ行キ金ヲ受取リ風呂ニ入ル　午後ハ先生ニ稽古ニ行キ告別ノ為メ Herr Fellmann, Herr Carl Lehr ヲ訪ヒシモ両方トモ不在ナリキ　夜長野君来ラル

五月一四日 日曜

少晴　朝宿ノ息子さんト教会ニ往ツテ見ル　帰リニ公園ニ音楽ヲ聴キ彼是十二時ニ帰ル　食後 Klerikal-Seminar ニ往ツテ見ル　旧教ノ牧師ノ養成所ナリ　大学デ哲学科ヲ一年学ンデ茲ニ這入リ内ニハ praktische Ausbildung〔実践訓練〕ヲヤリ外大学ヘ往ツテ神学ノ講義ヲ聞クト

云フ　茲処ヲ出ルト丁度藤田君ガ通ル　一所ニナリテ吉田君ヲ訪ヒ御馳走ニナリテ帰ル　此日野口君伊藤元春君ヨリ手紙来ル　風強シ

五月一五日　月曜

此日ハ Maifest〔五月祭〕ニテ Schlossbeleuchtung〔城照明〕ヤ花火ガアルノデ人出モ大シタモノナルベシト想ハル、ニ朝来空曇リ今ニモ降ランズ有様ナリ　Riedenheim カラ二人連レ見物ニ来ル筈ナリシモ彼地ハ朝来降雨ニテ一汽車後レテ来ルトノ報アリ　但シ此日朝ヨリ甚ダ気分アシ　強テ二時 Station ニ出迎ヒ夫カラ御伴ヲシテ方々歩イタガ気勢更ニ揚ラズ　兎ニ角見物ヲ了リ夜宿ヘ帰ルトG君突然例ノ持病起リ眩暈シ予ノ床ニ寝カシ一時頃マデ介抱スル　兎ニ角此夜ハ我宿ニテ夜ヲ明カス

五月一六日　火曜

晴　G君モ気分治マリ一番ノ汽車ニテ帰ラントテ云フ予モドーセ此日 Riedenheim ニ帰ル積リナリシヲ以テ気分アシケレドモ一所ニ帰ルコトトスル　九時帰着　気分甚ダアシク著シク疲労ヲ覚エ腹痛モスル故直ニ床ニ入ル

五月一七日　水曜

少晴　終日床上ニ苦ム　東京ヨリ手紙来ル　同時ニ新人新女界モ到着　雑誌ハ床上ニテ読ミタレドモ起キ返事書クノ勇気ナク徒ラニ悶々ス　ドーモ斯ンナ風デハ困ル

五月一八日　木曜

晴　朝少シ直ル　起キテ手紙ヲ書ク　海老名夫人、今井君留守宅、Frohwein 君、Familie Schmitt, Gustav Fock, 海老名一雄君、Motzkau 君、Stahl 君藤田君等へ、中田君ヨリ手紙来ル　今伯林ニアリ二十八日ニ出発シ六月十三日ニ入京ノ手筈ナリト云フ　夜 Glüh-Wein〔薬味を入れ燗をしたワイン〕ヲ呑ミ俄ニ嘔気ヲ催シ已ムヲ得ズマタ早ク床ニ入ル　風ハ去リタレドモ腹痛ハ猶去ラズ

五月一九日　金曜

晴　気分稍快復　Staatsbürger 中ノ政党ニ関スル論文ヲ読ミ又東京留守宅、豊治兄等へ手紙ヲ書ク

五月二〇日　土曜

晴　朝太陽送リ来ル　終日之ヲ読ム　中村理学博士ノ千里眼ニ関スル講演筆記最モ感興ヲ惹キタリ　同誌ニ内務省調査ノ基督信者数ナルモノアリ　之ニ依ルニ天主教六万人希臘教三万人　新教ニテハ組合日基美以幷ニ聖公

会合シテ漸ク六七万位ノ処ナリ　但シ天主教徒中三万余ハ長崎県ニアリト云フ

〔ヴュルツブルクの陪審会堂への入室券貼付〕

五月二一日　日曜

快晴　午前中読書　午後内ノ人H君G君ト親類トカ知己トカノ訪問ノ御伴ヲスル　行程二里バカリ　Höttingen ト云フ村ナリ　病気以来初メテノ出歩キナルガ流石ニ連日ノ疲労ノ為メ余リ気分ヨロシカラズ　二時間バカリニテ向フニツキヌ　向フノ内ハ孀《やもめ》暮シニテ百姓ナルガ男子二人女子三人アリ　余程ノ財産家ト見ユ　ソハ近々長女結婚スルトテ仕度ヤ何カヲ見セラレタルガ仕度ニハ驚カナイガ持参金三万馬《マルク》ト聞キタレバナリ　三万馬モ持参金ヲスルノダカラ余程ノ金持ナルベキニ其質素ナルコトハ亦驚クベキモノニテ子女悉ク汚イ衣物ヲ着テ百姓稼ヲスル　日本ナラバ息子ハ大学ノ中学ノ娘ハ女学校トカ何トカ騒グ可キニ去リトハ余リニ単純ナルモノカナト肝ヲツブス　馬四頭牛二十幾頭鶏鶩其数ヲ知ラズ　斯ウ百姓ノ子ハ百姓トキマルノモ感心シナイガ日本ノヤウニ猫モ杓子モ人真似シテ無理算段シテ学問ナドスルモ困ツタモノナリ　殊ニ田舎デ少シ財産アルモノニナルト直グ労働ヲヤメテ旦那様顔スルハ真ニ国ヲ弱クスルモノト嘆ゼザル可カラズ　此内ニテ葡萄酒ヲ御馳走ニナリ腹ヲコワス　気分聊カ斜ナリ　七時辞シ帰ル　田舎ノ夕暮森ノ中ヲ草分ケ踏ムハ格別ノ興ナリ

五月二二日　月曜

快晴　今日ヨリマタ改メテ久シクタマツタ Echo ヤ Times ノ研究ニ取リ掛ル　昼ト夕ト内ノ人ヲ助ケテ薪ヲ sägen〔鋸で切る〕シ hacken〔鉈で割る〕シテヤル　夕方二時間労働シ之ニテ連日ノ不快モ全ク一掃シ尽シタルノ感アリ　G君予ノコトニ関シテH君ト喧嘩シタトヤラニテ来リ訴フルモ何ノコトヤラ分ラズ　Paradies〔パラダイス〕ニモ苦悶ノ種ハ絶エザルニカ

五月二三日　火曜

快晴　朝今井兄ヨリ手紙来ル　西村虎太郎租界局ヲ追ハレ順天時報社ニ入リ駒奴之ニ従フ　而シテ之レ高柳松一郎君租界局ノ経費ニ大鉈ヲ加ヘタルノ功ニ由ルナド書イテアル　学校ノ方モ都合ヨキ傾キ見ユ　直ニ返事ヲ出ス　午後ハ内ノ人畑ヘ種蒔キニ行クニ附イテ見ル

其外ハ例ノ通リ書見ニ暮ラス　此日G君ニ一寸一月以来ノ勘定ノコトヲ尋ネタラ十二月廿九日ヨリ一月十八日マデノ滞在ハ沢山ノ Geschenk〔贈り物〕ヲ貰ツタカラ Besuch〔訪問客〕トシテ金ハ取ラズ其外ハチヨイチヨイ Würzburg ナドへ往カレタ日ヲ除キ炭油等一切ヲ引クルメテ一日二馬ヲ貰ハントノコト　余リニ安イノデ極リガ悪イヤウナリ

五月二四日　水曜

曇天　午後ヨリ雨降ル　朝信次丼ニ留守宅ヨリ手紙来ル　留守宅へ不取敢返事ヲ書ク　彼是昼ニナル　食後散歩シ午後ハ Echo ヤラ Times ヤラヲ読ム　去年ノ今頃ハ Suez 運河ノ辺リニ居リシガト昔ヲ偲ブ

五月二五日　木曜

曇　今日ハ基督昇天祭ニテ休日ナリ　午前ハ読書シ午後ハ宿ノ親類ト云フ内へ往ツテ見ル　夕方散歩シ其外ハ雑誌ノ耽読ヲ継続スル　中田君ニ手紙ヲ出ス　同君今 Berlin ニ在リ　来ル廿八日発程 Siberia ヲ経テ帰朝ノ途ニ就クト云フ

五月二六日　金曜

晴　朝電話ヲカケテ Horsch 氏ノ都合ヲ聞テ見ルト是非御出デ下サイ御待チ申シマスト返事来レルニ付キ十時半内ヲ出ル　雨後ノ晴天トテ蒸シ暑シ　Stalldorf ヲ通リ抜ケ森ヲ過ギテ Bernsfelden ニ出デ十二時過 Luisgarden ニ着ク　暫ク待ツテル内 Horsch 君野ヨリ帰ラレ妻君ト卓ヲ囲ンデ Kaffee ヲ御馳走ニナリ夫カラ一所ニ野ニ出テ見ル　同地ハ Nassau ノ一部ナルガ其小学校ニテハ五月以後ハ午前ダケ授業アリ午後ハ休ミナリ　自ラ父兄ノ農業ヲ助ケシムル仕組ナリ　然ルニ父兄ノ多クノ田畝ヲ有セザルモノハ其許ニアリテ働ヲ得ザルニ依リ何レカ他人ノ畝ニ稼グコトニセザル可カラズ　斯クテ Horsch 君ハ男女25名ノ生徒ヲ引キ受ケ一日50 Pf ノ賃金ヲ以テ之ヲ雇フ　生徒ハ一方ニハ多少ノ金ヲモーケ他方ニハ農業ヲ実地ニ学ブ一挙両得ノ妙案ナリト感ジタリ　大抵13—15位ノ子供ナルガ地主タル Horsch 君ノ長男モ一所ニナリテ働イテ居ルノヲ見テハ感心ナモノダト思ヘリ　其外 Horsch 君ヨリ色々ノコトヲキク　列挙スレバ次ノ如シ

1、雇賃一日男2馬〔マルク〕、女1.40、労働時間朝七時ヨリ

夕七時マデ　食事一時間休ミ其外小昼ニモ休ム

2、Dienstmädchen〔女中〕ノ相場ハ田舎ハ都会ヨリモ割高ナリ　ソハ人多ク都会ニ出タガルヲ以テナリ　最低一年270馬　高キハ400ニ上ル　食料其他ノ支給ヲ通計スレバ年600馬ハ一人ニツキテ掛ル　Knecht〔下男〕ハ其五割増ト見テ可ナリ

3、牛ハ一日ノ飼料平均一馬、馬ハ仕事ノ多少ニヨリテ差アルモ尤モ労働スルトキハ2馬ナリト云フ

4、農業ノ収益ハ独乙全体ヲ平均シテ年2分ヲ出デズ　Ochsenfurt Gau〔オクセンフルト郡〕ハ三分ヲ超ユ

5、土地ノ価 Luisgarden 辺ハ平均坪一円、Riedenheim 辺ハ三円ニ上ル

6、路傍ノ林檎樹ノ収入ハ年ニ依リテ尤モ不同ナレドモ十年間ノ平均ヲ見ルニ年一馬(一本)ト勘定スレバ間違ナシ

田舎デハ朝早イ代リ夜ハ九時頃ニ寝ル　九時半楼上ノ寝室ニ入リタルガ慣レヌコト、テ十一時ノ鐘ヲ聞クマデ眠ラズ

五月二七日　土曜

午前晴午後雨フル　八時起キ Horsch 君夫婦ト朝食ヲ共ニシ夫ヨリマタ畝ニ往ツテ見ル　地面ハ何トヤラ云フ Fürst〔領主〕ノ所有デ Horsch 君ニ之ヲ verpachten〔賃貸〕シテ居ルノダト云フ　谷合ノ上ノ小高イ所ニ城廓ノ如キ儼然タル建物デ空気モヨク四方森ヲ以テ囲マレ閑静ニテ誠ニ住ミ心地ヨシ　夫婦トモ物静カナ篤信ノ人ニテ一向気ガ置ケズ　午後驟雨アリシカド主人中々忙シサウデモアルシ吉田君ノ来ル都合ニモナリ居レバ強テ暇ヲ告ゲテ帰ラントス　Horsch 君亦 Würzburg ニ赴ク用事アリトテ仕度ヲシテ居ル所ヘ Riedenheim ヨリ電話掛ル　藤田君来訪ト　依テ直ニ Luisgarden ヲ辞シ Horsch 君ト途中ノ Bernsfelden マデ馬車ニ同乗シ大急ギニテ帰ル　五時少シ前 Luisgarden ヲ出テ六時正ニ帰宿ス　藤田君暇乞旁御礼ニ来リシトナリ　夕方一所ニ散歩シ夜遅クマデ内ノ人ダチト語ル

五月二八日　日曜

晴　朝吉田君ヨリ午後来訪セラルベキノ端書アリ　午前散歩懇談　昼食後 Röttingen ノ Then 君来訪セラル　Then 君数日 Rhein 地方ニ旅行セラル、ガ若シ吉田君ニ

シテ二三日ノ暇アラバ旅行ヲ延シテ吉田君ヲ招待セントテ態々其都合ヲキ、ニ来ラレシナリ　三時予ハ Gelchsheim ニ吉田君ヲ迎ニ行ク　帰後日本人三人 Then 君ヤ内ノ親爺等卓ヲ囲ンデ懇談ス　藤田君終列車ニテ帰ルト云フ　夕方G、H二君等ト連レ立チ散歩旁藤田君ヲ Gelchsheim ニ送ル　夜ハ吉田君ヲ中心トシ懇談例ニ依リテ十二時ニ及ブ

五月二九日　月曜

雨　吉田君ノ目的ハ当地ノ小学校ヲ見ルニ存セシガ予等ハ十二時マデ課業アルモノト思ヒ九時マデ寝ル　然ルニ当地ノ学校ハ只十時マデナリト云フ　依テ目的ハ達セラレヌコト、ナル　内ニ居テ散歩モセズ語リ暮ス　午前ハ晴天ナリシモ午後ヨリ空曇リ驟雨大ニ臻《いた》ラントスルノ風色アリ　吉田君ハ終列車ニテ帰ルト云フ故予ハ同氏ヲ送リテ五時半一所ニ内ヲ出ル　中途頃ニ至ルト雷電雨ヲ呼ンデ悽愴ノ色ヲ呈ス　依テ茲ニテ分レテ帰途ニ就ク　道未ダ半バナラザルニ雨ハ沛然トシテ来リ雷轟キ右方遥カニ電光ノ下降ヲ見聊カ薄気味悪クナル　内ニ帰リシ頃ハ雷電益烈シクナル　G、H君色ヲ失ヒ予ノ室ニ来リ灯明ヲトモス　後ニテ聞クニ各家必ズ geweihte Kerze〔枝角のあるローソク〕ヲ有シ雷電ノ時ハ之ヲ灯シテ祈ルト云フ　日本ニテ線香ヲ灯スガ如キモノナリ　雷電ヒラメク毎ニ胸ニ十字架ヲ切ル　八時過ギ内ノ鵞鳥ノ始末ヲセネバナラヌトテG君一寸庭ニ出ル　丁度其時素敵ナ雷ガ鳴リヒヾキ之ニビツクリシテ先生喪神昏迷シ丸デ狂人ノヤウニナル　神経ハ光ト音トニ鋭敏ニナリ他ハ何事モ弁ゼズ目ヲキヨロ々々シテ言語ヲ発スルヲ得ズ　予ハ彼ヲ抱ヘテ床上ニ安臥セシメ催眠術ノ理ヲ利用シテ絶ヘズ暗示ヲ与ヘテ安眠セシメンコトニ力ム　十時頃手マネヲ以テ Citronen-Wasser〔レモン水〕ヲ求ムルヤウニナリヤガテ復亢奮シ狂人ジミタ眼付キヲシテ何カ云フ　判然セザレド指ヲ以テ額ヲ指シ der Donner schlägt darin ein…das Feuer…alles kaputt〔雷がここに……火を打ち込んで……すべて毀れて〕ト云フモノ、如シ　十一時頃ヨリ稍本心ニ復リ予ニモ感謝ノ意ヲ表ス　十二時寝ル

五月三〇日　火曜

曇　G君復元ノ人トナル　予ハ朝来荷物ヲ片付ケル　半年静養ノ土地ニ今日分レヲ告グベキナルヲ以テナリ

内カラ大小ノ木箱ヲ貰ヒ大箱ニハ書ヲ一杯ツメ他日Berlin ニ送ツテ貰フコトヽシ小箱ハ直ニ Wien ニ送ルコトヲ頼ム　内ノ人ノ親切ガ身ニ沁ミテ丁度自分ノ家ヲ去ル様ナ一種ノ寂ミヲ感ジ荷物ヲ片付ケナガラ涙ヲ流ス　G君亦眼ニ涙ヲ湛エテ平生ノ元気ニ似モヤラズ一言ヲ発セズ　異国異色ノ人ト云ヒナガラ人情ニ変リナク今更別離ノ苦痛ヲ嘗ム　食亦進マズ　是必竟此内ノ人ノ親切殊ニG君ノ他人ナラヌ情誼ノ然ラシムル所　予終生之ヲ忘ル可カラズ　六時愈家人ニ分レヲ告ゲ暗涙ヲ袖ニ隠シ親爺ニ送ラレ一所ニ馬車ニ乗リテ Gelchsheim ニ向フ　途中昨日ノ雷雨ニテ被害頗ル夥シキヲ見ル　斯クテ途中恙ナク八時再ビ Huttenstr. ノ客トナル　茲処ノ人モ亦親切ナリ

五月三一日　水曜

晴　但シ午後驟雨来ル　午前部屋ヲ片付ケ手紙ナドヲ書キ町ヘ買物ニ行キ光子ノ誕生日ノ祝トシテ洋服ヲ買テ送ル　午後ハ床屋風呂屋ニ行キ藤田君ヲ訪フ　久保君ト云フガ丁度 München カラ転ゼラレタトテ同君ノ所ニ居ル　夕方マデ話シテ帰ル

六月一日　木曜

快晴　朝ヨリ午後ニカケテ外出セズ読書シG君ニ長文ノ手紙ヲ出ス　午後ハ Frohwein 君ヲ訪問シ Kino〔映画〕ヲ見夫カラ Straub 先生ヲ訪ウテ月謝ヲ払フ　想起スルニ去年ノ今日ハ正ニ Marseille ヲ出発シ夕方 Lyon ニテ汽車ヲ失ヒテ馬具《まご》ツキシ日ナリ　欧洲大陸ノ地ヲ踏ンデヨリ正ニ一年ヲ経烏兎《うと》匆々《そうそう》ノ感ニ堪エズ

六月二日　金曜

快晴　午前中読書及ビ一ケ月来滞リタル研究物件ヲabschreiben〔筆写〕ス　昼食ノ前後散歩セルニ中々暑シ夜藤田久保ノ二君来訪セラル

六月三日　土曜

晴　午前中読書シテ居ル所ヘ Heinrich 君来ル　学校ハ今日ヨリ休ミニテ正午帰郷スベキノトコロ賜暇帰休中ノ Karl 君ヨリ電話カヽリ二時当地ニ来ルト云フニツキ夕方帰ルコトニセリト云フ　昼食後ブラブラ Sauderau 停車場ニ往ツテ見ル　途中ニテ遇フ　Kette ニ連レテ往ツテ飯ヲ饗シ夫カラ僕ノ宿ヘ一寸顔ヲ出シ山ノ上ノKapelle〔礼拝堂〕ニ参詣シ帰途吉田君ヲ訪フ　彼是七時ニ

ナル　停車場ニ見送ル　丁度ニ停車場ニテ従兄ノ森林官ヲシテ居ル男ニ遇フ　頻リニ己ノ所へモ遊ビニ来イト迫ル　Karl 君ハ来ル月曜日 Mergentheim ニ遊ブニ付キ是非一緒ニ往カヌカト誘ハル　晴天ナラバト約束ス　此日吾々日本人一同例ノ Schott ニテ藤田高村二君及予ノ送別会ト久保君ノ歓迎会ヲ兼テ会食ス

六月四日　日曜

晴　朝教会ニ行キ Hofgarten ニ散歩シテ音楽ヲキ、午後ハ昼食後数時間読書ノ後宿ノ人々ト Guttenberg ニ散歩ス　空稍曇リテ散歩ニ最モ適ス　文部省ヨリ維納《ウィーン》転学差支ナキ旨ノ通知ニ接ス

六月五日　月曜

朝早ク起キ早々ニ支度ヲ調ヒテ Sauderau 停車場ニ馳ケ付ケ Gelchsheim ニ向フ　茲処ニテ Kolmstetter ノ一行即チ Karl, Heinrich, Helene, Gretchen ノ四名ト一所ニナリテ更ニ乗リ進ミ Röttingen ニテ乗リ換ヒ九時過 Weikelsheim ニ着ク　二時間バカリ汽車ヲ待タネバナラヌノデ Schloss〔城〕ヲ見物ス　別段珍ラシキコトモナシ夫ヨリ再ビ汽車ニテ Mergentheim ニ向フ　一時過ギ着ク　Hirsch ト云フ宿屋ニテ飯ヲ食フ　時々天曇リ雷電ヒラメキ雨降リ三時ニ及ブ　晴間ヲ見テ市中ヲ一寸見物シ Kur-Garten〔湯治場の公園〕ニ行キ椅子ニ倚リテ Konzert〔コンサート〕ヲキク　此地ハ Bad-Ort〔温泉場〕ナレドモ人口僅ニ四千六百ノ小都ニシテ到底 Wiesbaden ヤ Baden-Baden ノ比ニアラズトイヘドモ天然ノ風光ハ之ニ劣ラズ閑静ニシテ半日ノ清遊ヲ貪ルニ適ス　六時汽車ニテ Weikelsheim ニ帰リ汽車ノ連絡ガ悪イノデ一時間バカリ待チ合セテ Röttingen マデ乗リ之ヨリ月明ヲ徒歩ニテ Riedenheim ニ帰ル　Weikelsheim ニアリシ〔ト〕キ再ビ Gewitter〔雷雨〕来リG君ハラハラシテ居ル　此夜ハ再ビ Kolmstetter 家ノ客トナリテ安眠ヲ貪ル　二週間前ニ蒔イタ朝顔ノ種萌エマジト思ヒシガ此頃漸ク芽ヲ出シタト云フニツキ庭ニ下リテ見ルト九本弱々ナガラ萌エ出シタルヲ見ル

〔ヒルシュ・ホテルのカードとメルゲントハイム温泉の入場券貼付〕

六月六日　火曜

晴　頗ル《ママ》朝ハ Karl 君ト語リ十一時昼食ヲ喫ス　先達 Karl 君ノ来リシ時筍ノ缶詰ヲ送ツタガ之レガ頗ル口ニ

適セリトテ之ヲ以テ Salat〔サラダ〕ヲ作リテ食ハサレタガ中々ヨシ　三人連レ立チ家人ニ分レヲ告ゲテ Gelchsheim ニ向フ　H君ハ学校ニ帰リK君ハ Ochsenfurt マデ見送ニ来ラル、ナリ　母君病軀ヲ以テ Würzburg ノ Kapelle〔礼拝堂〕ニ参詣シタシトテ家人ノ留ムルヲモ聴カズ一時間バカリ先ニ内ヲ出テ Gelchsheim ヨリ同乗ス　二時 Würzburg ニ着キ一寸料理屋ニ休ミテ母君ニ Kaffee ヲ饗シ帰宅ス　母君ハ明日来宅セラル、ヲ約シテ更ニ Kapelle ニ行カル　四時過ギ内ノA君ト Hofgarten ニ Konzert ヲ聴キニ行ク　夜眠イコト夥シ　Sofa ニ倚リテ二時間居睡リス　十時ヨリ二時間読書シ十二時寝ニ就ク

六月七日　水曜

晴　朝ヨリ夕方マデ全ク外出セズ読書ス　午後 Heinrich 君来ル　母君昨日直ニ Riedenheim ニ帰レリトナリ　夕方 Hofgarten ニ散歩ス　其外特記スベキコトナシ

六月八日　木曜

晴　今日モ昨日ノ如ク終日読書シ夕方散歩ニ出デタルノミ　朝留守宅ト冨永君トヨリ手紙来ル　別ニ変ルコトモナキ様子也　留守宅ヘハ直ニ返事ヲ出ス

六月九日　金曜

晴　夕方 Gewitter アリ　今日モ亦終日読書ス　午後吉田君 Frohwein 君来ラル　夜藤田久保両君ヲ訪フ　Times, Echo, Review of Reviews 凡テ読ミ終ル　月曜日ニ立タント思フ

六月一〇日　土曜

快晴　昨夜ノ Gewitter ノセイカ著シク冷気ヲ感ズ　厚イ外套ヲ着テ歩ク人モ見ユ　左リトハ非道イ変化ナリ　朝告別ノ為メ Frau Jäger ヲ訪フ　同氏モ今日午後 Rothenburg ニ赴クナリト云フ　Frohwein 君モ来テ居ラレル　帰リテ勉強シ午後四時ニ至リ約アリテ吉田君ヲ訪ヒ日本茶ニ日本やうかんヲ御馳走ニナル　六時過マデ話シ夫カラ Swan〔白鳥亭〕ト云フ飯屋ニテ引続キ夕食ヲ饗セラル　藤田高村君亦同席ナリ　宮本君ヨリ手紙来ル　直ニ返事ヲ出ス

六月一一日　日曜

晴　午前中一生懸命勉強シテ仕事ヲ終ル　Frohwein 君二度来ラル　午後藤田君ヲ訪ヒ久保君ト一所ニ Versbach ニ遊ブ　同君宅ニテ夕食ヲ認メ帰宅ス　G君ニ手

紙ヲ出ス

六月一二日 月曜

快晴　朝早ク起キテ荷物ヲ片付ケル　愈出立スベキ日ナレバ也　町へ出テ買物ヲシ銀行ニ往ツテ金ノ始末ヲスル　四月ノ末カラ1300馬ヲ預ケテ利足ガ4.50バカリ付ク　十時半愈家人ニ別ヲ告ゲテ内ヲ出ル　Frohwein 君ノ所ニ立チヨリテ暇乞ヲセルニ生憎不在　叔母さんニ宜シクト頼ンデ態々停車場マデ送ツテ呉レタ Hilda さんト連レ立ツテ行ク　ヤガテ汽車ハ出ル　Ochsenfurt ニテ Riedenheim ノ空ヲ懐ヒヤリ Steinach ニテ乗リ換へ一時頃 Rothenburg〔ローテンブルク〕ニ着ク　Jaeger 婆さん娘さんト一所ニ停車場ニ迎ニ来テ呉レル　一所ニ市中ニ入リ一寸シタ料理屋ニテ食事ヲ認メ兼テ Frohwein 君ヨリ紹介シテ置カレタ Stadtpfarrer〔市牧師〕Weigel 氏ヲ訪ヒシニ丁度旅行中ニテ遇ハズ　Burggarten〔城内公園〕其他一ト通リ町ヲ見物シテ Vikar〔副牧師〕Link ト云フ男ヲ訪フ　婆さん連ハ此男ノ中ニ休ミ予ハ Link ノ案内ニテ先ヅ Museum〔博物館〕ヲ見ル　夫カラ有名ナ Rathaus〔市役所〕ヲ見ル　向ヒ合ナリ　此男肺病ラシク見物ガ大儀サウ故高イ所ニハ上ラズ極メテ簡略ニ見物ス　総ジテ見物ハ一人ニ限ル　案内ナドヲシテ貰フト自由ガ利カヌノミナラズ凡テ二人分ヲ払フカラ金モ損ナリ　Rathaus ハ此男ノ為メニ十中八九ヲ見ズ　誠ニ遺憾ナリシ　夫カラ Jacobs-Kirche〔ヤコブ教会〕ヲ見ル　田舎ニ珍ラシキ壮大ナル寺ナリ　要スルニ同市ハ数百年前ノ建物其儘ニ残リ高イ丘ノ上ニ要害ノ地ヲ占メ城廓ノ工合昔ノ儘ナリ　斯ク昔ノ儘ヲ存スルモノ欧米ヲ通ジテ此外ニナシ　独乙ノ人ハ固ヨリ遠ク英米ノ地ヨリモ来遊スルモノ数十万ニ上ルト云フ　Link 氏ノ家ニテ Schulze 氏ニ会フ　Link ノ兄貴ニテ牧師ラシ　夕方ニ至リ Jaeger ト連レ立チ其保養地ナル Hohbach ニ向フ　今夜ハ此処ニ泊ル都合ナリ　Tauber ヲ下ルコト約一時間ノ先ニアリ　之ハ篤信ノ宗教家ガ慈善的ニ建テ居ルモノニシテ十一年間足ノ立タナイト云フ男肺ガ悪イラシイ肥ツタ色ノ黒イ麺麭屋ノ御神さん気ガ変ナト云フ之モ色ノ黒イ肝走《かんばし》ツタ年若ノ娘ナド居ル　夜ハ足ノ悪イ人ノ部屋ニテ小サナ静カナ集リヲスル　独乙ノ宗教ハ学校ニアラズ教会ニアラズシテ家庭ニアリトハ本当ナリト思ヒタリ

〔ローテンブルク歴史地方博物館の入場券(二〇ペニヒ)、市役所見学のための入場券(二五ペニヒ)、ヤコブ教会の入場券(三〇ペニヒ)貼付〕

六月一三日　火曜

曇時々少雨　朝ハ晴ナリ　朝モ食後集リヲヤリ十時頃立ツ　勘定ヲセントセシニ金ハ取ラズト云フ　依ツテ慈善箱ニ2馬ヲ投ジテ家人ヨリ昼飯マデ貰ツテ立ツ　頗ル旨クナシ　志ハ謝スベシ　Jäger 親子ハ途中マデ送ツテ呉レル　Rothenburg ヨリ端書ヲ出シ十一時過停車場ニ着ク　昨日厄介ニナツタ Link 君丁度 Ansbach〔アンスバッハ〕ニ行クトコロナリトテ同行スル　汽車ハ十一時四十何分ニ出ル　途中ヨリ雨フリ出ス　Ansbach ニテ Link ニ分レ乗換テ Nürnberg〔ニュルンベルク〕ニ向フ　三時少シ前ニ着ク　直ニ Tafelhofstr. ナル Christliche Hospiz〔キリスト教宿舎〕ニ入ル　此前 Mainz ノ Hospiz ニテ汚イノニ弱ツタ経験ガアルカラ今度モ同ジ様ナモノダロート馬鹿ニシテ往キシニ雲泥ノ差ニテ立派ナコト夥シ　昇降機ナドモアル　従テ頗ル高シ　朝食付3.80ニテ此前 Darmstadt ニテ2.50ニテ泊ツタノヨリ余程劣ル　併シ茶代ヤ何カガ入ラヌ故結局安上リナリ　髭ヲ剃ツタリナドシテ彼是四時頃町ニ出ル　Königstr. ニ来ルト不図 Karl Kolmstetter ニ遇フ　向フハ気付カズ予ノ方ヨリ言葉ヲ掛ケ意外ノ再会ニ吃驚スル　聞ケバ休ミハ今日デ尽キ朝早ク Riedenheim ヲ立ツテ此地ヲ見物シ夜 Neckarelz ニ直行スルナリト云フ　一所ニ Kaffee ヲ呑ミ一所ニ端書ヲ書キ夫カラ電車ニノリテ Dutzendteich〔ドゥツェント湖〕ニ遊ビ夕方分ル　真ニ奇遇ナリキ　夜ハ宿デ飯ヲ食ツテ市中ヲ散歩スル　雨フリテ面白カラズ　此市モ Rothenburg 同様 Reichstadt〔帝国直属自由都市〕タリシモノカラ城廓イカメシク城内ニ古キ建方ノ家猶頗ル多シ　市ノ外廓ハ全ク元ノ儘ナリ　歴史ヲ読ンデ古ノ独立市ノ面目ヲ知ラントセバ少クモ Nürnberg ヲ見ザルベカラズト思ヘリ

〔ニュルンベルク―フュルトヘル間の市内電車直行便の乗車券(一〇ペニヒ)、ドゥツェント湖の電気遊覧船の切符(一〇ペニヒ)、聖ローレンツ教会の観覧入場券(二〇ペニヒ)貼付〕

六月一四日　水曜

雨　朝再ビ市中ヲ見物シ十時博物館ニ入ル　同市ノ博物館ハ世界ニ有名ナルモノニシテ今ハ帝国ニテ支持シ居

ルト云フ　真ニ独乙全体ノ宝庫ナリ　種類ニ於テハアラユル物ヲ網羅シ而カモ歴史的ニ其発達ヲ示ス　素人モ黒人《くろうと》モ是非一見ノ価値アルナリ　十二時半ニ至リテ未ダ全体ヲ見ザル中ニ昼食ノ為メ閉鎖ストアリテ空シク帰ル　此朝頗ル寒ク外套ナシニハ風ヲ引キ相ナリ　午後ハ公園ニ散歩シ三時帰宿シ旅装ヲ整フ　四時二十分ノ汽車ニテ南ニ向フ

六時半 Augsburg〔アウグスブルク〕ニ着ク　下リテ一寸市中ヲ見物ス　別ニ変ツタモノモナシ　夕食ヲ認メ八時半ノ汽車ニテ München〔ミュンヘン〕ニ向ヒ九時半着ク　München ノ停車場ハ Nürnberg ヨリモ小ナリ　München 頗ル寒シ　Christliche Hospiz ニ入リシニ満員ナリシヲ以テ其世話ニテ一応 Pension Bast ト云フニ入リ直ニ休息寝ニ就ク　Motzkau 君ニ端書ヲ出シテ置キシモ停車場ニテ同君ヲ見ズ

〔ゲルマン国立博物館の入場券（一マルク）貼付〕

六月一五日　木曜

終日雨　寒キコト三月頃ノ如シ　外套着テモ寒イ位ナリ　成程此地ハ気候ノ悪イ所ナリト思フ　朝先ヅ Baedeker〔ベデカー社の旅行案内〕ニヨリテ同市ノ地理ヲ研究シ夫カラ見物ニ出ル　Theresien Wiese ニ出テ Ausstellung〔博覧会〕ノ建物ノ辺ヲウロツキ電車ニテ停車場マデ赴キ裁判所ヲ見物シ夫カラ植物園ノ Glaspalast〔水晶宮〕ニ於ケル絵画展覧会ニ入ル　無論新シイ画ナリ　夫カラ一寸シタ料理屋ニテ食事シ大通リノ Neuhauserstr. ニ出デ Rathaus〔市役所〕ノ壮麗ニ驚キ Maximilianstr. ヲ下リテ之モ有名ナル博物館ニ入ル　之ハ Nürnb.〔ニュルンベルク〕ノトハ異リ現代自然科学ノ工芸的応用ノ進歩ヲ示スヲ目的トシ各種ノ機械等ヲ其発達ノ順序ニヨリテ羅列シ観者ヲシテ把手ヲ廻スカ鈴ヲ押シカシテ単簡ニ試験シテ見ルヤウニ装置シ稍複雑ナルモノハ Diener〔役人〕一々之ヲ説明シテ見セル　教育上ニ非常ニ有益ナルノミナラズ　専門家ガ見テモ感心スルモノ少カラズト云ヘリ　予ニハ別ニ益スルモノハナカリシモ其装置設備ノ完全ナルニハ一驚讃嘆セザルヲ得ザリキ　夫カラ其近傍ヲウロツキ Hofgarten〔宮廷庭園〕, Hofbrauerei〔宮廷醸造所〕ヲ見市中ヲ徘徊シテ十時宿ニ帰ル　Residenz〔王城〕ハ当分見物ヲ許サズトアルハ遺憾ナリキ　終日歩キ暮シテ疲レタルコト夥シ　足裏ニ

豆ガ出来ル　雨ノ為メニ靴下モグヂヤ々々々ニナル

〔ミュンヘン工芸協会祝祭博覧会の入場券(一マルク)、ドイツ博物館の臨時所蔵品展示の入場券(二〇ペニヒ)貼付〕

六月一六日　金曜

晴　朝 Schwanthalerstr. 160 ニ雀部顕宜君ヲ訪フ　丁度在宅ニテ久シ振リノ快談ヲナス　同君ハ英米仏ノ留学ヲ了ヘ来年一月ニハ帰朝セラル可シト云フ　一所ニ散歩ニ出ル　今居ル宿ハ相当ニ高イト云フ話ヲシタラ同氏ノ世話ニテ別ニ宿ヲ変ヘルコトニシ Mozartstr. 9 II ニ往ツテ見ルト丁度一部屋昨日明イタトテ茲処ニ移ルコトニスル　有名ナ日本婆ト云フガ之ナリ　日本人二十年来絶ヘシコトナシ　今6人居ル　食堂ニハ天皇陛下皇太子殿下ノ御肖像ヲカケ其外下宿シタコトノアル日本人ノ写真沢山アリ　木下正中福田徳三両氏ノハ予ニモ見覚エアリ　午後 Bast ヲ引キ払ツテ Mozart ヘ移リ直ニマタ雀部君ヲ訪ヒ諸方ヘ連名ノ端書ヲ出ス　夕方農学士宍戸君ト云フモ来ラレ十時頃マデ話ス

六月一七日　土曜

曇　少雨　朝宿ニテ久シ振ニテ風呂ニ這入ル　食後郵便局ニ往キ Tiez ニテ買物ヲシ Alte Pinakothek〔古絵画館〕ヲ見物ス　之ハ古画ノ有名ナルモノヲ集メタルモノナリ　門外漢タル予ニモ素晴シイ物ダト思ヒタリ　臨写ニ来テ居ル老幼男女ノ多イコトニモ驚キタリ　直グ隣リノ Neue Pinakothek〔新絵画館〕ニモ這入ツテ見ル　夫カラ又有名ナ Frauen-Kirche〔フラウエン教会〕ヲモ観ル　途中奥山君ヨリ依頼ノ Krug〔蓋と柄のあるジョッキ〕ヲ買ヒ昼食ヲ認メ三時帰家ス　四時約ニ従ヒ雀部君来訪セラレ一所ニ長井君ヲ訪フ　同氏ハ熊本高等学校ノ独乙語ノ先生ナリ　丁度雀部君外二三人茶ニ呼バレタトテ予モ突然ナガラ陪席スルコトニセリ　何トカ云フ独乙人モ来席シ居リキ　長井君ハ長江生ノ名ノ許ニ屢々新人ニ寄書セラレシコトアルヲ以テ予ハ古クヨリ其芳名ヲ耳ニセルモ同君ハ僕ヲ知ラザル様ナリ　落チ付イタ立派ナ人ナリ　雀部君ハ mein Schwager〔わが義兄弟〕ト呼ブ　八時頃帰ル　予ハ約束モアルニヨリ直ニ電車ニテ Theresienstr. 14 ニ Herr Motzkau ヲ訪ヒシニ丁度今夜ハ何カノ集会アリトテ置手紙ヲシテ出テ往カレタ跡ナリ　幸同君ノ父上ト称スル人在宅ニテ暫時閑談ヲ交ヘ明後日早朝再ビ来訪スベキヲ約

シテ辞シ帰ル　途中一寸夕食ヲ認メ十一時宿ニ帰ル　大ニ疲ル　München ハ新シイ奇麗ナ町ナリ　人モヨシ

〔アルテ・ピナコテークの入場券（一マルク）、ミュンヘン市街電車の切符（一〇ペニヒ）貼付〕

六月一八日　日曜

午前晴午後大雨、午前中ハ在宅シテ旅行中ノ日記ヲツケナドシテ暮ス　外出セズ　ヤガテ十二時ニナリ始メテ内デ飯ヲ食フ　日本食ニすき焼ノ御馳走ナリ　中々旨シ　午後 Ludwig Kolmstetter ガ来ル筈ナリシ故待ツテ居リシ所急ニ用事起リ来車出来難キ旨兵隊さんヲ断リニ寄越ス　ヤガテ又雀部君来ラレ一所ニ Isar〔イーザル〕河ヲ遡リテ Grünwald〔グリュンヴァルト〕ト云フ近所マデ散歩シタリ　両岸高ク聳ク〔エ〕 Isar 深渓ヲナシテ流レ而カモ両岸ノ新緑滴ル斗リニテ風景ノ佳日本ニモ珍シト見タリ　Heidelberg ノ Umgebung〔環境〕モヨイト思ツタガ München ノハマタ格別ナリ　気候サヘヨカツタラ本当ニヨイ所ナルガトツク々思フ　帰リハ汽車ニヨル　八時帰宿ス　夜ハ在宅シテ連日ノ疲レヲ休ム

六月一九日　月曜

終日雨　朝約ニ従ヒ七時半マデ Motzkau 君ヲ Theresienstr. ニ訪フ　同君ハ 9 - 10 及 11 - 12 ノ二時間講義アルニ付其間散歩シ其前後懇談ス　二時同君ニ別レ兵営ニ Ludwig Kolmstetter 君ヲ訪ヒシニ一時頃外出セシトテ在ラズ　多分予ヲ訪問セシモノナラント察シ直ニ帰宿セシ〔三〕テ果シテ待ツテ居ル　暫ク話セシ後 Café ニ誘ヒ夫ヨリ夕食ヲ饗シ夕方別レ予ハ宿ニ帰リテ休息ス　Ludwig 君ト連名ニテ Riedenheim, Karl, Franz ニ端書ヲ出ス

六月二〇日　火曜

朝雀部君ノ来訪ヲ受ク　午後小山田君ト散歩シ夜一緒ニ雀部君ヲ訪ヒ深更マデ話ス　大ニ疲ル

六月二一日　水曜

朝雀部君ト共ニ小山田君ノ案内ニテ解剖及婦人科ノ教室ヲ見其講義ヲモ傍聴ス　婦人科ニテハ後刻子宮癌ノ手術アリトカニテ患者ヲ教室ニ引キ出シ実地講義ヲシテ居ツタガ患者ハ左コソ迷惑ナラント思ハル　後刻手術ヲモ見ル　帰途解剖ノ列品室ヲ見物セルガ其整頓セルニハ一驚ヲ喫セリ　午後小山田君ト散歩シ同君ノ宅ヲモ一寸訪ネル　夜ハ疲レタレバ早クネル　此日 München ヲ立ツ

積リナリシモ右ノ見物ノ為メニ一日ヲ延期ス

六月二二日 木曜

晴　朝寝過ギテ七時ノ汽車ニ間ニ合ハズ　其積リニテ見送ノ為メ訪ネ呉レシ小山田君ト話シヲシテ十二時ニ立ツコトニスル　昼少シ前内ヲ出テ停車場ニ行キシニ時間ガ変リテ一時十五分ナリト云フ　近所ノ料理屋デ食事ヲ認メ愈一時小山田君ニ送ラレテ München ヲ去ル　München ハヨイ所ナリ　去レド概シテ在留日本人ノ種ガワルク種々ノ醜聞アリトテ心アルモノハ此地ニ留ルヲ欲セズトカ云フ　夫レデモ居心ハワルクナイ所ノヤウニ見ユ

汽車ハ四時 Salzburg〔ザルツブルク〕ニ着ク　一ト通リ市中ヲ見物セントテ下車シ Dom〔司教座聖堂〕, Rathaus〔市役所〕其他寺院ノ壮麗ナル建物ヲ見ル　同地ノ Dom ハ其壮麗ナル人目ヲ駭カスモノアリ　Bergbahn〔登山電車〕ニヨリテ山ニ登リ城ヲ見物ス　之モ能ク人ノ見物スル所ナリ　城ニハ左シタル興味モナカリシガ城ヨリ眺ムル四囲ノ景色ニハ胸ノスク様ナ気ガセリ　独乙ノ山水ハ今日マデ見タ所ハ頗ル平凡ナリシガ Austria〔オーストリア〕ニ入リテ始メテ山水ラシキ山水ニ接シタルナリ　城ノ見物ガ意外ニ手間取リ外ニ山ノ上ヲウロツクノ暇ナカリシヲ以テ匆々ニ降リ電車ニテ停車場ニカケツケ7.24ノ汽車ニテ Bad-Ischl〔バート・イシュル〕ニ向フ　Ischl ヨリ Gmunden ニ至ル一帯ノ地ハ有名ナル Salzkammer〔ザルツカンマー〕ノ勝地ニシテ澳国ノ瑞西《スイス》ト称セラル、所ナリ　山ノ奇峭ナル湖水ノ清冽ナル真ニ Schweiz〔スイス〕ニ比スベシ　人若シ Schweiz ニ赴クノ時ナシトセバ少クモ此地ニ遊バザルベカラズ　夜湖辺ヲ走ル時対岸村落ノ点灯ノ水ニ映ズル何トモ云ヒ難キ景色ナリ　十時過ギ漸ク Ischl ニ着キ何トヤラ云フ Hotel ニ泊ル

〔ザルツブルク市電の乗車券(二〇ヘラー)、ホーエンザルツブルクのケーブルカーの乗車券(六〇ヘラー)、ホーエンザルツブルク城砦の入場券(四〇ヘラー)貼付〕

六月二三日 金曜

晴　朝市中ヲ見物ス　河ノ水ハ清ク急ニシテ市街モ清潔ニシテ成程有名ナル Bad〔湯治場〕ダケアルト思フ　皇帝ノ離宮アリ　不断ハ拝観ヲ許サル、モ目下某皇女保養ニ来リ居レリトテ許サレズ　隈ナク見物シテ十時ノ汽車ニテ Gmunden〔グムンデン〕ニ迎〔向〕フ　途中 Ebensee ヨリ蒸汽

ニテ Gmunden ニ到ルノ便アルモ慣レヌ旅トテ汽車ニテ直行ス　昨年 Genf〔ジュネーヴ〕ヨリ Lausanne〔ローザンヌ〕ニ車行セシノ景色ヲ思ヒ出ス　昼少シ前着ク　停車場ヨリ市街マデハ十数町アリ歩行スルニ頗ル暑シ　風景頗ルヨシ　湖水ノ辺リモヨイガ湖水ヨリ流レ出ル何トヤラ云フ河ニ沿フテ谷合ヲ下ルモ亦一段ノ気持ナリ　湖岸ニハ葉多キ樹木ヲ一面ニ植エタレバ其散歩モ中々ナリ　折ガアラバ二度モ三度モ来テ見タシト思フ　三時半停車場ニ迎〔向〕ヒ Attnang ト云フ本線ノ停車場マデ三十分斗リデユキ之ヨリ Schnellzug〔急行〕ニ乗リ換テ Wien ニ向フ　Salzburg ヨリ Ischl, Gmunden 一帯ノ汽車ハ三等デモ清潔ニシテ中々気持ヨカリシガ本線ノハ頗ル不潔ニシテ乗客モ亦床ニ唾ヲハクナド不様ナルモノ多ク夫ニ頗ル込ミ合ヒ到底独乙ナド、比較ニナラズ　流石ノ倹約家デモ此国ニテハ二等ナラデハト思ヒタリ　九時半愈 Wien ハ Westbahnhof〔西駅〕ニ着ク　Attnang ヨリ打電セルニツキ奥山君丁度ニ迎ニ来テ呉レル　直ニ奥山君ノ宿ニ入ル　適当ナル宿ノ見付カル迄同君ノ厄介ニナルコトニナル

六月二四日　土曜

晴　奥山君ノ宿ハ代々公使館員ノ泊リシ所トカニテ場所柄モ上品ナ所ナルガ内モ立派ニテ我々書生ノ住ミ得ベキ所ニアラズ　朝大使館ニ行キ兼テ Heidelberg ヨリ送リシ荷物其他郵便物等ヲ受取ル　信夫一等書記官森書記生ニモ紹介セラル　午後ハ奥山君ト話シ暮シタ方ニ至リ散歩ニ出ル　Stephans Kirche〔ステファン教会〕ヲ観ル　市街ノ中央ニアリ壮麗ヲ極ム　夜モ久シ振リノ懇談ニ時ノ移ルヲ忘ル

六月二五日　日曜

朝モ奥山君ト話シ暮ス　午後 Hofer 氏ヲ訪フ　宣教師ニテ Heidelberg ノ Kaiser 氏ノ紹介ヲ得タル也　同氏ノ紹介ニテ青年会ノ書記 Füchtner 氏ヲ訪フ　藤田君ヨリ来電アリ　本日 München ヲ立テ Wien ニ迎〔向〕フト　夜 Westbahnhof ニ迎ニ出ル　馬車ヲ駆リテ Pannonia Patria ニ同君ヲ送リテ帰ル

六月二六日　月曜

朝藤田君ヲ訪フ　一所ニ Kirche、大学、議会、博物館等ヲ見物シ宿ニ帰リ奥山君ニ紹介ス　午後ハ Volksprater〔フォルクスプラター〕ニ遊ビ藤田君ヲ宿ニ送リテ帰ル

六月二七日 火曜

朝藤田君来ル　一所ニ美術館、博物館等ヲ見物シ午後ハ青年会ニ行ク　Wien ノ議会幷ニ博物館大理石ヲ以テ建築シ其雅麗ナルコト驚クニ堪エタリ　殊ニ Naturhistorisches Museum〔自然史博物館〕ハ内部ノ整頓セル集蒐セル材料ノ豊富ナル優ニ世界ノ珍タルベシ　Nürnberg ノ Museum、München ノ Nationalmuseum〔国立博物館〕ト Wien ノ之ト夫々趣ハ異ルモ何レモ遊子ノ一覧ヲ価スルモノタルヲ失ハズ　殊ニ Wien ノハ内容ト共ニ建物其物ガ素敵ナモノナリ　建物ダケニテモ数時間ヲサキテ見ル丈ノ価ハアリト思フ

六月二八日 水曜

雨　午前青年会書記 Füchtner 君ヲ訪フ　宿ハ石原君ノ紹介セラレタル Haspingergasse (3. -23) ニ極メル　午後藤田君来リ一緒ニ Schönbrunn〔シェーンブルン〕ノ離宮ニ往ツテ見ル　中々立派ナリ

六月二九日 木曜

朝 Haspingergasse ヘ引キ移ル　奥山君ノ厄介ニナルコト正ニ一週間ナリ　Haspingergasse ニハ藤波君宗君止宿ス　午前中藤田君ヲ訪ヒ転宅ヲ報ジ午後ハ在宅シテ室内ヲ整理ス　部屋料 60 K ナリ　夜藤波君ト話ス

六月三〇日 金曜

晴　朝買物ニ行ク　午後藤田君ト共ニ Österreichische Museum für Kunst und Industrie〔オーストリア工芸産業博物館〕ヲ見ル　日本ノ漆器陶器ナドモ上等ノモノ沢山アリ　今マデ見タ日本品ノ中此処ノハ一番ヨシ　公園植物園等ヲウロツキ夜ハ奥山君ノ招待ニ応ジ外加藤杉本二医学士モ加ハリテ日本食ヲ共ニシ深更マデ話シテ帰ル　帰途ハ Auto ニ乗リタルガ自動車ニ乗ツタルハ之ヲ始トス

七月一日 土曜

午前床やニ行キ理髪ス　Alkoholfreie Speisehaus〔酒なし料理店〕ニテ飯ヲ食ツテ見ル　安イハ安イガ甘クナシ　午後藤田君ト Lichtenstein〔リヒテンシュタイン〕公園、Augarten〔アウガルテン〕ニ遊ビ転ジテ遠ク Türkenschanz〔トルコ保塁〕公園ニ遊ブ　丁度慈善会ガアツテ若イ別嬪さん達ニ花ヲ買ヘノ何ノト迫ラレテ弱リ高イ入場料ヲ取ラレ早々ニシテ逃ゲ帰ル

〔トルコ保塁公園祭の切符(一クローネ)貼付。横に「公園の慈善会の

入場券」と記入〕

七月二日　日曜

午前読書　午後 Hofer 氏ノ招ニ応ジテ昼飯ノ馳走ニナル　午後モ外出セズ読書ス

七月三日　月曜

晴　午前読書シテ居ル所ヘ藤田君来リ Budapest〔ブダペスト〕ヘ行カヌカト勧メラレル　兼テ約束モシテアルコトナレバ直ニ之ニ応ジ早々ニ旅装ヲ整ヒ Patria ニテ食事ヲ共ニ〔シ〕二時五十五分 Staatsbahnhof 発ノ汽車ニテユク　Austria ニハ急行ニハ三等ナシ　普通車ニテハ8時間モ掛ルト云フ故二等ヲ奮発ス　四時間ニテ着ク予定ナリ　7時 Budapest ニ着ク　市中ヲブラブラスル　土地ノ人間ハ大抵独乙語ヲ話スモ市街ヤ屋根看版〔板〕ナドハ一切ハンガリア語ナリ　Hotel ト云フガ見当ラズ漸クノコトニテ Hotel Europe ト云フヲ見付ケ茲処ニ入ル　名ニ似ズ小サナ汚イ宿屋ナリ　夜ハ散歩ニ出テ河岸ノ Hotel ニテ食事ス　滅法ニ高シ　殊ニ Beer ノ高イニハ驚イタリ　独乙ノ約四倍ナリ　河岸ハ夏ノ夜ノ散歩地トシテハ尤モ妙ナリ

〔四ヘラーの切符貼付。横に「ウィーンの公園の腰掛」と記入〕

七月四日　火曜

朝藤田君ニ随伴シテ大学ノ眼科病院ニ往ツテ見ル　来意ヲ通ズルト教授某氏飛ンデ来テ歓迎シ愛想ノ好キニ面食ヒタリ　病院ハ頗ル清潔ニシテ教授自ラ隈ナク案内シテ見セラル　此人頗ル剽きんニシテ斯ンナコトヲ云フ　昨日ハ何処ニ泊ツタト云フニ Hotel Europe ニ泊ツタト答ヘタトコロ別嬪ガ隣リデ八釜シクナカツタカナド助手ナドノ前デフザケル　汚イカラ代ル積リダト云ツタラ Hotel Pannonia ト云フガ宜シト教ヘ呉レ且ツ此宿ハ anständig〔上品〕ダケレドモ女ヲ引ツ張リ込ンデモ差支ナイト又フザケル　呆レタ先生モアツタモノナリ　何日滞在スルト云フニ藤田君僅ニ二三日ト答ヘタラ夫デハ足リナイ　此次来遊スルコトモアラバモツト長ク居ラレヨ　但シ其際ハ妻君御携帯タルベシ　夫デナイト険呑ダカラト三度冗言ヲ弄ス　飛デモ〔ナイ〕先生タリ　聞エタ先生デモナシトゾ　夫ヨリ此先生ノ紹介デ外ノ町ニアル国立眼科病院ニ往ツテ見ル　Trachom〔トラホーム〕患者半数ヲ占ム　匈牙利〔ハンガリー〕国ニテハ Trachom 患者アルトキハ強制シ

テ治療ヲ受ケシムト云フ　昼宿ヲ Pannonia ニ移シ午後山ニ上リ対岸ノ宮殿ヲ見物ス　宮殿ハ国王不在中ハ庶人ノ拝観ヲ許スナリ　主トシテ大理石ヲ用ヒ頗ル壮麗ヲ極ム　宮殿ニ附属シテ Kapelle〔礼拝堂〕アリ　其 Hochaltar〔高祭壇〕ノ後ニ Hg. Stephan〔聖ステファン〕王ノ手ヲ祭ル　同王ハ同国中興ノ王タルノミナラズ国民ヲ基督教ニ導キシ人ニシテ Heilige〔聖〕ノ称アリ　手ハ即チ「与フル」ノ意ニシテ同王ノ Wohltätigkeit〔善行〕ヲ紀念スル為メ死後手ヲ祭ルコトトセシナリト云フ　毎年8月20日ハ其紀念日ニシテ市中ヲメグリ歩キ大ニ賑ナリト云フ　此事ハ後ニ Pittoni 氏ヨリ聞ク　夫ヨリ Margarette〔マルギット〕島ニ遊ブ　之モ中々夏ノ散歩ニヨキ所ナリ　此島ヨリ Stadtwäldchen〔市小森林〕ニ赴ク途中電車ニテ Fellerer, Mertens ノ二氏ト一所ニナル　F. ハ Ischl ノ人、M. ハ Bromberg ノ人　三年 Rumänien〔ルーマニア〕ニ働キ今故郷ニ帰ル途上同市ヲ見物シツ、アルナリト云フ　何レモ慣レヌ旅ナレバ一所ニナリ Stadtpark〔市立公園〕ニテハ先ヅ Englische Garten〔英国庭園〕ニ這入リ一緒ニ見物シ食事シ十二時頃マデ行ヲ共ニス　帰途其宿マデ彼等ヲ送リ藤田君ト共ニ Pannonia ニ帰リシハ一時頃ナリシナラン

〔欄外〕　夏帽子洗濯法　Kleesalz〔酸性蓚酸カリ〕約 5 Pfg 分ヲ熱湯ニトキ清潔ナル硬キ刷毛ニテ此液中ニ帽子ヲ刷ル　奇麗ニナリタラバ微温ノ清水ニテ洗フ

〔ブダペスト市電の乗車券二枚(ともに一二フィレール、それぞれに「Budapest ノ電車切符」「ブタペストの電車の切符」と記入)、ブダの丘へのケーブルカー乗車券(一等、一六フィレール)、マルギット島入場券(一五フィレール、マルギット島温泉管理所発行)貼付〕

七月五日　水曜

朝 Stephans Kirche〔ステファン教会〕ヲ見ル　之ハ Stephan 王ノ名ニ因メル同市最大ノ寺ニシテ全部美麗ナル大理石ヲ以テ作ラル　ヤット此頃大体落成シタバカリニテ新シイモノデハアルガ其宏大ニシテ佳麗ナルハ今マデ見タ中デノ随一ナリ　夫ヨリ議会ニ行キ傍聴ス　首相 Kuen-Hedervary〔クーエン-ヘーデルヴァーリ〕ノ演説アリシガ Hangaria 語ナレバ解スルニ由ナシ　閉会後見物ス　之モ壮麗ヲ極ムル　Stephans Kirche ニ劣ラズ余リ広イノデ出口ヲ失ヒ迷子トナリ大ニウロツキヤット守衛ノ居ル所ヘ出デ帰ルヲ得タリ　要スルニ Budapest ニ過ギタル

モノ蓋シ議会ト寺ト橋ナリ　橋モ釣橋ニツアリ壮麗ヲ極ム　橋銭四文ヲ徴スルニハ聊カ不服ナキニ非ズ　Budapest ハ中央部ハ中々奇麗ニテ殊ニ Andrassy〔アンドラーシ〕町ナド中々立派ナルガ端ノ方へ行クト相応ニ不潔ニテ支那ヲ想ヒ出ス様ナ所モアリ　人間モ服装ト云ヒ何ト云ヒ大ニ劣ル　尤モ市街ハ改築中ナル故十年ノ後ハ欧洲ノ大都市ニ劣ルマジクナルトハ云フモ市街バカリ清潔ニナリテモ人間ノ種ガ劣ルカラ到底比肩ハ出来ザルナラン　但シ人間ハ見掛ニ依ラズ親切ナリ　電車ノ車掌ノ如キ下等社会ノ者ノ独語ヲ解セザルニハ少カラズ閉口セリ　午後ハ公園ニ遊ビ Anthropologische Museum〔人類学博物館〕ヲ見ル　夜再ビ Margarette 島ニ遊ビ帰途 Café Nippon ト云フニ入ル　亭主ハ一昨年マデ神戸ニ居リシ商人ノヨシ　子息ハ今モ日本ニ居ルト云フ

〔ブダペスト市内全域乗車券(二〇フィレール)貼付〕

七月六日　木曜

晴　朝早ク藤田君立ツ　予ハ Pittoni 氏ヲ其避暑地(Budapest ト Wien トノ間) ニ訪フ積リナルヲ以テ十二時ニ立ツコトニスル　宿ノ払ヲスマシテ再ビ公園ニ至リ見残シタル Landwirtschaftliche Museum〔農事博物館〕ヲ見ル　門外漢ナレバ能クハ分ラネド之モ大シタモノナリ　養蚕ノ部ニハ日本婦人ノ人形ノ立派ナルガアリテ養蚕ノ工合ヲ見セテ居ル　之モ Budapest ニテハ是非見ベキモノ、一ナリ　停車場ニ赴ク途中一寸 Café Nippon ニテ小憩シ十二時 Budapest ヲ去ル　三等ニ乗ツテ見シニ汚イコト支那ノ二等車ノ如シ　途中下車シテ Pittoni 氏ヲ訪フ　Eugene 氏ト母君ト居リシモ Bianca 氏ハ丁度今朝 Budapest ニユキシトテ在ラズ　四時マデ話シ五時少シ前ノ汽車ニテ別ヲ告グ　一時バカリシテ何トカ云フ停車場ニテ一旦降リ茲処ニテ急行ニ乗リ換フ　今度ハ二等ニスル　夜九時半着ク　途中ブラブラシテ宿ニ帰ル

〔国際鉄・機械工業展示場入場券(四〇フィレール)、および印紙(二フィレール)貼付、「ブダペストの宿屋ノ受取の印紙」と横に記入〕

七月七日　金曜

朝宿ニテ風呂ニ入ル　Budapest 連日ノ見物ノ疲レニヤ身体非常ニダルシ　Leipzig ヨリ到着ノ本税関ニ留置アルニ付キ取リニツ〔ユ〕キ序ニ大使館ニ奥山君ヲ訪ネテ小生宛ノ荷物其他ヲ受取ル　午後ハ藤田君ト当地大学ノ病

院ヲ見ル　規模ノ大ナル之モ一驚ノ価アリ　午後ハKahlenberg ニ遊ブ　夜ハ早ク寝ル

〔受取証貼付、「ウィーンの税関の手数料の受取」と記入〕

七月八日 土曜

連日ノ疲労ヲ慰スル為メ終日在宅シテ読書シ夕方ニ至リテ藤田君ヲ訪フ　Genève〔ジュネーヴ〕ノ人 Eberhard Phildius 氏小生 Budapest 往遊中来訪セラレタリト云フニ依リ往訪シテ見ル　氏ハ大学々生青年会ノ書記ニシテFüchtner 氏ヨリ己ガ名ヲ聞キテ訪ネラレシト云フ　同地大学青年会ハ十八人ノ会員ヲ有スト云フ　暫時談話ヲ交ヘ一所ニ出テ食事ヲ共ニシテ分ル　此夜 Hegemann 君ト相知ル

七月九日 日曜

午前藤波君ト話ス　午後一所ニ藤田君ヲ訪ネ四時頃カラ Zentral Friedhof〔中央墓地〕ニ往ツテ見ル　墓場トハ云ヒ丸デ公園ノヤウナリ　立派ナモノナリ　帰途ハ Italy 料理屋ト云フニテ日本食ヲ食フ　前ノ書記官西源四郎氏ガ仕込ミシトカニテ刺身ト塩焼位ガ出来ルナリ　旨イハ旨カリシモ高イニモ驚キタリ

〔切符貼付、「Wien ノ電車切符」と記入(二〇ヘラー)〕

七月一〇日 月曜

午前読書　午後藤田君告別ニ来ル　又打連レテ奥山君ヲ訪フ　藤田君告別ノ御伴ナリ　夜藤田君ヲ Nordbahnhof〔北駅〕ニ見送ル　同ジ汽車ニテ支那ノ皇族載沢殿下モ立タセラル

〔切符貼付、「Wien ノ電車切符」と記入(一四ヘラー)〕

七月一一日 火曜

朝読書　午後 Phildius 君〔ヲ〕訪問ス　夜ハ市青年会ノ方ニ赴キ某氏ノ Türkei〔トルコ〕ニ関スル講和〔話〕ヲキク　此夜乃木大将来着　在留日本人出迎ニ赴キシモ予ハ先約ノ為メ失敬セリ

七月一二日 水曜

午前読書ス　同地大学梵語教授 Dr. Leopold von Schroeder 氏ハ青年会ノ熱心ナル同情者ナルガ Phildius 君ヲ通シテ予ヲ午餐ニ招キ来ル　依テ一時 Phildius 君ヲ訪ヒテ同行ヲ乞ヒ偶来リ合セシ之モ Schroeder 氏ヨリ招カレタル和蘭ノ医学生 Eerten 君ト三人連レ立チテ往ク　因ニ云フ Phildius 君モ Eerten 君モ先達テノ土京〔ト

ルコ首都）万国青年会大会ニ列セシ由ニテ我国ノ代表員小松千葉二君ヲ識レリトテ其噂ナドス　Schroeder 氏ハ Chamberlain 氏 Frolenz 氏ヲ知レル由ニテ日本ノ事情ニモ通ジ特ニ専門ガ梵語学ナル丈ケ東洋ノ事物ニ興味ヲ有スルガ如シ　京大ノ榊教授モ同氏ノ教ヲ乞ヒシコトアリトカニテ同氏ヨリ送リ来レル江戸錦絵ヲ見セラル　非常ニ元気ナ親切ナ老翁ニテ物腰一寸鈴木敬親君ニ似タ所アリ　食後四方山ノ話ヲシ四時過辞シ帰ル　Phildius 君ハモー一軒僕ヲ紹介スル筈ナルモ少シ時間早シト云フニ付キ兎モ角モ同君ノ宿ニ赴キ休憩ス　七時頃ニ至リテ赴ク其家ハ Colloredog. ノ Pfeiffer ト云フ人ニテ銀行家ニテ非常ナル財産家ナル由　Phildius 君ノ家ト余程懇意ラシ主人ハ60斗リノ親切ナル老人　婦人ハ五十位ノ若々シイ元気ナ人　17トカニナル息子モ出テ来テ四方八方ノ話ヲシ丁寧ナル晩食ヲ饗セラレテ十一時頃辞シ帰ル　主人ハ近々ノ中モー一度夕食ニ来テ呉レト云ハル

〔「独乙ノ引換小包」票（代金引換受領とある）、三〇ヘラーのウィーン電車切符、本郷千駄木からの小包番号票（参参壱）貼付〕

七月一三日　木曜

晴　午前読書　午後新聞社ニ行キ語学ノ先生ヲ探ス為メ広告ヲスル　新聞社ニテ一寸ノ間ニ本一冊ヲ盗マル　独乙ト違ツテ油断ハナラヌト思ツタ　夜青年会（学生ノ方）ヘ行ク　今夜ハ今期最終ノ袂別会ナリトテ招カレタルナリ　Schroeder 先生モ来会セラレ総勢十二三人モ集リシ様ナリ　Phildius 君兼々今晩何カ話セト我輩ヲ促セシモ予ハ言葉未ダ十分ナラザルノ故ヲ以テ固辞シタルニ開会劈頭司会者ハ今晩 Dr. Yoshino ガ態々本会ノ為メニ駕ヲ枉ゲラレ日本ノ基督教青年会其他ノ事ニツキ一場ノ講話ヲセラル、ハ我等尤モ喜ブ所デアルト述ベテ予ヲ促ス　予ハ夫ナ積リデナイカラ用意モ何モシテナカリシ故大ニ面食フ　強テ辞スル事ニモナラヌ羽目ニナリ已ムナク立チテ廻ラヌ舌ニテ喋舌ル　独逸語ニテ演説ヲナシタルハ之ヲ以テ始トス　夫デモ途中質問ナドモアリテ彼是一時間半壇上ニ立ツ　大ニ冷汗ヲ流ス

七月一四日　金曜

晴　先月二十二日 München ヨリ洗濯物等ヲ一包トシテ差出シタル小包漸ク届ケリトノ報ヲ得之レガ受取リノ為メ大使館ニ行ク　午後在宅読書ス　夜ハ奥山君ヨリタ

食ノ招待アリシヲ以テ八時頃行ク　食事ハ例ノ日本食ナリ　Austria-Hungary〔オーストリア－ハンガリー〕ノ政治ニ付キ色々疑ヲ質シテ大ニ得ル所アリ　十二時頃帰ル

七月一五日　土曜

曇　朝ト夕方ト少雨アリ蒸暑キコト云ハン方ナシ　午前中ハ München 出発後ノ日記ヲツケタリ小使帳ヲ整理シタリナドシ午後モ其仕事ヲ続ケ又読書ス　夕方ヨリ散歩ニ出掛ケル　Luisi〔以下記述なし〕

七月一六日　日曜

概シテ晴　乃木大将来京ヲ機トシテ Kahlenberg ニ日本人会ヲ開クニ付キ十一時マデ集レトノコトナリシ故朝起キルト早々ニ用意シテ藤波君ト一所ニ行ク　集ル者二十四五名只二名欠席者アリシノミニテ総員出揃ナリシト云フ　料理店ノ一室ヲ占領シテ昼食ヲ共ニシ秋月大使ノ発声ニテ乃木大将ノ万歳ヲ三唱セシトキハ隣室ノ客人吃驚セシガ如シ　二時頃山ヲ降リ予ハ諸君ニ分レテ奥山君ノ宿ニ赴キ夕方マデ話シテ帰ル

七月一七日　月曜

概シテ晴　午前中読書ス　午後ハ食後新聞屋ニ往ツテ広告ノ返事ヲ取ル　通計二十二通ノ返書アリ　帰途新選挙法ノ勢力地図ト Ulbrich ノ澳国憲法論トヲ求ム　湯ニ入リテ後乃木大将ノ近東ニ赴カル、ヲ Staatsbahnhof ニ見送ル　夜モ引キ続キ読書ス

〔切符〔カーレンベルク－ヌスドルフ間往復、一二〇ヘラー〕貼付、「釣上鉄道 Wien 郊外」と記入〕

七月一八日　火曜

晴　新聞ノ広告ニ対スル返答ニ基キ Lehrer〔教師〕, Lehrerin〔女教師〕ノ内ヲ試験シ廻ル　何レモ余リ感ジタルハナシ　四五軒廻ツタガ未ダ何レニモ極メズ　当国ノ新議会昨日ヨリ開ケ本日皇帝親臨シテ勅語ヲ奉読セラル

七月一九日　水曜

晴　午前中読書　午後モ同様ナリ　東京ヨリ新刊ノ太陽届ク　別段ノコトナシ

七月二〇日　木曜

晴　Fräulein Eschig ヨリ Stunde〔教授、稽古〕ヲ取ルコトニ極メ手紙ヲ出ス　又大学図書館ニ勤メテ居ルト見ユル Fräulein Urban モ昼頃伺フト云フ手紙ヲ寄越シタカラ遇ツテ見ルニ身なりノ汚イノハ貧乏ト見ユルモ話ハ中

々シツカリシテ居ルカラ此方カラモ Stunde ヲ取ランカトモ思フ　午後ハ読書　夜モ散歩ニ出テ早ク帰ル

〔「小包」のクーポン（ライプツィヒのグスタフ・フォック書店から）貼付〕

七月二一日　金曜

晴　午前中読書　ヨミ滞リノ Times ヲ一所懸命ニヨム　午後 Eschig 先生ヲ訪問シテ不取敢明日ヨリ始ムベキコトニ極メル　午後モ引キ続キ読書ス　東京中田君ヨリ手紙来ル　曰ク両穂積先生辞職ノコト愈々キマリ近々確定発表セラルベシ　曰ク金井先生亦持病ノ糖尿病ノタメ辞意ヲ洩ラサレシモ受持時間ヲ減ジテ暫ク留職スルコトニナレリ　曰ク川名教授ノ病ハ肺病ノ徴アリテ到底近々出講スルノ見込ナシ　曰ク鳩山君九月頃出発渡欧セラルベシ　曰ク小野塚先生元気ナリ云々

〔座席券（四ヘラー）貼付、「公園ノ腰掛」と記入〕

七月二二日　土曜

晴　土地ノ者ハ暑イ暑イトコボス　近年コンナ暑イコトハアリマセンナド、云フガ我等ニハ何トモ思ハズ　之デ見ルト日本ハ欧洲ニ比シテ余程暑イ所ナリ　午前読書シ午後三時カラ四時マデ先生ニ稽古ニ行ク　今日ハ初回ナリ　話ハ余リ明了デハナイガ人ハ如何ニモ親切サウナリ　月曜日再来ヲ約シテ辞シ帰ル　午後ハ東京ヘ手紙ヲ書ク　Riedenheim ノG君ヨリ手紙来ル　六月ハ八日ヨリ十三日マデ Konstanz ニ在リシ由ナリ

七月二三日　日曜

晴　頗ル暑シ　午前中読書　昼食ハ内デ食ベテ外出セズシテ読書セシタメ例ノ眼睛〔精〕疲労ガ起リ一寸物ガ見ヘナクナル　依テ已ムナク五時頃未ダ暑イノニ洋服ニ着換エテクテク歩イテ Hofer 牧師ヲ訪ヒ夫人ノ病気ヲ見舞フ　夫カラ又てくてく歩イテ青年会ニ行ク　Hoberl 氏ノ講演ヲ聴カンガタメナリ　講演ニハ別ニ感心モセザルガ聴衆ノ熱心ナルニハ感服ノ外ナシ　此暑イノニ来集者三十名斗リ　何レモ定刻ヨリ二三十分斗リ前ニ来リ遅参スル者殆ンドナキノミナラズ日本ノ如ク定刻ヨリ三十分モ一時間モ後レテ開会スルト云フ様ナコトハ殆ンドナシ　此点ハ是非日本デモ学ビタキモノナリ　夜早ク帰ル

〔新聞広告料（新ウィーン日刊新聞、一クローネ六八ヘラー）受取書貼付、「先生ヲ探スニ新聞ニ公告シタ其料金ノ受取」と上に記入〕

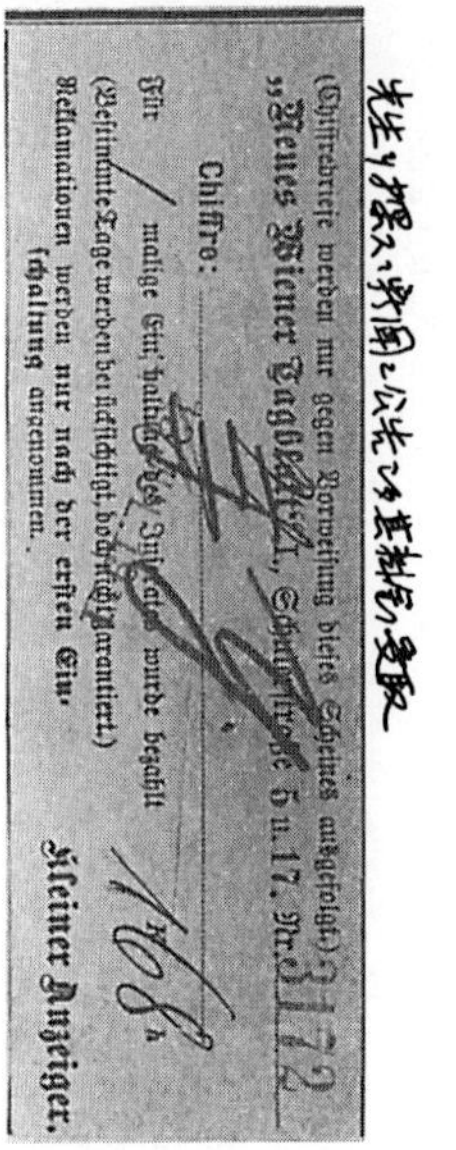

七月二四日　月曜

晴　頗ル暑シ　午前読書ス　午後 Urban 氏ヲ大学図書館ニ訪ヒシモ居ラザリキ　毎日来ルト極ツテアルニ非レバ丁度ハ〔ママ〕今日ハ来ヌ日ナリシト見ユ　昼食ハ Hörlgasse ニテ食ツテ見ル　Floriannneng. ノ方ヨリモ幾分上品ニシテ且聊カ安イ様ナリ　午後帰宅シテ読書シタ方ヨリ稽古ニ行ク　今日ハ先生ト共ニ公園ニ散歩シ歩キ乍ラ教ハル　夜石原君ノ来訪ヲ受ク

七月二五日　火曜

晴　今日モ頗ル暑シ　此二三日滅切リ暑クナレリ　東京ニモ劣ラズ建物ガ石デ道路モ石デ敷キツメテアルカラ猶更暑シ　午前中読書　午後大学図書館ニ Urban 氏ヲ訪ヒシモ会ハズ　昼食ハ野菜料理デ食ツテ見ル　Würzburg デ食ツタ時ヨリ遥ニ甘シ　午後ハ先生へ手紙ヲ書ク　夜ハL君ヲ一寸訪ネ早ク帰ル　藤波君カラ借リタ新聞ヲ読ム　東京ノ電鉄モ愈市デ買ヒ上ゲタリトノ報アリ　価格六千何百万円トカナリト云フ

七月二六日　水曜

晴　午前午後引キ続キ読書ス　目ガ霞ミテ本ガ読メズ困ル　変ツタ事モナクシテ暮ル

七月二七日　木曜

晴　朝野地君瀬戸君河副君等ヨリノ音信ニ接ス　瀬戸君ハ愈山本氏トノ話ヲ極メタ様ナリ　午前中勉強　午後昼食ニ行カントシテ居ル所ニ突然 München ノ小山田君来訪セラル　停車場ヨリ直グ来ラレシ所ナリト云フ　依テ内デ食事ヲナシ村地藤波宗君モ見エテ五人卓ヲ囲ンデ懇談ス　ヤガテ五時ニナリ予ハ約アリテ Eschig 氏ヲ訪フベク出掛クル　此夜 Wien ノ Nordbahnhof〔北駅〕火事ニアヒ市中大騒ナリ

七月二八日　金曜

晴　非常ニ暑シ　朝小山田君ハ婦人科病院ヲ見ニ行カレ予ハ議会ヲ傍聴ニ行キシモ人多クテマタ這入レズ帰ル

午後ハ藤波宗君等ト懇談ス　小山田君宗君ノ病院ヲ見ニ行キシニツキ予ハ在宅読書ス　夜モ諸兄ト談ズ　暑クテ外出スル勇気更ニナシ

七月二九日　土曜

晴　午後雷雨　朝小山田君藤波君ノ病院ヲ見ニ行ク　十一時伊太利人 Bressan 君来ル　此人ヨリ伊太利語ヲ習ハント思ヒ新聞ノ広告ニテ交渉シ面会スル段取リニナリシモノナリ　一時間2K ナリト云フ　来週ヨリ始メント思フ　ヤガテ小山田君帰ル　一所ニ出掛ケル　先ヅ Hofburg〔王宮〕ノ Zeremonial Saal〔儀礼ホール〕ト Schatzkammer〔宝物殿〕トヲ見夫レカラ Natur-historisches Museum〔自然史博物館〕ヲ見ル　途中ニテ昼食ヲ認メ電車ニテ Schönbrunn ニ赴ク　天色稍変ズ　暫ク雷雨猛然トシテ臻《いた》リ Hof〔宮殿〕ノ下ニテ晴レ間ヲ待チ夕刻ニ及ンデ帰ル　夜マタ同君ト町ノ散歩ニ行ク　夕食モ喰ハズアチコチブラブラシテ帰ル　雨後ニ拘ラズ左程冷〔涼〕シクモナラズ　併シ幾ラカ気持ヨクナリシハ云フヲ待タズ

〔自然史王宮博物館の入場券（一クローネ）貼付〕

七月三〇日　日曜

晴　朝小山田君ヲ案内シテ議会、Hofburgtheater〔ブルク劇場〕ヲ見物ス　午後ハ村地宗ノ二君ニ誘ハレテ Donau ニ行キ船ヲ漕ギ Prater ニテ茶ヲ呑ミ夕方帰ル

七月三一日　月曜

晴　余程凌ギヨクナル　小山田君ハ8時十分ノ汽車ニテ Prag〔プラハ〕ニ向フ　連日ノ疲労一時ニ来レルニヤ睡クテ堪ラズ十時カラ一時半マデ寝ル　午後ハ読書研究ニ費シ斯クテ八月ノ月ヲ迎ヘントス

〔安楽椅子券（八ヘラー）貼付、「公園ノ腰掛」と記入〕

八月一日　火曜

晴　六月中 Riedenheim ヨリ出セル木箱一個漸ク到着シタリトノ報大使館ヨリ来リ午前之ヲ取リニ行ク　久シ振リニテ奥山君ト遇ヒ懇談ニ時ヲ移シ且同氏ノ誘フガ儘ニ昼食ヲ同氏宅ニテ認メ六時頃マデ話ス　何時モナガラ気持ヨキ男ナリ　荷物ハ Dienstmann〔荷物運搬人〕ニ持タシテ届ケタリ　六時帰宅シ直ニ Eschig 先生へ稽古ニ行ク

八月二日　水曜

晴　マタ少シ暑クナル　朝東京吉田君 Stahl 君ヨリ手

紙来ル　Stahl 君ハ本年ハ虎拉剌《コレラ》流行ニツキ伊太利旅行ヲ来年ニ延期シタシト申来ル　去《そ》ウスレバ我輩ノ金ノ都合モヨシ　午前中読書ス　午後石原君来訪ニツキ藤波君宗君等ト一寸話ス　風呂ヲ拵ヒテ貰ツテ這入リ又引キ続キ読書ス

八月三日　木曜

晴　午後一寸雨アリシモ直グハル　午前中読書　一時ヨリ伊太利語ノ先生 Bressan 君来リ稽古ス　此日ヨリ始メテ伊語ヲ習フコトニセシナリ　発音ハ独乙語ト似テ大シタ六シキ様ニモアラズ　字ハ仏語ト甚ダ似テ居ル故案外早ク覚エルカモ知レズ　午後モ読書　夜ハ Eschig 先生ヘ稽古ニ行ク　一所ニ Hofbrunnen〔王宮の泉〕ノ Beleuchtung〔イルミネーション〕ヲ見ニ行キ十時過ギ帰ル　東京ヨリ手紙来ル　法学協会国家学会ノ七月号届ク

八月四日　金曜

晴時々小雨　午前中宗君話ニ来ラル　午後ハ手紙ヲ書ク　東京、古川、小野塚、杉、等ノ諸君ニ通信ス　此日朝文部省ヨリ十乃至十二月マデノ分ノ学資送リ来ル　Fock ヘ本代ヲ払ヒ又 5£ ノ英紙〔印紙〕ヲ買ヒテ之ヲ送ル　其他別ニ事ナシ

八月五日　土曜

雨　朝ハ一寸晴天後雨トナリ夕方稍ハル　午前中モ引キ続キ諸方ヘノ手紙ヲ書ク　今日ハ三時マデニ Eschig 先生ヘ稽古ニ行ク筈ナリシ故少シ早目ニ食事ヲスマシ少々後レテ行ク　Schönbrunn ニ往ツテ見ル積リナ〔リ〕シモ雨ノ為メヤメ宅ニテ教ハリ六時頃マデ話ス　夜ハ宗君藤波君ト共ニ Schönbrunn ノ近所ノ Weigl's Varieté〔寄席〕ヘ往ツテ見ル　日本人天花嬢一行ノ手品ナドアリテ人気ヲ引イテ居ル　面白イニハ面白イガ考ヘテ見レバツマラナシ

〔ヴァイグルズ・ヴァリエテ(寄席)の平土間券(一・四〇クローネ)貼付〕

八月六日　日曜

晴　午前ハ Stephanskirche〔ステファン教会〕ニ往ツテ見ル　Eschig 先生ト約束シタレバナリ　教会ノ門前ニテ同先生ニ遇ヒ道スガラ四方八方ノ話ヲシツ、同先生ノ宅マデ御伴シ直ニ引キ返シテ Horlg. ニテ食事ヲ認メ暫ク公園ノ Bank〔ベンチ〕ニ腰掛ケテ新着ノ Echo ヲ読ミ三時

ニ及ビ Eschig 先生ヲ再ビ訪問ス　一所ニ Schönbrunn ニ散歩スルヲ約シタレバナリ　汽車ニテ同地ニ赴キ先ヅ城ヲ見物シ夫カラ動物園ニ這入ル　中々広キ故夕刻ニ及ンデ未ダ三分ノ二ヲ了ヘズ　一緒ニ途中ニテ食事ヲ認メ十時帰宅ス

〔シェーンブルン宮殿の入場券（六〇ヘラー）貼付〕

八月七日　月曜

晴　朝来少シ頭痛ガスル　昨夕余リ喉ガ乾イタタメ麦酒ヲ呑ミ過ギタ勢《せい》カトモ思フ　渡欧以来既ニ一年余リモ麦酒ヲ呑ミ慣ラシタ今日猶二杯ノ麦酒ニ二日酔ヲスルトハ能ク々々酒精ニ縁ノ遠イ男ト見ユ　昼食ニ往ツタ外日中読書ス　夕方伊太利語ノ先生来リ稽古ス　夕食前 Mariahilfstr. ニ往キ敬子誕生日ノ贈物トシテ洋服ヲ買フ　一寸奇麗ナ奴 2.50 頗ル安シ　藤田君浦塩〔ウラジオストク〕カラ出シタ手紙届ク　七月二十二日ノ日附ダカラ今頃ハ福岡ノ家庭デやに下ツテ御坐ルコトナラン　過ギテ見レバ月日ノ立ツハ実ニ早イモノナリ

八月八日　火曜

晴　午前約アリ Frl. Eschig ヲ訪ヒ一所ニ Rathaus〔市庁舎〕楼上ナル Historisches Museum der Stadt Wien〔ウィーン市歴史博物館〕ヲ見物シ見ナガラ稽古ヲスル　午後在宅読書ス　当地 Evang. reform. Gemeinde〔新教寺院管区〕ヨリ別紙ノ如キ寺税納付ノ催告来レルニツキ其義務ナキ旨ヲ書キ送ル

〔新教寺院管区よりの寺税納付催告状（印刷物）貼付〕

八月九日　水曜

晴　又々少々暑クナル　午前中大ニ読書ス　兼テ注文セル Helene von Racowitza ノ Meine Beziehungen zu Ferdinand Lassalle〔フェルディナント・ラッサールとの私の関係〕送リ来ル　午後ハ昼食后 Eschig 先生ヘ稽古ニ行キ一所ニ Neuwaldeck ヨリ Hütteldorf ノ方ヘカケテ山ヲ散歩ス　時ノ移ルヲ知ラズ　帰リテ見ルト Helene Hahne 氏 Fritz Hahne 君ヨリ手紙来リ且拙稿 Entwicklung des Christentums in Japan〔日本におけるキリスト教の発展〕ノ掲載シアル Das Volk 数葉ヲ送リ来ル

八月一〇日　木曜

晴　午前約ニ従ヒ九時半 Eschig 先生ヲ訪ヒ一所ニ Das Museum für Kunst u. Industrie〔工芸産業博物館〕ニ往ツ

テ見ル　丁度ニ当分休館中ナリトテ其意ヲ得ズシテ帰ル　午後ハ読書シタ方伊太利語ノ先生ノ稽古ヲウケタル外事ナシ

八月一一日　金曜

概シテ晴　二時過一寸驟雨アリ　午前中読書　十二時ニ至リテ内ヲ出ル　Eschig 先生ト Laxenburg ニ赴クノ約アリタレバ也　電車ヲカリテ Aspangbahnhof ニ着キシハ正ニ一時　先生未ダ見エザルヲ以テ停車場ノ料理屋ニテ飯ヲ食ヒヤガテ三十分ニ垂ントスル頃先生ヤツテ来ル　扨テ三十分ヲ過ギテモ汽車ノ出ル模様ナキニ能時間表ヲ見ルト一時三十分ニ出ルノハ日曜祭日ダケニシテ平常ハ二時三十分ニナラデハ出ズ　依テ一寸近傍ヲ散歩シ時ニ至リテ汽車ニ乗ル　三時着ク　一寸 Bier ヲ傾ケ先ヅ宮殿ヲ見ル　支那ノ絵紙デ壁ヲ張リ又ハ支那製陶器ナド多ク見ル　皆 Maria Theresia ノ時ノモノナリ　夫ヨリ池ニ出デ Ritterburg〔騎士の城〕ヲ見物シブラブラ公園ヲ散歩ス　公園頗ル広ク未ダ中半ヲ見ザルニ既ニ七時ニ垂ントス　四十分ニ汽車ガ出ル筈故惜シキ名残ニ跡ヒカレツ、辞シ帰ル　Südbahnhof〔南駅〕ニツキテ附近ノ料理屋ニテ食事シ十時半先生ヲ其内ニ送ツテ分レ帰ル　一日ノ清遊数周〔週〕ノ欝ヲ医スルニ足ル　只気ノ毒ナルハ先生ガ頭ガ痛イト云ハレ居リシ事ナリ　予ヲ案内シタ為メニ悪クナラネバヨイガ

八月一二日　土曜

朝雨頻リニ降リ居ツタガ昼前ニハ晴レトナリ午後ハ好天気ニ引キ直レリ　午前中読書シ午後四時内ヲ出テ Westbahnhof ニ往ツテ見ル　Eschig 先生ガ St. Pölten へ四時五十分ニ行クト云ハレシ故見送旁散歩セントテ出掛ケシ也　併シ先生ハ見ヘズ　六時十分カモ知レズト思ヒ近所ノ Café ニテ少憩シ又往ツテ見ルニ矢張リ見ヘズ　多分明朝出立ノコトニシタモノナラント考へ町ヲブラブラウロツキナガラ途中夕食ヲ認メテ帰ル　予ノ出掛ケタ丁度アトへ奥山君来訪セラル　会ハナカツタノハ頗ル遺憾　夜今来タトテ突然 Prag ノ杉寛一郎君来ラレ遅イカラ又明日遇ハウトテ帰ラル

〔オッタクリングの皇帝記念展望台への入場券(一〇ヘラー)貼付〕

八月一三日　日曜

少晴　午前中読書　午後ハ食後 Mariannen ニ杉君ヲ

訪フ　加藤君ノ部屋ニテ少時話シテ後一所ニ Rathaus 附近ヲ案内ス　夜ハ Patria ニテ食事ヲ共ニシヤガテ加藤君杉本君宗君涌島君村地君モ来リ宗君ハ謡曲ヲ加藤君ハ義太夫ヲ杉本君ハ追分ヲ歌ヒ出シテ大ニ賑カニナリ二時マデ居ル　明日ハ七時半ノ汽車ニテ旅ヲスルノニ飛ンダ夜深〔更〕シヲシタモノナリ

〔乗車券（馬車？　一〇ヘラー、ヘッツェンドルフ―プラターシュテルン間三キロまで、日曜祭日無効）貼付〕

八月一四日　月曜

晴　兼テ約アリ朝五時半ニ起キ身仕度ヲ整ヒ Franz Joseph Bahnhof ニ駆ケ付ケ七時四十五分ノ汽車ニテ Krems〔クレムス〕ニ向フ　茲処ニテ Eschig 氏ニ会シ一所ニ Donau〔ドナウ〕ヲ遡リテ Wachautal〔ヴァッハウ渓谷〕ノ勝地ヲ探賞シ都合ニヨリテ Grein〔グライン〕マデ赴カントノ計劃ナリ　九時十分汽車ハ着ク　停車場ニハ計ラズモ Eschig 氏ノ兄君待チ合サル　兄君ハ一昨日来同地ニ来テ居ラル、モノ、由　Eschig 君ノ方ハ昨朝 St. Pölten ニ赴キ一泊シ今朝 Krems ニ予ヨリ十五分後レテ着ク筈ナリト云フ故 Restaurant ニテ待ツ　ヤガテ先生来ル　挨拶ヲ交シ直ニ蒸汽船ノ Station〔乗り場〕ニ行ク　暫ク待ツテ Dürnstein〔デュルンシュタイン〕マデノ切符ヲ買ヒ船ニ乗ル　Donau ヲ船デ下ルハ之レガ始メテナリ　両岸ノ風光頗ルヨシ　一時間余リニシテ着ク　附近ニハ Napoleon 時代ノ古戦場アリ　市街ハ石多キ山ノ麓ニアリ山ノ上ニハ Schloss-Ruine〔廃城〕アリ　寺モ数百年ヲ経タルモノニシテ見ルニ足ル　案内者曰ク貴君ハ去年モ御出デニナツタネト　段々聞ケバ桑山君ガ曽テ来ラレタコトアルラシ　山ニ上リ谷ニ下リ高キヨリ Donau ノ谷ヲナガメ数時間浩然ノ気ヲ養ツテ夕方 Stein〔シュタイン〕ニ降リ Gasthaus zum goldenen Elefant〔金象旅館〕ト云フニ泊ル　名前ハ豪気ダガ宿賃ハ驚ク勿レ六十文　併シ寝心ハ悪クハナカリシ　十時差シ上ル月ノ水上ニ影ヲ映ズルヲ見残シツ、床ニ入ル

八月一五日　火曜

雨　朝四時半宿ノ者ニ起サレ早々ニ身仕度ヲ整ヒ河岸ニ船ノ来ルヲ待ツ　流石ニ避暑地ダケニ夜ト朝トハ冷気肌ニシム　外套ヲ着テモ粟ヲ生ズル位ナリ　船ハ三十分後レテ来ル　乗リテ河ヲ遡ルニ船ハ愈有名ナル Perle des Donautals〔ドナウ谷の真珠〕ト呼バル、Wachau 谷ニ入リ両岸ノ山高ク河ニ迫リ処々古城趾アリテ風景ノ佳遠ク Rhein〔ライン〕ニ勝ルト思フ　惜シイカナ段々雨模様トナリシコトヲ　夫レニ此日ハ Mariahimmelfahrt〔マリア昇天〕ノ祭日ナルヲ以テ旅客頗ル多ク愉快ナル旅ト云フコトハ出来ザリシ　十時少シ前目的地 Melk〔メルク〕ニ着ク　少憩ノ上有名ナル Kloster〔修道院〕ヲ見ル　古文書ノ図書館アルガ之ハ澳国第一ノモノナリト云フ　本来ノ計劃ハ Grein マデ船ヲ上セソレヨリ河ヲ降リテアラユル勝地ヲ探ル考ナリシモ雨降リテ意ニ任セズ予定ノ計劃ヲ変ジテ已ムヲ得ズ此地ヨリ船ニ直航 Wien ニ帰ルコトニスル　二時ノ船ニ乗ルニ今度ハ乗客ノ多キコト名状ノ外ニシテ一等ノ切符ヲ買ヒシニ拘ラズ二三等ノ隅ノ方ニ小サクナラネバナラヌ始末ナリ　雨ハフル雷ガナル室ノ中ハ煙草ノ煙デ臭イ　ソレニ雑踏ハ甚シイノデ真ニ惨憺タルモノナリシ　夕方船ハ Krems ヲ去ル一キロバカリノ下流ニ来レル時突如機関ニ故障ヲ生ジ乗客ハ皆船ヲ去リテ汽車ニ乗ラネバナラヌコトニナル　重ネ重ネノ不幸ナリ　仕方ガナイカラ Krems ノ市ヲ一ト通リ見物シ 8.40 ノ汽車ニテ Wien ニ帰ル　十一時着駅、途中ネムイコト夥シ　夜ニ至リ日中ノ空隈ナク晴レ弦月ノ皎々タルサマ面悪シトモ云ハン方ナシ

八月一六日　水曜

曇時々雨、連日ノ疲レニテ十時マデ熟睡ス　午前中日記其他ノ整理ヲナシ午後食後杉君ヲ Patria ニ訪フ　ヤガテ数君モ来ラレ連レ立チテ Schönbrunn ニ御案内スル
〔切符(四〇ヘラー)貼付、「Schönbrunn ノ動物園ノ特別観覧券」と記入〕

八月一七日　木曜

晴　朝ノ中読書ス　午後ハ杉君ヲ訪ヒシニ不在　加藤君ノ所デ話ス　図ラズ加藤君大学助手時代ニ石巻角吉ノ娘ヲ治療シテヤリシコトヲ語ラル　三十七八年頃古川佐藤屋ノみよしサンガ療治ニ来リ居リシ頃右角吉ノ娘ガ係リノ医学士ニ惚レ込ミシ話ヲ耳ニセシガソハ加藤君ナリシニテ飛ンダ奇遇ニ感ズ　且加藤君ノ妻君ハ仙台北一番丁井村鉄工場ノ娘ナル由　夜ハ高村君ヲ Westbahnhof〔西駅〕ニ迎フ　愈 Würz.〔ヴュルツブルク〕ヲ立ツテ日本ニ帰ラル、ナリ　九時半着キ我輩ト同宿セラル

八月一八日 金曜

晴 午前中ハ高村君ノ外杉君外ニ数日来滞在中ナル岩崎君ヲ案内シテ国会議事堂博物館ヲ見物シテ帰ル 午後ハ高村君涌島君ノ案内ニヨリテ病院ニ赴キシニツキ予ハEschig 先生ヲ訪ヒ共ニ散歩シナガラ教ヲウク 此日ハ当国皇帝ノ誕生日ニ当リ慣例ニヨリ Prater〔プラター公園〕大ニ賑ナリト云フニヨリ諸君数名ト往ツテ見ル 非常ナ雑踏ナリ 赤白青ノ色紙ヲ円形ニ小サク切ツタモノヲ袋ニ入レテ売ツテ居リ之ヲ買ツテ人ノ顔ニ打ツツケル 無礼講ナリ 男ハ女ニ女ハ男ニ打ツツケル 中ニハ無論娼妓ヤ売子モ居ルガ良家ノ子女ヤ夫人モ少カラズト云フ 他愛モナキコトヲシテ楽ムモノカナト思フ 之モ土地ノ風トテ珍ラシク見ル 帰リニハ Kärntnerstr. ヲ上リ下リシテ高村君ニツキ合ヒ遅クナリテ帰ル

〔切符(三〇ヘラー)と切手大のシール二枚貼付、それぞれに「辻馬車ノ切符」、「カイザーボンボンノ包紙」と記入〕

八月一九日 土曜

晴 午前中涌島君杉本君ノ来訪ヲ受ク 高村君ハ眼科病院ノ見物ニ行カル 午後ハ高村君岩崎君ヲ案内シテSteinhof ノ精神病院ヲ見物ニ行ク 此病院ハ規模ノ宏大ナル世界一ニシテ故市長 Dr. Lueger ノ経営ニ成ルモノナリト云フ 1907 年功ヲ竣工建築費用実ニ 27,000,000 Kronen ニ達スト云フ 地所ハ東京ノ大学敷地ヨリモ遥ニ広ク建物ノ数六十有余 現ニ男女ノ患者 3300 ヲ収容ス 寺院アリ演芸場アリ運動室アリ皆雅麗ヲ極ム 食物ハ Küche〔厨房〕ヨリ軽便鉄道ヲ以テ運搬ス 各室ニ配ヲ了ルマデ僅ニ20分ヲ要スルノミナリト云フ 兎ニ角素敵ナ大設備ナリ 加フルニ地勢ハ最モヨク郊外ノ山腹ニ位置シテ眼下ニ Wien 市ノ大部分ヲ眺望スルヲ得 帰リニハ Schönbrunn ヲ見物ス 夜一所ニ杉君ヲ Patria ニ訪ヌ 昨日ノ疲レニテ睡イコト夥シ

〔「Venedig〔ヴェニス〕in Wien ノ腰掛」券(八ヘラー)、ウィーン市営路面電車の切符(一二ヘラー)貼付〕

八月二〇日 日曜

晴 午前中高村君ハ涌島君ノ案内ニテ Museum ヲ見ニ行カレシヲ以テ予ハ久シ振リニテユツクリ読書ス 午後ハ Eschig 先生ヘ稽古ニ行ク 夜宗君ノ誘ニ従ヒ朝倉文三氏岩崎君ト連レ立チテ Apollo-Theater〔アポロ劇場〕ヲ

観ニ行ク　中ニ日本人軽業師ノ一行モアリ　帰リテ朝倉先生ニ分レ又少シク散歩ス　朝倉氏ハ国府寺さんノ内ノ近所ニ住マワルト云フ

〔アポロ劇場のオーケストラ席の切符（五クローネ）貼付〕

八月二一日　月曜

晴　朝ノ中朝倉氏宗君ガ先生ヲ探スタメノ広告ヲ頼ミニ Tagblatt〔日刊新聞〕社ニ行クノヲ案内スル約束アリシ故早ク起キテ待ツテ居ルニ朝倉先生中々来ズ　此方カラ押シカケテ見ルト何トヤラ云フ Professor ヲ訪問スルノデ往ケヌト云フニヨリ宗君ト二人デ往ク　午後ハ高村君ヲ Stadtpark〔市立公園〕, Volksgarten〔人民庭園〕ニ案内シテ同君最後ノ清興ニ伴ス　同君ハ九時五十分ノ汽車ニテ Dresden〔ドレスデン〕ニ向ハル　Nordwestbh.〔北西駅〕ニ見送ル　連日ノ夜深〔更〕シニテ頗ル疲労ヲ覚フ　早ク帰リテ寝ル　杉君モ明日ハ立ツト云フ　御客サン退散トナレバ先ヅ茲処暫ク静養ノ時ヲ得ルコトガ出来ル

八月二二日　火曜

晴　午前中読書シ且ツ東京留守宅ヘ手紙ヲ書ク　午後ハ Eschig 先生ヘ稽古ニ行キ Wertheimstein Park 方面ニ散歩ス　夜夕食後帰宅ノ途中宗君藤波君朝倉氏ノ Hofbrunnen〔王宮噴水〕ノ見物ニ往カル、ニ会シ一所ニ行ツテ見ル

八月二三日　水曜

概晴　夕方雷雨アリ　午前中読書ス　午後ハ Eschig 先生ヲ Steinhof ノ精神病院ニ案内スルノ約アリ三時過同氏宅ヲ訪問シ一所ニ行ク　外ニ事ナシ

八月二四日　木曜

曇夜雨　午前中読書シ夜奥山君ヲ訪フ　奥山君今度夫人ヲ呼ビヨセルコトニシ数日前外務省ニ願書ヲ出セリト云フ　段々話ヲ聞テ見ルト斯ウ云フ来歴ヨリ来レルモノラシ　ソハ多分奥田竹松ト思ハル、ガ外務本省ニ帰リ奥山君ガ当地ニテ下宿屋ノ娘ト関係シ結婚ノ約束マデシタト云ヒフラシ之レガ問題トナリ外務次官ヨリ秋月大使ニ親展書ヲ発シテ事実ノ取調ヲ托シ来レル始末トナル　事実無根ナルハ云フ迄モナキガ夫レヤコレヤデ急ニ夫人ヲヨブコトニセルモノラシ　去ルニテモ奥田ノ陋劣驚クノ外ナシ　奥山君ハ当地ニ於ケル der einzige keusche Japaner〔唯一の純潔な日本人〕ナルコト僕固ヨリ之ヲ疑ハズ

八月二五日　金曜

朝雨フリ午後ニ至リテ晴ル　午前中読書シ午後昼食ニ出掛ケントスル所へ今着イタ所ダトテ Würzburg ノ長野文治君来訪セラル　Mariannen ニ泊レリトテ村地君同行セラル　一所ニ出カケテ予ハ途中ニ食事シ例ノ通リ市街ノ要所ヲ散歩シ予ハ Eschig 先生ヲ五時半マデニ訪フノ約アリシヲ以テ Stadtpark ノ所ニテ分レテ電車ニ乗リ直ニ Eschig 先生ヲ訪フ　一所ニ散歩ニ出掛ケ先ヅ Rotenturmstr. ニ出デ信、明両人へノ誕生日ノ送物トシテ前掛二枚ヲ買ヒ大通リカラ Volksgarten へ出テ途中夕食ヲ共ニシ帰ル

八月二六日　土曜

曇　夕方ヨリ小雨トナル　午前 Eschig 先生ニ手紙ヲ出シニ出カケ序ヲ以テ長野君ヲ訪ネル　不在　直ニ Zollamt〔税関〕ニ往ツテ見ル　Leipzig ヨリ小包本二個到着シ居レバナリ　一枚ノ Begleitung Adresse〔添状〕ヲ無クシ手続面倒ニツキ誰レカニ頼ムコトニシテ引キ返ス　午後長野君来宅　Steinhof ト Schönbrunn トニ案内シ夕方帰ル　夜モ町ヲ一ト通リ案内スル

八月二七日　日曜

快晴　午前中読書ス　昼少シ前 Eschig 先生ノ妹 Gretchen サン先生ノ手紙ヲ持ツテ来ラル　返事ニ添エテ謝礼 30 K. ヲ封ジテ送リ届ク　午後ハ藤浪君ニ誘ハレテ Klosterneuburg ト云フ所ニ遊ブ　東京奥山夫人ニ奥山君弁明ノ書面ヲ出ス

八月二八日　月曜

晴　午前中読書シテ居ル所へ突然 Eschig 先生ノ兄 Walter 君見ユ　Eschig 先生ト其友人ト日本服ヲ見タイトテ下ニ待ツテ居ル来テモ差支ナキカト云フ故丁度朝飯ガ済ンダ斗リナリシ故二十分バカリスギテカラ来訪セラレンコトヲ求メ急ニ部屋ヲ片付ケテマツ　ヤガテ三人連レ立チテ来ル　羽織袴ヲ着テ見セル　一所ニ散歩シナイカト誘ハル、儘 Schönbrunn ニ往ツテ見ル　午後ハ Neuwaldeg ノ方へ散歩スルカラ一所ニ来イト云フ故昼食ヲ早々ニ済マシ三時半約ニ従ヒ先方ヲ訪ネルニ三十分余リ待チ四時過ギ家ヲ出ル　Frank トカ云フ男モ途中一所ニナツタガ山ノ上ノ Restaurant ニテ麦酒ニ腰ヲ下シ既ニトンブリ〔マヽ〕ト暮レテモ帰ラウトセズ　独乙ノ若イ者トノ

Gesellschaft〔社交〕ハ之レダカラ閉口トつくづく嫌ニナル　長野君ノ出発ヲ見送ラネバナラヌ故独リ山ヲ下ラント言ヒ出セルニ単身デハ途ハワカルマイトテ一所ニ下山スルコトニナル　夫モ呑気ニ悠ツクリ構ヘテ居ルノデ山ヲ下リテ電車停車場ニ至レバ既ニ時ガオソク停車場ニ駆ケツケテモ間ニ合ヒサウニナシ　依ツテ遺憾ナガラ止メル　一所ニ飯ヲ食フ　茲処デモ長尻デ Eschig 先生ヤ其友達ガ睡クテ帰ラウト云フニ耳ヲ傾ケデ十二時過ニナツテモ帰ル気色ナク腹ガ立ツテ仕様ガナイケレドモ無礼シテモナラズトジツト我慢スル　斯クテ内ヘ帰ツタノハ一時半、予ノ帰ルヤ半睡中ノ宗君隣ニ在リテ予ガ室ニ盗賊入レリト誤信シ Bell ヲナラシテ宿ノ者ヲ起シテ騒グナド一寸滑稽劇一幕ヲ演ズル

八月二九日　火曜

晴　午前中読書　東京ヨリ手紙来ル　午後昼食ヲ了ヘテ税関ヘ往ク　Leipzig〔ライプツィヒ〕ヨリ小包二個到着セルガ一枚ノ Postbegleitadresse〔郵便添状〕ヲ紛失セシ故其手続ヲ問ヒ合スルニ Post u. Telegraph Direktion〔郵便電報管理局〕ヘ Gesuch〔請願書〕ヲ出セト云フ故1 Krone ノ Stempel〔印紙〕ヲ貼付シ habe die zu dieser Zollinhaltserklärung beigelegte Postbegleitadresse verloren und suche Duplikat〔この関税内容の説明を添えた郵便添状を紛失したので副本を請願す〕云々ノ旨ヲ書シテ出ス　何レ二三日ノ中ニ副本ノ下付ヲ得ルコトナラン　夜東京ヘノ返事ヲ書ク

八月三〇日　水曜

少晴　午前中読書ス　Eschig 先生カラ出立ノ時間ガ知ラシテ来ルナラント待テドモ来ラズ　奥山君ヨリ来翰アリ　近々舟橋了助君伯林ヨリ来遊セラルベシト云フ　午後モ読書　夜散歩ス　Haensch 君ニ遇フ

八月三一日　木曜

曇時々雨　Greta 君ヨリ Konstanz ノ Bräutigam〔婚約者〕ヲ通シテ手紙ヲ寄越ス　H君ガ手紙ヲ横領シテ見セヌ為メナリトカ　昼過 Eschig 先生ノ少妹扇ト本トヲ返シニ来ル　聞ケバ先生ハ今日ノ二時半ノ汽車ニテ Zistersdorf ニ立ツナリト云フ　依テ妹サンヲ返シ直ニ服ヲ改メテ暇乞ニ行ク　丁度衣物ヲ着換テ居ラレシガ三十分斗リ過ギテ一所ニ電車ニ乗リテ Nordbahnhof〔北駅〕ニ往ク　母君モ見送ニ行カル　果物一箱ヲ送ル　帰リテ Italy

語ノ稽古ヲシ Eschig 先生ニ手紙ヲ書イテ出ス

九月一日　金曜

晴　午前中読書ス　奥山君ヨリ内閣更迭ノ旨端書ニテ報ジ来ル　総理西園寺侯、外務内田康哉、内務原敬、大蔵山本達雄、司法松田正久、逓信林董、農商務牧野伸顕、文部長谷場純孝、陸軍石本新六ニテ海軍ハ居据リナリト云フ　又新着ノ新聞ニテ歌舞伎座京都ノ松竹会社ニ売収セラレシノ報ヲ読ム

〔ウィーン映画劇場の切符(五〇ヘラー)貼付〕

九月二日　土曜

晴　朝吉田少佐、信次ヨリ手紙来リ東京ヨリ子供等ノ写真ヲ送リ来ル　敬子丈ケハ一寸明〔見〕分ケガツカヌ　午前中読書　午後一寸奥山君見ユ　別ニ事ナシ

九月三日　日曜

晴　奥山君ヨリ来書アリテ兼ゝ今日一所ニ写真ヲ撮ル約束ナリシ故十一時訪問ス　先ヅ同君室内ニテ同君ノ器械ニテ撮リ夫ヨリ当地一等ノ写真屋 Pietzner ト云フニ至ル　Probe〔見本〕二枚ニテ代価十四 克〔クローネ〕(カビネ形)トハ頗ル不廉ナリト云フベシ　昼飯ヲ御馳走ニナリ四方八方ノ話ヲス　夕方 Prater ニ散歩シ帰リテマタ晩食ヲ饗セラレ深更マデ話シ一時半帰リ寝ニ就ク

九月四日　月曜

晴　朝 Eschig 先生ヨリ手紙来ル　午前中読書ス　宗君ヨリ新聞ヲ借リテ読ム歌舞伎座売却談破約トナリ羽左右エ門芝翫等モ出金シテ田村成義ノ手ニ帰セリト云フ　浅間山噴火シ死傷アリトノ報アリ

九月五日　火曜

晴　午前 Leipzig ヨリ来レル本ヲ取リニ税関ニ行ク　二時間モ待タサル　Handwörterbuch der Staatswissenschaften〔国家学事典〕ノV及VII二冊到着セシ也　内ヘ帰リテ見ルト机上ニ舟橋了助君ノ名刺アリ　昨夜来着二時マデ Pension Patria ニ待ツテ居ルトアリ　直ニ行ク　久シ振リニテ話ス　数日滞在ノ由ニ付キ不取敢 Hotel ヲ引キ払ツテ予ノ宿ニ来ルコトヲ勧メ一所ニ宿ニ荷物ヲ取リニ行ク　午後モ話シ暮シ夜一所ニ飯ヲ食ツテ後散歩ニ出ル

九月六日　水曜

晴　午前中舟橋君鉱山ノ会社ニ行キシニツキ予ハ在宅シテ読書ス　午後一所ニ町ヲ散歩ス　夜ハ新ニ宗君ヲ訪

ネテ来ラレシ二等軍医正ノ秋山練造氏ヲ交ヘ朝倉、舟橋、宗、藤波ノ諸氏ト盛ニ食卓ニ高談放論ス
〔ウィーン市営乗合馬車の切符(二〇ヘラー)貼付〕

九月七日　木曜

舟橋君早朝 Ungarn〔ハンガリー〕ノ何トカ云フ鉱山ヲ見ニ行クトテ出掛ケル　在宅シテ読書ニ耽ル　格別ノコトナシ

九月八日　金曜

晴　午前読書ス　舟橋君夕方帰ラル　夜朝倉氏舟橋君ト共ニ散歩ス　別ニ事ナシ

九月九日　土曜

晴　頗ル暑シ　午前舟橋君ノ御伴ヲシテ Egerthstr. ノ器械工場ニ行ク　第二十二区 Donau Kanal〔ドナウ運河〕ノ右岸ニアリ　茲処ニテ市立発電所ヘノ紹介状ヲ貰ヒ午後同会社ノ案内ニテ往ツテ見ルコトニスル　一ト先ヅ茲処ヲ辞シ昼食ヲ喫シ Café de l'Europe ニテ会社ノ案内人ト落チ合ヒ発電所ニ往ク　茲処ニテモ社ノ人能ク案内シテ見セテ呉レル　約十万馬力ヲ出スト云フ　之モ Lueger ノ設計ニ成ルモノナリ　茲処ヲ辞シテ再ビ電車ニテ Innere Stadt〔市内〕ニ帰リ Graben ニテ当市一番ノ Pilsener Bier〔ピルゼン・ビール〕ヲ呑ミ会社ノ男ト分ル　舟橋君ト予トハ Graben ノ当市一等ノ Kino〔映画館〕ヲ見物シ夫ヨリブラブラ散歩シ夕食ヲ喫シ帰宿ス
〔ウィーン市営路面電車の切符(一二ヘラー)、グラーベン映画劇場の切符(一・六〇クローネ)貼付〕

九月一〇日　日曜

朝雨後晴　海軍中佐斎藤七五郎氏近東ノ旅行ヲ了ヘテ来ラル　予ハ面識ナキモ同郷ノ先輩デアリ舟橋君ハ能ク知ツテル仲ナル故朝兎モ角モ訪ネルコトニシ電車ニテ Hotel Metropol ニ訪フ　始メテ遇ツタガ隔テノナイ粗朴〔素〕ナ所謂虚心坦懐誠ニ親ムベキ人ナリ　昼マデ話シ食事ヲ饗セラレ午後ハ一緒ニ Schönbrunn ニ遊ブ　夕方引キ返シテ Türkenschanz Park〔トルコ保塁公園〕ニ策ヲ散シ又 Hotel ニ帰リ夕食ヲ共ニシテ語ル　斎藤君ハ九時四十五分ノ汽車ニテ Dresden ニ向ハル、ニツキ之ヲ見送リテ帰ル

九月一一日　月曜

晴　朝約ニ従ヒテ舟橋君ト共ニ Egerthstr. ノ会社ニ赴

キ工場ヲ見物ス　午後 Leopoldbau ノ工場ヲモ見物スル積ナリシモ汽車ノ連絡都合アシキ故ヤメテ帰リ博物館ヲ見ル　舟橋君ノ説ニヨレバ Natur-historisches Museum〔自然史博物館〕ノ礦石ノ部中々見ルニ足ルト云フ　隕石ノ多キ世界一ナラントナリ　午後ハ Stadtpark ノ Kurhaus〔温泉館〕ニ珈琲一杯ヲ喫シテ Wiener Leben〔ウィーン生活〕ノ一端ヲ窺ヒ電車ニテ帰ル　夜散歩　不図田中筠彦君ニ遇フ　氏ハ海軍々医　留守宅ヲ千駄木林町ニ置ク　予ノ宅ノ筋向ナリ　去年村上幸多君ト共ニ Heidelberg ニ来ラレシ時モ御目ニ掛リテ始メテ相識ル

〔郵便切手三枚(日本)貼付〕

九月一二日　火曜

晴　朝舟橋君ト Kunst-historische Hofmuseum〔美術史王宮博物館〕ヲ見ル　昼食ヲ内デ済マシテ後一所ニ礦山用ノ Rettungs-Apparat〔救命装置〕ノ製造会社ニ往ツテ見ル　礦山ニテ火事ナドアリシ場合坑中ノ人夫ノ窒息セルモノナドヲ救フ為メ陸上ヨリ此機械ヲ身ニ纏ヒテ坑中ニ降ルナリ　背嚢様ノモノ、中ニ空気ヲ入レ之ヲ呼吸スル仕組ニテ三四時之ニ堪ユトナリ　一旦内ニ帰リ少憩ノ後再ビ散歩ニ出〔ル〕ニ途中舟橋君ノ知人東京聾唖学校教授石川文平君ニ遇フ

九月一三日　水曜

晴　朝読書　午後舟橋君ト共ニ顕微鏡ノ会社ヲ見ニ往キ夫レカラ Kahlenberg ニ遊ビニ行ク　七時過ギ帰ル　朝倉文三氏ノ為メニ数名会食スルノ催アルニツキ (Rathauskeller〔市庁舎地下酒場〕ニテ) 舟橋君ト共ニ行ク　料理ハ中々旨イガ Bedienung〔客扱い〕ノ悪キヲ以テ有名ナル所ナリトカ　八時ニ始リテ十時ニ了ル　Kärntner ノ町ヲブラブラ散歩シテ帰ル

〔郵便切手八枚(日本)貼付〕

九月一四日　木曜

晴　午前読書　午後舟橋君ト Laxenburg ニ遊ブ　舟橋君ハ荷物ヲ片付ケテ宿ヲ引キ払ヒ停車場ニ預ケテ Laxenburg ニ行キシ也　池ニ舟ヲ漕ギ夕方マタ Wien ニ帰ル　夕食ハ同氏ニ饗応ニナリ九時二十五分ノ汽車ニテ Bruck〔ブルック〕ニ向ハル

九月一五日　金曜

曇　午後ヨリ雨　午前中諸方ヘ手紙ヲ書ク　Schmitt

君、Familie Gräser, Familie Kolmstetter, Eitel 君、東京留守宅、佐々木惣一君、古川へ出ス　午後一寸 Schroeder 教授ヲ訪ネシモ不在ニテ面会セズ　朝倉氏昨夜急病午前二時人ヲ派シテ藤波高橋二君ヲ煩セシ由ヲ聞ク　今日ハ併シ大部宜シキ由ナリ

九月一六日 土曜

雨　朝読書　昼食前宗君ト共ニ朝倉氏ヲ見舞フ　余程元気ヅキシ様ナリ　其中杉本君モ来ラレ診察セラレシガ盲腸炎ノ再発ノヤウナリトナリ　午後読書ス　夕方奥山君ヨリ昨夜帰宿ノ旨通報アリ　Montenegro〔モンテネグロ〕及ビ Bosnia-Herzegovina〔ボスニア・ヘルツェゴビナ〕地方へ旅行セラ〔レ〕シナリ　依テ夕食後一寸訪問ス　朝倉氏ノ病気ヲ告ゲシニ明日一緒ニ見舞フ可シトナリ　帰途L氏ニ遇フ

九月一七日 日曜

曇　朝起キテ新聞ヲ見ルト今日 Lebensmittelteuerung〔食品価格騰貴〕ノ問題ニ関シ市民ノ Demonstration〔デモ〕アリ九時半マデニ Rathaus〔市庁舎〕ノ庭前ニ集ルトアリ　依リテ直ニ服ヲ改メテ往ツテ見ル　空曇リ今ニモ降リサウナリ　市中往来何トナク賑ヤカナリ　但シ往来スルモノ主トシテ下層社会ナルガ如シ　Rathaus 附近ニ至ルト群衆多シ　遥ニ喊声ヲ聞ク　愈庭前ニ至レバ群衆集合シテ立錐ノ地ナク市役所ノ階段上ニハ今正ニ三所ニ分レテ弁士滔々ト懸河ノ弁ヲ振ツテ居ル　聴衆之ニ撥シテ叫ブ夫レカラブラ々々出テ見ルニ Hofburgtheater〔王宮ブルク劇場〕ヨリ議事堂、Museum〔博物館〕ノ方ニカケテ人山ノ如シ只宮殿ノ辺ニハ兵士巡査扣《ひか》ヘテ警戒ヲサ々々怠リナシヤガテ演舌モ了ヘタリト見エ人民段々繰リ出ス　一隊ハ陸軍省ノ方ニ赴キシガ警官ノ為メニ遮ラレテ官省ノ方ニ進ム能ハズト見ルヤ一隊ハ左ニ折レタレドモ喧々囂〔々〕容易ニ去ラズ　夫ヨリ転ジテ Ring〔環状道路〕ノ方ニ往ツテ見ルニ Hofopertheater〔王宮オペラ劇場〕ノ辺、Museum ノ辺リ警官ト人民ト小衝突アリ　概シテ頗ル穏ヤカナリ見物中感ジタルハ(1)巡査ハ全然看護人ノ如ク人民ニ対シテ毫モ積極的追究ノ態度ニ出デザルコト(2)人民モ概シテ規律ヲ守リ漫リニ反抗ノ態度ニ出デザルコト、是ナリ夕方ニ至リ民家ノ窓ヲ毀チ路上ノ街灯ノガラスヲ傷《やぶ》リタルモノナドアリシモ其数モ少ク且ツ多クハ少年血気ノ者

ノ所為ニ出ヅ　群衆ノ中一割以上ハ女ト子供ニシテ中ニハ日曜ノ野外散歩ヲスル位ノ考ニテ夫婦連レニ子供ヲ携テ来会セルモアリシ様ナリ　群衆ノ中ニ交リテ十三位ノ女ノ子パンヲ売リテアリシガ二ツノ大キナ籠ヲ地上ニ並ベアルニ立錐ノ地ナキ程ノ群衆ノ中ニアリテ商フニ差支ナキ様ヲ見テハ感ズルノ外ナシ　併シ他方ニ在テハ巡査ガ人民一隊ノ滞停ヲ妨グルタメ一タビ一喝スレバ一町モ先キニ居ルモノマデ雲ノ子ヲ散ラス如ク逃ゲ走ルニ至テハ其意気地ノナキコト亦驚クニ堪ヘタリ　実ニ弱イ奴等ダト思ヒヌ　多少ノ例外ハアランモ予ガ見タル所大体ニ於テ人民モ巡査モ兵士モ揃ツテ頗ル穏ニシテ政府ト金権ニ反抗センガタメニ起レル連中トハ思ハレヌ程ナリ　Rathaus 前ノ誰ヤラノ Statue〔立像〕ノ前ニ白字ニテ赤地ノ布ニ染メ抜キタル Hoch die Revolution〔革命万歳〕ノ文字ノ前ニハ通ルモノ歓呼ノ声ヲ放ツモ更ラニ革命ラシクナシ　日本ナラバ怪我人ノ十人ヤ二十人ハアリ又人民ト警官トノ衝突モ相当ニアリシナラント想ハル　二時マデ見物シ昼食ヲ喫シテ帰ル　三時過奥山君来ル　一所ニ朝倉氏ヲ訪ヒ其病気ヲ見舞フ　更ニ引キ返シテ宗君ト話シタ方奥山君ノ下宿ニ行キ食事ヲ共ニス　二三日来滅切リ寒クナル　予ハ冬帽ヲ持タズ　奥山君此寒イノニ夏帽デモアルマイトテ中折帽ヲ恵マル　此中折帽ハ買ツタ斗リナルモ外交官連中ニハ被ルモノナシトテ久シク筐底ニ納メアリシモノナリトカ　品ハ固ヨリ先生ノコト故上等ナルベシ　例ニヨリテ遅クマデ話シテ帰ル　帰ルト伯林佐々木惣一君ヨリ電報アリ　二十二日マデ来イト　其何ノ理由ニ出ヅルヲ知ラズ

〔郵便切手四十数枚(日本)貼付。以下九月三〇日まで、ノート各右ページに二、三枚貼付〕

九月一八日　月曜

曇　午前中読書　午後昼食後 Prof. Schroeder 先生ヲ訪ヒテ暇乞ヲシ更ニ朝倉氏ノ病気ヲ見舞フ　病気ハ大部快方ノヤウナリ　夕方ハ宗君ヲ見舞ヒ夜ハ内ニテ食事ス　今日ノ新聞ニ依ルニ第十六区方面ニテハ昨日ノ Demonstration ニ大部衝突アリ兵ヲ繰リ出シテ発砲スルニ至リ死者一名傷者89名ヲ出ストアリ　新聞ノ記事ニ依リテ別ニ記事ヲ作リオカント思フガ矢張場末ニテハ気荒ノ事アリシト見ユ　夫レカアラヌカ今日モ騎馬ノ兵百名位宛群

ヲナシテ警戒ノ為メ往来スルヲ見ル　天気アシキ勢《せい》カ頗ル寒ク感ズ

九月一九日　火曜

少晴　午前中在伯林ノ友人幷ニ後藤新平氏、徳富猪一郎氏、野地君等へ手紙ヲ書ク　午後ハ昼食後 Hofer 氏ニ暇乞ニ行ク　夫人在宅ナリシモ主人ニハ遇ハズ　此夜朝倉文三氏伯林ニ向ハル　見送ル　露国首相 Stolypin〔ストルイピン〕数日前刺客ニ射撃セラレシガ遂ニ死去セルノ報新聞ニ見ユ

九月二〇日　水曜

晴　午前読書　午後一寸 Füchtner 氏ヲ青年会ニ訪ネ暇乞スル積ナリシモ未ダ出勤セズトテ遇ハズ　帰宅後読書ス　夕方宗君ニ誘ハレテ Graben-Kino ヲ観ル　御別レノ為メ夕食ヲ饗スト云ハル、ママニ Weingartl ニテ食事ヲ共ニス　夫ヨリ一寸奥山君ヲ一緒ニ訪ヒ十一時辞シ帰ル　朝L氏ヨリ Dresden ノ端書来リ夜 Berlin ヨリノ端書ニ接ス

〔グラーベン映画劇場の切符(一・四〇クローネ)貼付〕

九月二一日　木曜

晴　朝荷物ヲ片付ケ Berlin ニ送ル用意ヲスル　本ハ宿ノ主婦ニ買ツテ貰ツタ木箱ノ中ヘ入ル　衣物類ハ黒ノ行李ニ皆這入ル　舟橋君ヨリ頼マレタル小包届イタトノ報奥山君ヨリ来レルニツキ大使館ニ取リニ行ク　Luise Eschig 先生幷ニ野地中山二君連名ノ手紙届イテ居ル　帰途食事シ午後ハ最終ノ伊太利語ノ稽古ヲスル　今日ハ此間ノ Demonstration ノ時殺サレシ労働者ノ葬式アリト云フ故 Bressan 先生ト往ツテ見ル　途中打チ毀サレタ学校ヲ見ル　時間ガ少シ遅カリシ故行列ハ既ニ Friedhof〔墓地〕ニ達シ胸ニ赤イ徽章ヲツケタ社会党員続々帰ルニ会フ　兎ニ角 Friedhof マデ往ツテ見ルニ会葬者野次馬男女合セテ無慮数千名半バハ女ナルニハ驚キタリ　此丈ケノ人間ガ集レバ余波トシテ何カ事ノ起リサウナモノナレド極メテ静粛ナルニハ驚キタリ　尤モ社会党本部ニテハ万一ノ事ナキ様ニトノ用心アリ党中重ナル者ヲ Ordner〔整理掛〕トシ赤イ腕章ヲ携ヘシメ其制令ニ従ハシムルコトトセリ　併シ斯クモ静粛ナルハ之ノミニハアラジ　Bressan 君曰ク我国人ハ他ノ国ノ人ト異リ Nationalitätsfrage〔国籍問題〕ヲ以テ最緊要ノ事トスルヲ以テ所謂

"ismus"ハ之ヲ第二ニ置ク　従テ Sozialdemokraten〔社会民主党員〕モ他国ニ於ケルガ如ク熱狂セズ Arbeiter〔労働者〕ノ如キハ概シテ極メテ従順ナリ　偶々先日ノ日曜日ノ如キ出来事アルハ Arbeiter 自身ノ発意ニ因ルモノニアラズシテ少数ナル Mob〔暴民〕ノ煽動ニ由ルモノナリト　左モアリナン　因ニ云フ Wien 市民ノ約四分ノ一ハ Sozialdemokraten ナリト　之モ Bressan 君ノ話ナリ　帰途 Café ニヨリ同君ニ告別ノシルシトシテ饗ス　帰宅後 Eschig 先生ニ返事ヲカキ投函ス　同氏ハ来ル25日 Weinlesefeier〔ぶどう摘み祭〕ニテ二週間ヲ期シテ帰宅ストナリ

九月二二日　金曜

曇　午前中読書ス　荷物二個 Berlin ニ出ス　午後ハ食後 Patria ニ飯代ヲ払ヒ且加藤杉本二君ヲ訪ヒテ暇乞ヲスル　奥山君ガ杉本君ノ所ニ来ルト云フノデ待ツテ居ル所ヘ桑山君モ来リ合セテ五時頃マデ話ス　夫ヨリ奥山君ト散歩シ途中夕食ヲ認メテ帰ル　宗君愈々明日旅行ニ出掛ケルトナリ

九月二三日　土曜

晴　朝宗君南独瑞西《スイス》旅行ニ立ツ　久シク遇ヘヌト思ヒシ故停車場ニ見送ル　帰後読書ス　夜兼々招待サレ〔シ〕奥山君ヲ訪ネ夕食ヲ共ニス

九月二四日　日曜

少雨　朝見残シノ Museum für österr. Volkskunde〔オーストリア民俗博物館〕ヲ見ニ行ク　大シタモノナシ　次デ Praterstr. 28 ニ das Jüdische Museum〔ユダヤ博物館〕ヲ見ニ行キシニ生憎 Geschlossen〔閉館〕ニテ見ルコトヲ得ズ空シク帰ル　夕方奥山君来訪　夜宿ノ主婦ニ夕食ヲ饗セラレ同宿ノ諸君ト食卓ヲ囲ンデ会談ス

〔オーストリア民俗博物館の日曜祭日用の入場券（一〇ヘラー）貼付〕

九月二五日　月曜

雨　朝石原君来訪　其後告別ノ為メ大使館ヘ行ク　Eschig 先生本日午後二時半帰京セラルトノ報アリシ故 Nordbahnhof〔北駅〕ニ行キ近所ノ飯屋ニテ食事シヤガテ時間ニナリテ往ツテ見ルニ来テナシ　一日延バシタルナラン　依テ直ニ帰宅ス　スルト Bern 宮原君ヨリ藤浪君ニ電報アリ今夜八時着トナリ　夕食ハ奥山君ニ招カレ居リシヲ以テ小早ニ出掛ケ例ノ如ク放談シ十時辞シ帰ル　宮

原君ハ藤波君ノ案内ニテ Kafé Lebmann ニ居ラル、ト云フ故直ニ往ツテ見ル　数時間話シテ帰ル

〔熊本郵便局振出の郵便為替通知券(二〇〇クローネ)貼付。差出人 Hidetaro Fujita〕

九月二六日　火曜

晴　朝八時ノ汽車ニテ立ツ積リナリシモ間ニ合ハズ藤浪君ニ送ラレテ馬車ヲカリ九時五分ノ汽車ニテ三ケ月間住ミ慣レシ Wien ノ都ヲ去ル　汽車 Nord-West Bahnhof〔北西駅〕ヲ発シテ凡ソ二時間斗リ Baedeker ニ依リテ具サニ Prag〔プラハ〕ノ地理ヲ研究ス　然ルニ昼少シ前ヨリ何トナク気分悪クナリ丁度船ニ酔ヒシ時ノ様ニナル　ツマリ意気地ナクモ汽車ニ酔ヒシナリ　吐キサウニナリ途中ニテ降車センカト思ヒシコト再三　昼食ヲモ認メズシテ四時十分頃 Prag ニ着ク　電報ヲ発シ置キシヲ以テ杉寛一郎君丁度 Station ニ迎ニ来テクレ直ニ同氏ノ宿ニ入ル　俄ニ空腹ヲ覚ヒ Kaffee ヲ呑ミ小憩ノ後杉君ト共ニ散歩ニ出掛ケ市中ヲ一巡シテ帰ル

九月二七日　水曜

晴　昨夜ハ杉君ノ宿ノ婆ノ叔母ト云フ人ノ部屋ニ泊ル最高層ノ一室ニテ主婦ハ Tschech〔チェコ〕人ニシテ全ク独乙語ヲ解セズ少シク不便ヲ感ゼリ　朝起キテ予ハ単身見物ニ行ク　美術館ト猶太人ノ墓場ト博物館トヲ見ル　別ニ観ルベキ程ノ価ハナシ　猶太《ユダヤ》人ノ墓ハ始メテ見タル目ニハ珍ラシク思ハレタリ　中ニ墓ノ上ニ小石ノ積ミ上ゲラレタル少カラズ　之ハ有名ナル人ノ墓ニテ尊敬ノ意ヲ表スルモノナリト云フ　一旦内ニ帰リ杉君幷ニ同宿ノ呉君(文聡氏ノ令息)ト昼食ヲ共ニシ午後ハ改メテ杉君ノ案内ヲウケテ向ヒ岸ノ景色ノ宜イ山ニ上ル　数時間散歩シテ帰ル　夕食ヲ内デタベル　此日ハ丁度何トカ云フ当地ノ Patron〔守護聖人〕ノ忌日ニ当ル　大切ナ宗教的祭日ニ当ルトテ河岸ニテ花火アリ市中大ニ賑カナリト云フニヨリ往ツテ見ル　余リ人多クテ宜ク見エズ　帰途 Café Yokohama ト云フニ案内セラル　Besitzer〔所有者〕ハ嘗テ横浜ニ居リシコトアリトカニテ室内ヲ悉ク日本品ヲ以テ飾ルノミナラズ給仕女ニ皆日本服ヲ着セ足袋ニ草履ヲ穿カセ名前モ里子愛子花子菊子蝶々ナド日本流ニ呼バシム　中々振ツテルト思フガ殊ニ面白キハ頭マデ丸髷ヤラ桃割レヤラ本式ノ日本髪ニ結ハシメ夫レガ少シモ西洋人ラシ

クナキコトナリ　歩キ振リガ聊カ角立ツテ居ル外ハ純日本婦人ト異ラズ　亭主ハ余程日本ノ事物ヲ研究シタモノト見ユ　但シ多クハ独乙語ヲ解セズ Tschech 語ノミヲ使フヲ以テ話ヲスルニ由ナシトゾ

〔プラハのペトシーン展望台の入場券（一コルナ）、ペトシーン丘へのケーブルカーの乗車券（二〇ハレーシュ）、市電切符（一二ハレーシュと二〇ハレーシュ）貼付〕

九月二八日　木曜

朝ハ杉君ト話シ正午 Prag ヲ立テ Dresden〔ドレスデン〕ニ向フ　汽車中年増ノ婦人乗リ合ハス　亭主ト見ユル男モ風采下等ニテ二等ニ乗ル客トモ見エザルガ果シテ劣等ニシテ同室者ノ顰蹙ヲ買フ　汽車 Sächsische Schweiz〔ザクセンスイス〕ニ掛ル頃予ノ窓側ニ立ツテ風景ヲ眺ル間此婦人予ノ Echo〔エコー（新聞）〕ヲ取リテ読ム　予ノ席ニ復スルモ一言ノアイサツナク汽車ノ将ニ Dresden ニ着カントスル頃 Echo ヲグヂヤ々々ニシテ尻ノ下ニ布ク　婦人ナラザリセバ大ニ面責シテ其無礼ヲ叱責シテヤリタカリシ　四時着ク　荷物ヲ預リ所ニ托シ直ニ市中ノ景況ヲ観ル　博覧会ノ敷地ヲヨギリ Wien ニテ相識リシ二等軍医正秋山君ヲ訪フ　薄暮同君ヲ辞シ Christliche Hospiz ニ入リ一泊ヲ求ムルニ満員ニテ空室ナシト云フ　依テ一先ヅ Station ニ引キ返シ Gepäckträger〔赤帽〕ヲ傭《やと》ヒ荷物ヲ担ハシメテ附近ノ宿屋ニ到ラントセシニ担夫曰ク此附近ノ宿屋皆満員ニテ遠ク Stadt〔市街〕ニ至ラザレバ泊シ難シト　依テ荷物ハ其儘ニシ先ヅ宿ヲ探スニ何処ニ至ルモ空室ナシ　時ニ天候稍険悪トナリヤガテ風雨一時ニ来ル　而カモ未ダ空室ヲ得ズ　何処ノ宿屋デモ断ハラル　蓋シ万国衛生博覧会終結ニ近《ちかづ》キ見物人ノ同市ヲ訪フモノ著シク増加セルニ依ル　風雨烈シキ故兎ニ角トアル Restaurant ニテ食事ヲ認メ夫ヨリ再ビ宿屋ヲ廻ハル　漸ク Annenstr. ニテ小サキ宿屋ニ四階ノ風呂場ニ Bett ヲ設ケテ臨時客室トセシモノアリトノコトニテ茲ニ泊ルコトニスル　荷物ハ宿ノ番頭ヲヤリテ Station ヨリ取リ寄ス　部屋ハ汚ク床ノ横ニ風呂桶アリ　電灯モナク陰気ナルコト夥シ　已ムナケレバ茲ニ寝ル

九月二九日　金曜

雨　此頃見物人非常ニ多クテ博覧会殊ニ Der Mensch〔人間〕館ハ時々〆切ノ制札ヲ出スコトアリト云フヲ秋山

君ニ聞キ開館スルヤ否ヤ人ノ余リ多ク押シ寄セザルニ緩クリ見ントテ朝早ク往ク　九時開館シテ六時ヲ以テ閉ヂ十時ヨリハ入場料 1 Mk ナルモ九時ヨリ十時マデハ 2 Mk ナリ　先ヅ Der Mensch ニ入ル　之ハ尤モ通俗ニ世人ノ衛生思想ヲ啓発センコトヲ目的トスルモノニシテ所謂 populäre Abteilung〔大衆的部門〕ノ称アリ　材料ノ豊富ニシテ整頓セル最モ観ルノ価値アリ　同博覧会ハ之レ一ツニテモ優ニ成功シ得タルベシト思ハル　之ヲ見終リシハ十二時頃ナリ　之ヨリ直ニ日本館ニ入ル　夫ヨリ独乙以外ノ各国ノヲ見シガ日本ハ他ノ諸国ニ比シテ毫モ遜色ナキモノ、如シ　但シ独乙ノ此企ニ対シ英仏諸国ハ始メヨリ本気ニナラザルニ日本ノミ尤モ本気ニナリシ風ニ見ユ　構内ノ Restaurant ニテ昼食ヲ喫ス　時ゝ雨烈シク来ル　朝一寸好天気ナリシ故外套ヲ宿ニ残セシガ寒クテ大ニ閉口ス　午後ハ独乙ノ他ノ部分ヲ観ル　Arbeiter-versicherung〔労働者保険〕, Statistik〔統計〕ノ部ナド大ニ参考ニナリ人類館亦大ニ興味ヲヒケリ　大急ギニテ観シモ六時マデニナホ二三館ヲ見残セリ　本来ハ二三日連続シテ見ルベキ価値アルモノナラン　博覧会ノ本分ハ六時閉館ナルモ余興トシテ附設セラレタル見セ物類ハ之カラガ花ナリ　野地馬ト一緒ニ諸方ヲウロツキ先ヅ Abessinisches Dorf〔アビシニア（エチオピア）村〕ニ入リテ土人ノ生活ヲ見 Ost-Asien〔東アジア〕ニ入リテ印度人ノ手品踊リニ次デ日本芸者ノ手踊ヲ見ル　総勢 5 人日英博覧会ノ残物ナラン　幕アクト三味線ニ合セテ君ケ代ヲヤル　振ハザルコト夥シ　三十分斗リニ踊数番ヲヤルガ何レモ感心セズ　只色黒キ野蛮ノ印度人ノ後ニ出デ顔ハ左マデ美ナラザレドモ相応ニ化粧シテ人ノ目ヲ惹クニ足ルヲ以テ西洋人間ノ評判ハ大シタモノナリ　此一廓ノ中ニ日本人生活ノ一班〔斑〕トシテ印判屋彫物師ナド居ル　見ツトモヨキモノニアラズ　之ヲ出テ次ニ Marokko-Theater〔モロッコ劇場〕ヲ見ル　面白クナシ　斯クテ十時頃帰ル　留守中下ノ部屋ガ明イタトテ二階ノ電灯ノアル室ニ代ツテアル　今夜ハ為メニ能ク安眠スルコトヲ得タリ

〔ドレスデン国際衛生博覧会入場券(一マルク)、東アジア館・モロッコ劇場・アビシニア村合同入場券(一マルク)、東アジア館インド柱廊ホール座席券(三五ペニヒ)貼付〕

九月三〇日　土曜

曇　朝一旦宿ヲ引キ払ヒ荷物ハ番頭ヲ煩シテ停車場ノ預所ニ托セシム　食後直ニ有名ナル Galerie〔美術館〕ニ往ツテ見ル　Dresden ノ Galerie ハ仏京 Louvre〔ルーヴル〕、Wien ノ Kunst-historisches Hofmuseum〔美術史王宮博物館〕ト共ニ画ニ於テハ世界ノ三大宝庫ナリト称セラル　而シテ Dresden ノ Galerie ノ尤モ重キヲナス所以ハ夫ノ有名ナル Madonna〔マドンナ〕(Raphael〔ラファエル〕筆)アルヲ以テナリ　無論此外ニモ有名ナル画頗ル多シトゾ　Raphael ノ Madonna ハ高サ一丈巾六尺斗リノ大作ナリ　我々門外漢ニハ分ラザレドモ聖母ノ無心ノ顔実ニ能ク出来テルト思ハレタリ　Galerie ノ外 Dresden ニハ観ルベキ少シ　市中ヲ散歩シテ Galerie ノ絵端書ヲ求メ其他ノ見物ハ一切之ヲ省キ5時ノ汽車ニテ Berlin〔ベルリン〕ニ向フ　初メ三等ヲ買ヒシガ満員ニテ空室ヲ見出シ難キニ依リ二等ニ転ズ　若干ノ Nachzahlen〔追加支払〕ヲスベキナレドモ Schaffner〔車掌〕ノ懇願ニヨリ彼ニ3 Mk ヲ与ヘテゴマカス　独乙ノ人多ク金ニ依リテ節ヲ売ル　嘆ズベシ　夜八時 Berlin-Anhalter Bhf.〔ベルリン終着駅〕ニ着ク　又荷物ヲ Station ニ預ケ Baedeker 一冊ヲ頼リテ直ニ市中ニ往ツテ見ル　町デ夕食ヲ認メ尤モ繁華ナル Friedrichstr. ヲ北ニ上リテ Unter den Linden〔ウンター・デン・リンデン〕ヲウロツキ再ビ南下ス　Leipzigerstr. ニテ図ラズL君ニ遇フ　予ヲ迎フル為メ Station ニ行ク所ナリシトナリ　一所ニ Café ニ行キテ話ス　予ハ Hotel ニ泊シ佐ゝ木君ノ宿ハ明朝往クコトニスル

〔ドレスデン美術館の入場券(五〇ペニヒ)貼付〕

一〇月一日　日曜

晴　朝 Hotel ヲ去リテ Station ニ到リ荷物ヲ受取リ馬車ヲ雇ヒ Kaiser-Friedrichstraße 34 II Dr. Dörr 方ヘ赴ク　佐ゝ木惣一君ノ下宿ナリ　同氏旅行中故其明巣ヘ厄介ニナリシ訳ナリ　宿ニテ昼食ヲ喫シ午後 Bleibtreuestr. 4 ニ石田研君ヲ訪フ　吉井桃麻呂君モ同宿ナレド此時不在　石田君ハ心臓ヲ害シ近々入院セラルベシト云ハル　夕方朝倉氏ヲ訪問ス　夜ハ同氏ト一所ニ松下ニテ日本食ヲ取ル　大使館ノ大野君及旧知ノ村上幸多君ニ偶然会見ス　朝倉君ハ明日出発帰朝ノ途ニ就カルベシトナリ

一〇月二日　月曜

曇　朝石田君ヲ訪フ　席ニ札幌出ノ東郷鈴木ノ二農学

士アリ　鈴木氏ハ先キニ永ク米国ニアリ Wisconsin ニテ海老名一雄君ト知レリトテ同君ノ消息ヲ噂セラル　今南方旅行中ニテ近々独乙ニ来ラルベシト云フ　午後吉井君帰ラレ食事ヲ共ニス　夜朝倉君ヲ Zoologische Bhf.〔動物園駅〕ニ見送ル　村上君ト Café ニテ暫ク語ル

一〇月三日　火曜

曇　石田君ノ紹介ニテ手紙ヲ出シテ置イタ洋服屋 Binar 氏来ル　冬服一着ヲ注文ス　昼頃吉井君ヲ訪ネ同氏ノ案内ニテ宿探シヲスル　適当ノモノ見当ラズ　此朝 Posen〔ポーゼン(ポズナニ)〕ヨリ佐〻木君ノ端書来ル　一ト先ヅ帰宿シ Wien ニハ織田博士ト改メテ出直スベシト　夜同君帰宿ス　一所ニ外ニ出テ夕食ヲ共ニシ既往今来ノ物語ヲナス

〔ハンガリー王国国有鉄道切符(三〇フォリント)貼付〕

〔以下四ページ分欠(破損)〕

〔ノート右ページ全面に三十一枚の郵便切手貼付。上に「澳」と記す。以下毎ページ右上部に「瑞西」「支那」「合衆国」「仏」「露」「伊」「Belgium」「Holland」「Spain」「Denmark」「Roumania」「Mexico」「Colombo」「土耳其」「Argentina」「Luxembourg」「Chili」「Norway」「Portugal」「Sweden」「Canada」「Egypt」「Costa Rica」「Guatemala」「英領 Africa」「英領豪洲」「Montenegro」と記して切手一～数枚ずつ貼付〕

〔前欠〕リ入ラヌ様ニ覚ユ　夜ハ織田博士ノ来伯ヲ機トシテノ法政会例会アリトテ誘ハレ出席ス　才人長岡春一君ニ初見参ス　西垣農学士トヤラノ産業組合ニ関スル講話ヲキク

一〇月八日　日曜

少晴　午前中在宅　午後佐藤君ヲ訪フ　不在、僕ノ佐藤君訪問中佐〻木君ハ織田先生ヲ訪ウテ旅行ノ打合ヲスル都合ニテヤガテ佐藤君宅ニ落チ合フ約束ナリシ故待ツテ居ルト佐藤君ヲ初メ烏賀也〔烏賀陽〕君モ織田先生方ニ居リシトテ夕方四人揃ツテヤツテ来ル　暫時少憩ノ後一所ニ Pschor ニ飯ヲ食ニ行ク

一〇月九日　月曜

曇　少雨　朝八時四十分ノ汽車トヤラニテ佐〻木君旅ニ出ル　Leipzig, Dresden, Prag ヲヘテ Wien ニ至リ都合ニヨリテハ Budapest マデ赴ク筈ナリ　予ハ午前中在宅シテ諸方ノ知人ニ手紙ヲ出シ午後外出ス　郵便局ニ行キ

テ Times 社ヘ送金シ又 Riedenheim ヘモ立替金ヲ送ル　或ル料理屋ニテ偶然吉井君ニ会ヒ石田君大ニ元気ナル旨ノ消息ニ接シ夫ヨリ日本倶楽部ニ東君ヲ訪ネテ歯医者ノコトヲ聞ク　右ノ智歯既ニ腐朽久シク抜キ取ラザルベカラザルノミナラズ外充塡ヲ要スルモノ猶二三本アルラシ　去年四月上海ニテ一度本年三月 Würzburg ニテ一度歯医者ノ御厄介ニナリシガ肉食ノ為メカ西洋ニ来テ歯ノ傷ムコト夥シ　東君歯医者ノ適当ナルモノヲ知ラズ一両日中ニ探シテヤルトノコト故ニ偶来合セ居タル佐藤君ト半日話シ合ヒ暮レ々々ニ更ニ山内君ヲ訪ヒシニ不在ナリシカバ直ニ帰路ニ就キ途中夕食ヲ喫シテ九時家ニ帰ル　夜ハ Wien 出発以来ノ日記ヲ書ク

一〇月一〇日　火曜

晴　午前中在宅シテ引続キ日記ヲ書ク　阿部ノ父ヨリ書面到達ス　家賃ニ関シテナリ　午後ハ昼食後汽車ニテ Lehrter マデ往キ其附近ナル Kesselstr. 29 ナル伊藤元春君ヲ訪ウテ見ル　丁度二三日前 Dresden ニ往キシトテ不在ナリ　直ニ引キ返ス　午後ハ文部省ヘ旅行幷ニ仏国転学ノ願書及ビ小野塚先生ヘノ手紙ナドヲ書ク

一〇月一一日　水曜

晴　午前中マタ在宅シテ諸方ヘ手紙ヲ書ク　午後食後 Stuttgartplatz 6^{I} ナル歯医者 Gottwald 氏ヘ治療ニ行ク　東君ヨリ此人ヲ書面ニテ紹介シ来リタルヲ以テナリ　中々物柔カナ親切ナ人ラシ　右ノ智歯ハマダ抜キ取ルニハ早ク去レバトテ充塡スルコトモ出来ネバ自然ニモツト悪クナルノヲ待ツヨリ外仕方ナシトナリ　Odol ヲ買ツテ毎日綿ニシメシテ穴ノ中ニ入レテ置ケトノコトナリ　外ニ上ノ方ニ一ツ充塡ヲ要スルモノアリ　明日復タ来ルコトニシテ帰ル　其後又引キ続キ手紙ヲ書ク

一〇月一二日　木曜

晴　午前中引続キ手紙ヲ書キ昼食後歯医者ニ行キ一枚ノ充塡ヲ終ル　午後読書　夜日本倶楽部ニ行ク　鹿子木員信君ノ来伯ヲ機トシ高田〔畊〕耕安、大工原銀太郎、村上幸多予ノ本郷教会関係ノ者ノ外ニ福岡医科大学助教授住田君ヲ加ヘテ会食セントテナリ　懇談夜ヲ徹シテ帰ル

一〇月一三日　金曜

晴　朝東京ヨリ手紙来ル　直ニ返事ヲ書イテ出ス　新調ノ洋服出来シ来ル　88 Mk ナリ　仕立ハ Heidelberg ヨ

リ少シ悪ク直段ハ却テ幾分高イヤウナリ　食後 Reichskanzlerplatz〔帝国宰相広場〕マデ散歩シテ見ル　午後読書ス

一〇月一四日　土曜

少晴　午前在宅読書ス　午後モ食後時務ノ研究ヲ続ク　Zistersdorf ノ Eschig 先生ヨリ手紙来ル　去ル水曜日ヨリ先達中無理ニ夏服ニテ通セシ勢《せい》カ去年ノ病気マタ起リシト見エ聊カ腹痛ヲ覚ユ　大シテ悪クモナラヌ代リ今日デ四日ニナルモ好クナル気色モナシ　終日不快ヲ感ジツヽ夫デモ若干読書シ研究ニ耽ル　此朝 Kärger 氏態々来訪来月一日ニ移ラレ度キ旨話サル

一〇月一五日　日曜

晴　併シ寒キコト夥シ　丸デ十二月ノ様ナ寒サナリ　兼々約アリテ Bleibtreustr. ニ吉井君ヲ訪フ　鈴木君渡辺鉄蔵君モ来リ共ニ郊外ニデモ散歩スル積ナリシ処寒サニ辟易シテ室内ニ話シ暮シ昼食ヲ共ニシテ後 Tiergarten〔ティアガルテン〕ニ散歩セシモ寒クテ是亦妙ナラズ引キ返シテ鈴木君宅ニ至リ復タ話シ込ム　夜ハ日本倶楽部ニ至リ食事ヲ共ニス　坂口昂君ニ遇フ

一〇月一六日　月曜

快晴　風アリ寒サ昨日ニ異ラズ　昨日寒風ニ吹カレテ外出セシ為メカ今日ハ腹痛稍著キヲ覚ユ　外出ヲ廃シテ読書ス　只昼食前湯ニ這入ツテ見シノミ　Eschig 先生ニ返事ヲ書テ出ス　其他事ナシ　数日前支那ニ於テ革命乱起リ反軍既ニ武昌ヲ陥レ其勢ノ盛ナル長髪賊乱当時ニ異ラズトノ報アリ　伊土戦争ト共ニ近時ノ二大新聞種ナリ　此日結氷セリト後ニテ聞ク

一〇月一七日　火曜

快晴　昨日ヨリ稍温ナリ　気分悪シキヲ以テ終日家居シテ読書ス　其他事ナシ

一〇月一八日　水曜

快晴　今日ハ著シク温シ　午前午後引続キ読書ス　気分稍軽快ヲ覚ユレドモ未ダ全ク安心スルヲ得ザレバナリ　夕方佐ゝ木君ノ義兄大島君見ユ

一〇月一九日　木曜

快晴　温暖ヲ覚ユ　午前読書ス　念ノ為メ正午頃医者ニ行キ一診ヲ乞フ　何カ分ラザルモ大シタコトナシトナリ　診察料 4 Mk ヲ払ヒ二三日中再ビ来ルコトヲ約シテ辞ス　午後引キ続キ読書ス　夕方新人来ル　先月分ハ何

ノ為メカ未ダ届カズ　此日午後 Zeppelin〔ツェッペリン飛行船〕ノ飛行スルヲ見ル　飛行機ノ乗客遥ニ窓ヨリ白キハンケチヲ振リテ下界ノ人ニ挨拶スルヲ視ル

一〇月二〇日　金曜

快晴　温　今日ハ著シク気分ヨシ　午前読書シ昼食前石田吉井二君ヲ訪ネ見シニ不在　Ruhland ニテ食事ヲ認メテ帰宿ス　途中L君ニ遇フ　病気ト見エテ医者ニ行ク所ナリトナリ　学校ハ未ダ始ラザル由　其後引続キ読書スルコト例ノ如シ　但シ此数日気分アシキ為メ外出ヲ扣《ひか》ヘシ為メカ食慾ノ進マザルコト夥シ　昨日ハ夕食一回扣ヘシガ今日ハ夕方強テ長途散歩シテ平日ノ食事ヲ取ル

一〇月二一日　土曜

快晴　温　今日モ終日読書ス　只食事ノ際少シ長キ散歩ヲ試ミシノミ　Eitel 君ヨリ長文ノ手紙来ル　東京鳩山君ニ悔状ヲ出ス　同氏父君鳩山博士去ル三日死去セラレタルノ報ヲ新聞ニテ見タレバナリ　病気ハ食道癌ナリシト云フ　病マザリセバ今次ノ内閣ニハ司法大臣タルベカリシト云ヘリ

一〇月二二日　日曜

少晴　朝少雨アリ　然レドモ寒カラズ　昨日端書ヲ出シテ置キシ故早々ニシテ朝食ヲスマシ伊藤元春君ハ〔ヲ〕Kesselstr. 29 ニ訪フ　去年船ニテ一緒ニナリ Lyon ニテ野田君ト三人連ノ滑稽ヲ演ジテ以来一年半振リノ再会ナリ　話ハ夫ヨリ夫ヘト進ミ昼食ノ御馳走ニナリ夕方ニ帰ル　此日佐々木君ヨリ手紙アリ　十七日ヲ以テ Wien ニ入リシト云フ　予定ノ通ニハ帰伯出来マジキカ

〔ギューラー蜂蜜とペリカン・インクの商標シール貼付。以下、三ページにわたり一枚ずつ、ストーブ、オートバイ、切手商のシール貼付〕

一〇月二三日　月曜

曇　食事ニ出掛ケシ外終日読書ス　Christmas 贈物ノ用意ノ為メ東京丸善ニ本ヲ注文ス　今日再ビ医者ニ往ツテ見ル　大部ヨシト云ハル

一〇月二四日　火曜

晴　朝奥山君ヨリ端書来ル　曰ク Galizien〔ガリシア〔ポーランド南部〕〕ノ一貴族当年九歳ニナル其子供ノ為メニ日本語ノ教師ヲ探シテヰルガ誰カアルマイカト　一ケ月位一寸客ニナルノモ面白イト思ヒ先生ハ先生トシテ探スガ

子供ニ日本語ヲ教ヘテヤル代リ一ケ月客ニ取ツテ呉レマイカ聞イテ下サレト申シテヤリ同時ニ要求ノ教師トシテハ近々 Amerika ヨリ当地ヘ来ル筈ノ海老名一雄君ガ適当カト認メ New-York 領事館宛ニ手紙ヲ出シテ問ヒ合ス手紙ヲ見デハ困ルトノ要心ヨリ鈴木農学士(Wisconsin ニテ海老名君ト相識ナリシ人)ニ托シ在米ノ同君ニ手紙ヲ出シ海老名君ニ僕ノ手紙ヲ出シタコトヲ注意シテ貰フコトニスル　此数日気

〔以下四ページ分欠(破損)〕

〔前欠〕見ルト Riedenheim ノG君ヨリ手紙来ル　Konstanz ヲ通シテ也

一〇月二七日　金曜

曇　午前中読書ス　昨夜来頭痛ヲ覚ユ　午後理髪シ昼食ヲ認メテ後電車ニテ Brandenburger Tor〔ブランデンブルク門〕マデ行キ Unter den Linden ヲ東ニ下リテ王宮ノアタリニ行キ南ニ下リテ中央部 Berlin ノ賑ヒヲ見夜ニ至リテ例ノ Bülowstr. ノ飯屋ニユキ夕食ヲ喫シ夫ヨリ片山君ニ遇フベク倶楽部ニ行ク　片山君在ラズシテ吉井渡辺ノ二君ニ遇フ

一〇月二八日　土曜

少晴　午前読書　午後 Schlossgarten〔城内庭園〕ヘ散歩シテ見ル　秋風立チ初メテ木ノ葉ハ散リ吹カレテオルケレドモ淋シイ気色ハ概シテ西洋ノ森ニハ見ヘヌ　人工ヲ加エテ美シクシテ居ルカラト人ガ兎モ角モ多勢来ルカラナラン　此日ノ新聞ニ袁世凱愈征討勅使トシテ出陣セリトノ報アリ　ドーセ結局官軍ノ勝利ニ帰スルナラント書キ添エテアリ

一〇月二九日　日曜

晴　朝 Karl Schmitt 君来訪　同君ハ Frankfurt a/M ノ人　Wilhelm Eitel 君ノ友人ナリトテ同氏ヨリ兼々紹介シ来リシ所ナリ　言語学専攻ニシテ Berlin 遊学ハ今度ガ始メテナリト云フ　此休ミニハ Genf〔ジュネーヴ〕ニ在リシトテ同地ノ模様ナドヲ話サル　午後ハ独リデ散歩シ又 ständige Ausstellung für Arbeiterwohlfahrt〔労働者福祉常設展示場〕ヲ見物ス　夕方佐々木君帰宿セラル　Budapest ヨリ途中 Breslau〔ブレスラウ〕ヲヘテ直行帰林セラレシナリト云フ　Budapest ヨリ端書ヲ出サレシヨシナル

モ今日ハ日曜日ナルタメカ未ダ届カズ　夜一緒ニ倶楽部ニテ食事セルガ不図旧知ノ佐野君ニ遇ヒ又新来ノ京都ノ助教授曄道君ニ紹介セラル　文部省ヨリ為替来ル

一〇月三〇日　月曜

少晴　朝読書懇談ニ時ヲ移シ午後佐ゞ木君ト昼食ヲ共ニシ夫ヨリ坂口織田二氏ヲ訪問スルニ随行ス　坂口君ハ既ニ巴里ニ赴キテ在ラズ　織田教授宅ニテハ佐ゞ木烏賀陽二君ト落チ合ヒ暫ク懇談ノ後一緒ニ Spatenbräu〔シュパーテンブロイ〕ニ夕食ヲ共ニシ夜遅クマデ話ス

一〇月三一日　火曜

少晴　朝読書　午後佐ゞ木君ト散歩ニ行ク　Wertheim ニ行キ手袋ヲ買フ　夜ハ倶楽部ニテ大工原君ニ遇フ

一一月一日　水曜

少晴　朝転宿ノ用意トシテ荷物ヲ片付ケル　倶楽部ノ太田君来ル　暫ク話シテキルト運送屋ヨリ荷物取リニ来レルニツキ太田君ノ手伝ヲ得テ大トラン〔ク〕一個木箱四個ヲ渡ス　明日マデ先キへ届ケル筈ナリ　昼過ギ一寸医者ニ行ク　三時頃馬車来ル　之ニ小荷物若干ヲ積ミ一ケ月厄介ニナリシ Dörr ノ家族ニ分レヲ告ゲテ Güntzelstr. 3 ノ Kärger ノ内へ行ク　頗ル閑静ニシテ誠ニ申分ナキ宿ナリ　之デ内ノ人サヘヨイ人ナレバ結構此上ナシ　夜一寸高田氏ヲ訪ネシモ生憎不在ニテ遇ハズ　宿ノ婆曰ク何時モ在宅ナレド今日ハ何カノ会アリテ外出セラル　夜ノ外出ハ全ク例外ナリト　先生カタキコト石ノ如シ　明日マタ来ルト言ヒ残シテ帰ル

一一月二日　木曜

晴　午前中在宅読書ス　午後高田氏ヲ訪ヒシニ不在　食事ヲ済マシテ一寸山内正瞭君ヲ訪フ　帰途不図 Bayerischer Platz〔バイエルン広場〕ニテ吉田少佐ニ遇フ　夜舟橋君ヲ Berlinerstr. 95, Charlottenbg.〔シャルロッテンブルク〕ニ訪ヒ同宿ノ湯原元一氏ニ初見参ス　音楽学校長ニシテ通俗教育ノコトヲ調べニ来ラレシナリト云フ

一一月三日　金曜

晴　朝四箱ノ本ヲ明ケ荷物ノ片付ヲヤル　半日カヽリテ大略整理ス　未ダ大トランク到着セザルヲ以テ結局ノ整理ヲツケルコト出来ズ　午後 Pallastraße 12 ニテ飯ヲ食ツテ見ル　帰リニ銀行ニヨル　夜ハ招ニヨリテ舟橋君

ヲ訪ネ夕食ヲ饗セラル

一一月四日　土曜

晴　朝読書　太田君来訪セラル　午後モ在宅シテ読書ス　夜内ノ風呂ニ這入ル　所謂 Warmwasserversorgung〔熱湯供給〕ノ設備アリテ二三分待テバ気持ヨキ沐浴ガ出来ル　便利此上ナシ

一一月五日　日曜

少晴　午前中読書　午後ハ約束アリテ高田耕〔畊〕安氏ノ診察ヲ乞フ　佐々木君ガ肺ニ異状アルラシトテ診察ヲ頼マレシ故高田氏ニ話セシ処見タ所君モ怪シイカラ次序ニ見テヤラウトノ事ナリシ故行キシ也　佐々木君ハ極メテ軽微ナレド肋膜肺炎タルコト疑ナシトキマリ予モ左肺ニ些少ノ異状アリトノコトナリ　要スルニ両方トモ満足ノ人間デナイト云フコト、ナル　但シ格別ノコトモナキ故滋養ニ注意シ無理ヲセズ心配ヲセズ気楽ニヤツテ居レバ大シタコトハナシト云ハル　三時過辞シ石田君ヲ訪ネル　石田君ヨリハ四時ヲ期シテ茶ニ呼バレシヲ以テナリ　暫クシテ独乙人二人鈴木君モ来ル　八時マデ居ル　夫ヨリ舟橋君ヲ訪フ　委任状ノコトトヤラニテ予ニ遇ヒタシト石田君ニ伝言ヲ寄セラレシヲ以テナリ　夕食ヲ饗セラレ遅クマデ話シテ辞シ帰ル　百渓君へ返事ヲ出ス

一一月六日　月曜

晴　午前中東京内、其他諸方へ数通ノ手紙ヲ書ク　舟橋湯原ノ二氏ヨリ昼食ニ呼バレ居リシニツキ一時行ク　舟湯ノ二氏ト夕方マデ話シ七時倶楽部ニユク　岡松博士ヨリ夕食ニ招カレ居リシヲ以テナリ　武者小路君ト遇フ

一一月七日　火曜

晴　午前中読書ス　午後荷物届ク　Pallastr. ニ昼食ニ行キ帰途新聞支社ニ立チ寄リ仏語教師ノ申込ヲ受取ル　凡テ20通アリ　夫ヨリ舟橋君ノ依頼ニヨル委任状ノコトニテ郵便局ニ行キ帰ル　夜ハ松下ニテ仙台人会ヲ開キ会食ス　出席者ハ舟橋君石田君吉井君ト予ノ三〔四〕人ナリ

一一月八日　水曜

晴　午前読書　昼頃舟橋君来訪セラル　午後モ在宅読書　夜ハ招待ニヨリテ舟橋湯原二氏ヲ訪ヒ夕食ヲ饗セラル

一一月九日　木曜

晴　午前中読書　午後食後広告ノ返事ヲ寄セタル仏語

先生数軒ヲ廻リテ見ル　帰途大野君片山君村上君住田君ニ敬意ヲ表シタルモ不在　大工原君ヲ訪ヒ暫ク懇談シテ帰ル

一一月一〇日 金曜

少晴　午前中読書ス　新聞ニ依ルニ昨日 Reichstag〔帝国国会〕ニテ Marokko〔モロッコ〕ニ関スル独仏協約ニツキ首相 Bethmann〔ベートマン〕ノ演説アリシガ皇太子之ニ臨席シ軽率ナル態度ヲ以テ政府反対ノ演説ヲ嘉納スルノ意ヲ表セシトヤラニテ物議ヲカモセリ　皇帝ニ似テ中々御セツカイナ人ト見ユ　食後仏語ノ先生 Ceot ヲ訪フテ見ル　夜靴下ノ繕ヒヲシテ深更ニ及ブ　留守宅ヨリ此一ケ月バカリ更ニ便ナシ

一一月一一日 土曜

少晴　午前中読書ス　夜岡松博士歓迎ノ法政会アリテ Kaiser-Keller〔皇帝酒場〕ニ行ク　岡松博士ハ大島都督ノ漫遊ニ随従シ来リシナルガ急電アリテ15日急行日本ニ帰ルコトニナレリト云フ　清国ノ風雲稍急ナルモノアルニ因ルカ

一一月一二日 日曜

雨　午前中読書ス　昼頃武者小路君ヲ訪フテ見ルニ不在　直ニ高田耕安氏ヲ訪ヒテ新聞ヲ返シ大工原君ヲ訪ヒ食事ニ行キ帰ル　夜ハ宿ノ人ニ伴レラレテ市中ノ Café Bar ニ音楽ヲ聴ク

一一月一三日 月曜

少晴　三日続イテ夜深〔更〕シヲシタノデ朝十時過ニ目ガサメル　朝食ヲ十二時少シ前ニ食フ　午後ハ仏語ノ先生ヲ探〔シ〕スニ Mauerstr. ニ行キ留守ナリシ故明日再来スベキヲ約シテ帰リ Anmeldung〔滞在登録〕ノタメニ警察ニ行キ帰ル　夜吉田少佐来訪　午後不在中武者小路君来訪セラレタリ

一一月一四日 火曜

晴　午前読書　午後旅行券ヲ持ツテ一寸警察ニ行キ仏語ノ先生 Romain 氏ヲ訪ネル　毎週二時間ニテ一ケ月 20 Mk ナリト云フ故一寸考ヘテ見ルコトニスル　午後モ引キ続キ読書ス　東京ヨリ手紙来ラザルコト茲ニ一ケ月ヲ超ユ

一一月一五日 水曜

晴　朝小野塚先生、海老名一雄君ヨリ手紙来ル　前者ハ予ノ転学幷ニ旅行願ニ対シ十分ノ尽力ヲスル旨ヲ申来リ後者ハ此間申遣リシ日本語先生ノ件ノ承諾ナリ　直ニ奥山君ニ手紙ヲ出ス　午後ハ独乙語ノ Stunde〔稽古〕ヲ取ル積リニテ Frau Dr. Ille 先生ヲ訪ネテ兎モ角モ毎週木曜ノ夕方ニ来ルコトニスル　仏語ノ先生ハ未ダ然ルベキモノ見付カラズ　夜吉田少佐話ニ来ラル

一一月一六日 木曜

少晴　午前中読書　朝早ク武者小路君来ラレ夜吉田松木ノ二少佐ヲ招待スルニツキ陪食シテ呉レトノコトナリ　午後仏語ノ先生 Rossier 氏ニ遇ヒ毎週二回 Stunde ヲ取ルコトニ極メル　夜ハ即チ武者小路君宅ニテ夕食ヲ饗セラル　料理ハ一切西洋ノ下女ガヤルノナ相ナリ　舟越書記官トヤラガ使ツテ教ヘシモノナリトカ　中々上手ナリ

一一月一七日 金曜

曇　午前中太田君来リ引キ続キ午後ニカケテ吉田君来訪　又夕方ハ佐々木君来ラレ終日応接ニ疲ル　少シ風引キノ気味ニテ Ille 先生ニ稽古ニ行キスグ帰リ風呂ヲアビテ寝ル

〔ベルリーナ・ローカル・アンツァイガー紙による新聞広告引受け証書〔三・四〇マルク、広告主記号「Te 709」〕貼付〕

一一月一八日 土曜

曇　昨夜風呂ニ入リ薬ヲ呑ンデ汗ヲ出シタニ拘ラズ今日ハ却テ昨日ヨリモ気分ワルシ　午後銀行ヨリ金ヲ出シ為替ヲ組ミ Schwelm ノ Hahne 氏へ誕生日ノ祝ノ贈物ヲ郵便ニ出シ昼食ヲ匆々ニシテ帰宅ス　奥山君ヨリ夫人同伴安着ノ旨通知シ来ル　Marseille〔マルセーユ〕マデ迎ニ行カレシ也　夜内ニテ食事ヲ認メ早ク寝ル

一一月一九日 日曜

晴　午前中読書　午後遅ク昼食ニ行キ Spatenbräu ニテ吉田君織田教授ニ遇フ

一一月二〇日 月曜

雨　午前中読書ス　午後吉田君来ル　一所ニ Spaten ニテ食事ス　夜佐々木君来リ一所ニ散歩ニ出掛ケ Lichtspiel〔映画〕ヲ観帰リニ Café Figaro ニ立寄リ懇談シテ分ル　東京留守宅へ手紙ヲ出ス

一一月二一日 火曜

晴　朝東京ヨリ手紙来ル　久シ振リナリ　直女暇ヲ取リテ出タナドノ出来事アリテ忙シカリシナリト云フ　何

モ変リハナキ様子ナリ　雑誌太陽ナドモ送リ来ル　直ニ返事ヲ出ス　午後吉田君来ル　其他事ナシ

一一月二二日　水曜

雨　午前中読書　午後吉田君来訪セラル　昨日今井兄ヘ Staatsbürger 数冊ヲ小包ニテ送附ス　其他事ナシ

一一月二三日　木曜

晴　昨日ハ Bußtag〔懺悔祈禱日〕トテ休日ナリシヨシ道理デ新聞モ今日ハ来ズ　食事ニ行キシ外終日読書ス　夜 Ille 先生ニ稽古ニ行ク　之デ二回目ナリ

一一月二四日　金曜

晴　午前中読書ス　午後吉井桃麻呂君来訪セラル　夕方マデ懇談シ食事ヲ Spatenbräu ニテ共ニス　宮本君ヨリ来翰アリ　文官試験 139 人ノ合格者中十三番ニテ合格セルヨシ　岡正路君モ合格　花淵君ハ筆記試験ハ通レルモ口答ニテ失敗セシトヤ　河副君ハ如何ニセシカ未ダ便ナシ　宮本君ハ内務省指定属トシテ秋田県ニ赴任スベシト云フ　夜 Rossier 先生ヘ仏語ノ稽古ニ行ク　之デ第二回目ナリ

一一月二五日　土曜

晴　午前中読書　此日ノ新聞ニ日本前外相小村侯死亡ノ報アリ　好漢遂ニ不帰ノ客トナル　惜ムベシ　午後ハ銀行ニ行キ金ヲ出シ食事ヲ済マシテ直ニ帰宅吉井君ノ来訪ヲ待ツ　会社ノ訴訟事件ヲ鑑定サスル為ニ急ニ金ガ要ルトテ四百馬ヲ貸ス　夜散歩ス　Kästner 氏ニ遇フ　頗ル寒シ

一一月二六日　日曜

晴　此数日来滅切リ寒クナル　午前中読書シ午後大工原君高田氏吉田君ヲ歴訪ス　大工原君此頃眠レヌデ困ルト云フ　Heimweh〔ホームシック〕カ　高田氏ハ此寒サニモ拘ラズ窓ヲ開ケ放シ外出スルニモ外套ヲ着ズ　其元気壮者ヲ凌グノ慨アリ　偉イモノナリ

一一月二七日　月曜

晴　午前午後終日読書ス　日ニ増シ寒クナルヲ感ズルノミ　別段ノ出来事ナシ

〔ノレンドルフプラッツのモーツァルトザールの映画の切符（二一マルク）貼付（写真版参照）〕

一一月二八日　火曜

快晴　午前中読書ス　午後亦然リ　夜仏語ノ稽古ニ行

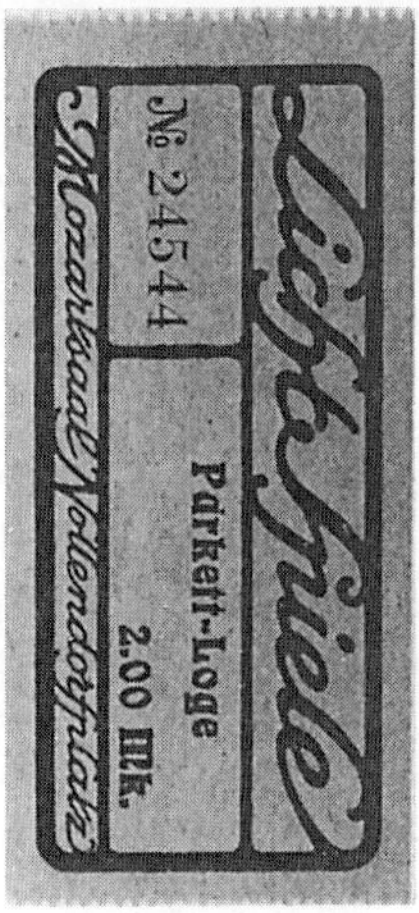

ク　此日大使ノ送別会アリシモ行カズ　珍田大使ハ米国ニ転ジ現瑞典《スウェーデン》公使杉村氏トヤラ転ジ来ルサウナリ

一一月二九日　水曜

曇　霧深シ　終日読書　石田君本月末カ来月一日ニ立ツト云ツテ手紙ヲ寄越シタ故夜一寸訪ネテ見ル　生憎吉井君ヤ鈴木君ヤ渡辺君ヤトKonzert〔音楽会〕ヲ聴キニ往ツタトテ在ラズ

一一月三〇日　木曜

曇　霧深クシテ室内ハ灯火ナシニ読書スルヲ得ズ終日電灯ヲツケテ置ク　珍ラシキ天気ナリ　食事ノ外ハ概シテ在宅読書ス　夕方石田研君暇乞ノ為メトテ来訪セラル三日ニ立タレ先ヅLondonニ赴カレ船ニテ帰朝セラル、都合ナリト云フ　夜Ille先生へ稽古ニ行ク

一二月一日　金曜

曇　終日在宅読書ス　亡愛姉志め子ノ忌日　回顧スレバ正ニ満二十年ヲ経タリ　一家ノ頽廃ハ想ヘバ遠ク亡姉ノ夭折ニ因ス　感慨無量　夜仏語ノ先生ニ稽古ニ行ク　東京ヨリマタ手紙絶ユ　懐カシ

一二月二日　土曜

晴　終日読書　雀部君維納《ウィーン》ヨリノ来書アリ　直ニ返事ヲ出ス　支那ノ官賊両軍三日間ノ休戦ヲ約シ此間ニ媾和ノ条件ヲ相談スベシトノ報来ル

一二月三日　日曜

晴　午前中読書ス　午後ハ約ニ従ヒ高田耕安氏ヲ訪ヒ一緒ニ菜食料理屋ニ飯ヲ食ニ行ク　直ニ帰リテ勉強ス　夜石田研君ノ帰朝ノ途ニ就クヲZoo〔動物園〕停車場ニ送ル

一二月四日　月曜

快晴　午前中読書　午後吉井佐ゝ木君ヲ訪フ　宿ノWirtin〔女主人〕日本食ヲ食ツテ試タシト云フ故佐ゝ木君ニ頼ミ相伴シテ貰ツテ松下ニテ食事シ帰途Café Figaroニ立チ寄リ偶然織田佐藤二氏ニ遇ヒ遅クマデ話ス　Wirtinニハ日本食ガ案外ニ甘ク食ヒタル様ナリ

一二月五日　火曜

曇　夕方雪フル　之ヲ本年ノ初雪トス　少シク疲労ヲ覚ユ　終日読書シ夜ハ仏語ノ稽古ニ行ク　夕方ノ雪ハ積ルニ及バズシテ溶ケタリ　只 Plätze〔広場〕ノ草ノ上ハ白キ儘ニテ残リ愈冬景色ヲ呈スルコトトナレリ

一二月六日　水曜

少晴　午前午後読書ス　Stahl, Eitel ノ二君ヨリ手紙来ル　夜ハ宿ノ Wirtin ニ誘ハレテ Zirkus〔サーカス〕ニ往ツテ見ル　其他別ニ事ナシ

〔ブッシュ・サーカスの切符（一・五〇マルク）貼付〕

一二月七日　木曜

晴　昨夜遅カツタノデ思ハズ十一時頃マデ寝ル　宮本石田両君ヨリ端書来ル　午後吉田君ヲ訪ヒシモ不在ナリシ　夜少シク頭痛ガスルノデ独語先生ノ稽古ハ休ム　宿ノ夫婦話シニ来ル

一二月八日　金曜

晴　読書ス　支那ノ休戦ハ更ニ一週間延バサレタリトノ報新聞ニ見ユ　Marokko 問題ニ関連シテ英独ノ反感日ニ甚シキヲ見ル　夜宿ノ Wirtin ト Café ニ話ス

一二月九日　土曜

晴　終日読書ス　小山田君近々来遊セラルベキノ報来ル　瀬戸潔君福岡ヲ卒業セリトテ報ジ来ル　目出度キコトナリ　河副君モ今度ハ首尾ヨク合格セラル　之モ目出度シ

一二月一〇日　日曜

快晴　朝読書ス　朝食前吉田君来訪セラル　久シ振ナリ　先生胃未ダ直ラズ御負ケニ風ヲ引イテ少シ弱ツテ居ル様ナリ　午後 Café Figaro ニ立チ寄リ帰宅後再ビ出掛ケテ Spatenbräu ニ夕食ヲ喫シ再ビ Figaro ニ行ク　Wirtin ノ御伴ナリ　天気快晴十日位ノ月中天ニ懸リ Berlin ノ冬ニハ珍ラシキ晴々タル空ナリ

一二月一一日　月曜

曇　午前中諸方へ手紙ヲ出ス　東京宅、小野塚先生、文部省、Wißler, Hahne, Stahl, Eitel, Ille, 河副、宮本、瀬戸等ノ諸氏へ宛ツ　午後大工原氏ノ依頼ニヨリ滞伯中ノ勝島博士ヲ訪ヒ仏語先生ノコトヲ話ス　夕方 Wirtin ニ伴ハレテ Wertheim ニ往ツテ見ル　節季近キ故人出多ク通リ切レヌ程ナリ　彼ハ帽子ヲ買ツテ喜ンデ居ル

一二月一二日 火曜

快晴　午前中読書　午後ハーデニシユ街ニ行ク　夜仏語先生ヲ欠席ス　時間遅レシ為メナリ　小山田君ヨリ来翰アリ　小松君ヨリ回覧手紙ヲ纏メテ送リ来ル

一二月一三日 水曜

晴　割合ニ温シ　Christmas ノ贈物等ヲ調ヒンガ為メWirtin ト一緒ニWertheim ニ買物ニ行ク　午後夕方佐ゝ木君来ル　Wirtin〔ハ〕Wahrsagerin〔女占い者〕ノ所へ行クト云フ故之ヲ見ルモ一興ナリト思ヒ佐ゝ木君ヲ誘ツテ往ツテ見シガ無関係ノ者ハ傍ニ居ルコト成ラヌトテ空シク戸ノ外ニ待タサル　結局目的ヲ達セズシテ帰ル

一二月一四日 木曜

雨　朝ハ晴ナリキ　八時頃起キ軽装シテ郊外ニ散歩シテ見ル　午前中勉強シ午後吉田君ノ来訪ヲウク　夜 Ille先生へ稽古ニ行ク

一二月一五日 金曜

晴　割合ニ温シ　隣室ノ下宿人来週巴里ニ転ズルニツキ一日モ早ク其室ヲ誰カニ貸シタシト云フニツキ宿ノ人ノ依頼ニ応ジ小山田君ニ速ニ来林アルヤウ手紙ヲ出ス杉君ニモ同様申遣ス　佐ゝ木君ニモ別ニ永久ノ借手ヲ探シ呉ル、様頼ム　余リ天気ガヨイカラ Wirtin ノ御伴シテ散歩ニ Café Luitpold ニ待タセテ自分ハ仏語ノ稽古ニ行ク　勝島先生モ今日ヨリ稽古ヲ取ラル

一二月一六日 土曜

少晴　食事ニ行キシ外日中ハ終日読書　夜ハ久シ振リニテ散歩ス　Riedenheim ヨリ端書来ル　吉井君巴里ニ行キシト見エ鷲尾君連名ニテ端書ヲ呉レル

一二月一七日 日曜

晴　午前中読書ス　午後昼食後佐ゝ木君ヲ訪ネシモ不在ナリシヲ以テ直ニ帰ル　夜ハ内デ食事ヲスル　此頃宿ノ夫婦喧嘩デモセシモノカ甚ダ機嫌アシク両方デ口ヲキカヌコト今日ニ三日ナリ

一二月一八日 月曜

晴　終日読書ス　Prag ノ杉君ヨリ端書来リ月末ヲ以テ当地ニ来遊セラル可シトナリ　小山田君ヨリハ未ダ消息ナシ　何レニシテモ近々来ルナラン

一二月一九日 火曜

晴　午前中読書　隣リノ Doctor 今日巴里ニ向ツテ立

ツ　此男或ル Wien ノ人妻タル夫人ト通ジ今度此婦人ト Prag ニテ密会シ約一週間滞在ノ上共ニ Paris ニ逃亡シ一緒ニ棲ムナリト云フ　手柄顔ニ物語ルサマ不届至極ノ奴ナリ　年猶《〔ま〕》ダ28才トカ云フニ今迄関係セシ女132人アリナド誇リ顔ニ語ル　随分西洋人ハ色ニカケテハ平気ナルニハ驚ケリ　此男ナドハ敢テ珍ラシキ方ニモアラズト見ユ

一二月二〇日　水曜

少晴　午前 Wirtin ト買物ニ行ク　靴ガ悪クナツタノデ一足買フ　西洋デハ靴ト手袋ト帽子トデ人ヲ判断スルカラ粗末ナ靴ヲ穿イテハ不可ヌト八釜シク云フノデ已ムナク買ハサル　帰リニ Voges ニテ食事シ不図大工原君ニ会フ　夕方渡辺君見ユ　今井君ヨリ手紙来ル　突然ノコトトテ一寸ビツクリスル　紀念ノ為メ之ヲ取ツテ置ク　先生ガ之レ程マデ革命党ニ干係アリトハ遂ニ知ラザリシ　直ニ返事ヲ認メ清国ノ将来東洋ノ将来ヲ論ジ徒ニ事変ノ間ニ馳駆シテ快ヲ取ルコトニ汲々タラズ慎重ニ事ヲ謀リテ経世ノ大志ヲ成サンコトヲ勧告シヤル　夜吉井君急ニ立ツト云フ故倶楽部ニ同君ヲ訪ヒテ別ヲ告グ

一二月二一日　木曜

晴　午前中読書　午後吉田君来ル　同君過般胃ガ悪イトコボシ居ラレシガ南医学士ノ診察ニ依レバ胃癌ノ疑アリト云フ　果シテ然ラバ前途有望ノ同君ノ為メニ大ニ痛惜ニ堪エズト思フ　夜 Ille 先生ヲ休ミ内ノ人ト散策ス　宮本君雀部君ヨリ来翰アリ

〔ノレンドルフプラッツのモーツァルトザールの映画の切符（一マルク）貼付〕

22日ヨリ一月ノ初メマデ小山田君ノ来泊雀部君ノ来林アリテ暫ク日記ヲ怠ル　雀部君ハ21日 Leipzig ヨリ来ル　不取敢長江君ノ宿ニ泊ス　22日朝往訪ス　24日小山田君 Jena〔イエナ〕ヨリ来リ隣室ニ泊スルコトトナル　24日夜ハ内ニテ Weihnachtsfest〔クリスマスの祝祭〕ヲ祝ヒ大工原君ヲ加ヘテ会食懇談ス　25日内ノ Wirtin 母ノ病気ヲ見舞ハンガタメ Görlitz ニ向フ　予ハ用アリテ27日宿ヲ去リ28日夜帰ル　歳暮レントシテ世間ハ忙シサウナレド書生ノ身ニハ常ニ閑日月アリ　何ノ日カ忘レタレド一日小山田君ト bummeln〔逍遥〕シ三時帰リ朝ノ八時マデ話ス　今井

君革命党ニ投ジテ其結果来ルベキ予ノ留守宅ノ財政状態ニツキ打チ明ケ話シヲナシ同氏帰朝後十分ノ助力ヲ与ヘラルベキヲ語ラル　同氏ノ高義深ク謝セザルヲ得ズ

十二月三十一日ノ夜ハ例ニヨリ何処カニテ Sylvester〔大晦日〕ヲ feiern〔祝い〕セントテ兼々知人ト話シ合ヒ佐々木君 Tisch〔食卓〕ヲ bestellen〔予約〕スル筈ナリシガ兎ヤ角ニ紛レテ其日ニ至ルモ未ダ定レル Lokal〔居酒屋〕ヲキメズトテ相談ニ来ラル　今トナリテハ Stadt〔市中〕ノ相当ノ Lokal ニハ然ルベキ場所モナカルベキヲ以テ Café Figaro ニ陣取リ茲処ニ十二時マデ居リテ夫ヨリ Stadt ニ乗リ出スコトトスル　夜九時過ギ Figaro ニ乗リ込ム　集ル者佐々木惣一君仝氏義兄大島君、小山田君近藤農学士、大工原君、雀部君、財部君、及予　西洋人デハ予ノ宿ノ夫婦ト妻君ノ友人及ビ雀部君ノ宿ノ関係ノ者三人ト総勢十四人ナリ　十二時 Untergrundbahn〔地下鉄〕ニテ市ニ赴キ練リ歩ク　モー一軒 Bierhalle〔ビアホール〕ニ立チ寄リ四時半帰ル　財部君ハ来欧日浅ク独リデ帰レヌ故僕ノ内ヘ来ラル　一時間斗リ話セシモ寝ル訳ニモ行カズ暁ケ方ノ光景ヲ見ルモ一興ナリト思ヒ再ビ出掛ケル　時ニ五時半　最初ハ近所ノ Café Prager-Platz ニ赴ク積リナリシモ茲処ハ早閉ヂラレ居リシヲ以テ Motz 町ヲ北ニ上ル Figaro, Luitpold ニハ未ダ人ガ居ル様ナリ　予等ハ Café Schauspielhaus〔芝居小屋〕ニ少憩シ人ノ殆ンド全ク散スルヲ待チ約八時ニ垂ントスル頃茲処ヲ出デ財部君ヲ Bleibtreustr. 53 ノ寓ニ送リ Kaiser-allee〔皇帝並木通り〕ヲトボトボ帰ル　時ニ八時半

〔ベルリン市街電車の切符（一〇ペニヒ）貼付〕

明治四五・大正一（一九一二）年　三四歳

一月一日 月曜

曇　八時半帰リテ風呂ニ入ル　内ノ者モ小山田君モ熟睡ノ体ナリ　睡イケレドモ今更床ニ入ルコトモナラズ Chaise-Long〔長椅子〕ニ横リテ太陽ヲ読ム　夜雀部君ヲ訪フ　其他内ニ在リテハ小山田君ト話ス

一月二日 火曜

曇　夜ヨク寝ル　午前雀部君来ル　此日昼財部君来ル約アリテ待ツ　来客ニ妨ゲラレシトテ三時来ラレ一所ニ Spatenbräu ニテ食事シ夫ヨリ雀、小ノ二君ト分レテ財部君ヲ Wertheim ニ案内ス　夜早クネル

一月三日 水曜

雨　夜風　朝内へ手紙ヲ書キ諸方へ年始状ヲ出ス　午後佐ゝ木君来ル　其依頼ニ応ジテ Pforzheim〔プフォルトハイム〕 Stahl 君へ手紙ヲ出シ金時計ノ買入ヲ托シテヤル夜 Wirtin ト Café Eispalast〔氷宮〕ニ往ク

一月四日 木曜

曇　午前中読書　午後モ同様　夜 Ille 先生ニ稽古ニ行キ直ニ小山田君及其知人ニ遇フベク Leipzigerstr. ニ行キ一時間バカリ待チシモ知人来ラズ空シク帰ル

〔ハンブルクの富くじ（一マルクで、二〇〇〇マルクから二〇〇〇〇マルクまで総計七〇〇〇〇マルク当る）貼付〕

一月五日 金曜

雨　朝雀部君来ル　午後ハ読書ス　夜雀部君ヲ訪フ別段ノコトナシ

一月六日 土曜

曇　午前中読書　海老名夫人ヨリ来翰アリ　午後ハ食後大工原君ヲ訪フ　不在ニテ会ハズ　夕方佐ゝ木君来ル小山田君ノ知人来訪面会ス　夜小山田君ニ einladen〔招待〕サレ内ノ Wirtin ト四人連レニテ Kurfürst-Oper ヲ観ル　題ハ Schmuck der Madonna〔マドンナの宝石〕ト云フナリキ

〔クールフュルスト・オペラ劇場の座席券貼付〕

一月七日 日曜

雪　朝起キテ見ルト既ニ数寸積ツテ居ル　午前武者小路君ヲ訪問シテ懇談二時ニ亙ル　昼食後招待ニ応ジテ佐々木君ノ宿ノ Familie Dörr ノ茶会ニ赴キ茲処ニ六時頃マデ居リテ雀部君ノ宿ヲ訪ネル積リナリシ所小山田君 Auto〔自動車〕ヲ駆リテ迎ニ来ル　ソハ小山田君ノ知人更ニ一人ノ友ヲ伴ヒ予ニ紹介セントテ態々来レルヲ以テナリ　一所ニ近所ノ飯店ニテ食事シ夫ヨリ小山田君ノ知人ノ宿マデ電車ニ乗リ別ヲ告ゲテ予等ハ再ビ引キ返シテ雀部君宿ニ赴ク　余リ時ガ後レシ故トテ雀部君ハ食事ニ赴キテ在ラズ　十時頃帰ラル　Adi 氏待チ居ル　十時半マデ話ス　夫ヨリ雀部君ノ求メニヨリ Café Luitpold ニ行キ Amanda ノ身ノ上ヲキキナドシテ帰ル

1、Der erste Japaner, welchen Amanda gehabt hat, ist〔アマンダが持った最初の日本人は〕朝比奈知泉

2、Sie war in ihrem 13 jährigen Lebensalter als sie zum ersten Male mit einem 14 jährig. Jungen verkehrte.〔彼女が十四歳の若者と最初に交ったのは、十三歳のときだった〕

3、Sie hat bis jetzt wenigstens 2000 Japaner gehabt.〔彼女はこれまでに少なくとも二千人の日本人を持った〕

一月八日 月曜

晴　朝雀部君吉田君来ル　昼食ニ赴カントセシ処ヘ大工原氏来ル　色々話シテ昼食ニ赴クノ機ヲ失ス　五時 H. Möbius ニ遇フノ約アリ　赴キシニ来ラズ　直ニ夕食ヲ喫シテ帰ル

〔二マルクの掛金で総計一万七千マルクが当る富くじ貼付〕

一月九日 火曜

晴　少シ頭痛ヲ覚ヘシタメ十一時マデ寝ル　起床後読書シ小山田君ノ病院ヨリ帰ルヲ待チテ一所ニ食事ニ行ク　夜ハ倶楽部ニテ食事ヲ認メ大工原、湯原、大工原《〔ママ〕》君等ニ遇フ　日本ノ新聞ニテ見ルニ寺尾教授飄然トシテ都門ヲ去リ関西ニ赴クト称シテ実ハ南清革命軍ニ投ジ為メニ休職トナレリト云フ

一月一〇日 水曜

晴　午前中読書　昼頃在 München 帝国名誉領事 Schüssel 氏小山田君ヲ訪ハレ序ヲ以テ面会ス　夕方佐々木君財部君ヲ伴ヒテ来訪セラレ選挙ノ演説会ヲ傍聴ニ行カヌカト誘ニ来ル　依テ四人一緒ニ Club ニ食事ニ

行キシニ誰ヤラノ送別会アリトカニテ食事大ニ後レ時間少ク遅クナリシ為メ Auto ヲ以テ駆ケツケシニ拘ラズ満員ニテ入ルヲ得ズ　已ムヲ得ズ引キ返シテ途中 Friedrichstr. ノ Café Skandinavia ニ呑ミ帰宅ス　天気晴朗ナレドモ寒サハ相応ニ強シ

一月一一日　木曜

午前中読書　昼食後告別ノ為メ吉田少佐ヲ訪フ　夕財部君来ル　下宿ヲ探シテルノデ雀部君ノ居ル宿へ案内ス　ヤガテ佐ゝ木君来リ一所ニ Club ニテ食事シ佐ゝ木君ト僕トハ Deneritzstr. ノ選挙演説ノ傍聴ニ赴ク　此区ハ第二区ニシテ Fischer ノ年来ノ根拠ナリ　婦人来集者甚ダ多シ　生活難、物価騰貴ナド云フコトハ自ラ細民ヲシテ Sozialdemokratie〔社会民主党〕ニ傾カシムルモノ、如シ　帰途 Figaro ニ立チ寄リ不図織田教授等ニ会ス

〔クーリア・エフェクト劇場の映画の座席券(七五ペニヒ)貼付〕

一月一二日　金曜

愈選挙ノ当日ナリ　早朝見物ニ行クコトヲ佐ゝ木君ト約セシモ朝寝シテ果サズ　一時ヨリ吉田君ノ招飯ニ赴カザルヲ得ザルヲ以テ取急ギ身繕シテ出掛ケル　Hotel Adlon ニテナリ　Vorspeise〔前菜〕ノ食ベヤウヲ知ラヌトテ笑ハル　西沢軍医住田助教授モ来席セラル　三時過ギ分レテ予ハ佐ゝ木君ヲ訪フ　不在　暫ク同君室ニテ読書ス　六時半マデ待チシモ帰来セザルヲ以テ帰ル　聞ケバ同君予ノ内ニテ予ヲ待チツ、アリシトナリ　ヤガテ佐ゝ木君亦来ル　今日モ一所ニ演舌会ニ赴ク筈ナリシモ遅クナリシ故ヤメ小山田君ヲ誘ヒ Club ニ会食懇談スルコトトスル　此日小山田君 London 開業ノコトニ関シ保田次郎君ニ手紙ヲ出ス　此間ノ保田君ノ話ニ London 在留有力者間ニ日本ヨリ医師招聘ノ企アリトノコト故小山田君ヲ推薦シテ相談シヤリシ也

一月一三日　土曜

晴　此二三日寒キコト夥シ　零下十度乃至十二三度ニ下レリト云フ　髭ノ氷ルヲ見レバ左モアルベシ　午前雀部君来ル　午後ハ一所ニ Club ニ会食シ夫ヨリ吉田君ノ依頼ニヨリ Unter den Linden ノ Schlafwagen〔寝台車〕会社ニ赴キ切符ノ世話シテヤル　夕方同君ヲ訪ヒシ所野田君モ来合セテ荷物ノ片付最中ナリ　夕食ヲ松下ニテ一所ニ認メ十時帰ル　疲レタレバ直グ寝ル　新聞ノ報ニ依ル

ニ今次ノ選挙ニテ社会党著シク其数ヲ増シタルヤウナリ既選208名中既ニ60余名ヲ得タリト云フ　Stichwahl〔決選投票〕ノ決定ヲ見バ或ハ Zentrum〔中央党〕ヲ凌駕シテ最大多数党トナルナキヲ保セズ

〔ベルリンの乗合バスの切符貼付〕

一月一四日 日曜

晴　午前中読書ス　午後小山田君ノ知友横田清松氏来訪セラル　話好キノ人トテ昼食ニモ行カズ話シ六時 Prager Platz ニテ会食シ更ニ Café ニ赴キ一時頃マデ談ズ　早稲田出身ニテ米国 Columbia 大学ニ四年研学ノ後当地ニ来リ既ニ2年半ヲヘタリト云フ

一月一五日 月曜

晴　午前中読書ス　食後雀部君来訪　此夜吉田君日本ニ立ツヲ見送ル　愈胃癌ノ症状確メ有為ノオヲ抱イテ空シク故国ニ帰ル　誠ニ気ノ毒ナリ　停車場ニテ大野君ヨリ大塚伸次郎君ノ来伯ヲキ、Café Luitpold ニテ会ス　同氏ハ明朝七時ヲ以テ日本ニ向ツテ出発スト云フ

一月一六日 火曜

晴　午前中読書　午後小山田君ヲ誘テ片山義勝君大野守衛君ヲ Kalkreuthstr. ニ訪フ　小野塚先生ヨリ久シ振ニテ手紙来ル

一月一七日 水曜

晴　午前中読書　一寸雀部君ノ来訪ヲウク　夕方佐々木君来リ Metropol-Theater ニ誘ハレ一所ニ Club ニテ食事シ小林照朗君モ加リテ行ク　題ハ Nacht von Berlin〔ベルリンの夜〕ニテ一年中ノ Berlin ノ出来事ヲ諷刺的ニ演ズルヲ主トシ中ニ踊ヲ加ヘタルモノナリ　十一時ハネ帰途 Maxim ニテ Café ヲノミ帰ル　London 安田君ヨリ返事来ル　小山田君招聘ノ件話ガ段々進メ居ル様ナリ

〔メトロポール劇場の切符貼付〕

一月一八日 木曜

晴　午前中読書　昼食後佐々木君ヲ訪ヒシモ不在　夕方 Ille 先生へ稽古ニ行ク　富永君、留守宅へ手紙ヲ出ス　事ナシ

一月一九日 金曜

晴　午前中読書　夜食事ヨリ帰リテ見ルルト Wirtin ガ Herr Dr. ト松下ニ行ツタト書イテアル　佐々木君ナラント思ヒツ、往ツテ見ル　多分今頃ハ Figaro ナラント

考ヒツ、這入ツテ見ルニ果シテ然リ　其中織田教授烏賀陽小林ノ二君モ来リテ話ス　London 保田君ヘ小山田君ノコトニツキマタ手紙ヲ出ス

一月二〇日　土曜

晴　午前読書　午後雀部君来ル　佐々木君ヨリ依頼ノ金時計 Stahl 君ヨリ到着ニツキ電話ヲ以テ同氏ニ交渉ス　同君夕方来ル　Club ニテ食事シ後小山田佐々木君ト共ニ散歩ス　此日 Stichwahl〔決選投票〕ノ結果一部分明ス　National-Liberalen〔国民自由党〕, Fortschrittliche Volkspartei〔進歩人民党〕頗ル景気ヨキ様ナリ　事ニヨルト Schwarz-blaue Block〔黒 - 青ブロック〕倒ル、ヤモ知ル可カラズ

〔乗合バスの乗車券（一〇ペニヒ）貼付〕

一月二一日　日曜

晴　昨日ヨリ少シ暖ニナル　殊ニ今日ハ著シク温シ　午前中ハ読書シ午後ハ昼食後武者小路君ヲ訪ネ続イテ雀部君ヲ訪ヒシモ共ニ不在　帰宅シテ更ニ読書ス　暮方雀部君来訪　夜一所ニ Spaten ニテ食事ヲ共ニシ Café ヲノミテ帰ル　別段ノコトナシ

一月二二日　月曜

曇　午前中読書　午後雀部君来リ一所ニ散歩ニ出カケル　Figaro, National, Napoli, Windsol 等ヲ廻リテ見ル

一月二三日　火曜

晴　朝少シ遅ク起キル　直ニ Bambergerstr. ニR君ヲ訪ヒ小山田君ト一緒ニ Pragerplatz〔プラハ広場〕ニテ昼食ヲ喫ス　夕方武者小路君ノ来訪ヲウク　夜久シ振リニテ仏語ノ先生ヘ行ク

一月二四日　水曜

晴　午前雀部君来ル　午後在宅読書　内ヨリ手紙来ル　小山田君数日来ノ風邪募リテ臥床セラル

一月二五日　木曜

曇　午前中佐々木君ヲ訪フ　400-600 M. 借用ノ相談ヲスル　昼食ヲ御馳走ニナリ一所ニ散歩シ夕方帰ル　夜 Ille 先生ヘ稽古ニ行ク　帰ルト小山田君散歩シタイト云フ　一所ニ出ル　Café Eispalast ニテ片山君ニアウ　近々仏国ニ行クトナリ

一月二六日　金曜

晴　夜雪　再ビ寒クナル　朝雀部君暇乞ニ来ラル　今夜立タル、ナリ　昼食後 Charlottenburg ノ Café Odeon

ニ行ク　三四〔ママ〕時 Haensch 君ニ遇フ様手紙ヲ出セシヲ以テナリ　去レド氏来ラズ空シク帰ル　仏語ノ稽古ヲ休ミ夜雀部君ヲ Zoo-Bahnhof〔動物園駅〕ニ見送ル　三年ノ留学ヲ了ヘテ今ヤ故国ニ向ツテ立タル、也

一月二七日　土曜

風アリ朝殊ニ寒シ　独乙皇帝ノ天長節ナリ　人アリ皇帝此朝盛装シテ Unter den Linden ヲ通ルト　乃チ小山田君ニ誘ハレテ往ツテ見ル　二時間余リ待テドモ其事ナシ　空シク帰リ Tucher ニテ食事シ Unter〔地下鉄〕ニテ帰ル　午後 Bambergerstr. ニR君ヲ訪フ

一月二八日　日曜

晴　少シ疲レヲ覚ユ　昼頃マデ臥床　小山田君ハ München ヨリ Frl. Köhler 来ルトテ迎ニ行ク　夕方佐ゝ木君帰ル　夜 Pragerplatz ニテ食事シ Frl. Köhler ニ遇ヒ夫ヨリ一所ニ Eispalast ニ行ク

一月二九日　月曜

晴　茲ニ三十五回ノ誕生日ヲ迎フ　午前小山田君ノ知人 Fräulein Köhler ノ訪問ヲウク　暫ク話シタ上 Pragerplatz ニテ昼食ヲ喫ス　夜約束アリテ佐ゝ木君ヲ訪ヒ一所ニ Taubenstr. ノ伊太利料理屋ニテ食事ス　Hahne 氏ヨリ誕生日ノ祝辞ヲ貰フ

一月三〇日　火曜

晴　午前中読書ス　午後ハ疲労ヲ覚ユ　Chaise-Long〔長椅子〕ノ上ニ横リテ太陽ヲ読ム　夜ハ Club ニ佐藤君ノ独乙ノ政党及総選挙ノ結果ニ関スル講演ヲ聴キニ往キ右終リテ佐ゝ木君ト松下ニ食事ヲ共ニシ Café ヲノミテ帰ル　武者小路君ヨリ二月一日夕食ノ招待ヲウク

一月三一日　水曜

時ゝ雪　午前中読書ス　小野塚先生ヨリ手紙来ル　文部省ヨリ請求通リ仏国転学旅費七十五円支給スベキノ辞令ニ接ス　午後買物ニ行ク　小山田君近々出立ニツキ東京ヘノ土産物ヲ買ツテ来ル　夜ハ在宅シテ堀川小野塚野地今井、Eschig, Kolmstetter 等ヘ手紙ヲ出ス

二月一日　木曜

晴　夜雪降リ積ル　午前中読書ス　夕方牧野君昨夜帰林セリトテ来訪セラル　元気ノ汪ナルコト例ノ如シ　ヤガテ佐ゝ木君モ来リ牧野君ト分レテ一所ニ武者小路君ヲ訪フ　兼テ夕食ニ招カレ居リシヲ以テナリ　夜遅クマデ

種々ノ遊ビヲシテ帰ル

二月二日 金曜

快晴　マタ寒クナル　外歩クト耳ガ氷〔凍〕エル様ナリ　午前中読書　午後佐ゝ木君ノ来訪ヲウク　久シ振リニテ仏語ノ先生ニ稽古ニ行ク　夜一所ニ Club ニ食事ヲ共ニス　其他事ナシ

二月三日 土曜

晴　寒シ　午前中読書　小山田君明夜巴里ニ向ツテ立タル、トテ諸所暇乞ニ赴カル　夜佐ゝ木君来ル　一所ニ Pragerplatz ニテ食事シ Figaro ニ行ク　茲処ニテ曄道君小林君ニ遇ヒ更ニ四人ニテ Excelsior ニ往ツテ見ル

二月四日 日曜

晴　寒シ　読書ニ耽リ朝五時ニ至リテ始メテ寝ニツク　八時半起床　読書シテル所牧野君来訪セラル　横田清松君亦小山田君ニ告別ノ為トテ来ラレ鼎坐シテ大ニ談ズ　牧野君ハ昼食ノ為ニ帰ル　大ニネムシ　三時過佐ゝ木君ノ妻君ノ病気ノコトノ相談ニ高田氏ヲ訪フ　不在　直ニ大工原君ニ久濶ヲ叙ス　夫ヨリ転ジテ松下ニ至リ横田小山田ノ二氏ト会食シ偶然ニモ高田氏及元ト Wien ニテ相識レル桑山君ト遇フ　大工原氏ヨリ植村正久氏松下ニ泊リ居ルコトヲ耳ニシ訪ネントセシモ不在ナリシ故名刺ヲ残シ明日来ルベキヲ約シテ帰ル　夜九時半ノ汽車ニテ小山田君巴里ニ向ツテ立ツ　見送ニ行キシニ後ヨリ宿ノ主婦亦見送ニ来ル

二月五日 月曜

晴　午前中久シ振リデ一生懸命ニ勉強ス　午後植村正久先生ヲ松下ニ訪フ　不在　昼食後佐ゝ木君ヲ訪フ　夜佐ゝ木君織田先生ト来宅　特ニ織田先生ノ招待ニヨリ Kaiser-Keller ニテ夕食ヲ喫シ夫ヨリ Café Bauer ニコーヒヲ呑ミテ帰ル　頗ル寒シ

二月六日 火曜

晴　午前中読書ス　午後松下ニ再ビ植村先生ヲ訪フ　不在ニツキ昼食ヲ喫シ牧野君ヲ訪ネテ見ル　丁度風邪ナリトテ寝テ居ラル　二時間バカリ話シテ仏語ノ先生へ稽古ニ行キ夫カラ夕食ヲシタ、メテ高田耕〔畊〕安氏ニ行ク　佐ゝ木君夫人ノ病気ニツキ相談ノタメナリ　然ルニ佐ゝ木君丁度ニ僕ノ茲処ニ来ルヲ予想シテ来テ居ラル　三人デ四方八方ノ話ヲシ病状ヲモ聞ク　帰途 Eispalast ニテ

Kafee ヲノミテ帰宅ス

二月七日 水曜

晴　著シク暖シ　路上ノ雪トケテ道ワルシ　午前中読書シ四時昼食ニ出掛ケントシテ居ル所へ佐ゝ木君来ル一所ニ出掛ケ途中柏原君小林君ニ遇ヒ Spatenbräu ニ入リ予ハ飯ヲ食フ　一旦内ニ帰リ宿ノ Wirtin ニ一度御馳走スル義理アリトテ佐ゝ木君僕等ヲ誘ウテ市ニ行ク Siechen ニテ食事シ Bockbierfest〔ボック・ビール(強いミュンヘン・ビール)祭〕トヤラヲ二軒カケル　留守宅ヨリ手紙来ル

二月八日 木曜

晴　頗ル温ク覚ユ　午前読書　小山田君へ手紙ヲ出ス午後モ頻リニ新聞ノ耽読ニ時ヲ費ス　Ille 先生ニ行ク日ナルモ都合アシキ故休ンデ呉レト申来ル　夜ハ約ニ依リ佐ゝ木君ト Romanisches Café ニ会シ Wien-Berlin ニ往ツテ見ル

二月九日 金曜

晴　終日読書ス　午後牧野君来ル　小山田君ヨリ来翰アリ　巴里ニハ九日一杯居リテ十日ニハ出立スベシトナリ

二月一〇日 土曜

晴　午前中読書　午後昼食ヲスマシテ桑山鉄男君ヲ訪ネル　逓信省ノ参事官ニテ Wien ニテ知合トナリシ人ナリ　夜佐ゝ木君来リ一所ニ Spaten ニテ食事シ後 Sophie-Charlotte マデ歩イテ Café ヲ呑ミ話シテ帰ル

二月一一日 日曜

晴　朝遅ク起キル　間モナク牧野君来ル　一所ニ連レ立チテ高田耕〔畊〕安氏ヲ訪フ　診察シテ貰ハンガ為メナリヤガテ同ジ目的ニテ佐ゝ木君モ来ル　三人トモ何レモ胸部ニ多少ノ異状アレドモ別段心配スル程ノコトハナシトナリ　五時頃マデ四方八方ノ話ヲシテ帰ル　帰途 Rolbiecki 氏ヲ訪ネ Kaffee ヲ呑ミ諸君ト分ル　夜風呂ニ這入リテ寝ル

二月一二日 月曜

朝来雪降ル　温キ為メ直ニ解ケテ道頗ルワルシ　昨夜風呂ニ入リテシヤツズボンナシニテ永ク起キテ居リシ為メカ風引ク　昼飯食ヒニ行キシ外終日読書ス　夕方佐ゝ木君来ル　其誘ニヨリ Frauenstimmrecht〔婦人選挙権〕ノ演説会ニ傍聴ニ行ク　Frau Bauer ト云フ七十余歳ノ婆中

々元気ニ演説スル　聴衆モ8分ハ婦人ナリ　題ハ今次ノ選挙ノ結果ニ関スルモノナルガ婦人ノ斯クモ政治ニ興味ヲ有スルハ感ズルニ余リアリ　盛ニ Nationalliberal〔国民自由党〕ヲ攻撃シ之サヘ Linksliberal〔左派自由党〕ノ旗幟ヲ宣〔鮮〕明ニセバ Schwarz-blaue-block〔黒－青ブロック〕ハ見事ニ破リ得タリシナランニト憤慨ス

二月一三日　火曜

晴　日曜日ノ夜風呂ニ入リシ後少シ起キテ居タタメ風引ク　夫ニ昨夜外出セシタメ悪クナリ此日ハ終日在宅シテ読書ス　東京ヘ手紙ヲ書キ且諸方ヘノ手紙ヲモカク

二月一四日　水曜

晴　此日モ工合アシク終日在宅ス　夕佐々木君来ル　Pittoni 先生ヘ久シ振リニテ長文ノ手紙ヲ出ス

二月一五日　木曜

晴　終日在宅読書　宿ノ Wirtin 誕生日ナリト云フ故祝意ヲ表スルタメオゴル　風ノ工合少シワルシ　支那ハ愈共和国トナリシ様ナリ

二月一六日　金曜

晴　気分ワルシ　昨日外出セシ為メナラン　午前中読書ス　午後牧野君山内君来ル　ユツクリ話シテ帰ラル　別ニ事ナシ

二月一七日　土曜

晴　朝少シ熱アリ午後37・8ニ上リタ38度ヲ超　終日臥床シ汗ヲトル　別ニ事ナシ

二月一八日　日曜

晴　非常ニ温ク春ノ様ナリ　気分ハ大ニ恢復セシモ猶念ヲ押シテ床上ニ横ハリシニ昼前牧野君見舞ニ来ラル　暫ク談話シタル後一所ニ森ニデモ散歩シナイカト云フ故思ヒ切ツテ出掛ケテ見ル　行ク先キハ Grünewald〔グリューネワルト〕ナリ　一寸風アタリノ工合気分ヨカラザリシモ格別ノコトナシ　七時内ニ帰リ少憩ノ後又夕飯ニ出シガ其後工合甚ダヨシ　大丈夫直ツタ様ナリ

二月一九日　月曜

晴　引キ続キ温ナリ　此分ニテハ此儘春ノ気候トナルモノナラン　午前中読書　午後佐々木君ヲ訪フ　夕方帰リ夜病中厄介ニナリシ礼トシテ宿ノ者夫婦ヲ飯ニ招待シテ市中ニ行ク

二月二〇日　火曜

快晴　午前中読書　午後大工原君ノ来訪ヲ受ク　風引キノコトヲ聞キ見舞ニ来テ呉レタルナリ　併シ風引キノ方ハシツカリ直ル　夜 Wirtin ヲ伴ヒ大工原さんト一所ニ Prager-platz ニ食事シ Caffee ヲ呑ンデ帰ル　仏語ノ先生ハ失敬スル

二月二一日 水曜

雨　朝東京ヨリ新聞雑誌来ル　終日読書ス　夕方佐ゝ木君来ル　夜内ノ人々ト Kino〔映画〕ヲ見ル

〔パラスト劇場の映画の切符(〇・五〇マルク)貼付〕

二月二二日 木曜

曇　終日読書ス　夜 Ille 先生ヘ稽古ニ行ク　事ナシ

二月二三日 金曜

雨　午前中在宅　午後太田君大工原君来宅　之ハ宿ニテ将来日本人ヲ置キタシトテ太田君ニ末永ク頼ム積リニテ茶ニ呼ビシ為メナリ　夕方マデ話ス　昨日来熱アリ再ビ風ヲ引キ返シタラシ　夜 Wirtin ト Pragerplatz ニ食事ス

二月二四日 土曜

曇　読書　但シ朝一寸三浦義道君ヲ訪フ　同ジ町ノ57ニ居ルコトヲ知ラズニ居リシニ昨夜訪ネ呉レラレシヲ以テナリ　此月ノ八日ニ着カレシトナリ　保険研究ノ為メナリ　同ジ船ニテ居ラレシ稲葉君室ヲ探シツヽ、アル故多分予ノ宿ニ来ラルヽ、ナランカ

二月二五日 日曜

晴　聊カ寒シ　朝三浦君来訪　一所ニ内ヲ出テ牧野渡辺財部佐ゝ木ノ諸君ヲ歴訪ス　渡辺財部ノ両君ヘハ久シ振リニテ訪問ヲ返セシナリ　佐ゝ木君ト一緒ニ散歩シ Kaiser-Wilhelm-Gedächtnis-Kirche〔ヴィルヘルム皇帝記念教会〕ニ詣デ小林君ニ遇ヒ一所ニ Klub〔クラブ〕ニテ飯ヲ食ヒ帰宅ス　内ノ夫婦ト一寸散歩ニ出ル

二月二六日 月曜

快晴　温キコト丸デ春ノ如シ　午前中読書シ午後ハ Grünewald ノ方面ヘ散歩ニ出ル　夕方佐ゝ木君来リ一所ニ食事シ散歩ニ出ル

〔ベルリン路面電車の切符貼付〕

二月二七日 火曜

雨　午前中読書　午後牧野君ノ好意ニテ Kriminalpolitische Seminar〔刑事政策ゼミナール〕ノ連中ト一緒ニ Erziehungsheim〔養護ホーム〕ヲ観ニ行ク積リニテ態々所定ノ集合所ニ赴キシモ時間ガ三分斗リ後レシ為メカ誰モ居ラズ空シク帰ル　夜 Kino ヲ見ル

〔ドイツ・シュテグリッツ劇場の切符（五〇ペニヒ）貼付〕

二月二八日　水曜

晴　午前中読書ス　午後大工原君来談　此日佐々木君ト一所ニ Internationale Studentenverein〔国際学生協会〕ノ Chinesischer Abend〔中国の夕べ〕ト云フニ往ツテ見ル積リナリシモ佐々木君ノ都合デヤメル

二月二九日　木曜

晴　春ノ如シ　午前中読書ス　午後佐藤丑次郎君告別ニ来ラル　明日巴里へ立タル、サウナリ　今日デ丁度丸三ケ年ニナルト云フ　巴里倫敦夫ヨリ Amerika ヲ経テ六月頃マデニハ京都ニ帰ラル、由　夜 Ille 先生ノ稽古ヲ休ム

〔「ベロリーナ映画」の切符（七五ペニヒ）貼付〕

三月一日　金曜

晴　朝読書ス　此日 Synagoge〔ユダヤ教会〕へ往ツテ見ル約束ナリシガ時間ガ少シ遅メニ通知シテアリシ故訂正ノ為メ小林、牧野、財部、佐々木、大工原ノ諸氏ヲ歴訪ス　四時少シ前ニ帰リシガ間モナク小林財部ノ二兄続イテ牧野大工原ノ二兄モ来ラレ宿ノ主人ニ案内シテ貰ツテ行ク　Oranienburger 街ニアリテ当市第一ノ会堂ナリ　二三千人モ入リサウナ会堂ナルガ来会者ハ数百人ニ足ラズ　男モ帽子ヲ取ラズ其儘礼拝ニ列ストハ兼々聴キ居リシガ婦人ハ悉ク楼上ニ会シ即チ男女其席ヲ同ウセザルハ聊カ妙ニ考ラル　正面 Altar〔祭壇〕ノ前ニテ Rabbiner〔ラビ〕頻リニ祈禱文ヲ読ミ時ニ美妙ナル音楽ヲ挿ム　僧ノ祈禱音声ウルワシク調諧アリテ宛トシテ Opergesang〔オペラの歌〕ヲ聴クガ如ク人ヲシテ恍惚タラシム　一時間半バカリ続ク　散会ノ節会衆予等ニ着目シ切リニ問ヲ発ス　曰ク貴下ハ Juden〔ユダヤ教徒〕ナリヤ　曰ク日本ニモ Juden アリヤ　夜散歩ス　此夜佐藤丑次郎君巴里ニ向ツテ立ツ　巴里、London, Amerika ヲ経テ六月頃日本ニ着カルベシトナリ

三月二日　土曜

雨　終日読書　巴里ノ山内兄ニ手紙ノ返事ヲ出ス　午後 Ille 先生へ稽古ニ行ク　本ヲ片付ケ箱ヲ注文ス　独乙語ノ本ハ一切日本ニ送ル考ナリ　仏国ニテハ主トシテ

仏語ノ書ヲ読ミ英国ニテハ主トシテ英語ノ本ヲ読ム　其他事ナシ

三月三日　日曜

午前晴午後雨　朝早ク起キテ Altkatholische Kirche〔古カトリック教会〕ノ Gottesdienst〔礼拝式〕ニ往ツテ見ル　寺ハ Kloster 街ニアリ　十時四十五分ノ始リナルガ五分斗リ後レシガ丁度説教ノ最中ナリ　相応ニ大ナル会堂ナルガ会衆ハ僅ニ三十名斗リ　男女相半バシ多クハ老人ナリ Altar〔祭壇〕モ至ツテ簡単ナリ　Messe〔ミサ〕モ本式ノ Katholische Kirche ヨリハ簡単ナレドモ大抵ハ同一ナリ　帰途高田耕安氏ヲ訪問ス　午後読書　夕方 Dom〔大聖堂〕ノ Gottesdienst ニ列スルタメ出掛ケル　流石ニ皇帝ノ大金ヲカケテ作ラレシモノトテ壮麗眼ヲ驚カスモノアリ Budapest ノ Stephans Kirche ニモ劣ルマジク見ユ　夜読書ス

三月四日　月曜

晴　読書ス　年初読ミ残シノ新聞等漸ク読ミ了ル　朝 Binar 来リ夏服一着ヲ注文ス　随分金ヲ払ハズニ無断ニ日本ニ立ツテ仕舞フ奴ガアルサウニテ此点ハ独乙人ヨリモ危ブナイトノコトナリ　慨嘆ニ堪エザル所ナリ

三月五日　火曜

曇　読書　夜武者小路君ヲ訪ヒ Reichstag〔帝国議会〕見物ノコトヲ相談シ紹介状ヲ書イテ貰フコトヲ頼ム　北京天津地方騒擾ノ報ニ接ス

三月六日　水曜

曇　午前読書　午後佐々木牧野二君ヲ訪フ　佐々木君ハ不在ナリシガ夜来訪セラル　信次ヨリ手紙来リ後藤氏ヨリ金員受領セリト報ジ来ル

三月七日　木曜

晴　午後雨　午前中読書　此日 Reichstag 傍聴ノ約アリ十二時牧野君ヲ訪フ　佐々木君既ニアリ一所ニ先ヅ大使館ニ赴キ武者小路君ニ遇ヒ紹介状ヲ貰ヒ三人連レ立チ Diplomatenloge〔外交官用仕切席〕ニテ聴ク

三月八日　金曜

晴　読書ス　夕方佐々木君ヨリ手紙来リ其乞ニヨリ夜訪問ス　急用起リ外出セシトテ在ラズ　帰ル　十時頃同君態々訪問セラル　Binar 洋服ノ仮縫ニ来ル　夏服一着ヲ新調セル也　大使ヨリ十二日夕食ノ招ヲ受ク

三月九日 土曜

晴 読書 但シ午前中東京留守宅、上海小山田君ヲ始メトシ吉田少佐、Eitel, Eschig 等へ手紙幷ニ端書ヲ書ク 大使ヨリ来ル十二日夕食ノ案内ヲ受ク

三月一〇日 日曜

快晴 朝早ク起キテ Klein-Frankfurterstr. ノ小学校講堂ニテ催サル、Freireligiöse Gemeinde〔自由宗教教団〕ノ講演会ニ往ツテ見ル 集会者老弱〔若〕男女ヲ合セテ百人余リ 初メニ洋琴ノ奏楽アリ（合唱ハナシ 讃美歌様ノモノナシ）直ニ講演ニ移ル 終リニモ奏楽アリ 更ニ宗教的儀式ヲ用ヒズ頻リニ Juden〔ユダヤ教徒〕ノ Orthodox〔正統派信仰〕ニ拘泥スベカラザルヲ説クヨリシテ見レバ Juden ノ aufklären〔開化〕シタルモノ多数ヲ占ムルニ非ズヤト思ハル

三月一一日 月曜

晴 読書 別ニ事ナシ 夜内ノ者ト Lichtspiel〔映画〕ニ行キテ見ル

三月一二日 火曜

晴 午前中読書ス 小野塚先生へ Reichstagswahl〔帝国議会選挙〕及ビ Präsidentenwahl〔大統領選挙〕ニ関スル報告ヲ書キ送ル 夜招待ニ応ジテ大使館ニ赴ク 丁寧ナル日本食ノ饗ヲ受ク 杉村新大使ハ明治九年大学ノ卒業ニシテ久シク失位〔意〕ノ地位ニ在リシガ西園寺氏ト姻戚ノ関係アリトカニテ栄転セリト云ハル 但シ一見平民的ノヨイ人ノヤウニ思ハル

三月一三日 水曜

晴 午前小野塚先生へ送ルベキ報告ノ続キヲ書キ了ル 午後ハ無政府主義者ノコトニツキ尋ネルコトアリテ警察本署ニ赴キシニ其係リノ人不在ナリトテ明日来会ヲ約シテ帰ル 其足ニテ兼テ手紙ヲ以テ交渉セル Altkatholische Pfarrer〔古カトリック教司祭〕Traubinger (Schäferstr. 11) ヲ訪ヒ種々同教会ノコトヲ尋ネ尤モ丁重ナル説明ヲ受ク 夜ハ Jerusalemskirche〔エルサレム教会〕ニ開カレタル講演会ニ往ツテ見ル 支那日本ノコトヲ幻灯ニテ説明セルナリ 高野牧師ノ写真ナドモ見タリ

〔エルサレム教会の幻灯つき講話会の切符（三〇ペニヒ）貼付〕

三月一四日 木曜

少晴 朝再ビ Polizei-Präsidium〔警察監督庁〕ニ行ク 〔水

ぬれにより数字分不明〕此方へ来イ□〔ト〕散々引ツ張リ廻サレタ揚句我□□□〔ガ大使館〕ヨリ当国外務□□〔省ニ〕交渉ノ上外務省ヨリ指図ガナケレバ一切外国人トハ交通スルヲ得ズトテハネツケラレ空シク帰ル　途中伊太利王狙撃セラルノ電報ヲ耳ニス　午後日本ノ新聞ヲ読ム　夜倶楽部□〔ニ〕佐ゝ木君ヲ待チ合ハシ一所ニ Brentano 教授ノ講演ヲ聴キニ行ク　元気ナ老爺ナリ

三月一五日　金曜

晴　午前日本ノ新聞ヲ読ム　午後□〔モ〕引キ続キ読書　別ニ事ナシ

三月一六日　土曜

雨　午前中読書　午後 Ille 先生ヘ稽古ニ行キ倶楽部ニテ食事シ横田清松君〔三字分程度不明〕18日夕食ヲ共ニスベク誘ハル　人モ来ズ手紙モ来ズ

三月一七日　日曜

晴　朝 Johannisstr. 16 ノ Jüdische Reformgemeinde〔ユダヤ教改革教団〕ノ寺ヘ往ツテ見ル　Emanzipations-Gedächtnisfest〔解放記念祭〕ヲヤツテルノデ特別ノ賑ヤカサナリ　蓋シ Juden〔ユダヤ教徒〕ハ 1812, III, 12 ヲ以テ始メテ Preußen〔プロイセン〕ニテ寛遇セラル、コトトナリシ也　此方ハ Orthodox〔正統派〕ト異リ脱帽シテ男女席ヲ異ニスルモ部屋ヲ同ウス　Neue Synagoge〔新ユダヤ教会〕デ見タヤウニ女ハ凡テ上ニ居ルト云フコトナシ　帰途高田氏ヲ訪ヒ更ニ一所ニ大工原氏ニ会シ明後日最後ノ会食ヲスルコトヲ相談ス　四時頃帰ル　牧野氏来テ待ツテ居ル　一所ニ Tiergarten ニ散歩ス　財部君来ルモ不在ニテ遇ハズ

三月一八日　月曜

晴　午前読書　午後松下ニテ食事ス　夕方横田氏来訪一所ニ松下ニテ夕食ヲ饗セラル　此日9時ヨリ Zionism〔シオニズム（パレスチナ復帰運動）〕ノ演説会アリ　横田君ヲ誘フテ傍聴ニ行ク　弁士七人三時間ニ亙リ帰宅セシハ一時少シ前ナリキ

三月一九日　火曜

雨　午前中読書　二時ヨリ松下ニ行ク　高田、大工原、佐ゝ木牧野鹿子木ノ諸兄ト別レノ宴ヲ開キシナリ　夜ハ自由宗教派ノ演説会ノ傍聴ニ行ク　Friedrich Naumann〔フリードリヒ・ナウマン〕モ弁士ノ一人ナリシガ軀ノ大キイ顔ノ四角ナ色ノ黒イ頑丈ナ一癖アリサウナ男ナリ　演説

ハ雄大ニシテ巧者満場魅セラル、ノ観アリ　筆ヲ取ツテモ一代ノ雄日本ナラバ三宅先生ノ弁ノ雄大ナルモノカ

三月二〇日　水曜

晴　朝待チ焦レシ東京ヨリノ為替来ル　早速銀行ニ持チ行キシニ明後日ナラデハ渡サレヌト云フノデ大ニ失望ス　金ハ一文モナクナリタレバナリ　倶楽部ニ昼飯ヲ食ツテ帰ルト牧野君来テ居ル　今日ハ誕生日デ祝ヲスルカラ礼服デ来テ呉レト云フ　Bassermann ノ演説ヲキ、ニ行ク約束ヲ佐々木君トシテ居ルカラト辞シ兎モ角モ一所ニ倶楽部ニ行ク　佐々木君云フ Bassermann ハ外ノBassermann デ芝居ノ台詞読ミノヤウナモノダト云フノデ往カヌコトニスル　夫デ牧野君ノ招ニ応ズルコトトナシ内ヘ帰リテフロツクコートニ着換ヘテ往ク　十二時マデ話シテ帰ル　小野塚先生ヨリ手紙ニテ Wippermann's Gedächtniskalender〔ヴィッパーマン記念カレンダー〕ノ購入方ヲ依頼シ来ル　但シ法科大学用ナリ

三月二一日　木曜

晴　午前中読書ス　午後最終ノ Stunde〔稽古〕ヲ取ルベク Ille 先生ヘ行ク　帰宅後財部君ノ来訪ヲ受ク

三月二二日　金曜

晴　午前注文ノ箱来ル　依テ書物ヲツメル　箱尺ノ取リ違ヒニテカ大キ過ギテ本皆デヤツト半分ナリ　依テ牧野君ヲ訪ヒ同君ノ日本ヘ送ルベキ本ヲ一所ニ入ル、コトトスル　舟橋君巴里ヨリ書ヲヨセ二三日中ニ来林スベシト告グ　同氏ノ依頼ニヨリ Pension Faßbinder ニ行キ部屋ヲ借リル談判ヲシテ帰ル　夜ハ佐々木君ト約アリKlub ニテ待チ合セ一所ニ Ostmarken-Verein〔東部国境協会〕ノ演説会ヲ聞キニ行ク

〔バヴァリア・ホールの最前列席の切符貼付〕

三月二三日　土曜

晴　朝早ク起キテ Die Frau in Haus u. Beruf〔家庭婦人と職業婦人〕ノ博覧会ニ往ツテ見ル　十時ノ開場ヲ待ツ間遅シト往ツテ見ルニモ一日シカナキコトトテ人ノ多キコト驚ク斗リ　下ハ一般ノ一ト通リノモノニテ階上ニハ研究上面白キモノ多カリシニ皇后陛下御来臨ノコトトテabsperren〔遮断〕サレ遺憾ナガラ見残シタリ　此事ヲ予メ知ラサズシテ入場セシメタノモ如何ナガラ普通見物人ガ「相当ノ入場料ヲ取リナガラ半分シカ見セヌトハ怪シカ

ラヌ」トテ中々動カヌハ一寸面白ク中ニハ zu konservativ〔あんまり保守的だ〕ナドツブヤク婆サンモアリ中々鼻息ガ荒シ　夫デモ陛下ノ顔ガ表レルト一声〔斉〕ニ国歌ヲ奏スル所ハ亦懐シ　十二時ニ横田君訪問ノ約アリ直ニ Barutherstr. 11 ニ訪フ　一所ニ出テ昼食ヲ喫シ一寸散歩シテ分レ帰宅ス　夜ハ宿ノ夫婦ヲ Hernfeld Theater ニ招待シ帰途 Rheingold ニ別宴ヲ開キ半年厄介ニナツタ親切ニ報ズ

〔家庭婦人・職業婦人博覧会の入場券(一マルク)と整理券、およびヘルンフェルト兄弟劇場の一階観覧席券貼付〕

〔ピットーニ筆のハイデルベルク城(?)の水彩画(ハガキ大)貼付。その下に以下の詩清書〕

Und wie sich dir in jedem Auge
Dein eig'nes Bild entgegenstellt,
So sieht auch jeder seine Seele,
Sein eig'nes Ich nur in der Welt!
Heidelberg d. 23. Sept. 1910.
Risa v. Pittoni

Wie's innen, so ist's draussen auch!
Ist's innen licht und hell,
So dünkt die Welt dir lieb und schön,
Ein reicher Freudenquell.

Doch ist Dein Herz geplagt, gequält,
Von Gram und Sorgen matt,
So scheint die Welt dir öd u. fahl
Ein jedes Blüitenblatt.

Wer Nacht und Trug im Busen hegt,
Sieht immer Nacht und Trug;
Wer Gott im tiefsten Herzen trägt,
Sieht ihn im Weltenbuch!

Zur Erinnerung an Sophia Merckens
Heidelberg, 23. 9. 1910.

〔みんなの目の中に
あなたの姿が写るように、
だれもがその魂を、
ほかでもない自己を世間に見出す。
　ハイデルベルク、一九一〇年九月二三日
　　リーザ・フォン・ピットーニ

内がそうであるように外もそうある。
内が明るく照っていれば、
世の中も好ましく美しく感じられる、
これが豊かな喜びの泉。

しかし心が悩み苦しんでいると、
嘆き、心配にひしがれていると、
世の中も荒れ果て蒼ざめてみえる
血ぬれた紙片のように。

胸中に夜と錯覚をいだいていると、
いつも夜と錯覚をみる。
心の奥に神をもつものは、
世間という本の中にも神をみる。
　ゾフィア・メルケンスの思い出に
　ハイデルベルク、一九一〇年九月二三日〕

三月二四日　日曜

朝舟橋君ヨリ来翰アリ　明朝当地ニ着クベシトナリ　終日在宅シテ読書シ且手紙ヲ書ク　午前山内正暸君午後大工原君ノ来訪ヲ受ク

三月二五日　月曜

晴　朝六時ニ起キ匆々ニ身仕度シテ Friedrichstr. Bahnhof ニ向フ　汽車ハ約三十分後レテ八時ニ垂ントスル頃舟橋君ノ半年振リノ帰京ヲ迎フ　Auto ヲカリテ同氏ノ宿ニ到リ夕方マデ話ス　夜ハ市ニ出テ伊太利料理ヲ食ヒ Kino ヲ見テ遅ク帰ル

〔ヴェルトシュタット劇場の切符（一マルク）貼付〕

三月二六日　火曜

晴　午前中読書　洋服屋ノ Binar 来リ差当リ100馬克《マルク》ヲ払フ　昼頃牧野君来リ荷物ノコトヲ相談ス　午後読書　夜 Sozialdemokratie〔社会民主党〕ノ政談演説会ヲキヽニ行ク　労働者ガ Diskussion〔討論〕ノ際喋舌ルモノ五六名中々彼等ノ間ニモ政治思想ノ普及シテ居ルニハ感心セリ　而カモ熱セズ狂セズ終始中正ノ態度ヲ持シテ紊レザルニハ感服ノ外ナカリキ

三月二七日　水曜

晴　午前中牧野君来リ一所ニ運送屋ニ談判ニ行ク　午後ハ舟橋君ヲ訪ヒ終日話シ暮ラス　夜一所ニ散歩ス

三月二八日　木曜

晴　午前中 Jüdische Religionsschule〔ユダヤ宗教学校〕参観ノ積ニテ出掛ク　Adressbuch〔住所録〕ニヨリ Schönhäuser Allee ヲ尋ネシニ尋ヌル所ハ普通ノ小学校ナリ　巡査ヤ何カニ聞キ諸所ウロツキシモ要領ヲ得ズシテ帰ル
午後牧野君来リ荷物ヲ片付ケル　我輩ガ本ヲ日本へ送ルベク作ラシメシ箱ガ大キ過グルノデ牧野君ノモ一所ニ入レテ送ルコトニセシナリ　小林君モ告別ニ来ラル

〔ベルリン乗合バスの乗車券(一五ペニヒ)、ベルリン市街電車の乗車券(一〇ペニヒ)貼付〕

三月二九日　金曜

天気頗ル変リ易シ　午前ニ約アリテ Jüdischer Prediger〔ユダヤ教説教師〕Dr. Levin 氏ヲ訪フ　Judentum〔ユダヤ教〕質問ノ為ナリ　氏ハ丁寧ニ予ヲ引見シテ其著書数部ヲ恵贈セラレ且種々ノ質問ニ応ゼラル　午後舟橋君来ル　一所ニ暇乞ノタメ武者小路君ヲ訪フ　大使館へモ赴キシモ大使旅行中トテ遇ハズ

三月三〇日　土曜

朝今井兄ヨリ手紙来ル　午前中牧野君来ル　午後舟橋君ノ来訪ヲ受ケ一所ニ松下ニテ食事ヲ共ニス　此頃マタ馬鹿ニ寒クナル

三月三一日　日曜

朝佐ゝ木君ヲ訪ヒ大島君モ来リ夕方マデ話シ一所ニ Pschor ニ夕食ヲ共ニシ別ル

四月一日　月曜

晴　朝猶太《ユダヤ》人ノ学校ノ参観ニ行ク　Artilleriestr. ノ (Nr 14) Lehranstalt für die Wissenschaft des Judentums〔ユダヤ教学教習所〕ト (N. 31) Rabbinar-Seminar〔ラビ・ゼミナール〕トノ二校ナルガ双方トモ Osterferien〔復活祭休暇〕ニテ授業ノ模様ナドハ見ルヲ得ザリシモ前者ハ小使ニ金ヲ呉レテ皆之ヲ見タリ　午後ハ買物ニ行キ夜舟橋佐ゝ木二君ト夕食ヲ共ニス

四月二日　火曜

少雨　朝牧野君来ル　荷物屋ノ金ノ計算ヲスル　佐ゝ木君モ見ユ　夕方武者小路君ニ招カレテ Kaiserhof ニ茶ヲ呑ミニ行ク　夜ハ内ノ者ト別レノ会ヲ催ス

四月三日　水曜

晴　朝早ク起キテ荷物ヲ作ル　今日ハ愈住ミ慣レシ（六ケ月）Berlin ヲ去ルノ日ナリ　一種何トモ云ヒ難キ寂漠〔寞〕ノ感ヲ催ス　九時過佐々木君来ル　Auto ヲ傭ヒテ荷物ヲ運ビ最後ノ別レノ挨拶ヲ述ブルヤ Wirtin 泣テ物言ハズ　西洋人デモ人情ノ濃ナルハ東洋ト異ナル所ナシ　十時四十五分 Anhalter Bhf. ヲ発シテ南ニ向フ　約一時間ニシテ Wittenberg〔ヴィッテンベルク〕ニ着キ Luther〔ルター〕ノ故蹟ヲ訪フ　法王ノ教書ヲ焼キシト云フ場所ヤ Luther ノ住シ家、寺、元ノ大学サテハ Melanchthon〔メランヒトン〕ノ住ミシ家ナド見物シ絵葉書ヲ沢山買ヒ二時ノ汽車ニ乗リテ Leipzig〔ライプツィヒ〕ニ向フ　四時過着ク　小林君ノ知人桑田芳蔵君ヲ Grassistr. 28 ニ訪フ　生憎不在ナリシヲ以テ独リデ市中ヲ一ト通リ見物シ Fock ニモ立チ寄リ六時過再ビ訪ネテ同君ニ遇フ　一所ニ朝永上田二氏ヲ訪ヒシニ朝永君ハ Berlin ヨリ来客アリテ一所ニ外出シタリトテ在ラズ　後ニ其来客ノ友枝鹿子木二君ナルヲ知ル　夜ハ桑田君ト一所ニ食事シ同氏ノ世話ニテ Hotel Deutsches Haus ト云フニ泊ル

〔ルター館の入場券（二五ペニヒ）貼付〕

四月四日　木曜

晴　朝宿ニテ桑田君ノ迎ヲ受ケ直ニ朝永君ヲ Emalienstr. 28 ニ訪ヒ同君及他ノ二君ニ遇フ　四方四〔八〕方ノ話ニ昼ニナル　此朝ヨリ右ノ智歯ノ歯肉ニ痛ヲ覚フ　桑田君ト一所ニ昼食ヲ喫シ再ビ朝永君宿ニ引キ返シ引《マ》キ返シ《マ》五人打揃ツテ見物ニ出掛ク　先ヅ市中ヲ歩キ廻リテ絵はがき数葉ヲ求メ夫ヨリ Buchgewerbeausstellung〔印刷製本業展示場〕ヲ見物シ夫ヨリ電車ニ乗リ目下新築中ノ Völkerschlachtdenkmal〔国民戦争記念碑〕ヲ見ル　素敵ニ大キナモノナリ　附近ニ Napoleon 時代ノ遺物ヲ集メタル博物館モアリ　又 Napoleon ガ現ニ立チテ三軍ヲ叱咤セリト云フ所ニハ Napoleonstein〔ナポレオンの石〕ト俗称スル紀念碑アリ　表面ニ曰ク Hier weilte Napoleon am 18. Oktober 1813 die Kaempfe der Völkerkriege beobachtend〔ここにナポレオンが佇んで一八一三年十月十八日、国民戦争を観戦した〕又裏面ニハ旧約書 Moses〔モーゼ書〕中ノ句ナリトテ Der Herr ist der Kriegsmann. Der Herr ist sein Name〔主は戦士なり。主は彼の名なり〕ノ文字ヲ刻ス　予ハ此日直ニ Jena〔イ

エナ〕ニ向フ積リナリシ処友枝鹿子木二君ハ Lützen〔リュッツェン〕ノ故戦場(Gustav Adolfs〔グスタフ・アドルフの〕)ヤ Nietzsche〔ニーチェ〕ノ誕生地ヲ訪フノ目論見アリト云フニツキ之ト同行スルニ決シ只都合上今夜 Leipzig ヲ発シ Corbetha〔コルベータ〕ニ一泊シ明朝 Corbetha ヨリ Lützen ニ逆行シテ二君ト会スル積リニテ一ト先ヅ諸君ニ分レ Bayerische Bhf.〔バイエルン駅〕ニ荷物ヲトリニ行キシニ予ノ荷物ハ Berliner Bhf.〔ベルリン駅〕ニアリ　之ヲ取リニ行ク中ニ汽車ニ乗リ後レ為メニ再ビ Leip. 府ニ泊ルコトトシ Rest. Panorama ニテ再ビ諸君ニ会ス　茲ニテ京都大学文科ノ助教授石橋五郎君ニモ会フ　Nacht Asyl ニ呑ミ Hotel Grüner Baum ニ泊ル　Nacht Asyl ハ Gorki〔ゴリキー〕ノ小説ニ因ミ怪物屋敷ノ様ニ仕ツラヒタル Bierhalle〔ビアホール〕ニシテ要スルニ物数寄ノ集会スル所ナリ

歯痛愈甚シク食事ニ堪エズ

〔ライプツィヒ市街電車の乗車券(一〇ペニヒ)二枚と入場券(場所の記載なし)一枚貼付〕

四月五日　金曜

雨ノタメニ Lützen 行ハ御流トナル　午後ノ汽車ニテ鹿子木君ト同行 Jena ニ向フコトトナス　終日朝永君ノ宅ニテ語リ且ツ論ズ　五時二十分ノ汽車ニテ立ツ　朝永友枝ノ二君ニ見送ラル　昨日ノ予定ニテハ予ハ Leipzig ヨリ Jena マデ切符ヲ買ヒテ荷物ヲ送リ諸君ト Lützen 行ヲ共ニスル結果トシテ此切符ハ Corbetha ヨリ始メテ利用スル故 Corbetha ト Leipzig 間ノ汽車賃ハ抛棄スル勘定ナリ　故ニ4等ヲ買ヒシガ今日ハ Karfreitag〔キリスト受難の日〕ナルモ雨天ナレバ人出少カルベシトノコトニテ Jena マデ4等ニ乗ツテ見ヤウト云フコトニナル　4等ニテハ始メテ乗ツタルガ中々悪キモノニハアラズ　普通 290 ノ所僅ニ 190 ナリ　夜八時過ギ Jena ニ着キ直ニ Marienstr. 28 ナル鹿子木君ノ馴染ノ宿ニ入ル　歯痛ノ為メ安眠ヲ破ラル、コト屢ナリ　Fr. Kärger ヨリ手紙来リ居ル

四月六日　土曜

曇　風アリ寒シ　朝寝シテ鹿子木君ニ起サレ一所ニ歯医者ニ行ク　抜カナクテハナラヌトテ抜イテ貰ツタガ痛イコト夥シ　8 Mk 取ラル　猶抜カネバナラヌ歯三本アリトノコトナルモ歯〔痛〕イノガ気ニナル故後日ヲ期シテ辞シ

帰ル　午前一寸散歩シ同胞神戸君ノ肺ヲ病ンデ病院ニ在ルヲ見舞ヒ鹿子木君ハ招待ニ応ジテ人ヲ訪ハレ予ハ Restaurant ニ独リ食事ヲスマシテ帰リ二三時間読書シテ寝ニ就ク

四月七日　日曜

晴　風アリ　午前中鹿子木君ト談話シ午後ハ神戸氏ヲ病院ニ見舞ヒ夫ヨリ山ニ散歩ス　Ostern〔復活祭〕ナレバ多少人出アリ　夜 Fr. Kärger ニ手紙ヲ書ク

四月八日　月曜

晴　稍温シ　午前中暫時読書シ鹿子木君ニ伴ハレテ当地大学ノ神学教授 Weinel 先生ヲ訪フ　菜食料理屋ニテ食事シ午後一寸休憩ノ上山ヲ散歩ス　夜ハ鹿子木君ノ自炊セル米飯ヲ玉子ト鰹節ニ醤油ヲカケテ食ヒ石坂太田二君ヲ訪問ス　此日留守宅、小野塚先生、信次、豊治兄、奥山兄ヘ手紙ヲ出ス

四月九日　火曜

晴ナレドモ風アリ寒シ　午前中読書ス　食前鹿子木君ト山ニ散歩シ午後ハ読書ス　其他事ナシ　東京ヨリ歯磨九重等ヲ入レタル小包届ク

〔入場券（場所記載なし）貼付〕

四月一〇日　水曜

晴　頗ル寒シ　Weimar〔ワイマール〕ニ赴クベク朝早ク起キル　第一ノ汽車ハ6.41ニ出ルナリ　朝食ハ彼地ニテ食フ積リノ所宿ノ主婦気ヲ利カシテ Kaffee ヲ持ツテ来ル　恩ガ却テ仇トナリ非常ニ急ギシニモ拘ラズ汽車ニ乗リ後ル　依テ9時ノ汽車ヲトルコトトシ次ノ停車場マデ徒歩ス　山間ノ谿谷ヲ縫ヒ風景頗ル佳ナリ　ヤガテ汽車ニ乗リ九時半 Weimar ニツク　早速 Hofprediger〔宮廷説教師〕Spinner 先生ヲ訪フ　氏ハ宣教師トシテ 1875-'91年マデトカ日本ニ居ラレシトナリ　今宮中ニ伺候スル所ナリト云フ　故ニ午後再会ヲ約シテ分レ Erholung ト云フ集会所ニ開ケル allg. prot. Missionsverein〔全福音派プロテスタント伝道協会〕ノ催ニカヽル Instruktionskursus〔訓育教程〕ヲ覗イテ見ル　夫カラ見物スルコトニキメ先ヅ Schiller〔シラー〕ノ住ミシト云フ所謂 Schillerhaus〔シラー館〕ニ入ツテ見ル　書斎寝室ナド至テ質素ナモノナリ　後者ノ如キハ三畳敷ニモ足ラヌヤウナリ　Bett〔ベッド〕モ白木ノ粗造ナリ　次ニテハ墓所ニ赴キ二大詩聖 Goethe〔ゲーテ〕、

Schiller ノ墓ヲ見ル　Fürstengruft〔領主納骨堂〕トテ王家ノ墓所ニ一緒ニ安置セラル　一ト先ヅ昼食ヲトリ鹿子木君ノ Café ニテ休憩中予ハ Goethehaus〔ゲーテ館〕ヲ見ニ行ク　Goethe ガ当国ノ宰相トシテ住ミシ丈ケ応接間ナドハ中々立派ナルモ書斎寝室ニ至テハ頗ル粗末ノモノナリ　Goethe ノ着馴ラセシト云フ衣物モアルガ之ニ依テ見ルト Goethe ト云フ人ハ頭ノ大キイ胴ノ長イ割合ニ足ノ低イ無格好ノ人ナルガ如シ　展覧遺物中ニ Carlyle〔カーライル〕夫人ガ送レル頭髪アリ　以テ如何ニ夫人ガ Goethe ヲ崇拝セシカヲ知ルニ足ル　又博物学ノ標本ヤ理化学ニ関スル器械ナドモ田舎ノ小学校位ハアリ　亦趣味ノ広キヲ見ル　見物了リテ Amalienstr. 3 ニ Frl. Frohwein ヲ訪フ　Würzburg ノ Frohwein 君ノ叔母サンニテ去年彼地ニテ遇ヘシ人ナリ　丁度同ジ Pension ニ大尉筒井君在リテ暫ク談話ヲ交換ス　茲処ヲ辞シテ更ニ再ビ約ニ従ヒ Spinner 先生ヲ訪ヒ暫時懇談ス　丁度ニ独乙語協会学校ノ最初ノ先生ニ雇ハレシト云フ Herdwig(?) トカ云フ人ニモ遇フ　Spinner ハ温厚ノ長者ナルガ如シ　茲処ヲ辞シ鹿子木君ノ知人ノ処ヘ寄シ娘サン二人ヲ伴ヒ公園ニ散歩ス　規模中々大ナリ　之レモ Goethe ノ経営セシモノナリト云フ　公園ニ Shakespeare〔シェイクスピア〕, Liszt〔リスト〕ノ紀念像アリ　時ニ飛雪紛々トシテ降ル　将ニ七時ニ垂ントス　トアル Restaurant ニテ食事ヲスマシ8時ト云フニ Volksabend〔国民の夕べ〕ト云フニ出席スルベク Erholung ニ赴ク　茲処ニテマタ Spinner, Haas, Froh-

〔ワイマール・シラー館の入場券〕

wein, 筒井ノ諸氏ニ会ス　Haas, Rohrbach 其他一二氏ノ演説アリ　了レルハ十時過ナリキ　Jena ヘノ終列車ハ十一時ナリ　直ニ Station ニ向フ　筒井君態〻見送ニ来ラル　帰宅セシハ十二時ニ近キ頃ナリキ　信次、大石君、佐〻木君、吉井君、藤浪君ヨリ手紙葉書来テ居ル　此日汽車ハ往復トモ四等ナリ　往キハ立チ通ナリキ　（訂正）Frohwein ヲ去リテ Spinner ヲ訪フ前 Erholung ニ至ル臨時傍聴ノ許可ヲ得ントシツヽアル中ニ「今日ハ」ト云フ者アリ　見レバ Dr. Haas ナリ　来意ヲ告ゲテ席ニツキ Dr. Paul Rohrbach 氏ノ支那ニ関スル講話ノ一節ヲキク

〔全福音派プロテスタント伝道協会ワイマール支部のパンフレット（四ページ）および携帯品預り所の番号札、シラー館の入場券（五〇ペニヒ）（写真版参照）、領主納骨堂の入場券（五〇ペニヒ）、ゲーテ国立博物館の入場券（一マルク）貼付〕

四月一一日 木曜

雪　此日モ Weimar ニテ Instruktionskursus〔訓育教程〕アリ　殊ニ Haas ハ日本ノ仏教思想ニツキ講演スルトノコトナリシモマタ五時ニ起キルハツラク且降雪アリシヲ以テ見合ハス　読書ス　朝新聞来リ読ム　文科学長更迭シ上田万年氏新ニ之ニ任ズ　午後鹿子木君神戸君ヲ訪ヒ予一人読書ス　寒イコト甚シク夜モ外出セズ

四月一二日 金曜

雪降リ山野悉ク白衣ヲ纏フ　午前石岡新井ノ二君来訪午後読書ス　夕方 Fuchsturm ニ上ル　雪ノ眺望頗ル佳ナリ　明後14日当地ヲ出発スルニ決ス

四月一三日 土曜

曇　幾ラカ暖クナル　午前中読書ス　十一時頃ヨリ出カケ Eucken〔オイケン〕教授ヲ訪フ　小作リノ中老ノ人ニシテ中々話シ好キナ親切ナ人ナリ　経済ヲヤツテ居ルト云フ息子サンモ出デ来テ支那ノコトヤ何カヲ話ス　新刊ノ六合雑誌ニ自分ノ肖像ノ出デ居ルヲ示ス　午後読書夕方 Jenzig 山ニ上ル

四月一四日 日曜

曇時々雨　朝早ク起キ鹿子木君及宿ノ者ニ別レヲ告ゲ九時ノ汽車ニテ Jena ヲ立ツ　少々風邪ノ気味アリシニ拘ラズ鹿子木君態々停車場マデ見送ラル　Eisenach〔アイゼナッハ〕マデノ切符ヲ買フ　荷物ヲ送ル便宜上ヨリ云ヘバ Würzburg〔ブュルツブルク〕マデ買フ方都合ヨカリシモ独

乙デハ一枚ノ切符ヲ以テ只一回下車スルヲ得ルノミナルヲ以テ Eisenach マデ買ヒシナリ　Weimar ハ一度見タルヲ以テ素通リシ先ヅ Erfurt〔エルフルト〕ニ立チ寄ル　同地ニハ元ノ Augustiner Kloster〔アウグスティヌス派修道院〕アリテ Martin Luther〔マルティン・ルター〕ノ遺跡アリ　今ハ孤児院トナリ居ル建物ノ中 Luther ノ住ミシト云フ部屋アリ　茲処ニ数時間滞在シ更ニ Eisenach ニ向ヒ三時着ス　Gotha〔ゴータ〕ノ石岡君一汽車前ニ此地ニ来ラレ停車場ニ予ヲ迎ヘラレ一所ニ先ヅ Wartburg〔ヴァルトブルク〕ニ向フ　時ニ細雨霏々タリ　Wartburg ハ同地第一ノ高峯ニシテ山上ノ城ノ一室ハ Luther ガ聖書ヲ翻訳セシ所トシテ其名高シ　一体ニ Thüringen〔テューリンゲン〕ノ Wald〔森〕ハ風景ノ佳ナルヲ以テ有名ナルガ殊ニモ Eisenach ハ諸峯相対峙シテ尤モ風景ニ富ム　之デ若干ノ瀑布デモアラバ丸デ日本其儘ノ景色多カルベシト思ハル　電車ノ終点ヨリ裏道ヲ辿リ Wartburg ニ上ル　丁度 Großherzog〔大公〕ガ来テ居ルトカニテ全部ヲ見ルヲ得ザリシモ肝腎ノ Luther's Stube〔ルターの部屋〕ハ十分ニ見ルコトヲ得キ悪魔ニ襲ハレテ Ink ヲ投ゲ付ケシト云フ話ハ此部屋ニテノ出来事ニテ黒ク Ink ニ染ミタル壁ハ見物人削リ去リシトテ跡ヲ止メズ　案内者曰ク見物人ハ果テハ Stove ニ黒クナリシ壁マデ削リ去レリト　又 Luther ノ用ヒシ机寝台等モ端々ヲ見物人ガ削リ取レリトテ凹ミ居ルガ今之ニ鉄ノワクヲハメ切取ヲ防グ　部屋ニ Cranach〔クラナッハ〕ノ画ケルト云フ Luther 自身及ビ両親ノ油絵肖像ヲカ、グ　Wittenburg ニテ見タルト略同一ナルガ何レガ本物ナリヤ又ハ両方トモ本物ナリヤ之ヲ知ラズ　見物了リテ側ノ料〔理〕店ニテ一憩シ諸友ニ絵端書ヲ出シ薄暮露ヲフンデ山ヲ下ル　市ニ出デ、先ヅ Christl. Hospiz〔キリスト教宿泊所〕ヲ探シテ茲処ニ一泊スルニキメ更ニ石岡君ト共ニ食事シ同君ノ九時半ノ汽車ニテ Gotha ニ帰ルヲ送リテ宿ニ帰ル　後ニテ気ガツケルガ同地ニハ Christl. Hospiz 二三アリ　予ノ泊レルハ Barfüßerstr. 249 ニアリテ尤モ平民的ニシテ尤モ安キモノナルガ如シ　小高キ丘ノ上ニアリテ見晴シヨク部屋モ清潔ナリ　一泊2馬外ニ電灯10、朝食75、Bedienung〔サービス料〕30ナリ　Trinkgeld〔チップ〕ハ一文モ入〔要〕ラズ　心易ク眠ニ就ク

四月一五日　月曜

晴　朝早ク起キ Bummelzug〔鈍行列車〕ニテ途中 Bad-Kissingen〔バート・キッシンゲン〕ヲ見ル考ナリシモ天気恢復セシヲ以テ Eisenach ノ山水ヲモ少シ見ントテ此計企ヲスツ　朝食ヲスマシテ勘定ヲ払ヒ先ヅ郵便局ニ赴キテ Frau Kärger ヨリノ手紙ヲ受取リ停車場ニテ荷物ヤ切符ノ始末ヲツケ何モカモ極メテ再ビ山ニ入ル　Stadtpark〔市立公園〕ヨリ Burschenschaftsdenkmal〔大学生組合記念碑〕カラ Johannisthal ノ方ヲウロツク　何処ヘ往ツテモ何処カラ見テモヨイ景色ナリ　Kurort〔保養場所〕トシテハ蓋シ中独第一ナランカ　斯クテ十二時ヲ過ギ途中ぱんト肉片トヲ買ヒ込ミテ昼食ノ用意ヲナシ一時ノ汽車ニテ Meiningen〔マイニンゲン〕ニ向フ　Meiningen ニテ Schnellzug〔急行列車〕ニ乗リ換エ五時馴染ノ旧都 Würzburg〔ヴュルツブルク〕ニ着ク　直ニ馬車ヲ雇ヒ Huttenstr. 3 ノ Familie Schmitt ニ入ル　此日丁度 Frl. Erna ガ Aschaffenburg ノ師範学校ヘ帰ルトテ母君ト上ノ妹トガ Station ニ見送ニ往ツタトテ Alfred 君一人在リ　久濶ヲ叙シテル中ニ他ノ方モ帰リ打チ解ケテ新旧ヲ物語ル　Riedenheim ニテモ変リナシトナリ　Heinrich 君モ丁度夕方マデ来訪サレタトノコトナリ

四月一六日 火曜

晴、空モ晴レテ段々温クナル　疲レタレバ朝寝シテルト郵便屋ニ起サル　文部省ノ金ガ着キシナリ　外 Kärger ヨリモ手紙来ル　午前中市ニ出テ買物ヤラ何ヤラヲシ取敢ヘズ久保君ヲ訪フ　München ニ転ゼシトテ在ラズ　只幸ニ長野君ノ今尚滞在セラル、由ヲ聞キ先ヅ久シ振リニテ風呂ニ入リ夫ヨリ同君ヲ Adelgundestr. 19 ニ訪フ　丁度来客アリテ食事中ノ処ナリキ　一時間斗リ話シテ帰ル　午後ハ Frau Kärger ヲ始メ諸方ヘ手紙端書ヲ出シ夕方一寸 Frohwein 君ヲ訪フ　父君肺炎ニテ臥床中トテ忙シサウニ見エシノミナラズ今夜 München ノ姉君モ来ラル、ト云フ　夕食後 Alhambra ニ行ク　茲処ニ日本人全体特ニ会合スルトノコトヲ聞ケルヲ以テナリ　往ツテ見ルト長野馬島二君ノ外伯林ヨリ来遊ノ大内君ト去秋来在留ノ某君ト四名ノミ　長野君近々立ツト只二人トナル　長野君ニキク吉田護朗君遂ニ死セリト　夢ノ如シ感慨無量、二月下旬退院シテ頗ル元気ナリシトノコトナルヲ以テ死ナレシハ三月末ナラン　好漢痛惜ニ堪エズ

〔ヨハンネス浴場の入浴券(一マルク)貼付〕

四月一七日 水曜

晴　朝 Kärger、佐々木君ヨリ手紙来ル　佐々木君ノ荷物ノコトニテ直ニ巴里山内君ニ書面ヲ出ス　佐々木君ノ報ニヨレバ山内君ハ今度 Schweden〔スウェーデン〕ニ転任スルナリト云フ　午前ハ公園ヲ散歩シ午後ハ例ノ河岸ノ食料品屋ニ行キ奈良漬トからし漬トヲ買ツテ鹿子木君ニ送ラシム　此節日本人ガ少イノデ薩張《さっぱり》売レヌト見エ皆去年ノ残リ物ナリ　夜ハ Odeon Theater ニテ Dorfpfarrer-haus〔村の牧師館〕ト云フヲ観ル　田舎ノ旧教牧師ノ有様彷彿トシテ見ルガ如シ　偶然茲処ニテ Röttingen ノ Herr Then ニ遇フ　近日往訪スベキヲ約ス　不相変元気ナリ

〔オデオン劇場の平土間前列の座席券(一・七五マルク)貼付〕

四月一八日 木曜

晴　日増温ニナル様ナリ　朝読書ス　昼頃電話ニテ Berlin ノ Fr. Kärger ト話ス　4M. 取ラル　午後銀行ニ行キ Fock ニ 216 馬《マルク》53、鹿子木君ニ借金 51.50 ヲ送ル　帰リテ又読書ス　Riedenheim ヨリハ更ニ返事ナシ　宮城、信次、今井、阿部父、古川兄、東京留守宅、大工原君へ書面若クハ端書ヲ出ス

四月一九日 金曜

晴　午前中若杉君へ回覧書面ヲ書キ送ル　午後読書シ四時ヨリ青年会館ノ聖書講義ヲ聴問ニ行ク　老人デ歯ガナイノデ能ク分ラズ　帰途 Frohwein 君ヲ訪フ　München ニ居ル中佐夫人ト云フ姉君ニモ遇フ　夜ハ同ジク青年会ノ講演会ヲキ、ニ行ク　Stadtvikar〔市副牧師〕Pültz ト云フ人ニ遇フ　此男中々 Orthodox〔正統派〕ナリ

四月二〇日 土曜

少晴　午前中読書ス　午後新聞ノ広告ニテ交渉ヲ始メシ仏語ノ先生 Kratzer 氏ヲ訪ネ即刻稽古ヲ始ム　中々親切丁寧デ能ク出来ル人ラシ　午後長野君及 Heinrich 君来訪セラル

四月二一日 日曜

晴　午前宿ノ息子ト Kloster-Kirche ニ詣デ夫ヨリ公園ニ赴キ音楽ヲ聴ク　午後ハ散歩ノ序デニ旧師 Frl. Straub ヲ訪フ　不相変ツント済マシテ付キノ悪イ婆ナリ　別ニ悪イ奴ニハアラザルモ気ニ喰ハヌ故早々ニシテ帰ル　夕方 Frohwein 君来訪　今夜ノ Vortrag〔講話〕ハ七

時ヨリト変更セラレタル旨ヲ語ラル　飯ガ七時ナル故少シ後レテ至ル　Riedenheim ヨリハ更ニ便リナシ　何カ誤解デモアリト見ユ　イブカシキ次第ナリ

四月二二日　月曜

午後一寸雨降ル外概シテ晴　朝 Fr. Kärger ヨリ手紙、Riedenheim、舟橋君、Aschaffenburg ノ Frl. Erna ヨリ端書アリ　Fr. Kärger ヘハ手紙ニテ Riedenheim ト舟橋君ヘハ端書ヲ以テ返事ヲ出ス　舟橋君ハ当時 Hamburg ニアリ明日頃米国ヘ向ケ出帆スル筈ナリ　Riedenheim ヨリハ甚ダ冷淡ナル書面ナリ　Helene ノ書キシモノナラン　依テ之ハ訪問セヌコトニキメテ返事ヲ出セリ　午前中 Kratzer ノ許ニ稽古ニ行ク　午後ハ昨日返事ヲ得タル他ノ一方ノ先生 Bijot ヲ尋ネル　之ハ Kratzer ヨリ聊カ若ク気軽ノ二十前後ノ人ナリ　之ヨリモ毎日一時間宛取ルコトニスル　一時間 80 Pfg. ナリ　馬鹿ニ安シ　虫歯ヲ抜イテ貰ハント思ヒ歯医者 Fischler ヲ訪ヒシニ来客多カリシヲ以テ辞シ改メテ Bijot ニ稽古ニ行ク　此方ハ教ヘ方ハ下手ナレドモ発音ハ正シキ様ナリ

四月二三日　火曜

概シテ晴　午後一寸雨フル　昨夜少シ早ク寝タノデ今日ハ特別ニ早ク起キル　朝食後 Kratzer 先生ヘ稽古ニ行ク　午後ハ歯医者ノ所ニ行キ左ノ下ノ歯二本ヲ抜テ貰フ代ニ馬半ナリ　之ニ比スルト Jena ノ八馬ハ馬鹿ニ高クトラレシモノナリ　夕方 Bijot 先生ニ稽古ニ行ク　宿ノ Frl. Hilda 親類ニ赴キ居リシガ今日帰ル　夜 Frohwein 君ト Stadtvikar Pültz 君ノ聖書研究会ニ赴ク　集ルモノ男女合セテ約十名　頗ル陳套ノ議論ヲ戦ハス　更ニ興ガ乗ラズ

四月二四日　水曜

晴　朝 Frau Kärger ヨリ手紙来ル　九時半ヨリ Kratzer ニ稽古ニ行ク　午後ハ Bijot ニ稽古ニ行キ帰途町ニ往キ本ヲ買ヒ又 Heinrich 君ノ来訪ヲ予想シテ果物ヲ買フ　但シ先生来ラズ　依テ五時ヨリ約ニ従ヒ Stadtvikar Pültz 君ヲ訪ヒ一所ニ二時間斗リ散歩シテ大ニ宗教ヲ論ズ　七時分レ帰ル　此日文部省ヨリ手紙アリ　一時金 180 円ヲ学資ニ増給セラル　各地巡歴ノ件ニ関シ二月中旬特ニ福原君ニ依頼セシタメナリ　三月三十日ノ日附ナリ　之ニテ大ニ助カル

四月二五日　木曜

晴　朝例ニ依リK先生ヘ稽古ニ行キ午後ハB先生ノ方ヘ行ク　午後再ビ Pültz 氏ヲ訪ネシモ不在ニテ遇ハズ　Lehr 氏ヨリ招待セラレ居リシモ時間少シ早カリシヲ以テ暫ク郊外ヲ散歩シ六時 Maistr. 8^{II} ノ Lehr 氏ヲ訪ヒ夫婦ノ懇ナル歓待ヲ受ケアツサリシタ夕食ノ饗応ニアヅカリ八時過マデ話ス　八時半ヨリ青年会ノ聖書研究会ニ行クト云フ故同行ス　熱心ニハ感心スルモ例ニ依リテ愚論ノ多キニハ聞クニ堪エズ　例バ Lehr 曰ク人儒仏耶三教ノ異ル所ヲ問フ　予ハ之ニ答フルニ次ノ一小話ヲ以テセン　嘗テ孔子ト釈迦ト基督ト一墓地ヲ過グ　亡者ノ叫ブヲ聞キ就テ見ルニ地獄ノ穴ニ一亡者藻搔キ苦ミテ頻リニ助ヲ求ム　孔子曰ク汝何スレゾ前世ニ於テ善果ヲ積マザル　奈落ノ苦ヲ脱セント欲セバ須ラク早クヨリ其心掛アルベカリシ也ト　釈迦曰ク汝ノ苦悶ハ我誠ニ同情ニ堪エズ　我汝ヲ助ケントノ情切ナルモノアレドモ我手ノ届カザルヲ如何セント　最後基督ハ無言ノ儘自ラ辛酸ヲ嘗メテ穴中ニ降リ亡者ヲ扶ケ起シ之ヲ抱エテ上リ来ル　是レ即チ三教ノ異ル所ノ要点ナリ云々

四月二六日　金曜

晴　今日ヨリ初メテ夏服ヲ来テ見ルニ更ニ寒クナシ　朝K先生ヘ稽古ニ行ク　之ヲ最終ノ Leçon トス　何トナレバ氏ハ午後 Bad Kissingen ニ赴キ予ノ立ツ迄ニハ帰ラレザルヲ以テナリ　六回分6馬《マルク》ノ謝礼ヲシ丁寧ニ礼ヲ述ベテ帰ル　誠ニ温柔親切ナル良先生ナリシ　長野君本日午後立タル、筈ニツキ一寸告別ニ行ク　大ニ忙シキ模様ナリ　午後ハBノ稽古ニ行キ夫ヨリ Frau Jaeger ヲ訪ヒシニ長娘一人ノミ居リ本人居ラレザリシヲ以テ再訪ヲ約シテ帰ル　我輩ハ月曜日朝 Stuttgart〔シュットガルト〕ニ向フニ決ス　此日手紙ヲ Fr. Kärger 及 Röttingen ノ Then 氏 Stuttgart ノ Baelz 先生ヘ出ス　前者ハ訪問セザルノ言訳ノタメ後者ハ往訪スベキ旨ノ前触ノタメナリ　昨夜遅カリシタメ眠シ　早ク寝ル

四月二七日　土曜

晴　朝九時ヨリB先生ヘ稽古ニ行ク　夫ヨリ銀行ヘ赴キ 250 馬ヲ引キ出シ 1300 Mk ヲ残シ試ミニ Lose〔富くじ〕五枚ヲ買ツテ帰ル　午後モB先生ヘ最終ノ稽古ニ行ク　之ニテ当地ニテ仏語ノ稽古ヲトルモノ Kratzer 氏ヨリ六

回 Bijot 氏ヨリ7回前後通計十三回ナリ　Rossarie ヨリ十数回トリシヨリハ遥ニ進歩シタル心地ス　此日鹿子木君及 Fr. Kärger へ端書ヲ出ス　佐〻木君ヨリ端書アリシガ昨日伯林ヲ立チシモノト見ユ　本月中ニハ Paris ニ着クモノナラン

四月二八日　日曜

快晴　朝荷物ノ始末ヲシ十二時写真屋ニ行キ Probe〔見本〕ヲ見ル　二枚出来テ居ツタガ少々善過ギテ撮レテル様ナリ　実物ヨリハ余程ヨイ男ニ見ユ　午後散歩シテ Hofgarten ニ Pültz 君ニ会フ　先生説教ノ下稽古ヲヤツテ居ル　三時 Stephan-Kirche ニ往ツテ先生ノ説教ヲ聴ク　説教後祭壇ノ前ニテ声ニ節ヲ付ケテ祈禱ヲ捧グル所丸デ旧教的ナリ　要スルニ独乙ノ Protestantismus ハ其教理ニ於テ Katholizismus ト異ル所ヲ見ズ　Rome 法王ノ教権ヲ認メザルト其儀式ノ左マデ複雑ナラザルトノ外何処ニ両者ノ差異ヲ認ムベキヤ　予ハ深ク Luther ノ何ヲ説キシカヲ知ラズ　去レド Luther 以後独乙ノ新教ハ旧教ニ跡戻リセシニ非ズヤノ感アリ　新教旧教ノ争ハ必竟名目ニ依リテ障壁ヲ立ツルモノナルヤモ知ル可カラズ　四時カラ宿ノ人ト Kloster〔修道院〕ノ Ausstellung〔展覧会〕ニ往ツテ見ル　Kloster ノ尼サン二人 Handarbeitsschule〔手芸学校〕ヲ開キ茲処ニ Frl. Hilda 稽古ニ行ツテルガ(月謝 2.50) 今日ハ其成績ノ展覧会ナリ　風強シ

四月二九日　月曜

晴　朝銀行ニ行キ其他用件ヲスマシ十時ノ汽車ニテ立ツ　Frohwein 君九時半頃見エ停車場マデ送ツテ呉レル (宿へ 14 日分 49 Mk 払フ)　四時 Stuttgart ニ着ク (汽車 480、荷物 200)　直ニ Christliche Hospiz ニ宿ヲ取ラントセシニ満員ニテ明キ間ナシ　又郵便局ニ往キテ見シニ Baelz 先生ノ返書モナシ　尤モ明朝訪問ノ約束ナレバ明朝マデ待ツベキデハアルガ Lust〔その気〕ガ無クナリ早々見物シテ5時45ノ汽車ニテ立ツコトニスル (Straß.〔シュトラスブルク〕マデ 600、Schnellzug〔急行〕75、荷物 200)　尤モ Baelz 先生へハ断リノ手紙ヲ出ス　七時 Pforzheim〔プフォルツハイム〕ニ着ク　Stahl 君訪問ノ為メ下車ス　Stahl 君ハ月ノ初メ Wien ニ遊学セシトテ在ラズ　母君ト再会ノ喜ヲ叙シ丁寧ナル夕食ノ饗ヲウケ又 Gutmann 氏ヲモ一寸訪問シ九時半ノ汽車ニテ更ニ Straßburg ニ向フコ

トニスル　十二時着ク　Pforzheim ヨリ Blau-Kreuz ニ電報ヲ打チシヲ以テ丁度満員ノ処ヲ内ノ人ノ部屋ヲ一室明ケテ泊メテ貰フ　此朝東京小林富次郎氏、山内四郎君ヨリ手紙来ル　小林氏ノ手紙ハ Kärger 依頼ノ歯磨ノ用件ナリ

四月三〇日　火曜

少晴　急ニ寒クナル　朝早ク起キ長野君ノ紹介ヲ得テ置キタリシ田中政彦君ヲ Straß-Dürkheimstr. 8 ニ訪ネル　同氏ハ長崎ノ人ノ由、暫ク話シ同氏ト一所ニ宿探シニ出ル　学期ノ始リナル為メ何処モ塞ガリ偶アルモ長期デナケレバ貸サヌト云フ　其中元ト日本人ノ居リシト云フ Kirsteinstr. 1 ナル Frau Münch ト云フ人ノ一室ヲ朝食付44ノ割ニテ借リルコトニスル　午後モ田中君ノ案内ニテ市中ヲ一通リ見物シ Heidelberg ノ馴染ノ宿ト同名ナル Luxhof ト云フニテ昼食ヲスマス　午後荷物ヲ整理シ風呂ニ入ル　夜ハ途中広告ニテ見タル某牧師ノ Zionismus u. Christentum〔シオニズムとキリスト教〕ト云フ講話ヲキク　中々面白シ　殊ニ Juden〔ユダヤ教徒〕ノ Christentum ニ対スル態度ハ殊ニ面白シ　此事ニ付テハ一文ヲ草シ新人ニ送ラント思フ

Würzburg ヨリ此地ニ至ルノ道中汽車ノ中ニテ Dr. Paul Rohrbach ノ新著 Der deutsche Gedanke in der Welt〔世界におけるドイツ思想〕ト云フヲ見タガ(無論全部ハ見了ラヌガ)中々面白シ　時弊ニ適中シテ居ルト思フ　日本ノ政治家乃至経世家ニ取ツテモ大ニ参考トナルト思フ　此人ニハ一度 Weimar〔ワイマール〕ニテ遇ツタ

〔シュトラスブルクの市街電車の切符(一〇ペニヒ)貼付〕

五月一日　水曜

晴　未ダ中々寒シ　愛妻、牧野君、山内君、Herr Kärger へ手紙、野地、太田、桑田、石岡、鹿子木、ノ五君及ビ Familie Schmitt, Frau Stahl, Fräulein Bijot, Kratzer, v. Pittoni, Herren Richard Stahl, Frohwein, Gutmann へ端書ヲ書キ送ル　昼少シ前ヨリ単身市中ノ見物ニ出掛ケテ見ル　先ヅ大学ヲ観 Kaiserplatz ヨリ Judenstr. ニ出茲処ニテ昼食ヲ喫ス　夫ヨリ仏語ノ先生ニ三人ヲ尋ネテ見 Tietz ニテ書物ニ三冊ヲ買ヒ求メ更ニ引キ返シテ Orangerie 公園ニ散歩シ更ニ下リテ Zürícherstr. ニテ夕食ヲ喫シ帰ル　郵便局ニテ Fr. Kärger ヨリノ書面

ヲ受取ル

五月二日 木曜

晴 午前中ハ郊外ノ防備地形ヲ見分ス Straßburg ハ市街ノ周囲ニ水ヲ繞ラシ且空地(陸軍用地)ヲオキ処々ニ塞門ヲ築キ殊ニ南ニ面シテハ要塞ヲ築キ中々イカメシキモノアリ 今猶仏国領ノ古ヲ懐フモノ20%以上ハアリト云フガ併シ40年間ニ能クモ germanisieren〔ドイツ化〕シタモノナリ 其手際頗ル見事ナリト云ハザル可カラズ 途中軍艦博覧会ト云フヲ覗ク 丁度12時ナリ 依テ Münster〔大聖堂〕ノ有名ナル astronomische Uhr〔天文時計〕ヲ見ル 丁度三十分後レテ時ヲ報ズルガ子供ガ金ヲ叩イタリ鶏ガ羽バタキシテ鳴イタリ耶蘇ノ像ノ前ヲ使徒十二人ガグルグル廻ツタリスル 其外月ノ満欠、週其他ノ関係ヲモ示ス様ニナリテ居ル 昔ノ物トシテ中々精巧ヲ極メタモノナリ 夫ヨリ Münschter〔Münster ?〕ノ塔ニ上ツテ見ル 67 M. 高シトカ 階段ヲ数フルコト348 上ニ Restaurant アリ市街ヲ一望ノ裡ニ収ム 夫ヨリ Goldschmiedstr. 5 ニ仏語ノ先生ヲ訪ネテ見ルニ宜サ、ウ故ニ之ヨリ Stunde〔稽古〕ヲ取ルニキメル 食事後モー一人 Twingerstr. 4 ニモ先生ヲ訪ネル 上品ノ老婆サンニテ山内保君ヲモ知ツテ居ル 之レハ少シ高イガ之ヨリモ取ツテ見ヤウト思フ 帰ル 夜八時ヨリ Germania ニテ日本人会食スルト云フ故赴ク 凡テ八九人ナリ 此朝青木薫君来訪 竹村君ノ友人ナリ

〔海戦展示館の入場券(五〇ペニヒ)、シュトラスブルク市長庁舎屋上テラス登上許可券(二〇ペニヒ、婦人労働基金)貼付〕

五月三日 金曜

晴 朝大学ノ講義ヲ聞キテ見ル 米国憲法ニ関スルモノ 題目ガ面白カリシ故往ツテ見ルト Privat-Dozent〔私講師〕Rodshof 君ニシテ壮年ノ男ナリ 聴講者我輩ヲ加ヘテ僅ニ三人 一ニハ独乙人ノ外国ノコトニ余リ興味ヲ有タザルノ証拠トスベシ 昼前 Goldschmiedstr. 5 III ノ仏語ノ先生ヘ稽古ニ行ク 之レヲ第一回トス 午後ハ新着ノ新聞ヲ読ミ四時半ヨリ Twingerstr. ノ先生ノ方ヘ相談ニ行キ明日ヨリ来ルコトニスル 夜ハ Synagoge〔ユダヤ教会〕ニ往ツテ見帰リニ田中君ヲ訪ヒ更ニ一緒ニ児玉君ヲ訪フ 茲処ニテ日本語ヲ知ツテル学生(医科)Julius Kuhn 君ニ会フ

五月四日　土曜

晴　午後曇リ　午前ハ双方ノ先生ニ稽古ニ行キ十二時ヨリ大学ニ Laband〔ラーバント〕先生ノ講義ヲキイテ見ル　参考書ノ講義ダガ悠々迫ラズ低声ニテヤル処 Jellinek〔イェリネク〕先生ヲ想起セシム　年ハ八十ニ近シトカ超エタリトカ云フガ尚矍鑠タルモノアリ　午後ハ Fr. Kärger ニ返事ヲ出ス　其他読書シ夜ハ青木小林ノ二君ハ〔ヲ〕 Paul Laband 街6ノ下宿ニ訪問シテ敬意ヲ表ス　帰ルトキポツポツ雨降ル

五月五日　日曜

晴　朝 Garnisons Kirche〔衛戍教会〕ニ往ツテ見ル　帰途一軒仏語ノ先生ヲ訪ネタガ高イカラヤメル　午後ハ d'Arvin ト云フ先生ヲ訪ネ之ヨリモ二時間取ルコトニ約束スル　之ハ青木君ノ紹介ニテ同君モ以前教ハツタコトアル人ナリ　夫ヨリ田中君ヲ訪フ　今日実ハ日本人ヲ好ンデ客トスル Trunk ト云フ人ヨリ招待サレ四時マデ訪ネル訳ナリシヲ以テナリ　林君モ同行ス　Trunk 氏ハ絵ノ先生トカニテ多年中学校女学校ニ教鞭ヲトリ Professor ノ称号ヲ有ス　妻君ノ縁者ガ日本ニ商売シテ居ル由ニテ其為メ日本人ヲ待遇スルモノト見ユ　文学士ノ高田氏ガ来始メテヨリ日本人繁々往来スルト云フ　気ノオケヌ良イ家庭ナリ　日本ノ物モ沢山アリ客間ニハ国旗マデ吊シテアリ　種々懇談ノ上夕食マデ御馳走ニナリ八時過ル　一人娘アル Luise ト云フ　十才斗リナルガ高田氏送レリトテモスリンノ被布アリ之ヲ着テ一所ニ写真ヲ撮ル

五月六日　月曜

雨　朝何トカ云フ学生ノ人ヨリ第一回ノ Leçon〔レッスン〕ヲ取ル　此人帰リテカラ直ニ Arvin 先生ヘ稽古ニ行ク　銀行ヘ行キ文部省ヨリ旅費トシテ送リ来レル 180 ヲ預ケ食事ヲスマシテ帰ル　二時半ヨリ約ニ従ヒ Brosius 氏ヲ訪ヒ之ハ一時間 1 Mk ナリト云フ故毎日通フコトニ極メテ帰ル　午後在宅読書ス　文部省ヘ報告書ヲ送ル

五月七日　火曜

朝晴午後ヨリ雨　午前ハ Renaud〔ルノー〕ヘ稽古ニ行ク　午後夏帽子ノ洗濯ヲ頼ミ食事ヲスマシ又 Goldschmied ノ先生ヘ稽古ニ行ク　帰途 Tietz ニ立チ寄リ光子誕生ノ

祝トシテ送ルタメ靴一足(225)ヲ買フ　29番ヲ買ツタガ丁度合ヘバヨイガト思フ　三時ヨリ議会ノ傍聴ニ出カケル　Grafenstaden 問題ノ質問ノ当日ニテ満場一杯ナリ　Grafenstaden ノ器械製造会社ニテ deutschfeindselig〔反ドイツ的〕ノ挙動アリトノ故ヲ以テ従来注文シ来リシ独乙并ニ普国ノ政府ハ其鉄道用器械ノ注文ヲ爾今与ヘヌコトニセルニ対シ斯クテハ Elsaß-Lothringen〔エルザス・ロートリンゲン〕ノ工業乃至数千ノ労働者ノ死活ニ関ストテ諸団体烈シク騒ギ出シ Reichstag〔帝国議会〕ニテモ問題トナリシモノナリ　忘レヌ為メ目下仏語ノ稽古ヲシテル先生ノ名ヲ留メテオク

Mlle Brossius, Aarstaden 3 I bei Arndt

M. Georg Martin, Groß-Spittelgartenweg 4

Mme Saltowsky-Villenun, Goldschmiedgasse 5 IV

M. d'Arvin, Brandgasse 24 IV

Mme Renaud, Twingerstr. 4 I

五月八日　水曜

晴雨定ラズ　午前中読書ス　午後ハ昼食ノ後 Goldschmied 町ノ先生ニ稽古ニ行キ夫レカラ Brossius 先生ヘ行ク　一時間宛ノ約束ナレドモ向フモ徒然ト見エテ五時少シ前ヨリ七時半先生ノ食事時マデ腰ヲ据ユル　夜ハ早ク帰リテ勉強スル　たまの、Fr. Kärger 等ヨリ手紙来ル　此日為替ニテ Kärger ニ 20 Mk ヲ返送ス

五月九日　木曜

晴　朝 Martin 君来リ同君帰リテカラ Renaud 氏ニ赴キ共ニ稽古ヲウク　帰宅後読書シテ居ル所ヘ山内保君来訪セラレ二時頃マデ話ス　三十九年秋渡欧シテヨリ約満六年モ居ラル、ナリ　巴里ニテ一露人ト結婚シ今同棲セラル　Wien ニテ肋膜炎ヲヤリテカラ健康勝レズト云フ　妻君ハ士官ノ娘ニシテ兄モ現ニ士官ナリトカ　身分賤シキモノニハアラザルガ如シ　来年ノ四月マデ当地ニオリ一旦巴里ニ帰リ明後年一寸帰国シテ父上ヲ伴ヒ来リ欧羅巴ニ永住スルノ考ナリナド語ラル　午後ハ Brossius 氏ニ稽古ニ赴キ夕方一所ニ散歩ス　夜ハ食後 Hansa-Bund〔ハンザ同盟〕ノ演舌会ニ赴ク　弁士ハ国会議員ノ何トカ云フ男　四十分モ後レテ来テ下手ナ演説ガ一時間半モ続キ未ダ了リサウニモナカリシ故中途ニシテ帰ル　今度ノ月曜日ニ Kaiser〔皇帝〕来リ一泊ストノ報新聞ニ見ユ

Schmitt へ手紙ヲ出シ金ノ廻送ヲ依頼シたまのへモ端書一枚出シテオク

五月一〇日　金曜

晴時々驟雨アリ　午前中S先生A先生へ稽古ニ行キ午後ハB先生ニ Stunde ヲ取ル　夜山内君ヲ訪問ス　妻君ニモ遇フ　露人ト聞キシガ色ノ白ク髪ノ黒キヲ始トシ顔ノ格好露人ノ type ダト思ツタ　人ノ云フ程ノ美人デハナシ

五月一一日　土曜

晴　午前R先生へ稽古ニ行ク　午後読書ス　夜一寸田中君ヲ訪ヒシニたまのヨリ又一通手紙来テ居ル

五月一二日　日曜

晴　馬鹿ニ暑ク丸デ極暑ノ如シ　此日朝五時B先生空中飛行機見ニ行クト云フ故一所ニ行カウト思ヒ早ク起キテ同氏宅へ赴キシモ先キニ行キシト見エテ在ラズ　別ニ約束セシニモアラザルヲ以テ帰ル　飛行機ヲ見ルノ機会ハ今後乏シカラズ　何ヨリモ滞リノ手紙ヲ書カザルベカラズト思ヒ帰リテ昼マデ舟橋君、野地君、小林氏(Kärger ノ用ニテ)、たまの、Fr. Kärger、佐々木君等へ手紙ヲ出ス　午後ハ食後田中君ヲ訪ヒ夜マデ話ス　同氏脚気研究ノ為メ此頃馬鹿ニ忙シク日曜デモナケレバ面会スル機会ナシ　児玉君モ来ル　両人トモ誠ニ好イ人ナリ

五月一三日　月曜

晴　昨日ヨリハ少シ暑サ減ズ　此日 Kaiser 当地ニ来リ市中旗ヲ飾リ中々ノ賑ナリ　朝 Martin 君来リ稽古ヲウク　午後ハ Brossius 先生へ稽古ニ行キ夕方一所ニ郊外ニ散歩ス　Fischer ト云フ大学ノ言語学ノ学生モ一所ナリ　此男ヨリ Nancy〔ナンシー〕ノ話ヲキク　同地ノ大学ニハ特ニ外国人ノ為メノ仏語ノ Kursus〔課程〕アリト云フ　物モ安ク語学ノ稽古ノ為ニハ妙ナリト云フ　往ツテ見ヤウカト思ヒ宿屋其他ノコトヲキク　夜ハ Freireligiöse〔自由宗教〕ノ講演ヲキク　Paris ノ人 Prof. Dr. Borda ト云フ人 Die Erfahrung von der Trennung von Kirche u. Staat, Kirche u. Schule〔教会と国家、教会と学校の分離の経験〕ト云フ題ニテ仏国ト米国ノコトヲ語ル　中々面白シ　記事ヲ作リテ新人ニ送ラウト思フ

五月一四日　火曜

晴　朝読書　Arvin, Goldschmied, Brossius ニ稽古ニ

行キ夜ハ山内君ヲ訪問シテ遅クマデ話ス　同君ノ妻君ハ露国ノGeneral〔将軍〕ノ娘ナリト云フ

五月一五日　水曜

晴　夕方大暴風雨　朝六時起キB先生ノ誘ニ応ジ七時マデ同氏ヲ訪ヒFischer君トFuchs am Buckelト云フ所へ散歩ス　Rhein河ニ沿フテ歩クコト二時間斗リ　場所ハ森ヲ後ニシテ池ニ臨ミ一寸ヨイ処ナリ　昼頃Fischer君ノ友人某Doctorノ自働車ヲ駆リテ走ルニ遇ヒ之ニ便乗シテ帰ル　此日銀行ニ赴キWürzburgヨリ送リ来レル金ヨリ300円ヲ野地君ニ返ス　午後稽古ニ行ク　夕方ヨリ雷電ヒラメキ豪雨暴風ニ激シテ殆ンド咫尺ヲ弁ゼザルニ至ル　斯ンナヒドイ天気ハ日本ニテハ見ラレズト思ヒタリ

五月一六日　木曜

雨　Christ-himmelfahrt〔キリスト昇天〕祭日ナリ　午前中読書シテル所へ山内君来リ誘ハレテ一所ニ郊外ニ散歩シ夫カラ同氏ノPensionニテ昼食ヲ饗セラレ夕方マデ話ス稽古ハ休ム　夜モ町へ散歩シテ計ラズ同君夫婦ニ会フ

五月一七日　金曜

雨　朝Würzburgヨリ写真ヲ送リ来ル　依テ一枚ヲFr. Kärgerニ送リ四枚ヲ小包ノ中ニ入レテ東京ニ発送ス午前中稽古ニ行キ午後ハBニ行キシニ来客アリテ稽古ヲ休ミ一所ニOrangerieノHauptrestaurantニ茶ヲ呑ミニ行ク　夜Bニ稽古ニ行ク

五月一八日　土曜

晴　午前中読書　午後B先生へ稽古ニ行ク　佐々木君へ手紙ヲ出ス　別段ノコトナシ

五月一九日　日曜

快晴　午前中仏語ヲ勉強ス　午後B先生へ稽古ニ行キシニ午前中遠足ニ行キ非常ニ疲レタリトテ明日改メテ来ルコトニスル　夜モ引キ続キ読書ニ耽ル　東京ヨリ久シク新聞モ来ネバ手紙モナシ

五月二〇日　月曜

快晴　午前Martin君来リ稽古ヲ受ク　午後ハB先生ニ赴クコト例ノ如シ　夜ニ至リテ一寸雷雨アリ　佐々木君ヨリ仏文ニテ端書来ル

五月二一日　火曜

曇時々少雨　午前中読書シ昼前ト午後ニカケテd'Arvin, Saltowsky, Brossius ノ三人へ稽古ニ行ク　宿ニ南京虫ガ居リテ毎夜苦メラル、ノデ自然睡眠ガ不足ト見エボンヤリシテ気ガ昂ラズ午後帰リテ夕方マデ Sofa ノ上ニ睡ル　夜モ食事ヨリ早ク帰リテ寝シガ矢張リ南京虫ノタメニ二時頃マデ睡レズ

五月二二日　水曜

午前雨午後晴　朝B先生へ稽古ニ行ク　昼食後マタ Saltowsky 先生へ稽古ニ行ク　連日ノ読書ニテ眼睛〔精〕疲労甚シクナリ誠ニ困ル　新人新女界送リ来リ新聞ハ久シク来ラズ

五月二三日　木曜

朝雨降リシモ午後ハ晴天トナル　朝 Martin 君来リ稽古ヲウク　午後B先生へ稽古ニ行キ終リテ一所ニ町へ散歩スル　夜山内君ヲ訪フ　郵船会社、東京、Fr. Kärger へ手紙、大工原君へ端書ヲ出ス　同氏ハ今 Göttingen〔ゲッティンゲン〕ニ在リ

〔聖マルガレーテ教会の富くじ（一・一〇マルク、聖マルガレーテの悪魔祓いの絵入り）貼付、写真版参照〕

五月二四日　金曜

晴　今日モ三軒稽古ノアル日ナリ　但 d'Arvin 先生急ニ警察ニ行ク用事アリシトテ在ラズ　夜山内君ヲ訪ヒ一所ニ歌ノ先生ノ御サラヒ会ニ行テ拝聴ス　山内君ノ妻君ガ切リニ歌ノ稽古シテ居ルナリ

五月二五日　土曜

雨　少シ頭痛ガスル故稽古ハ休ミテ遅ク起キル　午後山内君ヲ訪ヒ一所ニ散歩シ夕食ヲ御馳走ニナリテ夜遅クマデ話ス　明日ハ Pfingsten〔聖霊降臨祭〕ニツキ諸知人へ祝賀ノ端書ヲ出シ Fr. K. へ為替ヲ組ミ送ル

五月二六日　日曜

好天気ナリ　訪フ人モナシ　午前中読書シ昼食後散歩ス　其外読書ニフケル　祭日トテ田舎人ノ来遊スルモノ多シ

五月二七日　月曜

Pfingsten ノ第二日ナルニ無類ノ好天気トテ人出多シ　我輩ハ終日読書ス　只午後昼食後散歩セシノミ　夜夕食ヨリ帰ルト山内君 Balkon ニアリ予ヲ見付ケテ呼ブ　上リテ永話シヲナシ十二時半頃帰リテ寝ニ就ク

〔フランス領内の貧しい女性肺病患者のために療養所を建てるための富くじ(五〇ペニヒ)貼付〕

五月二八日　火曜

快晴　Trunk 氏ヨリ土曜日ニ日本食ヲ御馳走スルカラ来イト招待シ来ル　午前 d'Arvin ニ最終ノ稽古ヲウケ午後読書ス　夕方青木林二君ヲ訪ヒテ告別ス　月ノ末ヲ以テ Nancy ニ立タウト思フナリ

五月二九日　水曜

晴　朝 Brossius 先生ヘ稽古ニ行キ一所ニ町ヘ散歩ス　午後ハ勉強シ夕方又稽古ニ行キシニ先生不在ナルヲ以テ帰リ山内君ヲ訪フ

五月三〇日　木曜

晴　午前 Brossius 先生ヘ最終ノ稽古ニ行ク　通フコト計十六回　内ヲ出ル前青木君来訪　曰ク高楠博士来府中ニツキ予ノ送別会ヲ兼ネ明夜 Germania(ゲルマニア)ニ会食スル故出席セヨト　午後読書　夜山内君ヲ訪フ　Frau Kärger ヨリ来翰アリ直ニ返事ヲ出ス

五月三一日　金曜

晴　午前中読書　午後ハ昼食後約ニ従テ Brossius 先生ヲ訪フ　一所ニ散歩スル積ナリシモ先生気分ワルシト云フ故四方八方ノ話ヲシテ夕方帰ル　夜ハ高楠博士ノ滞在中ナルヲ幸トシ日本人 Germania ニ会合スルニツキ出席ス　高楠博士ハ希臘亜典《アテネ》ニ開カレタル東洋学会(?)ヘ出席セラレ当中《(市)》ヲヘテ英国ヘ赴カル、途中ナルナリ

六月一日　土曜

快晴　朝約ニ従ヒ Brossius 氏ヲ訪ヒ九時ヨリ昼マデ郊外ニ散歩ニ出掛ク　午後ハ読書シ夜ハ Trunk 氏ノ招ニ応ジ田中、林、児玉ノ三君ト共ニ筍ノ御馳走ニナル　筍ノ缶詰三ツトカ日本ヨリ送ラレシ由ニテ田中君二時間

モ前ヨリ出掛ケテ料理セシナレバ中々旨シ　話ニ実ガ入リテ十二時頃マデ居ル

六月二日　日曜

雨　午前一所ニ散歩スル約束アリシヲ以テ雨ナレバ如何ニト思ヒシモ兎ニ角 Brossius 氏ヲ訪ネテ見ル　昨夜遅ク帰リシト少々頭痛ガスルトテ未ダ臥床中ナリシ故帰ル　午後告別ノ為メ山内君ヲ訪ハ〔ン〕トシテ出掛ケル途中B氏ニ遇フ　今夜一所ニ話スベキヲ約シテ分ル　斯クテ午後ハ山内田中二君ヲ訪ネテ話シ暮シ夜ハBヲ訪問ス　雨ハ夜ニ至テ晴ル　空ハ未ダ曇ナリ

六月三日　月曜

少晴時々雨　午前中読書ス　午後ハ約ニ従テ二時B氏ヲ訪ヒ一所ニ Orangerie ヨリ郊外ニ散歩ス　此日 Nancy ニ向ケ出発ノ積ナリシモ Brossius 氏ノ為メニ延期ス

六月四日　火曜

日中快晴夕方ヨリ曇ル　午前ハ Brossius 氏ト共ニ郊外ニ散歩ス　午後読書ス　武者小路君 Phildius 君 Frau Kärger、佐々木君、たまのへ音信ヲ発ス

〔シュトラスブルク市電切符(二〇ペニヒ)、ベルリン日本大使館よりの五月七日付、身分を保証する書状(タイプ、独文)貼付〕

六月五日　水曜

少晴時々雨降　午前ハ例ノ如ク Brossius 氏ニ誘ハレテ郊外ニ散歩シ午後ハ読書ス　夜再ビB氏ヲ訪ヒシモ来客アリト云フ故帰ル

〔シュトラスブルク市電切符(二五ペニヒ)貼付〕

六月六日　木曜

少晴　午前 Brossius 氏ト共ニ郊外ニ散歩シ夫ヨリ市ヘ行キ一所ニ Tiez ニ憩フ　午後児玉田中君来訪アリシモ面会セザリシヲ以テ直ニ児玉君ヲ訪ヌ　今ノ宿甚ダ不愉快ニツキ早ク移リタシト云フ故明日ニモ移ラレヨト告ゲテ分ル　夜田中君ヲ訪フ

六月七日　金曜

朝 Brossius 氏ト Orangerie ヘ散歩ス　午後雷雨アリ昼食後内ニ帰ルト児玉君移リ来ル　4時約ニ従ヒB氏ヲ訪ネテ一所ニ町ヘ行ク　夜田中君児玉君ニ誘ハレテ別レノ会食ヲ催ス

六月八日　土曜

晴　朝最終ノ Promenade〔散歩〕ヲB氏ト共ニス　Rhein

沿岸ノ静ナホトリヲ散歩シ一時永々教授ノ恩ヲ厚ク謝シ暫クノ別ヲ告グ　午後ハ山内君ヲ一寸訪問シ4時40分ノ汽車ニテ Nancy〔ナンシー〕ニ向フ　汽車賃三等ニテ 5.30 三時間ヲ費シテ七時半頃着ク　Fischer 君ニ紹介セラレタル Hôtel Dombasle ハ停車場ノスグ近所ナリ　直グニ分ル　学生ノ泊ル所ナレバ安宿ナレドモ内ノ者ハ堅イ実着ノ者ラシキニ満足シ部屋ノ清潔ニシテ食物ノヨキニ更ニ満足ス　たまの、小山田、河副其他ヨリ沢山手紙来テ居リシニヨリ――ヲ読ム

六月九日　日曜

快晴　朝町へ出テ絵端書ト新聞ヲ買ウ　仏国デハ大キナ店ノ外日曜日デモ物ヲ売ル　大ニ便利ナリ　絵はがきハ馬鹿ニ安シ　新聞ニハ Leçon ノ広告更ニナシ　午後食後ハ手紙ノ返事ヲ書クニ費ス　宿ハ車馬ノ来往頻繁ナル市街ニ面シ騒々シキコト限リナシト雖モ別ニ苦ニモナラズ　Nancy ハ市街ハ古ク汚イガ所々立派ナ公園ガアツテ散歩ニハ事欠カヌ様ナリ　未ダ市街ノ形勢ハ分ラズ

六月一〇日　月曜

晴午後雨　午前中引続キ手紙ヲ書ク　総計手紙ハ留守宅、小山田、河副、信次、田中政彦君、Brossius, Frau Kärger, ストラス〔ストラスブール〕の銀行、佐々木、仏国大使館、Hachette ノ諸氏へ　其外 Pittoni, Kärger, Schmitt, Bijot, 奥山、百渓、今井、Frau Münch, Trunk、山崎先生、山内、鹿子木ノ諸氏へ絵端書ヲ送ル　昼食後宿ノ息子ニ連レラレテ勧工場、新聞社、本屋等ヲ教ヘテ貰フ　此男ハ大学ニ法律ヲ学ビ英独ニ達ス　一所ニ大学ニ行キ外国人ノタメノ仏語ノ Cours〔講座〕ニ入ラントセシニ当局者御前ノ程度ニテハ未ダ早シトテ聴カズ　之ハヤメルコトニスル　息子サンニ頼ンデ新聞ニ広告シ教師ヲ探スコトニスル　一旦帰リテ再ビ風呂屋ニ行ク　事情ガ分ラヌト見タカ二十文余計ニ取ラレシコト後ニテ気付ク　怪シカラヌ男ナリ　午後新聞ヲ読ミ夜ハ早ク寝ル　食時〔事〕ノ度毎ニ Vin〔ワイン〕ヲ呑ムタメ夜ハ全ク朦朧トシテ仕事出来ズ　却テ身体ノタメニ宜イカモ知レズ

〔フランス切手二枚貼付〕

六月一一日　火曜

曇　朝 Brossius 氏ヨリ仏文ノ手紙富永野口ノ両氏ヨリ端書来テ居ル　B氏ノ手紙ヲ読ミ且之ニ返事ヲ書クニ

半日ヲ費ス　午後食後シ〔三〕市街ヲ散歩ス　帰ルト新聞ト太陽ト来テ居ルニツキ之ヲ読ンデ一日ヲ暮ス　天気快晴ナリ

六月一二日　水曜

朝快晴ナリシモ午後ヨリ雨トナル　Hachette ヨリ返事来ル　割引スルトモセヌトモナシ　曖昧ノ書キ振ナリ　午前中読書シ午後宿ノ息子ニ案内サレテ Berlitz School ニ行ク　毎週三時間ナラ 25 fr. 毎日ナラ 40 Fr. ナリト云フ故今日ヨリ毎日通フコトニキメル　一旦内ニ帰リ5時ヨリ再ビ赴キ最初ノ Leçon ヲ取ル　佐ゝ木君へ手紙ヲ出ス

六月一三日　木曜

曇　田中君鹿子木君 Phildius 君ヨリ返事来ル　Phildius 君 Wien ヲ本拠トシ各地大学所在地ニ青年会ヲ作ルベク奔走シツヽアルヤウナリ　此手紙ハ Prag ヨリヨコセリ　Genf〔ジュネーブ〕ノコト委シク報知シ来ル　午前中勉強シ午後稽古ニ行クコト例ノ如シ

六月一四日　金曜

曇　朝 Frau Kärger, Pittoni, Bijot 氏ノ手紙ニ接ス　Frau Kärger、小野塚先生、大学ノ川上書記へ書面ヲ発ス　其後読書ス　夕方奥山君ヨリ来翰アリ　先月二日帰朝ノ命ヲ受ケ此日曜日ニ Wien ヲ立ツナリト云フ　妻君ガ来テ丁度七ケ月目ナリ　久シク音信ヲ欠キシ故今日始メテ之ヲ知ル　Moskow〔モスクワ〕へ宛テ書信ヲ発セリ

六月一五日　土曜

朝山内 Brossius 氏ヨリ手紙来ル　山内君ハ予ガ田中君トノ話合ニテ Hofmeister 教授叙勲ノ件尽力シ居ルニ対シ権衡上 Kiari 先生ニモヤラデハトテ此事ニ付テ相談シタイカラ明日 Straßburg へ来ナイカト申来リシナリ　此両氏幷ニ牧野君へ手紙ヲ出ス外例ノ如ク暮ス　Berlitz School ノ外モ一ツ Stunde ヲトラント欲シ新聞へ広告ヲ出ス

〔ベルリッツ・スクールの四〇フランの領収書、新聞広告切抜き(「フランス語レッスン希望の外国人」〔フランス語〕)貼付〕

六月一六日　日曜

朝晴風アリ午後雨　田中君ヨリ Hofmeister 教授ニ関スル書面アリ　依テ之ニ返事ヲ発シ且ツ武者小路君ニ詳細ノ報告ヲナス　古川へモ簡単ニ端書ヲ出シテオク　十

Prag ノ男デ Faire ノ出　商売ニ来テル男
七八ケ国語ヲ話シ我輩ト対シテ食卓ニ坐ル
日本ノ切手ト交換ヲ求メラレテ之ヲ貰フ
上ハ Indo-chine, 下ノ右ハ Turque, 左ハ在
土国仏国切手也

時新教ノ教会ニ往ツテ見ル　仏語ハ独語ノ如ク勢ガナク聞イテ居テモ甚ダ活気ナシ　帰途勧工場ノ宝石ノ部ヲ冷カス　午後散歩ニ出掛ケシニ雨〔フ〕リ中途ニシテ帰ル　注文セシ La vie politique dans les deux mondes〔欧米両世界における政治生活〕来ル　1911年度分即第五巻ナリ　Alcan ノ発行ナリ　Alcan ヘ手紙ヲ出シ割引シテ Compte〔勘定口座〕ヲ開クヤ否ヤヲ照会ス　夜公園ニ音楽ヲキ、ニ行キシガ冷〔涼〕シクテ立ツテ居レズ　多クノ人ハ外套ヲ纏ヘリ

〔切手貼付（写真版参照）〕

六月一七日　月曜

晴　午前中読書ス　午後郵便局ニ行キ Poste-restante〔局留郵便〕ノ有無ヲ尋ネシニ七通アリ　語学教師ヲ探ス為メ新聞ニ広告セシ其返事ナリ　郊外ニ散歩シテ帰リ再ビ右ノ手紙ヲ読ム　婦人ヨリ四通男子ヨリ三通ナリ　高イノハ2fr. 安イノハ1fr. ナリ　明日ヲ期シテ其中訪ネテ見ント思フ

六月一八日　火曜

晴　朝手紙ニヨリテ訪問ニ行ク次手ニ郵便局ニ立チ寄リシニ更ニ二通アリ　サテ訪問セントテ往ツテ内ガ馬鹿ニ汚カツタリナドシテ気ニ入ラヌモアリ結局午前中探シタ内デハ Place de la Carrière ノ Maritus ト云フ人カラ Leçon ヲ取ルコトニスル　此人ハ独乙語モ出来ルサウナリ　午後ハ Brossius ヨリ此朝受取ツタ手紙ニ対スル返事ヲカキ更ニ再ビ訪問ニ行キ Quai Claude de Lorrain ノ Herr ト云フ人ヨリモ稽古ヲ取リテ見ルコトニスル　此人ノ内ニハ日本支那ノ陶器何レモ粗品ナガラ沢山アリ　此日 Alcan ヨリ返事来ル　Compte ハ開カヌガ自家出版

ノ書ニ限リ特別ニ20％ヲ引クト云ツテ来タガ但シ現金ナリトナリ　佐〻木、山内、田中、小林、Eschig ヘ端書ヲ出ス　来ル土曜日 Straßburg ニ赴クコトニ決シ其旨B君ニ申遣ス　Nancy ノ staubig〔塵だらけ〕ナルニハ閉口セリ　夜街ヲ散歩スルト怪物所々ニ横行シテ攻撃ニ遇ヒ之ヲ避ケントシテ故ラニ横町ヲ通ルト地理ヲ知ラヌモノ故女郎屋カ草餅屋ノ前ニ来リ茲ニモ嫌ナ女ノ要撃ヲ蒙リ要スルニ夜ノ Nancy ハ一週二回ノ公園ノ音楽ヲ外ニシテハ頗ル不快ナリ

六月一九日　水曜

晴　午前中読書　午後ハ始メテノ稽古ヲ Maritus 氏ニ受ク　言葉モ明瞭ニシテ頗ルヨシ　書物屋ニ La vie politique dans les deux mondes ノ代金ヲ払ヒ Daudet〔ドーデ〕ノ Lettres de mon moulin〔風車小屋だより〕ヲ買ヒ公園ニ少憩ノ後 Berlitz-School ニ行ク　Maritus 氏ヨリ毎週三度月水金ニ来ルコトニスル　一時間ノ報酬 1.25 ナリ安イモノナリ

六月二〇日　木曜

晴曇定ラズ　但シ降リサウニシテ降ラズニスム　留守宅瀬戸君牧野君佐〻木君B君ヨリ来信アリ　B君訪問ノタ〔メ〕土曜日 Straßburg ニ赴ク都合ナリシ所差支アリ二日延バシテ呉レト申来ル　留守宅B君ヘ返事ヲ書ク午後 Herr 氏ニ稽古ニ行ク　之モ中々丁寧ニ教ユ　此日此地大学ニ勉強中ノ某安南人能ク食卓ニテ一所ニナル男ヲ通シテ我輩ニ遇ヒタシト申来ル　新聞20日カタメテ来ル　今次ノ総選挙ニテハ政友会ハ 200 ヲ超エ国民党ハ 100 ニ達セズ中央派ハ著シク減ジタリ

六月二一日　金曜

快晴　午前中読書午後稽古ニ行クコト例ノ如シ　牧野君 Kärger 佐〻木君ヘ通信ス　外事ナシ

六月二二日　土曜

快晴　朝 Phildius 君ノ母君ヨリ書面アリ　我輩ガ Genève〔ジュネーヴ〕ニ赴クト云フコトヲ Phildius 君カラ両親ノ方ニ云ツテヤツタモノト見ユ　マヅイ独語ナリシ故此方ヨリハ仏語ニテ来ル九月同地ニ赴ク旨ヲ返事シヤル猶其外ニ文部省ヘ Genève 転学ノ許可ヲ乞フベク松浦君ニ宛テ、書面ヲ出ス　其他別段ノコトナシ　丁度光子ノ誕生日ニ当ルガ小包ガ届ケバヨイガ

六月二三日　日曜

快晴　頗ル暑シ　朝書留ガ届イタカラ何カト思ツタラ佐々木君カラ Witte ト云フ男ト日本学生々活ニ関スル論争ノ原稿ヲ送ツテ来タノデアツタ　B君カラモ端書アリ　来ル火曜日往訪スベキ旨ヲ答フ　午前中ハ読ミ残シノ新聞ヲヨミ午後ハ昼食後 St. Marie 公園ニ往ツテ見ル　去年ノ今頃丁度 Wien ニ着イタヤウニ記憶スルガアノ時ハ未ダ黒ノ冬服ヲ着テ居タリシガ夫ニ比較スルト本年ハ頗ル暑イヤウナリ　尤モ Wien ヨリハズツト南ニ居ルノダカラ其勢《せい》カモ知レズ

〔フォンテーヌブローからの書留の登録番号票、ジュネーブからの切手三枚貼付〕

六月二四日　月曜

概シテ晴　一時雲ヲ見セシモ夕方ヨリ一掃ス　朝佐々木君ヨリ手紙二通来ル　直ニ返事ヲ書キ独文原稿ト共ニ送ル　其他読書例ノ如シ　明日 Strasbourg〔ストラスブール〕ニ行クニツキ聊カ其用意ヲスル　Maison des maisons réunis ニテ bracelet〔ブレスレット〕(doublé) ヲ買フ　11 fr.〔フラン〕ナリ　此日床屋ニテ頭髪ヲ理《おさ》メタルガ独乙ノ様ニ粗末デナク馬鹿ニ丁寧ナルコト日本ノ如シ　刈リト洗ダケデ 1.50 取ラレシニハ一驚ヲ喫セリ　外国人ト見テ貪ツタノカモ分ラズ

六月二五日　火曜

晴　朝早ク起キテ六時22ノ汽車ニテ Strasbourg ニ向フ　汽車中ニテ Daudet ノ Les lettres de mon moulin ヲ読ム　十時半着キ停車場ニテ Brossius ノ迎ヲ受ク　待合室ニテ暫時少憩ノ後一所ニ Zabern マデ汽車ニ乗リ Hohbarr ノ故趾ヲ探リ夕方帰ル　夜ハ田中君ヲ訪ヒ食事ヲ共ニシ山内君ヲ一所ニ訪ネ遅クマデ話ス　夜ハ田中君ノ室ノ Sofa ノ上ニ過ス

六月二六日　水曜

曇　少雨アリ　朝約ニ従ヒ Brossius 氏ヲ往訪シ同氏ノ買物ニ行クニ随行シテ elsäßische Kunsthaus〔アルザスエ芸館〕ヲ見ル　再ビ引キ返シテ氏ノ宅ニ行キ十二時過マデ話ス　午後ハ食後再ビ同氏ヲ訪ヒ一所ニ Orangerie ニ散歩ス　此日 Fischer 君ニ遇フ　夕方児玉君ヲ訪フ　夜田中君ニうどんノ御馳走ニナル　日本ノ料理ガ見タシトテB君一寸来ラル　田中君種々日本ノ物ヲ見セ同氏ノ親類

ノ書イタト云フ画二枚ヲ贈ル　B氏帰リテカラ予ハ山内君ヲ訪ヒ十二時帰リテ田中君宿ニ泊ル

六月二七日　木曜

快晴　朝9時 Brossius ヲ Contade ニ待チ合シテ一所ニ散歩ス　昨夜田中君ニ貰ツタ画ヲ rahmen〔額縁張り〕サセルトテ先ヅ町へ行キ 3.50 ノヤツヲ一枚ダケ rahmen サセルコトニスル　夫ヨリ Orangerie ニ行キ Bank〔ベンチ〕ノ上ニテ話ス　昼別レヲ告ゲ予ハ山内君ヲ訪問シ昼食ノ饗応ニナリ四時茲処ニモ告別シテ停車場ニ行ク　僅ノ所デ四時四十分ノ急行ニ乗リ後レシカバ Blau-Kreuz ニテ Cafée ヲ呑ミテ時ヲ過ゴシ七時十分ノ汽車ニテ Nancy ニ帰ル　此行一ニハ山内君ト Kiari 教授叙勲申請ノ件ヲ相談スルタメ一ニハ Brossius 君ノ招待ニ応ズルタメナリ　十時帰リテ見ルト Frau Kärger、野地君、若杉小松三浦君、新人社、日本倶楽部、佐ゝ木君、Schmitt ノ諸氏ヨリノ来翰アリ　太陽モ着シ居ル

六月二八日　金曜

晴　終日手紙ヲ書ク　主ナルモノ若杉君ヘノ例ノ手紙、新人社ヘ夏期号ノタメノ文章、Frau Kärger, Brossius、野地君、佐ゝ木君、管原伝氏徳富猪一郎氏島田三郎氏此三氏ヘハ此九月 Genève ニ赴クニ付キ万国議員会議ヘ出席セザルヤヲ申ヤリシ也　之等書キ終ルニ夕方マデカヽリシヲ以テ Leçon ハ両方トモ休ム　六月分ノ太陽送リ来レルガ中ニ上杉君ノ国体論アリ　僻説ニアラズンバ研究ノ未ダ至ラザルモノナリ

〔佐々木惣一から送付の国際郵便為替受領証控貼付〕

六月二九日　土曜

雨　朝読書　午後 Herr 氏ヘ稽古ニ行ク　用ガナケレバ何時マデ居ツテモヨイトテ帰サヾルニツキ五時半頃マデ話シ為メニ Berlitz ノ方ハ休ム　此日太陽ニテ中島半次郎君ノ文ヲ読ミ同感ニ堪ヘズ端書ヲ出シテ賛成ノ意ヲ表ス　Frau Kärger ヨリ手紙来ル　切手貼ツテナカリシ故50文取ラル

六月三〇日　日曜

曇　朝 Brossius 氏ヨリ手紙来ル　Hagenbieten ト云フ所ニ往ツテ居ル　村長 Freiss 方トアルガ多分親類方ナラン　兄貴ヲ救フタメ学費ヲ提供シテ自分ハ少カラズ困却シ為メニ Strassburg ヲ飛ビ出シタモノト見ユ　事実

果シテ然ラバ誠ニ可愛想ナリ　ホジクツテ見レバ何処ニモ生活難ノ声聞ユ　午前中之ニ対スル返事ヲ書イテ出ス　午後ハ郊外ニ遊バントシ偶然ニ山ノ上ノ遊歩場ニ出ル　入場料十文ヲトル　市街ヲ一眺ノ裡ニ収ム　コンナ所ノアリトハ遂知ラザリキ　帰宅後読書ス

七月一日　月曜

少雨　牧野佐ゝ木小野塚田中諸氏ヨリ来翰アリ　牧野君ヘハ直ニ返事ヲ書ク　昼前読書シ夫ヨリ久シ振リニテ入浴ス　Nancy ニテハ二度目ナリ　午後ハ例ノ如ク稽古ニ行ク　東京ヨリ久シク手紙ナシ　心配ナリ

七月二日　火曜

曇　朝 Brossius 氏ヨリ手紙アリ　日曜ニ出シタ手紙ノ返事ナリ　予ノ手紙ヲ多少誤解セリト見ユ　幾分腹ヲ立テ居ルヤウナリ　依テ直ニ長文ノ手紙ヲ独語ニテ書キ送ル　30 Mk ダケ電報ニテ送ル　報酬ガ幾ラカ前貸ニナリテ居ル勘定トナル　午後ハ Berlitz, Herr ヘ稽古ニ行クコト例ノ如シ　夜ニ至テ雨晴ル　頗ル冷気ヲ覚ウ　去年ノ今頃ハ藤田君ト Wien ヲウロツキ大方 Budapest ヘ赴キシコト、記憶ス　来年ノ今頃ハ既ニ東京ニ在ルカト思ヘバ歳月流ル、コトノ早キニ想到セザルヲ得ズ

七月三日　水曜

昨夜ノ晴空ニモ拘ラズ今日ハ雨ナリ　午前中読書　午後ハ約ニ従ヒ Herr 先生ヲ訪ヒ一所ニ本ヲ買ヒニ行ク　同氏ハモト教師タルノ縁因ニヨリ二割五分引ニテ買フヲ得ルガ故ナリ　Petit Larouse〔ラルース小辞典〕ト外地図一冊ヲ買フ　銀行ニ行クト云フカラ連レ立ツテ往ツテ見ルニ第一ノ銀行ニテハ財布ヨリ百法《フラン》紙幣十枚斗リヲ出シ其中一枚ヲ貯金ニデモスルノカ出シタヤウナリ　第二ノ銀行ニテハ地下室ノ庫ニ入リ保護預ケシテアル所有公債ノ中ヨリ日本ノ公債二枚ヲ出シテ見セル　一枚ハ政府ノニテ他ハ京都ノナリ　其外内外ノ公債ヲ五十枚持ツテ居ル一枚ガ大抵 400 Fr. ノヤウナリ　小学校ノ先生デアツテ今内職ニ Leçons ナドヲヤツテ居ル人ガコンナニ金持トハ意外ニテ而カモ現ニ極メテ質素ナル生活ヲナシ居ルニハ感服ノ外ナク流石ハ資本国カナト嘆賞ヲ禁ズル能ハズ総ジテ外国ハ小学校教師トカ巡査トカ云フ下級官吏ノ手当行キ届キ倹約スレバ長イ中ニハ相当ノ貯ヲナスノ余裕アリ　故ニ自ラ才ナキヲ知ルモノ又ハ資産ノ裕ナラザル

モノハ早クヨリ之等ノ職ニ就テ産ヲ治メント志ス　然ルニ日本ニテハ上ニ厚ク下ニ薄ク小学校ノ教師ヤ巡査ナドニテハ己レ一人ノ口スラ糊スルニ足ラザルガ故ニ勢ヒ無理シテヾモ大学ニ入ラントスル青年多キコト、ナル　近来大学ノ門ニ入ルモノ徒ラニ多キヲ憂ヒ各其人ノオト財トニ応ジテ適当ノ学校ニ入ラシメントスルノ論ヲ聞クト雖モ先決問題トシテハ下級官吏ノ俸ヲ厚ウスルニアリ　上ノ者ハ老朽デモ勅選議員ニナツタリ枢密顧問ニナツタリスルモ下ノ者ハ一生貧乏シテ御奉公シ退職後ハ乞食ニデモナルヨリ外道ナキ有様ナリ　(1)官吏ノ数ヲ減ラスコト　(2)元老優遇ノ為メニ設ケラレタル枢密顧問軍事参議官等ヲ廃スルコト　(3)勅選議員ノ歳費ヲ廃スルコト　(4)一般官吏ノ恩給ヲ裕ニスルコト　(5)下級官吏ニ増俸スルコトハ目下ノ急務ナリ　Hamburg〔ハンブルク〕デハ巡査ノ初俸 2000 Mk ニ近シト聞ク

七月四日　木曜

曇　午前中読書　Brossius 氏ヨリ手紙〔ア〕ヨリ返事ヲ書ク　伯林洋服屋ヨリ照会ノコトアリ之ニ返事ヲカキ又其用ニテ雀部君ニ手紙ヲ出ス　Würzburg ノ煙草屋ヘ再ビ端書ヲ出ス　午後ハ Herr ト Berlitz トヘ稽古ニ行ク　此頃朝四時乃至五時ニ起キテ勉強スル故夜睡イコト夥シ　顧レバ今日ヲ以テ受洗満十一年〔四〕トナル　学少シク進ム　信仰更ニ進マズ

七月五日　金曜

快晴　午前中読書ス　昼食前 Berlitz ニ稽古ニ行キ帰途 Herr 氏ニ立チ寄ル　此日特別ノ音楽会ニ連レテ行クト云フ話アリシヲ以テナリ　然ルニ之ハ同氏ノ記憶ノ誤ニテ実ハ来週ノ木曜日ニアルンダト云フ　依テ直ニ帰ル　昼食後散歩シ例刻 Maritus 氏ヘ稽古ニ行ク　其後モ午後ハ勉強ヲ廃シ目ヲ休マシムベク郊外ニ策ヲ散ズ　幾ラ勉強シタツテ聊モ疲労困憊ヲ覚エザレドモ眼ガチクツイテ本ノ読メナクナルニハ誠ニ閉口ナリ　仏語聊カ進境ヲ見タルヲ感ズ　此日千葉豊治井田守三連名ノ端書、宮本君ヨリノ端書アリ　千葉君ハ在米邦字新聞記者大会出席ノタメ Portland 方面ニ赴キ数日ヲ井田兄ノ新宅ニ暮セルナリト云フ　夕方 Schweiz〔スイス〕ノ万国青年会同盟ノ書記 F. de Rougemont fils〔息子〕君ヨリ僕ガ Genève ニ行クコトヲ Phildius ヨリ聞ケリトテ手紙ヲヨコス

〔スイス切手一枚貼付〕

七月六日　土曜

終日曇天ニシテ時々雨フル　朝 Brossius、たまの、今井君ヨリ手紙来ル　今井君ノ来書ニ依レバ君ノ至誠支那人ヲ動カシ北清随一ノ人望家トナリ目下財政困難ノ時ナルニモ拘ラズ同君ニハ是非居テ貰ヒタシトノコトナリト云フ　目下大石君ト二人ニテ教鞭ヲ執リ居ルガ法政学堂ノ勢威都督ヲ圧シ隠然一敵国ヲナシツヽアリ　外務省ハ領事ヲ通ジテ年額一万円ヲ提供シテ更ニ大活躍ヲナサシメントシツヽアルモ徒ラニ売収セラルヽノ不得策ナルヲ思ヒ考慮中ナリト云フガ予モ亦之ニ応ゼザルヲ以テ君ノ為メナリト思フ　たまのヨリハ海老名内ヶ崎氏等がたまの素行ニ就テ云々セリトノ事アルガ芝居ニ往ツタ位ニテ人ノ素行ヲ品騭《ひんしつ》スルヤウナ小サイ胆玉ニテモ困ル日本ニテハ婦人ニ教養モ足リナイカラデモアルガ周囲ノ批評ガ小八釜シクテ若イ婦人ノ独リデ立ツテ行クハ誠ニ困難ノコトナリ　予ハ妻ヲ信ズルガ故ニ周囲ノ批評ハ更ニ意ニ介セズ　午前中読書セルガ此日眼著シク悪ク殆ンド読書ニ堪エズ　依テ公園ニ散歩シ午後ニ稽古ニ行キ其後引続キ郊外ニ散歩ス　夕方帰リテ先ヅ Brossius 氏ニ仏文ニテ返事ヲ認メ食後再ビ小散歩シテ九時半寝ニ就ク東京天津ヘノ返事ハ明日明後日ヲ以テ之ヲ認ム

七月七日　日曜

先ヅハ晴　午前読書ノ後教会ニ往ツテ見ル　礼拝ヲ兼ネ仏語ニ耳ヲ慣ラサントノワルイ考カラナリ　午後ハ今井及留守宅ヘノ返事ヲ書キ新着ノ朝日新聞ヲ読ミナドシテ遂散歩ニモ出ズ終日籠居セリ　夜例ニヨリテ公園ニ音楽ヲキヽ、ニ行キ帰リテ早クネル　此日 Fock ヨリ注文ノ書籍到着ス

七月八日　月曜

晴　午前読書　午後例ノ如ク Berlitz 及 Maritus ヘ稽古ニ行ク　夕方ハ食前食後二回ニ亙リテ散歩ス　眼ハワルシ　去レバトテ今日ノ場合読書ハヤメラレズ誠ニ困ツテ仕舞フ　毎日ノ様ニ何処カラカ手紙来ルガ此二日之モナシ　只僅ニ Zisterdorf ノ Eschig 氏ヨリ端書アリシノミ

七月九日　火曜

晴　朝 Fock ヨリ Egelhaaf ノ Geschichte der neuesten

Zeit〔最近代の歴史〕ヲ送リ来ル　之ハ去年ノ今頃注文セシモノナリト記憶ス　呑気ナ本屋ダガ忘レズニ何時カハ送リ来ルコトダケハ感心ナリ　午前中勉強シ午後ハ Herr, Berlitz ヘ稽古ニ行キ眼ヲ休メル為メアトハ散歩ス　十四日ノ国祭近《ちかづ》キシタメカ市中俄カニ賑カニナレルノ感アリ　瑞西《スイス》学生青年会ノ幹事 Rougemont 氏ヘ返事ヲ出ス　十月十二日ノ大会ニ出席シテ何カ話セト求メ来リシニ対シテナリ　又小山田、藤浪二君及留守宅ヘモ手紙ヲ出ス

〔ドイツ切手一枚貼付〕

七月一〇日　水曜

晴　朝 Brossius ヨリ端書来ル　午前中読書シ午後稽古ニ行クコト例ノ如シ　銀行ヨリ金ヲ取リ先月分ノ勘定ヲ宿ニ払フ　一日5法ノ割ニテ Strasbourg ニ往ツタトキノ食費ナドヲ差引イテアルノデ103法トナル　金ノ勘定ケチケチシナイデ気持ヨシ　15法ヲ Pourboire〔チップ〕トシテヤル　午後ハ Fr. Kärger, Brossius、佐々木君ヘ手紙ヲ出ス　此日 Maritus 先生ノ処デ Rousseau〔ルソー〕ノ作ナリトテコンナ文ヲ見タ　面白イカラ書イテ置ク

Si j'étois riche, ...sur le penchant de quelque agréable colline bien ombragée j'aurois une petite maison rustique, une maison blanche avec des contrevents verds. J'aurois pour cour une basse-cour, et pour écurie une étable avec des vaches pour avoir du laitage que j'aime beaucoup. J'aurois un potager pour jardin et pour parc un joli verger. Les fruits, à la discretion des promeneurs, ne seroient ni comptés, ni cueillis par mon jardinier, et mon avare magnificence n'étaleroit point aux yeux des espaliers superbes auxquels à peine on osât toucher. Or cette petite prodigalité seroit peu couteuse parce que j'aurois choisi mon azile dans quelque province éloignée où l'on voit peu d'argent et beaucoup de denrées, et où règnent l'abondance et la pauvreté. Là je rassemblerois une société plus choisie que nombreuse, d'amis aimant le plaisir et s'y connoissant. Là tous les airs de la ville seroient oubliés, et, devenus villageois au village nous nous trouverions livrés à des foules d'amusemens divers qui ne nous donneroient chaque soir que l'embarras du choix pour le lendemain. L'éxercice et la vie active nous feroient un nouvel estomac et de nouveaux gouts. Tous nos repas seroient des festins où l'abondance plairoit plus que la délicatesse. La gaité, les travaux rustiques, les folâtres jeux sont les prémiers cuisiniers du monde, et les ragouts fins sont bien ridicules à des gens en haleine depuis le lever du soleil; la salle à manger seroit par tout, dans le jardin, dans un bateau, sous un arbre; quelquefois au loin, près d'une source vive, sur l'herbe verdoyante et fraiche.

〔金があったらのはなしだが、……どこか木立のこんもりした〔快適な〕丘の斜面に、小さな田舎家が欲しい。鎧戸を緑に塗った白壁の家がいい。……中庭には家禽を放し飼いにし、馬小屋がわりの牛小屋には雌牛を飼って、大好物の乳製品を作りたいものだ。裏庭は菜園、外まわりの地所は、あとでお話しするように、枝もたわわな果樹園としよう。果実は散歩に来る人々が勝手に取るにまかせ、庭師に数をかぞえさせたり、取り入れさせたりはすまい。惜しくてたまらぬところを、ままよと奮発するわけだから、ちょっと手を出しそびれるほどの、これ見よがしの高い垣根を結うのはやめにしよう。だが、このささやかな贅沢にはたいして金もかかるまい。いずれわたしが引退先を選ぶのは、どこか辺鄙な地方の、金まわりはよくないが、物だけはふんだんにあり、豊かさと貧しさとが両立するような土地だからだ。

そこでは、数は多くなくとも気に入った友人たち、楽しみごとが好きで、よく知っている連中を集めてつき合おう……。そこでは、都会流儀はきれいさっぱり忘れて、村に入ったら村人になり、明日は何をしたものかと毎晩決めるのにとまどうほどの、いろいろ様々な楽しみにふけるのだ。体を動かし、いそがしく立ち働いて暮らせば、胃袋も新鮮になり、好みだって変わってくるというものだ。食事はいつも宴会みたいなもので、凝ったものより、量のたっぷりあるものが好まれる。愉快な気分、畑仕事、陽気なゲームが何よりの名コックで、極上のシチューも、夜明けからずっと精出して働いてきた人々には、腹の足しになるものではない。食堂なら庭、舟、木陰と、どこにもある。たまには遠出して、湧き水のほとり、緑の色もあざやかな草の上というのもいいだろう。〕

〔ヴュルツブルクの煙草屋ヨゼフ・ハックより送られてきたバイエルン救恤会とバイエルン赤十字自由協会のための慈善富くじ（一・一〇マルク）貼付〕

七月一一日 木曜

晴　頗ル暑シ　午前中読書　午後ハ Herr 氏ノ誘ニ依リ当地某唱歌教師ノ温習会ヲキヽニ行ク　中々盛ナモノナリ　二時ヨリ六時ニ至ル　酷暑ノトキトテ息モツケヌ程ノ苦シサナリシモ面白カリシカバ終マデ辛抱シテキク

此日 Times へ百科全書ノ六七月分ト Echo ノ後半期分トヲ為替ニテ払フ　仏英両国間ニハ独国ノ如ク郵便局ニ払ヒ放シノ便法ナク日本ノ如ク為替券ヲ貰ヒ之ヲ態々本人カラ送ツテヤル　文明国ニモ似合ハズ不便ナコトナリ

Brossius ヨリ午後書面到着ス

〔ロンドン宛一二フラン六〇サンチームの郵便為替券購入受領証〕

七月一二日 金曜

快晴　頗ル暑シ　午前中読書午後稽古ニ行クコト例ノ如シ　Berlitz School ノ方ハ今日ヲ以テ満一ケ月トナリヤメルコトニスル　5日休ンダ分ハ延バシテ教ハルコト出来ル筈ナリシモ先生知ラヌ顔ニテトボケル　ズルイ婆ナリ　要スルニ此方ノ先生ハ余リ学問モナク感心セズ　Maritus 氏ニ比シテ頗ル劣リ且ツ高シ　émirent ノ infinitive〔不定詞〕ヲ聞イタラ émire ダナドト教フ　午後新着ノ新聞ヲヨム　六月十九日附ヲ以テ判事山田正三氏東京法科大学助教授ニ任ゼラル　多分中川教授ノ後釜ナランカ

七月一三日 土曜

晴　頗ル暑シ　食事ノ時ナド流汗淋漓ト云フ有様ナリ　午前中例ノ如ク読書シ午後稽古ニ行ク　暑クテ気ガ乗ラズ　市中非常ニ賑フ　夜 Brossius 氏へ端書ヲ出シテ置ク

七月一四日 日曜

快晴　国民祭当日ノコト、テ朝来人出盛ナリ　予ハ例ニヨリテ九時頃マデ読書シタルガ直グ向ヒ側ノ Place Carnot〔カルノー広場〕ニハ観兵式アリテ楽隊ノ響高ク聞エ窓ヨリ外ヲ眺ムレバ周囲ニ人ノ山ヲ築ク　ヤガテ一寸外出シテ見ルニトテモ暑クテ堪エラレズ　夫レニ西洋人ハ衣物コソ美シク着飾テ居レ多クハ余リ湯ニ入ラザルモノ故人込ミノ中殊ニ田舎ノ見物人ノ込ンデ居ル中ニ入ルト汗臭クテ堪ツタモノニアラズ　去レバ我輩ハ直グ帰リ独リ下宿屋ノ楼上ニテ書ヲ読ム　午後亦然リ　此間朝受取ツタ Brossius 田中ノ二君へ返事ヲ出ス　夕食後散歩ニ出テ公園ノ Illumination ナドヲ見ル　盛ナ人出ナリ　十時頃ヨリ花火アリ　之モ中々盛ナリ　花火ノ後広場々々ニテ音楽ニ連レテ Danse〔ダンス〕始ル　与ルモノ兵隊ト女中トヲ主トシテ多クハ其類ノ連中ナリ　暫ク立ツテ見テルト砂煙濛々トシテ立昇ル　之亦堪ツタモノニアラズ

乃チ宿ニ帰リテ寝ル

七月一五日 月曜

快晴　風アリ聊カ凌ギヨシ　Fr. Kärger ヨリ来翰　午前読書　午後 Maritus 氏へ稽古ニ行ク　夜散歩スルコト例ノ如シ　特筆スベキコトナシ

七月一六日 火曜

快晴　午前中読書ス　Brossius 氏ヨリ来翰　午後H氏へ稽古ニ行ク　土曜日ニ Thomas ト云フ人ヘ Leçon ヲトリ度旨手紙ヲ出シ置キシニ今日昼来訪セラル　毎週三日取ルコトニキメ取敢ヘズ此日ノ六時ニ来テ貰フコトニスル　一回ノ報酬 1.25 ナリ　夕方約束ノ時間ニ来ル　La vie politique dans les deux mondes ヲ読ンダガ政治ノコトモ相当ニ知ツテ居ツテ大ニ満足セリ　Brossius 氏へ返事ヲ出シ且山内田中ノ二君ヘ端書ヲ出ス

七月一七日 水曜

快晴　午前中読書例ノ如シ　午後ハ Maritus 及ビ Thomas 二氏ノ稽古ヲウク　Fr. Kärger へ返事ヲ出ス　Kノ依頼ニ応ジ小林富次郎氏へ照会シタル件既ニ二ケ月ヲ超エタルニ何ノ返事モナシ　商人ニ似合シカラザル振舞ナルノミナラズ人ノ親切ヲ無視スル次第ト云ハザル可カラズ　仏蘭語モ此頃ハ何《ど》ーカコーカ行ク

Monsieur Thomas, correcteur.〔校正係〕
Imprimerie Berger-Levrault. Rue des Glacis 8

七月一八日 木曜

曇時々雨　午前中読書午後 Herr 氏へ稽古ニ行クコト例ノ如シ　此日新聞ニテ日露同盟条約成立ノ報アリ　紐育《ニューヨーク》電報ニテ東京ニテハ alliance〔同盟〕ニアラズ entente〔協商〕ナリト云ヘド先ヅ満州ニ於ケル権力ノ分立ニ関シテノ alliance ト見ルベク英モ Tibet〔チベット〕ニ於ケル全権ノ保障ヲ得テ之ニ同意セリナド見ユ　外遊ノ桂公後藤男今頃丁度 Russe〔ロシア〕ニ居ルニヤ　此朝豊治兄及小山田君ヨリ来書アリ　直ニ返事ヲ出ス　古川ニテハ横断鉄道ノ線路出来シ電灯モ電話モ出来面目ヲ改メツヽアリトナリ　手島町ニハ一万円ノ株式会社ニテ劇場出来スベシト云フガ之レダケハ一万円デハ六ナモノハ出来マジ　火事跡へ家ガ建テ揃ヒシニヤ

七月一九日 金曜

曇　但シ雨ハ降ラズ　朝 Brossius 氏ヨリ端書東京ヨ

リ新聞来ル　小野塚先生ヨリ七月分ノ法学協会雑誌送リ来ル　独乙政況ノ論文ヲ載セアリ　午前中読書午後稽古ニ行クコト例ノ如シ

七月二〇日　土曜

曇時々雨　頗ル冷気ヲ覚フ　佐々木君ヨリ来翰　直ニ返事ヲ出ス　午前中読書　午後Herr氏へ稽古ニ行ク　此日新聞ニテ天皇陛下重患ニ罹ラセラレ人事不省ノ状態ニ在ラセラルトノ報アリ　詳報ヲ待タザレバ明ナラザレドモ突然ノコトナレバ多分脳溢血症ナドニヤト拝察シ奉ル　心痛ニ堪エズ　宿ノ親父曰クドーダ皇帝ガ死ナレタラ直グ帰ツテ取ツテ代ツタラ云々　以テ仏国人ノ王者ニ対スル考ヲ見ルベシ　尤モ王党ノ盛ナリト称セラル、Nancy ニテ猶斯ノ声ヲ聞ク　共和党ノ基礎先ヅハ万全ノ境ニ入ルト云ツテ可ナランカ

〔家庭・職業婦人博覧会のための、ドイツ・リュケイオン・クラブの富くじ(一マルク)貼付〕

七月二一日　日曜

細雨霏々トシテ宛ラ梅雨ノ如シ　午前中読書シ午後ハ数時間ニ亙リテ郊外ニ散歩ス　西洋ハ郊外ニ出デ、モ道路ガヨキ故雨天ニモ拘ラズ靴ガ非常ニ汚クナルコトモナシ　平野亮平君ヨリ久シ振リニテ端書ヲ寄セラル　直ニ返事ヲ出ス　此日 Le Matin〔ル・マタン〕ニテ天皇陛下崩御セラレタルラシトノ報ヲ見ル　御病症ハ腸チフストアリ十四日御発病セラレタルモノ、如シ

七月二二日　月曜

曇　雨ハ降ラズ　午前中読書　午後 Maritus ニ稽古ニ行ク　佐々木君ノ依頼ニ応ジテ新聞ニ下宿探シノ広告ヲ出ス　新聞ニ日本天皇危篤ナレドモ未ダ崩御セラレタルニアラズトノ報見ユ　但シ peu d'espoir〔望みなし〕トナリ痛懼ニ堪ズ　新着ノ新人ニ内ヶ崎君第五子ヲ挙グ　而カモ初メテノ女児ニテ其名ヲ光枝嬢ト云フ　態々勧工場ニ行キ奇麗ナ絵端書ヲ買ツテ祝状ヲ発ス　先生予期ニ違ハズ乃公ヲ凌グ　盛ナルカナダ

七月二三日　火曜

晴　午前中読書午後 Herr 氏へ稽古ニ行クコト例ノ如シ　夜公園ニテ某有志団ノ音楽会アリ　聴キニ行ク

〔英国切手一枚貼付〕

七月二四日　水曜

晴　朝 Brossius ヨリ端書来リ来須〔シュトラスブルク〕ヲ促ス　依テ十一時ノ汽車ニテ往ク　途中 Luneville ニテ降車シ仏国田舎町ノ光景ヲ見テ更ニ一時間ノ後急行ニ乗リ換エ四時半 Strassburg ニ着ク　Sie holte mich nicht, sondern schickte ein Dienstmädchen mit seinem Brief, wonach sie diesen Nachmittags eine Vorlesung gehabt hat und ich zu ihr heute abend kommen sollte.〔彼女は迎えに出ていなかったが、女中に手紙を託して来させていた。それによると、彼女は午後講義があるので、今夜彼女のところに来てほしいとのこと〕Blau-Kreuz Hôtel ヘ泊ルコトニスル　夜食後 Brossius 君ヲ訪ヒ一緒ニ Orangerie ニ行ク

七月二五日　木曜

午前晴午後雨　午前中宿ニテ読書シ午後約ニ従ヒB君ニ会見シ研究ノ結果ヲ聴ク　夜山内君ヲ訪フ

七月二六日　金曜

晴　朝再ビ約ニ従ヒ je vais chercher Berthe mais elle me fait dire par son serviteur, qu'elle est au lit à cause du mal à la tête.〔ベルトを迎えに行ったが、彼女は下男を通して、頭痛がするので寝ていると告げた〕　午後 Contade ニ散歩ス　夜田中君ヲ訪フ　B君田中君宅ニ予ニ遇ヒニ来ル　B君今日 Fischer 君ト会見セルヲ見ル

七月二七日　土曜

快晴　終日在宅　夜田中君ヲ訪フ　始メテ同氏ノ Braut〔許嫁〕Frl. Léon Klein ヲ見ル　B. refuse de me voir.〔Bは私が訪れるのを拒んだ〕

七月二八日　日曜

朝 Station ニBノ田舎ノ叔父サンヘ暇乞ニ行クト称スルヲ見送リ田中君ノ内ヘ帰ル　四日 Blau-Kreuz Hôtel ニ泊リ此日ハ田中君ノ懇請ニ依リ同君宿ニ一泊セントスルナリ　午後同君及 Klein 氏ト Stockfeld ニ散歩ス　夜B氏ト Orangerie ニ行ク　雨ニ遇フ　最後ノ訣ヲ告ゲテ帰ル

〔オランジュリーでの大慈善祭の入場券（七月二十八日夜六時から、五〇ペニヒ）貼付〕

七月二九日　月曜

曇　昼頃大雨アリ　午前中田中君ノ Institut ニ往ツテ同君ノ仕事ヲ見ル　次手ニ児玉君ニモ遇フ　午後一所ニ田中君ト会食シ 4.40 ノ急行ニテ Nancy ニ帰ル　内ノ百

渓君等ヨリ手紙来テ居ル

七月三〇日　火曜

晴　朝荷物ヲ片付ケ内へ手紙ヲ書ク　カバン破レ用ヲ為シ難キヲ宿ノ婿親切ニモ色々手ヲ尽シテ修繕シテ呉レル　午後ハ銀行へ往ツテ金ヲ取リ Herr, Maritus, Thomas 三氏ヲ訪ネテ金ヲ払ヒ彼是 Nancy ニ於ケル用ヲ済マス

七月三一日　水曜

晴　朝早ク起キ七時35発ノ急行ニテ Nancy ヲ立ツ　宿ノ婿停車場マデ送ツテ呉レル　Herr 母子ハ窓ヨリ見送ラル　汽車ハ丁度其家ノ前ヲ通ルナリ　四時間アマリニテ十二時十五分ト云フニ Paris ニ着ク　予メ手紙ヲ出シテ置キシ故佐々木君出迎ニ来テ呉レ兎モ角モ同君ノ宿ニ行クコトニスル　宿ハ Rue Champollion〔シャンポリオン通り〕ノ Grand Hôtel Central ト云フナリ　名ハ大シタモノナレドモ実ハ小サイ安宿ナリ　暫時小憩ノ後昼食ヲ食ニ行キ夫ヨリ下宿ヲ探ス　二ツ三ツ見テ後大使館、牧野君ヲ訪フ　牧野君丁度在ラズ　帰ラントスル所へ杉浦君ヤツテ来ルニ会シ一所ニ同君ノ宿ニ至ル　同君ハ既ニ一年アマリ Paris ニ滞在スルナリト云フ　何デモ河副君ノコトニツキ是非遇ヒタキコトアリトテ頻リニ予ヲ待チ居リシナリト云フ　近日再会スベキヲ約シテ分ル　再ビ牧野君ヲ訪フ　遇フ　松岡君ニモ遇フ　牧野君滞在ノ僧院ハ部屋ハ沢山アルモ何デモ近々ニ他ニ移転セネバナラヌ様子ナリト云フ　部屋ハ頗ルヨケレドモ面倒臭イカラ他ヲ探サンカト考ヒツ、夜同君ニ分レテ佐々木君ト一所ニ宿ニ帰リ一時頃マデ話シテ寝ニツク

八月一日　木曜

晴　候補者ノ中ニ入リシ宿ニ軒アリ　一ハ Leroy ニシテ他ハ M. Clauzel ナリ　何レモヨシ　決定スルニ迷フ　可笑シケレドモ銀貨数枚ヲ机ノ上ニ投ゲテ運定メヲスル　Cノ方ニ落チル　依テ此方ニ移ルコトニ定メ佐々木君ト Station ニ行キ荷物ヲ受取リ其足ニテ直ニ Rue du Pont-de-Lodi 5, ノ M. Clauzel ノ宿ニ入ル　堅イ新教信者ナリト云フ　同宿者トシテ近々帰郷スルト云フ独乙ノ若イ御嬢サント之モ近々帰ルト云フ米国ノ頗ル老年ノ御嬢サントナリ　主人ハ商売人ラシ　娘アリ　四十近之ガ Leçon ヲ与フルト云フ　歯ガカケテ早口ニテ教師

トシテ決シテ適当ニアラズ　外ニ Cousine〔従姉妹〕ト云フガアリ　Rome ニテ陸奥広吉氏ニ仏語ノ Leçon ヲ与ヘシコトアリト云フガ之ハ発音頗ル不明瞭ナリ　昼食後佐々木君ト散歩シ大使館ニ行ク　夜ハ一所ニ鷲尾君ヲ訪フ
〔パリの乗合バスの切符（一五サンチーム）貼付〕

八月二日　金曜

曇　朝佐々木君ヲ訪フ　同君ハ月末ノ出発ヲ小生ノ為メニ延期シ今日正午ヲ以テ Nancy ニ向フコトトセラル　午後ハ隣室ノ Fräulein ノ兄君ニ誘ハレテ町へ散歩ス　大通リヲ一巡シテ四時帰ル　Kafee ヲ呑ンデ復タ出掛ケ Luxembourg〔リュクサンブール〕公園ヲ一巡シテ帰ル　夜ハ諸方へ手紙ヲ書ク

八月三日　土曜

雨　午前中荷物ヲ片付ケ手紙ヲ書ク　午後ハ佐々木君ノ広告ノ返事ニ依リテ語学教師数名ヲ訪問ス　夜手紙ヲ書ク　ヤツト体ガ落チ付ク　勉強ハ愈月曜日カラナリ

八月四日　日曜

雨　午前一寸勉強シ十時過宿ノ親爺ト教会ニ往ツテ見ル　午後モ食後宿ノ親爺ニ誘ハレテ町ヲ散歩シ五時過ギ帰ル　ヤツト体ガ落チ付キ勉強ニ取リ掛リ得ル様ニナレルモ何トナク心淋シキヲ感ズ　佐々木君ト田中君トヨリ来翰アリシノミニテ何処ヨリモ便リナシ

八月五日　月曜

晴　朝勉強スル　Peschel 氏帰リ御客サンハ我輩ト亜米利加ノ御婆サンノミトナル　午後ハ杉浦君ヲ訪フ　牧野君ヲ誘ヒ三人 Bois〔ブローニュの森〕ニ散歩シ七時 Métro〔地下鉄〕ニテ帰ル　小野塚先生ノ紹介ニヨリテ Arcambeau 氏ニ手紙ヲ出セシニ明後水曜日茶ニ来イトノ招待ヲウク
〔バスの切符（一〇サンチーム）、地下鉄の切符（〇・一五フラン）貼付〕

八月六日　火曜

少晴　朝 Brossius ヨリ端書来ル　土曜日 Mühlhausen〔ミュールハウゼン〕ニ帰リ本日 Luzern〔ルツェルン〕ニ向フトナリ　返事ヲ書ク　其他諸方面ヘノ手紙ヲ書ク　此日ヨリ内ノ Mademoiselle ヨリ Leçon ヲ取ル　午後ハ買物ニ出テ風呂ニ入ル　陛下御崩御ニツキ喪章ヲ買ニ行キシナリ　巴里ハ広キ故一寸出掛ケテモ一時間ヤ二時間ハカヽル　夜ハ大通ヲ散歩シテ見ル　早ク寝ル
〔パリの自由福音主義派四教会の宗教サービスの案内表貼付〕

八月七日　水曜

晴　午前中読書　殊ニ Traduction〔翻訳〕ヲヤル　午後ハ先ヅ以テ一軒 Institutrice〔小学校の女教師〕ヲ訪ネテ見ル　往ツテ見ルト案ニ相違シ見ツトモナイ汚イ婆ニテ部屋ヲ貸シ Leçon ハ只教ヘルトノ言ヒ分ナルモ教育モ何モナカリサウナリ　宜イ加減ニシテ帰ル　夫レヨリ約ニ従ヒ Mademoiselle Chopin ヘ稽古ニ行ク　五時帰ツテ茶ヲ呑ミ再ビ読書ス　Chopin ハ快活ニシテ発音ハ最モ八釜シ　佐ゝ木君ヘ Tageblatt〔日刊新聞〕ノ週刊ヲ送ル　Wien ノ Stimpfl ヨリ端書来ル　奥山君夫妻出立前二三日滞在シ今ハ大野君居ルトナリ　返事ヲ出ス　夜ハ Arcambeau 氏ヲ Bd. Voltaire〔ヴォルテール通り〕133 ニ訪フ　氏ハ小野塚先生ノ元ノ語学ノ先生ナリトテ先生ヨリ紹介シ来リシ也　数日前手紙ヲ出シテ面会ヲ求メシニ本夜茶ニ呼バレシ也　小柴君ト云フ絵ノ研究ニ来ラレテル人モ同席セラル　富井、戸水、山田、野村、寺尾ノ諸教授皆其弟子ナリト云フ　目下ハ Attaché〔大使館員〕ノ用デモシテルモノト見エ毎日大使館ニ出勤シテルトナリ　十時辞シ帰リ一寸小柴君ノ宿ニ立チ寄リ日本茶ヲ御馳走ニナリ帰ル　雀部君 Fr. Kärger 等ヨリ手紙来ル　佐ゝ木君ヨリハ朝ト夕ト二度端書来ル　至ツテ淋シト見ユ

八月八日　木曜

晴　朝食事ヲ了リ読書ニ取リ掛ラントシテル所ヘ Kuhn 君ノ来訪ニ接ス　同君ハ去ル金曜日ニ来ラレシナリト云フ　暫時談話ヲ交ヘ後一所ニ Panthéon〔パンテオン〕, Luxembourg 公園、同ジク Musée〔ルーヴル博物館〕ニ散歩見物シ十二時分ル　午後ハ Baedeker ニ依リテ Paris ノ地理ヲ研究ス　Wien ヨリ山内保君ノ手紙来リ妻君未ダ日本国籍ヲ得ザルタメ大使館ニテ証明シ呉レザリシトテ例ノ如ク憤慨シテ居ル　幸ニ Russia 大使館ニテ便宜ノ処置ヲ取リ呉レシトテ無事出発スルヲ得タリト云フ

八月九日　金曜

少晴　午前中読書ス　内ノ Mademoiselle ヨリ二度目ノ Leçon ヲウク　ドーモ面白クナシ　気ガ乗ラズ　午後ハ大使館ニ為替入書留ヲ取リニ行キ夫レカラ約ニ従ヒ Arc de Triomphe〔凱旋門〕ノ前ニテ Kuhn 君ニ会フベク行ク　往ツテ見ルト居ナイ　暫ク待ツテモ居ナイ故独リデ Champs-Élysées〔シャンゼリゼ〕ノ方ヘ散歩スルト途中デ遇

フ　同君ハ予ノ意ヲ誤解シ Étoile〔エトワル広場〕ノ方へ行キシナリ　夫ヨリ一所ニ Tour Eiffel〔エッフェル塔〕ニ登リ七時分レテ内ニ帰ル　Eiffel ノ観覧料ハ 3 fr. ナリ

〔新聞切抜き（ベルクソンの写真）貼付〕

八月一〇日　土曜

曇少雨　朝東京ヨリ新聞、Wien ヨリ山内君出ノ Album 届ク　食事ヲ済マシテ匆々ニ Louvre〔ルーヴル〕ニ行ク　Kuhn 君ト一所ニ見物スルノ約アリシヲ以テナリ　絵ト彫刻ノ部ヲ見タルガ何分大シタモノナリ　偶然緒方君ニ会ス　昼 Kuhn 君ト分レ緒方君ト一所ニ宿ニ帰ル　君ハ馬鹿ニ高イ Hotel ニ泊リ居ラル、故元ト佐々木君ノ泊ツテ居ラレシ宿屋ヲ推薦シ飯ハ予ノ宿ニ来テ食フコトニスル　午後ハ Leçon ニ行ク　帰リテ Baedeker ヲ研究シ夜食後緒方君ト散歩シ例刻寝ニ就ク

八月一一日　日曜

晴　午前ハ Kuhn 君ト Petit Palais des beaux arts〔プチパレ美術館〕ヲ見ル　午後ハ緒方君ヲ之ニ加ヘ三人ニテ Cimetière du Père Lachaise〔ペール・ラシェーズ墓地〕ヲ見ル　巴里ニハ墓場三ケ所アリ　之レガ其中一番大キナモノナリ　色々有名ナ人ノ墓沢山アル中ニ記憶ニ止レルハ Molière〔モリエール〕ガ La Fontaine〔ラ・フォンテーヌ〕ト一劃ノ裡ニ相並ベルト之ト筋向ヒニ Alphonse Daudet〔アルフォンス・ドーデ〕ガ背ヲ向ケテ立テル是ナリ　其他 Napoléon 時代ノ有名ナル将軍ノ墓ナド多シ　夕方 Kuhn 君ト分レ緒方君ト大通ヲブラブラシテ帰ル　食事後緒方君ト散歩ニ出テ初メテ夜ノ巴里ノ大通リヲ見ル　雑踏頗ル甚シ

八月一二日　月曜

終日雨　朝 Kuhn 君来訪セラル　一所ニ緒方君ヲ誘フ　何処カ公園ニデモ行ク積リナリシガ雨降リ故 Notre-Dame〔ノートルダム〕ヲ観夫レカラ巴里第一等ノ勧工場 Louvre ヲ見ニ行ク　併シ伯林 Wertheim ノ十分ノ一ニモ足ラザルベシ　予ハ序ト思ツテ Lotion ヲ買フ　1.90 ト札アルニ番頭帳簿トシメシ合セ 290 ヲセシメ一法《フラン》ヲ誤魔化サントス　斯ンナ大キナ堂々タル店ニテ不都合極ル噺ナリ　Kuhn 君ハ絵端書ヲ買テ50文贋金ヲ授ケラレ之ヲ戻サントスレバ番頭逃ゲテ在ラズ　斯ノ如キハ独乙ニテハ曾テ見ザル所ナリ　Kuhn 君ト分レ予等ハ雨ヲ冒

シ Concorde〔コンコルド広場〕辺ヲウロツキテ帰ル　食後ハ暫ク話シ四時頃ヨリ Palais de Justice〔裁判所〕ト Hôtel de Ville〔市庁舎〕ヲ見ニ行キ Kine. ニ入リ食事ヲ外ニテ取リ散歩ス

〔ユニヴェルセル・シネマの切符（一フラン）、オーストリア切手二枚貼付〕

八月一三日 火曜

晴（雨時々）　此日朝八時25ノ汽車ニテ緒方君 London ニ向フ　早ク起キテ Gare du Nord〔北駅〕ニ見送ル　其足ニテ Avenue de Versailles〔ヴェルサイユ通り〕137 ニ Mme Gilbert ヲ訪ネ〔ル〕 Stunde ノタメナリ　毎週当分二回トルコトニ話ヲキメテ帰ル　午後ハ Kuhn 君ト Hôtel des Invalides〔廃兵院〕ヲ見ル　Napoléon ノ墓スバラシイモノナリ　Musée ノ中ニ Napoléon ノ遺物アリ　之ニ依レバ彼ハ blond 小作リノ男ニテ手ナド女ノ様ニ優シカリシガ如シ　此日 Fr. Kärger (avec trente marcs〔三〇マルクで〕)、山内保君へ手紙ヲ出ス　Bijot 氏ヨリ手紙来ル　目下巴里ニ来テ居ルトナリ　明日 Louvre ニ行クカラ来ナイカト誘ヒ来ル

八月一四日 水曜

雨　朝 Louvre ニ赴ク　絵画ノ部ノ入口ニテ Bijot 氏ニ遇ヒ一所ニ中ニ這入ル　色々話ノアツタ中デ Bijot 氏当地 Conservatoire〔コンセルヴァトワール（パリ国立音楽演劇学校）〕ノ Concierge〔管理人〕ノ話ヲ信ジ某音楽家ニ歌ノ Leçon ヲ取ル　先生自身モ亦自ラ称シテ仝 Conservatoire ノ Professeur〔教授〕ナリト云ツテ居ル　然ルニ其先生タルヤ生活ノ工合見スボラシク到底当〔堂〕々タル Professeur ト見エザルノミナラズ歌モ下手デ声モワルシ　私ニ疑ヲ抱キ居タルニ Professeur ナリト云フコトノ虚偽ナルヲ知レリトノコトナリ　之ニ大枚一時間10法ヲ払フノモ馬鹿々々シイガ如何シタモノカト相談ヲウク　午前ハコンナ話デ分レ午後再ビ Bon Marché〔ボン・マルシェ百貨店〕ニテ会シ一所ニ先ヅ以テ Conservatoire ニ赴ク　予ハ知ラヌ顔シテ Concierge ニ会シ歌ヲ習ヒタイガ誰レカ先生ヲ紹介シテ呉レヌカト質問シタルニ奴サン同ジ先生ノ名刺ヲ呉レル　但シ今度ハ之ヲ同校ノ教授ニアラズト明言ス　茲ニ於テ其所謂先生ナルモノ、自称 Professeur ナルコト明トナル　扨テ跡ノ始末ヲ如何ニスベキカヲ色々相談

ヲウケタルモ手紙デ詰責スルカ自身往ツテ責ムルカノ外道ナシナド話シツヽ夕方ニナリ分ル　不都合ナ奴モアルモノナリ　此日 Brossius、及ビ Schmitt ヨリ音信アリ Brossius ハ Suisse ノ Interlaken〔インターラーケン〕ト云フ所ヨリ手紙ヲヨコス　夜ニ至リたまの及 Trunk 夫人ヨリ来翰アリ　Trunk 家ニテハ過般三名ノ日本人ヲ招待シテ先帝陛下追悼会ヲ開ケリトテ御尊影ト其記事トヲ送リ来ル　紀念ノ為メ之ヲ取ツテ置ク　御尊影ノ裏ノ詩ハ夫人ノ自作ナリト云フ

〔インターラーケンの湖畔のホテル、デュ・ポンの絵の切抜き貼付〕

八月一五日　木曜

雨　朝ハ Bijot 氏ノ依頼ニ依リ例ノ Professeur ヲ訪問スルニ随行ス　Bon Marché〔ボン・マルシェ〕ノ側ノ Parc〔公園〕ニテ待チ合セ Omnibus〔乗合バス〕ニ乗リテ先生ノ宅ニ行ク　Bijot ハ奇麗ニ授業料ヲ払ヒテ其 Professeur ト僭称スルノ非ヲ詰責ス　帰途 Madeleine〔マドレーヌ寺院〕ニ詣デ十二時分ル　午後ハ更ニ Kuhn 君ヲ誘ヒ St. Cloud〔サン・クルー〕ニ遊ブ　往復トモ船ニ乗リシガ雨降リノコト、テ頗ル寒シ　トテモ八月ノ気候トハ思ヘズ　緒方君 London カラ端書ヲ呉レル

八月一六日　金曜

晴　空ハ猶曇リテ居レド雨ハ降ラズ幾分温キヲ覚ウ之デ天気ガ上レバ誠ニ心地ヨシ　朝ハ在宅シテ読書ス一寸銀行ニ往ツテ金ヲ預ク　午後ハ食後約ニ従ヒ Bijot 氏ヲ待チ合セ桑田芳蔵君ノ依頼ノ用件ヲ果スベク郵便局ニ行ク　Bijot 氏ニ詳シク話シテ貰ヒシガ要スルニ仏国ノ役人ハ共和国ノ癖ニ独乙ノ如ク親切ナラズ骨ヲ惜ムコト夥シ　小包郵便ハ郵便局ノ取扱ナラズトテ la gare de l'Est〔東駅〕ニ送ラレ更ニ茲ニテハ Leipzig ヨリノ小包ヲ取扱ハズトテ la gare du Nord〔北駅〕ニ送ラレ更ニ税関ニ送ラレ結局ソンナ物ハナシト云フコトニ極リ二時間余ヲ空費シテ帰ル　夫ヨリ Luxembourg 公園ニ引キ返シ Concert ヲ聴キ七時分レ帰ル

〔ルーヴル―ヴェルサイユ間のバスの切符(一〇サンチーム)貼付〕

八月一七日　土曜

晴　著シクマタ温クナリシ様ニ覚フ　朝ハ早ク起キ Bijot 氏ヲ見送ルベク東停車場ニ行ク　氏ハ一時間モ前カラ来テ居ラレシ模様ナリ　午前正八時汽車ハ動ク　夫

ヨリ帰宿シ食事後朝日新聞半月分ヲ読ミ直ニ之ヲ佐々木君ニ送ル　午後ハ約ニ従ヒ Kuhn 君ヲ Étoile〔エトワール広場〕ニ待チ合ハセ一所ニ Bois〔ブローニュの森〕ニ遊ブ　Étoile ヨリ Bois ニ至ル Avenue de Bois de Boulogne ハ丸デ公園ノ如シ　Berlin ノ Unter den Linden ノ如キ及ビモ付カズト云フベシ　且 Bois モ壮美兼ネ備ヒ且広大ナルコト実ニ世界ノ冠ト称スベシ　二時間モウロツキテ漸ク1/3斗リヲ見シ位ナラン　夫ヨリ Kuhn 君ニ分レ予ハ汽車ニ乗リ稽古ノタメニ Mme Gilbert ヲ訪フベク走ル　夜 Adi Römelt ヨリ返事来ル

〔リュクサンブール庭園の椅子席の切符(〇・一〇フラン)貼付〕

八月一八日　日曜

午前曇午後雨降ル　午前中ハ読書シ且ツ久シク中絶セシ仏語翻訳ヲ再始ス　午後ハ同宿ノ米国人 Mr. Edward ト相携ヒ第一ニ École des beaux-arts〔美術学校〕第二ニ le Musée des arts décoratifs〔装飾芸術博物館〕ヲ見ル　後者ノ中ニ各国ノ装飾品ヲ展覧セシ中ニ露領土耳其斯坦《トルキスタン》ノ風俗ヲ写セル写真アリ　其風甚ダ日本ト相似タリ　殊ニ居常坐臥ノ慣習ノ如キ衣物ノ前ニ開キ寛濶ニ且帯ヲ腹部ニ巻キツクル如キ之ヲ日本ノ田舎ノ写真ナリト示シテモサウカト首肯セシムル程ナリ　Turkestan〔トルキスタン〕人ト日本人ト何カ関係デモナキニヤナド思ハル　此 Musée ヲ出デ、雷風ニ遇フ　夜ハ諸方ヘノ手紙ヲ書ク　佐々木君ヨリ端書来ル

八月一九日　月曜

曇　午前中読書ス　午後ハ食後 Kuhn 君来ル　田中君カラ貰ツタトテ独和会話教科書トカ云フモノヲ持チ来リ読ンデ呉レトテ一時間斗リ日本語ヲ教ハリテ帰ル　夫ヨリ数通手紙ヲ書キ居ルト牧野杉浦ノ二君来訪セラル　夕方一寸一所ニ散歩ニ出テ直グ帰ル　外ニ事ナシ

〔バスの切符(一五サンチーム)貼付〕

八月二〇日　火曜

曇時々雨　朝読書ス　午後ハ雨ノ為メニ大体在宅読書シ五時稽古ヲ取ルベク Gilbert 氏ニ行ク　其外別段ノコトナシ　只新聞ニ久シク懸案タリシ西仏交渉(Maroc〔モロッコ〕ニ関スル)一段落ヲ告ゲ不日調印ヲ見ルベシトノ報ト澳国外首〔相〕Berchtold 発議シテ土国内政ニ干渉スベキヲ英独仏露ノ諸国ヘ申込メリトノ報アリ　殊ニ此後者ノ

問題ニ関シテハ各国ノ新聞ニテ盛ニ論議セラレツ、アリ

〔郵便電信為替（五・〇五フラン）受領証、シネマ・サン・ミシェルの切符（一フラン）貼付〕

八月二一日　水曜

曇　午前中読書ス　午後 Kuhn 君来訪セラル　一緒ニGobelins〔ゴブラン織〕ノ織物工場ヲ見ニ行ク　帰リテ同氏ノ乞ニヨリ日本語ヲ教ユ　後雑談ニ時ヲ費シテ七時頃帰ラル　其他別段ノコトナシ

八月二二日　木曜

晴　午前中読書シ午後ハ昼食後 Gilbert 氏へ稽古ニ行クコト例ノ如シ　此朝同宿ノ米国ノ男 Edward 君立ツ　滞在凡ソ十日　仏語ヲ解セズシテ能ク見物ノ出来タモノナリ　五時帰宅スルト Kuhn 君待ツテ居ル　七時マデ居テ帰ラル

八月二三日　金曜

少晴　午前読書　新聞幷ニ新人新女界送リ来ル　午後Kuhn 君来ル　同君ハ親切ニシテ篤志ナル青年ナレドモ日本語ヲ習ヒタシトテ数時間平気デ居ラレルニハ非常ニ閉口ナリ　我輩トテヒマナ体ニアラズ　仏人ハ不親切デ話相手ニナツテ呉レルモノナク語学ノ稽古ニ不便ナリト云フモ誰モ只デ人ノ相手ヲ勤ムルモノハアルマジ　総テ独乙ノ人間ハ金ヲ出サズニ人ヲ利用セントスルガ故ニ嫌ハル、ナリ　我輩ハ Kuhn 君ヨリ報酬ヲ望ムノ念ハ固ヨリ毛頭ナケレド無遠慮ニ時間ヲツブサレルノハ非常ニ厭フ所ナリ　夕方 Jardin des Plantes〔植物園〕ニ散歩ス　山内保君ヨリ手紙来ル　新人へ出シタ拙文ヲ稽古ノ為メ仏文ニ訳シテ見ル　天気依然治ラズ冷イコト甚シ

〔ロシア切手一枚貼付〕

八月二四日　土曜

少晴　午前中読書　午後 Gilbert 氏へ稽古ニ行ク　Brossius, Herr 両氏ヨリ端書来ル　Brossius ハ瑞西《スイス》ヨリ転ジテ Frankfurt am Main ニ赴キシトテ同地ヨリ端書ヲ呉レタリ　近々故郷へ帰ルベシトナリ　夕方 Kuhn 君来ルコト例ノ如シ　其他事ナシ

八月二五日　日曜

朝久シ振リニテ天日ノ輝クヲ見従テ頗ル温暖ヲ覚エシモ午後再ビ曇リ雨サヘ降ルニ至ル　此日ハ何トカノ祭日ニ当リ Versailles〔ヴェルサイユ〕ニテ grandes eaux〔大噴水〕

アルベシト云フ故Kuhn君ト一所ニ行ク　朝九時la gare de l'Hôtel des Invalides〔アンヴァリッド駅〕ニテ待チ合セ同十七分発ノ汽車ニ乗ル　30分ニシテ着ク　先ヅChambre des députés〔下院〕ヲ見ル　案内人一々Gambetta〔ガンベッタ〕, Thiers〔ティエール〕, Carnot〔カルノー〕, Felix Faure〔フェリックス・フォール〕等ノ坐セシト云フ議席ヲ示ス　中々立派ナリ　次ニMusée ヲ見ル　結構美麗ナルコト言語ニ絶ス　ヤガテ昼ニナリ飯ヲ食フ　特別ニ今日ニ限リテ高イノカ2.50ヲ出シテ而カモ十分ニアラズ　Kuhn君中々金ヲ出シ惜ミPourboire〔チップ〕ヲ約セントテケチナコトヲシ知ラヌ顔シテ予ニ負担セシム　金ハ僅ナレ〔ド〕モ régulièrement〔さりげなく〕ニ汚イコトヲサレルト嫌ニナル　独乙人ノ仏人ニ嫌ハレルモ尤モナリ　食後Trianon〔トリアノン宮殿〕ニテ大小両方ノChâteau〔宮殿〕及ビle Musée des Voitures〔乗物博物館〕ヲ見更ニ当年ノ贅沢ヲ驚ク　若シ夫レVersailles 城後ノ庭園ニ至テハ東洋的趣味ヨリ云ヘバ固ヨリ頗ル雅致ニ富マズト雖モ結構壮大ニシテ人工ノ美ヲ尽セル誠ニ天下ニ冠絶スト云ハザルベカラズ　澳都ノSchönbrunn 其他之ニ模スルモノ多シト雖モ之ニ及バザルコト遠シ　斯ンナ贅沢ヲシテ民ヲ塗炭ニ苦メタンダカラ革命ノ起レルモ無理ナラズト想ハル　4時半ニ至リ所謂Grands eaux 始マル　所々ノ小池ヨリ水ヲ吹キ出スノナルガ之レ丈ケハ予想ト評判トニ反シテケチナモノナリ　Wien ノSchwarzenberg ノニ及バザルコト遠キノミナラズ場所ノ広大ナルニ比シ十Mètres 位水ヲ噴キ出シタトテ屁デモナシ　故ニ之ハ見ルニ及バズト決シ直ニ帰路ニツク　Tramway〔市街電車〕ヲ取ル　時間十五分ニシテLouvre ニ着ク　少シク頭痛ヲ覚フ　此日Versailles ニテHerr, Bijot, Brossius, 山崎先生、東京留守宅へ端書ヲ出ス

〔ヴォジラール駅、サン・ラザール間(二五サンチーム)とルーヴル、ヴェルサイユ間(七五サンチーム)のバスの切符二枚、市街電車の切符(五サンチーム)一枚貼付〕

八月二六日　月曜

午前ヨリ夕方マデ曇天ナガラ先ヅハ雨降ル模様モナカリシガ五時過ヨリ空カキ曇リヤガテ風吹キスサミ雨猛然トシテ降ルコトトナリ二時間斗リ続ク　悪天気一ケ月余リ続イテ猶オサマラズ嫌ナコトナリ　此日午前中読書ス

午後ハ四時過ニ至リテ散歩ニ出ル　Lyon〔リヨン〕停車場ニ至リテ Genève 出発ノ日ト時トヲ研究シ Place Bastille〔バスチーユ広場〕ノ方ヲ廻リテ食事少シ前ニ帰ル　田中政彦君ヨリ手紙来ル　愈本日旅行ニ立チ München, Wien ヨリ瑞西ニ入リ九月初旬 Genève ニ来ルベシトナリ

八月二七日　火曜

雨　午前中読書午後 Gilbert ヘ稽古ニ行クコト例ノ如シ　稽古ノ帰リニ Bois ヲ散歩シテ見ル　頗ル寒シ　斯ウ毎日雨バカリ降テ居ラレテハ堪ツタモノニアラズ　其外別ニ事ナシ

八月二八日　水曜

少晴　午前中読書ス　午後ハ Musée Cluny〔クリュニー博物館〕, Panthéon〔パンテオン〕ヲ見ル　Panthéon ノ Caveaux〔地下埋葬所〕ヲ見了リテ案内者ニ 1 sou〔スー〕ノ銅貨ヲヤツタラ入〔要〕ラヌトテ返ス故10文ヲヤル　不都合ナ奴ナリ

Caveaux ニハ第一ニ祭ラレタル Mirabeau〔ミラボー〕ヲ始メトシ Hugo〔ユゴー〕, Voltaire〔ヴォルテール〕, Rousseau〔ルソー〕, Carnot〔カルノー〕等ノ tombeau〔墓〕アリ　最後ニ祀ラレタルハ Émile Zola〔エミール・ゾラ〕ナリ　此日佐々木君ヨリ四枚端書、文部省ヨリ天機奉伺ノ御手紙ヲ出スベキ旨ノ達書、Bijot ヨリ Schiller ノ美シキ肖像絵〔端〕書ノ到来アリ　殊ニ珍ラシキハ Riedenheim Gretchen 氏ノ長文ノ手紙トス　一年バカリ音信ヲ耳ニセザリシガ何モ変リタルコトハナシト見エタリ

八月二九日　木曜

朝来久シ振リニテ天日ヲ見之デハ晴レタカト思ヒシニ午後ヨリ曇リ出シ夕方又一寸雨〔フ〕ル　午前中勉強ス　Kuhn 君来ル　午後ハ佐々木君ノ依頼ニヨリ東京ノ脇田氏ヘ郵便為替ニテ60円ヲ送ルノ手続ヲナシ夫ヨリ最終ノ Leçon ヲ取ルベク Gilbert 氏ヘ行ク　五時半マデ居リ夫ヨリ徒歩ニテ帰ル　約一時〔間〕半カヽル　伯林ヨリハ余程広イヤウナリ　夜 Eitel 君ヨリ手紙ニ添エテ其 Doctor 論文ヲ送リ来ル

八月三〇日　金曜

終日曇時々雨降ル　朝暇乞ノタメ牧野君ヲ訪フ　午後ハ銀行、停車場ヲカケメグリ旅ノ用意ヲスル　Brossius 再ビ Straßburg ニ来レリトテ手紙ヲ寄越ス　所々方々ヘ手紙ヲ書キテ一日ヲ暮ス　愈明夜 Genève〔ジュネーヴ〕

へ向ツテ立ツコトトス

〔外国人男性(不詳)の写真一葉貼付〕

八月三一日　土曜

曇　午前中読書幷ニ手紙ヲ書ク　午後ハ Louvre〔ルーヴル百貨店〕へ往キ écharpes〔スカーフ〕ヲ買ニ行キ帰宅後 Echo, Times ヲ大急ギデ読ミ猶出発ノ用意トシテ荷物ヲ片付ク　夜八時過内ヲ出ル　宿へ勘定160法ヲ払フ Frl. ガ毎日稽古ヲ与ヘテ呉レシ故180法カト思ヒシニ案外ニ安キニ驚キシノミナラズ女中ニ5法ヲ与ヘントセシニ宿ノ老父故ラニ来リ多過ギル二法カ三法デヨシト注意シ呉レシナド案外親切ナルニ感心ス　出立ノトキハ一包ノ菓果ヲ与へ呉レ老父ハ態々停車場マデ送ツテ呉レル三等ニ乗ラント思ヒシモ見送リノ手前二等ヲ張リ込ム夫レデモ汽車賃僅ニ45法85ナリ　車中半睡半醒――

九月一日　日曜

稍晴　朝八時過 Genève ニ着ク　Suisse ハ独乙ト同ジ時計ニテ仏国ヨリ一時間早キ様ナリ　停車場ノ近所ニテ朝食ヲ認メ絵端書屋ニテ市ノ地図ヲ買ヒ之ニ依リテ先ヅ Phildius 父君ヲ訪フベク青年会本部へ往ツテ見ル　生憎日曜ノコトトテ誰モ居ズ　依リテ Schmitt 君 Mme Phildius 双方ノ紹介モアルコトナレバ悪カルベキ筈ナシト思ヒ Pension Billon ヲ訪ネベク歩ヲ進ム　此下宿屋ハ市街ノ後ノ丘ノ上ニアリ樹木多ク誠ニ位地ノヨキ郊外ノ別荘地ナリ　殊ニ此下宿ハ広キ奇麗ナ庭園ニテカコマレ一種特色アル木造ニテ一寸風雅ニテ外見先ヅ気ニ入リ入リテ主婦ニ面会シ丁度ニ明イテ居ル部屋ヲ見ルニ一ケ月百七十法ト云フ故直ニ之ニ移ルニキメル　電灯ノ設備アリテ頗ル便利ナリ　依リテ直ニ停車場ニ引キ戻シ二個ノ手荷物ヲ受取リ馬車ヲ傭《やと》ウテ下宿ニ帰ル　宿ノ者ハ相当ノ財産モアリ教養モアリト見エ何トナク奥床シキ所アリ但シ夫レ丈ケ Gemütlichkeit〔情味〕ヲ欠クノ感ナキニアラズ　同宿ノ者ニ独乙ノ学生三人アリ　食物モ非常ニヨク分量モ十分ナリ　午後ハ湖岸ノ方ニ散歩シテ見ル　夜内ニテ湯ニ入ル

〔二〇サンチームと一〇サンチームの切符(乗り継ぎ切符か?)貼付〕

九月二日　月曜

雨　朝町へ出ル　Thomas Cook〔トマス・クック旅行社〕へ往キ和白〔オランダ、ベルギー〕両国経由倫敦《ロンドン》行ノ旅費ヲ調ベテ貰フニ即座ニ168法幾ラト答フ　余リ安クテ信ゼラレヌ故聞キ返セシニ然リ間違ナシト答フ　余リ安過グル故モー一軒別ノ会社ニ往ツテ聞キシニ即答出来ズ一時間ノ後調ベテ返事スルト云フ　其間郵便局へ往キ poste-restante〔局留〕ノ手紙（牧野君ヨリ）ヲ受取リ銀行へ往キ宿ニ前払スベキ金ヲ受取リ転ジテ再ビ会社ニ往キシニ218法余ナリト答フ　之レガ信《まこと》ナルベシ　Cook ノ無責任ナルニモ呆レザルヲ得ズ　帰途青年会本部ニ Phildius 氏ヲ訪ネ五十余ノ老紳士ニシテ極メテ懇ロニ予ヲ引見シ且子息ノ Phildius 君モ丁度帰ツテ居ルト話サレ四時私宅へ茶ヲ呑ミニ来イト誘ハル　昼食ノ時近キヲ以テ辞シ四時 Phildius 君ノ宅ニ往キ Madame Ph. 及 Ph. 君ニ会シ茶ヲ御馳走ニナル　Phildius ノ家族ハ今ヨリ廿余年前 Berlin ニ在リシガ其頃三好退蔵氏夫妻滞在中ニテ屢相往来セル由ヲ語ラル　其際三好氏ノ友人トテ二三回相往来セル紳士アルガ今其名ヲ忘レタレドモ写真ハ此通リ保存シテアルトテ示サル、ヲ見ルニ意外ニモ島田三郎氏ノソレナリ　年ノ頃四十位ニ見ユルガ今ト少シモ変ラズ　多分我輩ト年令余リ相違アルマジク見ユ　余リニ意外ノ奇遇ナレバ Ph. 氏ノ署名ヲ乞ヒテ其旨ヲ端書ニテ島田先生ニ報ジヤル　五時過帰ル　手紙ヲ書キ暮ラス

九月三日　火曜

朝来雨　午前中読書幷ニ手紙ヲ書ク　所ヲ転ジタ度毎ニ諸方ノ知己へ手紙ヲ出スコトニシテアル故転学毎ニ二三日ハ此為メニ費スノ例ナリ　午後ハ町ニ散歩ス　頗ル寒シ　帰宅後新聞ヲ読ム　此日 Adi Römelt, Fritz Hahne, Heinrich Kolmstetter, Kärger 等ヨリ手紙来ル

九月四日　水曜

快晴　久シ振リニテ晴天ニ遇フ　雲ハ全クハレ雨後ノ空トテ殊ニ清爽ヲ感ズ　温カサモ加ハル　朝ハ Ploeb ノ翻訳ヲ再始ス　午後食後散歩ノ次手《ついで》ニ Pierre Clerget ノ La Suisse au XXe Siècle〔二十世紀のスイス〕ト云フヲ買フ　Genève 滞在中是非読ンデ仕舞ヒタキモノナリ　佐ゝ木君ヨリ端書来ル　返事ヲ出ス　夕方郊外ニ散歩シテ見タガ何トモ云ヘヌイ、気持ナリ　只宿ノ如何ニモ Gemütlich〔温みのある〕ニ非ラザルヲ憾ムノミ

九月五日　木曜

快晴　少シ雲アリ　朝読書　此日ヨリ内ノ親爺ニ Lecon ヲ取ル　甚ダ気ニ喰ハズ　去レド内ノ者ダカラ取ラヌ訳ニモ行カズ困ツタモノナリ　午後ハ湖畔ヲ遠ク散歩ス　今ハ le jeûne genevois〔ジュネーヴ斎日(断食日)〕トカ云フ祭日ノ由ニテ町ハ静ナリ　野地君、小山田君等ヨリ来翰アリ　二君ニハ返事ヲ出ス

九月六日　金曜

少晴　午前中読書ス　武者小路君ヨリ端書来ル　午後散歩　近々ニ Juifs〔ユダヤ教徒〕ノ新年ガ来ルトテ寺ノ新年式ノ絵端書ヲ売ツテル店アリ　珍ラシキ故数種買フ　一枚ヲ佐々木君ニ送ル　Bavier 氏ヨリ来翰　日曜日ニ昼飯ヲ食ニ来イト誘ハル　田中君中々来サウニナキユヘ往ツテ見ヤウカト思フ　今日ハ殊ニ寒シ　夕方少雨アリシヤウナリ

九月七日　土曜

概シテ晴　午前読書　此日たまのヨリ手紙来ル　之ニ依ルニ今井君帰朝暫ク別府温泉ニ静養シ十九日午後留守宅ヲ訪ヒ一寸帰郷シテ再ビ渡清スルト云フ　鼻ノ下ヤ腮ノ先ニ髭ヲ生ヤシテ丁度東屋ノ親爺ノヤウニ面相ガ変ツテ居ツタト書イテアル　小サイ軀ニ髭バカリ生イテモ釣リ合ハヌ話ナルベシ　夕方散歩ス　後ノ山ノ上モ中々風景ヨシ　只夏服デハ中々寒キヲ遺憾トスルノミ

〔スイス切手一枚貼付〕

九月八日　日曜

快晴　近来稀ナル好天気トス　朝河岸ノ方へ散歩シテ見ルニ頗ル温暖ヲ感ズ　十一時内ノ親爺ト Référendum〔住民投票〕ノ投票場ニ往ツテ見ル　Genève 市ニテ博物館ヲ新設セントスルノ案アリ　之ヲ référendum ニカケルナリ　夫ヨリ直ニ汽車ニテ M. de Bavier 氏ヲ訪フベク出発ス　此人ハ小野塚先生ヨリ紹介シ来リシ人ナリ　往ツテ見ルト実ニ王者ノ生活ニシテ余程ノ金満家ト見ユ　住家ハ昔ノ城ニシテ湖ニ臨ミ庭モ広ク生レテ始メテ斯ンナ結構ナ家ノ客トナレリ　暫ク待ツト妻君出デ来テ主人ハ生憎病気ニテ面会出来ヌ旨ヲ告ゲ別室ニ導キ子供客等取リ交ゼ八九人ノ人ニ紹介セラレ直ニ昼食ノ饗ヲウク　茲ニテ Figaro ノ記者 Rion 君ト相識リ Paris ニテノ再会ヲ約ス　食卓ニテノ話ニ依ルト小野塚、新渡部〔戸〕両氏ヲ始メ合計七名ノ日本人曾テ此城ニ一週間モ泊リ込ミシコトアリト云フ　主人ハ今ヨリ五十余年前始メテ日本ニ赴

キ横浜ニ留ルコト前後廿八年ニ及ビ妻君モ一年間赴キ居リ長子（今 Paris 大学ニテ神学ヲ学ビ居ルト云フ）ハ実ニ横浜ニテ生レタリト云フ　食後自動車ニテ山ノ上ヲ駆ケ廻リテ風景ヲ賞シ三時頃ヨリハ自動蒸汽ニテ対岸ノ Nernier 村（Savoie〔サヴォア〕仏領ナリ）ニ往ツテ Kafee ヲ呑ミ夕方帰ル　天気モヨシ実ニヨイ気持ナリ　夕食ヲモ御馳走ニナリ長子ニ送ラレ Brusinel ヲ九時発ノ汽車ニテ帰ル　内ニ着キシハ十時半頃ナリキ

九月九日　月曜

曇　寒シ　朝散歩ニ出ル　午後ヨリ夜ニカケテ終日外出セズ読書ス　Clauzel、佐々木君ヨリ手紙来ル　其他事ナシ

九月一〇日　火曜

晴　朝読書　午後郊外ニ散歩ス　佐々木君 Schwelm ノ Hahne, Kuhn 君等ヨリ音信アリ　特別ノコトナシ

九月一一日　水曜

晴　夜雨　朝一寸散歩ニ出ル　其外概シテ終日読書ス　宿へ Canada ノ婆サン France ノ娘サン来リ賑ニナル　外ニ格別ノコトモナシ

九月一二日　木曜

晴　午前中読書午後小散策ヲ試ムルコト例ノ如シ　鳩山君 Fr. Kärger, Römelt 氏等ヨリ来翰アリ　Lausanne〔ローザンヌ〕ノ J. B 君亦明日 Nyon〔ニヨン〕ニテ会見シタキ旨ヲ求メ来ル　語学ノ稽古ニ日モ惟レ足ラザルニ斯ウ俗事襲ヒ来リテハ堪ラズ　新聞ニ斯ンナ記事見ユ　猶太人ノ伝説ニ依レバ天地開闢以来今日マデ僅ニ 5673 年ヲ経タルニ過ギザルモノト見ユ

〔新聞（仏文）切抜き貼付。九月二〇日から始まるユダヤ教の祭り（世界創造五六七三年目の開始を祝う）の紹介記事〕

九月一三日　金曜

晴　風アリ　朝読書　田中君ヨリ手紙アリ　午後ハ食後直ニ停車場ニ至リ Nyon ニ赴ク　J. B 君ニ遇フ　夕方帰ル　佐々木君ノ手紙ニ依レバ留学延期許可ニナラザリシモノヽ如シ　伊太利旅行モ見合ハスト云フ　十月匆々 Paris ニ出ルトアル故何レ近イ中ニ再会シ得ル訳ナリ　忙シクテ諸方ヘ手紙ヲ書カズ

九月一四日　土曜

晴　午前中読書ス　佐々木鳩山内ヶ崎ノ三氏ヘ手紙ヲ

書ク　天気モ此頃ハ直リタレドモ寒イコトハ夥シク一ケ月ハ時候進ミ居ル由ナリ　万国議員会議モ愈十八日ヨリ開カル、ト云フ　日本ノ代議士諸公モ其中来ルコトナラン

九月一五日　日曜

快晴　風ナキコトトテ温暖少々汗ガ出ル位ナリ　朝大学へ講演会ヲキクベク赴キシニ明日カラ始ルト云フ故散歩シテ帰ル　午後ハ新聞ノ広告ニ依テ照会シタル英語ノ教師ヲ訪ネベク Petit Lancy へ往キシモ内ガ分ラナクテ帰リ転ジテ Phildius 一家ヲ訪問セシモ好天気ノコトトテ外出セシト見ユ　無人ノ様ナリシカバ是亦空シク帰ル　此日新聞ニテ先帝陛下葬送ノ御当日乃木大将夫妻自刃以テ故帝ニ殉ジタリトノ報ニ接ス　其挙動ニハ賛成スベカラズト雖モ大将ノ忠節ニハ深ク感動セザルヲ得ズ　国民ニモ深大ノ印象ヲ与ヘタルコトト察セラル　大将ノ一死ハ必ズヤ国民ノ心裡ニ誠忠ノ大節ヲ復活セシムルモノアルベキヲ疑ハズ　西洋ノ新聞デモ解シ難キコトデハアルガ何セ偉イコトナリト嗟嘆スルニ一致セルモノ、如シ　乃木大将ノ為ニハ桃山ノ麓ニテモ墓ヲ作ツテヤリ度キモノナリ

〔ロンドンのH・E・フーパー宛一二フラン六五サンチーム送金の受領証貼付〕

九月一六日　月曜

晴　朝大学ノ夏期講習会ヲ傍聴ニ行ク　九時ヨリ十二時マデ三時間　講師大学神学部ノ教授ニシテ第一ハ近世哲学幷ニ神学思潮　第二ハ十六世紀ニ於ケル Contre-Réformation〔反宗教改革〕　第三ハ十九世紀ニ於ケル仏国天主教ノ発展ト題スルモノナリ　午後ハ読書ス　山内君ヨリ来書アリ

九月一七日　火曜

快晴　午前ハ大学ノ講習会ノ傍聴ニ行ク　午後ハ英語ノ教師ヲ探シ歩ク　万国議員会議ハ愈明日ヨリ開クコトトナルガ我邦ノ代表者ハ未ダ到着セヌモノ、如シ　新聞ニ其名見エズ

九月一八日　水曜

朝 Union interparlementaire〔万国議員会議〕ノ開会式ニ往ツテ見ル　十時ト云フ定刻ニ会ハ白国《〔ベルギー〕》ノ Baeneert 氏ニ依リテ開カル　B氏ノ名ハ夙ニ聞ク　白髪ノ八十ヲ超エ

タルカト思ハル、老翁ニシテトボシテ〔ママ〕歩ケヌ程ナルモ音吐ハ明了ニシテ未ダ元気ノ汪ナルモノアルヲ見ル　Congrès〔会議〕ノ議長ヲ選ブ段ニナリ予定ノ如ク当国ノ Gobat 氏挙ゲラル　新議長ノ挨拶アリ　次デ Genève ノ政府ノ代表者ノ挨拶アリテ一ト先ヅ閉会ス　時ニ十時半　此会ニ日本代議士ノ顔見エズ　事務所ニ付テ聞クニ欠席又ハ遅参ノ通知モナキ故其中来ルナラント　無断ニテ後ル、トハ呆レタ連中ナリ　他ノ諸国ノ不参ノ連中ハ皆電報ニテ断リヲシテアルノニト本邦代議士ノ呑気ナルニ愛想ヲツカス　午後二時再ビ開カル　独乙側ヨリ各邦 Landtag〔地方議会〕ノ議院ヲモ本同盟ニ加ヘラレタシトノ案ヲ提出セラレ賛否更々〔交々〕アリテ遂ニ採用セラレタル様ナリ　夫ヨリ Zorn 教授ノ仲裁々判ニ関スル報告アリ　四時半同教授ノ報告了ルト共ニ帰宅ス　夜ハ同会議ニ出席ノタメ来市中ナル仏国ノ上院議員 Réveillaud 氏ノ Démocratie et Religion〔デモクラシーと宗教〕ト題スル演説ヲ聞キニ行ク　天気頗ル晴朗

九月一九日 木曜

少晴　午前万国議員会議ノ傍聴ニ行ク　午後ハ諸方へ手紙ノ返事ヲ書イタリシテ会議ノ方ハ失敬スル　日本ノ議員ハ大喪ノ為メ欠席セシナリト云フ　同会議其物ハ左程重キヲナスモノニハ非ルモ日本モ世界的地歩ヲ占メタル今日世界的問題ノ討議ニ参加スルノ好機会ヲ我カラ放棄スルノハ大喪ト云フ大事ノ場合トハ云ヒ返ス返スモ残念ナリト思フ　大喪トハ云ヒ乍ラ国運ノ発展ニ関スル問題ハ之ヲ等閑ニ附スベカラズト思フ　如何シテモ日本ハ未ダ世界ノ一国タルノ意識徹底シ居ラズト思フ　夜ハ新着ノ日本新聞ヲ読ム

九月二〇日 金曜

晴　午前午後トモ万国議員会議ノ傍聴ニ行ク　此日ノ午前ハ空中戦ノ禁止ニ関スル Baeneert 案ノ討議アリテ中々賑ナリキ　午後ノ会議ヲ以テ終了ヲ告グ　夜ハ宿ノ老爺ニ連レラレテ何トカ云フ La Semaine religieuse de Genève〔ジュネーヴ宗教週報〕ト云フ雑誌ノ社長ト云フ金持ノ老翁ヲ訪問ス　Bridel 氏ノ友達ノ由ニテ日本ノコトヲ色々ト話ス　此日佐々木君ヨリ来翰アリ　文部省ヨリ大学ノ都合ニテ留学期ヲ二ケ月短縮シ米国ヲ経由シテ一月ノ授業ニ間ニ合フ様帰朝スベキ旨申来レリトナリ　同君ノ

残念同情ニ堪エズ

九月二一日　土曜

晴　朝最終ノ夏期講習会ノ傍聴ニ行ク　午後ハ宿ノ老爺ノ紹介ニテ当地新聞 Journal de Genève ノ主筆 A. Bonneur 氏ヲ訪フ　田舎新聞ノ記者ナルニ拘ラズ広ク東西ノ事物ニ通ズルニハ感心セリ　乃木大将ノ自殉ニ関スル論評ヲ見テモ相当ニ日本ヲ研究シテ居ル様ナリ　——独乙語ノ Stunde ヲトル積リニテ兼々交渉セル先生ヲ訪問セシニ不在ニテ帰ル　夕方英語ノ先生ヲ訪ネテ第一回ノ lesson ヲトル　Ireland〔アイルランド〕ノ人ナリト云フ故 Home Rule〔アイルランド自治〕ヲ問題ニセシニ盛ニ之ニ反対ニテ若シ Home Rule ニシテ実行セラレンカ必ズヤ内乱ノ勃発ヲ見ルベシトイキマク

九月二二日　日曜

晴　併シ滅切リ寒ク手袋ナクテハ行〔あ〕ルケヌ程ナリ　朝ハ教会ニ往ツテ見ル　午後宿ノ老爺ニ連レラレテ散歩旁田舎ニ住ム Favre〔ファーブル〕氏ヲ訪フ　主人不在ナリシモ老夫人丁度在宅シ Billon〔ビヨン〕氏モ旧知ノコトトテ種々懇談ス　Favre 氏ノ名ハ Phildius 氏ヨリ兼々聞イテ居リシガ宗教事業ノ熱心家ナル由　夫人モ愛嬌ノアル極メテ温良ノ人ナリ　内村先生ノ How I became a Christian〔余は如何にして基督信徒となりしか〕ト Japan of Japanese〔代表的日本人〕ヲ読ミシトテ其話ヲセラレ又河井女史ノ噂ナドヲセラル　河井女史ノ名ハ何処デモ聞クガ中々有名ナモノナリ　Favre 氏ハ余程ノ金満家ト見エテ庭ノ広クテ立派ナコト Bavier 氏ニ次グ　二三日中ニ昼食ニ招カル、ノ約ヲシ湖畔ニ沿ウテ帰ル　半日ヲ誠ニ愉快ニ暮シタリ

九月二三日　月曜

晴　相変ラズ寒シ　朝ハ此日開会式ヲ挙グベキ万国平和協会大会ニ往ツテ見ル　議員会議ヨリモ賑ニテ弥治馬ハ Galerie〔天井桟敷〕ニ一杯ナリ　午後ハ Miss Eaton ニ lesson ニ行キ其後読書ス　夜ハ Phildius 氏ノ招待ニ応ジ茶ヲ呑ミニ行ク　多数ノ客ト打チ交リテ懇談シ十時過帰ル　Favre 氏ヨリ水曜日昼食事ニ来ルベキ旨案内ヲ受ク

九月二四日　火曜

晴　朝平和大会ニ往ツテ見ル　Boycottage〔ボイコット〕

ニ関スル討議アリキ　午後ハ読書ス　Alfred Fried 氏ニ面会ヲ求ムルノ手紙ヲ出シタルニ返事来ル　大学ニテ会ハントノコトナリ　但シ此日ハ遇ハズ　明日デモ尋ネント思フ

〔アルフレード・フリードからの手紙（仏文）貼付〕

九月二五日　水曜

晴　少シ温シ　朝平和会議ニ往ツテ見ル　此日ハ伊土戦争ガ問題ナリシ丈ケ中々活気アリテ面白カリシ　只中ニ一婦人起ツテ演舌セシガ段々喋舌ツテ行ク中ニ之レガ例ノ Suffragist〔婦人参政権論者〕ナルコト分リ議長ハ注意ヲ与ヘ聴衆中反対ノ声喧シクナリ場内大ニ色メク　遂ニ議長ノ再三ノ注意ニモ拘ラズ其演説ヲ続クルモノカラ議長ハ満場ニハカリテ其退場ヲ命ジタルハ一寸面白カリシ　又暫クシテ一老婦人 Armenia〔アルメニア〕ノ牧師ノ妻ナリト名乗リ万国聯合旗トカ云フモノヲ持チ出シテ演舌ヲ始メシニ英国ノ Madison ト云フ男之レ伊土戦争問題ト何ノ干係アリヤト議長ニ質シ議長ハ弁士ニ注意スル所アリシガM氏ハ再三再四起ツテ問題外ノ冗論ナルヲ詰リ遂ニ弁士ヲシテ自ラ降壇スルノ余儀ナキニ至ラシメシハ平和会議トハ云ヘ中々平和ニアラザリシ　又伊太利ノ一青年一抱ヘノ書類ヲ手ニシテ壇上ニ上リ発言ヲ求メシモ議長之ヲ許サヾリシガ憤然トシテ退場スルナド中々面白カリシ　十二時未ダ了ラザルニ先チ引キ上ゲ兼テノ約ニ従ヒ Favre ノ招待ニ応ズベク大学ノ門前ニ出ル　Favre 氏ハ青年会ノ中央書記某氏ト連レ立チ予ヲ待チツヽアルニ会シ直ニ其自動車ニ乗リテ同氏宅ニ至リ丁寧ナル昼食ノ饗ニ預リ二時辞シ帰ル　Römelt 氏ヨリ手紙来ル　返事ヲ出ス

九月二六日　木曜

晴　午前 Volthier 氏来訪セラル　氏ハ Phildius 君ノ所デ始メテ遇ツタガ今日ハ Foyer des étudiantes〔女子学生センター〕ニ案内スルトテ誘ニ来ラル　一所ニ Boulevard des Philosophes 17 ナル同集会所ニ行キ親切ナル Grant 母子ニ会シ色々話ヲスル　Cambridge〔ケンブリッジ〕デ上杉昭憲氏ト親シカリシコトヤ例ノ河井女史幷ニ千葉小松二兄ノ来訪ノ噂ヤヲスル　小松千葉二兄ハ何デモ仏語ガ出来ヌ為メ汽車ノ乗換ニ心付カズ Marseille〔マルセーユ〕ニ行クノヲ間違ツテ Genève ニ来リシナリシト云フ　色々

ノ話ヲシテ居ル中ニ偶然ニ Serbia〔セルビア〕ノ Belgrade〔ベオグラード〕大学ノ教授ト云フ男来リ時ノ移ルヲ忘レ遂ニ昼食マデ饗セラレ三時頃 Serbia 人ト一所ニ辞ス　此男始メテ当地ニ着キ汽車カラ直グ Foyer〔センター〕ニ来リ勝手ヲ知ラヌト云フ故 Gare〔駅〕マデ案内シ汽車ニ乗セテ分ル　此日天津中尾式郎君ヨリ来翰　今井兄ノ依頼ナリトテ金ヲ送リ来ル

九月二七日　金曜

晴　朝平和会議ヲ傍聴ス　午後モ同会議ニ行キ始メテ Alfred H. Fried 氏ニ遇フ　伊太利 Torino〔トリノ〕ノ Professor 某氏ニモ会シ他日巡遊ノ際往訪スベキヲ約ス　夕方 Eaton 氏ニ稽古ニ行ク

九月二八日　土曜

晴　午前最終ノ平和会議ヲ傍聴ニ行ク　伊太利人中々 Chauvinisme〔ショーヴィニズム〕ヲ出シ議場活気アリテ面白カリシ　午後ハ Foyer des étudiantes ニ暇乞ニ行キ Eaton 氏ニ金ヲ払ヒナドシ用事ヲキメル

九月二九日　日曜

曇　朝雨降リシト見エ道路少シクワルシ　愈今日立ツコトニキメ午前中ハ荷物ヲ片付ケ馬車ヲ頼ミナドス　昼食ヲ少シ早メニ喰ハシテ貰ヒ一時馬車ノ来ルヲ待チテ一ケ月住ミ慣レシ Pension "Les Iris"〔ペンション「虹」〕(M. Billon) ヲ立ツ　Quai Mont-Blanc〔モン・ブラン埠頭〕ヨリ汽船ニ乗リ Lausanne〔ローザンヌ〕ニ向フ　湖上聊カ寒シ　船ハ一時半ニ出デ四時半ニ着ク　三時間ナリ　モ少シ温ナラマシカバ更ニ気持ヨカリシナランニト思フ　Lausanne ニテハ十時マデ時アル積リナリシ所 Gare ニテ聞クニ三等ハ 6.55 ニ出ルト云フ故急ギ市中ヲ見物シ此汽車ニテ Paris ニ向フコトトスル　直行ナレドモ途中何トカ云フ駅ニテ一時間半モ停車スルナド緩慢甚シク五時着クベカリシ汽車ガ七時少シ前ニ着ク　夜行長途ノ三等ハ矢張リ不都合ナリ

九月三〇日　月曜

曇　巴里ニ入リ Gare〔駅〕ヨリ馬車ヲカリテ Pension Clauzel ニ入ル　内ノ者起キタ斗リ　早速暑イ《ママ》 Cafée ヲ呑マサレ親切ナルモテナシヲ受ク　己ノ部屋ハ丁度塞ガツテルノデ直グ近所ノ Hôtel ニ暫ク逗留スルコトニスル　早速此日ヨリ冬服ニ着換フ

一〇月一日　火曜

細雨　巴里ハ Genève ヨリモ雨多シト見ユ　時々太陽ノ顔ヲ見セナガラ直グ雨トナル嫌ナ天気ナリ　朝ト午後ト河岸ノ古本屋ヲ冷カシテ本数冊ヲ買フ　三度トモ Clauzel ニ飯食ニ行ク　人数多クナリテ中々面白シ　午後 Leçon ヲ取ル

一〇月二日　水曜

少晴　午前中読書　夜佐ゝ木君ノ来京ヲ Gare de l'Est〔東駅〕ニ迎フ　新聞ニ日本内閣危機ノ報見ユ　西園寺内閣倒ルトセバ次ニ来ルモノハ寺内内閣カ

一〇月三日　木曜

晴　朝 Clauzel ニ食事ニ往ツテルト佐ゝ木君来ル　一所ニ宿ニ帰リ暫ク話シテ分ル　午後ハ同君ヲ訪ヒ同君ヲ助ケテ其荷物ヲ整理ス　夕方町ニ散歩シ Louvre ニテ帽子一ケ(15. 50)及不如帰《ほととぎす》ノ仏訳 Plutôt la mort〔むしろ死を〕(3) 一冊ヲ買フ　内カラ手紙来ル

一〇月四日　金曜

晴　朝再ビ佐ゝ木君ヘ荷物片付ケノ手伝ニ行ク　昼食ヲ同君宅ニテ食シ引キ続キ荷物ヲ片付ケ一所ニ大使館ニ行ク　新聞ニテ乃木大将殉死ノ詳報ヲ読ム　Balkan〔バルカン〕ノ風雲頗ル急ナリ　将ニ戦争始ラントス　Bulgarie〔ブルガリア〕, Serbie〔セルビア〕, Monténégrin〔モンテネグロ〕, Grèce〔ギリシャ〕ノ四国ハ連盟動員シ Turquie〔トルコ〕亦之ニ答ヒ境上ニハ既ニ小ゼリ合ノ始レルガ如シ

一〇月五日　土曜

晴　朝佐ゝ木君ノ荷物ノ手伝ニ行ク　午後ハ一寸 Leçon ヲトル　其処ヘ佐ゝ木君来リ一所ニ内ノ人ト茶ヲ呑ミ夕方マデ話ス　其他事ナシ

一〇月六日　日曜

晴　空晴レテ頗ル気持ヨシ　朝佐ゝ木君ヲ訪ヒ午後ハ食後同君ノ誘ヲ待チテ散歩ニ出ル　Balkan ノ形勢モドウヤラ各大国ノ干渉ニテ収マルラシキ報導ナリ

一〇月七日　月曜

晴　朝佐ゝ木君ト一所ニ la Chambre des députés〔下院〕ヲ見ニ行ク　中々立派ナリ　独乙澳匈国ノヨリモ建物并ニ装飾ガ中々雅致アル様ナリ　Sénat〔上院〕ヲモ観ントセシガ別ニ Questeur〔財務官〕ヨリ l'autorisation〔認可状〕ヲ得ルヲ要ストテ断ラル　午後モ佐ゝ木君ト一所ニ Alcan〔ア

ルカン書店〕ニ行キ書籍数部ヲ求ム

一〇月八日　火曜

晴　朝佐々木君ノ荷造ノ手伝ニ行ク　今日漸ク荷物ニツヲ日本ニ送ルベク運送屋へ引キ渡セシナリ　午後ハ矢張リ一所ニ Larouse〔ラルース〕其他ノ書店ヲアサル

一〇月九日　水曜

晴　朝再ビ Chambre des députés ニ行キ議席一覧表ヲ買ツテ来ル　途中古本屋ニテ書物数部ヲ購求ス　佐々木君愈明日夜五時ノ汽車ニテ Berlin〔ベルリン〕ニ赴カントス

一〇月一〇日　木曜

晴　朝 Clauzel デ食事ヲ済マシテ待ツテルト佐々木君来ル　一所ニ旅程ノ相談ヲシ同君宿へ引キ返シ荷物ノ手伝ヲスル　午後モ往訪シ最後ノ懇談ヲ交換シ四時馬車ヲ命ジテ Gare de l'Est ニ向フ　汽車ハ五時十五分ニ出ル　Francfort〔フランクフルト〕止リナルモ其処ヨリ Weimar ヲヘテ Jena ニ赴キ義兄大島氏ヲ訪ネヤガテ Berlin ニ出ル都合ナリトナリ　好漢願クハ健在ナレト独リ胸中ニ祈ル　短日月ノ交際ナレド之レ程心気相許セシ友ハナシ　今井ト共ニ予ガ最モ親愛敬服スル友ハ彼ナリ

一〇月一一日　金曜

晴　朝久シ振リニテ又常規ノ勉強ニ復ス　午前ハ仏文翻訳ニ従事シ午後ハ河岸ヲ散歩シ古本ヲアサル　Le Japon contemporain〔現代日本〕ト題シ 1857 年版ノ本ヲ 30 文ニテ買ヒシハ掘出シ物ナリ　茶ノ後英語ノ稽古ヲ取ルベク Miss Josie Rabitch ヲ r. de la Pépinière ニ訪ヒ月曜日ヨリ始メルコトニキメル　夜 Couchny ノ内ニ竹野君ヲ一寸訪問ス

一〇月一二日　土曜

晴　朝久シ振リニテ宿ノ老嬢ヨリ稽古ヲ始ム　午前ヨリ午後ニ引キ続キ勉強シ夕方独乙語教師ノ訪問ニ行ク　双方トモ不在ニテ面会セズ　Les grands traités politiques〔政治学叢書〕ヲ買フ　其他事ナシ　東京へ手紙ヲ書ク

一〇月一三日　日曜

晴　午前中同宿ノ波蘭《ポーランド》人二人ニ誘ハレテ Grand Palais ノ Sallon d'automne〔秋の美術展〕ト云フ展覧会ヲ見ニ行ク　主トシテ室内ノ装飾ノ新意匠ノ展覧ナルガ外ニ絵ヤ彫刻ノ展覧モアリ　意匠ノ気抜〔奇〕ナルヲ競フ風ニ見ユルガ新シイト云ヘバ大概自然主義的ナリ　中ニハ le Rut

〔発情〕, le coucher〔寝相〕ナド云フ題モアリテ極端ナル肉情挑発的ナルガ多シ　且ツ彩色ノ工合モ濃厚ナル少数ノ絵具ヲ荒ポク配合シ極端ニ人ノ感覚ヲ刺撃スル様ニ力メタルモノ、如シ　而シテ色ヤ筆ノ運ビモ著シク東洋ノ画風ヲ学ビタルモノ、如シ　而シテ東洋ノ雅馴ナル筆致ハ更ニ見ルベカラズ　題モ意匠モ筆ノ運ビモ皆刺撃ノ強イヲ喜ブノカト思ハル　午後ハ読書ニ耽リ夜一寸竹野君ヲ訪フ

一〇月一四日　月曜

晴　頗ル温ク外套ヲ着テハ歩ケヌ程ナリ　朝 Leçon ヲ取リ午後独乙語ヲ教フルト云フ Jerenka 氏ヲ訪フテ見ル　語学ノ教師トシテハ不適当ノヤウナリ　夕方ハ第一回ノ英語ノ Lesson ヲ Rabitch 氏ヨリ取ル　中々親切ニシテ尤モ気ニ入ル

一〇月一五日　火曜

晴　午前中読書ス　午後ハ同宿ノ米人 Miss Appleton 兄弟ト一緒ニ Musée Guimet〔ギメ博物館〕ヲ見ニ行ク　之ハ富豪 Guimet 氏ノ寄附セシモノトヤラニテ主トシテ東洋ノ美術品ヲ蒐集セルモノナリ　日本ノ絵画彫刻漆器等頗ル多ク中ニモ名匠ノ絵草稿尤モ予ノ注意ヲヒケリ　時間乏シク半分ニシテ帰ル　此夜ヨリ Hôtel ヲ去リ Clauzel 氏方ニ泊ル　今日マデ半月ノ間米人ノ部屋占領シアリシ為メ余儀ナク Hôtel ニ泊リ居リシ也　米人ハ去リ Pension ニ行キ予代リニ依然〔以前〕ノ部屋ニ入リシ也

一〇月一六日　水曜

曇　朝荷物ヲ取纏メ Hôtel ヲ去ル　竹野君ノ来訪ヲ受ク　此日造幣局、下水、Catacombes〔カタコンブ〕見物ノ為メ規程ノ願書ヲ夫々出ス　午後ハ荷物ヲ片付ク　夜竹野君ト一所ニ Variété〔ヴァリエテ座〕, Folies-Bergère ニ往ツテ見帰途有名ナル Olympia〔オランピア劇場〕ニ寄テ見ル　Berlin ノ National ノ稍上品ナルモノナリ　帰ルトキ雨フル

〔バスの切符（一〇サンチーム）、フォリー・ベルジェールの立見席券（三フラン）、押花貼付。押花の横に「之ハゲンフノ宿ニテ貰ヒシモノ、アルプスの花の紅白二種ノ一ナリ　永久変色セズ」と記入〕

一〇月一七日　木曜

晴　朝 Leçon ヲ取リ夫ヨリ読書ス　午後竹野君今夜立ツトテ訪ネラル　一所ニ出テ同氏ノ用ヲ扶ケ夜八時四

十分ノ汽車ニテ Berlin ニ帰ラル、ヲ Nord〔北〕停車場ニ見送ル　Fr. Kärger, Römelt, Barbier ニ紙面ヲ出シ山内君ニ讃美歌ヲ送ル

一〇月一八日 金曜

晴　朝読書ス　午後ハ更ニ独乙語ノ先生ニ軒ヲ尋ネ其中 Madame Emma Gimpeg ト云フ人ヨリ Stunde ヲ取ルコトニスル　帰途子供等ヘ贈ルベキ Christmas Presents ヲ買フベク Louvre ヲウロツキ先ヅ以テ信明両人ヘノ皮ノ針仕事道具入袋ヲ買フ　一ツ375ナリ　他ノ子供ヘノ贈物ハ未ダ面白キモノ見付カラズ　Balkan ハ愈四国対土耳其《トルコ》ノ戦争始マル

一〇月一九日 土曜

細雨　朝読書　昼食ヲ少シ早ク食ツテ宿ノ人々ト Catacombes ヲ見ニ行ク　毎月第一第三ノ土曜日予メ市役所ヨリ許可証ヲ得レバ見物スルヲ得ルナリ　長イ穴道ヲ行クコト物ノ十五六分ノ後骨堂ニ達ス　約六百万人分ノ骨アリト云フモ如何ニヤ　午後ハ読書ノ後夕方例ニヨリテ英語ノ稽古ニ行ク　格別ノコトナシ

一〇月二〇日 日曜

晴　朝読書ス　午後ハ昼食後宿ノ人々ト一所ニ le Musée de Victor Hugo〔ヴィクトル・ユーゴー博物館〕ヲ見ニ行ク　今ハ三階マデ博物館トナレルガ其二階ハ氏ノ住宅ナリシト云フ　彼ハ頗ル画ニモ堪能ナリシト見エ自筆ノ画頗ル多ク中々手腕ノ見ルベキモノアリ　其他氏ノ作物ニ関スル絵モ頗ル多シ　日本人山本ト云フ人ノ Hugo 葬式ノ図ヲ絹地ニ画ケルモ見エタリ　紀念トシテ絵端書数葉ヲ買フ

一〇月二一日 月曜

曇　一寸雨フル　午前中読書スルコト例ノ如シ　午後ハ一寸散歩セシガ昨日ニモ増シテ冷気ヲ覚フ　此日始メテ独乙語ノ Stunde ヲ取ル　Sudermann〔ズーデルマン〕ノ Frau Sorge〔ゾルゲ夫人〕ヲ読ム

一〇月二二日 火曜

少雨　午前中読書スルコト例ノ如シ　午後ハ宿ノ人々ト共ニ Hôtel de la Monnaie〔造幣局〕ヲ見ニ行ク　別ニ奇ナシ　曾テ奉天ニテ造幣局ヲ見シコトアリシガアノ時ノ方珍ラシク感ジタヤウナリ　午後モ雨フリナリシ故在宅シテ書ヲ読ム

一〇月二三日　水曜

曇　午前中読書スルコト例ノ如シ　佐々木君 London ヨリ端書ヲ呉レル　気ニ入ツタカラ二十日斗リ居ルトアリ　十二月七日桑港発ノ東洋汽船デ帰ルラシ　午後ハ一寸散歩シ又読書シタルガ目ガソロソロ悪クナリカケル　夜奥山、留守宅、千葉、桑田、雀部、竹野、Römelt、文部省（送金通知）ト八通ノ手紙来ル　たまの、Römelt、奥山君ヘハ直ニ返事ヲ認メ兼テ又野口君ヘモ手紙一本出シテ置キタリ

一〇月二四日　木曜

曇　午前中読書スルコト例ノ如シ　午後河岸ヲ散歩シテ古本ヲアサリ二冊ヲ得タリ　其他例ニ依テ例ノ如シ　Balkan ニ於ケル戦況ハ土耳其連戦連敗ノ形ナルニ似タリ

一〇月二五日　金曜

曇　午前中読書　午後河岸ヲアサリテ L'Autriche sans〔sous ?〕Marie Thérèse〔マリア・テレジア治下のオーストリア〕ト云フ美本ヲ30ニテ求ム　夜同宿ノ Poland 人ノ友人ノ医学生ノ所ヘ行ク　之ハ此学生ノ兄ガ London ニ居ルガ其友人ノ日本人ガ巴里ニ来タガ該日本人ハ英語ノ外話セズ学生ハ英語ヲ解セズ意ヲ通ズルコトガ出来ズ誠ニ不便故一寸来テ通訳シテ呉レトノ依頼アリシニ依ル　該同胞ハ九時頃来訪アリ　段々話シテ見ルト村山氏ト云ヒ高田ノ人　日本ニテ医学ヲ修メ後米国ニ亙リ彼地ノ Cincinnati〔シンシナティ〕大学ヲ了ヘ三ケ月前 London ニ来リ今度 Excursion〔団体旅行〕ノ企ニ加リテ巴里見物ニ来リシナリト云フ　千葉豊治君ヲモ知ツテ居ルトノコトナリ　十時頃マデ話シテ帰ル

一〇月二六日　土曜

雨　村山氏病院ヲ見物シタシト云フ故朝早ク訪ネ一所ニ Metro〔地下鉄〕ニ乗リ Hôpital de St. Louis〔サン・ルイ病院〕ヲ見ニ行ク　然ルニ予メ autorisation〔許可状〕ヲ得ザレバ見物ヲ許サズト云ハレ空シク帰ル　村山氏ハ予ノ宿ニテ昼食ヲ認メ午後一寸 Luxembourg 公園ニ遊ビ午後モ話シタ方一所ニ勧工場ヲヒヤカシ分ル　予ハ子供、たまのヘノ Christmas present ヲ買フ　此日文部省ヨリ学資350円米国転学旅費400ヲ送リ来ル

一〇月二七日　日曜

快晴　頗ル温ナリ　朝村山氏ノ帰英ヲ St. Lazare〔サン・ラザール〕ノ停車場ニ送ル　小野塚先生ヨリ手紙来ル　午後例ニヨリテ河岸ヲ散歩シテ古本三冊ヲ掘出ス　天晴レ温暖ニシテ外套ナシデ猶汗ノ出ルヲ覚フル程ナリ　豊治兄ヘ手紙ノ返事ヲ出ス　Balkan 方面ニテハ Turky〔トルコ〕連戦連敗ノ姿ナリ

一〇月二八日　月曜

少晴　温キコト前日ト異ラズ　朝読書　午後一寸散歩スル　Simonne Barbier ヨリ返事来リ居ル（郵便局ヨリ）夕方独乙語ノ稽古ニ行ク　新聞ノ所報ニ依レバ連合軍ノ勢益ヨク Uskub〔ユスキュプ、スコピエ。のちのマゲドニアの首府〕ハ Serbie〔セルビア〕ノ手ニ落チ Bulgare〔ブルガリア〕ハ Adrianople〔アドリアノープル、エディルネ。のちのトルコ・エディルネ州の州都〕ニ迫レリトナリ　土耳其モ斯ウモロイ筈ハナキニ如何セルモノニヤ不思議ナ程ナリ　佐々木兄朝永君ト連名ニテ Cambridge ヨリ手紙ヲヨコス

一〇月二九日　火曜

少雨　午前中読書ス　Schwelm Hahne 氏ヨリ来翰アリ　午後夕方英語ノ稽古ニ行クコト例ノ如シ　天下太平事ナシ

一〇月三〇日　水曜

晴　午前中読書　此日ヨリ Klotz ノ第三巻目ノ翻訳ニ進ム　Strasbourg 以来漸ク三冊ヲ了シ今四冊目ニ入ル予定ニテハ九月中旬ニ全部了ル積リナリシガ随分後レタモノナリ　午後ハ三時 Bavier 氏ト遇フ約束ナリシヤ〔ガ〕彼レ来ズ　Peschel 君倫敦ヨリ手紙ヲ呉レル

一〇月三一日　木曜

曇　午前読書　午後古本屋ヲ探シテ Papauté〔教皇庁〕ト Autriche〔オーストリア〕ノ歴史トヲ求ム　此日ヨリ一人ノ独乙人寄宿人トシテ来リ独乙語ヲ話ス機会ヲ得タリ　狩野先生ヘ伯林《ベルリン》ヘアテ手紙ヲ出ス

一一月一日　金曜

晴　朝狩野直喜先生ヨリ佐々木君ヘアテタル端書ニヨリ同氏ノ二十八日以来当地ニ在ルヲ知リ佐々木君ノ依頼モアルコトトテ早速 Rue de Beaujon 21, Madame Cadaue 方ニ訪ネル　暫ク話シ一所ニ散歩ニ出食事ヲ共ニシ三時分レル　予ハ Barbier ニ遇フベク Luxembourg ニ往キシモ氏見ヘズ　帰宅ス　夜再ビ狩野先生ヲ訪ヒ大街ヲ御案

内スル

一一月二日　土曜

晴　朝狩野先生ノ来訪ヲウケ同氏ヲ御案内シテ St. Cloud〔サン・クルー〕方面ニ行ク　Saint-Cloud ト Seine〔セーヌ川〕ヲ隔テタル Quai 4 Septembre 通リニ Caen ノ Club ト云フガアリ　六日夕食ニ招カレ居ルヲ以テ予メ場所ヲツキトメテ置キタシト云ハル、マ、一所ニ行キシナリ　先生ハ北清事件ノ頃支那ニ留学セラ〔レ〕シ外外遊セラレシコトナシ　蓋シ先生ハ Caen ノ金ニテ来ラレシナリ　今度ハ始メテノ洋行ナルノミナラズ性来ガ蛮カラナリトノコトトテ頗ル変ナ風ヲシテ居ラル　併シ篤実誠直ノ国士トシテ令名アルコトハ兼〻伝聞スル所ナリ　三時御分レシテ内ニ帰ル　帰ルト内デハ一昨日来タ独乙人姿ヲカクセシトテ大騒ギナリ　蓋食逃セシナリ　時々斯ンナ奴モアルト見ユ

一一月三日　日曜

晴　今日ハイツモナラ天長節ナルガ先帝登遐《とうか》マシマシテ其事ナク転《うたた》感慨ニ堪エズ　新人着ク　海老名先生ノ乃木大将殉死論頗ル我意ヲ得タリ　午前中読書ス　午後ハ一寸散歩ニ出デシモ狩野先生来ラル、コトモヤト思ヒテ在宅ス　先生来ズ　夜ニ至リ約ニヨリ此方カラ伺ツテ見ルニ少々気分ワルクテ引籠リ居ラレシナリト云フ　一所ニ Moulin Rouge〔ムーラン・ルージュ〕ニ往ツテ見ル

〔ムーラン・ルージュの立見席券（三フラン）貼付〕

一一月四日　月曜

晴　午前中読書ス　午後散歩ノ次序《ついで》又安イ古本ノ掘出物ヲスル　少シ疲レテ勉強スル気ニナレズ正則ノ勉強ハ明日ヨリトシテ新着ノ太陽ヲ読ミナドシテ日ヲ暮ス

〔フランス切手一枚貼付〕

一一月五日　火曜

雨　朝起キテ見ルト所々方々カラ沢山手紙ガ来テ居ル　Römelt、Barbier、信次、小山田、佐〻木、朝永等ノ諸氏カラナリ　中ニハ急ナ用事モアルノデ朝ハ正規ノ日課ヲヤメテ返事ヲ書クニ忙殺サル　午後ハ昼食后佐〻木君ノ用事デ狩野先生ヲ訪ヒシニ不在ナリシカバ三時 Barbier 氏ト会見スルニハ早スギル　雨ノ中ヲトボトボ歩キ漸ク三時半彼ト会遇シ一時間話シテ分ル　太陽ヲ読ミ了ル　Straßburg ノ田中君ニ送ル

一一月六日 水曜

曇　午前中読書　午後モ夕方一寸散歩セシ外大方在宅シテ読書ス　此日ノ新聞ニヨルニ昨日ノ結果ニヨレバ Woodrow Wilson 氏尤モ多数ヲ占メタリト云フ　Roosevelt ガ Taft ヲ超ヘテ第二位ヲ占メシハ偉観トスルニ足ル

一一月七日 木曜

晴　午前中例ノ Traduction〔翻訳〕ヲヤリ午後食後ニ散歩ニ出ル　帰ルト狩野先生来訪セラレ待ツテ居ラル、ニヨリ内ノ人々ト共ニ懇談シ夕方小林万吾氏ヲ訪ハル、トテ去ラル　外ニ記スベキ程ノコトナシ

一一月八日 金曜

晴　午前中読書スルコト例ノ如シ　午後散歩ノ次手《ついで》古本屋ニテ北米幷ニ亜洲ノ政治問題ニ関スル書二冊及西班《スペ》牙《イン》ノ社会問題ト Russia ノ革命ニ関スル書二冊トヲ求ム

一一月九日 土曜

晴　午前中例ノ通リノ勉強ス　午後ハ一寸床屋ニ行キ夫カラ Hahne 氏 Peschel 氏ト英独文ノ手紙ヲ認ム　夜ハ京大出火ノ報アル新聞ヲ届クベク狩野先生ヲ訪フ　久シ振リニテ Motzkau 君ヨリ手紙来ル

一一月一〇日 日曜

晴　朝狩野先生ノ来訪ヲウケ午前ハ一所ニ Luxembourg ノ Musée ヨリ公園ヲ散歩シ食事ヲ共ニシ四時マデ内ノ人々ト懇談ス　夕方マタ一所ニ出カケ Hôtel Soufflot ニ上田整次氏ヲ訪ネシモ転宿シテ在ラズ　狩野先生ト分レテ独リ帰宿ス

一一月一一日 月曜

朝快晴ナリシ〔カ〕ドモヤガテ曇リ午後ハ雨トナル　巴里ノ朝ノ晴レハ午後ノ雨ヲ意味スト聞キシガ此頃ノ天気ハ即チ之レナリ　午前中例ノ通リ読書シ午後モ雨ノタメニ外出セズ　只夕方独乙語ノ稽古ニ行キシノミ

一一月一二日 火曜

雨　午前中読書スルコト例ノ如シ　午後ハ一寸河岸ヲ散歩シテ La Question de l'Extrême-Orient〔極東問題〕一冊ヲ求ム　平凡無事

一一月一三日 水曜

曇　午前中読書ス　午後 Kärger、今井、Motzkau、信次、等ヘ返事ヲ書キ併セテたまの、Römelt ヘ手紙ヲ出

ス　西班牙ノ首相 Canalejas〔カナレハス〕兇漢ノ為メニ暗殺セラレシノ報ニ接ス　国歩艱難ノ際同国ノ為メニ誠ニ悲ムベシ

一一月一四日 木曜

雨　例ニ依リテ例ノ如シ　夜ハ当地大学青年会ノ本期開会式アリトテ招カレシモ気ガ進マズ赴カズ在宅読書ス　若杉小松三浦三君連署ノ手紙久シ振リニテ到着セルガ内容更ニ面白キコトモナシ　小山田藤浪ノ二君散歩ノ途中ヨリトテ上野ノしるこ屋ヨリ端書ヲ寄セラル　五来欣造君 78 Boulevard Sébastopol〔セバストポール大通り〕ニ居ルト聞キ手紙ヲ出シテ面会ヲ求ム

一一月一五日 金曜

少晴　例ノ如シ　只朝沢山新聞ガ着キシヲ以テ之ヲ読ム　午後狩野先生話ニ来ラレ内ノ人々ト二三時間茶ヲ共ニシテ面白ク時ヲ過ス　夜 Römelt ヨリ手紙来リシ外何事モナシ

一一月一六日 土曜

細雨　午前四時頃ハ快晴ナリシト宿ノ者ノ話ナルガ起キタ時ハ支那ノ蒙古風ノ時ノ様ニ薄暗クテ読書出来ズ十時頃マデ食堂ニ点灯シテ読書セリ　十時過ヨリ段々明クナル　午後モ在宅シテ読書ス　夜ハ同宿ノ人々ト Cinéma ニ行ク　Brasil〔ブラジル〕滞在中ノ矢作先生ヨリ来翰アリ　東京朝日新聞社ヨリ予ニ欧洲政況ノ通信ヲ依頼シタシトノ伝言ヲ通ゼシタメナリ　Hotel ノ名ガ封筒ニ印刷シテアルガ紀念ノタメ切リ通〔取〕リテ貼リツケテ置ク

〔シネマ・サンミシェルの二等席券（一フラン）、矢作栄蔵より大正元年十月二十八日付の手紙、およびその封筒切抜き（リオデジャネイロのホテル名印刷）とブラジル切手貼付〕

一一月一七日 日曜

細雨　約束ニ従ヒ朝九時過ギ狩野先生ヲ誘ヒ一所ニ Versailles〔ヴェルサイユ〕ニ行ク　此前ニ往ツタ時ハ Gare des Invalides〔アンヴァリッド駅〕ヨリ乗車セシヲ以テ今度ハ St. Lazare〔サン・ラザール〕ヨリ乗ツテ見ツ　路程ハ長イガ途中停車駅ガ少キ故時間ハ割合ニ早ク着キシ様ナリ　先ヅ Jeu de Paume〔ポーム球戯場〕ニ 革命ノ初期七百議員ノ宣誓ノ跡ヲ忍ビ夫カラ昼食ヲ認メテ城内ヲ見ル　食事ノ時ノ Vin〔ワイン〕ガ利キシタメカ狩野先生非常ニ疲レ見物ヲ続クルノ勇気ナシトテ公園ノ軍楽隊ヲヤツテル辺ノ椅

子ニ腰掛ケテ休ム　先生頗ル睡サウナリ　再遊ヲ期シテ一ト先ヅ帰ルコトニシ四時半同ジ途ヲ汽車ニテ帰ル　巴里ニ着キシ頃先生元気ヲ快復セリトテ今度ハ細雨ノ中ヲ散歩シテ見ル気ニナリ一寸珈琲ヲ呑ミ夫カラ Cinéma ニ這入リ又 Café ニ入リテ Sandwich ヲ食ヒ八時半頃 Opéra〔オペラ座〕ノ処ニテ分レテ帰ル

〔ヴェルサイユ公園の椅子券(一〇サンチーム)、エレクトリック・パラス(映画館)の入場券(一フラン)、サン・ラザール駅—サン・ミシェル広場間のバスの切符(一〇サンチーム)貼付〕

一一月一八日 月曜

曇　朝留守宅ヨリ手紙来ル　其結果野地佐と木ノ諸氏ヘ手紙ヲ発シ又たまのヘノ返事ヲモ書ク　朝日新聞ノ上野精一氏ヘモ矢作先生ノ伝言ニ関シテ丁重ナル断リ状ヲ出ス　午後モ一寸散歩シ後読書ス　夜ハ約ニ従ヒ狩野先生ヲ誘ヒ Folies-Bergère ヘ往ツテ見ル　Revue〔レビュー〕ニシテ奇麗デ面白キコト限リナシ　流石ノ狩野先生モ面白イ面白イト賛嘆セラル　幕合ノ途中 Danse orientale〔オリエンタル・ダンス〕ト云フニ一法《フラン》ヲ払ツテ這入ツテ見タルガ卑猥見ルニ堪ヘズシテ直ニ出ル　十二時帰ル

〔フォリー・ベルジェールのアトラクション入場券(一フラン)貼付〕

一一月一九日 火曜

曇　終日外出セズ読書ス　蓋シ新聞ガ着キシ故早ク読ンデ狩野先生ヘ廻サンガ為メナリ　武藤長蔵君ヨリ政党ニ関スル有益ナル小冊子ヲ送リ来ル　君今猶 Berlin ニ在リ　此冬彼地ニ遊ブヲ得バ再会ノ機ヲ得ンカ

一一月二〇日 水曜

少晴　午前中読書ス　午後狩野先生ニ新聞ヲ届ケニ行キシモ不在ニテ面会セズ散歩シテブラブラ帰ル　少シ頭痛ヲ覚フ　過労ノ為メナラン

一一月二一日 木曜

少晴　午前中読書ス　午後散歩シ Macedoine et le chemin de fer de Bagdad〔マケドニアとバグダッド鉄道〕ト l'Angleterre moderne〔近代イギリス〕トヲ求ム　留守宅ヘ手紙ヲ出ス　五来君ヨリハ更ニ返事来ラズ

一一月二二日 金曜

晴　午前中読書シ午後一寸散歩ニ出ルコト例ノ如シ　古本屋ヲ冷カシ掘出シ物数種アリ　中ニモ Bodley ノ France ハ久シク尋ネテ見当ラザリシモノ也　夜ハ新聞

ヲ届クベク狩野先生ヲ訪ヒ暫ク話シテ帰ル　新聞ノ所報ニ依レバ Turquie〔トルコ〕ハ休戦ノ提議ニ関スル Bulgarie〔ブルガリア〕ノ条件ヲ拒斥シタリトナリ

一一月二三日　**土曜**

快晴　頗ル温暖ヲ覚フ　午前中読書スルコト例ノ如シ　午後ハ散歩旁古本屋ヲヒヤカス亦前日ト異ラズ　夕方狩野先生見ユ　夜ハアル政談演説会ヲ傍聴セントテ出掛ケシガ定刻ヲ後ル、既ニ数十分ナルニ猶数百名ノ聴衆会場ニ入ラントテ列ヲナシテ待ツテ居ルガアリ　之レデハ中々入場六《むつ》カシサウ故空シク帰ル　少額ナガラ25文ノ入場料ヲトルノニ斯クマデ聴者ノ多キハ流石共和国ダケアリテ庶民ノ政談ニ s'intéresser〔関心〕スルノ著シキニ感心シツ、家ニ帰ル

一一月二四日　**日曜**

朝少雨ナリシモ午後ハ快晴ニシテ夕方ノ如キハ満月頗ル鮮ナルヲ見タリ　狩野先生ト Fontainbleau〔フォンテンブロー〕ニ遠足スル筈ナリシモ雨ナラント思ヒテヤメ午前ハ同氏ト共ニ滞巴中ノ上田整次氏ヲ訪フ　不在ナリシ故直ニ帰リ予ノ宿ニテ一所ニ食事ヲスマシ午後ハ Panthéon〔パンテオン〕ヲ見物シ Bois〔ブーローニュの森〕ニ遊ブ　夕方分レテ帰ル

一一月二五日　**月曜**

晴　午前中読書シ午後散歩ヲ試ムルコト例ノ如シ　此日英人 Barnes ノ著 The Man of the Mask〔鉄仮面〕一冊ヲ求ム　l'Homme au masque de fer〔鉄仮面の男〕ハ Louis XIV〔ルイ十四世〕時代ノ一奇蹟ニシテ未ダ其何人タルヲ明ニシタルモノナシ　著者ハ種々綿密ナル研究ノ後之ヲ Charles II〔シャルル二世〕ノ庶子ナリトセリ

一一月二六日　**火曜**

少晴　此日モ例ノ通リニシテ暮ス　内ノ人裁判所ニ証人トシテ呼ビ出サレタルガ例ノ独乙ノ女三ケ月ノ刑ニ処セラレ直ニ執行猶予ノ恩典ヲ与ヘラレタリトナリ　朝永君ヨリ手紙来ル　来月七八日頃来ラルベシトナリ

一一月二七日　**水曜**

朝快晴ナリシモ午後多少ナガラ降雨ヲ見ル　巴里ノ天気ノ定メナキコト凡ソ斯ノ如シ　午後一寸散歩ニ出シノミニテ大概在宅読書スルコト例ノ如シ　夜狩野先生ヲ訪ヒ誘ハレテ Olympia ヲ見ニ行ク　面白クモナカリシ故

半途ニシテ帰ル
〔オランピア劇場の立見席券(三フラン)貼付〕

一一月二八日 木曜

曇　例ノ通リニテ暮ス　夕方たまのヨリ手紙来ル　中ニ信子光子ノ習字アルガ筆蹟誠ニ見事ナリ　予モ少年ノ頃能書ヲ以テ賞揚サレシガ己ヨリモ遥ニ上手ナ様ナリ　手紙ニ依レバ琴モ大変上手ニナリシトカ　早ク帰リテ見タイ気ガスル

一一月二九日 金曜

晴　午前中新聞ヲ精読研究ス　午後モ一寸散歩ニ出シ外読書セシコト例日ノ如シ　夜新聞雑誌日本ヨリ届ク　Adi, Kärger 等ヘ返事ヲ出ス

一一月三〇日 土曜

少晴　午前中読書ス　朝ハ細雨アリテ頗ル寒シ　夜ハ狩野先生ト一所ニ Odéon ニ Vieil Heidelberg〔アルト・ハイデルベルク〕ヲ見ニ行ク　此芝居ハ曾テ竹村野地ノ二兄ト共ニ Mannheim ニテ見シコトアリ　彼ノ時ヨリモ今度ノガ役者ガ上手ナノカ強ク impressionner〔感銘〕サレタヤウナリ　西洋ノ諺ニ法律ノ前ニ万人平等ナリト云フコトアリ　併シ法律ハ猶王侯ト庶民トノ間ニ障壁ヲ設ク　独リ此障壁ヲ破リテ全純ナル平等ヲ来スモノハ恋愛ノミ　此劇能ク之ヲ示ス　而シテ青年享楽ノ追想ニ無限ノ同情ヲ有スル西欧人士ノ一面ノ心理亦就テ看ルベキナリ　是レ尤モ本劇ノ当ル所以ナリ　狩野先生亦曰ク面白イ々々ト
〔英国切手二枚、オデオン国立劇場の座席券(三・五〇フラン)貼付〕

一二月一日 日曜

晴　亡姉ノ命日ニシテ今ヤ已ニ二十一星霜ヲ経ルニ至ル　往時ヲ追想シテ感懐無量ナリ　此姉ニシテ存命ナリセバ一家ノ波瀾ハ起ラザリシナルベク天下ハ太平ニシテ予モ心安ク勉学ノ出来シモノヲナド万感交々起ル　新教ノ寺ニ詣デ、私ニ追悼ノ情ヲ洩ス　顔ハ似テナイケドモ身体ノ姿丁度たまの、様ニテ身ノ丈モ同ジ位ナリシナラン　佐々木ノ姉ヨリハ低カリシト覚ユ　午後ハ狩野先生ヲ訪ヒ le Musée Guimet〔ギメ博物館〕ヲ見散歩シテ帰ル　Riedenheim ヨリ久シ振リニテ端書来ル

一二月二日 月曜

曇　例ノ如クシテ暮ス　Théâtre Sarah-Bernard〔サラ・

ベルナール劇場〕ニテ La Dame aux Camélias〔椿姫〕ヲヤルト云フニヨリ Text ヲ読ミ始ム　何レ近イ中ニ狩野先生ヲ之ニ誘ハントス

一二月三日　火曜

曇　今日モ例ノ如クシテ暮ス　朝石岡君佐々木君ヨリ来書アリ　佐々木君ハ Niagara〔ナイアガラ〕ヨリ端書ヲクレタルナリ　石岡君ハ近々巴里ニ来ルトノコトナリ

一二月四日　水曜

少晴　此頃滅切リ寒クナル　午前中読書午後散歩ニ出ルコト例ノ如シ　夜ハ一寸狩野先生ヲ訪ヒ夫レヨリ Trianon Lyrique ニ Paul et Virginie〔ポールとヴィルジニー〕ヲ見ニ行ク　texte ヲ求メテ読ンデ見タシト思フ　Kärger, Rabitch 等ヨリ来翰アリ

〔トリアノン・リリック劇場の二階正面桟敷席券貼付〕

一二月五日　木曜

晴　朝永小林ノ二君ヨリ来書アリ　朝君ハ一両日中ニ来巴アルベク小君ハ今悠々トシテ民顕《ミュンヘン》ニ在リ　家居シテ存分ニ読書セシコトノ外特記スベキコトナシ

一二月六日　金曜

晴　朝新聞沢山到着セルガ特別ノ出来事モナキヤウナリ　午前中読書シ午後散歩ニ出テ古本ヲ探スコト例ノ如シ　夜諸方へ手紙ヲ書ク　朝永君明日到着ノ旨 Bruxelles〔ブリュッセル〕ヨリ端書ヲ呉レル

一二月七日　土曜

晴　午前中読書ス　一時朝永君到着ニツキ昼食ヲ後廻シニシテ停車場ニ赴キ其安着ヲ迎ヘテ帰宅　食事ヲ共ニシ一所ニ下宿ヲ探シニ行キ二三ケ所探シマワリタル後 Sufflot ニキメル　午後ハ大使館ヨリ狩野氏ヲ訪ヒ夕方帰ル

一二月八日　日曜

快晴　朝狩野氏ト Louvre 前ニ待チ合セ一所ニ Musée 絵ノ部ヲ見ル　朝永君ハ多少予メ研究スル所アリ其説明ヲキヽ得ル所尠カラズ　三人一所ニ我輩ノ宿ニテ食事ヲ認メ午後ハ Louvre ヨリ凱旋門ノ方ニ散歩シ楼門ノ上ニ昇ツテ見ル　人出頗ル多シ　晴天ニテ且ツ頗ル温キコトヽテ数百階ノ階段ヲ昇降シテ汗ビツシヨリトナリ狩野氏宿ニ至リテ水ヲ使フ　夕方辞シ帰ル

一二月九日　月曜

晴　大抵ノ Musée ハ休ミナルニ付キ午前ハ Louvre ニ買物シ午後ハ Notre Dame〔ノートルダム〕ニ詣ヅ　夜ハ Grand Boulevard〔グラン・ブルヴァール大通り〕ノ方ニ散歩ニ出掛ク

一二月一〇日　火曜

晴　早朝石岡君ノ来遊ヲ迎フ　同氏ハ第一生命保険会社ノ医員ニシテ鹿子木君ヲ通シテ相識リ四月 Eisenach〔アイゼナハ〕ニテ一日ヲ話シ暮セシ人　一月早々帰国スルニツキ見物ニ来ラレシナリ　午前ハ朝永君ト打連レテ Luxembourg ヲ見午後ハ Napoléon ノ墓ニ詣デ Torocadero 辺ヲウロツキテ帰ル　夕方 London ヨリ朝永君ノ友人和田君モ来ラル　信州ノ金持ノ息子ニテ既ニ四年ヲ英国ニ送リ此度独乙ニ転学スルナリト云フ　夕食前狩野氏 Marseille ヨリ滝精一氏ノ発セル電報ヲ手ニシテ来ラレ昨夜来風邪ニテ発熱ニ苦ミ居ル故代ツテ出迎テ呉レトノコトナリ　但シ滝氏ハ此夜ハ来ラレザリキ

〔ドイツ切手二枚貼付〕

一二月一一日　水曜

朝午前四人打連レテ再ビ Louvre ヲ見物シ午後ハ Panthéon ヲ見ル　夕方狩野氏ヲ見舞ヒ夜 Lyon 停車場ニ滝氏ヲ迎フ　同氏ハ故和亭画伯ノ子　大学ニ哲学ヲ専攻シ現ニ東西両大学ノ美術史(日本)ノ講師タリ　快活ニシテ能ク談ズ　Auto〔自動車〕ヲカリテ狩野氏ノ宿ニ入ル

一二月一二日　木曜

曇　朝滝君ヲ訪ヒ一所ニ停車場ニ赴キ荷物受取ノ御世話ヲシテ半日ヲ暮ス　午後ハ兼ネ〔テ〕石岡君ノ依頼ニシテ通訳ノ労ヲ托セル松岡君ト Louvre 前庭ニ会シ石岡君ヲ引渡シ朝永和田君ノ雑用ヲ弁ズルニ随行ス　夜ハ四人打揃ウテ狩野氏ノ病ヲ見 Folies-Bergère ヲ見ル

〔欄外〕　松岡新一郎君　6. Chaussée de la Muette

一二月一三日　金曜

少晴　Versailles ニ行ク　同行者ハ朝永、和田、石岡、滝、国府ノ五君ナリ　国府君ハ滝君ト同船ニテ来リ住友ノ留学生トシテ London ニ赴ク途上昨夜当地ニ来ラレシナリ　段々話シテ見ルト平野兄ノ友人ニシテ其同期ノ法学士ナリト云フ　Versailles ニテハ記スベキ程ノコトナシ　只連日ノ奔走ト睡眠不足ノタメニ聊頭痛ヲ覚フ

一二月一四日　土曜

雨　御連中買物ガシタシト云フノデ朝 Bus ヲカリテ Galerie Lafayette〔ガルリー・ラファイエット百貨店〕ニ行ク　石君ハ Bluse〔ブラウス〕ヤラ何ヤラ朝、和君夫々買物シ僕モ名画ノ写真一枚95文宛ナルヲ数枚買込ム　午後ハ Musée Chine〔シナ博物館〕ニ Ceinture de Chasteté〔貞操帯〕ヲ見夕方狩野氏ヲ訪ウテ平癒ヲ祝シ夜ハ Paris ノ料理ヲ風味シタシトノ御連中ノ希望ニヨリ近所ノ Lapérouse ニ舌鼓ヲ打ツ　但シ l'addition〔勘定書〕ノ 60 Fr. ニ達セルニハ聊腹ヲ痛ム

一二月一五日　日曜

晴　石岡君 London ニ向ツテ立ツ　早朝起キテ之ヲ Gare du Nord〔北駅〕ニ見送ル　国府君モ立ツノデ停車場ニ滝狩野ノ二氏モ見ユ　偶然ニ数日来滞留中ナル嘉納治五郎氏モ同車ニテ London ニ向ハル　九時汽車ノ出立ヲ見送リテ散歩シ有名ナル Café Rat Mort ノ前ヲヨギリテ Sacré-Cœur〔サクレクール〕ノ寺ニ詣デ近所ノ高台ノ Café ニ憩ヒテ昼時マデ放談高論ス　午後ハ朝和二君ト Petit palace〔小宮殿〕ニユキ帰途 Opéra〔オペラ座〕ニ赴キ明日分ノ切符ヲ買ヒテ帰ル

一二月一六日　月曜

少晴　朝一寸銀行ニ行キ朝君ハ狩野氏ヲ訪フトテ行キ和田君亦誰カ尋ネル人アリトテ僕一人ニナル　午後古本屋ナドヲ探ス　夕方狩滝二氏モ来ラレ一所ニ食事ヲスマシテ Opéra ニ行ク　題ハ Tannhäuser〔タンホイザー〕ナリ Text ヲ読ンデ行キシ故能ク分リ且ツ天下ノ名優ノ演ズルコトトテ一入《ひとしお》感ニ入リ殊ニ Elizabeth〔エリーザベト〕ノ終始貞操ト熱愛ヲ傾ケテ渝《かわ》ラザルニハ覚ヘテ暗涙ニムセビタリ

〔オペラ座の平土間席券貼付〕

一二月一七日　火曜

晴　頗ル温シ　概シテ此数日火モ焚カズ　朝ハ朝永君ガ銀行ニ金ヲ取リニ行クニ随行シ帰途 Cook 社ニテ袂ヲ分チ河岸ニ古本ヲアサリテ帰リ午後ハ二君ト共ニ又 Luxembourg ニ行ク　Bon Marché〔ボン・マルシェ市場〕ノ景気ヲ見テ夕方帰ル　今夜ハユツクリ保養シ明日マタ案内ノ労ヲトラザルベカラザルカ　朝下瀬謙太郎氏ヨリ端書来ル　氏ハ今 Berlin ニアルモノ、如シ

一二月一八日　水曜

雨　朝読書シ且 Brossius ヘ返事ヲ認ム　昼前朝永滝二氏ノ来訪ヲウケ一所ニ Gobelin〔ゴブラン織工場〕ノ見物ニ案内ス　午後読書シ外出セズ　左シテ格別ノ寒サトモ覚エザリシモ雨ハ雪ヲ交へみぞれトナリ家根《やね》ノ上ナド聊カ白クナル　之ヲ本年ノ初雪トス

一二月一九日　木曜

晴　午前中読書ス　午後和田朝永二君ヲ案内シテ la Maison de Victor Hugo〔ヴィクトル・ユーゴー博物館〕ヲ見物ニ行ク　二君ハ夜十時ノ汽車ニテ Berlin ニ向ハル　和田君ハ独乙ニ数年留学セラルベク朝永君ハ直ニ日本ニ向ツテ帰ラルベキ也　小山田君ヨリ紙面来ル

一二月二〇日　金曜

晴　頗ル温シ　午前中読書シ午後古本屋ヲアサル　朝永君去ツテ頓ニ寂寥ヲ感ズ　佐々木千葉両君連署ノ端書桑港〔サンフランシスコ〕ヨリ届ク　佐々木兄モ一二三日中ニハ日本ニ届ク訳ナリ　歳月実ニ流水ノ如シ

一二月二一日　土曜

晴　寒シ　午前中読書ス　午後久シ振リニテ理髪ス　四月三日 Berlin ヲ出デ、ヨリ Würzburg ニテ一度 Strassburg ニテ一度 Nancy ニテ一度 Genève ニテ一度再ビ Paris ニテ二度ト今度ガ即チ七度目ナリ　随分不性《ぶしよう》ナリ　湯ニ入リシハ Würzburg ニテ一度 Strassburg ニテ一度 Nancy ニテ二度 Genève ニテ二度 Paris ニテ三度即チ九度　夕方狩野氏来訪　月曜日大使ヨリ晩餐ノ招待アル旨ヲ伝ヘラル　Christmas ノ買物ヲスル　市中頗ル賑ウ

一二月二二日　日曜

快晴　朝読書ス　此間 La Dame aux Camélias〔椿姫〕ノ脚本ヲ読ミツ、アリシガ昨夜床ノ中デ読ミ了リ今日ヨリハ Faust〔ファウスト〕ヲ読ミ始ム　午後約ニ従ヒ食後直ニ狩野氏ヲ訪ヒシニ小林万吾氏アリテ色々芸術ノ談ヲキク　三時過ヨリ出掛ケ道々散歩シ結局小林氏ノ内ニ這入リ両者得意ノ謡曲数番ヲヤル　隅田川ノ一曲ヲ聞キテハ覚エズ暗涙ニムセビタリ　夫ヨリ種々能楽ノ話ナドヲ聞キタルガ興味中々尽キズシテ十時過マデ話シ込ンデ帰ル　内へ手紙ヲ出ス　留守中牧野君来訪セラル

一二月二三日　月曜

晴　温シ　此間狩野氏宅ニテ小林万吾画伯ヨリ Paris ニ美術家ノ Modèle〔モデル〕ノ市場二ケ所アリト聞キ其中

Place de Vavin ハ近キ故模様ヲ見テオカント思ヒ十一時頃往ツテ見ル　時間少シ遅カリシ故数名ウロツキ居ルヲ見シノミ　モー一度見直サネバ景気分ラズ　Model ノ相場ハ一日二時位三四法ノモノナリト云フ　午後ハ買物シ又入浴ス　夕方狩野氏ヲ訪ヒ滝君ト一所ニ石井大使ヲ訪ヒ夕食ヲ饗セラル　溝口□〔不明〕、渡辺大佐等会食シ食後河合杉村二君ニモ遇フ　杉村君中々快活ニ話ス　一時過辞シ帰ル　帰ル頃雨トナル　Auto ノ代ヲ倹約セントテ徒歩ニテ帰ルガ少シ濡レル

〔地下鉄乗車券（二五サンチーム）貼付〕

一二月二四日　火曜

曇　午前午後一寸散歩スル　狩野滝両氏ト金曜日 Opéra-Comique〔オペラコミック座〕ヘ行ク約束セシニツキ Billets〔切符〕ヲ求メ textes ヲ買ツテ読ンデ見ル　Tosca〔トスカ〕ト Cavalleria Rusticana〔カヴァレリア・ルスティカーナ〕トナリ　昨夜ノ疲レニテ睡シ　早クネル　早シト云ツテモ十時ナリ

〔オペラコミック座三階座席券、美術（絵画・デザイン・版画・彫刻）大富くじ（二・六〇フラン）貼付〕

一二月二五日　水曜

曇　午前中読書シ午後河岸ニ出テ古本ヲアサル　Christmas ノ当日トテ人出多シ　夜ハ内ノ人々ニ狩野滝二氏ヲ加ヘ盛ニ祝会ヲ催シ相楽ム　小林照明〔朗〕君 Nancy ヨリ明日十二時十五分ノ汽車ニテ来巴スベキ旨ノ電報ヲヨコス　夜山内保君今着イタ所ナリトテ来訪セラル　妻君モ同伴ナルガ何レモ元気ヨキ様ナリ

一二月二六日　木曜

雨　午前中読書　昼小林照朗君ヲ迎ニ Gare de l'Est〔東駅〕ニ行ク　一所ニ一ト先ヅ内ニ帰リテ昼食ヲ認メ夫カラ同氏ヲ Mme Couchnie 方ニ案内シ宿ヲコヽニキメルコトニスル　夜ハ山内保君ヲ訪フ　Tosca ヲ大略読ミ了ル

一二月二七日　金曜

少雨　午前中読書ス　久シ振リニテ稽古ヲ取ル　朝永君ノ来巴以来休ミ続ケ居リシ也　午後小林君来ラレ其依頼ニヨリ一所ニ Spedition〔荷物取扱所〕ニ行キ荷物ノ受取方ノ通弁ヲスル　夕方帰ル　夜ハ狩野滝二氏ト連レ立チ Opéra-Comique ニ行ク　題ハ Cavalleria Rusticana ト Tosca トナルガ Tannhäuser ヨリモ面白クナシトノ両氏

ノ評ナリ　Wagner モノニハ mystic〔神秘的〕ナ所アリ　舞台面モ現世ヲ超越シテ他界ニ逍遥シテルノ思アルニ反シ今日見タ奴ハ何処マデモ世話物的ナルヲ脱セザルガ故ニ Opéra ラシクナイトノ評ナリ　Opéra ラシクナイカ否カハ別問題トシテ Wagner モノ、Transzendental〔超越的〕ナル気分ヲ起サセルノハ我輩ニモ気ニ入リタリ

一二月二八日　土曜

少晴　午前中読書ス　午後牧野君ヲ Maison universitaire (Rue de Vanillé 32) ニ訪ヒ久シ振リニテ四方八方ノ話ヲスル　夕方帰ル　夜ハ小林照明〔朗〕君ノ来訪ヲウケ京都デ神戸ノ物集夫人ト汽車ニ乗リ合シ今度妹ガ結婚シテ米国ヘ行クノデ上京スル所ダトノ話アリシトノコトヨリ井田夫婦ノ噂ナドガ出テ彼是十二時マデ話シテ帰ル　高量君ニ絵端書ヲ出ス　Kärger ニ手紙ヲ出ス　Rigoletto〔リゴレット〕ヲ読ミ始ム

一二月二九日　日曜

晴　午前中読書ス　午後小林君ノ来訪ヲウケ一所ニ Archives nationals〔国立古文書館〕ト Musée Carnavalet〔カーニヴァル博物館〕トヲ見夫ヨリ狩野氏ヲ訪ヒシモ在ラズ　予ハ Étoile〔エトワル広場〕ニテ小林君ト分レテ帰ル　夕方一寸小林万吾君ヲ訪ヒアトハ在宅シテ読書ス　大正元年モ余ス所僅ニ二日トナレリ

一二月三〇日　月曜

晴　午前中読書ス　午後散歩　夕方山内君来ル　知人ノ病院ニ助手トナリ年報酬 6000 fr. ヲ貰フ約束シ今 Étoile ノ近所ニ内ヲ探シツ、アリトノコトナリ　夜ハ狩野滝小林三君ノ来訪ヲウケ九時頃小林君ヲ伴ヒテ Madame Gilbert ヲ訪ヒ Leçon ノコトヲ相談シテ帰ル
たまのヨリ手紙来ル

一二月三一日　火曜

晴　午前中読書ス　午後ハ散歩ノ後小林画伯ヲ訪フ　丁度此日同氏宅ニテ滝狩野牧野小林(芳郎)諸氏ヲ集ヒテ鰻ヲ食フ筈ニテ特ニ主人公ノ依頼ニヨリ少々早クヨリ手伝ニ行キシ也　六時客揃ヒテ舌鼓ヲ打ツテ食ベ十一時頃マデ話シテ帰ル　宅ニ帰リシ時丁度十二時ナリ　大正ノ初一年ハ茲ニ終リヲ告グ　Eschig 氏ヨリ懇ナル手紙来ル

〔ダルマチアの風景画入り切手二枚貼付〕

大正二(一九一三)年　三五歳

一月一日 水曜

晴　別ニ変ルコトモナク又別段変ツタ気分ニモナラズ午前中ハ常ノ如ク勉強ス　食後散歩ニ出デント思ツテル所へ小林照朗君来ラレソコデ一所ニ Montmartre〔モンマルトル〕ノ墓場ニ往ツテ見ル　主トシテ La Dame aux Camélias〔椿姫〕ノ墓ヲ見ンガタメナリ　其外ニ Alexandre Dumas〔アレクサンドル・デュマ〕ヤ Gautier〔ゴーティエ〕, Goncourt〔ゴンクール兄弟〕, Lemaître〔ルメートル〕, Heine〔ハイネ〕, Greuze〔グルーズ〕ヤ又 Waldeck-Rousseau〔ヴァルデク・ルソー〕ナドノ墓モアリ　Émile Zola〔エミール・ゾラ〕ノ遺骸ハ既ニ Panthéon ニ引キ取ラレタレドモ以前ハ一旦茲ニ葬ラレタリシヲ以テ今猶立派ナ墓標アリ　夕方帰ル　大使館ノ招待ニハ失敬スル　小林君ハ僕ノフロックヲ着テ行ク夜ハ内ノ人々ト遊ブ　少々頭痛ガスル　大シタコトナシ Zola ノ L'Affaire Clémenceau〔クレマンソー事件〕ヲ買フ

一月二日 木曜

晴　午前中読書シテ居ル所へ小林君洋服ヲ返シニ来ラレ昼マデ話シテ帰ラル　午後ハ Vénus〔ヴィーナス〕ヲ見ルベク Louvre〔ルーヴル〕ニ赴キシニ不図仝宿ノ人ニ遇ヒ一所ニ絵ノ方ニ這入リ Vénus ハ後日ニ残シテ帰ル　小林君誕生日ニ当レリトテ夕食ニ招待クレタルヲ以テ七時行ツテ御馳走ニナリ同宿ノ人々ト約束アリシヲ以テ八時半辞シ帰リ仝宿ノ Poland 人ト Montmartre ノ世界第一ト称スル Cinéma ニ往ク　切符売リ切レトテハ〔這〕入レズ　依リテ何処カ外ノ Théâtre ニ往カントテブラブラスル中 Europe ト云フ小 Théâtre ニテ Vierge séduite〔誘惑された処女〕ト云フヲヤツテル　題ガ面白カリシ故茲ニ這入ツテ見ル　仏国殊ニ巴里ノ一面ガ能ク分ルヤウノ気ガスル

〔ヨーロッパ劇場のオーケストラ席券（二フラン）貼付〕

一月三日 金曜

朝頗ル遅ク起キル　一寸外へ出テ広告塔ヲ見シニ Opéra〔オペラ座〕ノ芸題急ニ変リテ本夜 Aïda〔アイーダ〕ヲ演

ズルトノコトナルニ急ニ見タクナル　昼食後小林君ノ来ルヤ先ヅ一所ニ銀行ニ往ツテ金ノ預ケ方ヲ示シ夫カラ氏ト分レテ Opéra ニ切符ヲ買ニ行キ其足デ世界第一ノ Cinéma ト称スルモノ、先約ヲスルタメニ Montmartre ノ方マデ行ク　夕方帰ル　食前狩野滝二氏見ユ　夕食後乃チ Aïda ヲ見タルガ面白キコト Tannhäuser ニ劣ラズ山内夫妻ノ言蓋シ我ヲ欺カズ

一月四日　土曜

晴　午前中読書シ午後独リデ Louvre ニ赴キ久シク見ント欲シテ見ザリシ Vénus de Millo〔ミロのヴィーナス〕ヲ見ル　別段ノ考モ起ラズ　却テ Victoire de Lamothrace ノ方ガヨク思ハレタリ　其外之レマデ見残シタル部分ヲ一巡ス　Egypt〔エジプト〕ノ部ナドニ中々面白キモノ多シ　夕方帰リテ又読書ス　夜ハ例ノ Cinéma ニ赴ク　後レテ同宿ノ人モ来合セ茲ガハネテカラ le Ciel, l'Enfer〔天国、地獄〕ト称スル Cabaret〔キャバレー〕ニ這入ツテ見遅ク帰ル　兎角外国人ノ附キ合ハ中々帰ルト云ハズ弱ル

〔バルコニー（二階正面）座席券（一フラン五〇）貼付〕

一月五日　日曜

曇　朝頗ル遅ク起キテ一寸読書シテル中ニ昼ニナル　狩野滝二氏約ニ従ヒ食事ニ来ラレ食後小林君モ見エ一所ニ Seine〔セーヌ〕河ヲ下リテ Sèvre〔セーブル〕ニ遊ビ有名ナル陶器博物館ヲ見物ス　五時半着ノ汽車ニテ狩野氏ノ知人大坂図書館長今井貫一氏着スルトノコトニツキ Sèvre ヨリ Tram〔電車〕ニ乗リテ Passy〔パシー〕ニ来リ更ニ Métro ニ乗リ換エ定刻 Est〔東〕停車場ニ同氏ヲ迎ヘ小林君ト共ニ Tram ニテ帰ル　夜ハ一寸山内君ヲ見舞フ　近々 Passy ノ方ニ内ヲ借リテ住ム相ナリ　妻君格別元気ニ見ユ

一月六日　月曜

少晴　朝読書ス　午後散歩ニ出テ Daudet〔ドーデー〕ノ著二冊其外 Goncourt〔ゴンクール〕及 Hervieu〔エルヴィユ〕ノ著二冊ヲ古本屋ニテ求ム　夜ハ小林君ヲ誘ヒ Musée Grévin〔グレヴァン博物館〕ニ往ツテ見ル　たまのへ手紙ヲ出ス

〔グレヴァン劇場の座席券貼付〕

一月七日　火曜

少晴　朝読書ス　昼少シ前大坂ノ人浜谷末太郎氏佐々

木兄ヲ尋ネテ来ル　段々話ヲ聞ケバ昨朝 Marseille ニ着キ直ニ巴里ニ北上シ昨夜着　Continental Hôtel ニ止泊セルガ大坂朝日記者高原操氏ヨリ佐々木惣一兄宛ノ紹介状ヲ貰ヒ来リ佐々木兄ノ宿所ヲ小生宅ト教ヘラレテ来ラレシナリ　帽子会社ノ若主人ニテ商況視察ノタメ来ラレタルラシ　慶応出身ノ由ナリ　他人ナラヌ佐々木ヲ尋ネ来シ次第ナレバ昼食ヲ饗シ Notre Dame〔ノートルダム〕 Panthéon〔パンテオン〕等ヲ案内シテ見セル　Notre Dame ニテ滝今井二氏ト一所ニナル　夕方両氏ト分レ明日ノ Opéra ノ切符ヲ買ヒ後チ分ル　夜ハ用事アリテ山内兄ヲ訪ヒ一所ニ活働写真ヲ見テ帰ル

〔切手二枚（それぞれの下に「独乙ヨリ注文ノ本小包ニテ送リ来ル」「松岡君ヨリ仏文自作「朝鮮ノ音楽」ヲ掲載セル『コメディア』一部ヲ送リ来ル」と記入）、ウルスラ・シネマの優待券（〇・九〇フランを〇・七五フラン）貼付〕

一月八日　水曜

朝読書シ午後一寸散歩ス　夕方牧野浜谷小林ノ三君引続キテ来訪セラル　浜谷氏ハ夕食ヲ共ニセラレ直ニ Opéra ニ同行ス　今夜ノ芸題ハ Fervaal〔熱情〕ト云フナルガ余リ人ニ知ラレザル様ナルガ観且ツ聴キテ見ルト余程渋キ込ミ入ツタモノニテ面白キハ無論ナルガ深キ何トモ云ヘヌ印象ヲ与ヘラレ斯ンナ Opéra ハ初メテ観タリ

一月九日　木曜

快晴　朝早ク滝狩野今井ノ三氏ノ来訪ヲウケ約ニ従ヒ Fontainbleau〔フォンテンブロー〕ニ遊ブ　Gare de Lyon〔リヨン駅〕ヨリ出テ一時〔間〕半斗リノ南ニ在リ　城ト森トヲ以テ有名ナルガ城中ノ各室或ハ Napoléon I 或ハ Napoléon III 或ハ Louis XII 其仏国歴代ノ有名ナル王ト史実相関連シテ興味尽キザルノミナラズ室内装飾ノ雅麗ナルコト遥ニ Versailles〔ヴェルサイユ〕ニ勝ルト見タリ　森ハ時少カリシヲ以テ只馬車ヲカリテ Croix de Calvaire〔ゴルゴダの十字架〕ニ遊ビ只遥ニ市街ヲ展望シタルノミ　夕陽将ニ西山ニ没セントシ爽快云フベカラズ　再ビ馬車ヲカリテ Station ニ帰ル　四時半ノ汽車ニテ帰ル　途中 Fervaal〔オペラ「熱情」〕ノ話ヲ今井氏ニセシニ非常ニ面白シトテ土曜日ニ切符ヲ買フコトヲ頼マル　夜野地君ヨリ手紙来ル

一月一〇日　金曜

晴　少シク風邪ノ気味ナリ　朝浜谷君ノ来訪ヲウク

午後ハ今井君ノ依頼ノ Opéra ノ切符ヲ求メ夫レヨリ大使館ニ用事アリテ赴キ帰途狩野氏ヲ訪問シ帰ル　夜ハ狩野氏ト小林芳郎氏ヲ訪問セシモ不在ナリシヲ以テ St. Michel〔サン・ミッシェル〕ノ通リノ Cabaret ニ入リ一時間斗リ所謂 Artistes〔芸人〕ノ唱歌ヲ聴テ帰ル

〔電車切符(三〇サンチーム)貼付、「Fontainbleau ノ電車」と添書あり〕

一月一一日 土曜

雨　此朝浜谷君立ツ筈ナリシヲ以テ見送ラントテ Hôtel Continental ニ訪ヒシニ宿ノ者不親切ニテ同氏ノ既ニ停車場ニ向ヒシニモ拘ラズ予ヲシテ空シク数十分ヲ待タセシタメ同氏ノ立チシコトヲ知リシトキハ Station ニ駆ケ付クルニモ遅クナリ空シク引キ返シ帰宅セリ　朝食後便所ニテ爪ノ垢ヲトラントテ小刀ヲ出シ誤テ糞壺ニ落ス　小刀ハ惜シカラザレドモ支那天津ノ支那人店ニテ Machine à coudre〔ミシン〕ト一所ニ五十仙《セント》ニテ買ヒシ好個ノ紀念品ヲ失ヒシハ中々ニ残リ惜シキ心地セラレテナラズ　午後ハ在宅シテ書ヲ読ム　la Dame aux Camélias〔椿姫〕ノ脚本ノ方ヲ読ミ了ル　朝永君イルクック《イルクーック》ヨリノ端書来ル　旅客ノ Plattform ニ散歩中汽車ガ何ノ合図モナサズシテ出発シ子ヲシテ親ニ離レシメシノ珍事アリシコトヤ汽車脱線シテ三時間モ立往生セシコトナド記シアリ　Sibéria〔シベリア〕鉄道ニハ今猶時々斯ンナ珍談モアリト見ユ

一月一二日 日曜

快晴　朝到着ノ新聞ニツキ内閣更迭ノ顛末ヲ読ム　午後ハ一寸散歩セシノミニテ無類ノ好天気ナルニモ拘ラズ在宅シテ書ヲ読ム　人ト変ツタ行キ方ナリ　其他諸方へ手紙ヲ出ス　夜小林君ヲ誘テ町ヲ散歩シ早ク帰ル

一月一三日 月曜

晴　朝一寸読書シ十一時頃貴族院ニ行ク　来ル十四日 Versailles ニ於ケル Assemblée Nationale〔国民議会〕ノ大統領選挙ニ参列スルノ機会ヲ得ントテ杉村君ヲ通シテ大使館ノ紹介状ヲ得タルヲ以テ Sénat〔上院〕ノ questeur〔財務官〕ニ遇ツテ許否ノ確答ヲ得ンガタメナリ　然ル所今回ノ会ハ傍聴席トシテハ僅ニ20席アルノミニテ夫レモ皆切符ハ出シ済ニテ到底御望ハ叶ヒ難シトノコトニテ予想ノ如ク出席ハ出来ヌコト、ナレリ　帰途 Odéon, Gaîté,

Opéra ニテ切符ヲ求メ昼帰ル　午後ハ銀行ニ行キテ金ヲ受取リテ後今夜 Odéon ニテ観ルベキ Tolstoi〔トルストイ〕著 La Puissance des Ténèbres〔闇の力〕ヲ読ム　新着ノ新聞ニヨルニ之ハ日本ニテモ近頃演ツテルサウナリ　夕食後内ノ宿ノ人々ト一所ニ行ク　扨テ見テノ上ノ印象ハ読ンデノ印象トサシテ変ラズ Heidelberg ヲ《〔デ〕》見タトキ程ニモ感ゼズ　演者ノ拙キニアラズシテ要スルニ Tolstoi モノハ読ムベキモノニアラズ《ママ》シテ演ズベキモノニ非レバナルベシ

〔オデオン国立劇場の二階席券（一フラン）貼付〕

一月一四日　火曜

少雨　午前中読書ス　午後モ雨降リノ為メ外出セズ Aïda〔アイーダ〕ヲ精読シ了ル　夜ハ Peschel 氏ノ友人 Schmidt 君来訪セラレ同宿ノ人々ト一所ニ Les Misérables〔レ・ミゼラブル〕ノ活動写真ヲ見ニ行ク　之レガ目下巴里ノ呼ビ物ノ一ナルガ中々ヨクヤツテ居ル

〔ロシア切手二枚と書留送票（「Russia ノ書留、同宿ノ波蘭人ヨリ貰フ」と添書）、およびスイス切手一枚貼付〕

一月一五日　水曜

午前中曇ナリシガ午後ヨリ晴レル　巴里ノ天気ハ午前ト午後ト丸デ反対ト思ヘバ間違ナシ　朝狩野滝二氏小林芳郎氏ヲ見送リタル帰リナリトテ立チ寄ラル　暫ク話シテ一所ニ Luxembourg ノ Musée ヲ見ニ行ク　昼食ヲ共ニセラレ夫レヨリ二君ノ買物ニ同伴ス　帰リテ茶ヲ呑ンデ居ル所ヘ牧野小林二君相続イデ来ラレ夕食マデ話ラル　夜ハ在宅　明後日ノタメニ La Flute enchantée〔魔笛〕ヲ読ム　牧野君ノ話ニ小林翁アノ顔デアノ年デ内々漁色ノ遊ヲヤツテルラシイガ人ノヤルノハ気ニナツテ先輩面シテ意見シタコトモアリトカ　兎角コンナ偽善者ハ日本ノ先輩ニ多シ　誠ニ嫌ナ奴ナリ　加之頭ガ古クテ頑迷度シ難キコト話シニナラズトナリ

一月一六日　木曜

午前ハ晴天デ午後ハ雨　丁度昨日ノ反対ナリ　朝読書　午後モ一寸散歩ニ出デタルノミ　夜ハ Beaujon 街ノ三君子ニ招カレ Sénat〔上院〕ノ前ノ Foyot ニテ夕食ヲ食フ　有名ナル老鋪ニテ高イモ高イガ頗ル旨カリシ　早ク帰ツテ Flute enchantée ヲ読ミ続ク

一月一七日　金曜

晴　午前中 Flute enchantée ヲ読ミ了ル　同宿ノ Poland 人 Gerson 氏明日夜出立帰郷セラル、ニ付送別ノ意ヲ表スルタメ Gaîté Théâtre ニ招待セント欲スルノ意ヲ通セシニ快ク承諾セラレシヲ以テ乃チ昼前切符ヲ買ニ行ク　午後ハ古本屋ヲアサリ帰リテ明日ノ Opéra ノタメ Faust〔ファウスト〕ヲ読ム　夜ハ乃チG氏M氏ト相連レ立チテ Gaîté ニ行ク　賑ヤカナ面白キモノナリ　但シ Opérette〔オペレッタ〕トモ云フベキ軽キモノニシテ Opéra National ニテヤルモノトハ比較ニナラズ

〔ゲテ市立劇場の座席券貼付〕

一月一八日　土曜

晴　午前中読書シ昼食前来週ノ水曜日ニ Opéra〔オペラ座〕ニテ Salomé〔サロメ〕ヲヤルヲ聞キ乃チ切符ヲ求メニ行ク　Salomé ヲヤルニツキ Italie ヨリ何トヤラ云フ有名ナル Cantatrice〔歌姫〕ガ来タトテ新聞ニテハ大変ナ評判ナリ　午後ハ今夜ノ準備トシテ Faust ヲ読ム　夕方牧野小林二君相継デ来訪セラル　此日同宿ノ人 Gerson 氏帰国ノ途ニ就カル　同氏ハ八月中旬移ツテ来タガ爾来数ケ月間親シク交リ特ニ一種ノ情誼ヲ感ゼシガ今愈別ル、トナリテハ何トナク悲痛ノ感ニ打タレ何トモ云ヒガタキ寂寥ヲ覚ヘタリ　汽車ハ八時四十分ノ発ナレドモ七時半頃出ルトテ見送人ナドモ大勢来リテ騒ギ居リシガ予ハ既ニ Opéra ノ切符ヲ買ヒ居ルコトトテ見送リモ出来ズ遺憾ナガラ数分間ノ握手ニ惜シキ名残ヲ包ミテ家ヲ出ル　途スガラ覚ヘズ涙ガ出ル　何スレゾ我輩ハ斯ク友情ニモロキコトゾト自分デ愛想ガツクレド性分ナレド〔バ〕致シ方ナシ

〔英国切手一枚貼付〕

一月一九日　日曜

晴　午前中大ニ読書ス　Salomé ヲ精読シ了ル　午後ハ山内君ヲ下宿ニ訪ヒシニ既ニ引越セシトテ在ラズ　転ジテ Beaujon ノ大将ヲ訪ネシニ之モ朝カラ外出セシトテ不在故帰ル　留守中山内小林ノ二君来訪セシトノコト故近イ所故小林君ヲ訪ネテ見ル　一時間斗リ話ス　夜ハ引続キ読書ス

一月二〇日　月曜

雨　午前小林君宿ノ婆ノ言動ニ癪ニ障ルコトアル故僕ノ出立後僕ノ宿へ移ラント思フガ如何トテ相談ニ来ラル　午後ハ久シ振リニテ入浴ヲ試ム　夜ハ小林君ト共ニ場末

ノ Théâtre〔劇場〕ニ Mignon〔ミニョン〕ノ Drame〔ドラマ〕ヲ観ル　安イカラ不味イハ不味イガ筋ハヨク分ツタリ　大統領ニ Poincaré〔ポアンカレー〕ガ選レシニテ新聞ガ大騒ギナリ　斯ノ人ノ如ク年若クシテ立身セシハ近代稀有ノコトナリ　夫人ハ美人ニシテ謙徳ノ誉高ク殊ニ身ヲ持スルコト極メテ質素ナリトカ　P氏ノ人望ノ一部ハ実ニ夫人ノ徳ニ帰スト云フ

〔モリエール劇場の二階バルコン席券貼付〕

一月二一日　火曜

雨　朝読書　午後小林君来訪セラル　夫カラ一所ニ出テ僕ダケ告別ノ積ニテ牧野君ヲ訪ヒ夕方マデ話ス　夜モ引キ続キ読書ス　今日ノ新聞ニ依ルニ Poincaré ノ後ヲウケテ内閣組織ノ大命ヲ受ケタル Briand〔ブリアン〕ハ其功ヲ了リ明日頃其顔触ハ発表セラルベシト伝フ

〔電車切符（一五サンチーム）貼付〕

一月二二日　水曜

雨　午前中読書ス　午後ハ河岸ヲ散歩ス　夜ハ Opéra ニ Salomé ヲキ、ニ行ク　Italia 人ノ仏語ナレバ発音奇怪ニシテ感興更ニ乗ラズ寧ロ幾分失望ノ気味ニテ帰ル

〔国立オペラ劇場の四階正面の座席券貼付〕

一月二三日　木曜

午前中荷物ノ片付ニ取リ掛ル　昼マデニ終ラズ　食後牧野君トノ約ニ従ヒ大使館ニ往ク　同君ヲ待チ合セテ大使ニ告別ノ挨拶ヲナシ夫カラ杉村君ニ托シテ得タル入場券ヲ持チテ一所ニ衆議院ニ行ク　新ニ出来タ Briand 内閣ガ此日ヲ以テ議院ニ紹介セラルベキ筈ナリシニ政綱未ダ出来ズトテ延期トナリ為メニ Séance〔会期〕モ延期セラレ予等ハ空シク帰ル　内ニ帰リテ茶ヲ呑ンデル所ヘ狩野氏来ル　夫レカラ松岡新一朗君モ来リ狩野氏ト分レテ Gare du Nord〔北駅〕ノ近所ノ巴屋トカ云フ日本料理屋ニ行キ牧野君ノ好意ニヨリ夕食ヲ饗セラル　すき焼さしみ、ぬた漬物ニテ溜腹《たらふく》飯ヲ食ツテ十一時頃帰ル

〔下院の入場券貼付〕

一月二四日　金曜

晴　午前中引キ続キ荷物ノ片付ヲヤル　午後牧野君来ラレ約ニ従ヒ一所ニ Musée Social〔社会博物館〕ノ図書館ヲ見ニ行ク　之ハ別ニ所謂 Musée ニアラズ何トカ云フ金持ノ基金ニ基キ主トシテ労働者階級ノ者ニ政治経済ノ社

会的教育ヲ与フル目的ニテ夜学、図書館、講演ノ設備ヲナセルモノナリ　図書館ハ其蔵書ノ分類整理ノ丁寧ナルヲ以テ有名ナリ　先達《せんだつて》来ラレタ大坂ノ今井図書館長モ頗ル感服シテ行カレシヤウナリ　牧野君ハ目録ノ分類ノ綱目ヲ写シトラル　四時ニ狩野滝二氏来ラル、筈ナルヲ以テ早々ニシテ帰ル　二氏既ニ予ヲ待ツテ居ル　今夜ハ大使ヨリ夕食ニ呼バレ居ルヲ以テ諸氏ト分レ予ト牧野君トハ山内君ヲ Doyen〔ドワイヤン〕ノ病院ニ訪ウテ之ヲ狩野氏宅ニ伴ヒテ紹介シ七時半頃ニ至リテ大使館ニ赴ク　僕等ノ外偶〻来巴《パリ》中ノ入沢博士モ招カレシト見エ既ニ待ツテ居ラル　食事ハ例ノ通リ日本食ナリ　石井大使ハ話好キニテ例ニ依リテ十二時頃マデ話シ込ム

〔一九一二年九月三〇日付のソシエテ・ジェネラル銀行発行の受領書(吉野より六〇〇フランおよび一九ポンド余の手形を受取り換金した旨の)、およびパリ・プロテスタント学生協会の入会券(「青年会ノ切符」と付記)貼付。券に Etudiant en Droit (法律学生) Yoshino Sakuzo とある〕

一月二五日　土曜

雨　陰気ナ嫌ナ天気ナリ　井田夫人ヨリ年始状ニ兼テ見舞ノ手紙来ル　午前中荷物ヤツト片付ク　午後小林君ノ来訪ヲウク　愈月曜日ニ立ツコトニ極メル　出立ノ間際トナルト何ヤカヤ取込ミ訳モナク日ヲ暮ス

一月二六日　日曜

晴　午前新聞読ミ残シノ整理ヲナス　本月ハ仏国大統領ノ改選ノ事アリ引キ続キ内閣ノ変動モアリテ研究スベキ材料頗ル多シ　午後ハ食後暇乞旁山内君ヲ Avenue Mercedes 5 ノ新宅ニ訪フ　外ニ来客モアリテ妻君得意ノ歌ヲ唱ヒ面白ク半日ヲ暮ス

一月二七日　月曜

快晴　朝新聞ノ読ミ残シヲ整理シたまの、小山田、信次、井田、佐〻木、大工原ノ諸氏へ手紙ヲ出ス　信次ヘハ特ニ後藤男ト交渉ノ件ヲ命ジヤル　午後新聞ノ広告ニテ見タル Les Partis politiques sous la troisième République〔第三共和制下の政党政治〕ヲ買ニ行ク　午後モ残務ノ整理ニ忙殺セラル　夜一寸小林君ニ暇乞ニユク　斯ンナコトデ今日立ツベカリシニマタ立チ兼ヌルコトトナル

一月二八日　火曜

午前中最終ノ荷物片付ヲナス　愈明日立ツコトニスル荷物ガ片付イテ見ルト何モスルコトナク手持不沙汰ナリ

小林君ヲ誘ツテ散歩ニ出デント思ヒシモ用事アリトテ出掛ケラレズ　一人町ニ出テ La revue joyeuse ノ Cinéma ヲ見ル　之ハ音楽ガ面白キモノ、由ニテ見タ丈デハ大シタモノニアラズ　夜ハ在宅シテ読書ス　早ク寝ル　Mme Gerson ヘ手紙ヲ出ス

〔映画の二等席券（〇・五五フラン）貼付〕

一月二九日　水曜

生憎ノ雨ナリ　朝 M. Clauzel ニ送ラレテ Gare de l'Est〔東駅〕ヨリ九時立ツ　十一時 Reims〔ランス〕ニ着キ下車ス　有名ナル旧都ニシテ Clovis〔クローヴィス〔フランク王〕〕ノ受洗セシヲ以テ特ニ名アリ古キ見事ナル寺モアリ一時間斗リ市町ヲ見廻リ一時再ビ汽車ニ乗リテ Sedan〔セダン〕ニ向フ　雨降リノ夕方ナレバ市中ヲ見物セシノミニテ有名ナル古戦場ヘハ行カズ　今夜ハ是非トモ Luxemburg〔ルクセンブルク〕マデ赴キタキ予定ナリケレバナリ　二時間斗リ町ヲ見物シテ六時汽車ニ乗ル　一寸見タ丈デモ Sedan ノ要害ノ地ナルハ分ル　サテ Luxemburg ニハ夜十時着ク　市ノ中央ナル Wilhelm Platz〔ヴィルヘルム広場〕ニアル Hôtel d'Ancre d'Or〔金錨ホテル〕ト云フ安イ宿ニ泊ル

〔セダンの市内電車の切符（一〇サンチーム）二枚貼付〕

一月三〇日　木曜

晴　非常ニ寒シ　特ニ此日ガ寒キニ非ズ　巴里ヨリ来リテ特ニ寒ク感ズルナリ　巴里トハ気候余程違フ様ナリ　午前中市中ヲ見物ス　人口三万斗リナル由ナルガ市街清潔ニシテ頗ル気持ヨキ町ナリ　人柄モヨサ相ナリ　山ノ上ニアレバ気候ハ固ヨリヨク夏ハ尤モ避暑ニ適当ナラント思フ　中立国ナレバ軍人ハ高々 2 or 300 人アルノミト云フ　従テ税金ハ安ク工業ハ盛ニ人民ハ自ラ衣食足リテ礼節ヲワキマイテル様ニ見ユ　軍事上競争ナキ国ニテアリ乍ラ国民概シテ生気アリ羨シク感ズ　本屋ニテ Luxemburg ノ官版年鑑ヲ求メ更ニ端書ヲ諸方ノ知己ニ出ス　人口二十四五万ノ小国ナレド独立国ナレバ切手モ金モ皆別ナリ　金ノ勘定ハ仏ト同ジ　言葉ハ独、仏ニツ乍ラ通ズ　併シ独ノ方幾ラカ多カラン　午後ハ宿ノ主婦ノ世話ニテ議会ノ傍聴ニ行ク　一院制ニシテ議員53人アリ　大体頗ル穏ナリ　政党ハ Clérical〔聖職者擁護〕ト或ハ独語ヲ以テ質問ヲ発スルアリ或ハ仏語ヲ以テ答フル

Libéral〔自由〕ト Sozialiste〔社会主義者〕トノ二ツアリト云フ　夕方六時茲処ヲ立ツテ Cassel〔カッセル〕ニ向フ　Trier〔トリアー〕, Coblenz〔コブレンツ〕ヲヘテ Giessen〔ギーセン〕ニ一時間待チ夜ノ二時過 Cassel ニ着ク　Hospiz ヘ電報打ツテ置キシモ門ヲ叩イテ応ズルモノナシ　依リテ Station 前ノ Cassler Hof ニ入リテ一寝ヲトル

〔下院の入場券(写真版参照)、ルクセンブルクの電車の切符(一五サンチーム)貼付〕

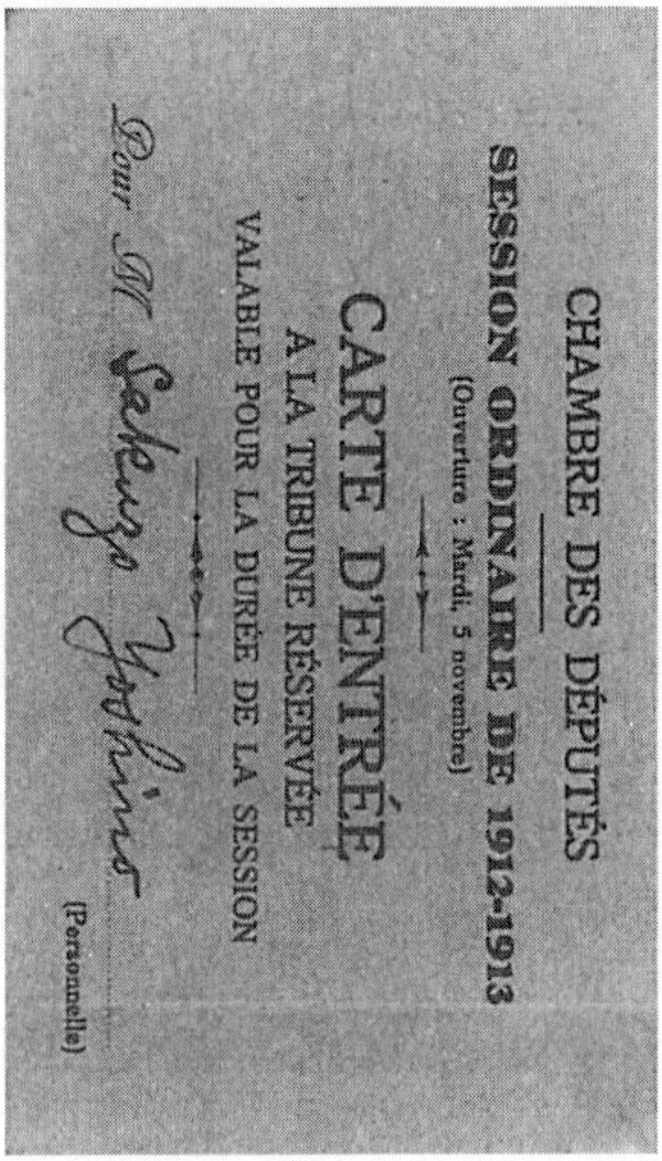

一月三一日　金曜

雨　ヒゾレ《(ママ)》雪ヲ交フ　朝不取敢郵便局ニ赴キ Postlagernd〔局留郵便〕ヲ探セシニ Römelt 氏ノ留置電報大工原君ノ絵画ヲ受取ル　市中ヲ見物シ Bildergalerie〔絵画館〕ヲ見ル　何程モ見ルベキモノナシ　夫ヨリ電車ニテ Wilhelmshöhe〔ヴィルヘルム丘〕ニ赴キ其風光ヲ賞ス　只雨雪風ニ追ハレテ来リ見物ニハ甚ダ不便ナリキ　帰途郵便局ノ前ニ林少佐ヲ知ツテルト云フ若キ余リ教育アリトモ見エザル独乙婦人ニ話シカケラル　要スルニ此頃一向手紙ヲ呉レヌトノ泣言ナリ　Hospiz ニテ昼食シ午後再ビ市中ヲ見物シ二時半 Göttingen〔ゲッティンゲン〕ニ向フ　大工原君ヲ訪ハンガタメナリ　五時過着キ町端レノ宿ニ着キシニ未ダ帰宅セズト云フ故更ニ Institut〔学校〕ニ訪フ　久シ振リニテ物語リシ夜ハ同君宿ノ上ノ家ニ泊ル

〔カッセルの市街電車切符(二〇ペニヒ)貼付〕

二月一日　土曜

晴　朝大工原君ノ案内ニテ町ニ出テ先ヅ図書館ヲ見物ス　大学本部ノ前ニテ帝国生命ノ留学生中町法学士ニ遇フ　一所ニ大工原君ノ宅ニ帰リ食事ヲ共ニス　二時半ノ汽車ニテ立ツ　即チ Berlin〔ベルリン〕ニ向フ　夜九時着ク　Potsdam〔ポツダム〕停車場ニテ出迎ニ来テ呉レタル Römelt

氏ニ遇ヒ食事ヲ共ニシ不取敢 Habsburger Hof〔ハプスブルク館〕ニ泊ル

二月二日 日曜

少雨　朝勘定ヲスマシ Römelt 氏ト一所ニ下宿ヲ探スベク Charlottenburg〔シャルロッテンブルク〕方面ニ向フ　新聞ヲ買ヒ Pension ノ広告ヲ探セシモ適当ナルガ見当ラザリシガ Sophie-Charlotten Platz〔ゾフィー・シャルロッテン広場〕ヲ出テ Windscheidstraße ニ出デ不図 Pension Philipp ト云フガ見付カリ直段《ねだん》ヲ聞クト一日 4 Mk ナリト云フ　一切合切ニテ 4 Mk ハ決シテ高カラズ　之ニ泊ルコトニキメ直ニ停車場ニ赴キ荷物ヲ運ビ来ル　昼食マデノ間近所ノ Mausoleum〔霊廟〕ニ往ツテ見ル　Friedrich Wilhelm III ト Wilhelm I トノ墓アリ　昼食後 R 氏ハ帰リ予ハ Prinzregentstr. ニ往ツテ見ル　Kärger 氏ニ遇ハズ　夜ハ Römelt ト Cinéma ニ時ヲ費ス　天気ワルシ

〔タウエンツィーエン劇場の平土間席券貼付〕

二月三日 月曜

晴　朝 Wertheim ニ赴キワイシヤツ ネクタイ二三品ヲ買フ　帰途地下鉄道ノ車内ニテハカラズ武藤君ニ遇フ　相変ラズ素敵滅法ニ蛮カラ也　筧君モ滞伯中ナル旨聞ク　筧君ハ Tanz〔ダンス〕ヲ稽古中ナリトノコトナリ　午後ハ Kärger 氏ニ遇フ　Kaiser-Allee ノ Café ニテ暫ク話ス　夜一寸河津先生ヲ Bozenerstr. 9 ニ訪フ　之モ武藤君カラ Adresse ヲ聞キシ也　目下商科ノ教師雇入ノ談判中ナリナドノ話アリ　夜 Römelt ノ訪問ヲウク

二月四日 火曜

朝約ニ従ヒ Kärger 氏ヲ訪フ　帰途下瀬君ヲ Güntzelstr. 55 ニ訪ネシモ何トカノ Kursus〔課程〕ヲトルベク Hamburg ニ赴キシ留守中ナリトテ遇ハズ　午後 Wertheim ニテ Kärger, Krebs 二氏ニ遇フ　夜ハ Kärger 氏其友人 Fr. Oberleutnant〔陸軍中尉夫人〕Lindenard ト Picadilly Café ニ話ス

二月五日 水曜

朝寝テル中ニ武藤君来ル　Central Viehhof〔中央屠殺場〕ヲ見ニ行クカラトテ誘ニ来ラレシ也　依テ匆々服ヲ改メテ同行ス　沢山ノ連中アリテ説明者モ附ク筈ナリシモ予等ハ遅刻セシタメ一人ポツチニテ見物スル　別ニ面白キコトモナシ　屠殺ノ方法ハ一様ナラザルガ中ニ未ダ殺サ

ヌ内カラ刀ヲ以テ首ヲ切ル為メニ牛ガ非常ニ苦ムナドハ頗ル惨刻ナリト思フ　一遍頭ヲタ、キテ殺シテカラ息ノ止ツタ後刀ヲ入レルト云フコトニ出来ヌモノカナド感ズ　午後R氏来訪　四時 Fr. Lindenard 氏宅ニテ Kärger 氏ト会フ約アリ　往ツテ見タガ急用起リシト見エL氏不在ナリシヲ以テK氏ト暫ク Prager Platz Café ニ話シテ帰ル　夜 Römelt 氏其友人ニテ予モ一面識アルヲ伴ツテ来ルニ遇ヒ一所ニ Cinéma ニ行ク

〔シュロス映画館の一階席券貼付〕

二月六日　木曜

晴　朝 Römelt 氏ト Wertheim ニ落チ合ヒ Potsdam〔ポツダム〕ノ見物ニ行ク　Potsdam ニ着キシハ一寸〔丁度〕昼ナリシカバ停車場前ニテ食事ヲスマシ夫ヨリ大急ギニテ Sanssouci〔サンスーシ〕ノ古城ト Neues Palais〔新宮殿〕トヲ見ル　Sanssouci ハ聞キシ程質素トハ思ハザリシモ流石ニ Frederick〔フレデリック〕大王ノ俤ハ忍バル　Neues Palais ニ至テハ美ハ即チ美ナリト雖モ装飾俗悪ヲ極メ Wilhelm II ノ性格ヲヨク現ハセルニヤト思ハル　Potsdam ハ今ノ皇太子ノ長ク住ミシ所ニテ家々ニ其肖像ヲカケアルヲ少カラズ見ル　皇太子ハ此地ニテ特ニ人望アルト云フ　Römelt 氏ニキク　Friedrich〔フリードリヒ〕大王ガ町ヲ歩クト子供ガ寄リ集リ何カ話ヲシテキカセヨト迫ル　已ムナク皇帝一席ノ昔噺ヲナシ漸ク子供ノ包囲ヲ免レシトカ　然ルニ今ノ皇太子モ之ト同様ニテ町ヲ散歩ニ出ルト子供ガ寄リ集ヒ来ル　スルト先生近所ノ菓子屋又ハ果物屋乃至玩具屋ニ入リ沢山買ツテ子供ニ頒チ与ヒ以テ包囲ヲ免ル、ヲ常トスト云フ　一寸面白キ話ナリ　夕方帰ル　夜ハ早クネル

〔新宮殿の手荷物預り半券貼付〕

二月七日　金曜

晴　朝 Römelt 氏来訪　午後 Wertheim ニテ本二三冊皆御土産物ニスルタメ画集二冊ヲ求ム　四時 Fr. Lindenard 氏ヲ訪ヒ Kärger 氏ニモ遇フ　ユツクリ話シタ食モ御馳走ニナリテ帰ル　此夜ハR氏ト Berliner Theater ニ赴ク約束ナリシモ Lindenard 氏方ニ長ク話セシタメ十時頃漸ク行ク　R氏ハ大ニ待チボーケヲ食ヒシ訳ナリ　Filmzauber〔映画の魔力〕ト云フ Operette ニテ近頃甚ダ有名ナルモノナル由ナルモ終リノ Aufzug〔幕〕ヲ半分見シノミ

ナレバ感興更ニ起ラズ

〔A・ヴェルトハイム有限会社の受領証（七・六五マルク）、ベルリン劇場の二階最前列バルコニー座席券貼付〕

二月八日　土曜

晴　午前中R氏ト Passage〔パサージュ〕ニ落チ合ヒ Panoptikum〔蠟人形館〕ヲ見ル　話シニ聞キシモ左シテ見ルベキ程ノモノニアラズ只人形ノ飾ニ過ギズ　中ニ Anatomische Ausstellung〔解剖学展示〕ト云フガアリ更ニ10文ノ追払ヲシテ見ル　目録ヲ買ツテ精密ニ見レバ民間ニ衛生思想ヲ普及スルノ効ハ慥ニアルナラント感ズ　廊下ニ10文ヲ入レテ覗キ見スルのぞき眼鏡アリ　Nur für Herren〔殿方のためのみ〕トアルカラどーせ碌ナ物デハナイガ新婚者初メテ宿屋ニ着クト題シテ床ニ入ルマデノ写真ヲ見セルナドハ頗ル不都合ナリ　見ナイケレドモ多分ニ春画類似ノモノナラン　夫ヨリ National Galerie〔国立美術館〕ニ画ヲ見ニ行ク　Louvre ヲ見タ眼ヨリシテハ到底話ニナラズ一枚トシテ感服セシハアラズ　昼R氏ト分レテ帰ル

午後ハ3時ヨリ Schiller-Theatre〔シラー劇場〕ニ Nathan der Weise〔賢人ナータン〕ヲ観ル　Frei-maurerei〔フリーメーソン〕ノ思想ヲ現ハセシト云フ　意味能ク分ル　Schiller Theater ハ国民教育ノ意味ニテ芝居ヲヤルノトカ聞キシガ之ト云ヒ其外 Uriel Acosta〔ウリエル・アコスタ〕ト云ヒ六カシキモノノミヲヤル様ナリ　芝居ハ中々ヨク直段ハ頗ル安シ　此日ハ満場青年ノ男女ヲ以テ一杯ニナリテ居リシ様ナリキ　夜ハ Römelt 氏ノ誘ニ応ジ Reichshalle〔国立ホール〕ノ Konzert〔コンサート〕ヲキ、ニ往ク　R氏ノ叔父 Bauch 氏ニモ遇フ

〔パサージュ蠟人形館の入場券（五〇ペニヒ）と追加料金券（一〇ペニヒ）、国立美術館の半券（「下足札」と記入）、国立会堂コンサート・ホールの入場券貼付〕

二月九日　日曜

朝 Kärger 氏ニ遇フ積リナリシモ用事アリトテ来ズ

午後ハ Lessing Theater〔レッシング劇場〕ニ有名ナル Glaube und Heimat〔信仰と故郷〕ヲ見ルベク行ク　Kärger 氏モ来ル筈ナリシガ用事アリトテ Fr. 何トカ云フ友人代リテ来ル　Glaube u. Heimat ハ思ツタ程 Impression〔感銘〕残ラズ平凡ノ作ナルベシ　帰途 Unter den Linden ノ Schloß-Café ニテ Café 一杯ヲ呑ンデ帰ル　夜鹿子木君ヲ訪フ　同氏

ノ Braut〔許嫁〕ニモ偶然遇フ　Braut ノ父ハ Poland 人ニシテ現ニ Petersburg〔ペテルスブルク〕文科大学ニテ欧洲古文学ノ教授ナリト云フ　R氏ニハ遇ハズ

〔レッシング劇場の最前列バルコニー席券貼付（写真版参照）〕

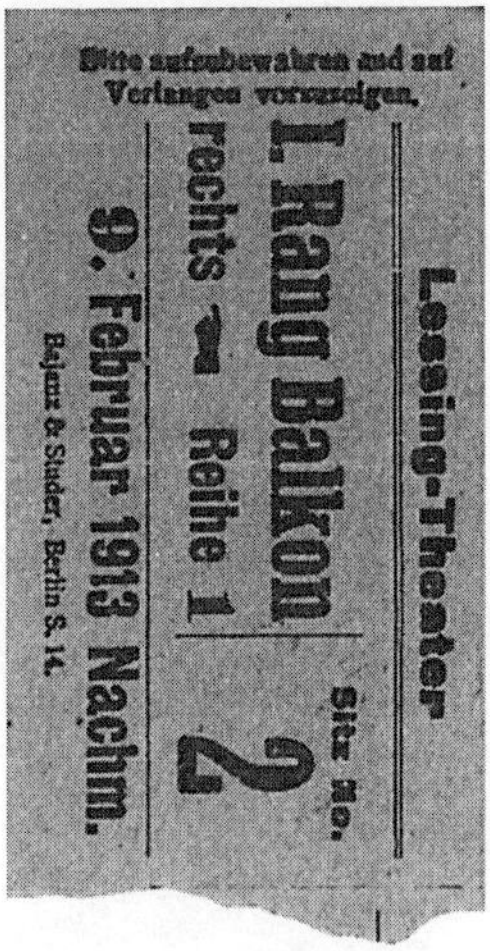

二月一〇日　月曜

晴　朝約ニ従ヒ武藤君ヲ訪ヒ一所ニ大学ノ方ニ赴キ予ハ Invaliden〔廃兵〕何トカ云フ所ニ木曜日ノ Opernhaus〔オペラハウス〕ノ billet〔切符〕ヲ求ム　木曜日ニハ Wagner〔ヴァーグナー〕ノ Tristan und Isolde〔トリスタンとイゾルデ〕ガアルナリ　午後ハ読書ス　夕方K氏来ル　一所ニ Wilmersdorf 方面ニ素人下宿ヲ探ス《〔シ〕》ニ行ク　Uhlandstr.〔ウーラント街〕50 ニ見付カリ明日此処ニ移ルコトニスル　夫ヨリK氏ニ分レ河津先生ヲ訪ヒ偶然京都ノ河田君ニモ会フ　九時頃辞シ Zoo〔動物園駅〕ヨリ Ringbahn〔循環鉄道〕ニ乗リ明日出立帰国スベキ Römelt ニ告別スベク Stargarderstr. ニ赴キシモ寝ニ着キシ模様ナルヲ以テ空シク帰リ途中ノ Café ニテ二日間欠礼セシ申訳ヲ手紙ニ認メテ投函シ帰ル

二月一一日　火曜

晴　紀元節ノ当日ナリ　二年前ノ本日ハ Riedenheim ニテ宿ノ者ト此大節ヲ祝セシヲ思ヒ浮ブ　午前中ハ転宿ノ用意ヲシ不用ノ書物ヲ小包三個ニ包ミテ東京ニ送リ昼食ヲ認メテ直ニ転宅ス　午後 Kärger 氏来ル　夜ハ一所ニ Groß-Berlin Theater ニ Fürstenkind〔領主の子〕ト云フ Operette ヲ見ル

〔大ベルリン劇場の平土間券貼付〕

二月一二日　水曜

午前中読書ス　午後寛君ヲ訪ネル　不在　夜ハ鹿子木君ヲ訪ウテ御馳走ニナル　日本ニテ新内閣ニ対スル不平爆発シ其結果総辞職トナリ山本伯新ニ政友国民両党ヲ連合シテ内閣ヲ組織セリトノ電報アリ

二月一三日 木曜

晴 午前中 Windscheidstr. ノ下宿ヘ洗濯物ヲトリニ行ク 未ダ出来ズニ居ル 午後ハ今夜王室 Opernhaus〔オペラハウス〕ニテ観ルベキ Tristan und Isolde ノ準備ヲスル 夕方 Kärger 氏来ル 六時分レテ予ハ Opernhaus ニ行ク 之ハ Wagner ノ他ノ物ニ比スルニ音楽トシテ聴クベキモノニシテ Bühne〔舞台〕ノ上ニテハ余リ面白キモノニアラザルニ似タリ

〔王立オペラハウスの平土間券貼付〕

二月一四日 金曜

朝大学ノ門ノ前ニテ鹿子木君ニ会フ約ニテ往ク 佐々木君ノ依頼ニテ Binar ニ 200 Mk ヲ払フ訳ナリシガ旅行ニテ心細キ故鹿君ノ旅費ノ貯ヲ借リテ払ハントテ鹿君ト一所ニ銀行ニ往ク為メナリ 斯クテ洋服屋ノ払モスマシタリ 夫ヨリ Völkerkunde Museum〔民俗学博物館〕ニ赴キ吐児番《トルファン》族ノ遺物ノ陳列ヲ見ル 基、回、仏三教幷ビ行ハレ東西文明ノ接触セシ跡面白ク現ハレタルヲ覚ユ 午後宅ニテ Kärger 氏ノ来訪ヲウク 夜ハ Charlottenburg ノ Opernhaus ニ Tiefland〔低地〕ヲ観ル

二月一五日 土曜

朝筧正太郎君ヲ訪フ 此数日カケ違ツテ面会出来ザリシナリ 丁度在宅シテ久シ振リニテ話ス 今夜 Königl. Oper〔王立オペラ座〕ニ行クノ約成リ予ハ billets ヲ求メニ行ク 昼暇乞旁河津先生ヲ訪ヒ茲処ニテ Stunde ヨリ帰ル筧君ヲ待チ合セ一所ニ Spatenbräu ニテ食事ス 午後宿ニ帰リK氏ト最後ノ会見ヲ遂ゲ夜筧君ヲ誘フテ Oper ニ行ク(Hugenotten〔ユグノー〕) 筧君ハ初メテナリト云フガ面白ク感ゼラレタラシ 中々大物ナレバ面白カラヌ筈ナシ

〔王立オペラハウスの四階最前列バルコニー券貼付〕

二月一六日 日曜

朝六時起シテ貰ヒ旅装ヲ整ヒ馬車ヲカリテ Zoo ニ至リ九時ノ汽車ニテ Hannover〔ハノーヴァー〕ニ向フ 同室ニ怪シゲナル男女ノ一対アリ大ニイチヤツキ頗ルアテラル 男ハ猶太人ノ金持ラシク女ハ其情婦ト見エタリ 夫婦ニアラザルハ其会話ニヨリテ明ナルガ傍若無人ニイチヤツクニハ恐入リタリ 十二時 Hannover ニ着ク 此地ニテ見タキモノ時間ニ制限アルヲ以テ先ヅ Leibniz〔ライプニッ

ッ〕ノ住宅ノ跡ナル小博物館ニ入ル　博物館トシテハ頗ルツマラヌモノナレド只二階ノ一室ニ Leibniz ノ死シタトキノ儘ヲ保存セルガ一寸面白シ　因ニ云フ Leibniz ハ卒中ニテ突然読書中椅子ノ上ニテ死セシナリト云フ　夫ヨリ Landesmuseum〔州博物館〕ニ入リテ見ル　之モ大シタモノニアラズ　夫ヨリ Hospiz ニテ食事ス　初メ同地ニテ Opèr ヲ見夜行ニテ Essen〔エッセン〕ニ赴ク考ナリシモ今夜ノ題ハ Tannhäuser〔タンホイザー〕ニテ再ビ見ルマデモナシト思ヒ三時半ノ汽車ニテ Essen ニ行クコトニスル　其間同地ノ寺ニテ Leibniz ノ墓ヲ見ル　斯ク定刻汽車ニ乗リ夜七時半 Essen ニ着ク　夜ハ一ト通リ町ヲ散歩シテ見ル　日曜日ノコト、テ各料理店 Bier-fest〔ビール祭〕ナドニテアラン非常ニニギワシ　予ハ evangel. Vereinshaus〔福音派協会会館〕ニ泊ル

〔ハノーヴァー工芸協会蒐集品の入場許可券(二〇ペニヒ)貼付〕

二月一七日　月曜

飛雪紛々　朝ハ Krupp〔クルップ〕ノ工場ヲ通リ抜ケ夫ヨリ Kolonie〔コロニー〕ヲ見ル　労働者ノ住宅ノ模様ニツキテハ一ト通リノ観念ヲ得タリ　十二時ノ汽車ニテ Schwelm〔シュヴェルム〕ニ向フ　汽車ハ一時 Barmen-Ritterhausen ニ着ク　茲処ニテ乗換テ汽車ニ乗ルニハ三十分以上待タザルベカラズ　夫ヨリモ電車デ行ケバ十五分デ往ケルヲ以テ之ニスル　斯クテ一時半はーね君宅ニ入ル　親切ナル歓迎ヲウケ一寸へれーね君ト郊外ニ散歩シ夜ニ亙リテ四方八方ノ話ヲスル　但シ非常ニ寒シ　殊ニ寝室ニアテラレタル室ハ例ニヨリ火ガタイテナキ故寒クテ閉口ス

〔電車の切符二枚(ともに一〇ペニヒ)貼付〕

二月一八日　火曜

快晴　朝歯ノ療治ニ行ク　十二月ノ初メヨリ手入ヲセントテ長引キシモノナレバ今度コソハト思ヒH君ノ案内ニテ Bauer ト云フ dentist〔歯科医〕ノ処ニ行ク　左ノ上ト下ト二本抜イテ貰フ　上ノ方ハ注射ヲシタ故抜クトキハ痛クナカツタガ下ノ方ハ注射ナシナリシ故頗ル痛カリシ併シ注射シタ方ハ後デ痛ミ出シ夜ニ至ルマデ Sofa ノ上ニ呻吟ス　口モアケズ飯モ食ヘズ瞬間ノ苦痛ヲサケントテ長キ苦ヲ得ル　世間概ネ斯ノ如シ　斯クテ此日ハ為スコトモナクシテ暮ス

二月一九日 水曜

晴 歯ノ後痛モ大ニ快ク飯モ相応ニ食ヘル様ニナル 午前中ハ久シク書クベクシテ後レタリシ諸方ヘ手紙ヲ書ク 留守宅ヘモ無論一書ヲ飛バス 午後ハH君ニ随伴シテ Elberfeld〔エルバーフェルト〕ニ往ツテ見ル 新設ノ勧工場 Tiez〔ティーツ〕ニ入リ絵端書ノ Rahmen〔額ぶち〕ヲ買フ 大工原君ヨリ貰ツタ寄木細工ノ富士山ノ絵端書ヲハメくらら君ニ贈ラン為メナリ H君ハ Fritz 君ノ誕生日ガ今度ノ月曜日ニ当ルトテ絹ノ半ケチヤ手袋ナドヲ買フ 要スルニはーね君ノ家庭ハ親子兄弟相愛ノ情誠ニ掬スベキモノアリ 之レナドガ本当ノ基督教的家庭ナラメト感心セリ 夕方帰ル 夜モH君ニ誘ハレテ教会ノ説教ヲ聞キニ行ク 教会ニ出席スルモ久シ振リナリ 十二月一日巴里ニテ Louvre ノ近所ノ新教ノ寺ニ詣デシガ思ヘバ最後ニテアリケルナリ

〔電車の切符二枚(バルメン―エルバーフェルト間一〇ペニヒ、エルバーフェルト市内二〇ペニヒ)貼付〕

二月二〇日 木曜

晴 午前中読書ス 午後ハ内ノ子供さんニ連レラレテ Beyenberg〔バイエンベルク〕ト云フ近郊ノ村ニ遠足ス 途中ノ風景頗ル佳ナリ 此村自身断崖ノ上ニ立チ三方河ニ囲マレテ一寸 Rothenburg〔ローテンブルク〕ノ様ナ感ヲ与フ 固ヨリ彼ノ如ク奇抜デハナイケレドモ、古キ寺アリ Rubens〔ルーベンス〕ノ Kreuzung〔Kreuzigung(キリスト十字架像)〕ノ絵アリ Café ニ休ンデ腹ヲコサヒ夕方帰ル 通シテ四五里モ歩キシナラン 面白キ休養ナリシ 夜ハH君ト日曜学校準備会ニ傍聴ニ行ク 之ハ牧師ヲ頭トシ日曜学校ノ教師相会シ次ノ日曜ニ教フル所ヲ準備研究スル会合ナリ 日曜学校モ中々系統的ニヤツテ居ル様ナリ 人口二万ノ市ニテ外ニ教会ハ二ツ三ツアルノミ 此教会ノミニテ日曜学校生徒 600 人モアリトハ驚カサレタリ 頑固ナレドモ中々堅イ 殊ニH君ノ内ナド篤信ノ程誠ニ敬服ノ外ナシ

二月二一日 金曜

晴 風アリ寒シ 此朝牧野君ヨリ手紙ト小包送リ来ル 贈物用トシテ Bluse〔ブラウス〕ノ切《きれ》譲与ヲ求メシニ応ジテ送リ来リシ也 午前牧師ヲ訪問シテ敬意ヲ表ス 午後ハ読書ス 日曜ニ芝居ニ招待サレ居ルニツキ Mignon〔ミニ

ョン〕ノ Text ヲ買ツテ読ム　夕方H君ト Milspe ニ散歩ス　夜ハH君特ニ僕ノ為メニ友人二三氏ヲ招キ茶話会ヲ開ク　十一時頃マデ面白ク話ス

〔電車の切符(シュヴェルム(?)―ミルスペ間、一五ペニヒ)貼付〕

二月二二日　土曜

晴　著シク暖クナル　新聞ニテ見ルト巴里ナドモ此頃ハ頗ル寒イサウナリ　Schwelm ノミ特ニ寒キニ非ルガ如シ　朝起キテ見ルト Strassburg ノ田中君 London ノ Peschel 君正平豊治兄ヨリノ来信ト新聞一束ト届キ居ル　故郷ヨリノ便リニハ渋谷栄蔵ノ長女ノ盲腸炎ニテ死去セシコトヤお静ニ婿ヲトルノ話アルコトヤナドアリ　新聞ニハ議会ノ停会ノコトヤ桂公新政党組織ノコトナド詳ニ分ル　午後森ニ散歩スルコト例ノ如シ

〔ドイツの郵便切手セット発売券(五ペニヒ二〇枚綴、一〇ペニヒ一〇枚綴、計二マルク)貼付〕

二月二三日　日曜

晴　稍暖　朝早ク起キテ教会ニ Konfirmation〔堅信礼〕ノ式ヲ見ニユク　前ノ Bank〔ベンチ〕数列ヲ Konfirmanden〔受堅者〕ノ為メニ reserve〔リザーヴ〕シ左ニ男児右ニ女児ヲ据ユ　定刻前ヨリ親兄弟ノ来会者堂ニ満ツ　定刻ニ子供等ハ牧師ニ引率サレテ入場ス　男女トモ黒ノ服ヲ着ク　之レ旧教ト異ル所　例ニヨリテ歌ヲウタヒ後牧師型ニヨリテ二三ノ質問ヲナシ子供等亦型ノ如ク声ヲ合セテ答ヲナス　此事約十分斗リ　後子供等ニ対スル特別ノ説教アリ　之ガ終ルト子供等祭壇ノ左右ニ上リ牧師六名宛別々ニ Altar〔祭壇〕ノ前ニ呼ビ出シテ銘々ニ訓示ヲ与ヒ祝福ヲ神ニ祈リテ Konfirmation ノ式ヲ了ル　此訓示ハ銘々ノ平素ノ性格ニ応ジテ与フルモノ、由ニテ列席ノ父兄ハ耳ヲソバダテ、聴カントスルサマ左モコソト思ハレタリ　七八十人モアリシコト、テ一時間斗リカ、ル　儀式ノ意味ハ屁デモナイコトナルガ信徒ハ非常ノ大節トシテ之ヲ観ルガ如シ　去レバ銘々ノ内デハ人ヲ招テ御馳走シ親類知己ハ当該子供ニ盛ナル贈物ヲスルト云フ　子供ノ信仰心ヲ堅ムルニハ屈強ノ式ナリ　昼食後内ノ親爺ノ友人ニ蜜蜂ヲ飼ツテル人ガアルノデ如何ニシテ之ヲ養フカヲ見ルベク連レテ往ツテ貰フ　夫カラ直グ帰ツテH君ト一所ニ Barmen ニ芝居ヲ見ニユク　題ハ Mignon〔ミニョン〕ナリ　日曜ノ午後半値ニテ見セルノデ第二等 Parkett〔平土間〕デ一馬《マルク》二十五文《ペニヒ》ダカラ文句モ云ヘヌガ不味イコト御話ニナラズ　只大体ノ筋ガ分ツタ丈ヲ得トスルノミ　夕方帰ル　夜ハ内ニテH君ト話ス

〔懸垂鉄道の切符（一五ペニヒ）貼付〕

二月二四日　月曜

晴　昨日ヨリモ暖シ　朝起キテ見ルト寛君ニ依頼セル本（Herkner's Arbeiterfrage〔労働者問題〕）届キ居ル　今日ハ丁度 Fritz 君ノ誕生日ニ相当スルノデ之ニ贈物センタメナリ　直ニ郵便ニテ送ル　Oper ノ脚本 Evangelium〔福音〕ヲ買ツテ読ム　午後ハ森ヲ一時間斗リ散歩シ後H君ノ友人 Frl. Dickartmann 氏ヲ訪フ　丁度同氏ノ誕生日ナリトテ招待セラレシヲ以テナリ　家族ノ一人誕生日ニ当ルト親兄弟ヨリ銘々贈物ヲシ又茶菓ヲ整ヒテ昵懇ノ知己ヲ招クナドハ頗ル美風ナリト思フ　夕方一寸散歩ヲ共ニシ更ニ夕食マデ饗セラレテ帰ル　夜ハ日曜学校ノ準備研究会ニ往ツテ見ル

二月二五日　火曜

快晴　午前中読書ス　Evangelium ヲヨミ了ル　午後ハ早々ニ食事ヲスマシH君ニ誘ハレテ Voerde ト云フ隣村ニ行ク　此処ニ叔母サンガ居リ其近所ニ Wassersperre〔水堰〕ガアリ附近風景頗ルヨキ故遠足ニ出掛ケシナリ　Milspe マデ往復切符ヲ買ツテ電車ニ乗リ夫ヨリ Voerde マデ別ノ電車ニ乗リツグ　叔母サンノ内ニテ少憩シカフェーヲ呑ミ其娘さんニ案内サレテ水溜ヲ見ニ往ク　勾配少キ坂道ヲ行クコト三四十分更ニ山ヲ下リテ谷間ニ落チ水溜リニ達ス　道路ガヨイカラ散歩ニハ屈強ナリ　加之水ノ端ニ料理店アリテ之モ休ムニヨシ　夕方マデブラツク　叔母さんノ家ニテ一寸夕食ヲ御馳走ニナリ八時頃再ビ電車ニテ帰ル　夜ハH君ノ筋向ヒノ Voswinkel ト云フ本屋カラ茶ニ呼バレテ往ク

〔シュヴェルム—ミルスペ間の電車往復切符（三五ペニヒ）、ミルスペ—フェールデ間の切符（二〇ペニヒ）貼付〕

二月二六日　水曜

晴　午前中手紙ヲ書イタリ新着ノ Times ヲ読ンダリスル　Times ニヨリテ山本内閣ノ顚触ヲ知ル　午後H君ト Barmen〔バルメン〕ニ遊ビ先ヅ Ruhmeshalle〔偉人記念館〕ト云フニ入リ絵画展覧会ヲ見ル　Köln, Düsseldorf ノ画家ノ新シキガ多シ　夫ヨリ Markt〔市場〕ニ出折カラ来合セタルH君ノ妹君ト落チ合ヒ Schwebebahn〔懸垂鉄道〕ニテ更ニ Elberfeld〔エルバーフェルト〕ニ赴キ動物園ニ這入リ喫茶店ニテ音楽ヲキヽ乍ラ Kaffee ヲ呑ミ夫カラ庭園ヲ散歩ス　動物ノ数ト種類ハ未ダ完キニアラザレドモ結構ハ相応ニ大ナリ　之ニ比スルト東京ノ動物園ナド御耻シキモノナリ　夕方マデブラ々々シ Schwebebahn ト電車トヲ利用シテ八時頃帰ル

〔シュヴェルム―バルメン間の電車切符(三〇ペニヒ)、バルメン偉人館の美術展入場券、エルバーフェルト動物園の入場券(五〇ペニヒ)貼付〕

二月二七日　木曜

少雨　Schwelm 着以来連日晴天ナリシガ昨夜天ノ一角ニ暗雲ヲ見今日ハ即チ霖雨霏々トシテ降ルヲ見ル　併シ大シタコトハナシ　午前中ハ例ノ如ク読書シ午後ハH君ト共ニ Barmen ノ Tolleturm ニ散歩ス　愈明日立ツコトニスル　十日モ厄介ニナリテ別ル、トナルト何トナク一種ノ淋シミヲ感ズ　親切ニ世話サレシ厚意ハ深ク忘ル、ヲ得ズ

二月二八日　金曜

雨ヤミカケル　午前中H君ト談ズ　昼食ヲ少シ早ク食ツテ一時二十四分ト云フニ Schwelm ヲ立ツ　H君停車場マデ見送リニ来テ呉レシコト言ヲ待タズ　Köln〔ケルン〕ニテ乗リ換ヘ四時22分 Godesberg〔ゴーデスベルク〕ニ着ク　Fritz 君ノ出迎ハ驚クニ足ラヌガ Robert Gumm 君マデ来テ居リシトハ予想セザリシ所ナリキ　先ヅ近所ノ Café ニ入リテ久濶ヲ叙シブラ々々 Hessen-haus ニ入ル　F君今籍ヲ Bonn 大学ニオキ傍ラ此地ノ Evang. Pädagogium〔福音派教育施設〕ニ教鞭ヲ執リ居ルナリ　Gumm 君亦然リ　Evang. Pädagogium ハ六年生マデヲ限リトスル私立中学校ニシテ(中学六年ヲ済メバ一年志願兵試験ヲウケルノ権利ヲ得)寄宿制ヲ原則トス　国教主義ニ則リ貴族富豪ノ子弟ヲ教育スルヲ目的トス　一年ノ学費幷ニ寄宿費 800 馬、其外書籍費ヤラ何ヤラ 1000 ハ少クトモ入〔要〕ルト云フ　設備ノ完備セルハ独乙有数ナリト云フ　生徒 500 人之ヲ二十幾ツノ家庭ニ分チ数名ノ男女教官之ヲ監督ス　Fritz ノ居ル Hessen-haus ハ其一ツナリ　茲ニテ夕食ヲ御馳走ニナリタルガ生徒ノ規律アリテ能ク教師ニ服従シ而カモコセツカズ横容〔鷹揚〕ニ育チ居ル様誠ニ感服

セリ　夜ハ主婦教官ノ人々ト談ジ Fritz ノ案内ニテ隣リノ Hospiz〔宿泊所〕ニ泊ル

三月一日 土曜

少晴　朝起キテ食事ヲ認メ直ニF君ヲ訪フ　一所ニ出掛ケ先ヅ Gumm 君ヲ訪フ　Gumm 君ハ飛ビ離レタ Philadelphia-Haus ト云フニ居ル　茲処ニハ生徒17名ヲ収容スト云フ　暫ク話シテ出掛ケ町ヲ散歩シ Café ヲ呑ム　昼食モ Hessen-Haus ニテ御馳走ニナル　F君ノ部屋ニテ少憩ノ後 3$^{\underline{23}}$ ノ汽車ニテ立ツ　先ヅ Aachen〔アーヘン〕マデノ切符ヲ買ヒ Köln ニテ下車シ荷物ノ手続ヲシ市中ヲ見物スルコト約一時間再ビ 5$^{\underline{33}}$ ノ汽車ニテ Aachen ニ迎〔向〕フ　六時55分着ク　広告塔ニヨリテ当地ノ Theater ニ Don Carlos〔ドン・カルロス〕ヲ演ズルヲ知リ 1 Mk ヲ投ジテ見物ス　長イ物ナルヲ以テ 7$\frac{1}{4}$ ニ始リテ終リシハ十二時ナリキ　夫ヨリ停車場前ノ安イ Hotel ニ入リ眠ル　朝食ヲ入レテ 2$^{\underline{50}}$ 馬《マルク》ナリ

〔アーヘン市立劇場の座席券貼付〕

三月二日 日曜

晴　朝 Münster 其他市中ヲ見物シ 11$^{\underline{32}}$ ノ急行ニ乗リ Liège〔リエージュ〕ニテ下車ス　切符ハ Bruxelles〔ブリュッセル〕マデ買ヘルガ Belgique〔ベルギー〕ニテハ元来途中ノ下車ヲ許サヾルコト仏国ノ如シト云フ　併シ駅員特ニ之ヲ許ス旨ヲ切符ノ裏面ニ書イテ呉ル　町ヲ見物シ夫ヨリ Théâtre ノ Matinée〔マチネー〕ニ入ル　其間昼食ノ時間ナク Café ヲノム　Matinée ノ題ハ Hérodiade〔エロディアード〕ナリ　同ジク Jean〔ヨハネ〕ト Salomé〔サロメ〕トヲ題ニセルモノナルモ之ニ表ハシタル Salomé ハ在来ノ女ナルモ Salomé ニ表レタルモノハ著シク所謂現代的色彩ヲ帯ブ　対照頗ル面白ク覚ウ　夕食モ Cafée ニテ過シ 6$^{\underline{30}}$ ノ汽車ニテ更ニ Bruxelles ニ向フ　此汽車ハ一二等ノミナリ　三等ノ切符ナル故ニ更ニ追払ヲナス積リナリシニ Bruxelles ニ着キテ後車掌切符ヲ返シ追払ヲセナクトモ宜イト親切ニ免除シテ呉レル　独乙ノ奴ノ様ニ蔭ヘ呼ンデ金ヲネダルト比シテ面白シ　la Gare du Nord〔北駅〕ノ前ヨリ電車ニ乗リ Rue de l'Esplanade 8 ノ Hôtel Cérès ニ入ル　之モ朝食ツキノ 2$^{\underline{50}}$ fr. ナリ

〔リエージュ王立劇場のボックス席券と「停車場荷物預ケノ札」貼付〕

三月三日 月曜

少晴　朝町ノ見物ニ出掛ク　Palais de Justice〔裁判所〕, Palais des beaux-arts〔美術宮〕, l'Université〔大学〕, l'Hôtel de Ville〔市庁〕, Théâtre de la Monnaie〔造幣局劇場〕其他二三ノ寺ヲ見物シ Poste〔郵便局〕ニ赴キ諸方ヘ手紙ヲ出シ更ニ Station ニ赴キ荷物ヲ受取リ馬車ヲ雇テ宿ニ帰ル　午後ハ更ニ Palais royal〔王宮〕ヨリ Parc〔公園〕ヲ通リ抜ケテ議院ヲ見夫ヨリ町ヲウロツキテ帰ル　夜雨フル　在宅読書ス

三月四日　火曜

少雨　風アリ嫌ナ天気ナリ　朝 Cook 社ニ行キ London 行キノ船ノコトヲ聞キ合ス　一番安イ General Steam Navigation Co. ノ船ハ毎週二回木日ノ正午ニ Ostende〔オステンデ〕ヲ発スルト聞キ之ニ乗ルコトニ極メル　夫ヨリ Poste ニ行キ筧君ニ為替ヲ以テ本代ヲ返ス Théâtre ニテ木金ノ billets〔券〕ヲ求ム　夫ヨリ電車ニテ Palais de Cinquantenaire〔独立五十周年記念宮殿〕ニ行ク Musée ヲ二ツ見近所ノ restaurant ニテ食事シ夫ヨリ又 Musée internationale〔インターナショナル博物館〕ト云フ〔ヲ〕見ル　之ハ l'Association internationale〔インターナショナル協会〕ノ企画ニ係リ国際平和主義ノ鼓吹ヲ目的トスルモノナリ　夫ヨリ Parc Léopold〔レオポルド公園〕ニ入リ Institut Solvey〔ソルヴェイ研究所〕ノ所在ヲ慥メテ四時帰宿ス　夕方マデ読書シ夜一寸町ヲ散歩シテ直ニ帰宿ス

〔ブリュッセルの電車切符（一五サンチーム）、ベルギー郵政省の筧正太郎宛送金受付票（一二・九〇フラン）貼付〕

三月五日　水曜

朝少雨ヲ見シモ午後ヨリ晴レカヽル　午前ハ Parc Léopold ニ赴キ先ヅ Musée d'histoire naturelle〔自然誌博物館〕ヲ見次ニ Institut de Solvey sociologique〔ソルヴェイ社会学研究所〕ノ方ヲ見ニ行ク　書記ノ先生態ゝ出デ来テ丁寧ニ説明シ且案内シ呉レル　ヤガテ昼ニナル　辞シ更ニ電車ニテ 1910 年万国大博覧会ヲ開キシ跡ニ往ツテ見ル何カ残ツテルカト予想セシガ只一面ノ原ニシテ何モナシ只所在其当時ノ遺物トモ思ハル、風変リノ別荘ヲ見ルノミ　隣ノ公園ヲ散歩シテ直ニ電車ニテ引キ返シ料理屋ニテ食事シ再ビ Institut sociologique ニ行キ書目ヲ調ベル四時帰宿シテ新聞ヲ読ム　先頃東京神田大火ノ報見ヘシガ今日ハ沼津大火ノ電報アリ　夕方再ビ散歩ニ出 Gare du Nord〔北駅〕ノ附近ノ Auto ニテ安イ夕食ヲ済マシ帰ル　天気直ラバ明日位 Waterloo〔ワーテルロー〕へ往ツテ見ンカト思フ

三月六日　木曜

雨　朝ノ中 Musée des beaux-arts〔美術館〕ヲ見ル　大シタモノモナシ　午後 Waterloo ニ赴カントノ考ナリシモ雨ノ為メニヤメル　内ニテ読書ス　夜ハ Théâtre de la Monnaie〔造幣局劇場〕ニテ Roma ヲ聴ク　其他事ナシ

三月七日　金曜

終日雨、天ノ晴雨ニ拘ラズ Waterloo ノ古戦場ヲ見舞ハントテ早ク起キル　朝食ヲ認メント下ニ居ルト Frau Oberleutenant〔陸軍中尉夫人〕Ellen Schumacher 氏ヨリ手紙来リ居ル　親切ナ人ナリ　十二時ノ汽車ニテ Gare du Sud〔南駅〕ヨリ Baedeker〔ベデカー旅行案内〕ノ教フル所ニ従ヒ先ヅ Braine-l'Allend マデ行ク(往復 1$\underline{15}$)　田舎ノコト、テ汽車頗ル緩慢ナリ　降リルト案内者ウルサシ　之モ Baedeker ノ教フル所ニ従ヒ線路ヲ超テ Tramway〔市電〕ヲ取リ先ヅ Monument des Prussiens〔プロシャ兵慰霊塔〕マデ行ク　茲ニテ降リ線路ヲ逆戻リシテ Belle Alliance ノ古戦場 Monuments des Hanovriens〔ハノーヴァー記念碑〕及 Monument de Gordon〔ゴードン記念碑〕ヲ訪ネ Butte du Lion〔ライオンの丘〕ニ昇ル　之レガ丁度当時血戦ノ中心点タリシ所ナリト云フ　金字塔形ノ小山ノ上ニ獅子像ヲ安置ス　獅子ハ南面シテ遥ニ仏国ヲ睥睨スルモノ、如シ　階段 226 以テ其高サヲ推スベシ　Lion 像下ノ台石ニ 1815, VI, 18 ト刻ス　風雨ノ下ニ此台ヨリ茫々タル広野ヲ望ム　感慨尽キザルモノアリ　此小山ノ麓ニ Panorama〔パノラマ館〕アリ　念ノ為メナレバ 1 fr. ヲ投ジテ這入ツテ見ル　大シタモノニアラズ　向ヒニ Musée des Armes〔兵器博物館〕ト云フアリ　案内者頗リニ入場ヲス、メタレド Panorama ニ懲リテ入ラズ　其隣リノ Café ニ入リテ憩ヒ端書ヲ書キ Waterloo 行ノ Tramway ヲ待チ合ハス　Café ノ人中々親切ナリ　4時汽車来ル　之ニ乗ル　此地ト Waterloo トノ間ヲ連絡スル train vicinal〔地方鉄道〕ナリ　更ニ Waterloo ヨリ本道ノ汽車ニ乗リ換ヘ五時過 Bruxelles ニ着ク　昼食ハ Bruxelles ニテパン十文肉ノ腸詰20文ヲ買ヒシヲ雨ノ中規《〔軌〕》条ノ上ニテカヂル　去レバ此日ノ旅行頗ル安直ニテ凡テ費ス所端書切手代ヲ入レテ

5 fr. ニ過ギズ　汽車ノ中ニテ車掌ニ聞ク　此地方ヲ見舞ウモノ夏ニ多ク主トシテ英人トス　蓋シ英人以テ誇トスルガ故ナリ　独人ハ来リ見舞ウモノ甚ダ多カラズ　仏人ニ至テハ殆ンド稀ナリト　扨テ一旦宿ニ帰リ靴ノゴミヲ払ヒ Théâtre ニ行ク　途中 Tietz ニテ旅行用ノ安靴ヲ買ヒ Auto ニテ十文ノ麦酒ト十文ノパン魚付トニテ腹ヲ拵ヒ乃チ Théâtre ニ入ル　Hamlet〔ハムレット〕ナリ　此日ハ昨日ヨリモ非常ニヨク Hamlet ヲヤレル者殊ニ目立テ優レルヲ見ル　Ophélie〔オフェーリア〕, Roi〔王〕皆ヨシ　只 Reine〔王女〕ノ声猶到ラザルヲ惜ム　帰途雨頻リニ降ル　愈明日ハ此地ヲ去ラントス

〔プロシャ兵慰霊塔の切符(〇・三〇フラン)、ワーテルロー国鉄駅―ゴードン記念塔間の市電切符(三〇サンチーム)、造幣局王立劇場の座席券貼付〕

三月八日　土曜

空晴レカヽル　併シ時々雨ノ降ルニ遇フ　午前 Fr. Kärg. ニ手紙ヲ出シ早目ニ昼食ヲ認メ Anvers〔アンヴェルス、アントワープ〕ニ向フベク停車場ニ行ク　手提鞄ニツト傘袋トヲ先ヅ Expreß〔急行〕ニテ Ostende〔オステンデ〕ニ送ルニ大変手間取ル　一時三分発ノ汽車ニヤツト間ニ合フ　急行ナレバ三十分ニテ安土府《アントワープ》ニ着ク　Blau-Kreuz ノ中〔仲〕間ノ宿屋ヲ探スニ既ニ移ツタノカ廃業シタノカナシ　先ヅ市中ヲブラブラ見物スル　Flamand〔フランドル語〕ノ Théâtre ニテ Rheingold〔ラインの黄金〕ガアルト云フ故 billets〔切符〕ヲト聞キシニ一席モ余裕ナシ　断ラル　後ニテ聞ケバ此日ハ特ニ Wagner 物ノ Singer〔歌手〕トシテ有名ナル Van d'Eycke〔ヴァン・ダイク〕トヤラガ来テ居ルタメ特ニ入場者ノ多カリシナリト云フ　Café ニ入リ Adressbuch〔住所録〕ニヨリテ Hospiz〔キリスト教宿泊所〕ヲ探スニナシ　Auskunfts-Bureau〔案内事務所〕(市立)ニ聞ケバ只青年会ノ本部ヲ教ヘテ呉レル　要領ヲ得ザルコト夥シ　ヤガテ日モ暮レカヽリ雪交リノ雨モ降ル　已ムナク Baedeker ノ挙ゲタル Pension ノ中一番安イ Beauyeau (Rue de Rembrandt 10) ニ入ル　小サイ室ナガラ一日七法《フラン》ナリト云フ　居心ノヨキ上品ナル下宿屋ナリ　早ク寝ル　Central-Heizung〔セントラル・ヒーティング〕ニテ頗ル居心地ヨシ

〔駅入場券(一〇サンチーム、一枚を裏と表に剝いで二枚)、アントワ

ープ市街電車の切符二枚〔一〇サンチーム、一五サンチーム〕貼付〕

三月九日　日曜

快晴　朝早ク Cathédral〔大聖堂〕ニ行ク　Baedeker ニ依レバ絵ハ 8—12 マデ只ナリト云フガ実際ハ礼拝中ハ見セヌラシ　屢近所ヲウロウロシテ再三這入ツテ見タケレド蔽ヒノ幕ハ依然タルヲ以テ先ヅ美術館ヲ見ルコトニ方針ヲ変ヒ電車ヲ南ニトリテ Musée des beaux Arts〔美術博物館〕ニ入ル　主トシテ Rubens〔ルーベンス〕ト Van Dyke〔ヴァン・ダイク〕ノ絵ナルガ殊ニ前者ノ傑作ハ皆茲ニテ集レルコト、テ見ルベキモノ多シ　Bruxelles ノ比ニアラズ　絵ノ方ダケ見テ再ビ Cathédral ニ赴キタルニ礼拝ハ済ミタレド幕ハ依然タリ　明日来ルコトニシテ帰ル　午後ヨリ空曇ル　暫ク読書シテ後散歩旁市ノ南部ヲ包メル Fortification〔要塞〕ノ形勢ヲ一巡ス　夜読書ス　読書トハ Belgium〔ベルギー〕ニ入リテ後買ヒタル選挙法改正問題、両人種反目問題ニ干スル二三小冊子ヲ読ミシナリ　大ニ益スル所アリ

三月一〇日　月曜

雨　午前中ハ領事館ニ赴キ新聞ヲ見シテ貰フ　日本最近ノ政変ニ関シ稍明了ナル知識ヲ得タリ　領事ハ吉田美利君　時田書記生ト親切ニ世話シ呉レル　一時過マデニ読ミ了ル　午後ハ Cathedral ニ行キ Rubens ノ有名ナル絵（La mise en croix et la descente de la croix〔十字架につけられたキリストと降ろされるキリスト〕）ヲ見ル　素敵ナモノナリ　帰途動物園ニ入ル　夜ハ吉田君ノ招待ニ応ジ夕食ヲ御馳走ニナル　時田君モ来合セ十一時頃マデ話ス　妻君ト二子トアリ　35年ノ政治〔科〕家出身ナリト云フ

〔アントワープ動物園、水族館、歴史自然博物館の合同入場券（一・二五フラン）貼付〕

三月一一日　火曜

晴　風強シ　九時ノ汽車ニテ Anvers〔アントワープ〕ヲ発シ Gand〔ガン、ヘント〕ニ向フ　十二時少シ前着ク　Gand ニ大学アリ　Flamand〔フランドル〕語ヲ以テ教授スル唯一ノ大学ナリ　而シテ其 Le château des comtes〔伯爵の城〕ハ同地ノ名物ナリ　市中ヲウロツキ有名ナル二三ノ寺ヲ見テ後此城ヲ見ル　丸デ穴蔵ノヤウナ所ナリ　トアル料理屋ニテ安イ飯ヲ食ヒ午後ハ来ル四月開カルベキ万国大博覧会ノ式地ナル Parc〔公園〕幷ニ其一隅ニアル美術館ヲ見

ル　絵ニハ固ヨリ碌ナモノハナシ　電車ニ乗リテ Station ニ帰リ四時ノ汽車ニテ Bruges〔ブリュージュ、ブルッヘ〕ニ向フ　半時間ニシテ着ク　Hôtel ニ宿ヲ取リ市中ヲ見物ス　古キ都会トシテ有名ナレドモ既ニ独乙ニテ多クノ古建築ヲ見タル眼ニハ左シテ珍ラシカラズ

〔伯爵城の参観券(五〇サンチーム)、美術博物館の入場券(一〇サンチーム)、ガンの電車切符(一五サンチーム)貼付〕

三月一二日　水曜

晴　朝九時五十分ノ汽車ニテ Ostende〔オステンデ〕ニ向フ　二十分ニシテ着ク　先ヅ市中ヲブラブラ見物スル郵便局ニテ Kärger 氏ノ書面ニ接ス　夫ヨリ港ニ行キ General Steam Navigation Co. ニ赴キ London 行ノ切符ヲ買フ　Ostende ヨリ London ニ赴クニ Dover〔ドーヴァー〕ヲ経由スレバ三時間海上ヲ白国《ベルギー》船ニテ走リ六七時ニシテ着ク　併シ上記ノ会社ニテ行ケバ海上十時間ヲ要スルモ直接 London ニ就〔着〕キ而カモ賃金僅ニ11法50ナリ　安イカラト思ツテ之ニ極メシナリ　午後ハ安イ宿ヲ探シ飯ヲ食ヒタ方マデ公園ト海岸ヲ散歩ス　有名ナル海水浴場ノコト、テ海岸ノ設備ノ贅沢ナルコト驚クノ外ナシ　天気甚ダ好シ　此分ナラバ明日モ海上頗ル平穏ナラン

〔オステンデ―灯台間の切符(一〇サンチーム)貼付〕

三月一三日　木曜

快晴　多少風アリ　十一時船ニ乗ル　船ハ200噸ニシテ元来荷物船ラシ　多ク食用肉類ヲ積ム　十二時ノ出帆ガ一時間後レテ一時ニナル　乗客ハ我輩ノ外ニナキ様ナリ　久シ振リニテ船ニ乗リシセイカ何ダカ気持ワルシ　併シ海上ハ静穏ナリシヲ以テ無事夜ノ十二時 London ハ Tower Bridge ノ許ニ着ク　船上ニテハ食堂ニ閉ヂ籠リテ読書ス　食事ハ Luncheon〔昼食〕ト Souper〔夜食〕トニテ $3^{s}\,6^{d}$ ナリ　船上ハ可ナリ寒カリキ　船 London ニ着クヤ直ニ一人ノ担夫ヲ傭ヒテ Lower Thames Street ニ Temperance Hôtel ヲ尋ネシニ之モ今ハ他ニ引キ移リシモノト見エ無シ　更ニ引キ返シ担夫ノ知ツテルト云フ Minories 街ノ安宿ニ入ル　四階ノ汚イ部屋ニテ何デモ曖昧宿ラシク時既ニ二時ニ垂ントスルニ下ニ男女ノ囁クガ聞ユ　不愉快ニ感ジツ、疲レタレバヤガテ眠ル

三月一四日　金曜

曇　朝早ク起キ宿ニテ飯ヲ食ヒ牧野君ヲ Bedford

Place ノ Hotel Champbell ニ訪フ　風ヲ引イテ引籠中ニテ丁度面会ガ出来ル　宿ノコトヲ相談シ結局我輩モ同ジ宿ニ泊ルコトニスル　昼飯ヲ此宿ニテ取リ午後 Minories ノ宿カラ荷物ヲ運ビ来ル　夕方ハ牧野君ニ誘ハレ Prof. Salmond ノ公開講演ヲ London University ニ聴キニ行ク　夜モ牧野君ノ部屋ニテ遅クマデ話ス

〔ロンドン乗合バスの切符(一ペニー)貼付〕

三月一五日　土曜

快晴　風アリ　朝先ヅ大使館ニ郵便物ヲ取リニ行ク　予期シタ内ヨリノ通信ナキニ失望ス　吉田伊三郎君居合セ昼食ノ招待ヲウク　夫ヨリ引キ返シ郵船会社ニ行キ吉川君ヲ訪ネシニ出勤ナシ　只勝山箕作両君居合セ荷物ノコトヲ托シテ帰ル　一時吉田君ノ招ニ応ジ牧野君ト連レ立チ日本倶楽部ニ行ク　之ハ Berlin ノトハ異リ英語ノ所謂 Club ナリ　料理モ甘クハナイガ伯林トハ段ガ違ウ様ナリ　給仕ノ女ニモ美人多シ　若シ夫レ部屋ノ広クシテ雅致アル中々贅沢ナモノナリ　四時頃帰ル　午後ハ手紙ヲ読ミ其返事ヲ書キナドス　夜箕作君来訪アリ　牧野君ノ部屋ニテ話ス　箕作君ハ四五年前ノ法学士ニシテ故佳吉博士ノ令息ナリ　上品ニシテ温厚ナル英吉《〔イギリス〕》風ノ紳士ト見タリ　牧野君トハ遠イ縁続キノ姻戚ナリト云フ

〔ロンドン乗合バスの切符(二ペンス)貼付〕

三月一六日　日曜

少晴　牧野君風引ノ模様ワルシトテ終日臥床　従テ我輩モ外出セズ四方四《〔八〕》方ノ話ヲスル　特別ニ記スベキ程ノコトナシ

三月一七日　月曜

少晴　朝文部省ヘ差出スベキ手紙ヲ書ク　午後散歩ニ出ル　夜牧野君ノ友人新《〔荒〕》井君来訪　遅クマデ話ス　同君ハ画家ナリ　自活シテ修業中ナルナリト云フ

〔ベルリンの口座への振込(一ポンド三ペンス)の郵便為替発行証明貼付〕

三月一八日　火曜

少晴　頗ル寒シ　朝 Kärger, Römelt, Müller 等ヘ手紙ヲ書ク　昼食ニ鐘ヲ鳴ラサズ二時ニ及ンデ下ノ食堂ニ降リテ見ルニ食物既ニナシト云フ　Boy ノ粗忽ナレド叱ルモ可愛想ナレバ黙ツテ外ニ出テ Lyon ニテ食事ス　夕方一寸散歩ニ出ル　夕食ノ最中新井君音楽会ノ切符ヲ貰ヒ

タリトテ誘ニ来ル　切符ハ二枚ナレド一人分ハ向フデ買ヘルナラントノコトニテ行ツテ見ルニ只デ三人ヲ無事通シテ呉レル　面白カリシ　九時半終リ German Beer トカニテ小食ヲ取リ Longe トヤラニテ Café ヲ呑ミ茲ニテ箕作君ノ知友 Miss Stewart トヤラニ遇ヒ同氏ヲ其宅ニ送リテ帰ル　Picadilly ヲ見タル最初ナリ　倫敦ノ市街ハ流石ニ堂々タルモノアリ

〔王立音楽学院のオーケストラ・コンサートの切符貼付〕

三月一九日　水曜

晴　午前中読書　午後牧野君ト共ニ South Kenshington Museum ヲ大略見物シ夫カラ荒井画伯ヲ訪フ　夕食ニ鯛ヲ御馳走スルトテ招カレ居リシガタメナリ　夕食マデノ間荒井君ハ牧野君ノ肖像ヲカク　ヤガテ年若キモデル来リ裸体画ノ写生スルノヲ見ル　愈暗クナリテモデル帰リ荒井君ハ飯ヲ焚キ鯛ノ塩焼ニテ飯ヲ食フ　牧野君気分ワルシトテ早ク帰ル

三月二〇日　木曜

晴　午前中話シ込ム　午後ハ新聞ヲ読ム　Greece〔ギリシャ〕王ノ暗殺 Briand〔ブリアン〕内閣ノ瓦解ナド珍ラシキ話ノ種ナリ　牧野君午後ヨリ寝ニ就ク　我輩ハ午後一寸散歩シ夫カラ新聞ヲ読ム　夜一寸箕作君ノ来訪ヲウク　夜牧野君ノ病床ニ侍シテ遅クマデ話ス

三月二一日　金曜

朝雨後晴　午前中読書ス　昼少シ前牧野君ノ用ニテ Red-Cliff Road ニ荒井君ヲ訪フ　午後ハ新聞ヲ読ム　夕方箕作君来訪、夕食後再ビ荒井君ヲ訪ヒテ牧野君ノ薬ヲ取リニ行ク

三月二二日　土曜

晴雨定ラズ風アリ　午前午後読書ス　夕方牧野君ノ薬ヲ取リニ荒井君ヲ訪フ　夜荒井君来リ遅クマデ話サル

三月二三日　日曜

曇　午前読書ス　午後荒井君ト共ニ Richmond ニ Mr. and Mrs. Johnson ヲ訪フ積リナリシモ Hahne 氏ヘノ手紙ヲ書キ後レテ行カズ　終日病床ノ牧野君ト語リ暮ス

三月二四日　月曜

晴　Easter〔復活祭〕ニテ今日モ休ミナリ　午後河ノ岸ヲ散歩セシ外大概在宅ス　夜荒井君見舞ニ来ラル　同君ノ亡父君榎本武揚等ト開陽丸ニ搭ジテ函館ニ赴キシ話ナド

面白ク聴ク

三月二五日　火曜

晴　午前中読書ス　午後ハ正金銀行ニテ鹿子木君ニ送金ノ手続ヲシ領事館ニ赴キ届出ヲシ且郵便ヲ受取リ更ニ郵船会社ニ吉川君ヲ訪ヒ色々ノ用ヲ弁ジタ方帰ル

〔ベルリンの鹿子木博士宛の書留郵便小包の登録証明票貼付〕

三月二六日　水曜

晴　午前中読書シ且留守宅、松岡、吉川、其他ヘ手紙ヲ書ク　Hahne 氏ヘモ Kissen〔クッション〕ノ贈物ヲ受ケタルニ対シ礼状ヲ出ス　夕方 Lessons ヲ取ルタメニ二三ノ先生ヲ訪ネ試ミニ二三日後ヨリ取リ始ムルコトニスル

三月二七日　木曜

晴　午前中読書シ後牧野君ト共ニ Maison house ノ違警罪裁判ヲ見ニ行ク　12時ヨリ Marry 氏ノ Lesson ニ行ク約束ナリシ故引キ返ス　Lessons 余リ気ニ入ラズ　午後ハ牧野君ト Times ノ Book Club ニ行ク　君ハ絵入美装ノ御土産本数部ヲ求ム　夫ヨリ Hyde Park ヲ散歩シタ方帰ル　夜ハ之モ Lesson ノコトデ Miss Carr 氏ヲ訪フ

〔タイムズ・ブック・クラブとの今後の取引番号(M 4593)を記したスリップ貼付〕

三月二八日　金曜

曇　午前中新聞ヲ精読ス　三時ヨリ Mrs. Fuerth ノ Lesson ニ行ク　中々ヨシ　此日狩野滝二君来着ノ由ニテ石橋君ヨリ電話アリシ趣ナルモ我輩不在ナリシヲ以テ牧野君代ツテ行キ出迎ハ〔ラ〕ル　夜荒井君来リ支那料理屋ニ誘ハレ往ツテ見ル

〔ピカデリー・サーカスの中国料理店「探花楼」の領収書(四シリング三ペンス)貼付〕

三月二九日　土曜

少晴　午前牧野君ト共ニ議会ヲ見物ニ行ク　毎土曜日公衆ノ参観ヲ許スナリ　上院ト下院トハ中間ノ部屋ヲ隔テ、相対ス　下院ハ 670 名ノ議員ニ対シ僅ニ 476 席ヲ有スルニ過ギザル旨ハ曾テ話ニ聞ケルガ実際見テ見ルト成ル程如何ニモ狭キ部屋ナリ　午後ハ読書ス　四時過狩野滝ノ二君浜田石橋二君ヲ伴ヒテ来訪セラル　Kärger, たまのヨリ来翰アリ

三月三〇日　日曜

晴　朝牧野君ト共ニ Regent Park ニ散歩シ午後ニ Richmond ノ画伯 Johnson 氏ノ招待ニ応ジ之モ牧野君ト共ニ先ヅ荒井画伯ヲ訪ヒ一所ニ Richmond ニ赴ク　四十五年前日本ニ赴キシコトアリシト云フ老人其息子娘其他二三ノ客アリテ一所ニ茶ノ饗応ニ預ル　Johnson 夫婦ト云ヘバ当国ニテ有数ノ画伯ナリト云フ　質実温厚ニシテ誠ニツキ合ヒ好キ紳士ナリ　夕方辞シ Richmond 公園ニ一寸散歩シテ帰ル　英国ノ公園ハ総テ野趣ニ富ミ堂々タルモノアリ　探花楼ニテ食事シ町ヲ散歩シテ帰ル

三月三一日　月曜

非常ナ濃霧ニテ丸デ夜ノ如シ　有名ナル London ノ霧モ期節遅ケレバ見ラレマジト思ヒシニ丁度之ニ際会シテ満足限リナシ　石炭ノ煙ノセイカ霧ハ暗黄色ヲ帯ビ丁度支那ノ塵万丈ノ時ノ如シ　但シ暗キコトハ支那ノ比ニアラズ丸デ夜ト同様ナリ　午前中電灯ノ下ニ読書ス　午後ハ Carr 氏ニ lesson ヲ取リ帰宅後マタ読書ス　久シ振リニテ箕作君ノ来訪ヲウク

四月一日　火曜

曇　朝狩野滝両氏ヲ答訪スベク内ヲ出デ地下鉄道ヲカリテ Lexham Garden マデ行クニハ行ツタガ粗忽ニモ番地ヲ見テ行カザリシヲ以テ分ラズ　郵便屋ニ聞イテモ曖昧ノコトヲ云ヒテ要領ヲ得ズ空シク帰リ半日ヲ空費セリ　午後ハ一寸 Lesson ニユキ其外読書ス　夜文部省ヨリ手紙来リ年度末百円ノ増資ヲ申シ来ル　牧野君亦同様　流石ハ奥田氏中々味ヲヤルモノト見ユ

四月二日　水曜

快晴　朝牧野君北ノ方ヘ十日斗リ旅行シテ来ルトテ立ツ　午前中読書シ午後食後下ノ牧野君ノ部屋ヘ移ル　広クシテ居心ヨシ　終日読書セシタメ眼マタ悪クナル

四月三日　木曜

快晴　夕方小雨降ル　終日読書ス　Carr 先生要事アリトテ手紙ヲ寄越シタルニツキ休ム　Brossius ヘ手紙ヲ出ス　今日ヨリ London ニ Historians' Congress〔歴史家会議〕トカ云フモノアリ　狩野氏日本ヲ代表シテ出席セラレシ筈ナリ

四月四日　金曜

曇　終日読書シテ暮ス　夜狩野滝両君ヲ Lexham Garden 24 ニ訪フ　此頃ノ英国ノ新聞ニハ飛行機問題デ八

釜シ　軍艦製造ノ競争ハ一転シテ英独間ノ aeronautic competition〔航空競争〕トナラントスルノ形勢ヲ呈セリ

四月五日　土曜

快晴　朝日本銀行出張所ニ保田次郎君ヲ訪問ス　其為メ稽古ヲ休ム　午後箕作君ノ訪問ヲウク　其外読書ス

四月六日　日曜

快晴　日曜ニモ拘ラズ読書ニ耽ル　午後三時過ヨリ吉川君ヲ訪フベク Park Place Villas 9 ニ往ツテ見ル　地下鉄道ニテ一寸マゴツキ Edgware Station ニテ降リ更ニ宿ヲ尋ネルニマタ一寸マゴツキ漸ク尋ネアテルト丁度今帰ツタ所ナリトテ遇フ　聞ケバ元ト長島隆二君ノ居リシ所トカ　吉川君余リ気ニ入ラヌヤウナリ　妻君ニモ面会シ六時頃辞シ帰ル　帰リハ Edgware Road ヲ Hyde Park ニ出徒歩ニテ一時間アマリカヽル　公園ノ入口ニテ例ノ如ク大道演説ニテ人山ヲナス　多クハ宗教演舌ナルガ中ニ六十アマリノ老人我ハ天ヨリ降レルモノナリ我予言ヲナセド世人多クハ耳ヲ傾ケズト絶叫シ見物ノ老幼交々面白半分ニカラカツテルガアリ　外ニ婦人ノ演説モアリ　中ニ Domestic Workwomen's Union〔家庭労働婦人同盟〕ト云フ赤旗ノ下ニ妙令ノ婦人口角泡ヲ飛バシテ居ルガ何処カノ下女ラシキ風采ナリ　聴衆ノ多クハ稍軽蔑ノ色ヲ以テ迎フルモノ、如シ　アレデハ余リ効能モアルマジト思ハル　帰リテ飯ヲ食ヒ一寸本ヲ読ンデ早クネル

四月七日　月曜

快晴　併シ風アリ　相応ニ寒シ　朝此間保田君ノ所デ遇ツタ洋服屋ノ来訪アリ　引キ続イテ狩野氏来ラル　昼食ヲ喫セラレ銀行ヘ行クトテ分ル　予ハ Carr 氏ヘ Lesson ニ行ク　午後ハ読書シ夜散歩シニ出ル途中 Miss Steward ニ遇フ　牧野君 Windermere ヨリ端書ヲ呉ル

四月八日　火曜

快晴　朝留守宅、佐々木惣一、Clauzel 等ヨリ手紙来テ居ル　佐々木氏ヨリノハ氏ノ帰朝後第一ノ手紙ニシテ而カモ之レガ氏ノ外国ヘ出ス first letter ナリト云フニ至ツテ一寸滑稽ナリ　昼前ズボンノ穴ヲ繕ハスベク町ヘ往ツテ invisible mending ト云ヘ〔フ〕所ヘ掛ケ合ツテ見ルト 8 shillings ナリト云フ　余リ高ケレバヤメル　途中安イ古本ヲ買フ　一ハ Finland ニ干スルモノ 1s.〔シリング〕一ハ米国建国史ニ干スルモノ 4 d.〔ディナリ＝ペンス〕ナリ　午

後ハ Lesson ニ行キ帰リテ読書スルコト例ノ如シ　此日宿へ独乙人 Dr. von 某シト云フ男来ル　青年会大会ノ際日本へ行キシコトモアリト云フ　独乙人ノクセトシテ英ヲソシリ御国自慢ヲナス　一寸癪ニサワル　独乙人ハ個人トシテ附キ合フニハ嫌ナ奴ナリ　夜留守宅、佐々木君等へノ返信ヲ認ム

四月九日　水曜

晴　午前午後引キ続キ読書ス　午前中一寸 Mary 氏へ Lesson ニ行キシノミ　Fr. Kärger ヨリノ来書ニ依ルニ愈 Operation〔手術〕ヲヤリシモノト見ユ　Römelt 再ビ伯林ニ来レリトテ端書ヲヨコス　此日寒キコト夥シ　Paul Hebeck ノ著「Wie das Englische Volk sich selbst regiert〔英国民はいかに自分自身を統治するか〕」ヲ読ミ終ル　得ル所頗ル多シ　殊ニ各政党ノ首領ノ伝記尤モ感興ヲ催サシム　Lloyd George〔ロイド・ジョージ〕ノ叙述尤モ面白シ

四月一〇日　木曜

曇　寒キコト依然タリ　朝洋服屋外套ノ寸法ヲ取リニ来ル　此間保田君ノ所デ遇ツタ渡辺ト云フ男ヨリ地ヲ買ツテ春外套ヲ作ラセントスルナリ　午後 Carr 氏へ稽古ニ行ク　先生非常ニ忙シト見エテ頻リニアクビヲスル　併シ親切ナ宜イ先生ナリ　Times へ金ヲ払フ　午後読書ス　Ilbert ノ Parliament〔議会論〕ヲ読ミ始メシナリ　夜狩野氏ヲ訪ヒシモ芝居ニ行キシトテ在ラズ　Frl. Hahne ヨリ手紙来ル

〔フーパーあての書留郵便小包証明書貼付〕

四月一一日　金曜

雨　午後ヨリ雪モ交ル　牧野君 Einbourge〔Edinburgh ?〕ヨリ端書ヲ呉レ二三日中ニ帰ルトアリ　朝狩野氏ヲ訪フ　滝君浜田君モ一所ニナリ昼食ヲ御馳走ニナリテ帰ル　午後ハ lesson ヲトリニ行キ夫ヨリ一寸保田君ヲ訪フ　帰リテ後寒ケレバ Stove ヲ温メテ本ヲ読ム

四月一二日　土曜

晴　朝稽古ニ行ク　午後読書ス　夕方牧野君旅ヨリ帰ル　其前松岡宗三君来訪セラル　同君ハ二年来香港ヨリ転ジテ此地ニ在勤セラル、ナリト云フ　留学ノ首途香港ニテ遇ヒシヨリ将ニ三年ニ充タントスルナリ

四月一三日　日曜

快晴　午前中牧野君ト話シ暮ス　午後箕作君来ル　曰

ク新宅ヲ何トカ云フ北西ノ方ノ町ニ構フ　四時ヲ以テ茶ヲ飲ミニ行カヌカト Miss Steward モ来ル筈ナリトテ一所ニ誘ハレテ行ク　斯クテ夜マデ御馳走ニナリテ話シ込ム　牧野君ハ中途安藤又三郎君ノ来訪アル筈ナリトテ帰ル　九時頃箕作君等ト家ヲ出テ更ニ宿ニ帰リ牧野君ヲ誘ヒ出シ Café de l'Europe ニ往キ十一時帰ル　箕作君ノ所デ中央公論二月号ニ松崎天民ト云フ人ノ大鳥六三君ト関係アリシト云フ芸者何某ノコトヲ書テアルヲ見ル　併シ之ニテ何故ニ大鳥君ガ自殺ヲ遂ゲシカノ筋ハ未ダ明ナルヲ得ザリキ

〔タイムズの週刊版を一年分予約（一〇シリング一ペニー）した受取証貼付〕

四月一四日　月曜

晴　朝早ク起キ牧野君ト Cambridge ニ往ク　汽車ハ走ルコト約一時間ナリ　有名ナル College ハ一ト通リ見タルガ中ニモ King's College ノ結構雄大ナル St. John's College ノ雅致ニ富メル尤モ感興ヲ引ク　Easter Holidays ニテ頗ルヒツソリトシ居リシモ English College ノ idea ハ之ニテ略ボ得タ様ナ感ジガシタリ　夕方帰ル

〔ケンブリッジ駅―郵便局間の自動車切符（一ペニー）貼付〕

四月一五日　火曜

晴　午前中読書ス　午後ハ牧野君ト Toynbee Hall ヲ見ニ行ク　普通ハ木曜日トカニ見セルサウナレドモ係リノ青年親切ニ見セ呉レ茶マデ御馳走ニナリテ帰ル　此設備ニ関シテハ往年高野教授国家学会雑誌ニ紹介セシト覚ユ　此ンナ設備モ日本ニアラマホシキモノナリ　茲処ヲ辞シテ更ニ東シ People Palace ヲ見テ帰ル　途中貧民窟ヲ一ト通巡リテ見ル　薄気味ワルシ

〔市街電車の切符（一ペニー）貼付〕

四月一六日　水曜

朝雨ニ風ナリシモ午後晴天トナル　牧野君外ニ時ノ都合出来ズ Windsor〔ウィンザー〕ニ行キタシト云フノデ雨ナレドモ一所ニ行クコトニシ昼少シ前宿ヲ出ル　Tube〔地下鉄〕ニテ Padington ニ行キ汽車ニテ Windsor ニ向フ　城ハ小高キ丘ノ上ニアリ　国王茲処ニアラザレバ大概《おおむ》ネ中ヲ見ルコトヲ得ルナレド此頃 Suffragist〔参政権拡張論者〕ノ乱暴甚シク何時如何ナル暴行ヲ加ヘラル、モ知レザレバトテ数週前ヨリ見物ヲ許サヾルコトニナリ居ルハ甚ダ

遺憾ナリ　只外廓ヲ一巡セシノミ　後更ニEton（イートン）ノCollegeヲ見ル　之モ中々面白シ　古キ方ハ十五世紀ノモノトテ教場モ机モ其儘ノキズダラケノ板製ノモノニテ其疎末ナルコト驚クニ堪ヘタリ　学生去ルニ臨ミ各其姓名ヲ板ノ壁ニ刻スルヲ例トス　英国歴史的人傑ノ名ハ殆ンド悉ク茲処ニ之ヲ見ル　中ニハ五代六代ニ亙リテ其名ヲ列ネタルモ少カラズ中々ニ面白シ　四時半再ビ汽車ニテLondonニ帰ル　夜七時半ヨリ松岡君及其友人（土屋、保田、箕作、国府、青木、斉藤、山岸、大河内ノ諸君）ノ招待ニテ日本クラブニ赴ク訳ニナリ居ルヲ以テ時間少シ早ケレバトテNew Bond街Regent街ナド目《め》貫《ぬき》ノ町ヲ散歩シヤガテ定刻ニナリテ倶楽部ニ赴キ参々御馳走ニナリ十二時過帰ル

（市街電車の切符（一ペニー）貼付）

四月一七日　木曜

午前中牧野君ハ暇乞ニ出掛ケ我輩ハ在宅読書ス　一時内ヲ出テ日本倶楽部ニ行ク　大使館ノ吉田君ニ招カレ居リシヲ以テナリ　客ハ我輩ト牧野君ノ外安田、安藤、吉井ノ三君アリ　四時頃分レ帰ル　夜ハ牧野君ノ手伝ナドヲシテ夜遅クネル

四月一八日　金曜

雨　朝久シ振リデ海老名先生ノ通信ニ接ス　内ヶ崎君ガ家ヲ新築シテルコトヤ小山君ガ不相変妻君ヤ何カノタメニ苦労シテ居ルコトヤ一雄サンガ国民新聞ニ出テ居ルコトヤ三沢氏ガ母堂ヲ失ヒ又兄君ヲモ失ヒテ其遺子ヲ引キ受ケラレタルコト等アリ　警醒社ノコトモ書イテアリ

十時牧野君Waterloo Station（ウォータールー駅）ヨリ立タル　Southampton ヨリ船ニ乗リテAmerikaニ赴カントスルナリ　午後少シ頭痛ガスル　二時過沢田節蔵君来ル　久シ振リデ面白ク話ス　五時頃帰ラレタルガ頭痛スルヲ以テ散歩ニ出ル　雨ニ風アリテ気持甚ダヨロシカラズ　箕作君ノ好意ニテ右ノ入場券ヲ貰ヒタレバRoyal Albert Hall マデ往ツテハ見タガ時間ガ後レ気モ進マズ頭モ痛ケレバ空シク引キ返セリ

（英国切手と福音宣伝協会の大夜会（於アルバート・ホール）の招待券（写真版参照）貼付）

四月一九日　土曜

少晴　Kärger, Brossius ヨリ手紙来ル　午前中新聞ヲ

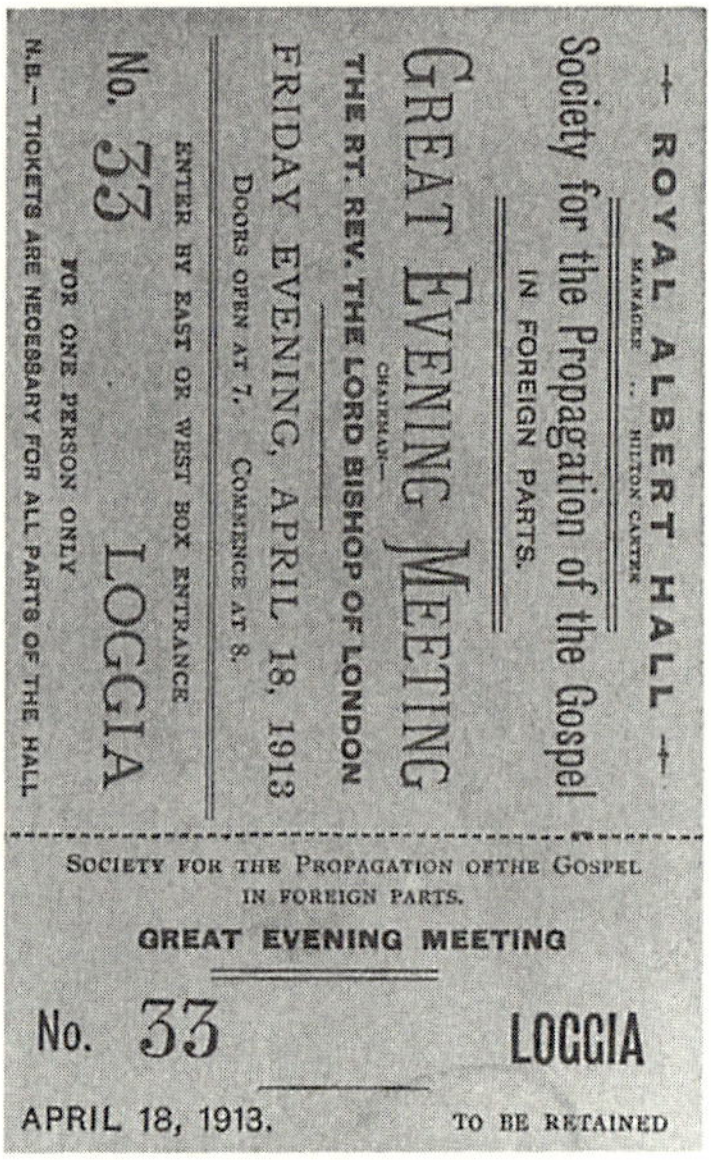

読ミタ方浜田耕作君ヲ訪問シテ敬意ヲ表ス　滝君ノ好意ニヨリ議会傍聴券ヲ送リ来ル　月曜日二時頃ヨリ往ツテ見ルワケナリ

四月二〇日　日曜

快晴　朝ハ St. Paul's Cathedral〔セント・ポール寺院〕ニ往ツテ見ル　数百年ノ古刹ニシテ其大ナルコト Rome〔ローマ〕, Milan〔ミラノ〕, Florence〔フィレンツェ〕, Seville〔セビリア〕ノ夫レニ次グ世界最大ノ寺ノ一ツナリト云フ　中モ頗ル結構ナリ　但シ礼拝ハ聞キ及ビシ通リ長クシテ儀式一点張リナルコト旧教以上ナリ　説教ハ三十分斗リデ済ミタルモ説教マデガ一時半モカヽレリ　之レデハ心アル信徒ノ間ニ不平ノ声アルモ尤モナリ　午後ハ国府君来ル筈ナリシ故三時¾マデ待チシモ来ラズ　依テ置手紙ヲシテ滝君ヲ訪フ　狩野氏坐骨神経痛ラシトテ臥床中ナリ　浜田君ヤガテ国府君モ来合セ滝君ノ器械ニテ写真ヲ撮ツテ貰フ　夕方散歩ニ出テ倶楽部ニテ御馳走ニナリテ帰ル

〔フランス切手、アメリカ切手、各一枚貼付〕

四月二一日　月曜

午前晴午後雨ト云フ御定リノ天気ナリ　朝ノ中ハ Guild Hall, Monument, Tower ト云フ順序ニテ見物ス　午後ハ滝浜田両君ト共ニ議会ヲ見物ス　平々凡々ニテ別ニ面白カラザリシモ流石英国丈ニ敵味方行儀正シキニハ感服セリ

四月二二日　火曜

晴　頗ル温シ　愈金曜日頃ニ浜田君ノ居ル宿ニ引ツ越スコトニスル　夫ニ付テハ重ナル荷物ヲ牧野君ノト一所ニ日本ヘ送ツテ仕舞フヲ便トスル故鞄ヲ買ニ行ク　日本カラ持ツテ来タノハ支那ニ行クトキ25円カデ買ツタノダガボロ々々ニ破レテ再ビ用ユベカラズ　序ニ靴一足ヲ求

ム　鞄ハ30 s. 靴ハ14 s. 9ナリ　佐々木君依頼ノStick〔杖〕モ12. 6デ買フ　夫ヨリ正金ニ行キ金ヲ出シ転ジテ郵船ニ吉川君ヲ訪ヒ荷物ノコトヤ米国行ノ船ノコトヤヲ聞ク　ヤガテ十二時ニナリ箕作君モ来ラレテ一所ニ飯ヲ食ニ行クト云フコトニナリ有名ナ近所ノBeefsteak屋ニ行ク　二時分レ帰ル　途中St. Paul's Cathedralノ鼻端ノ本書〔屋〕ニヨリPamphlets数冊ヲ求メ帰リFuerth婆サンノ稽古ハ休ム　午後ハBritish Museumニ半日ヲ暮スGreece, Romeノ部四五室ヲ見シノミ　素敵ナモノナリ中ニモ彫刻ナド堪ラヌホド良イモノ沢山アリ　夜ハ諸方ヘ手紙ヲ書キ明日郵船ヲ通ジテ送ルベキ新調鞄ノ荷造ヲスル　Phildius君明日Southamptonニ立チ寄ルベキ船ニテNew Yorkニ赴カル、ニツキ端書ヲ出ス

〔ベルリンへの為替送金（一〇シリング一ペニー）証明書貼付、上に「Echoへ九月マデノ金ヲ払フ」と記入〕

四月二三日　水曜

快晴　温シ　荷物ヲ出ス為メニ冬服ト外套トヲ鞄ノ中ニ入レテ仕舞ヒタルモ薄外套ハ未ダ来ズ夏服ニテ外套ナシデハト思ヒシモ思ヒシ程寒カラズ　午前ハNational Gallery ヲ見ル　Louvreニハ劣ルモ他ノ何レヨリモ優ルモノナルベシ　食後ハCarr氏ニ稽古ニ行キ夫ヨリNational Portrait Galleryヲ見ル　之モ此種ノモノトシテハ天下一品ナリ　夕方帰リ二三枚手紙ヲ書ク　井田君ヨリ来書アリ　我輩ノ訪問ヲ待ツテルトノ事ナリ　市中ニテSentari陥落ノ報ヲ伝フルモノアルモTimesニハ未ダ其事見ヘズ　流説ニ過ギザルベシ　Balkan問題ノ解決何レニシテモ頗ル緩慢ヲ極ム

四月二四日　木曜

晴　温キコト昨日ノ如シ　此日モ一日ヲBritish Museumノ見物ニ費ス　午前ヨリ午後ニ跨リ五時漸ク了ル　夫ヨリWallace Collectionニ赴キシガ時間切迫ニテ一部分ヲ見シノミ　他日ヲ期シテ帰ル　British MuseumニテハMagna Cartaノ実物大ノ写真版ヲ買フ

四月二五日　金曜

晴　少シ寒シ　朝早ク起キテ荷物ヲ整理ス　十時taxiヲ駆リテClifton Gardens 28, Mrs. Madden方ヘ移ル　午後一寸Regent Parkニ散歩セシ外浜田君トStoveヲ囲ンデ話ス　午後滝君箕作君見ユ　今度ノ下宿屋ハ以前ノ

ヨリ遥ニ gemütlich〔温みある〕ナリ　直段モ安シ　内ヨリ手紙来ル直ニ返事ヲ出ス

四月二六日　土曜

曇　風アリ　午前中読書ス　午後 Carr 氏へ稽古ニユキ其足ニテ Carlye〔カーライル〕House ヲ見ニ行ク　之ハ遠イ南ノ方ノ Thames ノ沿岸ニアリ　Quarter ハ余リヨクナキガ対岸 Battersea Park ト相対シテ閑静ナ処ノヤウナリ　小サイ町並ノ家ニテ大思想家ノ居リシト云フ特別ノ感興ノ起ルヤウナ家ニモアラズ　只 Emerson〔エマソン〕ガ泊ツテ往ツタト云フ部屋ヤ Tennyson〔テニソン〕ト煙草ヲ吹カシテ談ジタト云フ勝手ナド一寸注意ヲ引ク　陳列ノ品ハ Paris ノ Hugo〔ユーゴー〕House 程豊富ニアラズ

〔バスの切符(三ペンス)、カーライル・ハウス記念財団の領収書(維持費としての入館料六ペンス)貼付〕

四月二七日　日曜

雨　午前ハ浜田君ト共ニ City Temple ニ Campbell ノ説教ヲキキ、ニ行ク　聞キシ通リ聴衆場ニ充チ而カモ何トナク活気アリ　Campbell ハ白髪童顔トデモ云フベキ中肉中脊ノ男　音声若々シ〔ク〕トシテ弁舌頗ル爽ナリ　題目皆現代ノ活問題ニフレ聴衆ニ感興ヲ起サシムルコト大ナルモノアルガ如シ　午後ハ Albert Hall ニ Wagner 百年祭紀念音楽会ヲキキ、ニ往キ其足ニテ狩野氏ノ病気見舞ニ行キタ方帰ル

〔バスの切符(二ペンス½)、ロイヤル・アルバート・ホールのサンデー・コンサートのオーケストラボックス自由席券貼付〕

四月二八日　月曜

晴雨定ラズ　午前中読書　午後浜田君ト共ニ Wallace Collection ヲ観ニ行ク　Rembrandt〔レンブラント〕ノ傑作ハ茲処ニ見ルベキナリト云フ　有名ナル Laughing Knight〔笑う騎士〕モコ、ニアリ　帰途 Times Book Club ニヨ〔寄〕リ Hyde Park ヲ散歩ス　夜ハ宿ニテ音楽ヲキカサレタリ舞踏ヲ見セラレタリシテ騒グ

四月二九日　火曜

晴　午前読書　午後浜田君幷ニ Bern ノ人 Miss Thönen ト共ニ Westminster Abbey 幷ビ〔ニ〕Tate Gallery ヲ見ニ行ク　Tate Gallery ニテ特ニ感心セシモノハ Watts〔ウォッツ〕ナリ　筆致画題共ニ雄大ニシテ宛ラ Michelangelo〔ミケランジェロ〕ノ向フヲ張リテ居ルモノ、如シ　時間

ナクシテ十分鑑賞スル能ハザリシヲ遺憾トス

四月三〇日　水曜

曇　午前中読書　午後ハ浜田君 Mrs. Madden ト Haymarket Theatre ニ Typhoon〔台風〕ヲ見ル　有名ナ Irving ノ子 Lawrence Irving "Tekeramo" ニ扮ス　坪内君ヲ顧問トシテ研究シタリトカ云フガ日本人ニ成リスマシ中々旨クヤリ居ル　中ニ純粋ノ日本人三名斗リ加ハリ居ルヲ見ル

〔ヘイマーケット劇場の三階席券貼付〕

五月一日　木曜

午前中読書ス　午後同宿ノ人ト一寸散歩シ帰途大使館ニ沢田君ヲ訪フ　今井、若杉、内其他ヨリ沢山手紙ノ来テルヲ受取ル

五月二日　金曜

晴　午前中読書ス　午後狩野教授ノ来訪ヲウケ浜田君 Miss Thönen 諸氏ト British Museum ヲ見ニ往キテ半日ヲ暮ス　浜田君考古学上ノ見地ヨリ種々説明シテ呉レテ一段ノ興味ヲ感ズ　夕方帰ル　夜ハ宿ノ人々ヨリ Cinema ニ誘ハル

五月三日　土曜

少晴　午前読書　午後ハ有名ナル Forbes-Robertson ノ Hamlett〔ハムレット〕ヲ浜田君ト一所ニ見ニユク　Bruxelles ニテ Opera トシテ観タル程ノ感興ハ起ラザリシモ流石ハ Shakespeare 物ナルト Robertson ノ出物トデ予想以上ニ観タリ　夜読書ト調査トニ耽ル

〔D. Lane(ドルーアリ・レイン)劇場のバルコニー席券貼付〕

五月四日　日曜

頗ル曇　聊霧ノ気味アリ　午前中読書シ午後 Mrs. Madden, Miss Thönen ヲ率テ狩野君ヲ訪フ　浜田君既ニ午前中同氏ヲ訪ヒ電話ニテ Hampton Court 往遊ヲ促シ来リタルヲ以テナリ　時間遅カリシ為メ十分見ルヲ得ザリシモ庭ヲ散歩シ茶屋ニ憩ヒテ一時間斗リヲ暮ス　宮殿ノ中ハ例ノ Suffragist ノタメニ当分閉鎖ト云フコトナルニハ遺憾ナリ　途中滝君ノ発議ニテ今夜倶楽部ニテ一所ニ飯ヲ食ハウト云フコトニナリ London ニ引キ返シ八時 Club ニ入リ食事ス　Mrs. Madden ハ伊太利人ダケニ食物ノ趣味我々ト似タ所アリト見ヘ殊ニ砂糖ト醤油トノ味ヲ旨シト食フ　Miss Thönen ハ之ニ反ス　但 Thönen ノ

奈良漬ヲ旨シト食ヒシハ意外ナリシ　斯クテ十一時頃マデ話シテ帰ル　帰ルトキ雨頻リニ降ル

〔タイムズ・ブック・クラブの受領証（一ポンド五シリング）、ハンプトン・コート行市電切符（三ペンス）貼付〕

五月五日　月曜

曇　午前中読書ス　夕方今朝帰リタリトテ荒井陸男君訪ネ来ラル　丁度浜田君ト散歩ニ出掛ケタル所ヲ町ノ角ニテ出ツ会《く》ワシタル也　夕食ヲ饗シ懇談ス　Bruxelles ニテ金ヲ儲ケタリトテ鼻息荒ク御馳走スルカラ出掛ケヤウト誘ツテキカズ一人デ行クモアブナイカラ Mrs. Madden, Miss Thönen ヲ相伴ニ頼ンデ行キ Picadilly ノ Corner Lyon ト云フ所ニ行キ麦酒数杯ヲ傾ケテ帰ル

五月六日　火曜

曇　午前中例ノ通リ読書　夕方 Mr. Madden ヲ病床ニ訪フ　梅ト桜トヲ題トシテ日本ヲ歌ヘル詩二首ヲ得タリトテ反故ヲイヂクリ梅ノ方ダケヲ見付カリテ示サル　梅ニ関スル日本ノ思想ヲウタヘルモノニテ詩ノ善悪ハ分ラヌモ日本人ノ考ハ十分ニ現ハレ居ルト思ヒタリ　相応ニ文芸ノ嗜アル人ト思フ　氏年既ニ七十病床ニ横ハルコト茲ニ十八ケ月ナリト云フ　妻君年僅ニ三十容姿艶麗花ノ如シ　両親ニ迫ラレテ心ニモナク五十八才ノ男ト十二年前結婚シタリト妻君語ルモ恐ラクハ茲ニ小説的物語ノ伏在スルモノアルベシ　妻君茲ニ空閨ヲ守ルコト一年半而カモ病床ノ老夫ニ仕フルコト忠実ヲ極ム　感心ナコトナリト一所ニ往ツタ浜田君ト語ル　夜荒井君ノ来訪ヲウク

五月七日　水曜

午前中読書　夜浜田君 Mrs. Madden ト一所ニ Coronet Theatre ニ Mignon〔ミニョン〕ヲキク　Barmen ニテノ折ヨリ遥ニヨケレド巴里ノ本場ニ馴レタル耳ニハ物足ラヌ節多カリキ　田中政彦君ヨリ米国発途ノ送別ノ句ナリトテ右ノ二首ヲ送リ来ル

〔コロネット劇場のバルコニー席券、および俳句二句「海上十日短夜の感もそこ〳〵に」「自動車に夏の一夜の三千里」のペン書きの紙片貼付〕

五月八日　木曜

午前中荒井君ノ来訪ヲウク　此日同君ノ招キニヨリ浜田君 Mrs. Madden, Miss Thönen 等ト昼食ノ御馳走ニナルベク行ク積リナリシガ荒井君余リニ無遠慮ナ挙動アレ

バトテ止メル　ソコデ先生ヤツテ来リシナリ　夜吉川君ヲ Portsdownstreet 67 ノ新宅ニ訪ヒ次イデ狩野滝二君ヲ訪ネ遅クナリテ Taxi ニテ飛ンデ帰ル

五月九日　金曜

晴　午前ハ例ノ如ク本ヲ読ンダリ浜田君ト話シタリシテ暮ス　午後ハ出立ノ用意旁買物ニ行キ浜田君ト Hyde Park ニ散歩シ軍楽隊ノ奏楽ヲ聴キテ夕方帰ル　夜ハ例ノ四人連ニテ Cinema ニ往ツテ見ル　英国海軍ノ説明長々シクテ退屈ナリシモ亦一方ニハ中々面白キモノナリシ

〔ケンジントン・ガーデン、グリーン・パーク、セント・ジェームス・パーク、およびハイド・パーク共用の椅子券（一ペニー）、切符半券（破損、六ペンス）貼付〕

五月一〇日　土曜

晴　午前中読書ス　午後浜田君ト Hyde Park ヲ散歩ス　Balkan ノ形勢モ Montenegro ノ譲歩ニヨリテ一段落ヲ告ゲタルモ猶勃〔ボスニア〕対希〔ギリシャ〕塞〔セルビア〕ノ確執ヤラ Albania ノ境界問題ヤラ凡テ形ノツクマデハナホ大部時ガカヽルベク見ユ

五月一一日　日曜

朝快晴ナリシガ午後曇リ一時驟雨ノ襲来ニ遇フ　此日ハカネテ約束アリシヲ以テ狩野滝二氏ヲ待チ合セ例ニヨリ Mrs. Madden, Miss Thönen ニ浜田君ヲ加ヘ Hamstead Heath ニ遊ブ　茲処ニハ初メテ来タガ小丘森林自然ノ野趣ヲ帯ビテ中々ヨシ　大陸ノ大都市ニハ見ラレヌ風景ナリ　浜田君新買ノ機械ヲ以テ写真ヲトル中ニ雨降リ初メ暫ク大樹ノ下ニ隠レヤガテ小晴レヲ見込ンデ附近ノ料理屋ニテ飯ヲ食フ　食後ハ雨ノ晴レタレバ森ト丘トヲカケ廻リ新鮮ナル空気ヲ思フ存分吸ヒ込ンデ五時頃宿ニ帰ル　Mrs. Madden ノ好意ニヨリ茶ヲ呑ミ懇談ニ耽ル　夕食ニハ狩野滝二氏モ加ハルコトトナリ我輩ハ滝氏ト一所ニ日本流ニ飯ヲ焚キ浜田君ノ持ツテ来タ福神漬ト味附海苔トニ舌鼓ヲ打ツ　日本人四人集レバ威勢モヨク夫レニ宿ノ人々ヨリモ持テルモノダカラ独仏ノ客四人ハ辟易シテ食堂ヲ退キ我輩六人ハ卓ヲ囲ンデ談笑時ノ移ルヲ忘ル

五月一二日　月曜

天気ワルシ　Bank holiday トヤラニテ引続キ休ミナリ　午前中ハ読書ス　浜田君ハ滝君ヲ訪フトテ出掛ケ我輩一人居残リ或ハ本ヲ読ミ或ハ宿ノ人ト語ル　Whitsuntide〔聖霊降臨節〕ノ休ミヲ利用シテ二三日泊リニ来タ嫌ナ仏国独国ノ二人ノ男宿ノ主婦ノ御機嫌ヲトラントシ却テ振ラレテ焼腹ニナツタ所一寸面白キ幕ヲ見セラル　御神サン曰ク European Gentlemen ハ selfish デ嫌ニナリマス

五月一三日 火曜

快晴　午前中読書ス　午後ハ Mrs. Madden ノ依頼ニヨリ Highgate 方面ノ何トヤラ友人ノ所へ行クニ随行シ Parc〔公園〕ヲ散歩シテタ方帰ル　浜田君ト此木曜日ニ安写真屋デ取ツタ写真ノ Proof 出来テ来ル　二人トモ山出シノ田舎者然タリ　嫌ナ独仏ノ男此夜帰ル

〔市電切符（一ペニー½）貼付〕

五月一四日 水曜

相変ラズ晴雨定ラズ嫌ナ天気ナリ　午前読書シ午後浜田君ト散歩ニ行ク　夜ハ宿ノ主人ト同宿ノ Miss Harrap ト浜田君ノ御伴ヲシテ Kilborn ニ活動写真ヲ見ニ行ク

五月一五日 木曜

天気段々直リカケル　朝荒井君ヨリ来書アリ　Little Theatre ノ持主ナル Kensington トカ云フ女優カラ招待券五枚ヲ貰ツタカラ午前中ニ持ツテ行クト　ヤガテ先生ヤツテ来ル　先生ハ日中ハ画ヲカクノデ忙シクテ出ラレヌトノコトナリ　浜田君ト宿ノ主人トヲ誘ツテモ猶二枚残ルヲ以テ狩野滝二氏ヲ誘ハントテ電話ヲカケタルモ不在ナリシカバ同宿ノ人 Mr. Cobart, Miss Heydan ヲ誘ウテ昼食後急イデ往ツテ見ル　芸題ハ The Cap and Bells〔(道化師の)鈴つき帽子〕ト云フ新作物ニテ保守党ニ属スル貴族ノ独娘ガ幼少ヨリ懇意ナル Duke 何某トヤラ云フ青年ヲ袖ニシ父ノ尤モ嫌悪スル政敵労働党ノ代議士某ヲ慕ヒ遂ニ之ト結婚ノ約ヲ結ブト云フ筋ニテ所謂近代的女性ヲ政治界ノ錯綜セル事件ニ引ツカラメテ面白可笑シク作リ成セル Comedy ナリ　留守中箕作君来訪　之デ二三度失敬シタル訳ナレバトテ夜 Mrs. Madden ヲ連レテ紹介旁往ツテ見ル

〔リトル劇場のマチネー座席券貼付〕

五月一六日 金曜

午前中読書ス　食前一寸買物ニ出ル　午後浜田君 British Museum カラ帰リテ写真ヲ取ル　大方例ニヨリテ失敗ナルベシ　夕方箕作吉川二氏来訪セラル　浜田君柏木

君ノ来訪ヲウケ夕食ヲ共ニシタルガ一寸ニ何処カニ往カウトテ Alhambra ニ誘ハレテ往ク　別ニ面白キコトモナシ　此日 Miss Thönen 叔父ト従妹ヲ連レテヤツテ来ル　兼テ頼ンダ瑞西国政治家ノ絵端書ヲ持ツテ来テ呉レル　一緒ニ British Museum ニ連レテ往ツテ呉レトノコトナリシモ来客アル筈ナレバトテ断ハル

五月一七日　土曜

快晴　温暖ニシテ愈春ラシキ気色ニナル　朝狩野滝二氏ト共ニ浜田君 Oxford ニ向フ　僕一人ニナル　午前中読書ス　午後 Mrs. Madden ト散歩ニ出掛ケヤウト思ヒ誘ヒシニ用事多クテ出ラレヌト云フ　我輩モ出掛ケズニ本ヲ読ミ滞リノ用ヲ片付ク　夜ハ数通ノ手紙ヲ書ク

五月一八日　日曜

快晴　但シ風強シ　此日ハ松岡宗三君ヲ Westcliff ニ訪フ　十一時ノ汽車ニ乗ルベク Mrs. Madden ヲ誘ウテ Bus ニ乗ル　Charing Cross 停車場ニテ切符ヲ売ル所ヲ探スニ手間取リマゴツイテ乗リ後レル　次ノ汽車ニ乗リ Barking ニテ乗換ヘントスルニ一時間モ待タネバナラヌト云ハレ Madden ヨリ大小言《こごと》ヲ食ツタ揚句ヤツト二時半過ニ Westcliff ニ着ク　海岸ノ別荘市ニシテ大変静ナリ　昼食ヲ御馳走ニナリ馬車ニテ近郊ヲ散歩シ South-end ニ到リ Palace Hotel トカ云フ所ニテ茶ヲ呑ム　夕方再ビ同君ノ宿ニ帰リ夕食ヲ喫シ 9^{28} ト云フ最終ノ汽車ニテ London ニ帰ル

〔ウェストクリフのティールームの伝票貼付〕

五月一九日　月曜

晴　午前中読書　夕方浜田君 Oxford ヨリ帰ル　此日ヨリ Italy 語ノ稽古ヲ始ム　小野塚先生ヨリ来翰アリ

五月二〇日　火曜

晴　浜田君ハ Petrie 教授ノ招待ニ応ジ十日間同氏ノ客トナルベク夕方 Hampstead ニ赴クベシト云フ　緩リ話ノ出来ルモ今日一日ナルベシトテ午前中暖炉ヲ囲ンデ話ス　話題ハ例ニ依リテ Mrs. Madden ナリ　夕方茶ヲ呑ンデカラ同君ノ Taxi ヲ駆リテ去ルヲ送ル　此日文部省ヨリ手紙来ル　愛蘭《アイルランド》旅行ノタメニ特別ノ増給ハ出来ヌトナリ　丁度早ク帰レテ宜イ都合ナリト焼糞ニナル

五月二一日　水曜

読書シテ暮ス　日本天皇陛下病気御危篤ノ電報アリ

〔英国切手（レッドペニー）貼付〕

五月二二日 木曜

吉川君ヨリ千葉君早朝入港スベキノ通知アリ　八時同氏ニ随テ波止場ニ出迎フ　君ハ桃生郡ノ人文科大学英文学講師タリ　三年留学ヲ命ゼラレテ来ラレシ也　夕方同君ト吉川君ヲ訪フ

五月二三日 金曜

午前ヨリ午後ニ亙リ千葉君ト共ニ大使館ニ小池氏吉田君沢田君ヲ郵船会社ニ吉川箕作君ヲ正金ニ松岡君ヲ日本銀行ニ安田吉井君ヲ領事館ニ青木中村君ヲ訪ヒテ暇乞ス　四時ヨリ浜田君ガ茶ニ人ヲ呼ンデルニ陪席スベキノ約アリ急ギ帰ル　夜ハ松岡、勝山、吉川并ニ夫人ニ狩野氏ヲ加ヘ夕食ヲ共ニシ後 Drawing room〔客間〕ニテ大ニ騒グ

五月二四日 土曜

快晴　著シク暑シ　朝吉川夫人ノ御伴ヲシテ郵船ニ吉川君ヲ訪ヒ其紹介ニテ買物ヲスル　午後ハ浜田君モ来ラレ大ニ話ス

五月二五日 日曜

快晴　頗ル暑シ　丸デ夏ノヤウナリ　暇乞ヲスベク午前中ハ滝狩野荒井ノ三氏ヲ歴訪ス　午後ハ Mrs. Madden, 千葉君ヲ誘ウテ浜田君ヲ訪フ　夜 Corner House ニノム

五月二六日 月曜

晴　暑、朝 Meppin-Webb ニユキ brooch〔ブローチ〕ヲ買フ　午後読書ス　夜吉川君船ノ切符ヲ持ツテ来テ呉レル　Liverpool 出帆ノ船ニスル積リノ所吉川君専断ニテ Southampton 出ノニスル　困ツタケレド今更致方ナシ　船ハ Oceanic ト云ヒ White Star Line ニ属ス 17000 余噸ノ巨船ナリ

五月二七日 火曜

晴　午前 Meppin-Webb ヘ交換ニユク　午後ハ千葉君ト後庭ニ Tennis ヲ遊ブ　夜荷物ヲ片付ケ明日出発ノ用意ヲナス

〔フーパー氏あて郵便為替一〇シリングの受領証控え半券、国民健康保険六シリングの印紙貼付〕

五月二八日 水曜

晴　愈名残オシキ London ヲ去ルコトトナル　九時千葉君ニ送ラレテ Taxi ヲカリ Waterloo Station ヨリ汽車

ニ乗リ Southampton ニ向フ　浜田君モ Station ニ見ユ　汽車ハ直行船側ニツキ十二時頃出帆ス　風ナク浪静ニシテ此分ナラバ海上先ヅハ平穏ナラン　但シ客船ナレバニヤ機関ノ運転ニモ多少ノ動揺ヲ感ズ　船客頗ル多シ　賑カナリ　食事ハ余リ上等ニアラズ　Hahne, Pittoni, Clauzel 等ヘ手紙ヲ書ク　シキリニ Italia 語ノ稽古ヲヤル　船中ニテヤリ始メタル本ハ了ルヲ得ルノ見込ナリ

五月二九日　木曜

海上先ヅハ無事ナリ　天気快晴ト云ヒ難ケレド波静ナリ　終日 Italy 語ノ本ヲイヂクリ大部分ヲ了ル　夕方愛蘭 Queenstown ニ着ク　乗客アリ　幸ニシテ我ガ部屋ニハ外ニ来ルモノトテナク矢張リ一人ニテ占領スルヲ得ルハ有リ難キ次第ナリ

五月三〇日　金曜

朝眼ガサメルト如何モ波ガ荒キ様ナリ　服ヲ更ムル間屢眩暈ヲ感ズ　便所ニ入リテ遂ニ吐ク　依テ食堂ニ入ラズ終日床ノ中ニモグリコム　朝茶トパント昼少シノ果物ヲトリシノミ　食ハ何物ヲモ取ラズ

五月三一日　土曜

波稍静トナリシモ気ノセイカ起キル気ニナレズ昼過マデ床ノ中ニ在リ　但シ多少ノ食慾ヲ覚フ

六月一日　日曜

此日風アリ　浪モ格別高カリシモ慣レシモノト見エ三度ノ食事モ人並ニスマシタリ　午前 Divine Service〔礼拝〕アリ　午後仏人某氏ト相語ル　同氏ハ Congress ニ出席ノタメ Portland ニ赴クナリト云フ　日本ヨリハ井深氏モ見ユベシト云フ　再会ヲ約ス

六月二日　月曜

快晴　此日モ相応ニ動揺ス　浪高キニアラズ船足軽キガ故ニ動クナリ　客船専問ニテ荷物ナドハ積ンデナシト見ユ　若杉君ニ出スベキ手紙ヲ書ク

六月三日　火曜

快晴　聊カ温クナル　America 大陸ニ近クナリシ為メニヤ　仏人牧師 Les Jeunes Gens d'Aujourd'hui〔今日の青年〕ト云フヲ貸シテ呉レル　之ヲ読ムニ近時仏国有為ノ青年大ニ Nationalistic ニナリシトナリ　動機ハ Agadir〔アガジール〕事件ニ在リトハ著者ノ論断ナルガ如シ　内ヘノ手紙ノ残リヲ書キ Baedeker ニヨリテ New York ヲ研

究シ且伊太利語ノ本ヲ読ミナドシテ日ヲ暮ス

六月四日　水曜

晴　New York ニ近《ちかづ》クニ従ヒ海上穏ニナルト聞キシガサウデモナシ　愈到着モ近キシコトトテ船中自ラ色メク荷物ヲ作ルナドシテ日ヲ暮ス　夜中ノ三時頃着クベシト噂ス

六月五日　木曜

晴　予定ヨリ後レテ朝四時過ギ New York ノ沖ニ着キシナリト云フ　早朝ヨリ人声喧シ　七時食事ヲ済マス船ハ更ニ進ンデ波止場ニ進ム　White Star 社ノ船着キ場ハズツト奥ノ方ニアリ　着イテカラ眼ノ検査、移民官ノ訊問ナドニテ大ニ手間取ル　眼ノ検査ナド至ツテ簡単ナリシモ横柄ニシテ乱暴ナルコト言語同断ナリ　移民官ノ調ベモ本来中々八釜シキガ肩書ガアルタメ到ツテ簡単ニ済ム　九時頃船ヲ辞シテ税関ノ検査ヲウク　課税サレサウナ物トシテハ Flannel（フランネル）ノ単衣モノ地一枚アリシモ無事ニスム　牧野君ノ手紙ニアツタヤウナ宿引モ見当ラズ　Y. M. C. A. ノ徽章アル人ガ頻リニ人ノ世話ヲヤイテ居ルノヲ見付ケ宿屋ノコトヲ相談スルト Y. M. C. A. ニ泊ルコトガ出来ルト云フ故 Taxi ヲ駆リテ 23rd Str. ノ建物ニ入リ一泊スルコトニスル　宿料ハ一弗《ドル》　外ニ鍵ノ代トシテ75仙《セント》トラル　受取証ノシルシトシテ左ノ如キ紙切ヲ渡ス〔YMCAの住所入り紙片（「RtB-1. 25」とタイプされている）貼付〕　Lift ニ上リテ往ツテ見ルト九階ノ一隅ニアリ　室ノ中ニハ洗面台モナケレバ呼鈴モナシ　御粗末ハ忍ブベクモ其不便ニハ困リ切ル　手ヲ洗フコトモ出来ヌナリ　America トシテハ安イケレドモ独乙ナラバ 4 Mk. モ出セバ堂々タル所ヘ泊レルナリ　不取敢村山君ノ紹介シテ呉レシ人ヲ訪ハントテ Baedeker ヲ手ニシテ内ヲ出ル　一着ニ 123 町目ニ大堀牧師ヲ訪フ　幹事ノ荒川君ハ福島県ノ人ナリトテ親切ニ話シテ呉レ大堀君トハ矢津鹿子木ノ噂ナドシテ昼食ヲ御馳走ニナル　妹尾君モ近所ニ居ルト聞ク　午後ハ領事館ニ手紙ヲ取リニ行ク書記生ノ若杉君ハモト Portland ニテ井田君ノ下ニ使ハレテ居リシコトアリトテ井田君ノ手紙モアリシトカニテ大ニ歓迎シテ呉レル　予期シタ文部省ヨリノ送金ハナクテ小山田君ヨリたまのチフスニテ入院セリトノ報アリ五月一日出ノ書面故今頃ハ退院全快シテ居ルコトト想フモ少シノコトダカラ時日ヲ出来ル丈ケ繰リ上ゲテ急行帰ルコトニスル　四時過ギ領事館ヲ辞シ鉄道会社へ赴キSeattle〔シアトル〕マデノ切符ヲ調ヒ夫カラ日米週報社ノ中原斗一氏ヲ訪フベク往ク　同君ハ千葉君幷村山君双方ヨリ紹介アリシナリ　丁度不在ナリシモ主筆ノ安井涙泉君アリ　此人ニモ千葉君ヨリ手紙アリシトテ親切ニ世話シテ呉レル　一所ニ散歩ニ出掛ケ朝日トカ云フ日本料理屋ニテ日本食ノ御馳走ニナル　中央ノ一番繁華ナ界隈カラ支那町伊太利町ノ汚ナイ所マデ案内シテ貰ツテ十二時過宿ニ帰ル

六月六日　金曜

晴　暑シ　午前中ハ特別ニ案内シテヤルトノ招待ニヨリ朝早ク安井君ヲ43rd Str. ノ日米週報社ニ訪フ　新聞ノ方ガ忙シイノデ暫ク待タサレ其間ニ社長ノ中原君ニモ遇ヒ十時過出掛クル　Grant 将軍ノ墓、Columbia University, Museum of Natural History, Picture Gallery 等ヲ巡歴見物ス　Grant ノ墓ハ Paris ノ Napoleon ノ墓ニ倣ヒテ其規模ノ小ナルモノ大シタモノニアラズ　Hudson River ニ臨メル景勝ノ高地ニ在リ遥ニ New Jersey ト相対スルヲ多トスルノミ　大学ハ流石ニ結構壮大ナリ　図書館ノ設備亦頗ル整頓セリ　博物館ニハ花鳥ノ類皆其自然ノ有様ヲウツスベク environment ヲモ奇麗ニ作レル尤モ見ルベシ　日本人霧島君ト云フ人茲ニ雇ハレテ魚介類ノ標本作成ニ従事シツヽアリ　絵ノ博物館ノ方ハ更ニ大シタモノニアラズ　中ニ Morgan ノ Collection ト称スルモノアリ　三文ノ価値ナシ　途中ニテ昼食ヲ喫シCentral Park ヲ散歩シテ正金ト領事館トヲ訪フ　正金ニハ金ヲ換ユルタメ領事館ニハ若杉君ヲ訪フタメ也　若杉君ハ半日ヲ割キテ我輩ヲ案内セントノ約アリシヲ以テナリ　斯クテ三人連レ立チ先ヅ Woolworth トヤラノ57階ノ建物ニ登ル　之レマデハ50階トカノ Singer Machine〔シンガー・ミシン〕ノ本店ガ世界最高ノ建物ナリシ由ナルガ今ハ Wollworth ヲ以テ第一トスト云フ　外ニ高イモノ沢山アル故下カラ見ルト左程トモ思ハレザリシガ扨テ登ツテ見ルト下ヲ通ル電車ナドノうぢ虫ノよろめくガ如ク見ユルナド流石ニ高イ建物ナリト感ズ　之ヲ去リテカラUnderground〔地下鉄〕デ対岸ノ New Jersey ノ町ニ赴キ直ニ Hudson ヲ横ギリ船ニテ New York ニ帰ル　河ノ中ヨリ New York ヲ眺ムルニ亦一種ノ趣アリ　若杉君一寸用事アリトテ分レ安井君ト連レ立チ勧工場ト本屋トヲ見ル　本屋ニテハ Italia 語ノ字引ト L'Italia moderna〔現代のイタリア〕トヲ求ム　概シテ America ノ本ノ高キコト驚ク斗リナリ　七時安井君ト分レテ宿ニ帰ル　若杉君夕食ニ誘ハントテ待チ合セラル、ニ遇ヒ荷物ヲ片付ケ宿ノ払ヲスマシテ先ヅ Taxi ニテ Station ニ赴キ荷物ヲ預ケ夫カラ日本人倶楽部ニ赴キ夕食ノ饗応ニナル　九時分レ帰ル　愈今夜立ツコトニセルコトトテ暇乞ノタメ大堀牧師ヲ訪ヒシニ不在　幸ニ荒川君ト妹尾君居合セテ四方八方ノ話ヲスル　妹尾君ト Café ニテ Beer ヲ傾ケ十二時同君ニ送ラレ Buffalo〔バッファロー〕ニ向フ　寝台車ニ乗リシハ之レヲ以テ始メトス

〔「高架鉄道ノ切符」(五セント)、二三番街ラインのクーポン券(下に「紐育ノ電車ハ五仙均一ニシテ金ヲ車掌ニ払フ　乗換ノ場合ノミ上ノ如キ切符ヲ呉レル」と記入)、およびプルマン社のニューヨーク—バッファロー間の上段寝台券(一ドル六〇セント)貼付〕

六月七日　土曜

晴　朝早ク眼ガサメル　寝台車ノ乗心地悪クナシ　Upper Berth〔上段ベッド〕ナリシ為メニヤ $\$1^{65}$ トラレシノミ　朝食モ汽車ノ中ニテ取ッテ見ル　Strawberry ガ 35 仙、Bacon and Eggs ガ六七十仙　夫レニ Cafee ヲ呑ンデ勘定ガ一弗五十仙斗リナリ　之モ汽車ノ食堂ニテ食事セシノ始メナリ　一時 Buffalo ニ着ク　高イカラ昼食ハ汽車ノ中デ取ラズ　Niagara Falls〔ナイアガラ滝〕ニ出ル汽車ハ30分斗リ待テバヨシ　American Review of Reviews ヲ買ッテ読ンデル中ニ時間ニナル　二時半頃着ク　Baedeker ノ教フル所ノ順序ニヨリ徒歩主義ニテ十分ニ見物ス　対岸ノ Canada 領ヨリ之ヲ望ムニ傍ノ景色ガ壮大ナル故大シタモノトモ思ハレズ予想シタ程ニハ非ルガ何シロ偉観ハ頗ル偉観ナリ　Canada 領ヨリ諸方ノ知人ニ端書ヲ出ス　Station ノ Lunch room ニテ安イ昼食ヲ喫シ五時ノ汽車ニテ Buffalo ニ向フ　Buffalo ニテハ時間ハ二時間斗リアルノデ町ヲ歩ク　American cities ニテ著シク気ノツクノハ本屋ノナイノト Auto-mobil ニ関スル物品ノ売店ノ多キコトナリ　大学ノ近所ニモ本屋ハ一軒モナカリキ　偶アレバ小説ノ類ヲ売ルモノ、ミ　夜 8^{30} Chicago〔シカゴ〕ニ向フ　Lower Berth ナリ　Buffalo

ノ屋敷町ハ樹木多ク頗ルヨシ　此日快晴ナリシモ頗ル冷〔涼〕シク外套着テ尚肌ノ寒キヲ覚ウ

〔「Station ニテ荷物ヲ預ケシトキノ札」二片、プルマン社のシカゴ―シアトル間の下段寝台券貼付〕

六月八日 日曜

快晴　頗冷、朝八時頃 Chicago ニ着ク　食堂ニハ出ズ　Omnibus ニテ Union Station トテ西行汽車ノ発スル方ニ行キ荷物ヲ預ケ町ヘ出ル　日曜ナレバニヤ頗ル静ナリ　トアル料理屋ニテ安イ朝食ヲ喫シブラブラ歩イテ島津牧師ヲ日本人青年会ニ訪フ　停車場カラ中々遠シ　一時間半以上カヽル　丁度教会ヘ行ク所ナリト云フニ出会シ一所ニ Baptist Church ニ往ツテ見ル　丁度 Sunday School ノ何カノ集会ナリキ　茲処ヲ早々ニシテ島津君ノ案内ニテ Chicago University ヲ見物ニ行ク　学校ハ休ミニ入リテ特ニ見ルベキモノトテハナシ　食事時ニナリタレバ大学ノ食堂ニテ飯ヲ食フ　Cashier ヤラ Waiter ヤラ皆学生ナリ　領事安部君ハ近所ニ住ツテルノデ之ヲ訪ネ暫ク話シテ帰ル　午後何カノ会アリト云フ故島津君ノ家ヲ辞シ夕方帰リ来ルヲ約シテ一人デ町ノ賑ヤカ所ヲ見物ニ行ク　本屋ヲ探シタレドモ見当ラズ　五時島津君ノ所ニ帰ル　日本食ヲ御馳走ニナリ後集レル日本人青年諸君ノ前ニテ一場ノ演舌ヲナス　島津君ニ送ラレ $10^{\underline{15}}$ ノ夜行汽車ニテ西ニ向フ

安井君　$42^{\underline{nd}}$ Str. E. 351 }
大堀君　123rd Str. W. 102 } New York
島津君　Groveland Avenue 3219, Chicago

〔荷物預り半券および押花二葉貼付。下に「Thérèse Madden」「Feb. 22」と添書き〕

六月九日 月曜

朝起キテ食堂ニ出ル　今度ハ馬鹿ニ用心シ三十五仙デ朝食ヲスマス　我ナガラ可笑シクナル　十一時頃 St. Paul ニ着ク　之ヨリガ Great Northern Railway Co. ノ線ニテ車ニ交代アリ　食堂ノ Waiter モ日本人ナリ　其前ハ黒ン坊ナリシ也　Waiter ノ一人ト語ル　毎月 150 円位ノ収入アリト云フ　一日本ヲ読ンデ暮　L'Italia moderna ヲ読ミ始ム　American Review of Reviews ノ巻頭ノ日米問題ニ関スル論文頗ル我意ヲ得タリ　天気ヨク頗ル暑シ　新聞ヲ買ツテ見ルニ東部ハ冷〔涼〕シキモ此辺ハ特ニ

温暖ナルナリト云フ　沿道ノ農村満洲辺ノ新開地ヲ見ルガ如シ

〔乗客用の食事領収券（三五セントの箇所にパンチ穴あり）貼付〕

六月一〇日　火曜

朝ヨリ暑気甚シ　食事ヲスマシテ読書シタルガ急ニ暑クナリシコトトテ食気進マズ　夕方 Rocky〔ロッキー〕山ニカヽル　此辺ヨリ沿道ニ多ク日本人ノ労役ニ従事スルモノアルヲ見ル

六月一一日　水曜

朝起キルトキ床ノ横木ニ腫物ヲブツツケテツブス　腫物ハ London ニテ五月十日頃ヨリ起リシヲ放擲シ置ケルナリ　うみガ出デシヤツ汚クナル　Rocky 山ヲ過ギテ愈東部地方ニ入レバ石コロ多ク西部ノ如ク土地肥沃ナラザルベク思ハル　昼頃 Cascade Mountains〔カスケード山地〕ニカヽル　山勢急ナリ　鉄道全線ノ中尤モ難場トセラル、所ナリト云フ　夜8時 Seattle〔シアトル〕ニ着ク　日本人ノ赤帽アリ　之ニ荷物ヲ托シ其示教スル所ニ従ヒ近所ノ東洋貿易商会ト云フニ領事ノ官宅ヲ質シ高橋清一君ヲ訪フ　$10\frac{1}{2}$ ノ汽車ニテ Portland〔ポートランド〕ニ向フ

六月一二日　木曜

朝六時 Portland ニ着ク　荷物ヲ Parcel Room ニ預ケ道ヲ人ニ尋ネツ、井田君ヲ Marshall Str. 707 ニ訪フ　Bell ヲ押スニ音ナシ　未ダ寝テ居シナリ　暫ク待ツテルト大将寝巻ノ儘ニテ出テ来ル　久濶ヲ舒シ応接室ニテ待ツテルトヤガテ服ヲ改メテ夫人モ出テ来ル　久シ振リナレバ四方四〔八〕方ノ話ヲシ朝食ヲ御馳走ニナリテ後富森君ト云フ人ノ案内ニテ床屋ニ行ク　我輩ノ来ルノデ領事館ヲ休ミ富森君ナドハ荷物ノ受取ヤラ何ヤラ奔走シテ呉レル　昼食後山ニ散歩ニ行ク　雨フリテ寒シ　夜山県君来ル　山県宇之吉君ノ令弟ナリト云フ

六月一三日　金曜

雨　朝井田君ト一所ニ領事館ニ往ツテ見ル　井田君ハ三井ノ支配人千田君河津君ヲ招キ Commercial Club ニテ食事ヲ共ニス　午後井田君郊外ノ農地ニ日本人某々氏ノ苺ヲ作レルヲ見ニ連レテ行ク　中々盛ナモノナリ　概シテ日本人農業者ハ実着ニシテ漸ヲ以テ成功シツ、アリト云フ　夜ハ同地主ナル日本人ニ南京楼ニ招カレ一場ノ演舌ヲナス　井田君ガ盛ニ提灯ヲ持チシタメ同地方ノ人々

ハ我輩ヲ非常ニ偉イ物ノヤウニ思ヒシハ却テ恐縮ノ次第ナリキ

六月一四日　土曜

曇　Portland ノ夏ハ三日晴天続ケバ三日ハ雨天之ニ次ギ天気ノ晴雨ハ常ニ寒暖ノ差ヲ伴ウト云フ　去レバニヤ此頃ハ曇リ勝ニテ冷キコト滅法ナリ　朝井田君ト一所ニ領事館ニ赴キ日本ノ新聞ヲ読ム　昼食ハ三井ノ人ヨリ招カレ居リ $12\frac{1}{2}$ 井田君ト一所ニ何トカ云フ Hotel ニ行ク　第一流ノ料理屋ナラン　千田君ハ若イケレドモ中々ノヤリ手ラシ　同君等ト分レテ我々ハ本屋ニ行キ一二冊買ヒ込ンデ帰宅ス　午後ハ緩ツクリ話ス　夜ハ日本人会長ニシテ央州日報社長タル阿部君ヲ訪ネル　同君ハ山形県庄内ノ人ナリト云フ　慶応出身ナリト云フ　Portland ハ Rose ノ名物ナリ　花祭ナリトテ市中賑ナルコト盛ナモノナリ

六月一五日　日曜

曇　此日ハ三苫某君トテ Haps ノ栽培ヲ盛ニヤツテル人ノ農場ヲ見ニ行クコトニスル　八時内ヲ出テ汽車ニテ二時間モ走リ Independence ト云フ小都会ヨリ Auto-mobil ニテ三苫氏ノ農場ニ赴ク　同行ハ井田夫婦ト山県君トナリ　三苫氏ハ初メ Haps ノ栽培会社ニ雇ハレ経験ヲ積ムコト十五年今ハ百五六十 acre ノ土地ヲ私有シテ盛ニヤツテ居ル　白人モ少カラズ使役シテ居ルヤウナリ立志伝中ノ人ナリ　此人ノ事業ヲ具サニ見如何ニ America ニ於ケル日本人農業者ハ根底アル発達ヲナシ且盛ニ発展シツヽアルカヲ感ジタリ　夕方辞シ帰リ九時過内ニ着ク

六月一六日　月曜

朝遅ク起キル　井田君ハ既ニ Office ニ出勤シ夫人ト朝食ヲ共ニシ色々ノ話アリ　諸方ニ手紙ナド書イテル中ニ大将帰リ来リ昼食ヲ共ニシテ午後ハ買物ニ出ル　井田夫婦ノ土産物予ノ土産物ニ三品ヲ買ツテ帰ル　午後井田君例年ノ慣行ニヨリ同地大学卒業生数名ヲ茶ニ呼ビ撮影ス　予モ之ニ加ハリ欧洲大陸大学ノ模様ニツキ一場ノ演舌ヲ試ム　其中ニ夕方ニナリ荷物ヲ作リナドスル中ニ飯トナリ十時過諸兄ニ送ラレテ立ツ　山県君尤モ世話シテ呉レル　Station ニハ夫人マデ見送リニ来ラレタリ

六月一七日　火曜

晴　朝七時 Seattle ニ着ク　Taxi ヲカリテ波止場ニ来リ船ニ乗ル　船ハ十時過ニ出帆ス　同室ニハ近藤賤男氏アリ　船長佐藤氏ハ塩釜ノ人　外 Purser ノ助手ニ中新田ノ人ニテ古川中学在学中林平ノ家ニ下宿セシコトアリシト云フ人モアリテ中々気強クナル　外ニ客トシテハ日本人白人一杯ナリ　二等室ニ偶然中村和之雄君乗合セ話相手ニ不足ナキコトトナル　天気モヨク航海平穏ナルベシト云フ

六月一八日　水曜

快晴　既ニ海岸ヲ離レテ太洋ニ出ル　荒レレバ此辺カラ動揺スルサウナルガ節ガ節トテ頗ル平穏ナリ　此分ナラバ航海ハ終マデ無事ナルベシト云フ　朝 New York 以来ノ日記ヲ書ク　其処ヘ中村和之雄君来リ昼マデ話ス　午後少シ本ヲ読ム　食卓ニ向ヒ合ツテ坐ル上品ナ米国婦人ノ親子アリ　二十年モ日本ニ居リシトカニテ無口デハアルガ折々話ヲスル　麻布霞町26番地ニ住スト云フ　夕食前二等室食堂ニ押シカケテシヤベル　夜ハ早ク寝ル

六月一九日　木曜

快晴　海ノ静ナルコト鏡ノ如シ　午前中ハ中村君其他ノ二等室ノ連中ヲ招イテ Deck-Billiard ヲ遊ブ　昼過上海ノ人陸(達権字守経)君紀念ノタメトテ写真ヲ撮ツテ呉レル　例ノ Italia ヲ頻リニ読ム　海ノ上ニ黒イ魚ノ出没スルヲ見ル　或人ハ鯨ナリト云ヒシモ鯨トシテハ余リニ小シ　夜中村君ヲ訪ネテ話シ暮ス

六月二〇日　金曜

晴　朝起キテ見ルト船少シ揺レテ居ル　別ニ海ノ荒レテルニアラザレド太平洋ノ浪ハフダンコンナモノナリト云フ　大シタ動揺ニアラザレドモ前日ガ余リニ穏ナリシタメニ起キタ斗リノ際一寸気分ワルシ　恐ル々珈琲ヲ呑ミ Deck ヲ散歩ス　食堂ニ出ルニモ余程考ヘタルガマヅ我慢シテ出テ見ル　斯クスルコト数時間ヤガテ動揺ニ慣レシト見ヘ気分恢復シテ常ノ如クナル　昼モ夜モ食事ニ異状ナシ　午後茶ノアトニテ船長佐藤敬三君ノ招ヲ受ケ Seattle 名物ノ蟹ヲ御馳走ニナリ近藤賤男君ノ燐寸トラスト失敗談高橋是清募債失敗談ヲ面白ク聞ク　夜ハ二等室ニテ蓄音機数番ヲ聴ク　晴雨計ヤヽ下ル　明日ハ曇ルナラント想像シテ床ニ入ル

六月二一日　土曜

曇　果シテ空クモル　朝来船ノ動揺前日ヨリモ甚シ　去レド慣レタレバニヤ気分更ニ何トモナシ　但シ余程北ニ進ンデルモノト見ヘ寒イコト夥シ　昼過寒暖計ヲ見ルニ華氏四十九度ナリ　夫レニ雨サヘ交リ時々霧深クトヂコメテ陰欝云ハン方ナシ　Italia ヲ読ミ太陽ヲ拾ヒ読ミシテ日ヲ暮ス　船ノ動揺ノ為メ頭ガ少シ重カリシモ食事ニ大シタ異状ヲ見ズ　夜近藤君ノ指導ヲウケテ洋人二三ト Poker トカ云フ遊ビヲシテ大ニ当テル　運ノイ、時ハヨクモ当ルモノナリ

六月二二日　日曜

曇　船ノ揺レルコト、寒イコト昨日ニマサル　慣レタレバ気分ハ別ニ何トモナシ　午前本ヲ読ム　十一時ヨリ支那貴州ニ二十六年伝道セリト云フ宣教師 Nelson 君ノ司宰ノ下ニ Divine Service アリ　説教ハ陳套ナル月並ニ過ギザレドモ26年モ伝道シタリト云ヘバチツトハ偉イ人ナランカ　午後同船ノ Miss Kettler ノ日本語ヲ教テ呉レトテ二三ノ単語ヲ教フ　夜船長ノ好意ニヨリ蓄音器ニテ日本ノ音曲ヲ聴キ無聊ヲ慰ム

六月二三日　月曜

天気ハ同ジコトナリ　寒サハ日ヲ追ウテ加ハルモノ、如ク今日ナドハ44度ナリシト云フ　中々寒シ　読書シテ暮スコト例ノ如シ　夜ハ船長ノ好意ニヨリテ他ノ日本人諸君ト別室ニ会シテすき焼ヲ食フ　航程将ニ半ニ達セントス

六月二四日　火曜

寒気ハ依然タルモ天気ハ幾ラカヨクナリシモノ、如クチヨイチヨイ太陽モ顔ヲ出ス　例ノ Italia ノ本ヲ頻リト読ム　船長近藤君等相談ノ上近イ中ニ運動会ヲヤラント云フ　其外別ニ大シタコトモナシ

六月二五日　水曜

再ビ曇ル　昼前ヨリ雨更ニみぞれ雪トナル　寒シ　船長ヨリ Gefährlicher Alter〔危険な年齢〕ノ訳ヲ借リテ読ミ始ム　運動会ノ準備ニテ雑用多ク空シク午前ヲ夫ニ費ス　近藤君総指揮官タリ　午後零時五十五分ト云フニ Meridian〔子午線〕即チ 180° ヲ超ユ　即チ所謂東経西経ノ界ニシテ茲ニテ西スルモノハ一日ヲ損シ東スルモノハ一日ヲ加フルナリ　依テ午前ヲ25日トシ午後ヲ26日トス　則チ

六月二六日　木曜

一日ヲ両半シテ水木ノ二トナス　午後モ運動会ノ準備ニ時ヲ費シ夜ニ至リテ始メテ千葉君寄贈ノ排日問題梗概数葉ヲ読ム　左レド余リニ睡カリシ故直グ寝ニ就ク

六月二七日　金曜

天気稍直ラントスルノ色アリ　併シ寒イコト依然タリ寒暖計ハ依然42°ヲ示スト云フ　午前中ハ運動会ノ準備ニ費シ午後ニ至リテ少シク読書ス　航海頗ル平穏ナルヲ以テ此分ナラバ定期ノ通リ三日ニ入港スルヲ得ベシト船長云フ　依テ無線電信ヲ利用シテ東京へ「七ノ三カ四着ク　出迎無用」ト電報ヲ打ツ　一音信十五字六十銭ナリ但シ後ニテ聞クニ先行ノ客船 Empress of Russia トカヾ頻リニ電信ヲカケテ居ルノデ朝ノ三時マデ待ツテ本船ヨリハ通信スルヲ得ザリシト云フ

六月二八日　土曜

天気再ビワルクナル　低気圧圏内ニ段々這入ツテ来ルトノ船長ノ説ナリシガ朝ヨリ風アリ雨フリ霧モカ、ル夕方ヨリ少シ引キ直ル　午前中運動会ノ準備ニ使ハル午後予定ノ如ク遊ブ　委員ノ目録ニ各自ノ Signature アルモノ印刷ニ附シテ各自ニ交附シ之ヲ紀念トス　夕方ニテ十番ノ競技ヲ了リ夜紋切形ニ西洋ノ若イ男女踏〔踊〕ルヤラ歌フヤラ

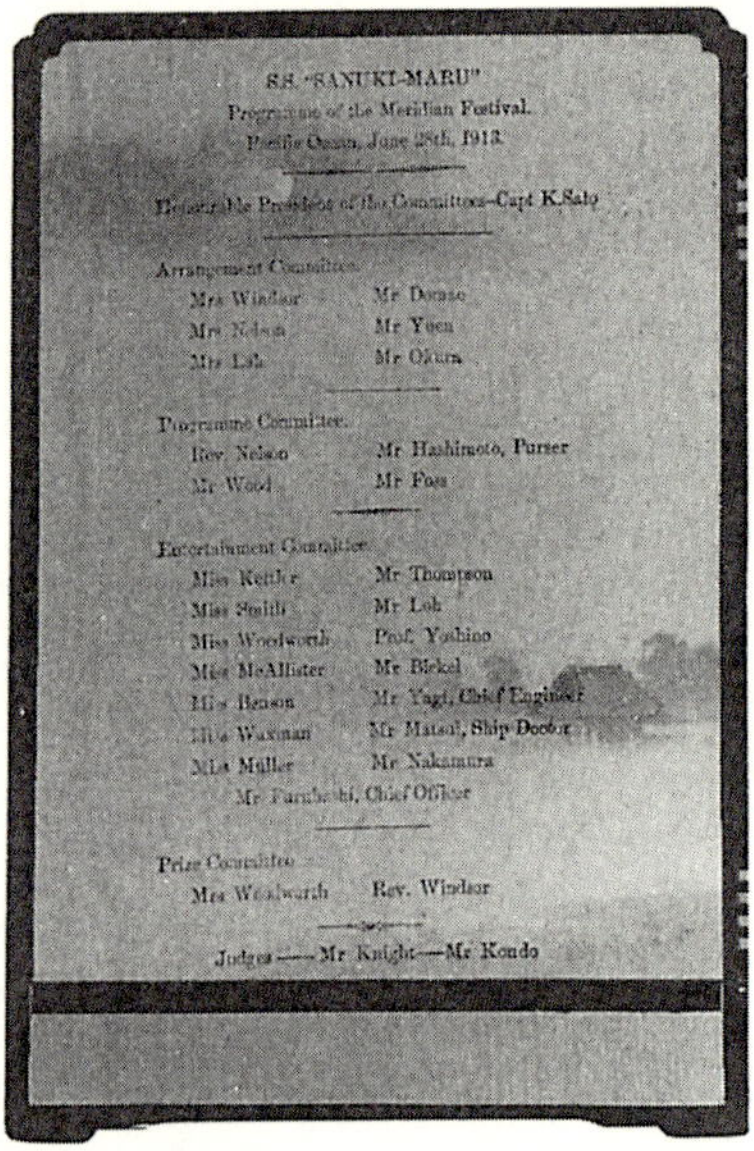

〔日本郵船会社のパンフレット（カラー四頁）貼付。讃岐丸子午線祭プログラム（写真参照）を付したもの。表紙に乗客の寄せ書サインあり〕

六月二九日　日曜

曇　朝ヨリ特別ニ寒イヤウニ感ズ　後ニテ聞ク　少々遠廻リナレドモ潮流ヲ利用センガタメ針路ヲ少シ北ニ転ジ丁度寒潮ノ上ヲ走リツ、アルナリトカ　夫ニ風モアリテ殊ニ寒気ヲ強カラシメシモノ、如シ　寒暖計ハ午前39

度ナリシト云フ　午前中読書ス　Divine Service モ例ニヨリテ十一時ヨリアリ　午後ハ Madden ニ発スベキ伊語ノ手紙ヲ書ク　夜支那貴州省ニ20余年伝道ニ従事セリト云フ Windsor ト云フ男 Experience and Work in China〔シナにおける経験と仕事〕ト云フ題ニテ講演ヲスルト云フノデ聞イテヤル　支那ニ居ル Missionary ハ多ク接スル所下層社会ノ賤民ニ限ルヲ以テ其支那ニ就テ観ル所亦公平ナラズ徒ラニ無智ノ支那アルヲ以テ稀ニ隠レタル儒者アルヲ知ラズ　去レバ Windsor 氏ノ説ク所亦頗ル陳腐ノ説ナリシガ中ニ全ク事実ヲ誤解セル点ニツキ陸君ノ反駁ヲ試ミシハ殊勝トモ殊勝ナリキ　予ハ後ニ一般ノ誤解ヲ防グタメ別ニ一席ノ lecture ヲナスベク陸君ニ勧メシモ君謙遜シテヤルト云ハズ

六月三〇日　月曜

曇　寒暖計 42°　去レド風ナキタメニヤ昨日ヨリ余程温イヤウナ気ガスル　午前中手紙ノ続キヲ書ク　引続キ "L'Italia moderna" ヲ読ム　午後亦然リ　千葉君寄贈ノ排日問題梗概モ大半読ミ了ル　此日寒暖計ハ 48° ニ上リシト云フ

七月一日　火曜

朝起キテ見ルト著シク温クナリシヤウノ感ガスル　寒暖計モ50ヲ超エタリト云フ　霧深シ　明日ハ金華山ヲ右ニ見テ日本近海ヲ南ニ下ル訳ナルガ斯ンナ風ニ引続キ霧深ケレバ三日ニ着クハ六カシカラント云フ　只海上至テ穏ナルガセメテモノ頼ミナリ

七月二日　水曜

心配シタ霧ハ全ク晴レ朝ヨリ既ニ天日ヲ見ル　金華山ハ予定ヨリモ早ク一時半頃右ノ方ニ見ル　丁度此辺ハ寒暖両潮ノ相遭会スル所ニシテ従テ霧多キヲ常トスル所ナリト云フ　霧多ケレバ従テ航路ノ速度亦自ラ減少スル訳ナルガ幸ニシテ快晴ナレバ横浜ヘ着クモ予定ヨリ早ク遅クモ明日午後三時ナルベシト云フ　昨夜接手セリト云フ無線電信ノ報中桂公病篤シト云フガアリ　桂公他界セバ政界ノ変動更ニ著シキモノアラン　桑港博覧会中止ノ報ノ如キ亦我意ヲ得ズ　売言葉ニ買ヒ言葉何モ遠慮シテ体裁ヲ繕ウノ時ニアラズ　拳骨ノ一ツモ振フ覚悟ニテヤツツケタキモノナリ　午後 last lesson ヲケトラーさんニ

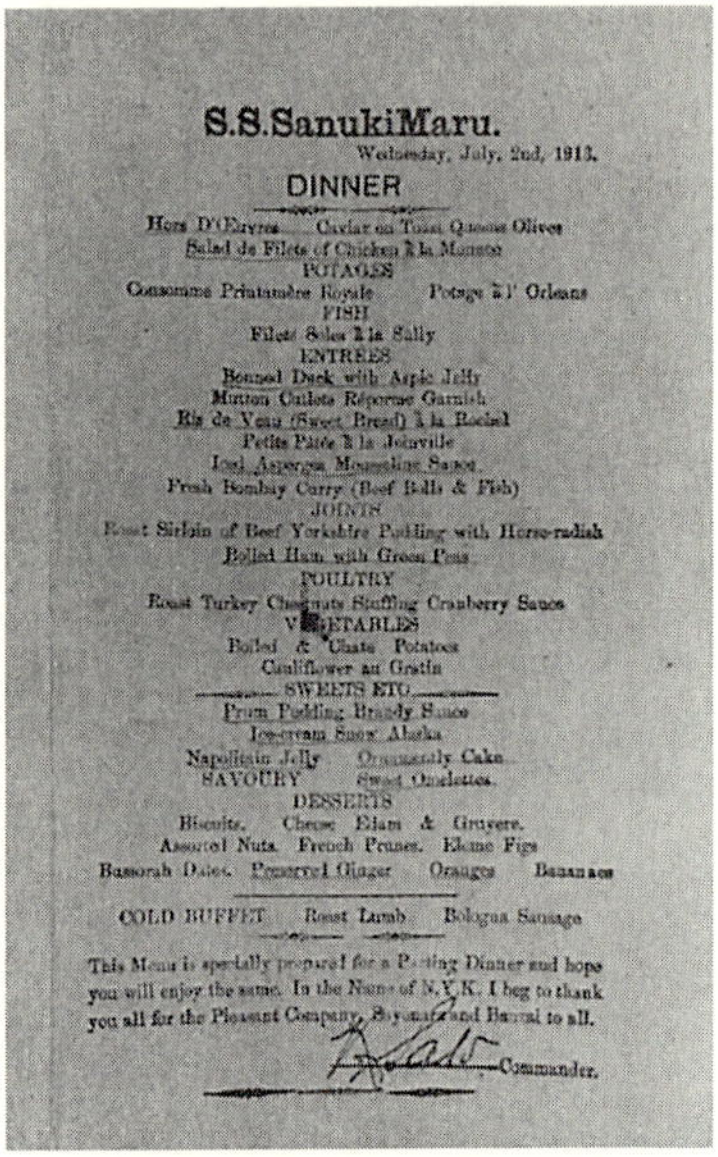

S.S.SanukiMaru.

Wednesday, July, 2nd, 1913.

DINNER

Hors D'Œuvres　Caviar on Toast Queens Olives
Salad de Filets of Chicken à la Mousse
POTAGES
Consomme Printanière Royale　Potage à l' Orleans
FISH
Filets Soles à la Sally
ENTREES
Boned Duck with Aspic Jelly
Mutton Cutlets Réforme Garnish
Ris de Veau (Sweet Bread) à la Rachel
Petits Pâtés à la Joinville
Iced Asparagus Mousseline Sauce
Fresh Bombay Curry (Beef Balls & Fish)
JOINTS
Roast Sirloin of Beef Yorkshire Pudding with Horse-radish
Boiled Ham with Green Peas
POULTRY
Roast Turkey Chestnuts Stuffing Cranberry Sauce
VEGETABLES
Boiled & Chats Potatoes
Cauliflower au Gratin
SWEETS ETC
Plum Pudding Brandy Sauce
Ice-cream Snow Alaska
Napolitain Jelly　Ornamental Cake
SAVOURY　Sweet Omelettes
DESSERTS
Biscuits.　Cheese Edam & Gruyere.
Assorted Nuts.　French Prunes.　Eleme Figs
Bussorah Dates.　Preserved Ginger　Oranges　Bananas

COLD BUFFET　Roast Lamb　Bologna Sausage

This Menu is specially prepared for a Parting Dinner and hope you will enjoy the same. In the Name of N.Y.K. I beg to thank you all for the Pleasant Company, Sayonara and Banzai to all.

K. Sato Commander.

与フ　報酬ヲ幾ラヤラウカナド西洋人臭イコトヲ云フ
此夜 Last dinner ナリトテ食堂ヲ旗ニテ飾リ手ノ掛ツタ御馳走ニ預ル　船長佐藤君紀念ノタメトテ Menu ニ署名シテ呉レラル　乃チ茲ニ貼リツケテ他日ノ思ヒ出トナス　気候モ余程暑クナル　無線電信ニテ支那ノ再ビ不穏ナルコト Balkan ノ各連盟国間ニ戦争始リシコトナドヲキク

〔日本郵船会社発行の「酒券」（レモネード一五銭、六月二一日分）と讃岐丸七月二日のディナーのメニュー（英語・仏語）貼付。メニューに K. Sato のサインあり（写真版参照）〕

七月三日　木曜

晴　朝起キテ見ルト流石ニ滅切リ暑気ヲ感ズ　後ニテ聞ケバ犬吠岬ハ未明ニ通過セリトナリ　朝食ヲ了リテ甲板ニ上レバ右舷間近ニ野島ノ岬ヲ見ル　近藤君試ニ無線電信ヲ利用シテ横浜ニ問ヒ合セシニ曇リ後降ルヤモ知レズ温度七十度ナリトノ返電ニ接シタリト云フ　天気頗ル favorable　横浜ニハ一時過入港スベシトナリ
（之カラアトハマトメテ10日ノ夕方書ク）
横浜入港ハ一時過ニシテ新聞紙上ニテ見タリトテ渡辺房吉加藤耕蔵小山倉之助三君ニ出迎ラレ二時過船ヲ辞シテ停車場ニ向フ　楼上ノ Restaurant ニ一時間斗リ休憩ノ上三時四十分ノ汽車ニテ東京ニ向フ　横浜ニテ遇ヘル鈴木文治君万端ノ世話ヲシ呉レ五時頃内ニ帰ル　夜富永小松三浦ノ諸氏来ル　小山田氏ハ信子ヲ連レ六時入港ノコトト信ジテ横浜ニ赴キシトテ夜遅ク帰ル
七月四日　金曜

曇　午前中内ヶ崎、海老名夫婦、午後ハ小山東助君ノ来訪ヲウク

七月五日　土曜

晴　午前大学ニ赴キ法科大学事務室ヲ訪フ　学長一時頃来ルベシトノコト故転ジテ総長ヲ訪ヒシニ之モ不在依テ直ニ文部省ニ福原次官ヲ訪ヒ帰朝ノアイサツヲ述ブ松浦君ニハ外出セリトテ遇ハズ　帰リニ再ビ学校ニ赴キシモ土方学長ニハ遇ハズ　午後ハ在宅シ夕方ヨリ小野塚教授ヲ訪フ　矢作教授モ在席セラレ夕食ノ饗ヲウケ遅クマデ話シテ帰ル　此日午後牧野君来訪

七月六日　日曜

朝ハ内ヶ崎騰次郎君浜田耕作君令弟ノ来訪ヲウク　後一寸海老名先生ヲ訪ヒ帰リテ買物ニ赴キ夜小山田君ノ新宅ヲ訪ヒ新夫人ニ初見参ス

七月七日　月曜

朝土方学長ヲ私宅ニ訪問セシニ学校ニ出勤セリト云フ依テ学校ニ赴ク　途中佐藤記一郎君ニ遇フ　土方学長幷ニ総長ニ面会シ直接アイサツヲ述ブ

七月八日　火曜

午前九時ヨリ教授会アルベシトノ通知ヲウケ少シ遅レテ行ク　コ、ニテ多数ノ教授諸君ト会シ帰朝ノアイサツヲ述ブ　川名君ハ病気ノタメ仁井田君ハ喪中ノタメ遇ハズ　午前中ハ土方教授ヨリ学長辞任ノ申出ノ件ニツキ協議長シ　午後ハマタ諸種雑多ノ問題ノ協議ノタメ六時ニ至リテ漸ク会ヲ閉ヂタリ　此夜日本倶楽部ニ於テ松崎教授ノ欧米出張ヲ送リ兼テ牧野、泉二ノ両君幷ニ我輩ノ帰朝ヲ迎フルタメ一会ヲ催スベシトノコトニテ同僚勢ヲ揃ヘテ赴キ会食懇談ニ時ヲ移シ十時過帰ル

七月九日　水曜

午前中文部省ニ出頭シ専門学務局幷ニ会計課ノ人ト面会シ帰朝《ママ》穂積老先生ヲ大学病院ニ見舞舟橋君ヲ弥生町ノ新宅ニ訪ウテ帰ル　桑原君亀谷君ノ来訪ヲウク

七月一〇日　木曜

晴　大学ノ卒業式ニハ礼服ナケレバ欠席シ信子ノ診察ヲ乞フベク高田病院ニ赴ク　高田氏トモ物語リ昼食ヲ饗セラレテ一時過辞シ帰ル　信子ノ病気ハ肺炎加答児《カタル》ラシ

七月一一日　金曜

午前石田貞三君大塚尚君佐藤記一郎君来ル　夜小山田君妻君ヲ連レテ来ラル　佐藤君ハ三井物産ニ入リタキ希望ノ由ニテ種々相談セラル

七月一二日　土曜

午前読書ス　午後佐藤記一郎君ヲ伴ヒ紹介ノタメ金井先生ヲ訪ヒシモ不在ノタメ帰ル　午後ハたまのヲ引キ連レテ松坂屋ニ買物ニ行ク　海水浴ニ赴ク準備ノタメナリ
夜堀川夫人、河副母堂来訪

七月一三日　日曜

晴　朝約束ニヨリ堀川君ヲ訪フ　生憎同氏不在故夫人ニ面会シテ辞シ帰ル　更ニ浜尾前総長ヲ訪ヒテ帰朝ノアイサツヲ述ブ　一寸教会ヲノゾキ知己諸君ニアイサツシ夫ヨリ宮城君ヲ訪ヒ一時頃帰宅

七月一四日　月曜

朝法科事務所ニ赴キ更ニ研究室ニ赴キ本ノ整理ヲスル
小野塚教授モ丁度ニ居ラレテ色々話ヲスル　明日高野詣ニ旅立タレ本月末ヨリ軽井沢ニ滞留セラルベシトナリ
夜佐藤助五郎君ノ令甥岡得太郎君来ル　英語ノ競走〔争〕試験ヲウケニ来ラレシナリ　法科独法科ニ入ルノ志望ナリト云フ

七月一五日　火曜

晴　昨日頃ヨリ滅切リ暑クナル　朝ノ中仁井田教授ヲ訪ネテ令嬢逝去ノ悔ヲ述ベ夫ヨリ小山君ヲ田川氏宅ニ訪フ　日本銀行ニ赴キ旅費ヲ受取リ正金ニ 500 円ノ借金ヲ払ヒ残金ヲ東海銀行ニ預ケテ帰ル　夜三浦吉兵エ君ノ紹介トテ本年法科大学ニ入ルベキ井川君来訪セラル

七月一六日　水曜

晴　教授会アリトノ通知アリ九時学校ニ行ク　Bridell 後任ノ件ナリ　帰途図書館ニテ Esmein〔エスマン〕ノ仏国憲法ヲ借リテ来ル　来学年度ヨリ受持ツベキ本ナリ　山内四〔氏〕Sweeden ノ政治家三名ノ写真送リ来ル
〔ストックホルムよりの小包送票とスウェーデン切手一枚貼付〕

七月一七日　木曜

晴　有栖川宮威仁親王殿〔下〕御葬送ノ当日トテ学校ハ休ミナリ　但シ午前中研究室ニ赴キ図書ノ整理ヲナス

七月一八日　金曜

晴　午前中読書　午後富永三浦ノ二君ヲ回訪ス　夜ハ堀川氏ヲ訪フ

七月一九日　土曜

晴　午前中学校ニ行キ図書ヲ整理シ午後金井教授ノ訪問ヲウク　亀谷浜田佐藤君等ノ就職口ノ話ヤラ宮本君ガ

水野氏ヨリ目ヲツケラレテヰルナドノ話アリ　五時ヨリ後藤男ヲ訪フベク出掛ケル　一応ノアイサツヲ述ベテ帰レルガ政党屋ニナリシタメカ馬鹿ニ丁寧ニナリシモノナリ

〔大日本帝国郵便封緘葉書(三銭)の郵券部分を切り取り貼付〕

七月二〇日　日曜

晴　朝佐藤記一郎君来訪　夜ハ河副氏ヲ訪フ　日中ハ避暑ニ行クノ用意トシテ荷物ノ片付ケ方ニ費ス　女中よし母急病ノ見イ〔エ〕据エ〔イ〕タル偽電報ヲ以テ暇ヲ求ム

七月二四日

千葉県千葉町寒川新田一四九一へ転地　六条雅信氏ニ大ニ厄介ニナル　同氏ノ夫人ハ太田文治君ノ令妹ナリ

八月四日

新ニ女中ヲ雇フ　名ヲ春ト云フ　千葉町そが〔蘇我〕の高石春

〈解説〉吉野作造の留学時代

飯田泰三

一

本巻に収められた吉野作造の日記、一九〇七(明治四〇)年―一九一三(大正二)年の部分は、ちょうど吉野作造の留学時代にあたっている。といっても後半のドイツ・オーストリア・フランスを中心に滞在した時代は、たしかに文部省派遣による文字どおりの留学であったけれども、前半の、吉野の最初の在外経験である三年間の中国天津時代(一九〇六年一月―一九〇九年一月)は、留学というより、出稼ぎ的アルバイトというべきものだった。

吉野は一九〇四年七月、東京帝国大学法科大学政治学科を卒業後、「も少し学問を続けたいといふ希望で」(「穂積老先生の思ひ出」本選集第一二巻所収)、引き続き大学院で学んでいた。吉野は周知のように同年卒政治学科の首席で、いわゆる恩賜の銀時計組であったが、彼の恩師小野塚喜平次は、一九〇一年に欧州留学から帰って政治学講座を担当してからまだ間がなく、吉野を法科大学のポストに迎えるだけの、いわば学内政治的力量がまだなかったのであろう。その点、前年卒の上杉慎吉が卒業後ただちに助教授に任用されたのとは違って、前々年卒の牧野英一(同じく銀時計組)と同様、「当時においては格別虐待されて」(一九五五年三月二六日開催の「吉野博士記念会例会」における牧野の談話)いたのである。しかしまもなく、吉野は「身近の事情に多少の異変を生じ」て(「穂積老先生の思ひ出」)、生計のためアルバイトの必要に迫られていたところに、一九〇五年暮、梅謙次郎からの手紙で当時の清国直隷総督袁世凱の長男袁克定の「私教師」の口がかかり、天津に赴いたのである(「あの時・あの人」『経済往来』一九三二年二月)。

すでに仙台の第二高等学校時代(吉野二一歳)に結婚したたまのとの間に、それまでに三人の娘(長女信子、次女明子、三女光子)が生まれていたという事情もあったが、宮城県古川町の郷里の父年蔵が日清戦争後に作った羽二重会社が、一時期の急成長(そのころ年蔵は古川町長に推されている)のあと、日露戦後の資本主義の発展の波のなかで押し流されてしまい(吉野信次談話、田中惣五郎『吉野作造』所引)、さらに実家が火災にあうという不運が重なって、学資の援助が得られなくなったからである。加えて、八人の弟妹の扶助も、ある程度、長男である作造がしなければならなくなったのかもしれない。

じつは中国行きの前から、梅謙次郎、金井延、山崎覚次郎、それに穂積陳重らに「内職」斡旋の世話になったと、「穂積老先生の思ひ出」に記されている。ちなみに、本選集第一〇巻に付した月報5の「こぼればなし」で紹介した「瀋陽先生」名による『試験成功法』(一九〇六)の刊行は、この「内職」のひとつだったが、これを斡旋したのも梅謙次郎だったのではないかと私は推測している。というのは、そこでも触れた最晩年の同著の焼直し版かと思われる『答案の書き方』(一九三二)が、「洋々学人」のペンネームで刊行されており、このペンネームは梅が好んで用いたものだったからである。ハイデルベルク時代の一九一〇年八月、立法事業のため赴いた朝鮮で腸チフスで急死した梅の訃報に接した吉野が、哀悼の言葉を繰り返し記しているのも、通り一遍のものではなかったのである。

この天津時代の日記は、見られるとおり、一九〇七(明治四〇)年の分と一九〇九(明治四二)年の分しか残っていない。吉野は一九〇九年一月九日に天津を離れているから、実質的には、約三年の天津時代のうちの真ん中の一年分だけをこの日記から知ることができるというわけである。

欠けている時期の始めの頃については、「清国の夏」(『新人』一九〇九年七月、本選集第一二巻)および前掲「あの時・あの人」によって概略が知られる。一九〇六年一月二四日、妻と生後半歳の三女を伴って神戸を出帆。山東丸という二千トン程の貨物船で門司、長崎、釜山、仁川を経由して、三一日、芝罘《チーフー》に着き、一週間後、六千トンのドイツ客船で秦皇島へ、さらに汽車に乗り換えて山海関、塘沽《タンクー》を経て天津に入った。袁克定に会ったところ、住居費と食費が自弁とされて契約条件の食違いにつき埒が明かず、月給が支払われないまま半年余、二、三の友人の貯金の厄介になって一家は旅館暮らしを続けた。同年六月、袁克定が西太后の御声がかりで奉天省の督練処総弁(参謀本部)に任ぜられて奉天に赴くことになり、吉野も供を命ぜられて旅費が支給されたので七月から九月まで奉天に滞在した。その直前の六月下旬、袁世凱に呼ばれて執務室で一度切りの面談をしている。

吉野の仕事は、袁克定のもとに赴いて行政法、国際法、その他の書物を一緒に読むだけのことだったが、一九〇七年三月から直隷督練処翻訳官の名義で、参謀処付将校に毎日二時間ずつの戦時国際法の講義をすることとなった(日記、三月二〇日の項)。これは袁世凱の軍事顧問、坂西利八郎少佐が吉野の窮状を見兼ねて、こういう形で月給が出るようにし、滞った友人たちからの借金も支払えるようにしてくれたのである。

日記にあるように、三月二五日から戦時国際公法の講義を開始している。「聴講生ハ傅君、蔣君、賈君、張君、列君、汪君、童君ノ七人ニシテ一度日本ニ留学セシモノナレバ皆能ク日本語ヲ解ス　何レモ督練処ノ高官ナリ　張君、傅君、蔣君尤モ俊秀ナルガ如シ」。そのうち張紹曹陸軍大佐は、後に武昌起義のとき付近の「灤州の第二十師団長として十三ケ条の上奏を以て一時天下を聳動し、第三革命後一度国務総理となったこともある」。また傅良佐大佐は「能く私の宅

上：当時の北洋法政学堂.
下：北洋法政学堂の学生寮．階下の一室に李大釗がいた.

へ遊びにも来た」(前掲「あの時・あの人」)。

この参謀本部将校たちのかつての日本での留学先は、張のように陸軍士官学校が中心であったろうが、成城学校、振武学校、東斌学堂、法政速成科(法政大学)、経緯学堂(明治大学)等にも在学したことがあったかもしれない。なお、七月四日の記事、「河北学会処ニ於ケル開票所ヲ見ル　金君専ラ其事ニ当リ法政大学速成科出身ノ部下数十名ヲ指揮シテ中々感心ニヤツテ居ル」にも見える「法政大学速成科」は、一九〇四年、当時の法政大学総理、梅謙次郎が清国人留学生、范源廉、曹汝霖らの懇請により、清国公使楊枢らの協力も得て、小野塚喜平次東京帝国大学教授をはじめ「各大学一流の法学家」を講師に迎えて開講され、一九〇八年四月までに一一二五名の卒業生を出した。

また、一九〇七年七月二一日以後の日記に見えるように、九月二日、北洋法政学堂が天津に開校し、吉野はその教習を兼務することになった。九月九日に初講義をしたとある。一一月五日、七日、八日、九日の日記からも分かるように、「紳班」と「職班」に分かれた学生を相手に、吉野は「国法学」と「政治学」を講義している。「紳班」は「行政科」

で、「職班」は「司法科」であった(「本院沿革」『河北省立法商学院大学部第一届畢業同学紀念刊』一九三五年)。これも梅謙次郎が袁世凱に推挽したものらしい(今井嘉幸「支那時代の吉野君」赤松克麿編『故吉野博士を語る』)。吉野と同じく教習として赴任した今井によれば、同学堂は袁世凱が、日露戦争における日本の勝利は立憲政治の賜で、立憲の本義は議会と地方自治と裁判権の確立にあると考え、国会はさておいて、地方自治の担い手として田紳を教育し、また司法官を養成するために作った人材養成機関である。「当時彼の国人に最も人望のあった梅先生の肝煎りで吾々両人が之に招聘せられた。吉野君は田紳製造係、私は裁判係」というわけであった(今井は帝大法科の二年後輩、東京地裁判事だった)。

日記によると、一〇月二五日以降、同学堂の専任教師となるよう勧誘を受けるが月給の額をめぐって折合いがつかず、いったん辞表を出す(一二月四日)という駆引きののち、四百元で留まることになる(一二月一六日)という経緯もあった。しかし、今井の証言によると、同学堂での吉野は、「支那人の気質、彼等のやり口等々、其俊敏無比の頭で呑み込んでテキパキと捌いて行く。誠に手に入つたものであった。事実上の教頭と云ふ格で満校の人気を一身に集めて居つた」。

一九〇八年の日記が残っていないので、この北洋法政学堂での教え子や同僚の記事は出てこないが、後の中国マルクス主義の先導者、李大釗がこのときの学生の一人であり、後年、伊藤武雄が満鉄に入ったとき、平貞蔵(吉野の紹介で大正八年上海へ渡る。新人会、昭和研究会、昭和塾等に関与)が李大釗に引き合わせてくれたが、李は開口一番、「吉野先生は健在か」と尋ねたという(一九五九年一一月開催の吉野博士記念会例会における伊藤談)。

同僚となった今井嘉幸(後の「普選博士」)は、帝大基督教青年会寄宿舎時代以来の親交があったが(「帝大青年会寄宿舎に始めて這入つた頃の事ども」本選集第一二巻)、この天津時代以後、仙台以来の小山東助(第一二巻解題参照)、ハイデルベルク時代以後の佐々木惣一らと並ぶ、生涯を通ずる親友となった。普選運動その他でも、政治的・思想的同志として行動を共にするのである。本巻の日記にも、天津を去るときに今井から自転車を記念にもらった話、辛亥革命勃発時（吉野はベルリン滞在中）に今井から来た手紙で「先生ガ之レ程マデニ革命党ニ干〔関〕係アリトハ遂ニ知ラザリシ」と驚き、激励しつつも、事態に軽々に対応せず慎重に行動するよう勧告する手紙を出したこと（一九一一年一二月二〇日）等が見える。

また天津時代後期の話として、前掲「穂積老先生の思ひ出」に、一九〇八年七月、当時の京都帝国大学総長岡田良平からの電報により一時帰国し、小石川の岡田邸で京都帝国大学の行政法助教授になれとの話を持ち掛けられ、穂積陳重の怒りを買ってそれを断り、九月、天津に帰任した、というエピソードが語られている。その他、中国での見聞の一端は、「支那観光録」（『新人』一九〇六年四―五月）、「清国婦人雑話」（『新女界』一九〇九年四月）、「支那人の形式主義」（『新人』一九〇六年七、九月）、「清国に於ける日本人教師の現在及び将来」（『新人』一九〇九年三―五月）等でうかがえる。

この三年間の吉野の清国滞在経験がもった意味については、本選集第七巻の「吉野作造と中国」で、狭間直樹氏がゆきとどいた解説をしておられるので参照されたいが、最小限のことだけ繰り返しておく。本選集第一二巻所収の「評論家としての自分と佐々政一先生のこと」においては、「私の支那論は二三年袁世凱の家庭教師をして居った時の貧弱なる経験以外には何の根拠もないと断定」した「二宮氏の評論」に反駁して、「私は之に対して敢て云ふ、私の三年間の滞支経験は成程今日の私の支那論に何の根柢も与へてゐない。私の支那論の材料は、今日支那全土に亙て活動して居る人々からの直接の報導、若くは之を直接に見聞した人の直接の報告に基くもので……」と述べている。

そして一九一九年四月三〇日の黎明講演会の記録（『黎明講演集』第四輯）において、吉野は「支那問題に就て」と題して、その事情をもう少し詳しく語っている。「……三年も居つたので、支那を少し知つて居るやうに世間では誤解して居るが、実は余り知らない。その時は主として北方に居りましたが、詰り旧式の官僚畑の人々との交際でありました。

僅かの間であるが、夫でも色々の人と交際して友人を求めたのでありましたが、実は一人の心友を得なかつた。信頼する様な人物に遇はなかつた。故に支那に三年も居つたのだが、其時は支那に人物なしと決めて、大に失望して帰つたのであります。余り支那の前途に光明を認めないから、従て其後も支那の事を研究する積りにもならず、支那の事は全く分らなかつた」。

ところが、その後のヨーロッパ留学中、各地の基督教青年会などで王正廷(エール大卒、のち排日親米派の外交官として、外交総長など)の噂を聞き、帰国してから彼が革命党で活躍していると聞いて、吉野は初めて革命党に本格的な関心をもつにいたったのだという。しかも、「革命党の主なる人々は、其当時沢山日本に亡命して居つた。これは大正二年の第二革命(袁世凱の国民党弾圧に抗して李烈鈞らが挙兵したが失敗に終る)の為めと、其の年の十一月袁世凱が国会を潰したクーデターの為めであります。之等の亡命客と接近して私は始めて最近の支那に一つ大に勃興する所の大精神あるこれを知りました。それから大に感激する所があつて、支那の事物を研究し初めたのであるが、之は実に大正三年の春頃からの事であります」。

吉野の歩みは、のちに述べるごとく、偶然の出会いと与えられた条件に、真摯に全力で応対する中から――といっても、微塵も力んだところなく、恬淡としているのだが――ひとつひとつ新しい境地へと突破し、踏み込んでいく、という特徴をもつものである。中国との関わりもまさにそうした歩みをたどったのであった。狭間氏の解明されたように、一九一三年七月に欧米留学から帰国して半年後、寺尾亨が中心になって作られた「支那亡命者」とその子弟のための「政法学校」(一九一四年二月九日開校)の講師となることによって、吉野の中国人革命家たちとの接触が始まる。(寺尾亨に関してはベルリン時代の日記、一九一二年一月九日の項に記述がある。「日本ノ新聞ニテ見ルニ寺尾教授飄然トシテ都門ヲ去リ関西ニ赴クト称シテ実ハ南清革命軍ニ投ジ為メニ休職トナレリト云フ」。)

もっとも日記で見るかぎり、一九一五年末までは、講義の場以外での彼ら中国人革命家たちとそれほど親密な接触があった気配はない。一九一五年四月二六日「三時ヨリ政治史演習ノ催ニテ戴天仇君ノ講演ヲ頼ム　支那政治思想ノ変遷トイフ題ニテ」とか、同六月五日「四時過ヨリ同気倶楽部ニユク　孫逸仙氏ノ講話ヲキク　戴天仇君通訳ス」とある程度である。しかし、一九一五年の末、雲南省で「第三革命」の烽火があがる。一九一六年元旦を期しての袁世凱による洪憲元年への改元を目前にして、帝制打倒に立ち上がったのである。後年の「『三十三年の夢』解題」(本選集第一二巻所収)で吉野は次のように回顧している。

「私の支那研究は、実は第三革命の前後から始まる。細かい事は略するが、この革命勃発して数週の後、当時ひそかに南支の運動に同情を寄せて居つた頭山満翁寺尾亨先生の一派は、今次革命の精神の広く我国朝野に知られざるを慨し、之を明にする為めの用として簡単なる支那革命史の編纂を思ひ立たれ、その事を実は私に託されたのであつた。その頃すでに少しく眼を支那の事に向けて居た私は喜んで之を引受けた。そして最近の材料の供給者として寺尾先生は私に戴天仇君殷汝耕君等を紹介して来たのであるが、支那革命初期の歴史を知るに最もいゝ参考書として『三十三年の夢』の名を聞かされたのは、実にこの両君からであった」。(殷汝耕の名は一九一五年以後の日記にしばしば登場する。)

その他、北輝次郎(一輝)は「第三革命の始つて間もなく長文の意見書(『支那革命党及革命之支那』の前半部)を発表したが、其一本の寄送に与つた私は……同君の見識の高邁なるに敬服して態々同君を青山の隠宅に往訪して謹んで敬意を表した」こと(前掲「評論家としての私と佐々政一先生のこと」)なども注目されるが、これらはこの解説の範囲を越えた時期のことに属する。

天津時代の日記に見られる吉野については、教会に日曜毎に通うのみでなく、説教も何度かしていること(吉野作造の思想形成における大きな特徴のひとつは、同世代の河上肇などとも違って、伝統的な文化、とくに儒教的な素養やモラルあるいは武士のエートスからの影響が見られず、代わりにキリスト教との出会いが大きな意味をもっていることである。本選集第一二巻解説参照)、また、欧州留学に備えて英語およびドイツ語を、租界地在住の欧人に就いて学ぼうとしていること、なども目につくところである。

二

天津時代の日記が、正直のところあまり面白くないのにくらべて、在欧時代の日記は、大袈裟にいえば血沸き肉躍るの感がある。一九〇五年一月刊行の『ヘーゲル法律哲学の基礎』や、雑誌『新人』『国家学会雑誌』掲載の諸論文等で、早くから学問的・思想的にすでに完成した姿を現わしていた吉野であったが、この三年間のヨーロッパ経験によってさらに飛躍をとげ、独自の観点と生き方を確立したと思われるのである。

中国から帰国した吉野は、一九〇九年二月五日付けで東京帝国大学法科大学助教授に任ぜられ、三月四日、初めて教授会に出席、ついで五月一三日の教授会の際に、「学長ヨリ近々留学ノ命アルベキ旨談ゼラル」。そこで小野塚喜平次と相談し、独英米の三国に留学先を決め(五月一九日)、また留守家族の生活資金の援助を求めて、菅原伝(第一一巻解題参照)を訪問したり(七月一九日)、鈴木文治に有斐閣主人と交渉させたり(八月一日以降)した末、小山東助から海老名弾正を通して徳富蘇峰の口利きで、後藤新平から毎年五百円づつ三年間、無条件で恵与される話がまとまった(八月三〇日―九月三日)。しかし文部省の正式決定はなかなか下りず(九月二一日、等)、若干やきもきしたが、暮れも押しせまってか

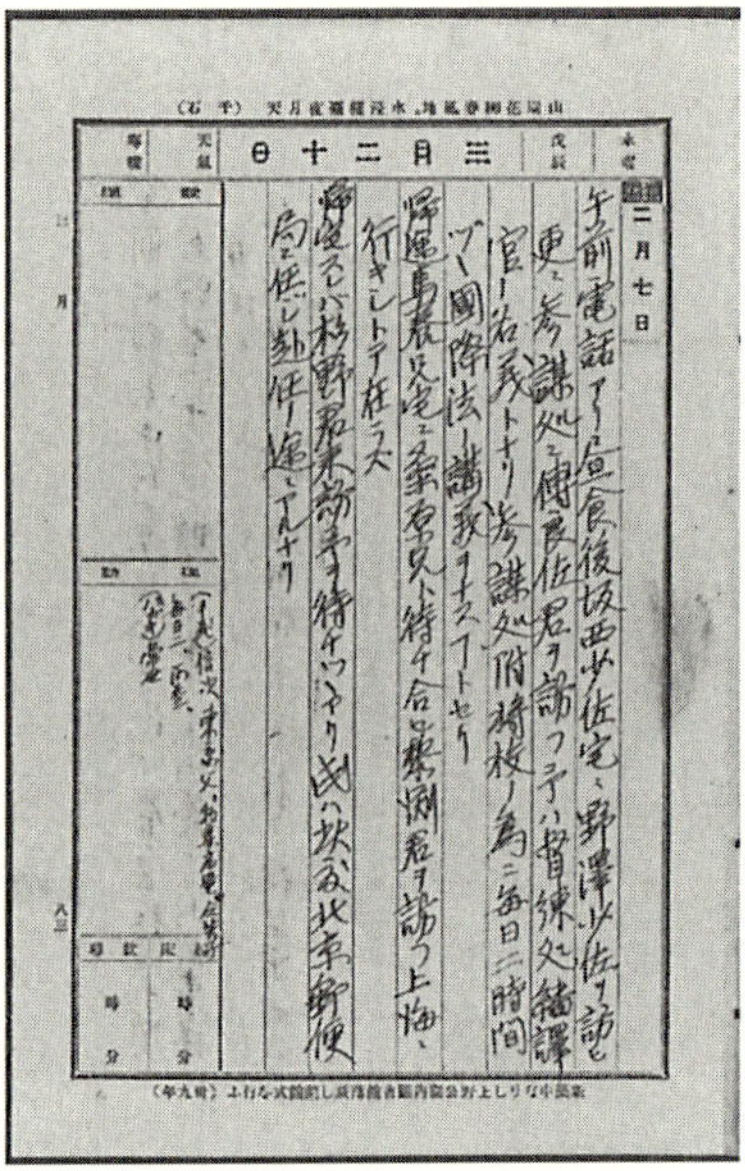

日記（明治40年3月20日）

ら健康診断を受けよとの指示が来、後藤新平に留学ほぼ決定の報告をすることができた（一二月二九日）ことは、本日記で見られるとおりである。

一九一〇年（明治四三）年（吉野三二歳）の前半の日記も残っていないが、一月一〇日付けで政治史及政治学研究のための満三カ年間独国英国米国への留学の命が発令され、四月一五日新橋を出発、シンガポール、インド洋、スエズ運河を経由して、六月一日マルセイユに上陸、リヨン経由でハイデルベルクに到着した。残っている日記は一九一〇年八月一六日からのもので、一九〇七年、一九〇九年の日記が博文館の当用日記に書かれていたのにたいして、横書きのノートにペン書きされ、上欄にページが記されていて、現存のものは一四三頁から始まっている。

ハイデルベルクには約八カ月滞在したが（但し、後述するように、その最後の時期にはシュヴェルムとリーデンハイムを中心に一カ月旅行しているので、正味は七カ月）、このドイツ最古の大学町では、大学の講義にも出席してみている。基本的には、ベルリン時代に親しく交流した牧野英一が「留学中の吉野君」（『中央公論』一九一六年六月）で言うように、「無論吉野は書物も沢山読んだ。併し吉野の特色は書物を読んだり、大学の講義に通つたりするのではなくして、直接に自己の眼と耳とで、彼の国々を了解せやうと努めたことであ」った。しかし、おそらく小野塚喜平次や美濃部達吉、上杉慎吉（留学時イェリネックの家に寄寓）らからのサジェッションもあって、少なくともゲオルグ・イェリネック

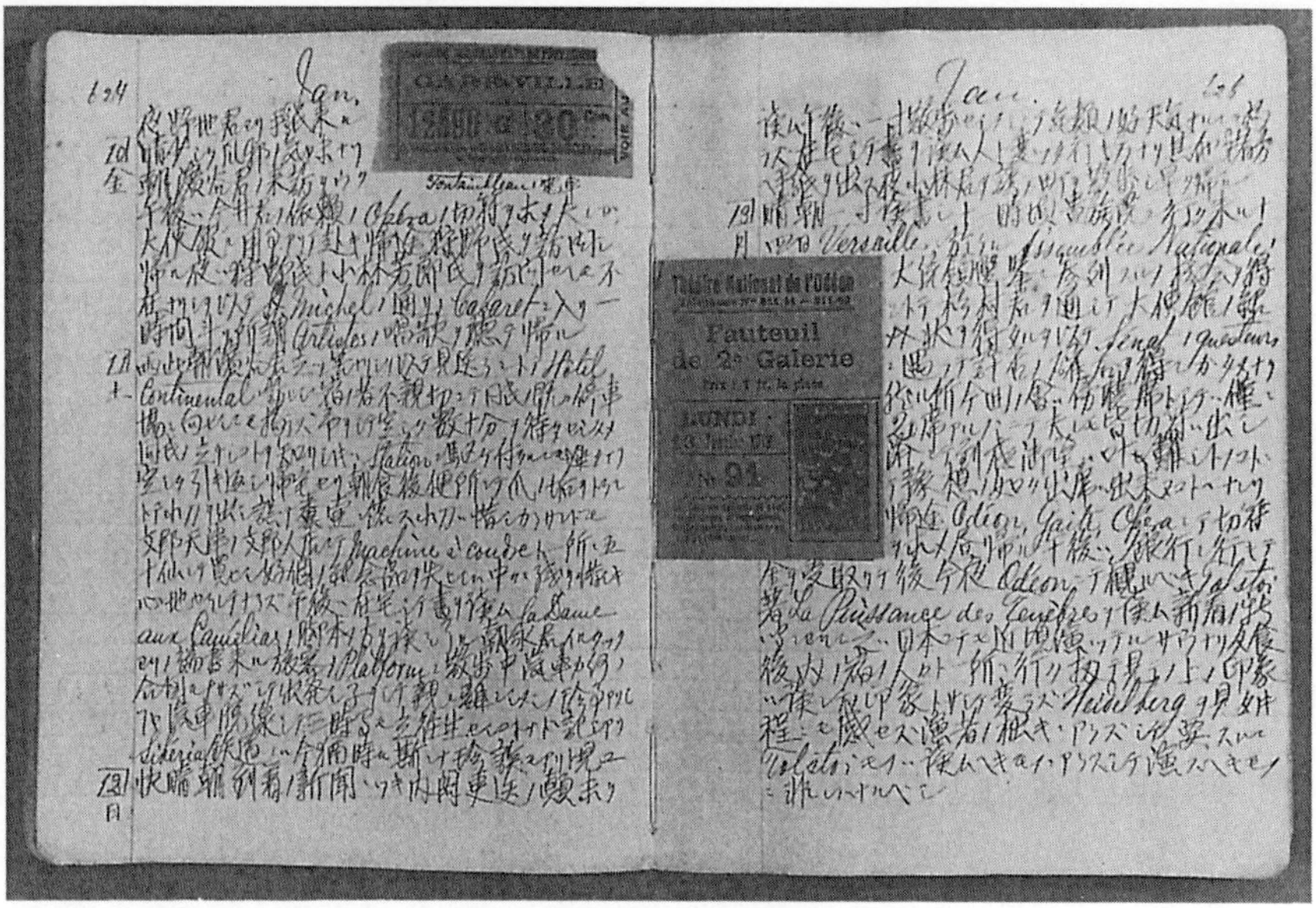

日記(大正2年1月10-13日)

の講義くらいは出てみようと思ったのであろう。

日記によると、一一月九日に大学に冬学期(ゼメスター)の学籍登録を行っているが、そのとき聴講科目として、イェリネックのほか、ヤーゲマン、フライナー、オンケン、ウェーバー、レヴィの講義を登録し聴講料を払っている。(なお、「資本主義時代の文化問題」を講義している「ウェーバー」は、マックスではなく、アルフレードの方だろう。一一月二八日に聴講しているが、あまり強い印象を受けなかったのか、感想は何も記されておらず、さらに一二月六日には、講義に遅れたため出ないで帰っている。当時すでに「カリマス的」人気があったマックスなら、こういうことにならなかった筈である。)

イェリネックには、一一月六日に会いに行っている。「低声ニテ親切サウニ話ス」と好印象をもったようであるが、「折アシク客ヲ招待シテルノデ暫時話セルノミニテ帰ル」。さらにその翌日には、七月初めに大学の学生キリスト教青年会に客員として加盟して以来親しく付き合っているフリッツ・ハーネ君から、イェリネックの政治学の講義ノートを借りている。そして、一一月一一日、「初メテ Jellinek 先生ノ講義ニ出テ見ル　題ハ Politik des modernen Staats ト云フノデ今日ハ第五回目ナルガ……低声ナレドモ能ク分ル」。その後も三、四回出て、一一月二六日の「英国内閣ノ起源ニ関スル講義」などは「一寸面白ク聞ケリ」。

しかし「滞徳日記」の「ハイデルベルグ大学」の項(『新人』一九一一年三月、本選集第一三巻)によると、「大体に於て大学の講義は頗るツマラヌものである。……最も内容に富むと云はるゝエリネック先生のですら、馬鹿々々しくて聞いて居れぬ」ものであった。いわば素人むけに分かりやすく話すので、老人や女性なども聴講に出かけ、その点ではヴィンデルバントやオンケンの講義など大教室が溢れるばかりなのだが、日本の大学で「研究の結果を精一杯に講義」している場合のような、生硬ながらも「高尚深遠な」議論が聞けぬというのである。(ところが、「大学の講義が……ツマライので毎日の出校をやめやうとしたら、宿の主婦〔から〕は講義は六《むつ》かしくて御分りにならんから？　と問はれた」「滞徳日記其二」『新人』一九一一年四月)。

その後、吉野がクリスマス休暇をハーネ君の実家、ウェストファリアの小都市、シュヴェルムで過ごしていたとき(「独逸見聞録」『新女界』一九一一年三月の「独逸のクリスマス」の項、本選集第一二巻、参照)、イェリネック先生夫妻から、来たる一月一一日、シフ・ホテルで七時半から晩餐とダンスのパーティーをするから出席されたいとの招待状が回送されてきた。吉野はそのあとボン、マインツ、ダルムシュタットを観光してバイエルンのリーデンハイムに移り、そこにしばらく滞在することにしていたので、欠席の返事を出した。ところがリーデンハイム滞在中の一月一四日の新聞が、一二日にイェリネックが講義中に倒れ、そのまま死去したとの悲報を伝えたのである。

吉野が大学の講義以外の場所で試みた「学習」の方法は、いくつかあった。第一はキリスト教青年会(ＹＭＣＡ)を通じてのもので、ヨーロッパ社会の根柢をなす宗教生活に直接触れようとしたことである。いわば社会を内面から理解するための通路である。訪れた各地で、さまざまの宗派の教会(カトリックやユダヤ教も含めて)に行って見ていることは、日記に見られるとおりである(「滞徳日記」の「独逸の教会」「教会と学校」「新教と旧教」の項、また「滞徳日記其二」の「基督教青年会」の項、さらに「伯林より巴里へ」『新人』一九一二年八月、参照)。それに何より、キリスト教青年会でできた友人関係による紹介によって、行く先々でのネットワークのひろがりが生まれ、また会の定例の懇談会や研究会や臨時の講演会で多くの人と知り合い、その話を聞く機会が生まれた。

先のハーネ君のように、人口二万の地方小都市の郷里に迎え入れて、そこでの家庭生活を経験させてくれるようなケースもあった。同じくキリスト教青年会の仲間、シュタール君は金銀細工工場の多い小工業都市、プフォルツハイムの実家に招いてくれた(一九一〇年一〇月一五—一六日)。またグレタ・コルムシュテッターの場合は、教会関係ではなく、おそらく最初に吉野がハイデルベルクで下宿したナップ婆さんのところで知り合ったものだが、結局通算すると半年近くも吉野が滞在した彼女の郷里、ヴュルツブルグ南方のリーデンハイムは人口六百余りのカトリックの農村であった。ここは首都ベルリンのような大都市、ハイデルベルクのような古都、プフォルツハイムのような工業都市、シュヴェルムのような地方小都市とは違う、バイエルンの鄙びた農村というわけで、吉野はどこまで意図的にそうしたのかわからないが、ドイツのさまざまの地域、さまざまなレヴェルの生活を経験できたわけである。

もう一人の青年会仲間、エンゲルベルト君はワーグナーの楽劇の世界に吉野を導いてくれた。彼の解説であらかじめ脚本を読んでから出かけた「ローエングリン」に吉野が大感激したさまは、同年一二月二日の項に記されている。マンハイムの宮廷劇場まで行って観たものだが、「先ヅ音楽ノ雄大艶麗ナルニ驚キ舞台ノ華ヤカナルニ驚キ歌ノ美シキニ驚ク……R. Wagner トハ偉イ男ナリ」という次第である。ちなみに、吉野のオペラとの出会いはハイデルベルクの小劇場でのヴェルディ「トロヴァトーレ」が最初だが、このときはあまり感心しなかったらしい。その後、パリ時代(一九一二年一二月一六日)に中国学の泰斗、狩野直喜博士とワーグナー「タンホイザー」を観て、「殊ニ Elisabeth ノ終始貞操ト熱愛ヲ傾ケテ渝ラザルニハ覚ヘテ暗涙ニムセ」んだあたりからオペラ熱が再燃し、以後プッチーニ「トスカ」、マスカーニ「カヴァレリア・ルスティカーナ」、ヴェルディ「アイーダ」、モーツァルト「魔笛」、トマ「ミニョン」、ヴェルディ「椿姫」、リヒアルト・シュトラウス「サロメ」、ワーグナー「トリスタンとイゾルデ」、マスネー「ヘロディアーデ」等を観ている(「古いサロメ」『新女界』一九一四年一月、本選集第一二巻、も参照)。

第二の方法は、「語学の先生」を通じての回路である。異文化社会と生きたコミュニケーションをもち、それを通してその社会を内面的に理解するためには、言葉の習得が決定的な意味をもつことは言うまでもないが、吉野にとっての「語学の先生」は、それ以上の役割を果たしていたようである。

ハイデルベルクでリーザ・フォン・ピットーニ嬢を「先生」として「稽古」に通うにいたったについて、どういう経緯があったのかは、ハイデルベルク到着後最初の二カ月半の日記がないのでわからない。小野塚がかつて留学中に知ったシュヴァイツァー氏からの紹介か、あるいはシュタール君やハーネ君などもピットーニ家に出入りしているから、そちらの関係で紹介されたものかもしれない。病気や旅行中、あるいは日本から来た客の応接に追われているとき以外は、毎日のように稽古に通っている。(イェリネック先生夫妻がユダヤ人なので当地では人気がないという話を聞いたのも、彼女のところでである。)そのガイドで教会に詣でたり、その紹介で小学校の参観をしたり、多くの人に引き合わされたりもしている。ハイデルベルクを離れて以後も頻繁に文通がつづいている(彼女自筆の葉書大の水彩画が吉野のベルリン滞在時、一九一二年三月二三日の項に貼り付けられ、彼女が吉野に送ったと見られる詩が、そのあとに書き写されている）ことは見られるとおりである。後にウィーン時代にハンガリーを訪れたとき（一九一一年七月六日）には、彼女に紹介されたその従姉妹をわざわざブダペストから迂回してその避暑地に訪問している。

三カ月いたウィーンでは、新聞広告で語学教師を求め、二二人応募があったうち、エシッヒ嬢から「Stunde ヲ取ル」ことになった。ほかにイタリア人ブレッサン氏からイタリア語を学ぶ。（これは、ウィーンのあとベルリン、パリと回ってから、イタリアにも追加旅行しようと考えたためである。なお、のちに触れるウィーン中心部での労働者の大デモンストレーションを見に行った際、最初のときは一人であったが、四日後にそのデモで死んだ労働者の追悼集会には、この「ブレッサン君」と一緒に見に行った。）エシッヒ先生からのレッスンは、あるいは公園や郊外を散歩しながら、あるいは教会やミュージアムを案内してもらいながら、といった形でおこなわれ、八月一四—一五日には、その兄ヴァルターも同行して、「ドナウ渓谷の真珠」といわれるヴァッハウ渓谷を船で探勝している。そのほとんど毎日、一緒に散歩したり小旅行したりという姿は、恋人同士のランデヴーに近いものがあり、これはたしかに語学の学習方法としては最高かもしれない。

次に六カ月滞在したベルリンでも、Frau Dr. Ille から週一回ドイツ語を、Rossier 先生から週二回フランス語を教わっているが、この地ではむしろ、下宿先 Kärger 家の Wirtin（女主人）との交際が目立つ。これが吉野的「留学」の第三形態である、寄宿先の家族を通じての現地生活への入り込みである。これは必ずしも吉野に固有のあり方ではなく、当時の留学生によく見られたものかもしれないが、その密度と深度は相当のものだった。一時期は毎晩のようにこの Wirtin と散歩し、カフェで話し込み、オペラやキネマに同行している。そして吉野の再度のベルリン滞在時（一九一三年二月）にも、彼女の女友達の家やカフェで連日会っている。吉野がケールガー家の下宿を引き払ってベルリン（一回目）を去る日には、「Auto ヲ傭ヒテ荷物ヲ運ビ最後ノ別レノ挨拶ヲ述ブルヤ Wirtin 泣テ物言ハズ」（一九一二年四月三日）。

そういえば、保養と読書のために数カ月を過ごしたバイエルンの農村、リーデンハイムを去るときにも、グレタとの間に似た光景が展開された。「内ノ人ノ親切ガ身ニ沁ミテ丁度自分ノ家ヲ去ル様ナ一種ノ寂ミヲ感ジ荷物ヲ片付ケナガラ涙ヲ流ス　G君亦眼ニ涙ヲ湛エテ平生ノ元気ニ似モヤラズ一言ヲ発セズ」（一九一一年五月三〇日）。グレタは現存の日記から推測するかぎり、ハイデルベルクの吉野の最初の寄宿先ナップ婆さんのところに「女中」として働いていたときに吉野（および同宿の「野地君」）と知り合い（「此人独乙ニ来リテ始メテノ親シキ友ナレバ」一九一〇年一〇月二五日）、吉野が Gräser 家に下宿を移すと同時に彼女もナップの家を出て、間もなく郷里に帰ったらしい。彼女が郷里に帰る直前、これも毎日のように吉野とデートを重ねている様子には、いわば擬似恋愛関係に近いものが感じられる。

また、パリで同宿だったポーランド女性、Gerson 夫人が帰国する際の記述（一九一三年一月一八日）。「同氏ハ八月中旬移ツテ来タガ爾来数ケ月間親シク交リ特ニ一種ノ情誼ヲ感ゼシガ今愈別ル、トナリテハ何トナク悲痛ノ感ニ打タレ何トモ云ヒガタキ寂寥ヲ覚ヘタリ……予ハ既ニ Opéra ノ切符ヲ買ヒ居ルコトトテ見送リモ出来ズ遺憾ナガラ数分間ノ握手ニ惜シキ名残ヲ包ミテ家ヲ出ル　途スガラ覚ヘズ涙ガ出ル　何スレゾ我輩ハ斯ク友情ニモロキコトゾト自分デ愛想ガツクレド性分ナレド《〔バ〕》致シ方ナシ」。

のちに吉野がロンドンに滞在中交際のあった荒井陸男（画家）が、そのころ「イタリーのマダム」に吉野が惚れられたという話をしている（吉野博士記念会例会、一九五一年一月二九日および一九五五年三月二六日開催の記録）。「浜田とか千葉とかいった連中のいた下宿に、吉野さんがちょいちょいやって来て、そこのマダムにすっかり見込まれてしまった。それはそのはずで、実に親切にしてやる。そのマダムはイタリー人で、福々しい、彫刻のようなヴィーナス的な鼻をしていた。御亭主は八十いくつだったかのお爺さんだったが、それを実によく世話していた。日本の奥さん連中に見せてやりたいくらいに働く。それで、みんなが同情して御馳走をしてやったことがあった。その帰途、二階式のバスに乗った。吉野さんと私とマダムが一緒だったが、マダムがショールで吉野さんの肩をまいてやる。これも吉野さんの目がいいからだ。吉野さんがこっちをむいて、「おい、どうだい」といった」。荒井は、吉野の大きな目が魅力的で、その誰に対しても変わらぬ「親切」な行動様式と合わせて、向こうでも大いに「もてた」という説なのである。吉野のロンドン時代の日記によれば、この「イタリーのマダム」はミセス・マッデンと言い、主人のマッデン氏は七〇歳くらいで病床にあり、夫人は三〇歳くらいで親子ほどの年齢差があり、一二年前に結婚したとある。一九一三年四月二五日に吉野は、それまでの牧野英一がいた下宿から、浜田耕作のいるマッデン家に移っている。

グレタとの関係も、彼女のほうから接近したという性格が強かったかもしれない。長逗留するために再度リーデンハイムを訪れた日の翌日の日記(一九一一年二月六日)に、「此朝G君曰ク去ル二十九日 verloben〔婚約〕セリト　丁度我輩ノ誕生日ニ此事アルハ奇ト云フベシ　ein schmerzliches Giück ダト云ツテヤツタ」とある。ドイツ語は「苦痛にみちた幸福」とでも訳すべき言葉である。リーデンハイムから離れてのち、一時、姉のヘレーネが吉野からの手紙を横取りして見せてくれないからと、コンスタンツの婚約者のところからグレタの手紙が届いたことがあり、また、ベルリンからライプツィヒ、ワイマールを経てシュトラスブルクに赴く途次、ヴュルツブルクからコルムシュテッター家に出した手紙の返事が冷淡だったので、結局リーデンハイムには立ち寄らなかったということもあった。家族がグレタと吉野との再接触について危惧したものらしい。

吉野は留学先をベルリンからパリへ移す途中、シュトラスブルクに五週間余り、ナンシーに八週間余り、いわば途中下車滞在してフランス語の特訓を受けようとした。シュトラスブルクでは、大学のラーバントの講義に出てみたり、議会の傍聴に出かけてみたりしたほか、じつに五人の先生に就いて、フランス語の「稽古」を受けている（一九一二年五月七日）。しかしやがて、そのうちのベルト・ブロッシウス嬢と、かつてのエシッヒ先生を思わせる関係となり、連日彼女に誘われて郊外への散歩をくりかえしている。ナンシーに移ってからも彼女と手紙のやりとりののち、二度にわたってシュトラスブルクに出かけ、彼女に会っているが、七月二八日に「最後ノ訣ヲ告ゲ」ている。なお、パリ時代の初期（一九一二年八月一四日―一七日）、数日間にわたってパリ市内の観光地等を共にしている「Bijot 氏」も、ヴュルツブルク二度目の滞在中に七回にわたり集中的に「稽古」を受けた（一九一一年四月二二日―二七日）「仏語の先生」（「二十前後の」、多分女性）であった。

ナンシーでは、ベルリッツ・スクールに通うかたわら、マリトゥス、ヘル、トマといった人たちからレソンを受け、だいぶフランス語の習得に自信をつけるとともに、七月四日の日記には次のように書きつけている。「此頃朝四時乃至五時ニ起キテ勉強スル故夜睡イコト夥シ　顧レバ今日ヲ以テ受洗満十一年トナル〔四〕　学少シク進ム　信仰更ニ進マズ」。

三

そのあと吉野はパリに約半年滞在。その間「万国議員会議」と「万国平和協会大会」を傍聴しにジュネーヴに一カ月間赴いた。（キリスト教青年会関係で知り合ったフィルディウス君らの紹介で入ったジュネーヴのペンションは、「宿ノ者ハ相当ノ財産モアリ教養モアリト見エ何トナク奥床シキ所アリ　但シ夫レ丈ケ Gemütlichkeit〔情味〕ヲ欠クノ感ナキニアラズ」。一九一二年九月一日) パリを去ってからセダン、ルクセンブルク、カッセル、ゲッティンゲン経由でベルリンを再訪。二週間余滞在ののち、シュヴェルムのハーネ家を再訪。ここでは一〇日余滞在してから、ケルン、ゴーデスベルク、アーヘン、リエージュ経由でブリュッセルに出た。五日ほど滞在ののちアントワープ、ガン、ブリュージュ経由でオステンドに出、そこからドーヴァー海峡を渡り、ロンドンに一九一三年三月一三日に着いている。

じつは、かねてよりの計画としてはジュネーヴのあと、イタリアに回るつもりであった。小野塚の口利きもあって文部省の許可も得、そのための追加旅費も送られて来た。ところが、フランス留学中の鹿子木員信(後九大教授・哲学)が帰朝のための旅費をなくしてしまい、佐々木惣一がそれを用立て、結局吉野がさらにそれをかぶるところとなって、イタリア旅行の費用がなくなってしまったのである(牧野英一「親切と楽天」赤松編『故吉野博士を語る』前掲、および前掲「吉野博士記念会例会」における談話)。その後もしばしば見られる、吉野らしい行動様式である。(イギリスでは吉野は、日帰りでケンブリッジとウィンザーならびにウェストクリフに出かけた以外は、ロンドンをまったく離れていないが、これも手元不如意で最低限度の生活を強いられたからであろう。アメリカ経由での帰国も間近い一九一三年五月二〇日の日記には、「文部省ヨリ手紙来ル　愛蘭旅行ノタメニ特別ノ増給ハ出来ヌトナリ　丁度早ク帰レテ宜イ都合ナリト焼糞ニナル」などという記述もある。)

さて、吉野型「留学」形態の検討を、パリ時代、ロンドン時代とつづけて見てゆく余裕がなくなった。なかんずくパリでは、吉野はそれまでに開発した「留学」スタイルを駆使して、生活をエンジョイしつつ、大いに学び、経験を深め、知的・文化的世界を広げていっているように見える。その具体的様相については日記本文で各自確かめていただくとして、第四と第五の「留学」形態について簡単に言及しながら、吉野の留学生活の特質をまとめておこう。

第四は、日本人留学者仲間から得られた情報をもとに見聞や経験を広めるやり方である。これは当時も今も、現地大学・諸学校の、いわばキャンパス内部での聴講および学者仲間の付き合いにとどまるやり方と並んで、最も普遍的に行なわれているものであろう(参照、鈴木良・福井純子「岡村司『西遊日誌』」立命館産業社会論集、一九九五年三、六、九月)。この方式も吉野は最大限に活用したと言ってよい。日本にいるときなら不可能なかたちで延々と行動を共にし、朝から晩まで語り明かして飽きないといったことが、留学仲間同士では可能になる。吉野の場合、なんといっても佐々木惣一と、また牧野英一と、さらに朝永三十郎(『近世に於ける我の自覚史』の著者)、中田薫(日本法制史学者、東大法学部研究室で後にいたるまで牧野、上杉らと並んで吉野の援護者となる)らと、そうした交流から終生の交わりを作り出し、学問的・思想的にも限りない刺激を与え合ったのである。

たとえば一九一〇年九月二三日の日記には、「朝佐ゝ木惣一君来訪　談宗教ニ及ビ歓ヲ尽シテ時ノ進ムヲ知ラズシテ遂ニ Pittoni 先生ヲ休ム」とある。そして一九一二年一〇月一〇日、佐々木がいよいよベルリン経由で帰国するのを、パリ東駅に見送った記事のあとに、吉野は次のように書き付けている。「好漢願クハ健在ナレト独リ胸中ニ祈ル　短日月ノ交際ナレド之レ程心気相許セシ友ハナシ　今井ト共ニ予ガ最モ親愛敬服スル友ハ彼ナリ」。

他方、牧野英一による回顧(「親切と楽天」前掲)の一節。「わたくしが吉野君と最も盛んに議論をしたのは、ベルリン在学中のことであった。ベルリンでのわれわれの仕事は、お互いの専門に属する特別の事項を除いて、やはり、社会主義と哲学とが共通の問題であった。……社会民主党の将来といふことなどについて甚だしばしば議論をかさねた。……吉野君は……ドイツは遠からず社会民主党の天下になる……日本も早く普通選挙にならねばならぬと主張されて……それから段々キリスト教的人生観といふやうなことに移つた。吉野君は社会主義を研究しても、カント、ヘーゲルを論じても、その上に更に宗教があり、神があるといふことを考へてゐられたのである。……吉野君はその哲学にいぶしをかけてゐられたとおなじく、その宗教論にもやはりいぶしをかけて居られた。その議論はいつ聞いても宗教家らしくないのである。」

また、訪れる先々で、医学専攻の留学者と一緒になれば病院や解剖学教室の見学に、鉱山学者と一緒だとその関係の工場や発電所、博物館行きに、牧野とは陪審裁判の傍聴に、佐々木とはフランス下院の傍聴やドイツ社会民主党の選挙演説を聞きにという具合に、行動を共にするのであった。

さて、第五の「留学」形態は、いわば純粋に独りでおこなう形の努力で、本や新聞を通じて情報を得、学び、また、自ら現場へ出かけて行って経験しようとするものである。パリの古本市で各国政治史等の本を漁り、ライプツィヒの書肆フォックやロンドンのタイムズ・ブック・ショップから各国政党論や社会主義論などを取り寄せて、しばしば「眼精疲労」を散歩で癒す必要を生ずるほど耽読している。そして各国語の書籍の翻訳を試み、逆に各国語での論文執筆や「作文」も試みている。また、新聞は滞在先新聞のほか、「エコー」と「タイムズ」を定期購読で取り寄せて読み、バルカン半島やモロッコ問題をめぐる日々の新情勢に目をこらすとともに、各地の労働運動や「エマンシペーション（解放）」（牧野「留学中の吉野君」前掲）の長期的趨勢をも読み取ろうとしている。その他、小説や演劇を通じてのヨーロッパの文化・社会・生活の追体験の試みにもかなり徹底したものがあった。一例として、レッシング「賢者ナータン」を一九一三年二月八日にベルリンの「シャーロッテンブルクのさる小劇場で」観た（本選集第一三巻、二一五頁）ことと吉野のフリーメーソンへの関心について、本選集第一二巻解題および解説、参照。（なお、ベルリンを去ってシュトラスブルク、ナンシー経由でパリに赴こうとしていた頃、一九一二年三月二日の日記に次のようにある。「本ヲ片付ケ箱ヲ注文

ス　独乙語ノ本ハ一切日本ニ送ル考ナリ　仏国ニテハ主トシテ仏語ノ書ヲ読ミ英国ニテハ主トシテ英語ノ本ヲ読ム」。）

そして、ウィーンを離れる九日前の一九一一年九月一七日の日記は、彼の全日記の中でも最も長大な記述の一つになっている。「朝起キテ新聞ヲ見ルト今日 Lebensmittelteuerung（食品価格騰貴）ノ問題ニ関シ市民ノ Demonstration アリ九時半マデニ Rathaus ノ庭前ニ集ルトアリ　依リテ直ニ服ヲ改メテ往ツテ見ル」。こういう即座の判断と行動力、身の軽さも、吉野の身上である。その生き生きとした見聞談は、日記本文について見られたい。吉野が帰国後、瀧田樗陰の筆記によって『中央公論』一九一四年三月号に発表した「民衆的示威運動を論ず」（本選集第三巻）にこの時の見聞が反映していることは、「民本主義鼓吹時代の回顧」（本選集第一二巻）で言及されているとおりである。

こうして吉野は、当時の帝国大学教授連の「留学」形態にあったごとき特権的な保護膜を平然と打ち破り、無私のキュリオシティーでもって異文化社会の生活の中に分け入り、いわば人間性の全局面にわたる全的接触を求めて、無限といっていいほど開かれた姿勢でヨーロッパ生活を経験しようとしたのである。そこから彼が掴み取った、「基本的民主化」（のちにカール・マンハイムが『変革期における人間と社会』で抽出した意味での）、「社会化」（のちに長谷川如是閑が『現代国家批判』『現代社会批判』で定式化した意味での）、「自由主義」（本選集第一二巻解説、参照）、さらに「国際民主主義」（本選集第六巻解説、参照）といった「二十世紀世界の大勢」は、吉野にとって、けっして論壇の時流に便乗した観念的議論ではなく、彼の全生活的「留学」経験によって裏打ちされ、また彼の普遍的人間同胞観に立つ信仰によって支えられたものなのであった。

〔付記〕　日記本文中の欧文とくにドイツ語部分については、Heiko R. Nestl（ハイコ・R・ネストル）氏にタイプライターによる清書をお願いし、それを参照して活字化した。またフランス語の翻訳について井田進也氏に、ドイツ語の翻訳について高本邦彦氏に、中国語の翻訳について米浜泰英氏に、さらに貼付切符中のチェコ語については長與進氏、ハンガリー語について石本礼子氏の御教示を、それぞれ得た部分がある。ハイデルベルク大学で吉野が聴講した「Weber」については安藤英治氏から御教示を頂いた。厚く御礼を申し上げる。(もとより最終措置の責任は編者にある。)

吉野作造 在欧足跡

年月日	事　項
1910. 4.15	出発
6. 1	マルセイユ →リヨン →**ハイデルベルク**
[8.16 より日記あり]	
9. 2	フランクフルト(日帰り)
10.15-16	プフォルツハイム(シュタール家)
10.17	カールスルーエ(日帰り)
10.30	フランクフルト →アシャッフェンブルク(泊)
10.31-11.3	ヴュルツブルク
12. 2	マンハイム(オペラ見物)
12.13	マンハイム(買物)
12.16	シュパイヤー(日帰り)
12.19-27	**シュヴェルム**(ハーネ家)(ケルン，バルメン経由)
12.20	エルバーフェルト，バルメン
12.21	(ハーゲン)，ヴィッテン
12.27	シュヴェルム →ボン →マインツ(泊)
12.28	→ヴィースバーデン，ヴォルムス →ダルムシュタット(泊)
12.29	→ヴュルツブルク →**リーデンハイム**(グレタ家)
1911. 1.18	3週間過ごしたリーデンハイムをいったん去る →ハイデルベルク
2. 3	8カ月住んだハイデルベルクを去る →ネッカーエルツ →ヴュルツブルク(2泊)
2. 5	ふたたび**リーデンハイム**
5.30	4カ月近く滞在したリーデンハイムを去る →**ヴュルツブルク**(10日余滞在)
6.12	同地を去る →ローテンブルク →ホーバッハ(泊)
6.13	→ニュルンベルク(泊)
6.14	ミュンヘン(1週間滞在)
6.18	グリュンヴァルト
6.22	ミュンヘンを去る →ザルツブルク →バート・イシュル(泊)
6.23	**ウィーン**
7.3-6	ブダペスト
8.14	→クレムス →デュルンシュタイン →シュタイン(泊)
8.15	→メルク →クレムス →ウィーン
9.26	3カ月住んだウィーンを去る →プラハ(2泊)
9.28	ドレスデン(2泊)
9.30	**ベルリン**
1912. 4. 3	6カ月住んだベルリンを去る →ヴィッテンベルク →ライプツィヒ(2泊)
4. 5	イエナ(9泊)
4.10	ワイマール(日帰り)
4.14	エルフルト，アイゼナハ，ヴァルトブルク
4.15	**ヴュルツブルク**(2週間滞在)
4.29	同地を去り →シュトゥットガルト →**シュトラスブルク**
6. 8	5週間余住んだ同地を去り →**ナンシー**
6.25	シュトラスブルク(2泊)
7.24	シュトラスブルク(5泊)
7.31	8週間余住んだナンシーを去り →**パリ**
9. 1	**ジュネーヴ**
9.29	約1カ月滞在した同地を去り，ローザンヌ経由でパリに帰る(30日)
1913. 1.29	約5カ月過ごしたパリを去り，ランス，セダン経由で →ルクセンブルク(泊)
1.30	カッセル(泊)
1.31	ゲッティンゲン(泊)
2. 1	**ベルリン** (15日滞在)
2. 6	ポツダム(日帰り)
2.16	ベルリンを去り →ハノーヴァー →エッセン(泊)
2.17	シュヴェルム(ハーネ家)(12日間滞在)
2.28	同地を去り →ケルン →ゴーデスベルク(泊)
3. 1	→アーヘン(泊)
3. 2	→リエージュ →ブリュッセル(6日滞在)
3. 7	ワーテルロー(日帰り)
3. 8	→アンヴェルス(アントワープ)(3泊)
3.11	→ガン(ヘント) →ブリュージュ(ブルッヘ)(泊)
3.12	→オーステンデ(オステンド)
3.13	(→ドーヴァー海峡)**ロンドン**(タワー・ブリッジ)
4.14	ケンブリッジ(日帰り)
4.16	ウィンザー(日帰り)
5.18	ウェストクリフ(日帰り)
5.28	2カ月半のロンドン生活を終え →サウサンプトン(出航)
6. 5	ニューヨーク
6. 7	→バッファロー →ナイアガラ
6. 8	→シカゴ
6. 9	→セント・ポール
6.10	(→ロッキー山越え)
6.11	シアトル
6.12	ポートランド
6.17	→シアトル(出航)
7. 3	横浜港

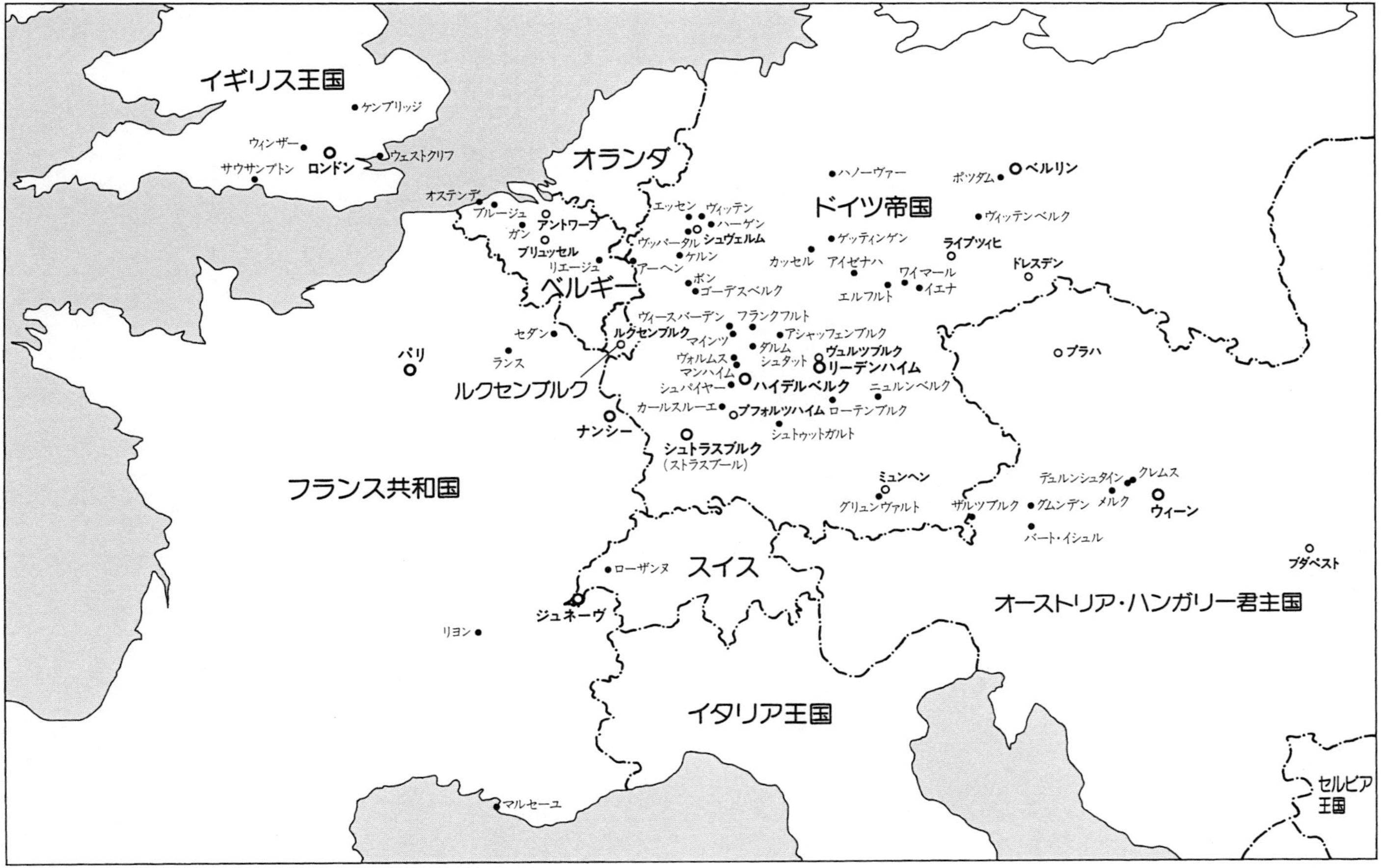
イギリス王国
ケンブリッジ
ウィンザー
ロンドン
ウェストクリフ
サウサンプトン
オステンデ
オランダ
ブルージュ
アントワープ
ガン
ブリュッセル
リエージュ
ベルギー
エッセン
ヴィッテン
ハーゲン
ヴッパータル
シュヴェルム
ケルン
アーヘン
ボン
ゴーデスベルク
ハノーヴァー
ドイツ帝国
ポツダム
ベルリン
ヴィッテンベルク
ゲッティンゲン
カッセル
アイゼナハ
ライプツィヒ
ドレスデン
ワイマール
イエナ
エルフルト
ヴィースバーデン
フランクフルト
アシャッフェンブルク
マインツ
ダルム
シュタット
ヴュルツブルク
リーデンハイム
ヴォルムス
マンハイム
シュパイヤー
ハイデルベルク
ニュルンベルク
カールスルーエ
プフォルツハイム
ローテンブルク
シュトゥットガルト
シュトラスブルク
(ストラスブール)
ミュンヘン
グリュンヴァルト
プラハ
ザルツブルク
グムンデン
デュルンシュタイン
メルク
クレムス
ウィーン
バート・イシュル
ブダペスト
パリ
セダン
ランス
ルクセンブルク
ルクセンブルク
ナンシー
フランス共和国
スイス
ローザンヌ
ジュネーヴ
リヨン
オーストリア・ハンガリー君主国
イタリア王国
マルセーユ
セルビア
王国

■岩波オンデマンドブックス■

吉野作造選集 13　日記 一　明治 40－大正 2

1996 年 3 月28日　第 1 刷発行
2016 年 6 月10日　オンデマンド版発行

著　者　吉野作造《よしのさくぞう》

発行者　岡本　厚

発行所　株式会社　岩波書店
〒101-8002　東京都千代田区一ツ橋 2-5-5
電話案内　03-5210-4000
http://www.iwanami.co.jp/

印刷／製本・法令印刷

ISBN 978-4-00-730431-6　Printed in Japan